Dynamisches Testen

Dynamisches Testen

*Zur Psychodiagnostik
der intraindividuellen Variabilität*

Grundlagen, Verfahren und Anwendungsfelder

von

Jürgen Guthke
und Karl Heinz Wiedl

unter Mitarbeit von

Günther Gediga, Johan H. M. Hamers,
Antonius H. Pennings und Wolfram Zimmermann

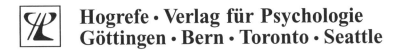

Hogrefe · Verlag für Psychologie
Göttingen · Bern · Toronto · Seattle

Prof. Dr. Jürgen Guthke, geb. 1938. 1956-61 Studium der Psychologie in Leipzig, 1964 Promotion. Ab 1966 wissenschaftlicher Mitarbeiter am Institut für Psychologie an der Universität Leipzig. 1971 Habilitation, 1975 Dozent für Persönlichkeitspsychologie und seit 1978 Professor für Klinische Psychologie an der Universität Leipzig. 1992 Professor für Differentielle Psychologie und Psychodiagnostik; seit 1994 Direktor des Instituts für Entwicklungspsychologie, Persönlichkeitspsychologie und Psychodiagnostik an der Fakultät für Biowissenschaften, Pharmazie und Psychologie der Universität Leipzig.

Prof. Dr. Karl Heinz Wiedl, geb. 1944. 1965-70 Studium der Psychologie in Erlangen. 1970-78 wissenschaftlicher Mitarbeiter an der Universität Trier im Bereich Pädagogische Psychologie. 1976 Promotion. 1979-82 Professor für Behindertenpsychologie am Fachbereich Sonderpädagogik in Mainz; seit 1982 Professor für Klinische Psychologie an der Universität Osnabrück.

Die Deutsche Bibliothek - CIP-Einheitsaufnahme

Guthke, Jürgen: Dynamisches Testen : zur Psychodiagnostik der intraindividuellen Variabilität; Grundlagen, Verfahren und Anwendungsfelder / von Jürgen Guthke und Karl Heinz Wiedl. Unter Mitarb. von Günther Gediga... - Göttingen ; Bern ; Toronto ; Seattle : Hogrefe, Verl. für Psychologie, 1996
ISBN 3-8017-0381-9
NE: Wiedl, Karl Heinz

© by Hogrefe-Verlag, Göttingen · Bern · Toronto · Seattle 1996
Rohnsweg 25, D-37085 Göttingen

Gesamtherstellung: Hubert & Co., Göttingen
Printed in Germany
Auf säurefreiem Papier gedruckt

ISBN 3-8017-0381-9

Wir widmen dieses Buch unseren Frauen Astrid und Ursula

und unseren Kindern

Anne
Karl Sebastian
Katrin
Kersten
Thomas

Vorwort

Das hier vorgelegte Buch soll sowohl wissenschaftlich als auch praktisch tätige Kollegen in den verschiedenen Anwendungsbereichen der Psychologie, Hochschullehrer und Studierende ansprechen. Wir hoffen, daß es uns gelungen ist, all diesen Adressatenkreisen aus den unterschiedlichsten Erfahrungs- und Anwendungsbereichen gerecht zu werden.

„Dynamische Testdiagnostik" ist ein vielleicht nicht ganz leicht zuzuordnender Titel für unser Buch, uns fiel jedoch bis heute kein Terminus ein, der die Vielfalt der hierunter zu subsumierenden Aspekte und Verfahren treffender charakterisiert. Dynamische Testdiagnostik hat wie die Psychologie insgesamt zwar eine lange Vergangenheit, aber nur eine kurze Geschichte. Typisch an diesem Ansatz, zu dem schon Arbeiten von Wygotski, Klein, Thorndike und Rey beigetragen haben und der in vielen Facetten, Verfahren und Anwendungsfeldern auftaucht, ist die Abkehr von dem üblichen psychometrischen Test, der nur einen momentanen „Zustand" (Fähigkeit, Kompetenz, Eigenschaft, etc.) mißt, hin zu einer diagnostischen Prozedur, bei der gezielt Veränderungen im Testprozeß evoziert und erfaßt werden, um auf dieser Basis zu valideren und auch faireren Aussagen über Eigenschaften und Fähigkeiten und deren Veränderbarkeit zu gelangen. Dieser Ansatz wird in den gebräuchlichen Lehrbüchern zur Psychodiagnostik entweder überhaupt nicht oder nur am Rande behandelt. Daher ist ist das von uns vorgelegte Buch auch als eine notwendige Ergänzung zu den vielen in letzter Zeit erschienenen Lehrbüchern zur Psychodiagnostik zu betrachten.

Unser Buch bietet wohl erstmals in der Fachliteratur einen die vielfältigen Varianten und Einzelgebiete der Dynamischen Testdiagnostik umspannenden Überblick, wobei wir auf umfangreiche eigene empirische Untersuchungen zurückgreifen können, die wir schon seit über zwei Jahrzehnten in Leipzig und Osnabrück (bzw. zuvor in Trier und Mainz) durchgeführt haben. Die Genese dieses Buches spiegelt in gewisser Weise auch die wechselvolle und komplizierte deutsche Geschichte der jüngeren und jüngsten Vergangenheit wider. Zunächst waren uns über viele Jahre hinweg nur schriftliche oder unter schwierigen äußeren Bedingungen stattfindende persönliche Kontakte möglich. Erst eine gewisse Zeit nach der Wende konnten wir den bereits 1988 gefaßten Beschluß, gemeinsam ein solches Buch zu schreiben, in die Tat umsetzen.

Wir haben zunächst den Mitautoren zu danken, die sich bereiterklärt haben, aufgrund ihrer speziellen Kompetenz und Forschungserfahrung bestimmte Kapitel des Buches mit uns gemeinsam zu verfassen. Die Autorenschaft für diese Beiträge ist auf S. XIV festgehalten. Danken möchten wir aber auch den vielen Kolleginnen und Kollegen, Studentinnen und Studenten, die durch Diskussionen und in ihren Diplomarbeiten, Dissertationen oder Habilitationen uns wertvolle Anregungen gaben und Beiträge für die empirische Basis des Buches lieferten. Die einzelnen Kapitel wurden von fachkundigen Kollegen aus der klinischen, pädagogischen und Arbeitspsychologie kritisch durchgesehen. Für wertvolle Kritiken und Anregungen danken wir vor allem: Prof. J. S. Carlson, Prof. G. Clauss, Dipl.-Psych. H. Eißfeldt, Prof. W. Hacker, Prof. E. Kurth, Prof. H.-J. Lander, Prof. P. Richter, Dozent Dr. D. Roether, Prof. Rothe, Dozent Dr. H. Schöttke und Dr. H. Wolfram. Dank gebührt auch der Volkswagenstiftung, die durch Gewährung eines Studiensemesters an einen von uns (W.) die Erstellung des Buches unterstützte.

Unser herzlicher Dank gilt auch den Mitarbeiterinnen und Mitarbeitern, die uns beim Schreiben, Korrigieren, Erstellen des Literatur- und Sachwortverzeichnisses, der Abbildungen, usw. wertvolle Hilfe leisteten. Diese verantwortungsvolle und oft mühselige Arbeit, die ja häufig unterschätzt wird, wurde in erster Linie von Frau Tiemann und Herrn Kauffeldt, Osnabrück und Frau Vogt und Frau Räker, Leipzig geleistet. Schließlich ist auch Dr. Vogtmeier vom Hogrefe-Verlag zu danken, der durch geduldiges und gleichzeitig stetiges Nachfragen unseren zeitweise erlahmenden Arbeitseifer erneut anstachelte und zum Schluß auch die rasche Herausgabe des Werkes ermöglichte.

Noch ein Wort zur Verwendung geschlechtsspezifischer Personenbezeichnungen. Wie oben bereits angedeutet, hat dieses Buch einen langen Weg hinter sich. Hierbei haben wir es versäumt, rechtzeitig zu allen maskulinen Bezeichnungen die üblichen und auch angemessenen weiblichen Ergänzungen anzufügen. Dies noch nachzutragen, hätte beim Umfang des Buches dessen Erscheinen noch mehr verzögert. Wir bitten alle Leserinnen und (wie auch wir) die Idee der Gleichstellung unterstützenden männlichen Leser, uns dies nachzusehen.

J. Guthke   K.H. Wiedl

Inhaltsverzeichnis

Autorenschaft

Bei der Abfassung der Kapitel III.1 und III.3 sowie IV.2 und V haben Kollegen mitgearbeitet, die in den betreffenden Bereichen spezialisiert sind. Die Autorenschaft ist hierbei wie folgt:

III.1   Hamers, J.H.M., Guthke, J. und Pennings, A.H.: Curriculumbezogene Lerntests

III.3   Hamers, J.H.M., Pennings, A.H. und Wiedl, K.H.: Dynamische Testdiagnostik bei Kindern und Jugendlichen aus ethnischen Minoritäten

IV.2   Zimmermann, W. und Guthke, J.: Dynamisches Testen im Sozial-, Einstellungs- und Charakterbereich

V   Gediga, G. und Wiedl, K.H.: Veränderungsmessung in der Dynamischen Testdiagnostik

I Dynamische Testdiagnostik: historischer Abriß, Konzepte und Entwicklungstendenzen

1 Vorbemerkung

In der gegenwärtigen Psychodiagnostik-Diskussion spielen zwei allerdings schon recht alte - aber wie wir sehen werden - doch auch immer wieder aktuelle Streit- punkte eine besondere Rolle: Inwieweit vermitteln die herkömmlichen Tests ein zutreffendes Bild über die intellektuellen Potenzen der Untersuchten, insbesondere dann, wenn diese aus verschiedenen Gründen (Rasse, sozial- ökonomische Bedin- gungen, Beschulung) zu den sog. Unterprivilegierten gehören? und: Genügt die übliche einmalige Testung überhaupt, um einigermaßen zuverlässige Aussagen über solch komplexe Sachverhalte wie "psychische Eigenschaften" zu treffen, wenn wir andererseits wissen, daß schon die zuverlässige Aussage über den Blutdruck eines Menschen die mehrmalige Messung - möglichst auch unter verschiedenen situativen Bedingungen (mit Belastung, entspannt, etc.) - voraussetzt?

Es werden seit einigen Jahren Alternativen bzw. Ergänzungen zur herkömmlichen Einpunktmessung in der Psychodiagnostik, bei denen also lediglich in einem rein konstatierenden Vorgehen die momentane Kompetenz unter Standardbedingungen erfaßt wird, vorgeschlagen. Diese Alternativvorschläge bezogen sich zunächst nur auf die Intelligenz- und Eignungsdiagnostik; sie sind unter verschiedenen Termini bekannt geworden, darunter "Diagnostik der Zone der nächsten Entwicklung", "Lerntests", "Testing the Limits", "Interactive Assessment", "Dynamic Assessment", "Trainability-Testing", "Förderdiagnostik", "experimentelle Diagnostik". Wir wollen hier aus später noch zu erläuternden Gründen den Terminus "Dynamische Testdia- gnostik" (DTD) favorisieren und darunter z.T. allerdings relativ unterschiedliche Ansätze subsumieren. Die wesentliche Gemeinsamkeit all dieser im einzelnen recht differierenden Ansätze besteht aber darin, daß man bei dynamischen Testprozeduren die Testbedingungen so variiert (z.B. durch Testwiederholungen mit und ohne vorangegangene Trainingsphase, Einbau zusätzlicher Motivierungen und Hilfen, Variationen der Instruktion und Aufgabendarbietung), daß im Testabarbeitungs- prozeß neben dem Status noch eine Veränderungskomponente erfaßt wird - also sog. intraindividuelle Variabilität. Die angestrebte diagnostische Zusatzinformation bezieht sich auf diese *intraindividuelle Variabilität*, die über die üblicherweise regi- strierten Untertestdifferenzen oder Verlaufsbesonderheiten - z.B. bei Konzentrations- tests (vgl. Pauli-Test oder Konzentrations-Verlaufs-Test, KVT) - hinausgeht, da sie vom Versuchsleiter direkt evoziert wird und einen mehr dynamischen, prozessualen Charakter trägt.

In diesem ersten Kapitel des Buches soll zum einen die Geschichte der Dynami- schen Testdiagnostik nachgezeichnet werden, zum anderen werden ältere wie auch aktuelle Konzepte, die diesen Ansatz gegenwärtig charakterisieren, dargestellt und diskutiert.

Während - wie später noch deutlich wird - aktuelle Konzepte der DTD sich über die Darstellung der gegenwärtig vorliegenden Ansätze und theoretischen Ausrichtungen durchaus deutlich umreißen lassen, fällt es schwer, die Geschichte der DTD unter einem streng systematischen Aspekt nachzuzeichnen. Bei der Durchsicht einschlägiger, seit dem Beginn der modernen Testdiagnostik (vgl. Groffmann, 1983) publizierten Originalliteratur wird der historisch interessierte Leser wie die Autoren dieses Buches immer wieder darauf stoßen, daß das *Phänomen intraindividueller Variabilität* zur Kenntnis genommen und als diagnostisch bedeutsam eingestuft wurde. Allerdings blieben derartige Überlegungen und Versuche vereinzelt; die betreffenden Autoren nahmen wenig Kenntnis voneinander, Weiterentwicklungen von Ideen und Konzepten sowie konsequente Versuche der praktischen Umsetzung unterblieben weitgehend. Sicherlich ist dieser Tatbestand eng mit der über das gesamte Jahrhundert innerhalb der psychologischen Diagnostik gegebenen Dominanz des Paradigmas von Stabilität und Konstanz psychischer Merkmale verbunden. Für viele Diagnostiker in Praxis und Forschung hat diese paradigmatische Orientierung offenbar zu dem von Boesch (1964) beschriebenen epistemologischen Grundkonflikt geführt, daß "wir diagnostische Kategorien verwenden (müssen, solche der Stabilität, Anmerkung der Verfasser), ohne endgültig an sie zu glauben" (S. 931).

Erst in neuerer Zeit ist es zu einer verstärkten Kommunikation und Kooperation unter derart "Ungläubigen" gekommen mit dem Ziel, Konzepte intraindividueller Variabilität zu entwickeln, zu verfeinern und explizit auch diagnostisch nutzbar zu machen. Unserer historischen Darstellung wird es vor diesem Hintergrund weniger gelingen, Entwicklungslinien im engeren Sinne zu rekonstruieren, als vielmehr die Vielfalt der in der Psychologiegeschichte vorfindlichen theoretischen Konzepte und methodischen Vorschläge zum Phänomen der intraindividuellen Variabilität zu illustrieren. Da, wie oben ausgeführt, diese Versuche häufig vereinzelt und ohne Beziehung zu denen anderer Autoren vorgenommen wurden, ist zu befürchten, daß so manche Autoren auch für die unten folgende historische Darstellung nicht erfaßt wurden.

2 Begriffliche Eingrenzung

Dynamische Testdiagnostik wird von vielen Autoren als Alternative oder Ergänzung nur zur herkömmlichen Intelligenzdiagnostik angesehen. Mittlerweile hat sich der Zielbereich von Versuchen der dynamischen Testdiagnostik (vgl. Guthke, 1989) allerdings erweitert: Neben den klassischen Intelligenztests sind Verfahren zur Erfassung unterschiedlichster, spezifischer Fähigkeiten hinzugekommen (z.B. Konzentration, Merkfähigkeit, Wahrnehmungsfähigkeiten, vgl. Pennings & Verhelst, 1993;

Wolfram, Neumann & Wieczorek, 1986). Sogar auf die Erfassung primär nicht-intellektueller Persönlichkeitsmerkmale ist der Ansatz ausgeweitet worden (vgl. hierzu Kap. IV.2). Gemeinsam ist all diesen Entwicklungen, daß die Aufdeckung und diagnostische Nutzung der intraindividuellen Variabilität im Mittelpunkt des Interesses steht. Intraindividuelle Variabilität stellt jedoch ein Phänomen dar, das in der psychologischen Testdiagnostik meist als Störgröße betrachtet wird. Zum einen gewährt die theoretische Formulierung dessen, was herkömmliche Tests in diesem Bereich erfassen sollen, keinen Raum für die Einordnung dieses Phänomens: So wird z.B. das Konstrukt der Intelligenz einschließlich seiner Ausdifferenzierung in unterschiedliche Teilfähigkeiten als relativ zeit- und situationsinvariant definierte Eigenschaft verstanden. Zum anderen wird durch die Methodik der Testentwicklung Sorge getragen, daß die einzelnen Testaufgaben stabilitätsbeeinträchtigenden Ein-flüssen möglichst wenig unterliegen. Dies geschieht bekannterweise zum einen in der Phase der Testkonstruktion durch das übliche Verfahren der Itemauswahl, zum anderen während der Testdurchführung durch möglichst genau festgelegte und standardisierte Formen der Testabnahme. Schließlich werden von einem großen Teil der Scientific Community nur solche Tests als wissenschaftlich fundierte Routine-verfahren akzeptiert, die u.a. über hinreichende Reliabilität verfügen (vgl. Lienert, 1989). Die Entwicklung der skizzierten theoretischen und methodischen Grundlagen stellt ohne Zweifel Meilensteine in der Geschichte der psychologischen Test-diagnostik dar (vgl. Groffmann, 1964, 1983). Als Ergebnis zeigt sich uns heute ein imposantes Gebäude wissenschaftlich begründeter Verfahren und Konzepte mit hohem Differenzierungsgrad, gestützt auf eine Unmenge empirischer Unter-suchungen zur Grundlagen- und Verfahrensentwicklung ebenso wie zu deren Bewährungskontrolle (vgl. Guthke, Böttcher & Sprung, 1990; Jäger, 1988). Wie verhält sich der noch weithin unbekannte und von uns vorgeschlagene Ansatz, intraindividuelle Variabilität als Gegenstand psychologischer Testdiagnostik zu definieren, zu dem soeben beschriebenen imposanten Gebäude traditionellen psycho-diagnostischen Wissens? Kann er tatsächlich als Ergänzung oder gar Alternative zu herkömmlichen Konzepten der Testdiagnostik betrachtet werden? Wie "neu" ist dieser Ansatz überhaupt und - sollte er nicht so "neu" sein - warum konnte er sich bislang nicht durchsetzen? Welche Bereiche der Realität, die im Zuge der notwen-digen wissenschaftlichen Kategorienbildung innerhalb der Diagnostik ausge-klammert wurden (vgl. hierzu Boesch, 1964), vermag er zu umfassen und dadurch einen Beitrag zur Weiterentwicklung der psychologischen Testdiagnostik und ihrer Grundlagen zu leisten? Diese und weitere Fragen stellen sich. Zu ihrer Beantwortung soll dieses Buch beitragen. Als erstes wird versucht, Entwicklungslinien einer Diagnostik der intraindividuellen Variabilität in der Geschichte der psychologischen Diagnostik aufzuspüren und nachzuzeichnen. Dies bringt allerdings definitorische

Probleme mit sich. In Form einer Arbeitsdefinition muß geklärt werden, was unter "Diagnostik der intraindividuellen Variabilität" zu verstehen und historisch zu beschreiben ist. Im folgenden soll dies mit Hilfe zweier konzeptueller Ansätze zunächst nur für den Intelligenzbereich versucht werden, da diese uns geeignet scheinen, das Spezifikum unseres Untersuchungsgegenstandes deutlicher zu machen.

2.1   Intelligenztheoretische Aspekte der Definition

Eine erste Eingrenzung kann mit Hilfe intelligenztheoretischer Vorstellungen vorgenommen werden, wie sie schon von Hebb (1949) formuliert und von Vernon (1962) und auch von uns (vgl. Carlson & Wiedl, 1992b; Guthke, 1982 und Kapitel II) weiter ausgearbeitet wurden. Dabei kann u.E. diese Betrachtungsweise auch auf andere Personmerkmale - wie z.B. Ängstlichkeit - übertragen werden. Hebb unterschied drei Ebenen, auf denen Intelligenz betrachtet werden kann. Auf einer ersten Ebene wird "Intelligenz A" postuliert. Intelligenz A ist eine rein theoretische Größe und beschreibt das allgemeine Potential eines Individuums, von Umweltstimulation zu profitieren. Sie wird als *neurobiologische Komponente* gesehen, deren Varianz zu einem großen Teil durch genetische Faktoren erklärt werden kann. "Intelligenz B" dagegen wird von Hebb als die *aktuelle Intelligenz* verstanden, die sich im Alltagsverhalten einer Person manifestiert. Sie ist das Produkt komplexer Genotyp-Umwelt-Interaktionen und kann weder auf rein umweltbezogene noch auf hereditäre Faktoren reduziert werden. Intelligenz B wird methodisch durch das, was Vernon (1962) "Intelligenz C" nennt, nämlich die *Leistungen (Performanz) in einem Intelligenztest*, erschlossen. Es wird angenommen, daß in dem Ausmaß, in dem Intelligenz C exakt gemessen wird, das Niveau von Intelligenz B abgeschätzt werden kann. Dadurch könnte es unter bestimmten, im einzelnen noch aufzuklärenden Bedingungen auch möglich sein, dem Ausprägungsgrad von Intelligenz A diagnostisch näher zu kommen.

Wie kann mit Hilfe dieses Modells intraindividuelle Variabilität beschrieben werden bzw. an welchen Stellen bietet das Modell die Möglichkeit, das Phänomen der intraindividuellen Variabilität von Testperformanz zu integrieren? Nach unserer Auffassung lassen sich zwei Möglichkeiten unterscheiden: Zum einen ist denkbar, daß suboptimale Genotyp-Umwelt-Interaktionen zu einem reduzierten Niveau der aktuellen Intelligenz (B) führen; zum anderen kann die Hypothese einer suboptimalen Transmission von Intelligenz B in Testleistung bei einem gegebenen Intelligenztest (Intelligenz C) aufgestellt werden. In beiden Fällen können - wenngleich unterschiedlich zu konzipierende - Formen intraindividueller Variabilität angenommen werden: Im ersten Fall muß angenommen werden, daß sich eine spezifische Ausprägung aktueller Intelligenz (B) entwickelt hat, die trotz suboptimaler Genotyp-Umwelt-Interaktion ein gewisses Maß an Variabilität in Richtung auf "Intelligenz A" bewahrt hat. Somit wird angenommen, daß das zu erfassende Merkmal (Intelligenz allgemein oder aber spezifischer: z.B. Fähigkeit zur Analogienbildung, räumlichen Vorstellung, etc.) selbst einen Veränderungsspielraum aufweist. Die Identifikation dieses Veränderungsspielraums und die Bestimmung seiner Größe kann als eine mögliche Aufgabe der Diagnostik intraindividueller Variabilität gesehen werden. Theoretische Konzepte, die als Grundlage einer solchen diagnostischen Orientierung dienen können, müssen diese spezifische Veränderbarkeit näher eingrenzen. Bei-spielhaft sei hier auf Konzepte wie die "*Zone der nächsten Entwicklung*" (Wygotski, 1934), das "*Lernpotential*" (Feuerstein, Rand & Hoffmann, 1979), die "*Lernfähig-keit*" (Guthke, 1977) und die "*developmental reserve capacity*" (Baltes & Willis, 1982) hingewiesen (Erläuterungen zu diesen Konzepten finden sich weiter unten in diesem Kapitel und im Kapitel II).

Ein spezielles Problem bezüglich des Verhältnisses von intellektueller Grundka-pazität (Intelligenz A) zu aktueller Intelligenz (B) besteht dann, wenn Störungen in diesem Verhältnis auftreten, die nicht auf entwicklungsgebundene Genotyp-Umwelt-Interaktionen zurückgeführt werden können, sondern durch aktuelle Schädigungen der neurobiologischen Basis kognitiver Kapazität (z.B. durch Schädel-Hirn-Trauma-ta, fortschreitende Erkrankungen des zentralen Nervensystems wie Morbus Alzhei-mer) bedingt sind. Für die Rückbildungsfähigkeit der aktuellen intellektuellen Leistungsfähigkeit, ggf. im Rahmen neuropsychologischer Rehabilitationsmaßnah-men, wird in Analogie zu Wygotski auch von "*Zone des Rehabilitationspotentials*" (Cicerone & Tupper, 1986) gesprochen. Diese und verwandte Konzepte werden uns in Kapitel IV noch näher beschäftigen.

Wir können nun den zweiten Ansatzpunkt für die Diagnostik intraindividueller Variabilität, die Beziehung zwischen Intelligenz B und Intelligenz C näher betrach-ten. Dies ist jedoch nur sinnvoll, wenn unterstellt wird, daß die Testleistung (Intelligenz C) nicht bzw. nicht nur eine Stichprobe der durch Intelligenz B gege-benen Leistungsmöglichkeiten darstellt, die lediglich in teststatistisch bestimmbaren Grenzen schwankt. Vielmehr muß angenommen werden, daß eine Reihe von Fakto-ren die Transmission von Intelligenz B zu Intelligenz C systematisch beeinflussen können. Der Schwerpunkt der grundlagentheoretischen Analyse liegt hier somit - anders als im ersten Fall - nicht in der Formulierung von Konstrukten zur Konzep-tualisierung der Veränderbarkeit von Merkmalen per se, sondern vielmehr in der Identifikation von performanzbeeinflussenden Faktoren und deren Verknüpfung zu einer Theorie der Testperformanz (vgl. Wiedl, 1985). Empirische Stützung erhalten derartige Überlegungen durch eine Vielzahl von Untersuchungsbefunden, die die Auswirkungen vielfältiger personaler Zustände und Merkmale oder aber situativer

Gegebenheiten auf die Testperformanz nachweisen (z.B. Testangst, Reaktionsstil, etc., vgl. hierzu z.B. Schmidt, 1971). Es kann angenommen werden, daß es durch eine "leistungsoptimierende Gestaltung der Testbedingungen" (vgl. Wiedl, 1984), aber ohne explizite, dazwischengeschaltete Trainingsphasen zur Erfassung einer "*baseline reserve capacity*" (Baltes & Willis, 1982) kommt, die von der "developmental reserve capacity" (s.o.) zu unterscheiden ist.

Unsere ersten Überlegungen abschließend wollen wir nochmals auf den von uns gewählten Terminus "Dynamisches Testen" zurückkommen. Wie noch gezeigt wird, hat diese Bezeichnung historische Wurzeln. Für ihre Nutzung als Sammelbegriff für die unterschiedlichen Ansätze und Vorgehensweisen zur Diagnostik der intraindividuellen Variabilität spricht u.a., daß es um die Veränderbarkeit vor allem von kognitiven Merkmalen selbst oder aber um Faktoren geht, die die Variation ihrer Manifestation im Leistungsverhalten beeinflussen. Angemessen scheint uns dieser Terminus auch deshalb, weil die beschriebene Zielsetzung eine Veränderung bzw. Variabilität des testdiagnostischen Vorgehens impliziert. Wie diese sich äußert, wird unten noch ausgeführt. Snow (1990) hat die Verwendung der Begriffe "dynamisch" und "statisch" in einer Rezension des amerikanischen Sammelbandes von Lidz (1987) zum "Dynamic Assessment" stark kritisiert, da sie mißverständlich sein könnten. So könnte auch ein "motion picture test" als "dynamischer Test" verstanden werden, obwohl er "statische Testresultate" ergibt. "Dynamic Assessment" ist zwar oft näher an einer Prozeßdiagnostik als die herkömmliche Intelligenzdiagnostik, ist aber noch nicht im strengen Sinne immer "Prozeßdiagnostik " (s. unsere Ausführungen zum Begriff der Prozeßdiagnostik weiter unten in diesem Kapitel). Snow schreibt daher "there is a bright future for the concept of learning assessment,but no future for terms like dynamic and static in it." (S. 1135). Trotz dieser gewiß berechtigten Einwände haben wir uns (vorerst) für die Beibehaltung des Begriffes "dynamisch" unter Beachtung der o.g. Pro-Argumente entschlossen, da z.B. die vielleicht auch in Frage kommenden Begriffe "Lerntestkonzept" oder "Learning Assessment" (vgl. Guthke, 1972) den Gegenstandsbereich zu stark auf eine Testvariante (Lerntests) bzw. auf einen Ursprung (das Lernen) für die Modifikabilität in Tests einengt, wir aber die "Psychodiagnostik intraindividueller Variabilität" (s.u.) in einem umfassenderen Sinne meinen. Lerntests stellen in diesem Sinne nur eine mögliche Variante einer "dynamischen Testdiagnostik" dar (vgl. Carlson & Wiedl, 1980; Guthke, 1981a,b; Wiedl, 1984).

Unsere erste Bestimmung des Untersuchungsgegenstandes in Form einer Arbeitsdefinition lautet somit:

)ynamische Testdiagnostik ist ein Sammelbegriff für testdiagnostische Ansätze, die über die gezielte Evozierung und Erfassung der intraindividuellen Variabilität im Testprozeß entweder auf eine validere Erfassung des aktuellen Standes eines psychischen Merkmales und/oder seiner Veränderbarkeit abzielen.

Anzumerken ist, daß letzterer Aspekt - die Frage nach der Veränderbarkeit eines Merkmals - eine weitere begriffliche Ebene aufzuspannen gestattet. Auf dieser kann eine Fähigkeit höherer Ordnung postuliert werden, die das beobachtbare Maß an Veränderbarkeit erklären soll. Oben aufgeführte Konstrukte wie "Lernpotential", "Lernfähigkeit", etc. könnten als solche "Fähigkeiten" fungieren. In Kapitel II wird auf diese Konstrukte und ihre Beziehung zu Intelligenzkonzepten nochmals gesondert eingegangen. Für unsere Ausführungen schlagen wir vor, die *möglichen Zielbereiche der DTD* nach der bisher vorgenommenen intelligenztheoretischen Differenzierung auch terminologisch zu unterscheiden: Geht es um eine möglichst biasfreie Abschätzung des Optimums der aktuellen geistigen Leistungsfähigkeit, so wird von *Zielbereich I* gesprochen. Der Begriff Zielbereich I wird somit auch in dem Sinne gebraucht, daß hiermit eine validere Erfassung eines gegebenen Merkmals angestrebt wird. Soll die Veränderbarkeit eines Merkmals selbst im Sinne einer "neuen" Eigenschaft erfaßt werden, so wird dies als *Zielbereich II* bezeichnet.

Noch zwei Anmerkungen sind aber schon jetzt erforderlich bezüglich dieser beiden Zielbereiche :

Erstens müssen wir natürlich darauf aufmerksam machen, daß es fließende Übergänge zwischen diesen beiden Zielbereichen gibt und daher die Abgrenzung nur im Sinne einer akzentuierenden Gegenüberstellung zu verstehen ist, die noch dazu in Anbetracht des gegenwärtigen Erkenntnisstandes oft sehr spekulativ ist.

Zweitens haben wir mit Absicht nicht die von Baltes und Mitarbeitern vorgeschlagenen Termini "baseline" bzw. "developmental reserve capacity" übernommen, da die Feststellung des "Maximums" oder der "Reserve" nur einen Aspekt der Erfassung intraindividueller Variabilität darstellt. So könnte im Rahmen einer DTD durchaus auch die Erfassung der Beeinträchtigung der Leistungsfähigkeit unter bestimmten Stressbedingungen und Belastungen im Sinne von "Stress-Tests" für bestimmte diagnostische Fragestellungen (s. z.B. die von Kryspin-Exner, 1987 vorgeschlagene "Belastungsdiagnostik" zur Früherfassung von hirnorganischen Störungen) sehr ergiebig sein, so daß die Termini "Zielbereich I und II" neutraler und damit zugleich umfassender sind.

Anregungen für die künftige Präzisierung einer derartigen Unterscheidung lassen sich u. U. aus aktuellen Beiträgen zur Neuformulierung des Eigenschaftsbegriffs gewinnen, wie sie Steyer, Ferring und Schmitt (1992) vorgelegt haben. In der von ihnen vorgeschlagenen "State-Trait-Theorie" werden beobachtbare Merkmale in eine von Situations- bzw. Interaktionseffekten unbeeinflußte Komponente, eine Situations- bzw. Interaktionskomponente und einen Meßfehler zerlegt. Hierdurch wird prinzipiell eine umfassende, stabile und variable Komponenten umfassende und die systematische Berücksichtigung variierender Situationen ermöglichende Abschätzung von Persönlichkeitsmerkmalen denkbar. Ebenfalls wird eine Unterscheidung meßfehlerbedingter und systematischer Veränderungen ermöglicht. Die Autoren entwickelten Gleichungssysteme zur Abschätzung der einzelnen Komponenten und berichten erste Befunde zu einzelnen Untersuchungsverfahren.

2.2 Einordnung nach Modelldimensionen psychologischer Diagnostik

Der Gegenstand unserer Analyse kann nach dieser Eingrenzung nunmehr vor dem Hintergrund angemessener Beschreibungskategorien psychologischer Diagnostik noch präziser charakterisiert werden. Pawlik (1976) schlägt in seiner "Diagnose der Diagnostik" vor, diagnostische Ansätze und Verfahren mit Hilfe einer *Zieltaxonomie* zu beschreiben, die vier Alternativdimensionen psychodiagnostischer Zielsetzung vorsieht. Es sind dies die Dimensionen "Statusdiagnostik - Prozeßdiagnostik", "Testen - Inventarisieren", "Normorientierte Diagnostik - Kritereriumsorientierte Diagnostik" und "Diagnostik als Messung - Diagnostik als Information für und über Behandlung". Die Anwendung dieser Kategorien auf die Dynamische Testdiagnostik, wie sie oben definiert wurde, läßt nunmehr folgende Differenzierung zu:

a) *Statusdiagnostik - Prozeßdiagnostik*: Ersteres bezeichnet eine psychologische Diagnostik, deren Ziel es ist, "einen psychologischen Ist-Zustand festzustellen". Prozeßdiagnostik zielt dagegen darauf ab, "Veränderungen in psychologischen Variablen festzustellen" (Pawlik, 1976, S. 24). Die oben vorgenommene begriffliche Festlegung erlaubt es, DTD als Prozeßdiagnostik insofern einzustufen, als es sowohl bezüglich der Relation Intelligenz A/Intelligenz B als auch bezüglich Intelligenz B/Intelligenz C um die Erfassung der Veränderbarkeit eines psychologischen Merkmales bzw. der Testperformanz geht. Dieses hat in ersterem Fall den Status eines Fähigkeitskonstrukts, im zweiten Fall den einer Leistungsvariablen. Eine nähere Betrachtung läßt jedoch eine eindeutige prozeßdiagnostische Kennzeichnung der DTD nicht zu: Fungiert nämlich im ersteren Falle die (festgestellte) Veränderbarkeit einer Fähigkeit als Indikator für das Vorliegen bzw. die Ausprägung eines weiteren, psychologischen Merkmals mit Eigenschaftscharakter, z.B. "Lernpotential", so liegt wiederum eine letztlich statusorientierte Zielsetzung vor, wenn auch die Erfassungsmethode prozeßorientiert ist. Ebenfalls statusorientiert ist die Zielsetzung, wenn durch Optimierung der Faktoren, die Einfluß auf Intelligenz C nehmen, eine validere Abschätzung des aktuellen Ausprägungsgrades kognitiver Leistungsfähigkeit (Intelligenz B) angestrebt wird. Die oben vorgenommene begriffliche Festlegung der Dynamische Testdiagnostik zeigt somit, daß sie nicht eindeutig als status- oder prozeßorientiert klassifiziert werden kann. Wenngleich die Erfassung von Veränderungen in jedem Falle im Mittelpunkt des diagnostischen Vorgehens steht, ist es letztlich von der Art der zugrundegelegten theoretischen Konstrukte und der konkreten diagnostischen Zielsetzungen im Anwendungsfall abhängig, ob DTD prozeß- oder statusbezogen ist. Auf letzteren Punkt - die Verknüpfung der Diagnostik mit angewandt-psychologischen Aufgaben - wird unten (d) nochmals einzugehen sein.

b) *Testen vs. Inventarisieren*: Testen bedeutet das "Ziehen einer Verhaltensstichprobe" aus der Grundgesamtheit des Verhaltensrepertoires einer Person. Inventarisieren beinhaltet dagegen das Erfassen möglichst sämtlicher "Elemente in dem durch die Fragestellung gekennzeichneten Ausschnitt des Verhaltensrepertoires" (Pawlik, 1976, S. 32), die für das Zustandekommen des interessierenden Verhaltens bedeutsam sein können.

Es ist evident, daß das Ziel einer Optimierung der Umsetzung von Intelligenz B in konkrete Testleistungen (Intelligenz C) solche diagnostischen Vorgehensweisen impliziert, die auf Inventarisieren ausgerichtet sind: Es geht darum, die für die Realisierung eines gegebenen intellektuellen Leistungspotentials optimalen Kontextbedingungen zu identifizieren und in der diagnostischen Situation zu implementieren. Auch die Erfassung der Veränderbarkeit von Intelligenz B bedarf letztlich der systematischen Sichtung von Bedingungen, die für die veränderungsbezogene Einflußnahme auf kognitive Fähigkeiten bedeutsam sind (Lernanordnungen, Trainingsaufbau, Randbedingungen der Lernsituation, etc.). Neben diesem Inventarisierungsmoment wird jedoch weiterhin die Notwendigkeit bestehen, möglichst repräsentative Verhaltensstichproben im Sinne des Testens zu ziehen, mit deren Hilfe sich Veränderungen in Abhängigkeit von den inventarisierten Bedingungen aufzeigen lassen. Trotz der offensichtlichen Bedeutung des Inventarisierungsaspektes läßt dynamische Testdiagnostik sich somit auf dieser Dimension ebenfalls nicht eindeutig einem der beiden Pole zuordnen.

c) *Normorientierte vs. Kriterienorientierte Diagnostik*: Bekanntermaßen versteht man unter normorientierter Diagnostik einen Untersuchungsansatz, der darauf abzielt, Untersuchungsergebnisse einzelner Personen relativ zur Verteilung der Testergebnisse in einer Bezugsgruppe auszudrücken. In der kriterienorientierten Diagnostik wird dagegen versucht, Personen "im Hinblick auf ein vorgegebenes Ergebnis oder Verhaltensziel", das sogenannte Kriterium, zu untersuchen. Die oben vorgenommene begriffliche Eingrenzung der DTD impliziert keine spezifische Orientierung der Zielsetzung in eine dieser beiden Richtungen. Sie erlaubt sowohl die normorientierte Betrachtung der unter spezifischen Bedingungen erhobenen Testperformanz bzw. von Veränderungswerten als Ergebnis spezifischer Interventionen als auch die Bestimmung des Grades der Annäherung an ein vorgegebenes Leistungsziel und der Bedingungen, die hierfür erforderlich sind (s. hierzu Kap. III.1). Letzterer Aspekt leitet über zur nächsten Unterscheidung.

d) *Diagnostik als Messung vs. Diagnostik als Information für Behandlung*: Die Schätzung von gesuchten Werten auf einer psychologischen Variablen aus beobachtbaren Testergebnissen steht im Mittelpunkt einer Auffassung von Diagnostik als Messung. Grundlage hierfür sind die Festlegungen der klassischen bzw. probabilistischen Testtheorien. Diagnostik als Information für Behandlung fragt dagegen nach dem Nutzen, den diagnostische Befunde für Behandlung bringen können. Unter Behandlung ist hierbei jede Art "zustandsverändernder Handlungen" (Pawlik, 1976) zu verstehen. Dynamische Testdiagnostik scheint - wiederum - mit beiden Polen assoziiert zu sein. Zum einen geht es um eine Verbesserung der Schätzung bestimmter "gesuchter Werte" (s.o.) durch eine Veränderung der diagnostischen Anordnung und Vorgehensweise. Zum anderen implizieren u.a. Prozeßorientierung und Inventarisieren von leistungsbeeinflussenden bzw. veränderungsrelevanten Bedingungen die Möglichkeit, solche Informationen zu generieren, die unmittelbar für Behandlung wirksam werden können. Als solche Behandlungen wären denkbar eine verbesserte "Personenselektion" (z.B. validere Erfassung des aktuellen Ausprägungsgrades des interessierenden Merkmals), Möglichkeiten der "Bedingungsselektion" (z.B. Identifikation optimaler Bedingungen für die Realisation von Intelligenz C) und der "Verhaltensmodifikation" (Veränderung spezifischer Fähigkeiten, z.B. Begriffsbildung durch nachgewiesenermaßen wirksame Trainings). Eine detailliertere Darstellung der genannten Behandlungsstrategien findet sich ebenfalls bei Pawlik (1976) und muß hier nicht näher erörtert werden. Die praktische Umsetzung der mit Hilfe der DTD gewonnenen diagnostischen Informationen in zustandsverändernde Handlungen bedarf allerdings spezifischer Anwendungs- und Prüfmodelle (Cronbach & Gleser, 1965; vgl. auch Tack, 1976), auf die an dieser Stelle nicht einzugehen ist. Festzuhalten bleibt, daß - im Vergleich zur herkömmlichen Diagnostik kognitiver Fähigkeiten - die DTD auf der Grundlage der hiermit generierbaren Datenbasis gute Voraussetzungen für eine bessere Behandlungsorientierung zu bieten scheint. In unserer nachfolgenden historischen Darstellung wird deutlich werden, daß gerade die Kritik an der geringen praktischen Nützlichkeit herkömmlicher Testbefunde für Probleme der Behandlung einer der Ansatzpunkte für die Entwicklung der DTD war.

Zusammenfassend bleibt festzustellen, daß auf der in diesem Kapitel gewählten Abstraktionsebene eine eindeutige Einordnung der DTD im Rahmen der von Pawlik (1976) vorgeschlagenen Zieltaxonomie nicht geleistet werden kann. Gleichwohl hat diese Taxonomie dazu verholfen, von voreiligen Charakterisierungen der DTD, etwa

als Prozeßdiagnostik, Abstand zu nehmen. DTD stellt sich nach der vorangegangenen Analyse als nach diagnostischer Zielsetzung und Methodik *mehr oder weniger
stark prozeßorientiert* als die herkömmliche Testdiagnostik vor allem im Hinblick
auf die Erfassung kognitiver Merkmale dar. Sie impliziert methodisch, wiederum
mehr oder weniger deutlich, die Notwendigkeit des *Inventarisierens* performanz- und
veränderungsrelevanter Bedingungen, ist offen für *kriteriumsorientierte Ausgestal-
tungen* und impliziert verschiedene Möglichkeiten zur Nutzung der diagnostischen
Befunde für die *Behandlung.* Erst auf der Ebene der spezifischen Konstrukte, zu
deren Erfassung einzelne Ansätze der DTD verhelfen sollen, und unter Berücksichtigung der spezifischen Untersuchungsmethoden wird es möglich sein, einzelne
Ansätze der DTD eindeutiger im Sinne der herangezogenen Zielkriterien zu
beschreiben. Im nun folgenden Abschnitt dieses Kapitels werden solche Ansätze in
ihrer Entwicklung dargestellt.

3   Ansätze dynamischen Testens in der Geschichte der Intelligenz-
diagnostik

3.1   Vorbemerkungen

Groffmann (1964, 1983) beschreibt in seinen Überblicksdarstellungen zur Entwicklung der Intelligenzmessung die Schwierigkeit, den historischen Beginn der Testdiagnostik angesichts der vielfältigen auffindbaren Entwicklungslinien exakt zu fixieren.
Ähnlich schwierig gestaltet sich der Versuch, die Entwicklung der DTD zu rekonstruieren. Grundelemente des dynamischen Testansatzes, wie sie oben herausgearbeitet wurden, stellen ideengeschichtlich in keinster Weise ein Novum dar. So zielte
beispielsweise bereits die sokratische Methode der Untersuchung intellektueller
Fähigkeiten darauf ab, jene nicht isoliert im Sinne der Abschätzung eines Merkmals
auf der Grundlage einer Stichprobe von Leistungsdaten (s.o. "Testen"), sondern
vielmehr im Zusammenhang mit kontinuierlich eingeschobenen pädagogischen
Interventionen, deren Auswirkung beobachtet wurde, zu erfassen (vgl. hierzu auch
Anastasi, 1976). Die unterschiedlichen Strömungen unter derartigen Vorläufern psychologischer Untersuchungsmethodik herauszuarbeiten und mit den Entwicklungen
innerhalb der Diagnostik kognitiver Fähigkeiten in Beziehung zu setzen, wäre eine
reizvolle Aufgabe für psychologiegeschichtliche Forschung, sie würde jedoch den
hier vorgegebenen Rahmen überschreiten. Beginnen werden wir vielmehr mit der
Epoche, in der die moderne Intelligenzdiagnostik entstanden ist. Wir werden dabei
nach Ansätzen suchen, in denen das Problem der Variabilität kognitiver Fähigkeiten

vor dem Hintergrund spezifischer Genotyp-Umwelt-Interaktionen und die Probleme der Abhängigkeit der Testperformanz von spezifischen Einflußgrößen systematischer Art thematisiert und methodisch-diagnostische Vorschläge zu seiner Handhabung gemacht wurden. Konzepte für die Analyse dieser Vorschläge können dabei v.a. die oben besprochenen Dimensionen psychodiagnostischer Zielsetzung sein: Prozeß- vs. Statusorientierung, Testen vs. Inventarisieren, Norm- vs. Kriteriumsorientierung und Diagnostik als Messen vs. Diagnostik als Information für Behandlung.

3.2 Historische Sequenz

3.2.1 Vom Beginn der Testdiagnostik bis zum Ende des Ersten Weltkrieges

Einschlägige, wenngleich noch sehr rudimentäre Überlegungen lassen sich bereits bei einem der ersten psychologischen Diagnostiker, dem französischen Psychiater Esquirol (1838) finden. Während nämlich Quetelet (1838; vgl. a. Reinert, 1976), ein zur gleichen Zeit wirkender, vielseitiger und für die Psychologie sehr bedeutsamer belgischer Forscher, den für die Entwicklung der Diagnostik und Differentiellen Psychologie ebenfalls richtungsweisenden Vorschlag machte, von konkreten Handlungen des Individuums aus auf strukturell zu verstehende Fähigkeiten zu schließen (Ansatz des Testens und Messens, s.o.), stellte Esquirol bereits in Rechnung, daß einem gegebenen Erscheinungsbild unterschiedliche strukturelle Bedingungen zugeordnet sein können. Er tat dies, indem er zwischen angeborener und im Verlauf ungünstiger Entwicklungsbedingungen erworbener Geistesschwäche unterschied und damit die Möglichkeit einer unterschiedlichen Prognose auf der Grundlage vergleichbarer Performanzwerte zumindest nicht ausschloß. Methodische Vorschläge zur differentialdiagnostischen Analyse dieser Syndrome, etwa unter Berücksichtigung einer differentiellen intraindividuellen Variabilität der Testperformanz wurden allerdings noch nicht gemacht.

Weitere einschlägige Überlegungen tauchen als nächstes bei Binet (1903) auf. Dieser Forscher betonte, daß im Test gegebenes Leistungsverhalten nicht eindeutig, sondern vielmehr in Relation zu Charaktermerkmalen der Person und ihrer Art, auf den Test zu reagieren, interpretiert werden müsse. Wenige Jahre später wurde dieser Gedanke von Binet und Simon (1908) dahingehend weiter präzisiert, als zwischen *angeborener Intelligenz* einerseits und intellektuellen Merkmalen, wie sie durch bestimmte *leistungsrelevante Charaktereigenschaften* ("aptitude scolaire") vermittelt werden, unterschieden wurde. Entsprechend betonten die Autoren die Notwendigkeit einer genauen Beobachtung des Verhaltens der Probanden (Kinder) während des Tests und forderten die Durchführung von Einzelanalysen mit differentialpsychologischer Zielsetzung. Zu letzterem Punkt ist methodisch vor allem interessant, daß die Autoren eine Aufgabengruppe innerhalb eines Tests zusammenstellten, die die quasi "reine" Erfassung der nicht von Charaktermerkmalen, Einstellungswirkungen etc. beeinflußten Intelligenz ("intelligence pure et simple", vgl. Groffmann, 1964) ermöglichen sollte. Nach Groffmann ist in diesen Bemühungen von Binet und Simon der erste historische Versuch einer klinischen Interpretation von Testresultaten zu sehen. Festzuhalten bleibt, daß die Veränderbarkeit kognitiver Merkmale erkannt und versucht wurde, sie durch Beachtung nichtintellektueller Merkmale als mögliche Einflußgrößen auf kognitive Leistung sowie durch die Analyse der Leistungsverteilung über spezifische Aufgabengruppen hinweg diagnostisch zu thematisieren. Somit zeigten sich hier deutliche Bezüge zu dem oben dargestellten Inventarisierungskonzept. Mit den dargestellten methodischen Ansätzen verband sich die Hoffnung, daß damit validere Rückschlüsse auf gegenwärtige oder künftige Fähigkeiten von Probanden möglich werden sollten, die über eine statische Extrapolation auf der Grundlage der vorliegenden Leistungsdaten hinausgehen.

Der nächste, für den Ansatz des dynamischen Testens bedeutsame historische Beitrag wurde von Meumann als Folge seiner Beschäftigung mit dem Binet-Simon'schen Testansatz geleistet. Er soll seiner Vielseitigkeit und Aktualität wegen etwas ausführlicher dargestellt werden.

Trotz der oben beschriebenen Aufgabenzusammenstellung und der von Binet und Simon proklamierten klinisch-diagnostischen Grundhaltung war Meumann (1922, 1. Auflage 1913) der Auffassung, daß das von diesen Autoren entwickelte Verfahren Milieufaktoren zu stark und in nicht eindeutig kontrollierbarer Weise zur Wirkung kommen ließe. Meumann unterschied daher auf theoretischer Ebene neben einer Begabungs- und Entwicklungskomponente - letzteres analog zu Binet und Simon - explizit auch eine "Umweltkomponente". Bei dieser differenzierte er zwischen einem Milieu im engeren Sinne (familiäre und schulische Bedingungen) und dem geographischen und soziokulturellen Milieu im weiteren Sinne. Die methodische Konsequenz dieses Konzepts war die Entwicklung eines Tests, der aus drei unterschiedlichen Teilen bestand: "Begabungs-" und "Intelligenzproben", "Entwicklungsproben" und "Umgebungsproben". Im folgenden sollen die *Begabungs- bzw. Intelligenz-* und die *Umgebungsproben* kurz erläutert werden.

Zum ersten Bereich zählen Aufgaben der Aufmerksamkeitsentfaltung und des unmittelbaren Behaltens von verbalem und nicht-verbalem Material, Kombinationsaufgaben in Anlehnung an Ebbinghaus (vgl. Groffmann, 1964), nicht-verbale Aufgaben von der Art der auch heute noch verwendeten "Abwicklungen" ("was für ein Körper entsteht, wenn man ein rechtwinkliges Dreieck wie dieses ... um a b als Achse rotieren läßt?", Meumann, 1922, S. 287) und anderes mehr. Als Umgebungsproben im Sinne einer Feststellung manifester Umwelteinflüsse auf die kognitive

Entwicklung sah Meumann den Nachweis spezifischer Schulkenntnisse (z.B. Zahlen, Münzen, Schreiben nach Diktat) und im häuslichen Leben erworbener Wissensinhalte (Bedeutung von Worten, Bezeichnung von Gegenständen der häuslichen Umgebung, Korrektheit des Sprechens etc.) an. Hinzu kam die "spontane Beobachtung durch Prüfung des Vorstellungskreises" (S. 288), die das Bedeutungsumfeld vorgegebener Wörter mit Hilfe bestimmter Methoden der Befragung erhellen und dadurch zeigen sollte, "was das relativ unbeeinflußte Kind von seiner Umgebung durch spontane Wahrnehmung und Verarbeitung seiner Beobachtung aufgenommen hat" (S. 286). Meumann plädierte dafür, die drei von ihm unterschiedenen Intelligenzaspekte nicht isoliert, sondern insgesamt und im Zusammenhang zu erfassen ("*Methode der intellektuellen Normalprobe*", S. 285). Erst auf der Grundlage einer solchen umfassenden Untersuchung sei man berechtigt, "die richtigen sozialen Folgerungen aus den Intelligenzprüfungen zu ziehen" (S. 286).

Über seine Beschäftigung mit dem Anlage-Umwelt-Problem und dessen diagnostischer Berücksichtigung hinaus strebte Meumann auch einen möglichst komplexen Zugang zur Analyse der aktuellen geistigen Leistungsfähigkeit selbst an. Grundlage hierfür war die Überzeugung, daß die geistige Arbeit einer Vielzahl von Einflüssen unterliege. Unter anderem beschäftigte er sich in diesem Zusammenhang, wenngleich wenig ausführlich, mit dem Einfluß von "emotionalen und voluntativen" (S. 292) Abnormitäten auf Intelligenzentwicklung und Intelligenzleistung und schlug zumindest tentativ Methoden zu ihrer Erfassung und Behebung sowie zur Beschreibung des Fortschritts im Verlaufe des intellektuellen Prozesses unter pädagogischer Einflußnahme vor. Ein in nebenstehendem Kasten wiedergegebenes Zitat verdeutlicht Meumanns Auffassung (S. 292).

"Eine Möglichkeit gibt uns dafür z.B. das Aussageexperiment. Wir lassen eine Aussage über ein Bild machen, welches das Kind eine Minute lang betrachtet hat, und welches unmittelbar nach der Betrachtung verdeckt wird und nun beschrieben werden muß. Eine solche Bildbeschreibung fällt natürlich mehr oder weniger fehlerhaft aus. Nun wiederholen wir die gleiche Aufgabe und stellen fest, durch welche Art der Beeinflussung des Willens die Aussage allmählich korrekter wird, ob durch Ermahnung zu gewissenhafter Beobachtung und genauer Selbstkontrolle der Beschreibung oder durch Belehrungen über die Fehler und über das, was die Kinder beobachten sollen, oder endlich durch fortgesetztes Üben in genauer Beobachtung überhaupt." (Meumann, 1922, S. 292)

Es ist reizvoll, dieses Zitat mit einer Feststellung von W. Köhler (1917, S. 31, s. nebenstehenden Kasten) in Beziehung zu setzen, der seine weithin bekannt gewordenen "Intelligenzprüfungen bei Anthropoiden" eigentlich für ergänzungsbedürftig hielt und auch so etwas wie eine "dynamische Intelligenzdiagnostik" forderte.

> "Kommt es nicht mehr in erster Linie darauf an, zu untersuchen, wie der Schim-
> panse ohne Hilfe einsichtig zu handeln vermag...dann kann man in weiteren
> Versuchen feststellen, inwieweit er funktionell komplexe Gebilde (Situationen)
> überhaupt verstehen lernt, wenn man ihm jede mögliche Hilfe dabei gibt." (Köhler,
> 1917, S. 31)

Wenngleich Meumann bei derartigen Untersuchungen nicht so sehr das diagnostische
Problem der Erfassung kognitiver Merkmale bei Kindern mit unterschiedlich
aufgabenrelevanten Persönlichkeitsmerkmalen im Einzelfall, sondern die allgemeine
Frage des Zusammenwirkens von Intelligenz und nicht-intellektuellen Charakteristika der Persönlichkeit im Auge hatte, ist doch ersichtlich, daß dieser Forscher
hiermit Überlegungen zur Gestaltung und Zielsetzung des diagnostischen Vorgehens
entwickelte, wie sie gegenwärtig unter den oben dargestellten Kriterien der DTD (der
intelligenztheoretischen Differenzierung unterschiedlicher Ebenen von Fähigkeiten,
des Inventarisierens, der Gewinnung von Behandlungsinformationen, der Veränderbarkeit kognitiver Eigenschaften) wieder aktuell geworden sind.

Etwa zur gleichen Zeit wie Meumann befaßte sich ein weiterer deutscher Psychologe,
W. Stern, und zwar nunmehr explizit auf das Instrument "Test" bezogen, mit dem
Problem des Zusammenhangs zwischen Umwelteinflüssen und intellektuellen Fähigkeiten. Stern mißtraute einer schematischen Verwendung von Testergebnissen für die
Auslese von Schülern der Grundschule für die höhere Schule wegen des nach seiner
Auffassung nicht hinreichend kontrollierten Einflusses von Milieu-Faktoren auf die
gemessene Leistung. Aus dem von ihm geleiteten Hamburger Psychologischen Institut kam daher der auch heute wieder sehr aktuelle (vgl. die Diagnose- und Förder-
klassen) Vorschlag, bei strittigen Fällen einen mehrwöchigen Probeunterricht durchzuführen. Erst auf der Grundlage der dabei gesammelten Testergebnisse sollten
diagnostische und prognostische Aussagen gefällt werden (vgl. Stern, 1918; zusammenfassend 1928). Stern wies somit der unter pädagogischer Einwirkung feststell-
baren Veränderung differentialdiagnostische Bedeutung für die Diagnose intellektueller Fähigkeiten zu.
    Zusammenfassend läßt sich in dieser ersten, etwa mit dem Ersten Weltkrieg
endenden Epoche mit Blick auf die DTD bei den referierten Autoren *Zweifel an der
Eindeutigkeit von Testleistungsbefunden* konstatieren. Dieser Zweifel gründet sich
auf Annahmen über den Einfluß von Umweltfaktoren gegenüber den Auswirkungen
von Anlage bzw. Begabung auf die Intelligenzentwicklung und auf Annahmen
bezüglich einer komplexen Determination von intellektuellen Leistungen bzw. Test-

ergebnissen. Wir finden hier somit Vorläufer von Konzepten, wie sie oben im Rahmen von Hebbs (1949) Intelligenztheorie vorgestellt und für die Konzeptualisierung des Phänomens der intraindividuellen Variabilität expliziert wurden. Als methodische Lösungswege finden wir den Versuch, *milieuunabhängige Typen von Testaufgaben* zu entwickeln und dadurch indirekt zu einer besseren Schätzung der tatsächlichen Intelligenzkapazität zu kommen; weiterhin Versuche, den *Prozeß* der Aktualisierung *intellektueller Leistung* direkt und stützend *zu beeinflussen*, einen eher *klinisch-diagnostischen Zugang* zu wählen und schließlich auch die Einbeziehung und Evaluation des *Effektes pädagogischer Interventionen* für das Individuum zur Absicherung des diagnostischen Urteils. Bemerkenswert ist darüber hinaus die bei Meumann vorgefundene prozeßorientierte, das Prinzip des Inventarisierens betonende Untersuchungsanordnung. Insgesamt können die dargestellten Ansätze am ehesten als Versuche einer ganzheitlichen, Stabilitäts- und Veränderungsaspekte gleichzeitig berücksichtigenden Diagnostik gekennzeichnet werden, die einen relativ komplexen methodischen Zugang aufweist.

3.2.2   Die Entwicklung bis nach dem Ende des Zweiten Weltkrieges

3.2.2.1   *Beiträge amerikanischer Psychologen*

Der erste Weltkrieg führte zu einer Verlagerung der Anforderungen an die psychologische Diagnostik insofern, als in den USA in kürzester Zeit über fast zwei Millionen Soldaten mit unterschiedlichstem ethnischen, sozialen und schulischen Hintergrund auf ihre Eignung für spezifische militärische Funktionen geprüft werden mußten. Dieses historische Ereignis beeinflußte die Entwicklung der psychologischen Testdiagnostik nachhaltig, wirkte sich jedoch auf die amerikanische und europäische Diagnostik in zeitlicher Hinsicht und bezüglich des Impetus auf Forschung und Entwicklung unterschiedlich aus. Aus diesem Grund werden zunächst die amerikanischen Beiträge gesondert dargestellt.

Entscheidend für die Weiterentwicklung der Diagnostik nach Ende des Ersten Weltkrieges war, daß die amerikanischen Militärpsychologen große Erfolge und hohes Ansehen mit der Konstruktion und Durchführung von Tests erringen konnten, die schnell, ökonomisch, vorzugsweise im Gruppenrahmen und für eine heterogene Zielpopulation in standardisierter Form einsetzbar und einfach auswertbar waren und sich für Selektions- und Plazierungsentscheidungen als sehr effektiv erwiesen. Zunächst in den USA, später jedoch auch in anderen Ländern, breitete sich unter dem Eindruck dieser Erfolge die Auffassung aus, daß das, was sich für die Zwecke der Militärpsychologie so augenfällig bewährt hatte, auch für andere Zwecke, also auch solche mit klinischer und pädagogischer Zielsetzung oder für die industrielle Personalauslese, geeignet sein müßte. Zusammen mit der Entwicklung teststatistischer, insbesondere faktorenanalytischer Methoden der Datenanalyse bewirkte dieser Impetus eine verstärkte Entwicklung von Verfahren, wie sie auch heute in vielen Anwendungsbereichen üblich sind und gemeinhin als Statustests beschrieben werden: Intelligenztests bzw. Tests spezifischer Fähigkeiten also, mit deren Hilfe aus einer einmalig erhobenen Verhaltensstichprobe mit hoher Meßgenauigkeit ein als relativ stabil erachtetes Merkmal, die Intelligenz bzw. spezifische geistige Leistungsfähigkeit, zu erschließen versucht wird.

Demgegenüber lassen sich jedoch zur gleichen Zeit Zweifel an einem solchen Ansatz vernehmen. Kennzeichnend ist, daß diese Beiträge aus dem unmittelbaren Kontakt mit Problemen der pädagogischen Praxis erwuchsen und das verbreitete Konzept von Intelligenz sowie Ansätzen zu seiner Erfassung aus der Perspektive des Lernens, also des zentralen Anliegens pädagogischer Praxis, kritisierten. In nebenstehendem Kasten ist eine derartige Stellungnahme (Buckingham, 1921) zur Veranschaulichung aufgeführt.

> "Theoretisch würde daraus folgen, daß die Messung des aktuellen Fortschritts repräsentativen Lernens den besten Intelligenztest darstellen würde ... Die meisten der jetzt gebräuchlichen Tests sind nicht Tests zur Erfassung der Lernfähigkeit ("capacity to learn"), sondern dessen, was schon gelernt wurde."(Buckingham, 1921, S. 211, Übersetzung d. Verf.).

Ähnliche Argumente wie die Buckinghams (vgl. auch Dearborn, 1921) werden bis heute immer wieder (s. z.B. Roth, 1957) von Vertretern einer spezifischen Form dynamischen Testens, der Lerntests, vorgebracht. Eine erste empirische Umsetzung dieser Überlegungen leistete De Weerdt (1927) mit Hilfe von Übungseffekt-Studien, deren Ziel es war, eine "direktere Methode als den Intelligenztest zur Untersuchung der Fähigkeit, sich unter schulischen Bedingungen zu verbessern" zu erkunden. Schulkinder übten im Klassenrahmen innerhalb eines Zeitraums von 11 Tagen Tests aus sieben kognitiven Funktionsbereichen. Die Aufgaben wurden nicht mit den Kindern diskutiert, es wurden keine Rückmeldungen gegeben. Es wurden lediglich spezifische, pädagogisch bewährte Maßnahmen zur Erhaltung der Motivation der Kinder ergriffen. Zwei der gefundenen Ergebnisse sollten in der Folge noch häufig repliziert werden: eine höhere Reliabilität bereits bei der zweiten Testwiederholung und eine differentielle Änderungssensitivität spezifischer Testaufgaben. Die Schlußfolgerung daraus war:

"Andere Maße ... als die der einmaligen Tests sind für Klassifikationszwecke notwendig. Der Übungstest ("practice test") ist ein dynamischer Test ("dynamic test"), ein Maß der Fähigkeit, sich unter spezifischem Training zu verbessern" (S. 557, Übersetzung d. Verf.).

De Weerdt ging mit dieser Definition offenbar, genauso wie ihre Zeitgenossen, auf die begriffliche Ebene des Zielbereichs II von DTD - der Postulierung eines neuen Merkmals - "capacity to improve" (S. 557) - über. Gleichzeitig war sie jedoch überzeugt, daß gerade der Posttestwert nicht nur diese Fähigkeit, sondern auch eine Reihe weiterer Einflußfaktoren wie "Interesse, Stolz über genaues Arbeiten, den Willen es gut zu machen, Persistenz trotz Entmutigung, ..." erfassen würde (S. 557, Übers. d. Verf.). Sie präsentierte damit auch erste Überlegungen zu Faktoren, die Einfluß auf die aktuelle Variation der Testperformanz haben können (Zielbereich I). Weiterhin liegt hier nach unserer Kenntnis die erstmalige Verwendung des Terminus "dynamic test" vor.

Die Auffassung, daß der ideale Intelligenztest die Fähigkeit zum Lernen messen sollte, wurde auch in der Folge von einigen Autoren aufrechterhalten (z.B. Penrose, 1934; Thorndike, 1922). Explizit in Opposition zu einem (als einfaktoriell) aufgefaßten Intelligenzkonzept ging Woodrow (1946). Er nahm an, daß die Fähigkeit zu lernen nicht mit Intelligenz identisch sei, daß es auch keine allgemeine Lernfähigkeit gäbe. Verbesserungen durch Übung sollten nach seiner Meinung mit Gruppenfaktoren der Intelligenz korrelieren, die ihrerseits aber wieder durch einfache (Status-) Messung erfaßbar sein müßten. Woodrow versuchte diese Annahmen durch die Analyse der Arbeiten anderer Autoren und durch eigene Arbeiten zu stützen. Bei letzteren fällt auf, daß seine Übungstests sich auf sehr spezifische Funktionen bezogen (z.B. horizontales Addieren, Anagramme, Längen schätzen, Wörter einsetzen) und sehr lange Übungsphasen (z.B. an 39 aufeinanderfolgenden Tagen) beinhalteten. Dies mag dazu beigetragen haben, daß er seine Annahmen im wesentlichen bestätigen konnte. Über die empirischen Befunde hinaus ist seine Definition der "ability to improve" interessant als "die Eigenart oder Charakteristika eines Individuums, die determinieren, wie stark es sich unter irgendeiner spezifischen Übung und unter festgelegten Kontextbedingungen verbessern wird" (S. 148, Übers. d. Verf.). Das hiermit konzipierte *Fähigkeitskonstrukt* fungierte somit als Sammelbegriff für unterschiedliche personale Einflußgrößen, die jedoch nicht absolut, sondern vielmehr *in Relation zu den Merkmalen des Settings* der DTD definiert wurden. Eine systematische Explikation und empirische Umsetzung dieses Ansatzes fand sich bei diesem Autor allerdings nicht.

Ähnlich wie Woodrow (1946), aber unter Einbeziehung methodischer Argumente zu Aufbau und Zielsetzungen der Intelligenztests ("Behalten, nicht Lernen wird von Intelligenztests erfaßt", Übers. d. Verf., S. 29) untersuchte Simrall (1947) ebenfalls

den Zusammenhang von Intelligenz und Leistungsverbesserungen unter Übungsbe-
dingungen. Sie fand ebenfalls nur sehr geringe Korrelationen zwischen dem Intel-
ligenzmaß (mental age) und den Zuwachsraten. Die hier nicht weiter dargestellte
Inspektion der Daten (Korrelationen) läßt allerdings annehmen, daß dieser Befund
das Ergebnis mangelnder Differenzreliabilitäten darstellt wie überhaupt das meßmethodische Problem der Korrelationen zwischen Prätests bzw. Posttests einerseits und
den Zuwachsraten in Lernversuchen andererseits noch nicht genügend berücksichtigt
wurde (vgl. hierzu Klauer, 1992 und Kapitel V in diesem Buch). Diese Kritik gilt
auch für andere der in dieser Zeit publizierten Studien.

Theoretisch interessant unter den Beiträgen dieser Epoche ist schließlich eine
Literaturübersicht von McPhearson (1948), in der sie abschließend forderte, daß die
"Untersuchung des Lernens in Situationen stattfinden sollte, die mit jenen vergleich-
bar sind, in denen die Probanden täglich agieren" (S. 253, Übers. d. Verf.). Dies kann
als Vorläufer von Überlegungen zur Gestaltung von Untersuchungsbedingungen im
Sinne ihrer ökologischen Bedeutsamkeit gesehen werden, wie sie in späteren Arbei-
ten (Wiedl & Herrig, 1978a,b) erneut aufgegriffen wurden (vgl. hierzu auch Kap.
III.1 zu curricularen Lerntests).

Will man die bisher skizzierte Entwicklung charakterisieren, so läßt sich auf
begrifflicher Ebene deutlich die Herausbildung eines *Konzeptes der Lernfähigkeit*
(Zielbereich II) erkennen, das vom Konzept der Intelligenz abgegrenzt wird. Die diagnostische Nutzung dieses Konzepts wird gefordert, v.a. für die Zielgruppe Retardierter. Allerdings sind die vorgeschlagenen Interventionen (Übung, Motivierung)
noch so unspezifisch, daß sich die intendierte konzeptuelle Umorientierung
(Zielbereich II, Capacity to Improve, etc.) auf methodischer Ebene noch nicht
eindeutig wiedererkennen läßt. Bemerkenswert ist weiterhin, daß die Bedeutung von
Faktoren, die die *Aktualisierung des je gegebenen Intelligenzniveaus* in der Testsituation beeinflussen, ebenfalls angesprochen wurde. Schließlich ist auf erste Aus-
einandersetzungen mit dem Problem der *Erfassung von Zuwachsraten* (s. v.a.
Simrall, 1947) zu verweisen.

Parallel zu den genannten Entwicklungslinien kamen - ebenfalls in den USA -
Versuche auf, das Problem der intraindividuellen Variabilität von Testleistungen aus
einer ganz anderen Perspektive zu betrachten. In gewisser Weise ähnlich wie Binet
("Intelligence pure et simple") und Meumann ("Begabungsprobe") versuchten eine
Reihe von Autoren, solche Aufgaben zu finden, die Umwelteinflüssen möglichst
wenig unterliegen. Anders als die genannten europäischen Autoren verfolgten sie
diesen Ansatz nicht mit dem Ziel einer ganzheitlichen Diagnostik, jedoch sehr
systematisch. Sie konzeptualisierten Umwelteinflüsse als Trainingseffekte und überprüften sie empirisch anhand von Interventionsstudien, den sogenannten "*coaching
studies*". Ziel dieser Studien war es somit - anders als in den oben dargestellten euro-

päischen Beiträgen - durch Aufdeckung und nachfolgende Berücksichtigung des Trainierbarkeitsfaktors die Validität von Testbefunden zu verbessern. Dieses Ziel sollte erreicht werden durch eine systematische Informationsgewinnung zu einzelnen Tests bzw. Testtypen, die sodann in der Testauswahl sowie bei der diagnostischen Urteilsbildung berücksichtigt werden sollte. Beispielhaft ist eine Studie, die Chen (1928) vorgelegt hat (s. Kasten).

Ausgehend von Thorndikes Auffassung (1922), daß alle Intelligenzleistungen Lerneinflüssen unterliegen, führte er eine vergleichende Studie zur differentiellen "coachability" von Intelligenztests durch. Zwei Tests mit jeweils unterschiedlichen Subtests wurden gegeben. Nach der ersten Testdurchführung und Auswertung wurden die Testprotokolle zurückgegeben, den Testteilnehmern wurde für jede Aufgabe mitgeteilt, ob sie richtig oder falsch gelöst worden war. Ebenfalls wurde in knapper Form der Grund für die richtigen Lösungen erläutert. Dieses Coaching geschah standardisiert mit Hilfe speziell gefertigter Manuale. Eine Gruppe der Teilnehmer wiederholte den Test ohne Coaching, eine Gruppe erhielt die darge-stellte Intervention. Die Autoren fanden wenig (Rechentest) und stark trainierbare (Analogien, Zahlenreihen) Tests, eine niedrige Korrelation von Ausgangswert und Lernrate, Varianzreduktion in der Zweittestung, insbesondere für die trainierte Gruppe und das Fehlen bedeutsamer Korrelationen zwischen den Lernraten für die spezifischen Tests. Erst- und Zweittestung korrelierten im Durchschnitt mit .70. Dies veranlaßte den Autor zu dem Schluß, daß die Rangordnung der Teilnehmer kaum verändert worden sei. Die Möglichkeit einer diagnostischen Nutzung von Zuwachsraten wurde mit keinem Wort erwähnt.

Der beschriebene Zugang, Testleistungsveränderungen als Störquelle zu betrachten und über die durch die klassische Testtheorie hinaus gegebenen methodischen Mög-lichkeiten empirisch zu kontrollieren, sollte eine ganze Reihe von Nachfolgestudien bekommen. Diese werden weiter unten noch dargestellt. Anders als dies bei den "coaching-studies" der Fall war, versuchten einzelne Autoren auch, die unterschied-liche "Ladung" von Tests mit den Auswirkungen vorangegangener Erfahrungen und Übung diagnostisch im Einzelfall zu nutzen. Anknüpfend an Cattells (1940) Konzeption der kristallinen und fluiden Intelligenz versuchte Jastak (1948) aus der unterschiedlichen Performanz von Probanden in den Subtests eines Verfahrens auf deren potentielle Intelligenz zu schließen. Jastak tat dies durch Gewichtung derjeni-gen drei Subtests eines Intelligenztests, in denen die Probanden ihre höchsten Werte erreichten. Idealiter würde Jastaks Ansatz es also gestatten, für eine Person den potentiellen Höchstwert und damit den möglichen Veränderungsbereich im Unterschied zu den bisher genannten einschlägigen Ansätzen quantitativ abzuschätzen. Eine ganze Reihe methodischer Einwände (vgl. Schmidt, 1971) lassen diesen Anspruch jedoch als nicht einlösbar erscheinen. Dennoch findet sich der Anspruch, aus *Leistungsspitzen Potentiale zu diagnostizieren*, auch in den aktuellen Beiträgen zur DTD (Feuerstein et al., 1979; vgl. Büchel & Scharnhorst, 1993) wieder.

Interessanterweise gehen neuerdings Kubinger und Wurst (1991) gerade den entgegengesetzten Weg, indem sie die schwächste Untertestleistung in ihrem Adaptiven Intelligenzdiagnosticum AID) als globales und dem Intelligenzquotienten überlegenes Maß postulieren, wobei sie sich auf die These beziehen, daß jede Kette so stark ist wie ihr schwächstes Glied.

3.2.2.2   Europäische Beiträge in den 20er und 30er Jahren

Wygotskis Konzeption der "Diagnostik der Zone der nächsten Entwicklung"

L.S. Wygotski (oft auch als Wygotsky transkribiert, im englischsprachigen Raum meist als Vygotsky, daher im Literaturverzeichnis unter beiden Transkriptionen aufgeführt) ist nach Meinung vieler zeitgenössischer Autoren - in jüngster Zeit vor allem auch aus dem amerikanischen Raum (vgl. Brown & Ferrara, 1985; Das & Conway, 1992; Sutton, 1987; Wertsch, 1985) - wohl einer der bedeutendsten psychologischen Denker dieses Jahrhunderts und u. E. jener Autor, der die theoretische Begründung für den dynamischen Testansatz in der Intelligenzdiagnostik bereits in den frühen 30er Jahren am weitesten ausgebaut hat. Da wir uns insbesondere bei der Entwicklung des Lerntestkonzepts (vgl. Guthke, 1972 und weiter unten im Text) wie auch neuerdings viele andere Autoren des dynamischen Testens in Ost und West sehr stark auf Wygotski beziehen (vgl. Lidz, 1987), soll sein Ansatz hier etwas näher geschildert werden.

Zunächst einige wenige Bemerkungen zur Person und zum Werk von Wygotski. L. S. Wygotski lebte von 1896-1934 und hat in dieser kurzen Lebensspanne Hervorragendes auf den Gebieten der Entwicklungs- und Pädagogischen Psychologie, der Denk- und Sprachpsychologie, Klinischen Psychologie und "Defektologie" (die russische Bezeichnung für Rehabilitations- und Sonderschulpsychologie), Kunstpsychologie und Psychodiagnostik geleistet (s. hierzu auch Piaget, 1962, der meinte, daß Wygotski manches richtiger gesehen habe als er selbst). Nachdem er trotz seiner Jugendlichkeit innerhalb kürzester Zeit eine herausragende Stellung in der sich entwickelnden sowjetischen Psychologie übernommen hatte - später bezeichneten sich die "Großen der sowjetischen Psychologie", Leontjew und Luria, stolz als seine Schüler - verfiel er nach 1936 in Ungnade, da angeblich die von ihm begründete "kulturhistorische Schule" unkonkret, "nicht klassenkämpferisch" genug, soziologistisch und daher "unmarxistisch" sei. Außerdem warf man ihm vor, daß er wie die

verfemten sog. Pädologen (eine in den 20er und frühen 30er Jahren in der Sowjetunion interdisziplinär aus Pädiatern, Pädagogen und Psychologen zusammengesetzte
Wissenschaftler- und Praktikergemeinschaft zur Begründung einer "Wissenschaft
vom Kinde") die "bürgerlichen Tests" propagiere, was im Widerspruch zum
"Pädologie-Dekret" der KPdSU stand, die 1936 die "pädologischen Entstellungen im
Volksbildungswesen der Sowjetunion" und damit auch die Tests für Jahrzehnte
(zumindest bis nach Stalins Tod) verbot.

Dabei war Wygotski durchaus von der Idee ausgegangen, bestimmte philosophischen Prämissen von Hegel und Marx, besonders der Erkenntnistheorie und des
historischen Materialismus, auf die Psychologie anzuwenden. (Daß sich Wygotskis
methodologische Postulate und substanzwisenschaftliche Erkenntnisse durchaus auch
mit anderen nichtmarxistischen Philosophien in Einklang bringen lassen, steht auf
einem anderen Blatt.) Für die Begründung der "kulturhistorischen Schule", deren
Konzeption auch den diagnostischen Implikationen Wygotskis (s. unten) unmittelbar
zugrundeliegt, wird von ihm immer wieder auf die 6. Feuerbachthese von Karl Marx
verwiesen, in der dieser das Wesen des Menschen bekanntlich als "Ensemble gesell-
schaftlicher Verhältnisse" definiert. Wygotski sah ähnlich wie Mead (1934) in den
USA in der damals vorherrschenden Psychologie die Gefahr einer individualistischen
und reduktionistischen "Psychologisierung",die die große Rolle der Gesellschaft und
Kultur für das Verständnis psychischer Phänomene vernachlässige. Übrigens unter
Bezugnahme auf damals sehr prominente russische Literaturwissenschaftler führte er
den *Aneignungsbegriff* in die Psychologie ein (Polebnya, Ejchenbaum, Jakubinskij;
vgl. Vorwort von A. Melraux in Vygotsky, 1978). Die Entwicklung und Eigenart
aller psychischen Prozesse und Eigenschaften (also keinesfalls nur des Wissens oder
der Kulturtechniken) werden als Produkt der Aneignung des gesellschaftlich vorgegebenen kulturellen Erbes - dazu zählen z.B. Werkzeuge, Schrift, Kultur, aber auch
Normen usw. - durch das tätige und aktive Subjekt (s. hierzu auch Leontjew, 1979)
begriffen. Für diesen Aneignungsprozeß liefern die biologischen Faktoren (wie
Erbausstattung, Krankheiten und Behinderungen) lediglich die Rahmenbedingungen.
Er begründete sehr differenziert, daß im Prozeß der sog. *Interiorisation* zunächst
vorwiegend im sozialen Verkehr des Kindes mit dem Erwachsenen realisierte
"interpsychologische Formen" der höheren psychischen Tätigkeiten - z.B. das
Gespräch zwischen zwei Kooperationspartnern - sich zu "intrapsychologischen
Formen" (z.B. die Diskussion des Für und Wider einer Sache im Selbstgespräch)
entwickeln. Besondere Bedeutung hat daher bei Wygotski die "Zusammenarbeit des
Erwachsenen mit dem Kinde" - aber auch die Kooperation der "peers" untereinander,
wobei er Anleihen beim Marx'schen Kooperationsbegriff nimmt. Interessanterweise
wird später Martin Buber ebenfalls die große Bedeutung des "*Dialogs*" für die
menschliche Entwicklung betonen.

Wygotski fordert nun, daß die Psychologie in einer dynamischen Betrachtungsweise diesen Aneignungsprozeß selbst untersuchen soll und nicht wie die traditionelle Psychologie lediglich die Aneignungsprodukte. So werde in der traditionellen
Entwicklungspsychologie nur der zum jeweiligen Entwicklungszeitpunkt feststellbare Status bestimmt (rein konstatierendes Experiment), der dann meist noch als
vornehmlich durch biologische Reifung bzw. Anlagebesonderheiten determiniert
aufgefaßt werde. Er fordert daher zunächst für die Allgemeine Psychologie und für
die Entwicklungspsychologie die Ergänzung des rein konstatierenden Experiments
durch die sogenannte *experimentell-genetische Methode*. Später finden wir bei dem
ansonsten kritisch gegenüber Wygotski eingestellten, ebenfalls bedeutenden sowjetischen Psychologen Rubinstein (1958) diesen Gedanken wieder in der Forderung
nach der sog. Pädagogisierung des psychologischen Experiments. Letztendlich
handelt es sich hierbei um eine Konkretisierung des besonders in der marxistischen
Philisophie betonten erkenntnistheoretischen Postulats, daß man die Erscheinungen
(Phänomene) und Gegenstände dieser Welt am besten erkennt, wenn man verändernd
auf diese einwirkt. Der Wygotski-Schüler Leontjew (1931, S. 181), der die experimentell-genetische Methode bei seinen Gedächtnisuntersuchungen anwandte,
schilderte diese wie folgt: "Die Aufgabe der genetischen Untersuchung in der Psychologie besteht nicht nur darin, die Entwicklung von bestimmten Verhaltensformen
zu zeigen, indem man sich darauf begrenzt, die Ablösung der einen Form durch die
anderen, durch neue Formen zu konstatieren, sondern auch darin, diesen Übergangs-
prozeß zu diesen neuen Formen zu untersuchen" ... und weiter ... "diese Aufgabe
kann als Aufgabe einer künstlichen Durchführung, unter Laborverhältnissen ...,
formuliert werden". In der deutschsprachigen Literatur wird dieses Vorgehen oft als
"Ausbildungsexperiment" (in der englischen als "educationable experiment")
bezeichnet. Weder bei Wygotski selbst noch bei seinen prominenten Schülern finden
sich irgendwelche Hinweise darauf, daß sie grundsätzlich das Experiment unter
Laborbedingungen bzw. den Test ablehnten oder auch nur geringer achteten (s.
hierzu auch Leontjew, 1979). Er kann daher nicht für zeitgenössische Kritiker des
psychologischen Experiments und der Tests, die allein in der Beobachtung des
Menschen in natürlichen Lern- und Unterrichtssituationen die via regia zur Intelligenzdiagnostik sehen, als Kronzeuge dienen (obwohl dies versucht wurde). Wygotski
hatte nämlich durchaus bei all seiner kritischen Einstellung gegenüber den
herkömmlichen Intelligenzstatustests (s.u.) die Vorteile des standardisierten, experimentellen (wenn auch hier nur konstatierenden Vorgehens) und des psychometrischen Ansatzes in der Psychodiagnostik erkannt (vgl. hierzu Wygotski, 1934, S.
5ff.). Er meinte aber (s. ausführlich hierzu Guthke, 1972), daß auch in der Psychodiagnostik die experimentell-genetische Methode in entsprechender Modifikation zur
Anwendung kommen müßte. Dies wird in der Idee der Unterscheidung zweier Zonen

- nämlich der *"Zone der aktuellen Entwicklung"* und der *"Zone der proximalen (potentiellen) Entwicklung"* - weiter expliziert. Die "Zone der aktuellen Entwicklung" wird bestimmt durch die Entwicklungs- bzw. Testaufgaben, die ein Kind selbständig - also ohne Hilfe der Erwachsenen - bereits lösen kann. Es sei aber nun wichtig, nicht nur die ausgereiften Funktionen zu betrachten, sondern auch die heranreifenden.

Zur Veranschaulichung des Gemeinten bringt er dann das viel zitierte Gärtnerbeispiel (s. Kasten).

> "Wie ein Gärtner, der den Zustand seines Gartens feststellen will, falsch handeln würde, wenn er ihn lediglich nach den Apfelbäumen beurteilte, die ausgereift sind und Früchte gebracht haben anstatt auch die heranreifenden Bäume in Rechnung zu stellen, so muß der Psychologe bei der Beurteilung des Entwicklungsstandes nicht nur die herangereiften, sondern auch die heranreifenden Funktionen, nicht nur das gegenwärtige Niveau, sondern auch den Bereich kommender Entwicklung berücksichtigen." (Wygotski, 1964, S. 212)

Welchen Weg sah nun Wygotski, um eine solche Diagnostik der "Zone der nächsten Entwicklung" zu ermöglichen? Entsprechend seinen entwicklungstheoretischen Vorstellungen über die Aneignung der Welt durch die Kooperation des Kindes mit dem Erwachsenen und die Interiorisation interpsychischer Funktionen in intrapsychische Funktionen (s.o.) entwickelte Wygotski die Idee, daß in dieser *"Zusammenarbeit mit dem Erwachsenen"* oder auch mit höher befähigten Alterskameraden (peers) die "zone of proximal development" sichtbar gemacht werden könne. Er brachte das Beispiel, daß zwei Kinder in einer herkömmlichen Intelligenztestung nach dem Binet-Typ ein Intelligenzalter von 8 Jahren erreichen. Während aber nun das eine Kind nach Impulsen (Hilfestellungen, Fragen, eventuell sogar Demonstrationen der Richtiglösung; nähere Ausführungen über die sog. Pädagogisierungsphase in der Testbearbeitung fanden wir bei Wygotski nicht) durch den Versuchsleiter ein Intelligenzalter von 9 Jahren erreicht, kommt das andere Kind zu einem Intelligenzalter von 12 Jahren. Diese Differenz zwischen aktuellem Niveau der Entwicklung - feststellbar an der Zahl der selbständig gelösten Aufgaben - und dem Niveau, das das Kind mit Hilfe des Erwachsenen erreicht, ist bei Wygotski die "operationale Definition" der "zone of proximal development". Er schreibt (s. Wygotski, 1964, S. 212f.): "In unserem Beispiel wird diese Zone für das eine Kind durch die Zahl vier, für das andere durch die Zahl eins ausgedrückt... Wie die Untersuchung zeigt, werden sich zwischen diesen beiden Kindern in der Schule viel mehr Unterschiede herausstellen, die durch die Abweichung in ihren Zonen der nächsten Entwicklung bedingt sind, als durch das gegenwärtige Entwicklungsniveau bedingt hervorgerufene Übereinstimmungen. Das wird sich in erster Linie in der Dynamik ihrer geistigen Entwicklung, im Unterrichtsverlauf und in ihren relativen Leistungsergebnissen ausdrücken. Die Untersuchung zeigt, daß die Zone der nächsten Entwicklung für die Dynamik der intellektuellen Entwicklung und den Leistungsstand eine unmittelbarere Bedeutung besitzt als das gegenwärtige Niveau ihrer Entwicklung."

Nun hat Wygotski unseres Wissens selbst niemals exakte empirische Untersuchungen zu dieser Hypothese durchgeführt, wie es ihm auch nicht mehr vergönnt war, detaillierte Vorschriften für die vorgeschlagene diagnostische Prozedur auszuarbeiten. Man kann mit guten Gründen spekulieren, daß Wygotski seine Idee in praktisch verwendbare Verfahren umgemünzt hätte, hätte nicht das offizielle Testverbot und sein früher Tod (1934) ihn daran gehindert. Wygotski war nämlich nicht nur ein hervorragender Theoretiker, sondern auch ein sehr praxisbezogener Psychologe. Er sah durchaus die Bedürfnisse und Anforderungen der Praxis und hatte bei der Untersuchung von schizophrenen Patienten und geistig zurückgebliebenen Kindern selbst praktisch gearbeitet. Dabei gewann er eine durchaus kritische Sicht zu der damals üblichen massenhaften Anwendung der herkömmlichen Intelligenztests durch die sog. Pädologen, wobei die Resultate dem psychologischen Zeitgeist entsprechend sehr endogenistisch interpretiert wurden. Dies führte dazu, daß viele milieugeschädigte und verwahrloste Kinder in der Sowjetunion, vor allem aber die Angehörige nationaler Minoritäten (z.B. der asiatischen, deren Eltern häufig noch Analphabeten waren) vorschnell als "minderbegabt" etikettiert wurden. Damit wurden deren reguläre Beschulung und Berufsausbildung durch eine angeblich wissenschaftlich durch Tests erfolgte Feststellung einer angeborenen Minderbegabung behindert. Gleichzeitig behinderte aber ein solcher Mißbrauch von Tests,der in den USA bei der Testung und anschließenden Etikettierung von Immigrantenkindern (vgl. hierzu Kamin, 1979) als intellektuell minderwertig eine Parallele hatte, die dringend erforderliche Industrialisierung des Landes, da man fälschlicherweise viele Jugendliche als ungenügend begabt für eine Berufs- bzw. Hochschulausbildung "abstempelte". Interessanterweise wiederholte sich diese Diskussion besonders in den USA und in Israel in den letzten Jahrzehnten immer wieder, vor allem im Zusammenhang mit der Anwendung von Intelligenztests für die Sonderschulüberweisung sog. unterprivilegierter Kinder (s. hierzu weiter oben und ausführlicher im Abschnitt III.2). Wygotski sah also einerseits durchaus diese Schwächen der praktizierten Intelligenzmessung, andererseits lehnte er aber deswegen nicht pauschalisierend - wie später im Pädologie- und Testverbot praktiziert - das psychometrische Vorgehen ab (vgl. Wygotski, 1934), sondern forderte dessen Umgestaltung in Richtung "Diagnostik der Zone der nächsten Entwicklung", um insbesondere die sozial und bildungsmäßig benachteiligten Kinder nicht von vornherein zu diskriminieren.

Die Arbeiten von Kern und Selz

Etwa um die gleiche Zeit wie Wygotskis Arbeiten erschienen zwei einschlägige Beiträge deutscher Psychologen, die ebenfalls ohne deutliche aktuelle Wirkung auf die diagnostische Praxis bleiben sollten. Während Selz (1935) empirisch die Auswirkungen von Trainings auf Intelligenzleistungen nachwies, befaßte sich Kern mit der Bedeutung von Übungseffekten für eignungsdiagnostische Belange.

Der Beitrag Kerns (1930) soll ausführlicher behandelt werden, da er einen weiteren Einblick in die differenzierte Betrachtung des Phänomens intraindividueller Variabilität bereits zu dieser Zeit ermöglicht. Das Anliegen dieses Autors zielte auf die Kritik und Verbesserung der psychologischen Eignungsdiagnostik ab.

Bereits 1920 hatte Schackwitz (referiert und reanalysiert von Greif & Holling, 1990) die psychologischen Prüfungen von Straßenbahnführern einer ziemlich harschen Kritik unterzogen. Da er festgestellt hatte, daß erst nach Übung und Testwiederholung die Ergebnisse einigermaßen, wenn auch noch nicht befriedigend genug die spätere Berufsbewährung prognostizierten, schlußfolgerte er: "Sollen denn die so gekennzeichneten Anlagen auch als Grundlage von praktisch verwertbaren psychologischen Eignungsprüfungen dienen, so wäre zu fordern, daß die Beständigkeit dieser "Anlagen"usw. erwiesen würde oder die Gesetzmäßigkeiten, nach denen sie sich unter dem Einfluß der Übung und Gewöhnung gegebenfalls ändern können." (S. 176).

Kern kritisierte die Übertragung der militärpsychologischen Eignungsdiagnostik auf andere Anwendungsbereiche mit dem Argument, beim Militär ginge es um die Auslese von Personen, die sofort bestimmte Funktionen zu erfüllen hätten; dies sei jedoch nicht übertragbar auf zivile Belange, wo Lern- und Einarbeitungsprozesse ein weit größeres Gewicht haben würden. Weiterhin präsentierte er in einer Literaturanalyse eine Reihe von Beiträgen zeitgenössischer Autoren, in denen die Bedeutung von Übung für die Bearbeitung von Testaufgaben oder in Lernexperimenten deutlich wurde. Hierunter subsumierte er auch Autoren, die die Trainierbarkeit spezifischer Fertigkeiten als diagnostische Indikatoren für die Eignung zu einer bestimmten Tätigkeit sehen wollten (vgl. z.B. Lipmann, 1919, zitiert nach Kern, 1930). Kern versuchte eine Synthese bisher vorliegender Überlegungen zur mangelnden Stabilität von Rangreihen bei eignungsdiagnostischen Untersuchungen durch die Einführung der Begriffe "*Anfangshemmung*" (beeinträchtigende Faktoren vor Eintreten der Gewöhnung), "*Dispositions- oder Haltungsschwankungen*" (situativ auftretende Einflußgrößen), "*Übungswille*" (Interesse, persistierende "Willensanspannung") und "*Übungspotenz*" (Fähigkeit,von Übungen zur profitieren). Ein von ihm dargestelltes Demonstrationsbeispiel (s. nebenstehender Kasten) verdeutlicht seinen Ansatz.

"Auf der Abszisse sind die Anfangsbuchstaben für die 10 Schüler eingetragen, die an einem sog. "Punktreihenversuch" (Anm. 124) teilgenommen haben. Auf der Ordinate sind die Maßzahlen für die bei diesem Versuche erreichten Leistungswerte angezeichnet.

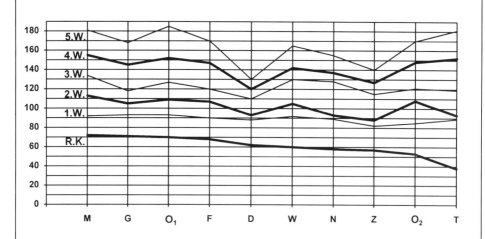

Figure 13: Versuchsreihe Wa - Punktreihenversuch (G.P. Kurven)

Betrachten wir zunächst die unterste schwarz ausgezogene Kurve. Sie gibt uns an, welche Leistungswerte von jedem einzelnen Ue. T. (Anm. 125) der Gruppe beim ersten Versuch erreicht wurden. So können wir bspw. sofort ablesen, daß der Ue. T. M. einen Leistungswert von rd. 71 erreicht. Da diese Kurve gleichsam ein Profil durch die Leistungsfähigkeit der ganzen Schülergruppe legt, haben wir sie als Gruppenprofilkurve bezeichnet. In der gleichen Weise stellen wir nun wieder G P Kurven von den individuellen Leistungswerten her, die in der 1., 2., 3., ... Uebungswoche erreicht wurden. Es ist leicht einzusehen, daß eine strenge Rangreihenkonstanz in diesem Kurvenbild dadurch zum Ausdruck kommen muß, daß alle Profilkurven eine strenge Parallelität mit der ersten (untersten) Kurve aufweisen. Wir können wiederum sofort ablesen, daß dies ganz und gar nicht der Fall ist. Schon die G P Kurve der ersten Woche zeigt erhebliche Abweichungen von der untersten Kurve, die sich in der 2., 3. und 4. Woche noch steigern. Deutlich ist das Zurückbleiben der Leistungen der Ue. T. G, D und Z zu bemerken, ebenso auffällig das Vorschnellen der Leistungswerte des Ue. T, O_2 und W. Aber ein weiterer Blick auf das Kurvenbild liefert uns sofort das wichtige Ergebnis, *daß nach der dritten Woche eine Parallelität der drei obersten Kurven* zum Durchbruch kommt. Sie weist uns darauf hin, daß nun - nach dreiwöchentlicher Uebungsdauer - eine relativ hohe Rangreihenkonstanz eingetreten sein muß, die wahrscheinlich sichere Progno-

sen zulassen wird. Würden wir - wie das vielfach geschieht - die Leistungswerte des
1. Versuches oder der 1. Woche zu prognostischen Zwecken verwenden, müßten wir
zu groben Fehlschlüssen kommen. Eine sichere Prognose ist erst möglich, wenn die
ersten Uebungsstadien überwunden sind, die "Rangfestigkeitsgrenze" erreicht ist. Der
Schluß liegt nahe, interindividuelle Gewöhnungsdifferenzen für die abweichende
Form der ersten Profilkurven verantwortlich zu machen. So scheint besonders der an
letzter Stelle der Rangskala stehende Ue. T. T ungewöhnlich stark mit Anfangshemmungen zu kämpfen haben, während seine Uebungspotenz - wie das schnelle
Ansteigen seiner Leistungswerte zeigt - hervorragend gut ist.

125 Die Namen der Ue T, sind auf der Abszisse so angeordnet worden, daß sie entsprechend der Höhe ihrer beim 1. Versuch erreichten Leistungswerte eine abstei-
gende Rangskala bilden." (Kern, 1930, S. 462)

Die empirischen Arbeiten Kerns fallen z.T. durch ausgeklügelte Designs auf, in
denen z.B. Aufgabenschwierigkeit (also Schwierigkeitsparameter) und Leistungsstand (Fähigkeitsparameter) der Teilnehmer kontrolliert wurden. Methodisch interessant ist u.a. die Kritik, die Kern an Differenzmaßen übte: Er bezweifelte, daß gleiche
Differenzen jeweils auch gleiche Übungsfortschritte repräsentieren (vgl. zu diesem
Problem Kap. V in diesem Buch). Originell ist auch ein von ihm gewählter Ansatz
der Veränderungsmessung: er registrierte, ob ein Proband von einer leistungsstarken
in eine leistungsschwache Gruppe wechselt ("*Gruppenkonstanzmethode*").

Ein derartiger qualitativer psychometrischer Zugang, wie ihn beispielsweise sehr viel später Rost
(1982) gefordert hat, wurde in einer Arbeit von Wiedl, Schöttke & Gediga (1989), dem Fortgang der
Methodenentwicklung entsprechend allerdings in elaborierterer Weise, ebenfalls zur Veränderungserfassung eingesetzt. Hierbei wurde Veränderung definiert als Wechsel einer über die latente Klassenanalyse bestimmten Klasse von der Vor- zur Nachtestung (vgl. hierzu auch Kap. V in diesem Buch).

In den mit Kindern und Jugendlichen durchgeführten Untersuchungen Kerns wurden
sowohl spezifische Fertigkeitstests als auch Intelligenzaufgaben teilweise über einen
Zeitraum von fünf bis neun Wochen geübt. Die Übung bestand in der Bearbeitung
"paralleler" Verfahren. Die Ergebnisse bestätigten seine Erwartungen hinsichtlich der
Instabilität von Rangreihen und der auf diese einwirkenden Faktoren. Kern schloß
daraus: "Die einmalige Anwendung eines Prüfverfahrens gestattet keine einwandfreie
Prognose und muß in vielen individuellen Fällen zu groben Fehlschlüssen verleiten"
(S. 463). Im nebenstehenden Kasten wird Kerns radikale Kritik der üblichen
Eignungsdiagnostik verdeutlicht.

"Den großen Vorzug aller psychologischen Prüfverfahren hat man darin erblickt, daß sie mit Hilfe einer einfachen Stichprobe zu einer einwandfreien Beurteilung des Intelligenz- oder Fähigkeitsgrades der Prüflinge gelangen. Und gerade diese Stichproben besitzen nicht jene diagnostische und prognostische Sicherheit, die man ihnen angedichtet hat. Wir besitzen keine ausreichende Bürgschaft,daß die von der Prüfung als gut begabt befundenen Prüflinge nach mehrfacher Wiederholung nicht starke Leistungsabfälle aufweisen und sind erst recht nicht gegen die Überraschung gesichert, daß Prüflinge, die wir auf Grund des Prüfungsausfalles als schlecht begabt zensieren, sich mit einem Male als hervorragend befähigt erweisen." (Kern, 1930, S. 464)

Konsequenterweise forderte Kern eine Übungseichung von Tests, bei der der Leistungsstand relativ zum Übungsstand normiert werden sollte. Diese Vorschläge, wie auch die von ihm herangezogenen Konzepte der "Anfangshemmung", des "Übungswillens" und der "Dispositions- oder Haltungsschwankungen" können als Versuche aufgefaßt werden, methodisch und begrifflich eine optimale und möglichst unverzerrte Diagnostik des gegebenen Fähigkeitsstandes zu ermöglichen (Zielbereich I). Eine konsequente Umsetzung seiner Auffassung von "Übungspotenz" als "eine rein individuelle Eigentümlichkeit, die mit hohen oder niedrigen Anfangsleistungen nichts zu tun hat" (S. 558) in einen diagnostischen Ansatz, in dem versucht wird, diese Übungspotenz (Zielbereich II) diagnostisch eindeutig und explizit zu erfassen, hat Kern allerdings nicht vollzogen.

Von Meili (1955, S. 356) wird Kern später mit dem folgenden Argument kritisiert werden: "Es ist klar, daß man nicht die Resultate vor und nach der Übung miteinander vergleichen und sich über die Verschiebungen verwundern darf, wenn der Test im allgemeinen keine konstanten Resultate ergibt, oder, wie wir gesagt haben, wenn seine Stabilität nicht gut ist". Allerdings haben dann im Anschluß an Meilis Kritik an den Kern'schen Schlußfolgerungen verschiedene Autoren (z.B. Diemand, Schuler & Stapf, 1991; Guthke, 1972 und Simons & Möbus, 1977) festgestellt, daß auch bei hoch zuverlässigen Tests - wie z.B. beim Matrizentest nach Raven oder dem IST-Amthauer - in Übereinstimmung mit den Befunden von Kern erhebliche Rangplatzverschiebungen nach Training möglich sind (s. hierzu auch unser Kapitel III.4 zur Eignungsdiagnostik).

Anders als Kern war Selz (1935) ausschließlich an der Veränderbarkeit von Intelligenz (als "general ability" wie als "Spezialintelligenzen", S. 241) interessiert. Allerdings war sein Interesse nicht diagnostisch, sondern allgemein- und pädagogisch-psychologisch motiviert: In Abhebung von einer vermögenspsychologischen Sichtweise definierte er Intelligenz als "eine Struktur oder ein System von

spezifischen psychischen Verhaltensweisen" (S. 236) und folgerte daraus konsequenterweise, daß bei Zutreffen dieser Auffassung durch Steigerung der
"Adäquatheit der Verhaltensweisen" (S. 277) in Relation zur Aufgabenstellung
insgesamt eine Verbesserung der Intelligenzleistung erzielbar sein müsse. Bei seinen
Versuchen zur Trainierbarkeit von Zahlenfolgentests erreichte er erhebliche Übungsgewinne und schlußfolgerte für die damalige Zeit (Faschismus in Deutschland, dem
er ja auch im Konzentrationslager zum Opfer fiel), in der in der deutschen Psychologie extrem endogenistische und biologistische Auffassungen dominierten, durchaus
nicht opportun und dem "Zeitgeist" entsprechend: "... Gleichzeitig hatte sich die
Lösung einer der originellsten Gruppen von Begabungstests als eine durchaus
lehrbare Leistung erwiesen. Die weit verbreitete Meinung, echte Intelligenzleistungen seien dadurch gekennzeichnet, daß man sie nicht lernen könne, war
widerlegt" (S. 254).

Bei ihren Trainingsversuchen mit Schulkindern gingen Selz und Mitarbeiter meist
nach dem Prinzip der "kleinstmöglichen Hilfe" (S. 242) vor, die in einer Verdeutlichung der Lösungsprinzipien durch Verbalisierung durch die Kinder selbst und die
Testleiter bestand. Außerdem war er der Auffassung, daß eher sekundäre, mit der zu
erfassenden Fähigkeit nicht identische Fertigkeiten beeinträchtigt sein könnten und
daher ebenfalls gefördert werden müßten. Rechnerische Fähigkeiten, Lesefertigkeit,
Aufgabenverständnis und Kurzzeitgedächtnis schienen ihm - je nach Aufgabentypus
- besonders bedeutend. Neben dem direkten Training dieser Fertigkeiten sah er auch
Versuchsanordnungen vor, in denen die Schwäche der betreffenden Funktion
(Kurzzeitgedächtnis, S. 247) durch entsprechende Aufgabengestaltung kompensiert
werden konnte. Das integrative Rahmenkonzept für die Organisation der zwischen
wiederholten Testungen plazierten Hilfen war die Überzeugung, daß zur
"Entwicklung der präzisen Intelligenzleistungen" ... "sozial sehr bedeutsame Charaktereigenschaften, wie Gewissenhaftigkeit, Gründlichkeit, Ausdauer, Selbstzucht"
ebenfalls gefördert werden müßten, eine Auffassung, die wir auch bei Binet (1903)
schon gefunden haben (s.o.). Der Beeinflussung von "Kontroll- und Berichtigungs-
prozessen" (S. 299) kam folgerichtig ein hoher Stellenwert zu. Methodisch wurde die
wachsende Adäquatheit neben der Testleistung selbst durch eine objektive Fehleranalyse (Zunahme "guter", Abnahme "schlechter" Fehler), genaue Beobachtung und
durch Selbstberichte der Probanden erschlossen. Parallelen zu Versuchen, Intelligenzleistungen durch Beeinflussung von kognitiv-impulsiven Verhaltenstendenzen
bzw. durch Vermittlung metakognitiver Fähigkeiten zu verbessern, scheinen sich hier
aufzudrängen (vgl. Hussy & Wiedl, 1980; Lauth & Wiedl, 1985; s.a. Wiedl, 1980;).

Das Interesse von Selz war, wie bereits ausgeführt, nicht explizit diagnostischer
Art. Verschiedene Aspekte seines Ansatzes scheinen uns jedoch bedeutsam: Selz
entwickelte *Ansätze für eine Theorie der Testperformanz*, die über das reine Üben

hinaus konkrete Ansatzpunkte für die gezielte Beeinflussung relevanter kognitiver Variablen eröffnete. Interessant ist in diesem Zusammenhang die Unterscheidung zwischen der jeweiligen Zielfunktion und weiteren instrumentellen Fertigkeiten, die zu deren Realisierung notwendig sind (vgl. oben Zielbereich I); weiterhin die Betonung der sogenannten "Charaktereigenschaften" für die intraindividuelle Variabilität von Intelligenzleistungen und ihre operationale Definition über Prozeßvariablen ("Kontroll- und Berichtigungsprozesse", S. 299). Selz nahm damit eine Reihe von Ideen vorweg, die erst sehr viel später (vgl. Carlson & Wiedl, 1980; Wiedl, 1985: Theorie der Testperformanz; Guthke, 1982: Lernfähigkeit als "komplexe" Eigenschaft) in theoretischen Entwürfen zur dynamischen Testdiagnostik erneut aufgegriffen wurden.

Die Beiträge von Piaget und Rey

Als weiterer, in unserem Zusammenhang eher unerwarteter europäischer Autor ist auch Piaget (z.B. 1938) zu nennen. Anders als die soeben besprochenen Autoren ist Piaget nicht an dem Phänomen der Veränderbarkeit per se interessiert, sondern vielmehr an der Beschreibung kognitiver Strukturen. Wichtig in diesem Zusammenhang ist jedoch die von ihm entwickelte Forschungsmethode, die sogenannte "klinische Methode". Als Konsequenz seiner spezifischen epistemologischen Grundüberzeugung propagierte Piaget mit der klinischen Methode nämlich ein Verfahren, das darin besteht, "Verhaltensbedingungen so lange zu variieren, bis die konstanten Eigenheiten einer Verhaltensweise sich herausgeschält haben" (vgl. Boesch, 1964, S. 931). Dieser von Piaget vermittelte Ansatz sollte zu einem späteren Zeitpunkt, wenngleich indirekt, aber dadurch keineswegs in geringerem Umfang, die weitere Entwicklung und Anwendung der DTD beeinflussen (vgl. unten Abschnitt 3.2.3.3).

Von großem Einfluß auf die Entwicklung der dynamischen Testdiagnostik war jedoch der Beitrag von Rey (1934, s.a. 1952, 1958), der wie Piaget an der Universität in Genf arbeitete. Er verdeutlichte seinen Ansatzpunkt anhand folgenden Beispiels (s. Kasten):

"Nehmen wir an, man würde uns zwei Hunde vorführen, von denen der eine, infolge einer geduldigen Dressur, einen wohlausgebildeten konditionierten Reflex präsentiert, während der andere, der nicht die gleiche Behandlung erfahren hat, diesen noch nicht aufweist. Nehmen wir an, man forderte uns auf, auf der Grundlage nur dieses Indizes abzuschätzen, welches der beiden Tiere intelligenter, besser entwickelt, normaler ist, kurz, welches dem anderen in der Plastizität und Qualität seiner Organisation des Nervensystems überlegen ist" (Rey, 1934, S. 299, Übers. d. Verf.)

Rey kritisiert somit, wie andere Autoren auch (s.o.), die Tatsache, daß die "Psychotechniker" (S. 299) bislang häufig nur die Ergebnisse von Lern- und Anpassungsprozessen, nicht jedoch diese Prozesse selbst untersucht hätten. Ohne Kenntnis der jeweiligen Entwicklungsbedingungen sei es jedoch nicht zulässig, wie dies auch das obige Beispiel zeigen sollte, Menschen mit unterschiedlichen Entwicklungsbedingungen miteinander zu vergleichen. Rey hob somit in seiner Zielsetzung auf die Veränderbarkeit nicht hinreichend entwickelter Funktionen ab und ist somit eher dem Zielbereich II innerhalb der DTD zuzuordnen.

Für die Untersuchung der "*Plastizität und Qualität der Organisation des Nervensystems*" (1934, S. 30) schlug Rey Lernversuche vor: "Man hält fest, wie und mit welcher Geschwindigkeit ein Individuum sich an eine bestimmte Aufgabe adaptiert und vergleicht unter den Untersuchungspersonen die Charakteristika der Erziehbarkeit" ("*Educabilité*", Übers. d. Verf.).

Rey wählte für seine diagnostischen Untersuchungsanordnungen Aufgaben aus bzw. entwickelt solche Aufgaben, von denen er annahm, daß sie weitgehend unabhängig von früheren Erfahrungen seien und es gleichzeitig gestatteten, Lernverläufe genau zu beobachten. Die Aufgabenvorgabe beinhaltete wiederholte Präsentationen und eine Vielfalt nicht näher spezifizierter Interventionen (Fragen, Hinweise, Erläuterungen, Ermunterungen, etc.). Es erfolgte eine Protokollierung, die - etwa bei einer von Rey entwickelten Labyrinth-Aufgabe (labyrinthe manuel) - die Anzahl und Folge der Fehler während jeder Aufgabenwiederholung, die Dauer einer Wiederholung, die Anzahl der zum Erlernen notwendigen Vorgaben (Wiederholungen) und die Gesamtdauer des Lernvorgangs festhielt. Rey konnte somit für jede Untersuchungsperson den Prozeß der Aufgabenbearbeitung fortlaufend dokumentieren: "Am Ende besitzen wir ein Dokument, das es uns erlaubt, mit großer Präzision den Fortgang des Lernens zu verfolgen" (S. 303, Übers. d. Verf.).

Rey führte mit der dargestellten Methodik sogenannte "genetische Analysen" (vgl. das "experimentell-genetische" Vorgehen bei Wygotski, s.o.) durch, mit deren Hilfe er typische Verläufe innerhalb des Lernprozesses in Abhängigkeit vom Entwicklungsstand der Probanden (Kinder) festzuhalten versuchte. Daneben wandte er seine Methodik bei der Untersuchung von Probanden mit psychopathologischen Auffälligkeiten an und versuchte dort ebenfalls, spezifische Verlaufsmuster bei bestimmten Störungen (z.B. Oligophrenien, präfrontales Syndrom nach traumatischer Hirnschädigung) zu finden. Für die klinische Differentialdiagnostik - z.B. zwischen strukturell gegebenen Intelligenzbeeinträchtigungen, Auswirkungen anderer psychopathologischer Störungen, Simulationstendenzen - schlug er gezielte Variationen der Untersuchungsbedingungen in Abhängigkeit von den je spezifischen Annahmen vor.

Insgesamt fällt bei Rey die konsequente, im diagnostischen Vorgehen wie in der Ergebnisaufzeichnung dominierende Prozeßorientierung auf, erkauft allerdings durch einen völligen Mangel an Standardisierung. Zwar betonte Rey die Notwendigkeit normierter und standardisierter Verfahren, ihre von ihm geforderte Anpassung an den Einzelfall im Rahmen klinischen Vorgehens entzieht sich jedoch weitgehend der Replizierbarkeit und damit auch der Durchführungsobjektivität. Reizvoll und für die diagnostische Erkenntnis fruchtbar scheinen auch die von ihm entwickelten Aufgaben zu sein. Sie wurden in nachfolgenden Versuchen anderer Autoren der DTD noch mehrfach verwendet bzw. adaptiert (vgl. vor allem auch Feuerstein et al., 1979, der ein Rey-Schüler ist). Beides, prozeßorientiertes klinisches Vorgehen zur Diagnostik einer spezifischen Eigenschaft ("Plastizität", Zielbereich II) bzw. im klinischen Fall von Beeinträchtigungen der kognitiven Leistungsfähigkeit (Zielbereich I) und die von ihm vorgenommenen Aufgabenentwicklungen, stellen die Beiträge Reys dar, die sich für den Fortgang der DTD als bedeutsam erweisen sollten.

3.2.3   Von den 50er zu den 70er Jahren

3.2.3.1   Die Coaching-Forschung

Einen markanten Punkt in der Entwicklung der DTD in der Zeit nach dem 2. Weltkrieg stellt das von Vernon (1952) organisierte "Symposium on the effects of coaching and practice in intelligence tests" dar. Arbeiten zu derartigen Effekten hatte es - wie oben berichtet - seit den 20er Jahren gegeben. Besondere Aktualität hatte die Frage, ob es für Probanden möglich sei, ihre Testleistungen zu verbessern, nunmehr in Großbritannien erhalten. Die testpsychologischen Ausleseuntersuchungen für Zehnjährige (Eleven Plus Examinations) hatten dort zu einem Boom an Trainingsbüchern für Intelligenzuntersuchungen und zu entsprechenden, teilweise auch kommerzialisierten Übungsangeboten für Schule und Elternhaus geführt. Gleichzeitig wurden eine ganze Reihe empirischer Studien zur "coachability" von Intelligenztests durchgeführt. Ziel des Symposiums war es, diese und ältere Untersuchungen zusammenzufassen und sozial- und bildungspolitisch wirksame Aussagen zur Frage der Sicherung von Chancengleichheit bei Intelligenzuntersuchungen zu formulieren.

Ein Überblick über die vorliegenden Studien zeigte eine große Streuung der durchschnittlichen Übungsgewinne mit einer Häufung im Bereich von ca. 6 - 11 IQ-Punkten. Einigkeit bestand bei den Teilnehmern des Symposiums darüber, daß bei Kindern, die sich bezüglich des Entscheidungskriteriums im Grenzbereich befinden, vorheriges Coaching die Klassifikation deutlich verändern kann. Deutlich wurde auf der Grundlage vorliegender Befunde auch, daß nonverbale Tests und solche mit heterogener Aufgabenzusammensetzung derartigen Effekten am deutlichsten unterlagen. Hinsichtlich der Reliabilität ergaben sich Hinweise, daß diese bei wiederholter Testung höher sei. Daraus folgerte Vernon, daß die besten Ergebnisse bei zwei- oder mehrmaliger Testung zu erwarten seien, nachdem alle Kinder vergleichbare Erfahrungen hätten machen können. Ähnliche Schlußfolgerungen hatte - wie gezeigt - bereits Kern (1930) aus den Ergebnissen seiner Studien gezogen. Interessante Hinweise lagen auch bezüglich differentieller Effekte vor: So berichtete z.B. Wiseman (vgl. 1954; s.a. Wiseman & Wrigley, 1953) von größeren einfachen "practice"-Effekten (Bearbeitung von acht Intelligenztests im Verlauf von acht Wochen) bei Vorliegen einer höheren Intelligenzausprägung (Ersttestung), während für die weniger intelligenten Kinder "coaching" (sechs Unterweisungsstunden, Beispiele, Erklärungen, Fragenbeantwortung) wirksamer zu sein schienen. Aus methodischer Sicht fällt die Problematisierung von Differenzenscores auf, bei denen Unreliabilität und Uneindeutigkeit vermutet wird. Vernon kam zu folgender Schlußfolgerung: "Soll die Selektion ausschließlich mit kompetitiven Tests durchgeführt werden, so wird ein sehr elaborierter Prozeß, der Übung und Coaching bei allen Tests beinhaltet, für essentiell angesehen. Ein einfacherer Prozeß sollte hinreichend sein, wenn die Unterschiede in vorangegangener Erfahrung weniger ausgeprägt sind und wenn andere Selektionskriterien hinzukommen" (S. 62, Übers. d. Verf.). Allerdings scheint Vernon sich der Wirksamkeit seiner Vorschläge nicht sicher gewesen zu sein:"... das ganze Problem ist zu sehr mit Sozial- und Erziehungspolitik und mit den Haltungen der Lehrer und Eltern befrachtet ... Man muß hoffen, ..., daß das "Selektionsklima" sich in Richtungen bewegt, die eventuell die Anreize zum Coaching eliminieren" (S. 61, Übers. d. Verf.).

Neben diesen und weiteren praktischen Vorschlägen und Empfehlungen machte das Symposium auch einige Punkte deutlich, die aus der Sicht der Diagnostik der intraindividuellen Variabilität von weiterem Interesse sind. Ein erster Punkt betrifft die begriffliche Unterscheidung von "practice" und "coaching". Practice beinhaltete üblicherweise das mehrmalige Durchführen von Tests bzw. Testaufgaben, die einem in der Praxis einzusetzenden Test ähnlich sind. Coaching umfaßte unterschiedlichste Aktivitäten der Unterweisung (Demonstration typischer Aufgaben, Besprechung der Aufgaben, Eingehen auf Fragen, etc.) und wurde häufig von Lehrern durchgeführt. Wiseman (1952) vertrat die Auffassung, zur Lösung dieses begrifflichen Problems seien die Faktoren zu explizieren, die im Rahmen der üblicherweise eingesetzten, in der Praxis meist sehr heterogenen Prozeduren Testperformanz verändern könnten. Nach seiner Auffassung waren dies die "*total test experience*" (S. 6), vermittelt über intensive Auseinandersetzung der Kinder mit allen Bestandteilen eines Tests und der zur Lösung notwendigen Operationen, und die Rückmeldung über die Korrektheit von Lösungen.

Ein zweiter, interessanter Punkt betraf die differenziertere Betrachtung der Korrelation zwischen Ausgangsleistung und Leistungsgewinn in Relation zur Unterschiedlichkeit der eingesetzten Interventionen. Da hierbei auch auf Unterschiede zwischen den Probanden Bezug genommen wurde, implizierte diese Betrachtung bereits die Annahme einer Wechselwirkung von Probandenmerkmalen und Treatment.

Einen dritten interessanten Ansatzpunkt stellen schließlich Hinweise auf eine hohe interindividuelle Variabilität von *Zuwachsraten* auch innerhalb von Probanden, die das gleiche Treatment erfahren haben, dar. So präsentiert beispielsweise Wiseman (1954) - wiederum ähnlich wie bereits Kern (1930) - Grafiken, die extrem unterschiedliche Lernverläufe von Probanden mit gleichen Ausgangswerten oder gleichen Endwerten zeigen. Obwohl große interindividuelle Unterschiede in der "Coach-Ability" (Vernon, 1952, S. 62) anerkannt wurden, wurde die diagnostische Nutzung dieses Phänomens im Sinne der DTD nicht thematisiert. Es dominierte der Versuch, die Fairneß der Testung gegenüber unterschiedlichen Vorerfahrungen abzusichern.

Als eine Auswirkung dieser Coaching-Forschung kann man wohl den "Boom" von Testtrainingsbüchern ansehen, der bis heute anhält, und auch seriösere Versuche, den Einfluß von Testvorerfahrungen zu minimieren (z.B. die Ausgabe von Test-übungsheften durch das Institut für Test- und Begabungsforschung zur Vorbereitung auf den Eignungstest für das Medizinstudium - Test Medizinische Studiengänge, vgl. Test-Info zum TMS, 1992).

Nachfolgende Arbeiten von Heim und Watts (1957) befaßten sich im Anschluß an das Symposium mit der Wirksamkeit einzelner Coaching-Maßnahmen und mit der Bedeutung von Persönlichkeitsmerkmalen für den Effekt von Coaching, ohne jedoch zu klaren Ergebnissen zu gelangen. Eine differenziertere Analyse von Coaching-Effekten versuchte auch Ortar (1959). Nach ihrer Auffassung war die Vermittlung des Verständnisses von Aufgabenprinzipien bei nonverbalen Tests der Schlüssel für die Erklärung von Coaching-Effekten. Sie entwickelte und standardisierte einen Test für israelische Kinder, bei dem sowohl eine detaillierte Erklärung von Aufgaben-prinzipien als auch von Fehlern vorgenommen wurde. Anders als bei den übrigen Autoren der hier besprochenen Forschungsrichtung war bei Ortar jedoch die Responsivität der Kinder auf dieses Training auch ein Zeichen für ihre Edukabilität. Ähnlich wie später bei Feuerstein (1972b; Feuerstein, Rand & Hoffmann, 1979) war es ihr Ziel, diese bei israelischen Kindern mit unterschiedlichsten kulturellen und persönlichen Erfahrungshintergründen möglichst valide zu erfassen.

Generell können die zuletzt dargestellten Studien durch eine im Vergleich zu den früheren Arbeiten verstärkte Bemühung um Inventarisierung leistungsverändernder Maßnahmen gekennzeichnet werden. Eine erneute intensivere Beachtung erhielt die Coaching-Debatte erst wieder zu einem späteren Zeitpunkt durch Messick (1981) und Anastasi (1981a,b). Messick befaßte sich insbesondere mit dem Begriff "coaching" und schlug vor, darunter "jede Interventionsprozedur zu verstehen, die Testwerte verbessern soll, ob durch Verbesserung der Fertigkeiten, die der Test messen soll, der Fertigkeiten, die für die Testbearbeitung erforderlich sind, oder beides" (S. 26, Übers. d. Verf.). Anders als Messick versuchte Anastasi (1981a,b) dagegen eine systematische Differenzierung des Coaching-Begriffs, indem sie "*Test-Orientierung*", "*Coaching*" im engeren Sinne und die *Vermittlung allgemeinerer kognitiver Fähigkeiten* unterschied. Von Programmen und Publikationen zur Verbesserung der Testorientierung, wie sie mittlerweile sogar von psychologischen Fachverbänden bereitgestellt werden (z.B. test orientation procedure, Bennett & Doppelt, 1967), nahm sie an, daß diese durch Ausschaltung testspezifischer Fehlerquellen die Intelligenztestung valider machen würden. Von "Coaching" im engeren Sinne, verstanden als kurzfristiges, massiertes Üben und Trainieren an Items, die denen des betreffenden Tests ähnlich sind, vermutete sie, daß es insofern die Testvalidität reduzieren könnte, als damit keine Veränderung des Kriteriumsverhaltens (intelligentes Verhalten) einherginge. Beim Training breiterer kognitiver Fähigkeiten, wie dies etwa von Feuerstein betrieben wird, sollte dagegen die Testvalidität insofern unverändert erhalten bleiben, als diese Fähigkeiten sowohl in der Testbearbeitung als auch im Kriteriumsverhalten ihren Niederschlag finden würden.

Charakteristisch für die Diskussion der intraindividuellen Variabilität von Test-performanz ist auch zum Zeitpunkt der beiden letztgenannten Publikationen, daß intraindividuelle Variabilität allenfalls unter den Zielbereich I - validere Erfassung eines gegebenen Merkmals - nicht jedoch unter dem Gesichtspunkt seiner Plastizität gesehen wurde. Die typischerweise starke Orientierung am Paradigma des Messens wird auch an Anastasis Kriterien für die Beurteilung der Validität deutlich: "Ein Testwert wird nur dann invalidiert, wenn eine spezifische Erfahrung den Wert anhebt, ohne die Verhaltensweisen, von denen der Test eine Stichprobe ist, merklich zu beeinflussen" (S. 1087). Unter dem Gesichtspunkt von Diagnostik als Behandlungsinformation (s.o. Pawlik, 1976) kann dieses Phänomen - Veränderung auf der Performanzebene ohne Veränderung auf der Konstruktebene - jedoch durchaus wertvolle Hinweise erbringen. Diese Hinweise könnten zum Beispiel die Bedingungen spezifizieren, unter denen ein spezifisches Niveau an Performanz erreicht werden kann. Durch geeignete Maßnahmen der Bedingungsselektion oder Bedingungsmodifikation könnten sodann nachfolgend die Voraussetzungen für die Aktualisierung einer vergleichbaren Performanz auch außerhalb des Tests, also in der Kriteriumssituation (z.B. in Lern- oder Arbeitssituationen) geschaffen werden. Kennzeichnend für die frühe wie späte Coaching-Debatte ist, daß derartige Überlegungen nicht oder nur am Rande angestellt wurden. Im Vordergrund stand der Versuch, das diagnostische Urteil gegen die unterschiedlichen, bereits bekannten Einflüsse intraindividueller Variabilität abzusichern.

3.2.3.2   Das Zubin-Symposium - die Relevanz intraindividueller Variabilität für die
gesamte Psychodiagnostik

Ein aus der heutigen Perspektive (vgl. Guthke, 1981a,b, 1982; Petermann, 1978)
besonders markantes Ereignis, das aber leider von den Protagonisten der DTD kaum
zur Kenntnis genommen wurde, stellt das von Zubin 1950 organisierte "Symposium
on statistics for the clinician" dar. Möglicherweise hat die Publikation der Beiträge
dieses Symposiums in klinischen und statistischen Zeitschriften eine weitere Verbreitung von Zubins Gedanken unter den mehr pädagogisch-psychologisch orientierten
Autoren, wie sie hier bislang besprochen wurden, behindert.

Ausgehend von wissenschaftshistorischen Überlegungen und der Herausarbeitung
von Parallelen zu anderen Wissenschaften kam Zubin (1950) zu dem Schluß, die
klinischen Disziplinen, darunter auch die klinische Psychologie, hätten eine
"organisierte Komplexität" zum Gegenstand, bei der die Analyse der Gesetzmäßigkeiten des Individuums im Vordergrund stehen müßte und nicht die bisher übliche
"Gruppenstatistik". Dies würde die Methodik und Statistik - wie schon einmal bei der
Fokussierung auf das Phänomen der interindividuellen Variabilität - vor neue
Herausforderungen stellen. Zubin formulierte unterschiedliche *Axiome*, darunter
a) daß jedes Individuum zunächst als eigenes Universum zu betrachten sei, das erst
nach tieferer Erforschung mit anderen in Gruppen zusammengefaßt werden dürfe,
b) daß es für jedes Individuum und jedes Merkmal ein spezifisches Performanzniveau gäbe, zu dem der beobachtete Testwert eine Stichprobe darstelle, und
c) daß jedes Individuum und jedes Merkmal auch durch einen Grad an Variabilität
mit einem je spezifischen Muster ("Spielbreite") gekennzeichnet sei. Typisch sei
gerade für den psychopathologischen Bereich eine permanente Fluktuation diagnostisch relevanter Merkmale. In nebenstehendem Kasten werden zur besseren Veranschaulichung die grundlegenden Aussagen Zubins wörtlich aufgeführt.

Die methodische Konsequenz dieser Annahmen beinhaltet für diagnostische Vorhaben nach Auffassung von Zubin die Notwendigkeit, Variabilitätsstichproben zu
ziehen und den Einfluß unterschiedlicher Variablen (interner, externer, geplanter,
ungeplanter) auf die Variation des Testergebnisses zu bestimmen.Insbesondere für
experimentelle Einzelfallanalysen (vgl. Petermann & Hehl, 1979) steht daher nicht
wie in der üblichen "extensiven Gruppenstatistik" der Mittelwert einer Personen-
stichprobe im Vordergrund, sondern der "mittlere Reaktionswert" eines Individuums:
"Der mittlere Reaktionswert kann als Schätzung der wahren Merkmalsausprägung
gelten. Diese Schätzung des wahren Reaktionswertes erhält man, in dem man
wiederholt testet" (vgl. Petermann, 1978, S. 88). Seit Anfang der 60er Jahre versucht
ein amerikanischer Mathematiker - Chassan, (1961, ref. in Huber, 1978) - den bishe-

"1. Bei der Untersuchung eines Individuums, insbesondere eines sogenannten abnormalen Individuums, müssen wir jeden Fall als ein unabhängiges Universum betrachten. Später, wenn die Charakteristika jedes dieser Universen bekannt geworden sind, können wir in der Lage sein, diese in Gruppen gleich- oder ähnlich strukturierter Universen zu klassifizieren. Ehe wir über solches Wissen nicht verfügen, ist es nicht angemessen, Individuen als gleich einzustufen, auch wenn sie in einer Reihe von Tests identische Werte erzielt haben.

2. Jedes Individuum wird durch ein gegebenes Performanzniveau charakterisiert, für das der beobachtete Testwert nur eine Zufallsstichprobe darstellt.

3. Jedes Individuum ist auch durch einen gegebenen Grad an Variabilität um dieses Performanzniveau gekennzeichnet. Diese Variabilität ist charakteristisch für das jeweilige Individuum und variiert ebenso stark oder geringfügig von Person zu Person wie das Performanzniveau selbst. Variabilität oder ihr Gegensatz - Stabilität - kann mit der physiologischen Konsistenz verbunden sein, die als Homöostase bezeichnet wird. Der Verhaltensbereich wie das interne Milieu des Individuums unterliegen dem Einfluß geringfügiger Änderungen in der internalen oder externalen Stimulation des Organismus, auf die es mit Performanzänderungen reagiert. Diese folgen jedoch einem charakteristischen Muster, das von der charakteristischen Variabilität bzw. dem homöostatischen Muster des jeweiligen Individuums abhängt.

4. Veränderungen der internalen oder externalen Stimulation führen zur Veränderung entweder im Performanzniveau, ihrer Variation oder in beidem."
    (Zubin 1950, S. 3f., Übers. d. Verf.)

rigen gruppenstatistischen Ansatz der "extensiven" Statistik durch einen individuumsorientiertes Modell - *"intensives Modell" der Statistik* - zu ergänzen, bei dem der nicht unproblematische Versuch unternommen wird, die Stichproben- und Wahrscheinlichkeitstheorie auf den Einzelfall und auf Meßwiederholungen bei diesem Einzelfall anzuwenden.

Hinwendung zum Individuum, Annahmen über die komplexe Determination von Testwerten und die Forderung nach kontrolliertem Vorgehen (Mehrpunktmessung) zur Bestimmung der Variabilität ("Spielbreite" von Eigenschaften) sind somit die Kennzeichen des Zubin-Ansatzes und generell der *experimentellen Einzelfallanalyse.* Anknüpfend an diese Vorstellungen Zubins und auch Cattells haben Ettrich und Guthke (1988) vier Aspekte der intraindividuellen Variabilität unterschieden (Oszillation, Fluktuation, Eigenschaftsveränderung mit Ausbildung eines neuen Merkmalsniveaus, diagnostisch-experimentell evozierte Merkmalsveränderung).

Während also in der Vergangenheit in der Psychodiagnostik das Phänomen der intraindividuellen Variabilität vorwiegend im Intelligenzbereich diskutiert wurde, zeigte sich bei Zubin erstmals eine explizite und verallgemeinernde Ausweitung dieser Perspektive auf die Frage des Gegenstandes psychologischer Diagnostik. Diese Perspektive findet sich auch in der aktuellen Diskussion zum Konzept der Persönlichkeitseigenschaft wieder. So stellt Schmitt (1992) nach Auswertung der nun schon recht umfangreichen relevanten internationalen Literatur zu dieser Thematik die Frage: "Konsistenz als Persönlichkeitseigeschaft?" Wir kommen auf diese Thematik im Kap. IV.2 noch einmal zurück. Auch der im nächsten Abschnitt diskutierte "Testing the Limits"-Ansatz bezieht sich keinesfalls nur auf den Leistungsbereich, obwohl er in diesem bisher die meisten Anwendungen gefunden hat.

3.2.3.3   *Testing the Limits und weitere differenzierende Ansätze*

Zum ersten Mal tauchte der Terminus "Testing the Limits" (TtL), der bislang nur im Zusammenhang mit Verfahren der Rorschach-Diagnostik (forcierte und gezielte Exploration bei unergiebigen Protokollen, Klopfer & Kelley, 1942) verwendet worden war, 1957 in einer klinisch-kasuistischen Arbeit von Volle auf. Volle (1957) hatte die Beobachtung gemacht, daß bei mangelnden instrumentellen Fähigkeiten, die zur Bearbeitung spezifischer Intelligenztestaufgaben erforderlich sind, niedrige Testleistungen durch eine Veränderung der Aufgabenpräsentation angehoben werden können. Er war der Ansicht, daß bei geeigneter Hilfenauswahl die inhaltliche Validität des Tests (z.B. allgemeines Wissen im Wechsler-Test) dadurch nicht beeinträchtigt würde. Die von ihm berichteten Beispiele bezogen sich auf die Problematik von verbalen Instruktionen bei Vorliegen auditiver Diskriminationsschwäche und Minderbegabung der untersuchten Kinder. Er beschrieb adäquatere Formen der Präsentation sowie entsprechende Testleistungsgewinne und bestimmte diese theoretisch als "*Performanz unter Optimum-Bedingungen*". Im Rahmen der diagnostischen Urteilsbildung würden diese Leistungsvariationen nach seiner Auffassung Aussagen erlauben über die Performanzausprägung dieser Schüler unter ähnlichen Optimalbedingungen. Die klinisch-kasuistische Vorgehensweise Volles erlaubt keine empirisch fundierten Aussagen; bemerkenswert scheinen uns jedoch seine Interpretation von Testleistungen (Zielbereich I der DTD) und seine Implikationen hinsichtlich einer handlungsbezogen-ökologischen Komponente der Vorhersagevalidität von Verfahren der DTD: Prognosen sind möglich für den Fall vergleichbarer Kontextbedingungen (vgl. hierzu auch Wiedl & Herrig, 1978a, s.u.). Volles Implikationen heben sich hier deutlich von denen ab, die im Rahmen der Coaching-Debatte (s.o.) diskutiert wurden.

In seiner Bedeutung nicht zu unterschätzen ist der Beitrag, den Boesch (1964; s.a. bereits 1952) in seinem Bemühen um eine diagnostische Systematisierung vorgelegt hat. Beeinflußt von Piaget (s.o.) propagierte er die klinische Methode der Diagnostik mit ihrer Grundannahme, die er nicht in einer "Konstanz von Leistungen und Verhaltensweisen, sondern von Schwankungen ..." begründet sah. Im einzelnen ging Boesch - ähnlich wie Zubin (1950), jedoch offenbar ohne Kenntnis von dessen Beitrag - davon aus, daß in Analogie zum Normalverteilungskonzept für interindividuelle Unterschiede, Leistungen eines Individuums bei Testwiederholungen intraindividuell ebenfalls schwanken würden. Welche Folgerungen Boesch daraus zog, verdeutlichen seine in nebenstehendem Kasten zitierten Ausführungen.

In Anlehnung an Piagets experimentell orientierte Auffassung zur diagnostischen Methodik schlug Boesch daher vor, die Verwendung von Testverfahren in eine *hypothesengeleitete und experimentell angelegte Untersuchungsmethodik* einzuordnen, innerhalb derer mit Hilfe vom systematischer Variablenkontrolle und Bedingungsvariation (z.B. Motivation, Lernen, Ermüdung, etc.) schließlich eine Abschätzung der individuellen Streubreite kognitiver Leistung, ihres Modalbereichs und der auf die Verteilung Einfluß nehmenden internen (z.B. Angst, spezifische Persönlichkeitsmerkmale) und externen (z.B. Sozialverhalten von Interaktionspartnern, Geräusche, etc.) Faktoren geleistet werden kann. Allerdings setzte nach Boeschs Auffassung eine derartige Ergänzung des psychometrischen Vorgehens durch das klinische eine "möglichst saubere Methode des klinischen Schlusses" voraus (S. 939). Boesch bezeichnete die von ihm propagierte Methode des diagnostischen Vorgehens in Anlehnung an Klopfers Beitrag zur Rorschachdiagnostik (Klopfer & Kelley, 1942) ebenfalls als "Testing-the-Limits" und faßte sie als Versuch auf, bei einem gegebenen diagnostischen Problemfall *"Leistungsschwankungen methodisch abzutasten"* (1964, S. 938).

An Boeschs Ansatz ist auffallend, daß er einerseits an psychometrischen Grundprinzipien, wie sie durch die Hauptgütekriterien von Testverfahren definiert sind, festzuhalten versuchte. Andererseits war er jedoch bemüht, Prinzipien sowohl des auf den

"Die Grundannahme der klinischen Methode ist nicht diejenige einer Konstanz von Leistungen und Verhaltensweisen, sondern von Schwankungen. Wir können annehmen, daß individuelle Leistungen gleicher Art bei Wiederholungen innerhalb eines bestimmten Bereiches schwanken, und zwar so, daß, ähnlich wie bei einer Normalverteilung von Eigenschaften in einer Gruppe, sowohl maximale wie minimale Leistungen relativ selten sind, während die meisten Leistungen sich innerhalb einer für das Individuum mittleren Sphäre bewegen. Je nach Art der Leistungen und je nach der Eigenart des Individuums kann dabei seine "Norm", also der Modalbereich seiner Leistungen, sich nach oben oder nach unten verschieben, so daß die Streuung der Leistungen also "schief" würde. Beim zwangsneurotischen Perfektionisten etwa würde der Modalbereich gegen das individuelle Maximum hin streben, bei der "laissez-aller-laissez-faire-Haltung" dagegen auf ein Minimum hin tendieren. ...

Damit ergeben sich indessen eine Reihe von Parallelen zur Statistik von Gruppen-verteilungen, deren diagnostische Bedeutung sofort sichtbar wird, wenn man jeweilen die Einzelleistung eines Individuums dem einzelnen Gruppenmitglied gleichstellt. So wie es unzulässig ist, von einem einzelnen Individuum auf die gesamte Gruppe zu schließen, so wäre es dann prinzipiell ebenso unzulässig, von einer einzelnen Leistung auf alle möglichen Leistungen gleicher Art eines Indivi-duums zu schließen. ...

Somit hat das diagnostische Vorgehen immer drei wesentliche Fragen im Blickfeld zu halten: die Streuungsbreite der individuellen Leistungen, den Modalbereich dieser Verteilung und die Faktoren, die die Schwankungen bedingen.

Daraus ergäben sich eine Reihe von Fragen sowohl allgemein-psychologischer wie methodischer Natur. Zu den ersten würden etwa der Hinweis führen, daß es nicht nur individualtypische, sondern auch funktionstypische Streuungsbereiche gibt (so etwa sind naturgemäß Versuchs-Irrtums-Verhaltensweisen oder schöpferische Leistungen stärker variabel als Gewohnheiten und Fertigkeiten), doch soll auf diese Probleme hier nicht weiter eingegangen werden. Zu den zweiten gehört das ganze Problem des "testing-the-limits", des systematischen Versuchs also, Leistungsschwankungen methodisch "abzutasten". Systematische Ausnützung von Ermüdung läßt zum Beispiel die unteren Leistungsformen abstecken, während systematische Motivationssteigerung, etwa durch Belohnung, Wettbewerb, usw., Hinweise auf die oberen Streuungsbereiche gibt. Auch das sei hier nur angetönt, weil es sich ja um Fragen der Handhabung einzelner Verfahren und nicht um das Problem der Gesamtdiagnostik handelt." (Boesch 1964, S. 937f.)

Einzelfall bezogenen klinischen Vorgehens wie des durch Stringenz und Systematik gekennzeichneten experimentellen Ansatzes, in dem die Testleistung zur abhängigen Variable wird, zur Geltung kommen zu lassen. Boeschs auf der klinischen Methode Piagets aufbauender Vorschlag, der sich durch hohe Komplexität und theoretische Integrationskraft auszeichnete, sollte mit Beginn der 70er Jahre und später für die systematische Entwicklung des Testing-the-Limits-Konzepts und seine Anwendung im Rahmen der angewandten Diagnostik wie der entwicklungspsychologischen Forschung größte Bedeutung erlangen.

Die in den USA seit Beginn der 60er Jahre publizierten Arbeiten können wesentlich durch das Bemühen um theoretisch und methodisch differenziertere Analysen gekennzeichnet werden. Hinzu kommen erste Versuche einzelner Autoren, praktisch verwertbare Untersuchungsanordnungen zu erstellen. Beide Tendenzen finden sich in der Arbeit von Schucman (1960). Sie entwickelte eine Testbatterie für geistig schwer behinderte Kinder, bestehend aus verschiedenen non-verbalen Subtests zur Erfassung der "*educability*", definiert über Verhalten in Lernsituationen. Im Rahmen von Test-Training-Test-Anordnungen erhob sie Maße zum Erlernen, Behalten und Transfer. Das Training beinhaltete Demonstrationen durch den Testleiter, durch spezifische Hinweise gestützte Imitation durch das Kind und die vorbeugende Vermeidung sowie die Korrektur von Fehlern. Die Ergebnisse zeigten u.a., daß Transfer- und Behaltensmaße am besten zwischen Kindern unterschiedlichen Intelligenzniveaus unterscheiden konnten und daß Posttestwerte stabiler und valider (Lehrerrating bezüglich Lernfähigkeit) waren als die Prätestergebnisse.

Der französische Psychologe Hurtig (1962) ging von der Erfahrung aus, daß insbesondere milieugeschädigte Kinder im üblichen rein konstatierenden Intelligenztest benachteiligt werden. Wie schon früher Wygotski (1934, s.o.) vermutete er: "Kinder mit "mangelhafter Beschulung" zeigen ein intellektuelles Defizit, wenn man sie mit den gewöhnlichen Methoden testet. Dieses Defizit wird aber ergänzt durch einen positiven Aspekt: die größere Lernfähigkeit dieser Kinder, die eine klare Abgrenzung solcher sog. pseudodebiler Kinder von den echt schwachsinnigen Kindern ermöglicht" (Hurtig, 1962, S. 376, Übersetzung d. Verf.). Hurtig hatte den Raven-Test bei "Normalen," "echt Debilen" und "milieugeschädigten Pseudodebilen" viermal wiederholen lassen, wobei er in einer Versuchsanordnung noch eine nähere Erläuterung der Testaufgaben vorausschickte. Die milieugeschädigten Heimkinder zeigten bei einem etwa gleichen Ausgangsniveau wie die Debilen im Ersttest im vierten Test einen deutlich höheren Lerngewinn (nähere Darstellung der Untersuchungsergebnisse in Guthke, 1972).

Interessante Ideen äußerten Mackay und Vernon (1963). Bemerkenswert im Sinne einer expliziten Behandlungsorientierung der DTD sind ihre Hinweise auf die Möglichkeit, Strategien der Remediation aus Testvorgaben, die Lernen beinhalten, zu entwickeln.

Wachsendes Bewußtsein für die Problematik des Einsatzes herkömmlicher Intelligenztests bei Kindern unterschiedlicher ethnischer Zugehörigkeit bzw. Rasse und sozialer Schicht, das sich seit den 60er Jahren in den USA entwickelte (vgl. hierzu auch Groffmann, 1983), war vermutlich der gesellschaftliche Hintergrund für Arbeiten, die Jensen noch im Vorfeld seiner provokativen Thesen (Jensen, 1968) zur Anlage/Umweltkomponente von Intelligenz bei unterschiedlichen ethnischen Gruppen vorlegte. Jensen (1961) mißtraute der häufig erfolgenden Klassifikation mexikanischer Kinder bzw. von Kindern aus der Unterschicht als lerngestört bzw. retardiert und erhob - wie viele Autoren vor ihm - die Forderung nach "direkten Maßen der gegenwärtigen Lernfähigkeit" anstelle von "statischen Maßen von Leistungen, die in der Vergangenheit erworben" wurden (S. 148). Als Lösung des Problems schlug er vor, Maße aus Aufgaben zum unmittelbaren Behalten ("immediate recall"), seriellem Lernen ("serial learning") und Paarassoziationslernen ("paired associate learning") als direkte Indikatoren der Lernfähigkeit zu erheben. Eine Studie bei mexikanischen und angloamerikanischen Kindern in den USA zeigte u.a., daß die Lernergebnisse der weißen Unterschichtkinder mit deren IQ-Werten übereinstimmten, während dies bei den Kindern mexikanischer Herkunft nicht der Fall war. Bei diesen Kindern zeigten auch solche mit niedrigem IQ eine Lernleistung, die der von Kindern mit höherem IQ sowohl aus der mexikanischen wie der weißen Oberschichtgruppe vergleichbar waren. Jensen schloß daraus, daß die Verteilung der grundlegenden Lernfähigkeit in der mexikanischen Population der in der weißen Population vergleichbar sei und mit Maßen wie den in der Untersuchung verwendeten erfaßt werden könne.

In einer angeschlossenen Studie demonstrierte Jensen (1963) sodann eine enorme Streuung der Lernleistungen, erhoben über Paarassoziationslernen, bei Schülern aus der unteren Sozialschicht. Auch wurde deutlich, daß Fehlklassifikationen mit Hilfe des IQ nur in der "retardierten" Gruppe zu finden waren. Schließlich konnte Jensen zeigen, daß bei Verwendung der Lernaufgaben keine signifikanten Unterschiede bezüglich Rasse, Geschlecht und ethnischer Zugehörigkeit auftraten. Bemerkenswert bei dieser Studie war die Verwendung unterschiedlicher Lernhilfen, von denen sich die verbale Rückmeldung (Information über Richtig-/Falschlösungen) als die wirksamste für langsam lernende Kinder erwies. Jensen folgerte, daß Lernfähigkeit offenbar eine Reihe unabhängiger Dimensionen umfassen würde. Besondere Bedeutung für Performanz und deren Veränderung durch Intervention schrieb er verbalen Mediationsprozessen und deren Voraussetzungen (Verfügbarkeit adäquaten Vokabulars, adäquate Arousal-Prozesse) zu.

An Jensens Untersuchungen schließen sich auch Budoffs Arbeiten an (s. Budoff et al., 1971, 1975 und 1978; siehe unten und Kap. II), der Lerntests besonders für die "gerechtere" Untersuchung der Intelligenzpotenz nordamerikanischer Slumkinder entwickelte und ausprobierte. Auch der israelische Psychologe Feuerstein (1972a) mit seinem "Learning Potential Assessment" (s. hierzu auch Kap. II) ist hier einzuordnen.

Eine den globalen Intelligenzbegriff weiter aufbrechende Arbeit legten Zigler und Butterfield (1968) vor. Sie formulierten die These, Intelligenztestwerte wären eine Funktion dreier Faktoren: formaler kognitiver Prozesse, akkumulierter Information und Motivation. Sie lieferten hiermit zugleich einen Rahmen für die Analyse und Modifikation von Testleistungen und deren Veränderung. In einer Studie mit Kindern aus der Unterschicht manipulierten sie die motivationale Variable über gezielte Interventionen und konnten als Folge davon eine signifikante Erhöhung des IQ feststellen. Eine vergleichbare, auf die Auflösung des globalen Intelligenzbegriffs abzielende Arbeit haben auch Maier und Schneirla (1964) vorgelegt.

Wegen der eingesetzten Interventionen fand schließlich eine Studie von Gordon und Haywood (1969) viel Beachtung. Eine Replikation dieser Studie wurde von Haywood und Switsky (1974) vorgenommen. Der Vorzug dieser Arbeiten liegt darin, daß - anders als in den meisten der bisher aufgeführten Studien, die lediglich einfaches Üben oder wenig explizierte Rückmeldungen vorsahen - die performanzbeeinflussende Intervention theoriegeleitet entwickelt und systematisch innerhalb der Testabnahme appliziert wurde. Die Autoren vergrößerten die Prägnanz der Ähnlichkeit bzw. Unterschiedlichkeit bei den Komponenten von Aufgaben des schlußfolgernden Denkens im verbalen Bereich durch Hinzufügen weiterer, geeigneter Beispielswörter ("enrichment" der Aufgabe) und zeigten, daß Kinder mit geringer Intelligenz dadurch ein erheblich höheres Leistungsniveau als erwartet erreichen konnten: sie waren in der Lage zu abstrahieren und konnten diese Fähigkeit auf standardmäßig dargebotenes Material generalisieren. Das Verdienst der Autoren liegt somit darin, die Fruchtbarkeit einer systematischen Erforschung der Interventionsseite der DTD sichtbar gemacht zu haben. Implikationen im Sinne eines stärkeren Inventarisierens performanzfördernder Bedingungen und einer stärkeren Behandlungsorientierung sind offensichtlich.

Weitere Differenzierungen brachten schließlich die Untersuchungen von Rohwer (1971), der zunächst mit Jensen zusammengearbeitet hatte. Er verstand Lernfähigkeit als "die Fähigkeit zu Erwerb, Behalten und Produzieren neuer Informationen" (S. 192), postulierte jedoch - anders als Jensen - sogenannte "Lerntaktiken" als relevante Analyseeinheiten. Im Rahmen dieser Taktiken schrieb er der spontanen verbalen Elaboration eine besondere Bedeutung zu und untersuchte deren Beeinflußbarkeit bei Kindern unterschiedlicher Rasse oder Schichtzugehörigkeit. Unter anderem zeigte Rohwer, daß schwarze Unterschichtkinder beim Re-Test einer Paarassoziations-Lernaufgabe nach einfacher Übung keinen Leistungsgewinn hatten, während sie nach einem Training in verbaler Elaboration beträchtliche Verbesserungen aufwiesen.

Ganz auf die Instruktionsprozedur, jedoch unter Vernachlässigung kognitiver Prozesse, konzentrierten sich Severson und Mitarbeiter (vgl. Severson, 1976). Im Rahmen ihrer "*Lernprozeßdiagnostik*" (process learning assessment) variierten sie die Art der Aufgabenpräsentation (z.B. Druckgröße, Lautstärke) und verschiedene Instruktionsformen einschließlich der Art von Verstärkungen bei der probeweisen Vermittlung von Lesefertigkeiten. Sie konnten zeigen, daß die Werte, die Kinder in derartigen Formen von Probeunterricht erzielten, dem IQ in der Vorhersage künftiger Leseleistungen überlegen waren. Behandlungsorientierung und Orientierung auf Inhaltsvalidität sind die bemerkenswerten Kennzeichen dieser Arbeiten, wie sie später in Gestalt von curricularen Lerntests weiter elaboriert wurden (s. Kapitel III.1).

Noch stärker behandlungsorientiert ist eine von Ozer und Mitarbeitern (z.B. Ozer & Richardson, 1974) vorgeschlagene klinische Untersuchungsprozedur für die Diagnostik bei Kindern ("neurologische Entwicklungsbeobachtungen", "neurological development observation"), bei der innerhalb der Untersuchung vier Variablen systematisch überprüft wurden: die sogenannte "Programmierung" (Zerlegung der Aufgabe in ihre Bestandteile), die Variation der Modalität, die Fokussierung auf spezifische Aspekte der Aufgabe und schließlich Feedback. Das Ziel dieser Interventionen war es, Strategien zu finden, die dem Kind ein effektiveres Lernen ermöglichen sollten.

Luria, der v.a. durch seine neuropsychologischen Beiträge bekannt gewordene Mitarbeiter Wygotskis, hatte bereits früher (die deutschen Übersetzungen seiner Arbeiten erschienen erst 1961) die klinische Variation von Testbedingungen mit dem Ziel einer tiefergehenden diagnostischen Aufklärung der Ursachen eines Leistungsversagens oder von Defiziten gefordert und praktisch-klinisch realisiert. Die Regulation und Organisation kognitiver Abläufe, wobei die Steuerungsfunktion der Sprache besondere Beachtung fand, stand dabei ganz im Vordergrund. Das methodische Vorgehen wurde aber ausdrücklich als nicht psychometrisch, sondern klinisch-kasuistisch gekennzeichnet.

Einen umfassenderen Ansatz, der die bis dahin vorliegenden empirischen Ergebnisse zur Auswirkung unterschiedlicher Bedingungsvariationen auf das Testergebnis bei Intelligenz- und Leistungsprüfverfahren zu integrieren gestattete, schlug schließlich Schmidt (1969, 1971) vor. Der theoretische Impuls zu Schmidts Bemühungen kam aus den oben dargestellten Arbeiten von Boesch zur diagnostischen Systematisierung, innerhalb derer der sogenannten "klinischen Methode" (Grundannahme der intraindividuellen Variabilität von Performanzdaten) und dem Verfahren des Testing-the-Limits als systematischem Abtasten von Leistungsschwankungen zentrale Bedeutung beigemessen wurde. Schmidt präzisierte Boeschs Ansatz, indem er Testing-the-Limits (TtL) folgendermaßen definierte (Schmidt, 1971, S. 9):

"Ein- oder mehrfache Testwiederholung mit demselben Test oder mit Paralleltests unter Standardbedingungen oder gemäß klinischen Hypothesen variierten (jedoch ihrerseits wiederum normierten) Bedingungen mit dem Ziel, inkrementelle Validität gegenüber der Einfachtestung zu erreichen."

Durch TtL sollen nicht nur die Leistungsgrenzen (z.B. Intelligenzpotential) ermittelt, sondern generell valide Aussagen bezüglich der Variablen, die der intraindividuellen Variabilität zugrunde liegen, ermöglicht werden.

Als notwendige und hinreichende Voraussetzung für TtL sah er das Vorliegen einer systematischen, nicht zufallsbedingten intraindividuellen Variabilität an. Entsprechend sah er eine wesentliche Aufgabenstellung für TtL darin, "Moderator-Variablen für intraindividuelle Differenzen zu ermitteln" bzw. "experimentell Moderator-Variablen auszuschalten" (S. 13). Als Anwendungsfeld für TtL sah Schmidt in erster Linie die Einzelfalldiagnostik. Der Stellenwert des TtL wurde aus dem hierbei zu realisierenden diagnostischen Prozeß begründet: TtL wurde als Hilfsmittel in der progressiven Hypothesenabklärung (klinische Methode, s.o.) verstanden, wie sie bei komplexen diagnostischen Fragestellungen angezeigt ist.

Aus der dargestellten Definition und den ergänzenden Festlegungen wird zweierlei deutlich: Unter TtL - wenngleich eine "klinische Methode" - wird ein nach strengen wissenschaftlichen Kriterien organisiertes diagnostisches Vorgehen verstanden. Die über Boesch tradierte Konzeption der Piaget'schen "methode clinique" als wissenschaftliches Erkenntnisinstrument findet hier deutlich ihren Niederschlag. Entsprechend kritisierte Schmidt den weniger stringent durchgeführten Versuch zum Testing-the-Limits, den Volle vorgelegt hatte (1957, s.o.) als halbwissenschaftlich. Zum zweiten kritisierte Schmidt, daß bislang vorliegende empirische Befunde zur intraindividuellen Variabilität von Testleistung dieses Phänomen zwar auf Gruppenebene demonstrierten, jedoch nur unzureichende Richtlinien für eine Umsetzung in Einzelfalldiagnostik böten. Folgerichtig ging es Schmidt explizit um die Erarbeitung der für die Anwendung im Einzelfall erforderlichen begrifflichen und empirischen Voraussetzungen.

Auf begrifflicher Ebene schlug Schmidt eine *Differenzierung des Veränderungsbegriffs* vor, indem er zwischen reversiblen, partiell irreversiblen und irreversiblen Veränderungen unterschied (s. hierzu auch Ettrich & Guthke, 1988, s.o.). Gegenstand von TtL seien die reversiblen und partiell irreversiblen Zustandsänderungen. Studien von Langzeitverläufen und pädagogische oder klinische Interventionsstudien schieden somit als Gegenstand dieses diagnostischen Ansatzes aus. Des weiteren führte Schmidt eine *Interventionstaxonomie* insofern ein, als er Interventionen, bei denen die Veränderung der Testvorgabe im Mittelpunkt steht (Instruktionsveränderungen, Wiederholungen, Aufgabenpräsentation, Feedback, etc.) von solchen unterschied, bei denen der Untersuchungskontext verändert wird (z.B. motivationale Variable, Leistungsangst, Veränderung von Vorerfahrungen durch vorgeschaltete Trainingsprogramme). Nach der oben von Pawlik vorgeschlagenen und eingangs dargestellten Zieltaxonomie psychologischer Diagnostik (Pawlik, 1976) beziehen sich diese Interventionsformen schwerpunktmäßig auf die "Behandlungsformen" der

(externen) Bedingungsmodifikation oder aber der Modifikation personaler
Leistungsvoraussetzungen. Bezüglich der *Indikation* schlug Schmidt eine Eingrenzung und Konzentration auf bestimmte Problembereiche vor, nämlich die Diagnose
der Pseudodebilität, von Leistungsstörungen, von Graden geistiger Behinderungen
und bei umschriebenen Ausfällen. Außerdem sah er TtL immer dann angezeigt, wenn
im diagnostischen Prozeß widersprüchliche Informationen anfielen.

Schmidt (v.a. 1969) führte einige empirische Untersuchungen durch, deren differentielle Befunde zur Wirkung von Wiederholung und motivierenden Maßnahmen
bei unterschiedlichen Probandengruppen (Volksschüler, geistig retardierte Kinder)
ihm in seinen Forderungen nach Normierung von Tests unter unterschiedlichen
Bedingungen (vgl. hierzu auch bereits Kern, 1930, s.o.), nach Standardisierung von
Interventionsprozeduren, nach der systematischen Erforschung möglicher Moderatorvariablen und nach der Entwicklung brauchbarer psychometrischer Entschei-
dungskriterien für den Einzelfall bestärkten. Leider hat Schmidt selbst entsprechende
Untersuchungen und Weiterentwicklungen im Anschluß jedoch nicht mehr durchgeführt. Solche Beiträge finden sich hingegen in den Arbeiten Guthkes (vgl. ab 1969)
und weiterer Autoren, die im nächsten Abschnitt dargestellt werden.

3.2.4   Entwicklung von Verfahren der Dynamischen Testdiagnostik von den 70er Jahren bis zur Gegenwart

Mit Beginn der 70er Jahre läßt sich in der Entwicklung der DTD eine neue Phase
verzeichnen. Bislang war der Fokus der Forschungsbemühungen auf dem Nachweis
von Unzulänglichkeiten der statusorientierten Diagnostik, der Demonstration spezifischer Vorzüge einer dynamischen Vorgehensweise und auf der Verfeinerung der
theoretischen und methodisch-diagnostischen Grundlagen gelegen. Nunmehr entwickelten sich Arbeitsgruppen, die der gezielten und systematischen Erstellung und
Überprüfung von wissenschaftlich fundierten Untersuchungsverfahren nachgingen,
die auch tatsächlich in der Praxis und mit hoher Verbreitung einsetzbar sein sollten.
Die Arbeiten der beiden Autoren dieses Beitrages können dieser Entwicklungsphase
zugeordnet werden.

Guthkes Beitrag hat eine seiner Wurzeln in spezifischen Erfahrungen der pädagogischen und klinisch-psychologischen Praxis, die die Notwendigkeit einer stärkeren diagnostischen Berücksichtigung der intraindividuellen Variabilität deutlich
machte. Unter den in der DDR zu dieser Zeit sehr restriktiven, auf das sowjetische
Testverbot (s.o., 1936) zurückgehenden gesellschaftlichen und politischen Bedingungen für psychologische Diagnostik bot das Konzept des gerade wieder entdeckten
Begründers der "sowjetischen Psychologie" Wygotski zur Erfassung der "Zone der
nächsten Entwicklung" (s.o.) einen theoretisch attraktiven und politisch auch akzep-

tablen Rahmen für die Entwicklung eines alternativen, veränderungsorientierten Testansatzes. Zentrales theoretisches Konzept war die *"Lernfähigkeit" bzw. "intellektuelle Lernfähigkeit"* (Guthke, 1972). Dabei wurde allerdings bei der theoretischen Ableitung nicht nur auf Wygotski bezug genommen, sondern auch auf Kern und Selz (s.o.), auf lern-, entwicklungs- und denkpsychologische Grundlagenforschungen unterschiedlicher Provenienz. Zur Erfassung der Lernfähigkeit wurden zunächst üblicherweise verwendete Intelligenzaufgaben in Form von Langzeitlerntests (Test-Training-Test) oder Kurzzeitlerntests (systematisch applizierte Rückinformationen und Interventionen während *einer* Testdarbietung) dargeboten. Besonderes Gewicht wurde auf die Sicherung psychometrischer Kriterien, die Standardisierung der Untersuchungs- und Trainingsprozeduren und auf die empirische Kontrolle der unterschiedlichen Validitätsaspekte gelegt. Größeren Bekanntheitsgrad im deutschsprachigen Bereich erhielt der Ansatz durch eine 1972 publizierte Monographie (Guthke, 1972). In der Folge wurden verschiedene Tests, zunächst als Forschungsinstrumente, publiziert (z.B. Mengenfolgetest, Lerntest für schlußfolgerndes Denken, vgl. nächstes Kapitel). Eine Vielzahl empirischer Studien zur Prüfung der Gütekriterien, darunter auch zur Aufklärung der Konstruktvalidität, schlossen sich an. Deren Ergebnis waren u.a. Informationen zur (in der Tendenz besseren) prädiktiven Validität bezüglich verschiedener Kriterien. Es schlossen sich Differenzierungen, Weiterentwicklungen und Adaptationen des Lerntestkonzepts auf spezifische Inhalts- und Anwendungsbereiche an. Diese Beiträge werden in Kap. II ausführlich erläutert.

Etwa parallel zu Guthkes Ansatz - jedoch zunächst ohne gegenseitige Kenntnis und Rezeption - wurde in Israel durch Feuerstein ein ebenfalls auf die Lösung praktisch-diagnostischer Probleme ausgerichteter, theoretisch und methodisch jedoch anders angelegter Ansatz entwickelt. Der soziale und politische Hintergrund dieses Ansatzes erwuchs aus der in Israel nach dem Zweiten Weltkrieg anstehenden Aufgabe der Integration einer Vielzahl eingewanderter Kinder und Jugendlicher aus unterschiedlichen Herkunftsländern und mit unterschiedlichstem sozialen und kulturellen Hintergrund sowie schwierigen persönlichen Lebensschicksalen. Der unmittelbare Kontakt mit Rey (s.o.) und indirekt wohl auch mit Piaget in Genf lieferten den Impetus und ein theoretisches und methodisches Konzept zur Entwicklung eines veränderungsorientierten diagnostischen Ansatzes, des *Learning Potential Assessment Device* (LPAD, Feuerstein et al., 1979). Ein besonderer Vorzug dieses diagnostischen Ansatzes ist seine enge Verbindung mit einem komplementären Programm zur Behebung von Beeinträchtigungen der kognitiven Funktionsfähigkeit ("Instrumental Enrichment", Feuerstein, 1980). Die von Feuerstein entwickelte dynamische Untersuchungsanordnung basiert auf einem außerordentlich komplexen theoretischen Konzept, das allerdings wegen mangelnder Stringenz der Formulierung von Büchel und Scharnhorst (1993) kritisiert wurde. Die Grundkomponenten dieses Konzepts beziehen sich auf die Person des zu Untersuchenden (den "Lerner"), das Verhalten des Untersuchers und die zu bearbeitenden Testaufgaben. Die Explikation der Komponente "Lerner" ist an einem Input-Elaboration-Output-Schema orientiert und beinhaltet eine Auflistung unterschiedlicher Defizite zu diesen drei Kategorien. Teilweise sind diese Defizite aus der kognitiven Grundlagenliteratur begründbar, teilweise entsprechen sie eher klinischen Erfahrungen (z.B. "episodische Erfassung der Realität", definiert als Unverbundenheit von Erfahrungsinhalten). Das Verhalten des Untersuchers wird mit Hilfe eines zentralen Konzepts des Feuerstein'schen Ansatzes beschrieben: der vermittelten Lernerfahrung ("*Mediated Learning Experience*"). Ähnlich wie bei Wygotski (1934, s.o.) berichtet, jedoch ohne expliziten Bezug auf diesen wird der über soziale Interaktion vermittelten Lernerfahrung als Ergänzung zur "direkten" Lernerfahrung eine zentrale Bedeutung zugeschrieben. In der Darstellung von Lidz (1991) wird dies als Übergang von einem S-O-R-Modell zu einem S-H-O-R-Modell (H = soziale Interaktion) illustriert. Feuerstein schlug eine Liste von Interventionen vor, die diese vermittelte Lernerfahrung in adäquater Weise herbeiführen sollen. Sie reichen von der Vermittlung von "Intentionalität und Reziprozität" über die "Regulation und Kontrolle des Verhaltens" bis zu "Mediation einer optimistischen Alternative" (vgl. Lidz, 1991).

Für die Explikation der Aufgabenkomponente entwickelte Feuerstein das Konzept der "kognitiven Landkarte" ("cognitive map"), in das er die unterschiedlichen verbalen und nonverbalen Testaufgaben zu intellektuellen Basisfunktionen (z.B. schlußfolgerndes Denken, Kategorienbildung, etc.) einordnete. Diese "cognitive map" enthält eine Reihe von Kategorien, wie z.B. Modalität, Komplexitätsniveau, Effizienzniveau, u.a. Eine ganze Reihe der von Feuerstein verwendeten Aufgaben gehen auf Rey (1934, s.o.) zurück (s. Kap. II).

In der diagnostischen Vorgehensweise finden sich Test-Training-Test-Anordnungen oder Verquickungen von Aufgabenvorgabe und Intervention. Im Unterschied zu Guthkes Ansatz ist das LPAD eindeutig "klinisch" im Sinne geringer Standardisierung und psychometrischer Fundierung. Es impliziert die Notwendigkeit, das diagnostische Vorgehen in Abhängigkeit vom Verhalten der Probanden stets zu verändern. Der Prozeß der Aufgabenbearbeitung und der Verarbeitung vermittelter Lernerfahrung beim einzelnen Individuum steht somit im Zentrum des diagnostischen Interesses. Entsprechend des komplexen konzeptuellen Rahmens ist das diagnostische Vorgehen sehr zeitaufwendig und bedarf einer eingehenden Schulung der Untersucher. Diese Punkte und mangelnde theoretische Stringenz sowie ungenügende empirische Absicherungen sind auch die zentralen Punkte der Kritik an diesem Ansatz (vgl. Büchel & Scharnhorst, 1993; Glutting & Mc Dermott, 1990). Dennoch erfreut er sich großer Popularität und zunehmender Verbreitung, da er die oft geforderte, aber tatsächlich kaum realisierte Einheit von Diagnostik und Intervention und eine besonders große Individuumorientiertheit zu verwirklichen verspricht.

Deutlich im Kontrast zum Ansatz Feuersteins stehen auch einige andere Hauptvertreter der Entwicklung dynamischer Untersuchungsverfahren in den USA. Sie befürworten, wie dies auch in Guthkes Ansatz der Fall ist, eine stärkere Standardisierung von Testdurchführungs- und Trainingsbedingungen. Der historisch als erster zu nennende Beitrag stammt von Budoff und Mitarbeitern (vgl. Budoff et al. 1971, 1975, 1978). Sein Anliegen war die Vermeidung von Fehlklassifikationen bei geistig retardierten Kindern und Jugendlichen, wobei sein besonderes Interesse den durch herkömmliche Intelligenztests unterschätzten Probanden - vor allem farbigen amerikanischen Kindern in den Slums - galt. Theoretische und methodische Anregungen zur Konzipierung seines Ansatzes erhielt er durch Jensen (s.o.) und eher zufällig durch einen Vortrag Lurias, in dem dieser seine und Wygotskis Arbeiten vorstellte (pers. Komm. 1991). Er entwickelte daraus die sogenannte *"Lernpotentialdiagnostik" (Learning Potential Assessment)*, die - wie die frühen Entwicklungen Guthkes - im wesentlichen eine Umarbeitung klassischer Intelligenztests in Lerntests darstellt (Raven Learning Potential Test, Kohs Learning Potential Task, Serial Learning Potential Test, Picture Word Game; vgl. Budoff, 1987b). Das Training wurde mit Hilfe von Aufgaben durchgeführt, die den Testaufgaben in hohem Maße ähnlich sind. Beim Raven Learning Potential Test umfaßt es beispielsweise vier Sitzungen von je 30 Minuten. Die Interventionsprinzipien beinhalten eine Intensivierung der Instruktion, u.a. durch eine Präsentation der Problemstellung in Gestalt vertrauter Objekte; weiterhin die zeichnerische Lösung der Aufgaben in einem Arbeitsbuch, ehe Distraktoren präsentiert werden, die Einwirkung des Untersuchers auf den Arbeitsprozeß zur Erhaltung eines angemessenen Vorgehens, Verbalisierungsinstruktionen und Hinweise auf relevante Aufgabenmerkmale bzw. deren Erläuterung (z.B. das Closure-Prinzip, s. Kap. II).

Budoff schlug vor, die Probanden danach zu klassifizieren, ob sie im Prätest bereits eine hohe Leistung zeigten und diese beibehielten ("*high scorer*"), ihre Leistung deutlich steigerten ("*gainer*") oder eine niedrige Leistung nicht verbessern konnten ("*non-gainer*"). Er und seine Mitarbeiter (vgl. Budoff, 1987a,b) führten eine Vielzahl von Studien zur Überprüfung der psychometrischen Qualität der Prä- und Posttests und zur Validierung seines typologischen Konzepts durch. Der Nachweis einer merklichen und praktisch bedeutsamen Überlegenheit des Learning Potential Assessment gegenüber klassischen Untersuchungsverfahren konnte jedoch nicht eindeutig geführt werden (vgl. Lidz, 1991). Allerdings konnte Budoff zeigen, daß milieugeschädigte Kinder oft zu den "Gainern" gehörten und sich später auch besser entwickelten als "Non-Gainer". Nur die Letzteren, insbesondere wenn sie aus "normal förderlichen Umweltbedingungen" stammten, betrachtete Budoff als "mentally retarded" und daher sonderschulbedürftig. "Bemerkenswert im Lichte neuerer Überlegungen zu einer qualitativen Testtheorie (vgl. Rost, 1982; s.u. Kap. V) ist seine typologische Behandlung des praktisch bedeutsamen Problems der Performanzveränderung. Die methodischen und theoretischen Aspekte eines solchen Lösungsansatzes wurden jedoch nicht deutlich expliziert. Nicht genügend beachtet wurde, daß nicht nur "Pseudodebile", sondern auch "Echtdebile" Lerngewinne von einem Prätest zu einem Posttest zeigen können, wenn auch in einem geringeren Ausmaße. Daher müssen also auch die Lerngewinne - bezogen auch auf das Ausgangsniveau - einer differenzierteren Bewertung unterzogen werden (vgl. hierzu auch Kap. V). Es bleibt auch letztlich unklar, ob eine gegebene Fähigkeit, z.B. durch Verbesserung der Instruktion, besser erfaßt werden (Zielbereich I der DTD) oder aber eine neue Fähigkeit, das Lernpotential (Zielbereich II) diagnostiziert werden soll.

Neuere Entwicklungen zur DTD wurden auch von Campione und Brown (vgl. z.B. Campione, Brown & Bryant, 1985; Lidz, 1987, 1991) vorgelegt. Angeregt durch den Ansatz Wygotskis (vgl. Brown & French, 1979) und unter Einbeziehung eigener Ansätze zur Metakognition und deren pädagogische Beeinflussung entwickelten sie einen Ansatz des Dynamischen Testens, der weitgehend standardisiert ist und inhaltlich auf Leistungen des Behaltens und *Transfers* ausgerichtet ist. Die Untersuchungsmaterialien beinhalten sowohl klassische Intelligenzaufgaben (Matrizen, Buchstabenergänzungsaufgaben) als auch Verfahren zur Prüfung von Leseverständnis und mathematischen Fertigkeiten. Die typische Untersuchungsanordnung besteht aus Prätest, einer Sitzung mit "vermittelten" Lernerfahrungen ("mediated learning", vgl. oben Feuerstein), einer Sitzung mit unter Standardbedingungen gegebenem Post- und Transfertest und einer letzten Sitzung mit Post- und Transfertest unter Interventionsbedingungen. Interventionen beinhalten gezielte Hinweise, die sukzessive von allgemeinen zu ganz spezifischen und konkreten Merkmalen gehen sowie Modelldemonstrationen durch die Untersucher. Als Maß wird die Anzahl der Hilfen verrechnet. Außerdem wird ein Transfermaß bestimmt. Campione und Brown haben eine ganze Reihe empirischer Studien zu den psychometrischen Eigenschaften und zur Validierung ihrer Verfahren vorgelegt (vgl. 1987) und konnten u.a. zeigen, daß durch diese eine beträchtliche Erhöhung der Varianzaufklärung bezüglich der Schulleistung (um 22 - 40 %) erzielt werden kann. Kritisiert wird an ihrem Ansatz die ungeklärte Relation zwischen Punktwerten für Hilfen und dem, was diese Hilfe jeweils inhaltlich bedeuten. Weiterhin - insbesondere von Vertretern einer klinischen Orientierung im Sinne Feuersteins - die mangelnde Behandlungsorientierung bezüglich der individuellen Lerndefizite eines Schülers, die eine Folge der Standardisierung der Verfahren sei (vgl. Lidz, 1991).

Auch die Arbeiten holländischer Psychologen (vgl. Hamers & Ruijssenaars, 1984; Hamers, Ruijssenaars & Sijtsma, 1993) mit Intelligenzlerntests und mehr curriculumbezogenen Lerntests (s. hierzu auch Kap. III.1) beruhten wie die Campione/Brown-Untersuchungen zunächst in der Regel auf mehreren Posttests, bevor sie bei den zuletzt vorgestellten Verfahren aus zeitökonomischen Gründen nur noch einen Posttest - wie in Guthkes Lerntests - verwendeten.

Neben den referierten Autoren bzw. Arbeitsgruppen, die konsistente, systematisch entwickelte Ansätze zur Entwicklung praktisch verwendbarer Verfahren vorlegten, lassen sich auch weiterhin eine Reihe von Einzelbeiträgen verzeichnen. Hiervon stammen nicht wenige aus osteuropäischen Ländern. In der UdSSR gab es schon seit den 60er Jahren Versuche, die Wygotski'sche Konzeption zur Diagnostik der Zone der nächsten Entwicklung in einer sog. *dynamischen diagnostischen Untersuchung* umzusetzen. Es handelte sich hierbei um eine Art "Probeunterricht" bzw. um die Vermittlung von unstandardisierten Hilfestellungen bei Testaufgaben. "Die Empfänglichkeit für Hilfen" (vgl. Mentschinskaja, 1974; Wlasowa & Pewsner, 1971) wurde als wichtiges Differentialdiagnosticum zwischen sog. zurückbleibenden Kindern und echt debilen Kindern betrachtet (siehe hierzu auch Kap. II). Hierbei handelte es sich zunächst um nichtpsychometrische Vorgehensweisen, bei denen ähnlich wie bei Feuerstein ein sehr stark individualisiertes, "klinisches" Herangehen favorisiert wurde. In diesem Zusammenhang ist auch auf Graichen (1975) zu verweisen, der in Anlehnung an Luria (s.o.) den Binet-Kramer-Test in der Art und Weise durchführte, daß er nach Versagen bei einzelnen Aufgaben aus neuropsychologischen Überlegungen resultierende Veränderungen der Aufgabenstellung und Hilfestellungen applizierte, ohne hierfür ein "Standardvorgehen" vorzuschreiben. Kalmykowa (1975) forderte dagegen schon ein stärker standardisiertes Prozedere, lehnte aber die üblichen psychometrischen Tests als "künstliche Anforderungen" ab. Sie verwendete sog. natürliche Gesetzmäßigkeiten als Grundlage für ihre Testaufgaben - z.B. benutzte sie die in der kognitiven Entwicklungspsychologie häufig angewandten Balkenaufgaben zum Gleichgewichtsgesetz. Mit diesen Aufgaben untersuchte sie nach entsprechenden Interventionen bei Normalschulkindern, die das Gesetz noch nicht im Unterricht behandelt hatten, deren Lernfähigkeit durch das Prätest-Training-Posttestverfahren. Unklar bleibt aber, wie sie die Kinder mit dem Verfahren untersuchen will, wenn die einen das Gesetz schon kennen und die anderen nicht. Die von ihr entwickelten Untersuchungsinstrumente waren primär für die Forschung gedacht. Mit ihnen konnte sie nachweisen, daß eine neue Unterrichtsstrategie die Lernfähigkeit der damit unterrichteten "Versuchskinder" gegenüber Kontrollkindern deutlich verbesserte.

Iwanowa (1973) ging dagegen mehr von Problemen der klinischen Einzelfalldiagnostik aus und entwickelte einen Lerntest auf der Grundlage des Wygotski'schen Klassifizierungsversuches, speziell für die Diagnostik geistig retardierter Kinder (nähere Beschreibung in Guthke, 1980c).

Der ungarische Psychologe Klein (1973) legte ein Verfahren zur Lernfähigkeitsdiagnostik vor, bei dem die Aufgabe darin bestand, eine Geheimschrift zu erlernen.
Der rumänische Psychologe Ionescu und Mitarbeiter (Ionescu, Radu, Solomon &
Stonenescu, 1974; vgl. auch Ionescu & Jourdan-Ionescu, 1983) transformierten ähnlich wie Budoff (s.o.) und Hübner (1969, zitiert bei Guthke, 1972) ein klassisches
intelligenzdiagnostisches Verfahren - den Mosaik-Test - durch Einbeziehung von
Training in die Testabnahme in einen "Lernfähigkeitstest" ("potentiel d'apprentissage").

Für den deutschen Sprachraum ist in diesem Zusammenhang eine von Flammer
(1975a) publizierte Monographie zu interindividuellen Unterschieden im Lernen
erwähnenswert. Sie trug zur theoretischen Aufarbeitung des Lernfähigkeitskonzepts
bei und regte - wie Guthkes Arbeiten - eine Reihe von Studien und Entwicklungs-
arbeiten anderer Autoren an.

Große Popularität unter pädagogischen, insbesondere sonderpädagogischen Autoren erlangte in der Bundesrepublik Deutschland die sogenannte *Förderdiagnostik*
(vgl. zusammenfassend Kornmann, Meister & Schlee, 1983 und unsere Ausführungen hierzu im Kap. III.1). Ihr historischer Ausgangspunkt war ein von Kaulter und
Munz (1974) verfaßtes kritisches Gutachten zu Verfahren der Aufnahme und Überweisung in die Sonderschule. In diesem Kontext wurden dann auch von einigen Vertretern lerntestähnliche Prozeduren vorgeschlagen. So prüfte z.B. Kornmann (1977)
in seiner Testbatterie für entwicklungsrückständige Vorschulkinder die Hypothese
mangelnder Anstrengungsbereitschaft bei der Ersttestdurchführung als Ursache für
Testversagen durch eine Zweittestdurchführung unter "Anreizbedingungen". Allerdings kann man den Vertretern der Förderdiagnostik nicht den Vorwurf ersparen, daß
von ihnen die vorliegenden theoretische und empirische Beiträge der DTD kaum
rezipiert wurden und sie mit wenigen Ausnahmen (vgl. Kornmann & Rösler, 1983;
Kornmann, Billich, Gottwald, Hoffmann & Rösler, 1982; Moog, 1990; Probst, 1979)
oft nur eine diffuse Ablehnung der herkömmlichen Diagnostik im pädagogischen
Feld einschließlich ihrer psychometrischen Grundlegung artikulierten, ohne selbst
ausgearbeitete und praktikable Alternativen anzubieten. Zur weiteren Darstellung
und Kritik des förderdiagnostischen Ansatzes s. Kap. III.1.

Aus der Reihe weiterer Entwicklungen dynamischer Testverfahren (vgl. hierzu
Wiedl, 1984) sind drei Ansätze insofern zu nennen, als sie neue Anwendungsfelder
der DTD erschlossen bzw. auch auf neue inhaltliche Orientierungen aufmerksam
machten: Rost (1977) entwickelte im Rahmen eines didaktischen Projekts zum
naturwissenschaftlichen Unterricht einen Lerntest, der die spezifische Lernfähigkeit
bezüglich der in diesem Bereich gegebenen spezifischen Anforderungen erfassen
sollte. Rosts Arbeit kann als einer der Ausgangspunkte für die *Konzeption curricularer*, also nicht global auf schulische Bewährung, sondern auf spezifische Unter-

richtsfächer bezogener *Lerntests* gesehen werden (vgl. hierzu auch Müller, 1978 und unser Kapitel zu curricularen Lerntests). Auch die sog. Unterrichtslektionen für die Aufnahmewoche der Sonderschule in der ehemaligen DDR stellten lehrfachbezogene Lerntestprozeduren dar (vgl. Buss & Scholz-Ehrsam, 1976; Buss et al., 1982). Bezogen auf Anwendungsbereiche außerhalb des sonderpädagogischen Feldes sind als erstes die Beiträge von Robertson und Downs (1979) zu nennen. Die Autoren entwickelten "Trainability Tests" (s. hierzu Kap. III.4) mit deren Hilfe die *Eignung zum Erlernen spezifischer beruflicher Fertigkeiten* (z.B. Mauern) geprüft werden sollte. Untersuchungsanordnungen waren so angelegt, daß zwischen die wiederholte Bewertung von Arbeitsproben für bestimmte Handwerksberufe jeweils eine halbstündige Übungsphase eingeschoben wurde. Die von Robertson und Mitarbeitern entwickelten Verfahren zeichnen sich durch das Bemühen aus, ein möglichst hohes Maß an Kontentvalidität (Klauer, 1978) bezüglich der den Kriteriumsbereich kennzeichnenden Anforderungen (z.B. Mauern) und Prozesse (Lernen) zu gewährleisten.

Einen weiteren Anwendungsbereich stellt schließlich die *Diagnostik und Rehabilitationsplanung bei Hirnschädigungen* dar. Beispiele für ersteres Anwendungsfeld sind Arbeiten von Wallasch und Möbus (1977), Guthke und Löffler (1980) und Roether et al. (1980). Für eine auf Rehabilitationsprozesse gerichtete Diagnostik schlugen Cicerone und Tupper (1986) in Anlehnung an Wygotski das Konzept des *"Rehabilitation Potential"* vor, das über die Registrierung der Responsivität des Patienten gegenüber spezifischen Lernanregungen und Fördermaßnahmen erfaßt werden sollte (vgl. hierzu auch Reihl, 1988). Roether (1986), Wolfram et al. (1986) und andere im Kap. IV.1 noch ausführlicher zu referierende Autoren haben Untersuchungen vorgelegt, die zeigen, daß Testwiederholungen und Lerntests auch bei differentialdiagnostischen Fragestellungen im Erwachsenenbereich - z.B. bei der Unterscheidung von "Hirnorganikern" und "Leistungsneurotikern" - gegenüber herkömmlichen Statustests eine inkrementelle Validität zeigen.

Die systematische empirische Analyse von relevanten Testprozeduren und die Entwicklung eines theoretischen Rahmenkonzeptes zur Diagnostik der intraindividuellen Variabilität war Forschungsprogramm von Wiedl und Mitarbeitern. Die zu Beginn meist in Kooperation mit Carlson entworfenen empirischen Studien hatten als theoretischen Anknüpfungspunkt zunächst die von Schmidt (s.o.) entwickelten Überlegungen zum TtL (Carlson & Wiedl, 1976; 1979). In nachfolgenden Arbeiten mit dem Ziel der Formulierung eines theoretischen Rahmenkonzepts für die Analyse und Beeinflussung der Testperformanz wurden Ansätze russischer Psychologen und aktuelle lern- und intelligenzpsychologische Ansätze einbezogen (vgl. Carlson & Wiedl, 1980, 1992a,b; Wiedl, 1981, 1985). Der Terminus "Dynamisches Testen" wurde bevorzugt, da dieser die psychometrischen Ansätze - etwa sensu Guthke -

ebenso umfaßt wie die von Schmidt vorgeschlagene einzelfallorientierte Strategie des
TtL, dabei die Beibehaltung testpsychologischer Standards signalisiert, ohne jedoch
inhaltlich Festlegungen auf spezifische Konstrukte (Lernfähigkeit, etc.) zu implizieren.

Anders als im klassischen testpsychologischen Ansatz, in dem Testleistung als
Manifestation einer latenten Eigenschaft fungiert, wurde Performanz als Ergebnis
einer dynamischen Interaktion zwischen dem Individuum und der je gegebenen bzw.
modifizierten Anforderungssituation verstanden. Die Explikation dieses Konzepts
führte zu den Einheiten "Aufgabe", "Person" und "Intervention". Eine ausführlichere
Darstellung dieses Rahmenkonzepts findet sich in Kap. II.

Die parallel und in Wechselwirkung zur Entwicklung dieses Rahmenkonzepts
durchgeführten empirischen Studien bezogen sich auf die vergleichende Analyse der
Wirksamkeit häufig eingesetzter dynamischer Testprozeduren, die Überprüfung von
deren differentieller Wirksamkeit bei unterschiedlichen Probandengruppen, die Aufdeckung von Wechselwirkungen zwischen Testbedingungen und Persönlichkeitsvariablen einschließlich kognitiver Stilvariablen, die Veränderungen der Testperformanz als Folge spezifischer Interventionen und auf Fragen der Konstrukt- und Kriteriumsvalidität. Methodische Arbeiten befaßten sich mit Fragen der Standardisierung
und Normierung einer als effektiv befundenen dynamischen Testprozedur und der
Entwicklung teststatistischer Kriterien für die Analyse von Veränderungen im
Einzelfall (Schöttke, Bartram & Wiedl, 1993; Wiedl, Schöttke & Gediga, 1989; vgl.
auch Kapitel V). Die Anwendung einzelner der untersuchten diagnostischen Prozeduren bei klinischen (z.B. Taubstummen, Hirnverletzten) oder ethnischen Sondergruppen gehört ebenfalls zum Forschungsprogramm dieser Arbeitsgruppe (vgl. Carlson &
Wiedl, 1980; Wiedl & Schöttke, 1995 und Kap. III.3 und IV.1).

Der von Psychologen der Humboldt Universität Berlin vorgeschlagene Weg einer
"Experimentellen Psychodiagnostik" (s. Berg & Schaarschmidt, 1984;
Schaarschmidt, 1987a,b; Schaarschmidt, Berg & Hänsgen, 1986) ähnelt sehr stark
der Wiedl'schen Konzeption für eine "dynamische Testdiagnostik", wobei sich die
Autoren sowohl bei der theoretischen Ableitung der Testaufgaben als auch bei der
Gestaltung der Testprozedur sehr stark auf Theorien und experimentelle Paradigmen
der Allgemeinen Psychologie - besonders der Kognitionspsychologie (vgl. Klix,
1983) - stützen. Im Vordergrund dieses Vorgehens steht die Variation der Aufgaben-
bedingungen, die eine nähere Aufklärung über die Prozesse der Lösungsfindung
bringen soll. Damit ist auch der Bezug zu den oben geschilderten Ansätzen von
Piaget, Rey und Feuerstein gegeben, ohne daß sich die Autoren darauf explizit beziehen. Im Unterschied zu diesen Autoren und in Übereinstimmung mit den beiden
Autoren dieses Buches favorisieren sie aber um die Vergleichbarkeit und
"Objektivität" des Vorgehens zu gewährleisten, eine klassisch experimentelle und

standardisierte Testabnahmeprozedur. Berg (1986, S. 25) gibt zusammenfassend folgende Definition der experimentellen Diagnostistik:

"Experimentelle Diagnostik ist die theorie- und hypothesengeleitete Aufklärung intraindivdueller Variabilität durch systematische Variation der aufgabenkonstituierenden, die theoretisch begründete Schwierigkeit der Aufgaben beeinflussenden Variablen."

Kennzeichnend für die Beiträge von Schmidt, Wiedl und Carlson sowie Berg und Schaarschmidt und der ihnen vorangegangen Arbeiten von Schmidt (1969, 1971; s.o) ist, daß sie eine zunehmend komplexere Sicht von Performanz, ihrer Bedingungen und ihrer Veränderbarkeit vermitteln. Sie unterscheiden sich an dieser Stelle von den oben dargestellten Ansätzen, die sich der Konzepte "Lernfähigkeit", "Lernpotential", etc. als redundanzstiftender theoretischer Konstruktionen bedienen. Schmidts dringliche Forderung (v.a. 1971) nach strikter Einhaltung psychometrischer und untersuchungsmethodischer Standards einschließlich der Normierung und Standardisierung diverser dynamischer Testprozeduren wird vor dem Hintergrund der komplexen Befundlage nur zu verständlich. Gerade die Arbeiten von Wiedl und Mitarbeitern (vgl. Wiedl, 1984), die solchen Forderungen nachkommen, vermitteln jedoch den Eindruck, es sei notwendig, derartige Arbeiten für jede nur denkbare Untersuchungsbedingung und Zielgruppe durchzuführen. Diese Problematik verkompliziert natürlich die Entwicklung routinemäßig einsetzbarer dynamischer Testverfahren mit breitem Gültigkeits- und Geltungsbereich. Daher geht der Entwicklungstrend der DTD stärker in Richtung auf eine Erstellung spezifischer, bereichs- und adressatenbezogener Verfahren (s. nachfolgende Kapitel).

3.2.5 Die Nutzung von Prinzipien der Dynamischen Testdiagnostik im Forschungsbereich

Neben den dargestellten Ansätzen zur Aufbereitung von Verfahren der DTD für praktisch-diagnostische Zwecke läßt sich eine zunehmende Verbreitung des Ansatzes auf der Ebene der Forschung feststellen. Insbesondere die gerontopsychologische Forschung hat in starkem Maße davon profitiert, die entsprechenden Beiträge sollen daher etwas ausführlicher dargestellt werden. Im Anschluß wird noch kurz auf einige weitere Anwendungsfelder verwiesen (vgl. hierzu auch Wiedl, 1984).

3.2.5.1 Gerontopsychologische Forschung

Hervorzuheben sind hier die aus der Arbeitsgruppe um Paul Baltes (und bezüglich alterspathologischer Prozesse Margret Baltes, vgl. Baltes & Kindermann, 1985; siehe Kapitel IV.1 in diesem Buch) vorgelegten Arbeiten, die auf einem bereits über 20-

jährigen Forschungsprogramm basieren. Wie Schmidt von Boeschs Konzept des
Testing the Limits (siehe oben) beeinflußt, nutzte Baltes dieses Konzept zunächst,
um die *Plastizität kognitiver Leistung* in unterschiedlichen Abschnitten lebenslanger
Entwicklung zu demonstrieren. Er stellte dabei die Annahme des Defizit-Modells der
Intelligenzentwicklung, wonach die intellektuelle Leistungsfähigkeit nach Erreichen
ihres Höchstwertes im Alter von etwa 20 Jahren und einer Zeit der Stabilität einen
kontinuierlichen Abfall zu verzeichnen hat, in Frage und führte Minderleistungen
älterer Menschen stattdessen auf verschiedene, ungünstig wirkende äußere oder
untersuchungstechnische Bedingungen zurück.

In einer ersten Untersuchungsphase ("Adult Development and Enrichment
Project", ADEPT, Baltes & Willis, 1982) sollte v.a. die intellektuelle Plastizität im
Alter von 60 bis 80 Jahren nachgewiesen werden. Als Untersuchungsinstrumente
wurden Tests der fluiden Intelligenz herangezogen, da diese einem altersbedingten
Leistungsabfall am deutlichsten unterliegen sollten (Cattell, 1971). Die Testvorgabe
folgte Testing-the-Limits-Prinzipien. Bei achtmaliger Testdurchführung zeigte sich
ein signifikanter und linearer Anstieg der Testwerte für figurale Beziehungserfassung
und Induktion. Bei Einsatz der Verfahren als Langzeitlerntest (Prätest, fünfstündiges
Training, Posttest) ergab sich - wenngleich in unterschiedlichem Ausmaß für die
einzelnen Verfahren - neben einem substantiellen Leistungszuwachs auch eine
gewisse Übertragbarkeit auf unterschiedliche Transfertests sowie die Stabilität des
Leistungszuwachses auch noch nach einem Monat. Von besonderem Interesse ist,
daß die Höhe der Leistungssteigerungen - etwa eine Standardabweichung - dem Wert
entspricht, den Schaie (1979) als durchschnittlichen Abbauwert für diese Alters-
spanne gefunden hatte.

Während in diesen frühen Arbeiten der Nachweis der Plastizität im Vordergrund
gestanden hatte, fokussierten spätere Arbeiten auf altersspezifische Begrenzungen
des Veränderungsspielraums kognitiver Leistung und deren Bedingungen. Als konzeptuelle Grundlage hierfür wurde eine Differenzierung zwischen der sogenannten
"Mechanik" und "Pragmatik" des menschlichen Geistes vorgeschlagen. Während die
Mechanik die neurophysiologische Architektur kognitiver Fähigkeiten umfaßt,
bezieht sich die Pragmatik auf Konzepte wie Weisheit, Bildung, Selbstorganisation,
etc. Ein angemessenes Zusammenwirken beider Komponenten ermöglicht nach
Baltes Prozesse erfolgreichen Alterns (Baltes, 1993).

Die Analyse der Mechanik-Komponente wurde wiederum mit Hilfe des Testing-
the-Limits-Ansatzes vorgenommen. Im Mittelpunkt standen nunmehr wegen ihrer
Bedeutung für die Alternsforschung spezifische Gedächtnisprüfungen, als Intervention wurde ein Training von Gedächtnisstrategien vorgenommen (Kliegl, Smith &
Baltes, 1989). Als Ergebnis zeigte sich, daß - wie schon bekannt - alte Menschen
durchaus in der Lage sind, ihre Leistungen zunächst zu verbessern, daß sie aber bei

Annäherung an ihre Leistungsgrenzen in deutlichen Rückstand zu jüngeren Probanden geraten. So ergaben die Leistungswerte in Posttests nach Training, anders als im Prätest, fast überlappungsfreie Verteilungen für die Gruppen alter und jüngerer Probanden. Begrifflich wurde dieses Phänomen mit einer begrenzten Entwicklungsreserve ("*developmental reserve capacity*") bei einer durchaus gegebenen "*baseline reserve capacity*" umschrieben. "Baseline reserve capacity" beschreibt hierbei die bei optimierter Testdarbietung erreichbare Performanzsteigerung im Sinne des o.g. Zielbereichs I der DTD. "Developmental reserve capacity" bezieht sich dagegen auf die erst unter längerer Trainingseinwirkung feststellbare Entwicklungsreserve eines Merkmals im Sinne des von uns definierten Zielbereichs II (s.o.). Das in nebenstehender Abbildung wiedergegebene Ergebnismuster veranschaulicht die von Baltes und Mitarbeitern vorgenommene Nutzung des dynamischen Testkonzeptes für die entwicklungspsychologische Forschung.

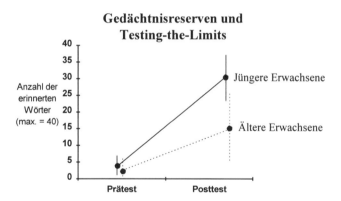

Abbildung I.1: Mittelwerte und Reichweite beim Erinnern von 40 Wörtern in zwei Untersuchungsgruppen, die sich aus jüngeren und älteren Erwachsenen zusammensetzen (nach Baltes, 1990, S. 13).

In weiteren Studien wurde der Natur von Begrenzungen der Entwicklungsreserve nachgegangen. Als Erklärungen wurden verstärkte proaktive Hemmungen sowie spezifische Anfälligkeit gegenüber komplexer werdenden Anforderungen gefunden (Kliegl & Lindenberger, 1993; Mayr & Kliegl, 1993).

Während Baltes und Mitarbeiter bezüglich der Mechanik-Komponente ihre Arbeiten fast ausschließlich auf das Testing-the-Limits-Konzept gründen, untersuchen sie zur Pragmatik Konzepte, die Prozesse der Selektion (Auswahl von Situationen,

Belastungen, etc.) Optimierung (selbstinitiierte Funktionsübungen) und Kompensation (eigenständige Veränderungen der Randbedingungen, Einbringen von Hilfen) beinhalten, mit denen das Individuum versucht, trotz immer begrenzter werdender Voraussetzungen (Mechanik) ein möglichst hohes Maß an Adaptation und Lebenszufriedenheit zu erreichen. Hierzu finden dynamische Untersuchungsprozeduren keine Anwendung. Unter Berücksichtigung der unten in Kapitel IV.2 vorzutragenden Überlegungen bzw. Befunde zur dynamischen Untersuchung von Persönlichkeitsmerkmalen erschiene es uns jedoch reizvoll, die von Baltes unter Pragmatik gefaßten Prozesse der Selbstorganisation ebenfalls einer dynamischen Betrachtung zuzuführen.

Neben den Arbeiten aus der Arbeitsgruppe um Baltes, die durch ihre Programmatik die Fruchtbarkeit des dynamischen Untersuchungsansatzes für die Entwicklungspsychologie besonders deutlich machen, haben einige weitere Autoren Beiträge vorgelegt, die sich mit jeweils spezifischen Einzelaspekten befassen.

Hier ist vor allem die Arbeit von Roether und Kollegen zu nennen (Löwe & Roether, 1978; Roether, 1986; Roether et al., 1981), die mit einem Raven-Kurzzeitlerntest bzw. einem Langzeitlerntest auf der Grundlage des IST durchgeführt wurden. Die Probanden lagen in einem Altersbereich zwischen 15 und 55 Jahren. Die Ergebnisse zeigten keine Plastizitätsdifferenzen zwischen den Altersgruppen bzw. deren Verschwinden, wenn beruflicher Status und Bildungsstand kontrolliert wurden. Letztere beiden Faktoren und nicht das chronologische Alter sind offenbar für die Plastizitätsdifferenzen verantwortlich. Dies widerspricht nicht den Befunden der Baltes-Gruppe, die sich ja auf wesentlich ältere Personen bezogen. In ähnlicher Weise scheint der Gesundheitszustand der Probanden bedeutsam zu sein (vgl. Günther, 1980). Replikations- und Erweiterungsstudien von Günther und Günther (1981) und Roether et al. (1981) bestätigen schließlich im wesentlichen die oben genannten Befunde. Gelegentlich zu Tage tretende Divergenzen bezüglich der Abhängigkeit der Prätest-Posttest-Differenzen von Bildungsstand und beruflicher Tätigkeit wurden auf Interaktionen zwischen den personalen Voraussetzungen der Pbn und Merkmalen des Trainings zurückgeführt.

Die unter Mitarbeit von Roether verfaßten Arbeiten untersuchten auch die Veränderung von Affektivität und Selbsteinschätzung im Verlaufe der Lerntestbearbeitung. Als Instrumente dienten einschlägige Selbstbeurteilungsverfahren. Nach den Ergebnissen zeigten Ältere mehr "innere Unruhe" und "emotionale Empfindlichkeit" auch dann, wenn ihre Lerntestleistungen denen der Jüngeren entsprachen (Löwe & Roether, 1978). Ähnlich fanden Roether et al. (1977) bei Älteren größere Nervosität, innere Angespanntheit und geringere Leistungszufriedenheit und Bereitschaft, an einem ähnlichen Versuch nochmals teilzunehmen. In weiteren Studien (Roether et al., 1981) bestätigte sich schließlich, daß zwischen Lernleistung und Stimmung bei älteren Personen ein engerer Zusammenhang besteht als bei jüngeren, das Posttest-ergebnis jedoch weniger vom subjektiven Befindlichkeitszustand und außerintellek-tuellen Persönlichkeitsmerkmalen abhängig zu sein scheint als die Leistung im Prätest.

Wiederum bei älteren, im Heim lebenden Probanden (Altersdurchschnitt 80.3 Jahre, Streubreite 69 - 91) gingen Wiedl und Mitarbeiter (Wiedl & Schöttke, 1987; Wiedl, Schöttke & Gediga, 1987) der Frage nach den differentiellen Bedingungen kognitiver Plastizität nach. Sie verwendeten ein dynamisches Testverfahren auf der Grundlage des Raven-Matrizen-Tests, das verschiedene Hilfestufen vorsah (Wiedl & Carlson, 1985; Wiedl & Schöttke, 1987; s. auch. Kap. II). Das dynamische Verfahren wurde eine Woche nach Durchführung der Standardtestung appliziert. Als Ergebnis zeigte sich u.a., daß die verfügbaren demographischen Angaben (Alter, Hospitalisie-rungsdauer, Bildung, etc.) nicht mit dem Prätest-Ergebnis korrelierten. Bezüglich des "Post-Test" (dynamische Version) ergaben sich hingegen - unabhängig vom Alter - mittlere bis hohe negative Korrelationen zur Dauer des Heimaufenthaltes (.55 - .75 für den Gesamtscore bzw. einzelne Sets). Dieser Befund wurde dahingehend inter-pretiert, daß die Heimökologie bezüglich der Fähigkeiten, die erforderlich sind, um dazuzulernen und die eigene Leistungsfähigkeit zu steigern, offenbar wenig günstig gewesen war.

3.2.5.2 *Weitere Forschungsbereiche*

Ein weiteres, forschungsbezogenes Anwendungsfeld für die DTD ergibt sich aus der Tatsache, daß die dort aktualisierten unterschiedlichen Untersuchungssituationen auch unterschiedlich komplexe Anforderungs- und Lernsituationen konstituieren, in denen sich bestimmte Persönlichkeitsmerkmale in spezifischer Weise aktualisieren sollten. Für das Merkmal des Erkenntnisstrebens hat dies z.B. Lehwald (vgl. hierzu Guthke & Wohlrab, 1982; Lehwald, 1985) zu zeigen versucht. Weitere Ansatzpunkte sind bei Wiedl (1984) dargestellt. Die Fruchtbarkeit der Verwendung von Verfahren der DTD für ein weiteres Gebiet, die medizinpsychologische Forschung, machte ein Studie von Günther und Günther (1982) deutlich. Sie konnten zeigen, daß Personen mit cerebrovaskulärer Insuffizienz bei gleichem Leistungszuwachs wie gesunde Probanden nach der Bearbeitung eines Lerntests höhere Depressivitätswerte aufwie-sen als die Kontrollgruppe. Schaitanova (1990) benutzte Lerntests, um die Besonder-heiten des Leistungsverhaltens und der Leistungsmotivation bei Patienten mit "Herzneurose" und ischämischer Herzkrankheit zu studieren (zu den Ergebnissen, s. Kap. IV.1). Von Göth (1988 und Göth & Guthke, 1985) wurden Versuche unter-nommen, den Erfolg einer Gruppenpsychotherapie - die ja auch einen Lernprozeß darstellt - durch Testwiederholungen mit zusätzlicher Motivierung (z.B. Konzentra-

tionstest als Intelligenztest angekündigt) und therapiespezifische Lerntests zu prädizieren. Dabei erwiesen sich diese Verfahren herkömmlichen Fragebogentests in
ihrer Prädiktionsgüte überlegen. Es muß auch noch auf Beiträge der DTD zur
klinisch-neuropsychologischen Forschung hingewiesen werden. Komplexe Lern- und
Anforderungssituationen, aber auch einfache Testwiederholungen stellen naturgemäß
Untersuchungsfelder dar, in denen cerebrale Funktionsbeeinträchtigungen aufgrund
bestimmter Schädigungen sowie deren Beeinflußbarkeit sich deutlicher zeigen
sollten als bei den herkömmlichen Einpunktmessungen mit den üblichen psychometrischen Tests. Entsprechende Untersuchungen wurden immer wieder vorgelegt (z.B.
Groot-Zwaaftink, Ruijssenaars & Schelbergen, 1987; Guthke & Adler, 1990; Kühl &
Baltes, 1988; Roether, 1986; Wallasch & Möbus, 1977; Wolfram et al., 1986) und
sollen ebenfalls weiter unten ausführlicher dargestellt werden (Kapitel IV.1).

Auch in der pädagogisch-psychologischen Forschung fand natürlich vor allem das
Lerntestkonzept Anwendung. So hat z.B. Klein (1987) ähnlich wie Kalmykowa
(1975) schon früher die Lerntestmethodik angewandt, um die Effekte einer modernen
Unterrichtsmethodik (hier die sog. Dienes-Methode im Mathematik-Unterricht) auf
die Lernfähigkeit von Kindern nachweisen zu können.

Die Versuche, die vor allem Zimmermann (vgl. hierzu Kap. IV.2) unternahm, um mit
Hilfe lerntestartiger Prozeduren eine "soziale Lernfähigkeit" zu erfassen (vgl.
Zimmermann, 1987) waren zunächst auch mehr unter die Forschungsbemühungen
einzuordnen. Insbesondere die jüngst entwickelten Computervarianten der "experimentellen Spiele" und die vorliegenden diagnostischen Erfahrungen rechtfertigen es
mittlerweile, diesen Ansatz un Bereich diagnostischer Anwendungen zu referieren.
Dies geschieht weiter unten in einem gesonderten Kapitel (IV.2).

Einen weiteren, hier zu benennenden Bereich stellt die kulturvergleichende
Forschung dar. Die valide Erfassung des kognitiven Entwicklungsstandes von
Kindern unterschiedlicher sozialer oder ethnischer Herkunft impliziert theoretisch
(z.B. Universalitätshypothese) wie praktisch relevante Probleme (z.B. Planung
bildungspolitischer Maßnahmen). Eine Reihe von Untersuchungsbefunden verdeutlichen, daß DTD hierzu einen wichtigen Beitrag leisten kann (vgl. z.B. Heron &
Kröger, 1975; van der Vijver, 1991; s.a. Kapitel III.3 in diesem Buch).

3.2.6   Aktuelle Trends der Implementation und Weiterentwicklung des Dyna-
         mischen Testansatzes

Der im vorangegangenen Kapitel beschriebenen Phase der Entwicklung von Verfahren zur Diagnostik von Lernfähigkeit bzw. Lernpotential, der Durchführung empirischer Studien zu diesen Verfahren und der systematischen Analyse performanz-

beeinflussender Faktoren auf der Grundlage des TtL-Konzepts folgte vom Beginn der 80er Jahre an eine Phase, die durch den Wunsch nach kritischer Bewertung des erreichten Standes und - so die erforderlichen theoretischen und empirischen Voraussetzungen vorliegen sollten - eine Implementation der DTD in den jeweiligen Praxisfeldern gekennzeichnet war.

Dokumentiert wurde diese Phase zunächst durch die Publikation kritischer Überblicksartikel (Flammer & Schmidt, 1982; Guthke, 1982, 1989; Hamilton, 1983; Kormann, 1979, 1982a; Wiedl, 1984). Sie leisteten in erster Linie eine Auflistung der mit den jeweiligen Ansätzen verbundenen und nicht abschließend gelösten Probleme, insbesondere der Frage nach einer überlegenen Utilität dieser Ansätze, nach der prädiktiven, Konstrukt- und Kriteriumsvalidität der einzelnen Verfahren, der differentiellen Effekte und Zusammenhänge bei spezifischen Personengruppen und der mit der Veränderungserfassung und Prozeßanalyse verbundenen methodischen und testtheoretischen Fragen. Wiedl (1984) und insbesondere Hamilton (1983) verwiesen angesichts der aufgeführten kritischen Punkte darauf, daß - wie dies auch in der klassischen Intelligenzdiagnostik der Fall gewesen sei - mit der praktischen Verbreitung eines Verfahrens nicht so lange gewartet werden könne, bis alle theoretischen und methodischen Fragen gelöst seien. Hamilton (1983) schlug vor, die sich bei der praktischen Implementation des Konzepts ergebenden Probleme der Gewährleistung von Utilität und wissenschaftlicher Fundierung im Rahmen eines explizit zu schaffenden größeren Rahmens anzugehen: "die vorgeschlagene Untersuchungsstrategie sollte innerhalb eines Forschungs-Entwicklungs-Demonstrations-Evaluations-Verbreitungs-Rahmens überprüft und angesiedelt werden" (S. 130, Übers. d. Verf.). Die aktuelle Entwicklung der DTD scheint sich in einem solchen Rahmen zu bewegen, wenngleich einzelne Komponenten dieses Rahmens bei einzelnen Richtungen der DTD unterschiedlich stark ausgeprägt sind.

Die "Verbreitungs"-Komponente dokumentierend kann auf eine Reihe publizierter Testverfahren verwiesen werden, die konzeptuell vor allem dem Lerntestansatz nahestehen: Die Testbatterie für schlußfolgerndes Denken (LTS, Guthke, Jäger & Schmidt, 1983), den Mengenfolgetest (MFT, Guthke, 1983), den Vorschul-Lerntest (Roether, 1983), den Situations-Lerntest (SLT, Legler, 1984) und den Test "Tempo und Merkfähigkeit Erwachsener" (Roether, 1984). Lerntestmodifikationen herkömmlicher Verfahren (z.B. des bekannten Diagnosticum für Cerebralschädigung, DCS) für die klinisch-psychologische Erwachsenendiagnostik (vgl. Wolfram et. al., 1986) sowie Testentwicklungen in Großbritannien (Hegarty, 1979) und den Niederlanden (Hamers, Hessels & van Luit, 1991) wären neben den bereits erwähnten Verfahrensentwicklungen aus Israel (Feuerstein-Schule) und den USA (s. die Übersicht bei Lidz, 1991) vor allem zu nennen.

Ebenfalls die "Verbreitungs"-Komponente dokumentiert die Gründung der International Association for Cognitive Education, in deren Programm die Förderung der
DTD, allerdings vorwiegend Feuerstein'scher Prägung, einen bedeutenden Platz ein-
nimmt (vgl. Carlson, 1992). Der klinischen, prozeß- und behandlungsbezogenen
Charakteristik dieses Ansatzes entsprechend, werden von dieser Gesellschaft Aus-
und Fortbildungsseminare zum Erlernen von "Dynamic Assessment" angeboten. Daß
dieser Ansatz, verbunden mit derartigen Aktivitäten der Verbreitung und "Propaganda" des Erfolges bei einer grundsätzlich positiven wenn auch kritischen Einschätzung (Büchel & Scharnhorst, 1993; Snow, 1990) auch mehr ablehnende Kommentare
hervorrief (Glutting & Mc Dermott, 1990), soll nicht unerwähnt bleiben.

Als eine Möglichkeit, den oben von Hamilton geforderten umfassenden Rahmen
zu entwickeln, können schließlich verschiedene neue Buchpublikationen gesehen
werden, in denen nach den 1972 und 1980 erschienen Monographien zum Lerntestkonzept (vgl. Guthke, 1972, 1980c) erstmals in einem umfassenderen Sinne versucht
wird, die unterschiedlichen vorliegenden Ansätze und die von der Grundlagenfor-
schung zu Evaluations- und Nützlichkeitsaspekten reichenden Fragen zu diskutieren
(Büchel & Paour, 1990; Carlson, 1992, 1995; Lidz, 1987, 1991; Hamers,
Ruijssenaars & Sijtsma, 1993; Haywood & Tzuriel, 1992).

Ein letzter hier aufzuführender Trend betrifft die zunehmende Differenzierung und
Erweiterung bezüglich der zu erfassenden Merkmale und der eingesetzten Interventionsformen. Curriculare Lerntests und Lerntests zur Erfassung spezifischer, auch
nicht-intellektueller Merkmale (s. Kap. III.1 und IV.2) sind Beispiele für ersteren
Aspekt; immer mehr systematisch und theoriegeleitet aufgebaute Interventionen
sowie Überlegungen zur begrifflichen Differenzierung von Interventionsformen (s.o.
und vgl. Kap. II) dokumentieren den zweiten Aspekt. Die Weiterentwicklung insbesondere des lange Zeit vernachlässigten Interventionsaspektes und die Analyse
seiner Implikationen im Sinne der Behandlungsorientierung der Diagnostik sollten
ebenfalls wichtige Inhalte künftiger Forschung konstituieren. Dazu dient vor allem
auch eine stärker theoriegeleitete und prozeßorientierte Testkonstruktion (s. hierzu
Guthke et al., 1991 und Kap. II). In den nachfolgenden Kapiteln des Buches werden
wir versuchen, zur Klärung und Präzisierung der aufgeworfenen Fragen beizutragen.

3.3   Resümee: Leitlinien der Entwicklung der DTD

Versuchen wir nun abschließend, die Vielzahl der dargestellten Ansätze und Befunde
durch Aufzeigen globaler Tendenzen zu ordnen, so ist als erstes anzumerken, daß
viele der Beiträge - sowohl in der historischen Sequenz als auch während einzelner
Epochen - sich *unabhängig voneinander* entwickelt haben. Am Beispiel einzelner

Autoren wurde oben auf dieses Phänomen des öfteren verwiesen. Die Perspektive der Diagnose interindividueller Differenzen unter dem Gesichtspunkt der intraindividuellen Variabilität wurde von unterschiedlichen Autoren zu unterschiedlichen Zeitpunkten immer wieder thematisiert, Ansätze zu einem organisierten Austausch von Befunden und zu koordinierter Forschung im Rahmen der Scientific Community sind erst in letzter Zeit feststellbar. Betrachten wir den historischen Ablauf sehr global, dann läßt sich die oben dargestellte, etwa bis zum Ende des Ersten Weltkriegs reichende Zeispanne als Phase kennzeichnen, in der eine ganzheitliche, Stabilitäts- und Variabilitätsaspekte gleichermaßen thematisierende Diagnostik konzipiert wurde. Binet, Meumann und W. Stern sind die wichtigen Vertreter dieser Epoche. Dem folgt - insbesondere in der angloamerikanischen Literatur - eine Phase, die durch Hinwendung zu der durch die Testentwicklungen der amerikanischen Militärpsychologen begründeten statusorientierten Testdiagnostik einerseits und den Versuch, die Unzulänglichkeiten dieser Diagnostik zu demonstrieren andererseits, beschreibbar ist. Die Postulierung des Lernfähigkeitskonzepts bereits 1921 (Buckingham, s.o.) und eine Vielzahl empirischer Befunde sind Ergebnis dieser Gegenreaktion aus der Perspektive der DTD. Als Versuche, die statusorientierte Diagnostik unter inhaltlicher Ausblendung diagnostischer Implikationen intraindividueller Variabilität zu bewahren und vor gegenläufigen Strömungen abzusichern, kann die oben dargestellte Coaching-Debatte angesehen werden. Erst sehr viel später (vgl. Anastasi, 1981a) wurden auch in diesem Zusammenhang erste Überlegungen geäußert, intraindividuelle Variabilität und ihre Bedingungen diagnostisch zu nutzen.

Der Demonstration spezifischer Unzulänglichkeiten der statusorientierten Diagnostik folgten in der Zeit nach dem Zweiten Weltkrieg die Präzisierung der Untersuchungskonzepte der DTD, die Entwicklung und schließlich Implementierung von diagnostischen Verfahren, die in den folgenden Kapiteln noch eingehend dargestellt wird.

Parallel zu dieser relativ konsistent nachweisbaren Abfolge lassen sich Beiträge nennen, die relativ unabhängig von der sich etwa 1920 vollziehenden Wende hin zu einer ökonomisch einsetzbaren Statusdiagnostik und den beschriebenen Gegenreaktionen konzipiert wurden. Wygotski, Rey, Piaget und in der Nachfolge Boesch, jeweils auf der Grundlage eines originären epistemologischen Ansatzes, sind die hier zu nennenden Autoren. Konsequent rezipiert wurden sie jedoch erst in der oben beschriebenen Phase der Differenzierung von Konzepten der DTD und der Entwicklung spezifischer Untersuchungsprozeduren, die vor allem in der Gegenwart erfolgte.

Neben der soeben skizzierten globalen Entwicklungsperspektive lassen sich verschiedene Einzelaspekte spezifizieren. Einer von diesen betrifft die Frage, was eigentlich Verfahren der DTD erfassen sollen. Im Sinne des Zielbereichs II der DTD (Erfassung einer "neuen" Fähigkeit, s.o.) sind die von Wygotski (Zone der nächsten

Entwicklung), Rey (Plastizität und Organisationsgrad des Nervensystemes), Kern (Übungspotenz) und weiteren Autoren angeführten Konstrukte sowie die unterschiedlichen, oben dargestellten Konzepte von Lernfähigkeit bzw. Lernpotential (Buckingham, Guthke, Budoff, Feuerstein) zu nennen; ebenso Vorschläge, Art und Ausmaß der intraindivduellen Variabilität als persönlichkeitsspezifisches Merkmal aufzufassen (Boesch, Zubin, Schmidt, Schmitt). Zum Zielbereich I der DTD (validere Erfassung eines gegebenen Funktionsniveaus) lassen sich ebenfalls eine Reihe von Beiträgen nennen, beginnend bei Binet und Meumann über die Coaching-Studien bis zu einzelnen Formulierungen des TtL-Ansatzes (z.B. die Behandlung von Moderatorvariablen). Bezüglich der Methoden der Erfassung intraindividueller Variabilität lassen sich drei Tendenzen feststellen: erstere beinhaltet den indirekten Zugang, ein über das aktuelle Performanzniveau hinausgehendes Potential über Unterschiede in der Güte der Bearbeitung spezifischer Aufgabengruppen abzuschätzen. Sie beginnt wiederum bereits in den Arbeiten Binets und Meumanns und reicht über Cattells Aufgaben zur Erfassung fluider und kristalliner Intelligenz bis zu den Versuchen, Leistungsspitzen ("peaks") diagnostisch zu verwerten (vgl. hierzu auch die Literaturübersicht von Schmidt, 1971). Eine zweite Tendenz liegt darin, einen eher klinisch-kasuistischen Zugang der Erfassung zu wählen. Sie hat ihren Ausgangspunkt bei Rey und wird in einer Vielzahl mittlerweile publizierter empirischer Evaluationsstudien (vgl. Haywood & Tzuriel, 1992) im Feuerstein'schen Ansatz weitergeführt. Die dritte Entwicklungslinie ist durch ihre Betonung der Notwendigkeit testpsychologischer Standards bzw. der Prinzipien experimentellen Vorgehens im Einzelfall einzuhalten, gekennzeichnet. Vertreter dieser Richtung sind beispielsweise Kern, Budoff und Guthke bezüglich des ersteren Aspekts, während Boesch (in der Fortführung von Piagets Konzept der klinischen Methode als Instrument der Erkenntnisgewinnung) und Schmidt und auch Wiedl im Rahmen des TtL-Ansatzes sowie Berg und Schaarschmidt im Konzept der "experimentellen Diagnostik" den zweiten Aspekt betonen. Anzumerken ist, daß in Schmidts Formulierung des TTL-Ansatzes kontrolliertes experimentelles Vorgehen im Einzelfall und psychometrische Standards gleichermaßen berücksichtigt werden. In den folgenden Kapiteln sollen die verschiedenen bislang vorliegenden Versuche zur Umsetzung dieser Forderung weiter veranschaulicht werden.

II   Dynamisches Testen in der Intelligenzdiagnostik

1 Einführung in das Kapitel: Braucht man überhaupt "neue Intelligenztests" - Kontra- und Proargumente

Im einleitenden "historischen Übersichtskapitel" wurde bereits deutlich herausgestellt, daß das "dynamische Testkonzept" seine "Wurzeln" und auch ersten Anwendungen im Bereich der Intelligenzdiagnostik hat. Folgendes wurde dabei deutlich und soll hier kurz noch einmal resümiert werden: So lange Intelligenzforschung und Intelligenzdiagnostik betrieben wird, wird auch schon über die Notwendigkeit einer stärker "lernbezogenen Intelligenzdiagnostik" diskutiert. Als alternative oder ergänzende theoretische Konzepte zum Intelligenzkonzept werden "Lernfähigkeit", "Lernpotential", etc. genannt. Dynamische Testdiagnostik im Bereich der Erfassung von Intelligenz ist daher in erster Linie eine Diagnostik der *intellektuellen Lernfähigkeit*, des *Lernpotentials*. Schon auf der ersten amerikanischen Konferenz über Intelligenzmessung im Jahre 1921 beklagte Dearborne, daß die bis dahin entwickelten Intelligenztests stets nur messen, was ein Individuum bereits könne und weiß, aber nicht, was dieses Individuum lernen könne. Thorndike (1922) definierte Intelligenz als die "Fähigkeit zum Lernen". Trotz dieser frühen Einsichten in die Notwendigkeit einer stärker lernbezogenen Intelligenzdiagnostik (s. auch Meumann, 1922 und andere frühe Beiträge) entwickelte sich aber bekanntlich die Intelligenzdiagnostik als "Statusdiagnostik" und als solche dominiert sie auch die gegenwärtige diagnostische Praxis. Der Forderung, Intelligenz auch als "Lernfähigkeit" zu diagnostizieren, wurde und wird oft mit den nachfolgend aufgeführten Argumenten entgegengetreten:
(1) Viele Autoren - vor allem der mehr genetisch-endogenistisch orientierten Richtung in der Intelligenzforschung - argumentieren, daß Intelligenztests auch schon als *Statustests* die Lernfähigkeit eines Individuums gut widerspiegeln, da das erworbene Können und Wissen - wie es sich im Test zeigt - das Ergebnis einer vorwiegend genetisch bedingten Lernfähigkeit sei (s. z.B. Eysenck, 1980; Wechsler, 1964). So schreibt z.B. Wechsler (1964, S.113) im Hinblick auf die Begründung der sogenannten Wortschatztests (bei denen oft auch die Kenntnis z.T. sehr ungewöhnlicher und nur dem "Gebildeten" bekannter Fremdwörter überprüft wird, s. z.B. Schmidt & Metzler, 1992): ...."gilt der Wortschatz einer Person nicht nur als Index seiner schulischen Ausbildung, sondern auch als ausgezeichneter Maßstab seiner allgemeinen Intelligenz. Die Anzahl der Worte, über die ein Mensch verfügt, bildet ein Maß seiner Lernfähigkeit, seines Bestandes an sprachlichen Kenntnissen und seines allgemeinen Vorstellungsumfanges. Darin liegt anscheinend seine Güte als Intelligenztest begründet."
Die Grundannahme ist, daß jemand so wie er in der Vergangenheit gelernt hat und wie es sich in den Testergebnissen widerspiegelt, wohl auch zukünftig lernen wird. Nimmt man an, daß tatsächlich die vorwiegend genetisch bestimmte Lernfähigkeit

(also die A-Intelligenz nach Hebb, s. Kap. I, oder die "Intelligenzanlage" nach der Terminologie Guthkes, vgl. 1980c und Abschnitt 2 dieses Kapitels) den Intelligenz-status (also die Typ B-Intelligenz bzw. C-Intelligenz) nahezu vollständig determi-niert, wäre eine zusätzliche "Intelligenzpotenz-" oder Lernfähigkeitsbestimmung tat-sächlich nicht notwendig. Es käme dann "nur" noch darauf an, einen wirklich reprä-sentativen und theoretisch gut begründeten Intelligenzstatustest zu konstruieren.

Gegenargumentation

Trotz allen Streits um das Gewicht von Anlage- bzw. Umweltfaktoren für die Ausprägung menschlichen Verhaltens (s. neuerdings hierzu die instruktive Übersicht bei Borkenau, 1993 und die methodisch orientierten Diskussionen bei Asendorpf, 1988) sind sich doch die meisten Forscher wohl darin einig, daß registrierbare menschliche Verhaltensweisen - also auch Intelligenztestleistungen - in der Regel auf der Interaktion von Anlage- und Umweltbedingungen beruhen, wobei dem aktiven Subjekt bei der Auswahl und Gestaltung seiner eigenen Umgebungsbedingungen eine wesentliche Rolle zukommt (vgl. Scarr & Mc Cartney, 1983). Die Bedeutung der Erziehung, Bildung und generell der Umgebungsbedingungen für die "Lern-geschichte" läßt wohl insbesondere bei "irregulären Lernbedingungen" (Flammer & Schmid, 1982) die Frage durchaus berechtigt erscheinen, ob z.B. momentan regi-strierbare unterdurchschnittliche Lernprodukte - und dazu zählen eben auch subnor-male Intelligenzstatusergebnisse - wirklich nur oder vorwiegend auf eine schlechte angeborene Lernfähigkeit bzw. Intelligenz zurückführbar sind. Es ist daher auch nicht verwunderlich, daß das erste angestrebte "Haupteinsatzfeld" von Lerntests - beginnend bei Wygotski - in der beabsichtigten besseren Unterscheidung von "echt geistig behinderten Kindern" und "milieugeschädigten Kindern" mit relativ schlech-ten Intelligenztestleistungen, aber guten Lernpotentialen lag (s. hierzu S. 22ff. in Kap. I, Abschnitt 2 dieses Kapitels und besonders das Kap. III.2).

(2) Das Verhältnis von *Intelligenz und Lernfähigkeit* erweist sich als außerordentlich komplex bzw. kompliziert und noch unbefriedigend geklärt. Bereits 1946 hatte Woodrow in einem Übersichtsreferat festgestellt, daß die Ergebnisse unterschiedlich-ster Lernexperimente nur gering miteinander korrelieren - also offenbar noch gerin-ger als die üblichen Intelligenztests untereinander -, so daß die Annahme einer allge-meinen oder sogar homogenen Lernfähigkeit sehr problematisch ist. (Über den Zu-sammenhang zwischen Lernfähigkeit und Intelligenz, s. auch vor allem Flammer, 1975a; Jensen, 1979; Sternberg & Detterman, 1986 und Kap. I). Oft wurde u.E. fälschlicherweise Lernfähigkeit nur durch einfachste Lern- und Gedächtnisanforde-rungen, die kaum höhere intellektuelle Anforderungen stellen, operationalisiert. Rela-tiv geringe Korrelationen bzw. Nullkorrelationen zwischen solchen simplen Lernan-

forderungen und Intelligenztests sind daher nicht weiter verwunderlich. Waren dagegen die Lernanforderungen kognitiv komplexer und wurde auch das Problem der Ausgangswertabhängigkeit von Lernfortschrittmaßen sowie der sog. Deckeneffekt meßmethodisch berücksichtigt (s. 4. und vor allem Kap V), dann zeigte sich fast immer, daß auch die Intelligenztests mit solchen Lernleistungen positiv korrelierten (vgl. Guthke, 1969; Jensen, 1979; Kallenbach, 1976; Klauer, 1969; s. auch 5).

Gegenargumentation
Auch wenn in der Spezialliteratur das Verhältnis von Intelligenz bzw. besser von Intelligenzstatus einerseits und Lernfähigkeit andererseits noch nicht klar bestimmt wurde, so besagt diese Feststellung doch noch nicht, daß man nicht den Versuch machen darf, Intelligenzpotenz als eine spezielle Form der Lernfähigkeit - nämlich als intellektuelle Lernfähigkeit (vgl. Guthke, 1977) zu operationalieren und zu "messen" (s.II.2.2). Damit wird natürlich nichts oder nur wenig über andere "Lernfähigkeiten" (z.B. motorische oder über "reine Gedächtnisfähigkeiten") ausgesagt. Die zwar meist positiven, aber nur mäßigen Korrelationen zwischen Intelligenzstatustests auf der einen Seite und den Ergebnissen von experimentellen Lernversuchen bzw. Lerntests auf der anderen Seite bestätigen zwar, daß einerseits Intelligenzstatus und intellektuelle Lernfähigkeit (Intelligenzpotenz) keinesfalls voneinander unabhängig, aber andererseits auch nicht miteinander gleichzusetzen sind. Bereits 1967 hatte z.B. Weinert festgestellt, daß der Raven-Test bei 5-7jährigen Kindern kaum vorhersagte, wie gut die Kinder in einem Trainingsprogramm zum Erwerb des operationalen Begriffs der Transitivität von Längenrelationen abschneiden werden. Gelänge es also nachzuweisen, daß "Intelligenzlerntests" besser als Intelligenzstatustests, die hinsichtlich ihrer Aufgabeninhalte natürlich vergleichbar sein müssen, den Lernerfolg in kontrollierten Trainings beim Erwerb schulischer, beruflicher oder auch "außercurricularer" Lehrstoffe bzw. Fertigkeiten besser prädizieren, dann wäre dies vielleicht der überzeugendste Nachweis für die Notwendigkeit und die Nützlichkeit einer Ergänzung der herkömmlichen Intelligenzdiagnostik durch Lerntests (s. hierzu II.5 und II.8).

(3) Nur bei unzuverlässigen Tests sind nach einem "*Testtraining*" die Rangordnungen wesentlich anders als vor dem Training, daher sind Lerntests nicht notwendig.
    Vor allem der durch sein Lehrbuch zur Diagnostik lange Zeit als Autorität geltende Meili (1961) polemisierte gegen die Schlußfolgerung Kerns (1930, s. Kap. I) aus seinen Übungsversuchen mit Leistungstests, daß aus einmaligen Testungen noch keine Rückschlüsse auf Fähigkeiten gezogen werden können: Kern habe unzuverlässige Tests benutzt, so daß er sich nicht zu wundern brauche, wenn man

Verschiebungen der Rangplätze vor und nach Übung von Tests erhalte. "Stabilere" (also hoch zuverlässige) Tests würden aber kaum solche Verschiebungen der Rangplätze zeigen (wohl aber natürlich eine übungsbedingte Veränderung der Testmittelwerte, was aber unmittelbar keine diagnostische Relevanz hat). Meili bezieht hier sich besonders auf Testübungsversuche von Dembster (1954). Seine Hauptschlußfolgerung lautet: "Daß eine Leistung einem Übungseffekt unterworfen ist, beweist also nicht, daß die Leistungsfähigkeit nicht vor der Übung schon festgestellt werden kann. Das mußte gezeigt werden, um die Testprüfungen vor gewissen Einwänden zu schützen" (Meili, 1961, S. 383).

Gegenargumentation

Neben Befunden, die die Meili'sche Argumentation stützen, gibt es aber auch zahlreiche empirische Gegenbefunde, die belegen, daß auch bei hoch zuverlässigen Tests - wie z.B. beim Raven-Test oder beim IST - Amthauer (Amthauer, 1970) - nach einer zwischengeschalteten Trainingsphase erhebliche *Rangplatzverschiebungen* zwischen Prä- und Posttests stattfinden (Diemand, Stapf & Schuler, 1991; Guthke, 1972; Simons & Möbus, 1977). Fahrenberg et al.(1977) registrierte auch bei einfachen Testwiederholungen ganz ähnliche Resultate wie Kern (1930). Auch er stellte fest, daß erst die "Wiederholungstests" die Endergebnisse einer ganzen Serie von Testwiederholungen genügend zuverlässig prädizieren konnten. Es soll auch nicht übersehen werden, daß bei den üblichen Retest-Zuverlässigkeitsüberprüfungen von Tests lediglich gruppenstatistische Aussagen über Zusammenhänge zwischen Prä- und Posttest-Rangordnungen gemacht werden. Selbst bei recht hohen Retest-Zuverlässigkeitskoeffizienten können auf den Einzelfall bezogen doch erhebliche Unterschiede zwischen Prä- und Posttestrangplatz bestehen, was wir durch Identifizierung sog. Diskrepanzfälle (s. II.5) nachweisen konnten. Asendorpf (1990) macht neuerdings in einem anderen Kontext ebenfalls darauf aufmerksam, daß hinter relativ hohen Retestkorrelationen sich erhebliche intraindividuelle Testwertveränderungen "verstecken" können, zu deren Aufdeckung er eine spezielle Berechnungsmethodik empfiehlt (s. Kap V). Klauer (1992) meint, daß die Frage nach möglichen Rangplatzverschiebungen und damit Reliabilitäts- bzw. Validitätsveränderungen von Testwiederholungen innerhalb von Trainings nicht unabhängig von der jeweiligen *Aufgabenart* beantwortbar ist (s. auch Ackerman, 1987). Statusdiagnostik und Lernzuwachsdiagnostik nach Training führen angeblich bei sog. inkonsistenten (nicht automatisierbaren) Aufgaben zum gleichen Ergebnis, so daß das Lerntestkonzept sich hier erübrigen würde. Lediglich bei sog. konsistenten (automatisierbaren) Aufgaben erfasse der Zuwachs nach Ackerman für die Leistung spezifische Komponenten, die nicht schon im Status vorher enthalten sind. Hier sei das Lerntestkonzept sinnvoll, also z.B. für psychomotorische Aufgaben. Allerdings ist die Ackerman'sche Eintei-

lung sehr problematisch und nicht eindeutig, worauf auch Klauer hinweist. Wir und
nicht nur wir stellten darüber hinaus fest, daß z.B. im Raven-Test, dessen Items doch
wohl kaum als "automatisierbar" zu bezeichnen sind, nach einem Training erhebliche
Rangplatzveränderungen zu verzeichnen sind (s.o.). Wichtiger ist es daher vielleicht,
ob im Training ein immanenter oder extern gesetzter Ceiling-Effekt (Decken-Effekt)
zu beachten ist, der nach Klauer (1992) z.T. auf eine Unterscheidung in sog. finite
und infinite Aufgabenklassen zurückführbar ist. Klauer vermutet nun, daß das Lerntestkonzept unterschiedlich relevant ist für diese verschiedenen Aufgabenklassen.

(4) Lerntests sind mit erheblichen meßmethodischen und psychometrischen Problemen verbunden, die noch weit über das hinausgehen, was bereits bei herkömmlichen
Tests diskutiert wird (vgl. z.B. die Kontroversen zwischen Vertretern der sog. klassischen und der probabilistischen Testtheorie). Vertreter der qualitativen, nicht primär
psychometrisch orientierten "Lernpotential-Feststellung" - wie z.B. russische Autoren und einige Vertreter der Feuerstein-Schule - stellen sich meist erst gar nicht
diesen Problemen und werden daher z.T. scharf von Psychometrikern (s. z.B.
Glutting & Mc Dermott, 1990) kritisiert, die ihnen mehr oder minder vorwerfen, daß
ihre Behauptungen nicht bewiesen werden bzw. strenge methodische Kontrollen
nicht bestehen. Schulpsychologen werden daher sogar gewarnt, Zeit in den Erwerb
der Feuerstein'schen Assessment und Enrichment-Prozeduren (s. II.2) zu investieren,
da deren psychometrische und pädagogische Qualität (bezogen auf das Enrichment-
Programm) nicht nachweisbar sei.

Psychometrisch orientierte Lerntestforscher - wozu sich auch die Autoren dieses
Buches zählen - sind sich vieler meßmethodischer Probleme, die mit der sog. Veränderungsmessung, Normierung und Validierung zusammenhängen, voll bewußt und
stellen sich ihnen auch mehr oder minder (vgl. hierzu auch speziell Kap. V). Zu
solchen Problemen gehören z.B. die *Ausgangswertabhängigkeit* von Lernzuwächsen,
die Zuverlässigkeit von Differenzwerten, Vergleichbarkeit von Prä- und Posttests
hinsichtlich ihrer faktoriellen Komposition bzw. Dimensionalität, Artefactmöglich-
keiten bei Prä-Posttestkorrelationen, Fragwürdigkeit der jeweils gewählten Lerntest-
auswertungsparameter und Außenkriterien bei der Validierung.

Gegenargumentation
Meßmethodische und psychometrische Probleme müssen zwar ernst genommen und
möglichst einer Lösung zugeführt werden (s. hierzu auch die Vorschläge unter den
Punkten II.4, 5 und 8 und speziell das Kapitel V), dürfen aber nicht von vornherein
jegliche Innovation und deren praktische Erprobungen lähmen. Außerdem gibt es an
der üblichen Intelligenzdiagnostik mit den "klassischen Statustests" auch massive
meßmethodische Kritik - z.B. hinsichtlich der Berechtigung von Summenwertbil-

dung bei Nichtnachweis der "erschöpfenden" Statistik, der Stichprobenabhängigkeit aller Aussagen, des mangelnden Nachweises der Homogenität von Testanforderungen usw. (vgl. z.B. Fischer, 1974), so daß ein strenger Meßmethodiker eigentlich auch die Auswertung herkömmlicher Tests für nicht mehr wissenschaftlich vertretbar bezeichnen müßte. Selbst die Konstruktion und Auswertung von Tests nach der sog. modernen probabilistischen Testtheorie ist nicht ohne Widerspruch geblieben (vgl. etwa Grubitzsch, 1991; Guthke, Böttcher & Sprung, 1990), da sich meßmethodische Forderungen und "psychische Realität" bzw. praktische diagnostische Anforderungen an Tests nicht immer in Einklang bringen lassen.

Die Lerntestkonstrukteure müssen sich also mit den noch ungelösten meßmethodischen Problemen von Statustests ebenso abmühen wie mit den zusätzlichen Fragen der Veränderungsmessung. Hätten sich Binet und Wechsler zu ihrer Zeit entschlossen, ihren Intelligenztest erst dann zu publizieren, wenn sie alle auch schon damals bekannten meßmethodischen Probleme der Intelligenzmessung gelöst haben, dann hätten wir bis heute auch noch keinen brauchbaren Intelligenzstatustest! Und um zum Schluß noch ein Beispiel aus einer "exakten" Wissenschaft zu nehmen: Temperaturen wurden auch schon praktisch ganz brauchbar gemessen, als man noch nicht genau wußte, was eigentlich physikalisch Temperatur ist und wie sie mathematisch am exaktesten zu messen ist!

(5) Lerntests erfassen nicht umfassend genug die Lernfähigkeit und sind daher in ihrer Aussagekraft sehr begrenzt.

Gegenargumentation
Bereits oben wurde betont, daß es *die* Lernfähigkeit als ein homogenes Konstrukt nicht gibt, ebenso wie es nicht *die* Intelligenz gibt.

Wir haben daher z.B. auch zu keiner Zeit den Anspruch erhoben (vgl. schon Guthke, 1972), daß die vorliegenden Lerntests auch "nur" die intellektuelle Lernfähigkeit als homogenes Konstrukt oder auch als heterogen zusammengesetztes "Super-Konstrukt" vollständig erfassen. Lerntestkonstrukteure haben vielmehr stets nur Facetten der intellektuellen Lernfähigkeit mit ihren Tests angezielt und sind sich dabei ebenso sicher bzw. unsicher wie traditionelle Intelligenztestkonstrukteure, daß sie mit dieser Aufgabenstichprobe eine wirklich repräsentative Aufgabenauswahl getroffen haben. "Repräsentativ" meint hier, daß die für intelligentes Alltagshandeln und Lernanforderungen wirklich wesentlichen kognitiven Voraussetzungen mit den Tests auch erfaßt werden. Bekanntlich gibt es aber schon bei der *Definition der Intelligenz* ganz unterschiedliche Auffassungen (s. Baltes, 1986; Cattell, 1971; Guthke, 1980c; Sternberg, 1985). Ist Intelligenz nur zu verstehen als formale Denkfähigkeit, als Fähigkeit zur Lösung neuer Probleme oder wird sie auch definiert durch das Ausmaß und die Struktur des erworbenen Wissens (vgl. die sog. kristallisierte Intelligenz bei Cattell, s. auch Baltes, 1983) bzw. durch die Fähigkeit, sich neues Wissen anzueignen ("acquisition of knowledge" als wesentlicher Intelligenzfaktor bei Sternberg, 1985) bzw. Automatismen zu erwerben und zu beherrschen? Wir sind allerdings der Auffassung, daß Intelligenztests über rein reproduktive Leistungs- anforderungen ("Wie heißt die Hauptstadt Frankreichs?") hinausgehen sollten. Es stellt sich aber andererseits die Frage, ob nur generelle, auf sog. allgemeine geistige Fähigkeiten (ohne direkten Curriculumbezug) abzielende Tests als Intelligenztests (aptitude tests) bezeichnet werden dürfen und stärker curriculum- bzw. wissensbezo- gene Tests (vgl. Kap. III.1) nur als Schulleistungs- bzw. lehrzielorientierte Tests (achievement tests) aufgefaßt werden. Könnte man nicht auch argumentieren, daß ein durchaus bereichsspezifischer, auf ein spezifisches Wissen orientierter Test, der aber nicht das Wissen selbst abprüft, sondern in einem Prätest lediglich das "Vorwissen" kontrolliert, um dann einen Wissenserwerbsprozeß in der Trainingsphase zu evozie- ren, auch ein guter, allerdings eben sehr "bereichsspezifischer Intelligenzlerntest" ist? Vertreter der jetzt viel beachteten Wissenspsychologie und Wissensdiagnostik (Kluwe, 1979; Mandl & Spada, 1988; Tergan, 1988; vgl. auch Übersicht bei Arbinger, 1989), der Pädagogischen Psychologie (Waldmann & Weinert, 1990), der sog. Förderdiagnostik (Bundschuh, 1994; Kornmann et al., 1983; Probst, 1981) und des "diagnostic-prescriptive teaching" (vgl. Übersicht durch Helmke & Schrader, 1993) weisen übereinstimmend darauf hin, daß die üblichen Intelligenztests mit ihren "curriculumfernen" Aufgaben weder den Erfolg von schulischen Lernprogrammen bei den einzelnen Schülern genügend prädizieren noch pädagogische Interventionen im Sinne eines individualisierten Unterrichts oder Trainings begründen können. Helmke & Schrader (1993, S. 13) fordern, daß "assessment should directly focus on what is taught". Wir werden an anderer Stelle noch einmal auf dieses Problem zurückkommen (s.u. und vor allem Kap III.1); schon jetzt sei aber gesagt, daß der psychologische Diagnostiker je nach diagnostischer Fragestellung u. E. beide Typen von Lerntests braucht, sowohl relativ bereichsunspezifische bzw. "curriculumferne" Statusintelligenztests und Lerntests, als auch sehr *bereichsspezifische curriculum- bezogene* Leistungs- (achievement-) und Lerntests (s. hierzu auch Guthke, 1989).

(6) Lerntests erfassen nur Lerngewinne und nicht den *Lernprozeß* selbst. Aber gerade dieser müßte diagnostisch geklärt werden, wenn man pädagogisch-therapeutisch Einfluß nehmen will.

Gegenargumentation
Zunächst einmal ist festzustellen, daß uns dieser Einwand gegenüber den bisher publizierten Lerntests durchaus berechtigt erscheint (vgl. schon Guthke, 1972).

Andererseits muß man darauf hinweisen, daß insbesondere die Vertreter der mehr qualitativ nichtpsychometrisch orientierten Lerndiagnostik (Feuerstein et al., 1979) immer wieder betonen, daß ihr Vorgehen gerade solche prozeßdiagnostischen Beobachtungen erlaube im Unterschied zu den mehr psychometrisch orientierten Vorgehensweisen (s. hierzu II.2). Die Frage ist nur, ob diese Beobachtungsmöglichkeiten schon genügend intersubjektiv vergleichbar und eindeutig in der Auswertung gehandhabt werden können. Wir halten es für auf die Dauer erfolgversprechender, wenn man auch die Prozeßdiagnostik "psychometrisiert" und daher den üblichen methodischen Standards anpaßt, auch wenn dies noch mit großen Problemen verbunden ist. Die unter II.8 dargestellten sog. Diagnostischen Programme sollen in diesem Sinne eine bessere Lernprozeßdiagnostik und nicht nur eine Lerngewinndiagnostik erlauben.

(7) Der *Validitätsgewinn* der Lerntests im Vergleich zum Intelligenzstatustest ist noch nicht überzeugend genug nachgewiesen bzw. nicht groß genug.

Gegenargumentation
Die Feststellung ist in dieser Generalität weder zu bestätigen noch zu widerlegen. Vielmehr muß die Befundlage genauer analysiert werden, was im Abschnitt II.5 geschehen soll. Nur soviel sei schon jetzt festgestellt: Das Validitätsproblem und vor allem das der angemessenen Außen- bzw. Bewährungskriterien ist auch für die herkömmliche Intelligenzdiagnostik noch keinesfalls geklärt (s. Jäger, 1988), so daß es sehr unbillig wäre, einen neuen Ansatz mit dem Hinweis auf noch nicht voll überzeugende Validitätsnachweise abzutun. Dies gilt übrigens auch für andere neue Ansätze in der Intelligenzforschung bzw. Intelligenzdiagnostik - s. hierzu unsere Ausführungen im Abschnitt II.6 zur Diagnostik der sog. "operativen Intelligenz" (Dörner, 1986) und stärker neuropsychologisch bzw. kognitionspsychologisch orientierte Vorgehensweisen (Das & Naglieri 1992; Sternberg, 1985; Klix, 1983; Berg & Schaarschmidt 1984) -, die mit ähnlichen Argumenten zu kämpfen haben.

(8) Lerntests sind zu zeitaufwendig und zu kompliziert in der Durchführung und werden sich daher in der Praxis nicht durchsetzen.

Gegenargumentation
Dieser Einwand kommt vorwiegend von diagnostischen Praktikern. Wissenschaftler dürfen und können sich auch zunächst einmal bei ihren Innovationsbemühungen niemals durch solche Zeit- und Praxisüberführungsargumente von vornherein beeinträchtigen lassen. Auch anwendungsorientierte Grundlagen-Wissenschaft ist primär auf den *Erkenntnisgewinn* und erst in zweiter Linie auf die Praxisüberführung gerich-

tet - im Unterschied zur Technologie, die leider in der Psychologie noch zu wenig ausgebaut ist. Schließlich waren auch die alten Intelligenzprüfungen der Psychiater viel kürzer und einfacher als die ersten Intelligenztests. Und diese wiederum waren leichter durchzuführen und auszuwerten als etwa das Adaptive Intelligenz-Diagnostikum von Kubinger und Wurst (1991), das adaptives Testen und probabilistische Testtheorie miteinander verknüpft. Es kann nicht ein Kriterium für einen "brauchbaren Intelligenztest" sein, daß er eine solche komplexe Eigenschaft wie Intelligenz in Minutenschnelle erfaßt und er möglichst durch Hilfskräfte durchführbar und auswertbar ist. Die ersten vorgestellten Lerntests - die sog. Langzeitlerntests (s. II.3.1) - sind aber mit ihrem Design Prätest-Training-Posttest gewiß zu aufwendig für die ambulante Untersuchungspraxis, so daß wir und auch andere Forschergruppen schon relativ früh auch sog. Kurzzeitlerntests (s. II.3.2) vorschlugen, die kaum mehr Zeit in Anspruch nehmen als herkömmliche Intelligenztests. Zweifellos ist aber die Durchführung und Auswertung von Lerntests meist aufwendiger und komplizierter als bei üblichen Tests. Daher verspricht die sich abzeichnende "Computerisierung" der Diagnostik neue Möglichkeiten zur Rationalisierung der Durchführung und Auswertung von sog. adaptiven Diagnostischen Programmen, die im Abschnitt II.8 geschildert werden.

2 Facetten und Typen "dynamischer Verfahren" in der Intelligenzdiagnostik - Klassifikationsaspekte

Im ersten Kapitel wurden bereits die vielfältigen Ansätze in der Geschichte der Psychologie, aber auch in der Gegenwart kurz skizziert, die alle unter der gemeinsamen Zielstellung "dynamische Untersuchungsprozedur" als Ersatz oder Ergänzung der rein konstatierenden statischen Einpunktmessung im herkömmlichen Intelligenztest subsumiert werden können. Wir wollen jetzt versuchen, diese vielfältigen Ansätze noch einmal zu ordnen, um Unterschiede und Gemeinsamkeiten herauszuarbeiten. Wir haben 5 Ordnungsdimensionen (Facetten) vorgesehen.

Die 5 Facetten sind: 1. Diagnostisches Untersuchungsziel und theoretische Fundierung; 2. Praktisches Haupteinsatzfeld; 3. Testinhalt; 4. Testprozedur; 5. Grad der Standardisierung und Psychometrisierung.

In allen 5 Facetten werden wir zumindest eine Bi-Polarität mit Abstufungen (z.B. den notwendigen Zeitaufwand betreffend, mehr oder weniger curriculumbezogene Aufgabeninhalte, mehr oder weniger standardisiert) zwischen den Polen finden, so daß es sich tatsächlich mehr um Dimensionen und weniger um Kategorien handelt. Eigentlich müßten wir daher einen 5-dimensionalen Raum zur Veranschaulichung haben, da jeder "Ansatz" und Test in einem solchen fünfdimensionalen Raum zu lokalisieren ist.

2.1 Diagnostisches Untersuchungsziel und theoretische Fundierung

Mit "Untersuchungsziel" ist hier der angestrebte "Diagnostizierungsgegenstand", nicht aber das praktische Untersuchungsziel (s. hierzu 2.) gemeint. Im 1. Kapitel waren schon die Zielstellungen "dynamischer Testdiagnostik" unterschieden worden in "Zielbereiche" I und II. Speziell auf die Intelligenz bezogen bedeutet dies nun: Unter "Zielbereich I" verstehen wir das Bestreben, die Intelligenz als zur Zeit feststellbares Personmerkmal durch Variation der Untersuchungsbedingungen und Gestaltung "leistungsoptimierender Testbedingungen" (Wiedl, 1984) sozusagen "valider" und umfassender diagnostisch abzubilden. Man versucht dies durch bessere Instruktionen und mehr Übungsmöglichkeiten vor Beginn der eigentlichen Testung (s. hierzu auch neuerdings die Praxis beim Hochschuleingangstest für Medizin, bei dem die Testenden zunächst den Eingangstests des Vorjahres üben können, vgl. Trost, 1985) Einbau zusätzlicher Motivierungen in den Testprozeß (vgl. Kornman, 1982 und Kap. I), systematische Aufgaben- und Zeitvorgabevariationen im Sinne der Erleichterung (s. die sog. experimentelle Psychodiagnostik sensu Berg & Schaarschmidt, Kap. I, und Abschnitt 7.) und durch den Einbau von Lösungshinweisen, "Denkhilfen" oder auch nur einfachen Rückinformationen in den Testprozeß (s. auch die sog. Kurzzeit-Lerntests 3.2.). Die "inhaltliche Auffassung" des Intelligenzbegriffs unterscheidet sich hierbei nicht von der der "herkömmlichen" Intelligenztestautoren. Wir haben z.B. Intelligenz (vgl. Guthke, 1988, S. 335) wie folgt definiert:

> *"Intelligenz ist der Oberbegriff für die hierarchisch strukturierte Gesamtheit jener allgemeinen geistigen Fähigkeiten (Faktoren, Dimensionen), die das Niveau und die Qualität der Denkprozesse einer Persönlichkeit bestimmen und mit deren Hilfe die für das Handeln wesentlichen Eigenschaften einer Problemsituation in ihren Zusammenhängen erkannt und die Situation gemäß dieser Einsicht entsprechend bestimmten Zielstellungen verändert werden kann."*

Unter genetischem Aspekt haben wir dann aber drei unterschiedliche Intelligenzbegriffe unterschieden, nämlich *Intelligenzanlage* (Typ A-Intelligenz bei Hebb, s. Kap. I), die bis heute noch nicht direkt meßbar ist, *Intelligenzstatus* (Typ B-Intelligenz bei Hebb), die zumindest teilweise durch herkömmliche Tests erfaßt wird (als sog. Typ C-Intelligenz) und *Intelligenzpotenz*. In der Forschergruppe um Baltes (vgl.

Kliegl et al., 1989) wird nun diese Intelligenzpotenz noch einmal unterteilt in eine "baseline reserve capacity" und eine "developmental reserve capacity" (s. Kap. I). Die "*baseline reserve capacity*" ist also im Untersuchungszeitpunkt im Individuum bereits vorhanden, kann aber bei der "üblichen Testung" noch nicht voll zur Geltung gebracht werden, sondern wird erst durch dynamische Testprozeduren (wie sie oben beschrieben wurden) "offenbar". Die "*developmental reserve capacity*" ist dagegen nun im Sinne des Diagnostizierungszielbereiches II als eine Art "neue" oder zumindest "veränderte Eigenschaft" zu verstehen, die durch die ausgedehnte dynamische Untersuchungsprozedur überhaupt erst sichtbar wird und bei Beginn der Untersuchung so noch nicht diagnostizierbar war. Damit ist allerdings noch keinesfalls gesagt, daß diese "Potenz" auch nach der dynamischen Untersuchungsprozedur in der Alltagsrealität zum Ausdruck kommt. Dies würde vielmehr voraussetzen, daß nun nach der Testung auch eine gezieltere Förderung (z.B. im Sinne der Enrichment-Programme von Feuerstein, 1980) sich anschließt. Die Untersuchungsprozedur weist also auf Entfaltungs- und Förderungsmöglichkeiten hin, sagt aber noch nichts über deren Realisierungschancen aus und kann diese natürlich erst recht nicht ersetzen. Intelligenzpotenz in diesem Sinne zu messen, war auch das Bestreben von Kern (1930, s. Kap. I), der hierfür den Begriff "Übungspotenz" einführte, von de Weerdt (1927, Kap. I), die mit ihren "practice tests" die "capacity to improve" erfassen wollte. Auch alle vor allem auf Wygotskis Unterscheidung (s. Kap. I) in eine "*Zone der aktuellen Entwicklung*" (= Intelligenzstatus) und "*Zone der nächsten Entwicklung*" zurückführbaren Ansätze wie die von Kalmykowa (1975), Iwanowa (1973), Mentschinskaja (1974), Guthke (1972) und Klein (1973) gingen zumindest im ersten Ansatz von einer solchen Zielstellung aus. Die bereits weiter oben erwähnte Baltes-Gruppe (s. z.B. Baltes & Willis, 1982; Kliegl & Baltes, 1987) fordert für die Untersuchung der Altersintelligenz auch im Hinblick auf interindividuelle Unterschiede die Feststellung der "Plastizität" der Intelligenz (bzw. Intelligenzreserve, s.o. Kap. I). In der israelischen (Feuerstein et al., 1979) und amerikanischen Spezialliteratur (Campione & Brown, 1987; Embretson, 1987) wird der Begriff "modifiability" verwendet. Feuerstein will "cognitive modifiability" allerdings im Unterschied zu Wygotski und auch Guthke nicht als habituelle Eigenschaft verstanden wissen. Andererseits spricht er an mehreren Stellen seines Werkes von "interindividuellen Differenzen" dieser "Modifikabilität des intelligenten Verhaltens", so daß wohl der Bezug auf den Eigenschaftsbegriff nicht ganz abwegig ist. Allerdings ist bei ihm diese "kognitive Modifikabilität" selbst wieder hochgradig veränderbar, z.B. durch unterschiedliche Qualitäten des "mediated learning", so daß auf Grund seines theoretischen Ansatzes eigentlich gar keine Zuordnungen zu Gradabstufungen geistiger Behinderung oder Zuordnung zu Spezialschulen getroffen werden können. Dies möchte er auch nicht, sondern vielmehr sollen durch das Learning Potential

Assessment Device (LPAD) die "cognitive modifiability" und die kognitiven Defizite, die aber stets als überwindbar aufgefaßt werden, festgestellt werden. In der Handanweisung zum LPAD (Feuerstein, Rand, Haywood, Hoffmann & Jensen, 1983) werden auf S. 10 die einzelnen Zielstellungen von klassischer Intelligenztestung und LPAD gegenübergestellt. Sie sind nachstehend aufgeführt (s. Kasten).

Gegenüberstellung herkömmlicher Intelligenztests und des Learning Potential Assessment Device (LPAD) nach Feuerstein et al., 1983, S. 10

not (herkömmlicher Test)	but instead (LPAD)
1. What is a person's typical performance?	What is the person's maximal performance?
2. How much does the person know?	How can the person learn?
3. How well is the person likely to learn indepently?	What teaching is needed to enable a person to learn at an acceptable level?
4. What areas of content have not been mastered?	What process deficiencies underly previous learning failure and how can these be corrected?

Es ist hier nicht der Platz, im Detail auf das LPAD selbst (s. hierzu unsere Kurzschilderung im Kap. I und weiter unten) und auf dessen theoretischen Ausgangspunkt einzugehen (s. hierzu vor allem Feuerstein et al., 1979 und die neueren Veröffentlichungen von Haywood & Tzuriel, 1992 und Lidz, 1987, 1990; sowie die kritischen Wertungen von Büchel & Scharnhorst, 1993; Glutting & Mc Dermott, 1990; Snow, 1990). Im Kap. I wurden schon die Wurzeln des Ansatzes bei Piaget und Rey offengelegt. In der Theorie des "mediated learning" geht aber Feuerstein deutlich über Piaget hinaus. Das Stimulus-Organismus-Reaktionsmodell (SOR) bei Piaget wird durch einen H-Faktor (Human-Social Interaction) zu einem SHOR-Modell erweitert. Gemeint ist, daß neben dem spontanen, sozusagen ungelenkten Lernen des Kindes durch direkte Konfrontation mit der Umwelt, das durch Erwachsene, aber auch

Geschwister und Gleichaltrige gestaltete "mediated learning" eine entscheidende Rolle für die geistige Entwicklung spielt. Dies hatte allerdings auch schon Wygotski in seiner sog. kulturhistorischen Theorie der Aneignung erkannt (vgl. auch Mead 1934 in den USA und vom philosophischen Standpunkt Martin Bubers (1985) Reflexionen über die große Bedeutung des menschlichen Dialogs, s. auch sokratische Methode). Auch in der Diagnostik der kognitiven Modifikabilität sollte nun nach Wygotski und Feuerstein (und auch nach unserer Auffassung, s.u.) dieser alltägliche Aneignungsprozeß simuliert werden, wobei sich der Mediator (Diagnostiker) natürlich um eine möglichst optimale und individualisierte Gestaltung dieses "mediated learning" bemühen sollte. Lidz (1991, S. 14) gibt eine Kurzcharakteristik der einzelnen Ziele und Realisierungswege für mediated learning nach der Theorie Feuersteins. Die sogenannte "cognitive map" und die Auflistung kognitiver Defizite als weitere theoretische Basis für die Konstruktion und Auswertung des LPAD läßt auch die Verwandtschaft zu theoretischen Konzepten moderner Kognitionspsychologie und Instruktionspsychologie deutlich werden. Allerdings wird nicht ein streng experimentelles, nachprüfbares Untersuchungsdesign übernommen, sondern ein mehr intuitives, wohl mehr pragmatisch abgeleitetes Kategorienschema für die Beobachtung empfohlen, dessen theoretische Stringenz und Klarheit (es gibt z.B. viele Überlappungen der einzelnen Defizitbeschreibungen) noch sehr zu wünschen übrig läßt. So gibt es z.B. viele Überlappungen der einzelnen Defizitbeschreibungen (vgl. Büchel & Scharnhorst, 1993).

In Guthkes Monographie "Zur Diagnostik der intellektuellen Lernfähigkeit" (1972, 1977), die zeitgleich mit Feuersteins (vgl. Feuerstein, 1972a,b) und Budoffs (vgl. Budoff, 1970) ersten Arbeiten zum "Learning Potential" erschien, wurde die Intelligenz im Sinne von Intelligenzstatus von einer intellektuellen Lernfähigkeit unterschieden. Dieser Begriff hat viel Ähnlichkeit mit der der "modifiability" bei Feuerstein, der wegen der Ost-West-Barriere damals im Osten Deutschlands noch nicht bekannt geworden war. Guthke und Mitarbeiter konstruierten zunächst ähnlich wie Budoff sog. Langzeit-Lerntests (s. II.3.1), die im Sinne der "Zone der nächsten Entwicklung" (s. Kap. I) diese kognitive Lernfähigkeit erfassen sollten. Dabei wurde schon in der Definition der kognitiven Lernfähigkeit (ähnlich wie Feuerstein) betont, daß sie auch durch motivationale Faktoren stark bestimmt wird. Im Sinne des Diagnostizierungszieles II wurde also angestrebt, daß durch die Testprozedur - sozusagen in einer "Miniatur-Lernsituation" - intraindividuelle Variabilität der Intelligenz erzeugt und meßbar wird und außerdem motivationale Komponenten (z.B. geistige Interessierbarkeit, Ausdauer) stärker erfaßt werden. Allerdings haben wir schon damals nicht angenommen (und heute erst recht nicht!), daß diese kognitive Lernfähigkeit etwas ganz anderes oder völlig Neues darstellt gegenüber der herkömmlich bestimmten Intelligenz. "Modifikabilität" wird auch nicht wie bei Feuerstein nur als

Prozeß aufgefaßt und ohne Bezug zum Eigenschaftskonzept. Es wird also keine völlig "neue Eigenschaft" evoziert und erfaßt - dafür wäre auch in Langzeit-Lerntests die Zeit und Intensität der Einflußnahme viel zu gering -, sondern der Grad der minimalen (und möglicherweise auch nicht stabilen) im Lerntest erzeugten "Fähigkeitssteigerung" wird als eine über den Intelligenzstatus hinausgehende zusätzliche diagnostische Information (Indikator) über "Intelligenz" im Sinne von Intelligenzpotenz bzw. intellektueller Lernfähigkeit interpretiert. Wir beziehen uns dabei auch auf Zubin (vgl. Kap. I, s. auch noch einmal Kap. IV.2), der für die Diagnostik generell fordert, daß stets neben dem Niveau einer Eigenschaft deren Spielbreite zu erfassen sei. Auch Pawlik (1976) postuliert in seiner kritischen Diskussion der Diagnostik, daß Tests neben dem wahren stabilen Wert eines psychischen Merkmals auch dessen *wahren variablen Wert* konzeptualisieren sollten. Intraindividuelle Testwertvariabilität ist also nicht nur unter dem Reliabilitätsaspekt als rein meßfehlerbedingt anzusehen, sondern stets auch als wichtige diagnostische Zusatzinformation. Der gute Internist wird ja auch die Eigenschaft "Hypertonie" oder generell den Blutdruck nicht auf Grund einer einmaligen Messung diagnostizieren, sondern er belastet den Patienten bzw. bringt ihn in eine entspannte Situation. Ebenso muß der Psychodiagnostiker Eigenschaften in unterschiedlichen Situationen "messen". Für die Intelligenzdiagnostik und generell Leistungsdiagnostik wären dies Situationen, wo Testperformanz in der Regel optimiert wird (z.B. durch Aufgabenerleichterung, mehr Zeitvorgabe usw. sensu experimentelle Psychodiagnostik, s.o., oder eingebaute Rückkopplungen, Denkhilfen oder Trainingsstrecken in Lerntests) bzw. wo Testperformanz in der Regel beeinträchtigt wird (Zeitdruck, Einbau von Störquellen, usw., s. z.B. "Belastungsdiagnostik" im Sinne von Kryspin-Exner, 1987 oder Merkfähigkeitsprüfungen unter Interferenzbedingungen, s. Süllwold, 1964).

Das Lerntestkonzept hat seine Wurzeln aber nicht nur in den entwicklungspsychologisch fundierten Annahmen Wygotskis (s. hierzu vor allem Guthke, 1972; Kalmykowa, 1975) und in den sog. Zubin-Axiomen (s. Kap. I, und speziell hierzu auch Guthke, 1981b, 1982), sondern auch in anderen theoretischen Ausgangspunkten. Als solche sind zu erwähnen (nähere Schilderung in Guthke, 1977, 1980c):

Begründungen
• aus der *experimentellen Denkpsychologie und Problemlöseforschung*; der Einbau von Rückinformationen und Denkhilfen in den Problemlösungsprozeß wird schon seit langem gefordert und z.T. realisiert, um den Denkprozeß tiefer analysieren zu können, beginnend bei den klassischen deutschen Denkpsychologen wie W. Köhler, Duncker und Wertheimer bis hin zu Rubinstein, 1961; Hunt, 1980; Klix und Lander, 1967; Dörner, 1984 und Sternberg, 1985.

- aus der *Entwicklungpsychologie*; die die Erfassung von Eigenschaften in ihrer Veränderbarkeit heute mehr denn je betont und daher direkt die Entwicklung von Lerntests fordert (s. z.B. Schmidt, 1987; Rauh, 1992; Kliegl & Baltes, 1987) bzw. in manchen Entwicklungstestverfahren für Säuglinge auch schon realisiert. In den bekannten Brazelton-Skalen (vgl. Brazelton, 1984) wird ein spezieller Faktor "Notwendigkeit der Hilfengebung" gemessen, der sich in den Untersuchungen als allgemeines Persönlichkeitsmerkmal herausstellte und nicht primär als alterskorrelierter Faktor.
- aus der *Lernpsychologie*; z.B. nimmt Ferguson (1954) an, daß Fähigkeiten erst nach einer gewissen Überlernphase zuverlässig diagnostizierbar sind, bereichsspezifische "Lernstichproben" werden als bessere Prädiktoren zukünftigen Lernverhaltens als unspezifische Statusintelligenztests betrachtet (s. auch Campione & Brown, 1990; Flammer, 1974; Helmke & Schrader, 1993; Pawlik, 1982; Weinert et al., 1990)
- aus der *Begabungsforschung*; bereits 1957 forderte Roth explizit, daß Begabungstests nicht nur "Anfangsleistungen" erfassen sollten, sondern im Sinne von Lerntests die "Entfaltung der Leistungsfähigkeit"
- und aus der *Pädagogischen Psychologie*, in der in Anlehnung an Wygotskis experimentell-genetische Methode das sog. Ausbildungsexperiment zu einem wesentlichen Forschungsparadigma geworden ist (vgl. etwa Lompscher, 1972; Mentschinskaja, 1974).

Handlungs- und tätigkeitstheoretische Konzepte (vgl. Leontjew, 1979; Hacker, 1973) begründen ebenfalls die Ergänzung des üblichen Intelligenzstatustests durch Lerntests (unter arbeitspsychologischem Aspekt fordern dies z.B. Hacker, 1982 und Triebe & Ulich, 1977; s. hierzu auch Kap. III.4). Nach diesen theoretischen Vorstellungen müssen die Eigenschaften der Handlungsregulation in einer möglichst lebensnahen und für das Individuum in der jeweiligen Lebenssituation besonders wichtigen Tätigkeit studiert werden. Bei Schülern ist diese Tätigkeit vor allem das Lernen. Bereits Rubinstein (1958) forderte daher, daß "wir das Kind studieren, indem wir es unterrichten". Aber auch für Erwachsene wird im Zuge der technologischen Revolution (s. etwa Computerisierung) die Notwendigkeit zum lebenslangen Lernen und Umlernen immer deutlicher, so daß auch für diese - z.B. im Rahmen von eignungs- und rehabilitationspsychologischen Fragestellungen - neben der Erfassung der momentanen Kompetenz die Untersuchung der "Aufnahmekapazität für neue Informationen", also die kognitive Lernfähigkeit immer wichtiger wird (s. Kap. III.4).

Wir können jetzt nicht noch auf die theoretischen Ausgangspunkte anderer Autoren, die Lerntests oder lerntestähnliche Prozeduren vorgeschlagen und z.T. auch realisiert haben, näher eingehen. Bei den osteuropäischen - vor allem auch russischen (z.B. Iwanowa, 1973; Kalmykowa, 1975) und ungarischen Arbeiten (s. Klein, 1975) -

ist es vor allem die Wygotski'sche Entwicklungspsychologie und die vorwiegend durch Leontjew und Luria geprägte Tätigkeitstheorie. Einige US-Amerikaner versuchen die neuropsychologische Theorie Lurias und eine stärker auf den kognitiven Prozeß orientierte Sichtweise mit dem Lerntestkonzept in Verbindung zu bringen (vgl. das sog. PASS-Modell von Das & Naglieri, 1992; Wingenfeld, 1992; s. schon früher in Deutschland der Versuch von Graichen, 1975 und neuerdings der Ansatz der sog. subjektwissenschaftlichen Diagnostik - vgl. Jantzen, 1990).

Französische und schweizerische Forscher (beginnend bei Hurtig, 1969; s. dann vor allem Paour, 1992) nehmen ihren Ausgang mehr bei Piaget und bei dem Versuch "logische Strukturen" bei geistig behinderten Kindern durch ein gezieltes Training (basierend auf dem Konzept des sog. operatorischen Lernens) zu installieren und nutzen hierbei auch die Erkenntnisse des Feuerstein'schen "mediated learning" (s. Büchel & Scharnhorst, 1993).

Die meisten israelischen und amerikanischen Forscher (Carlson, 1992; Carlson & Wiedl, 1992a,b; Haywood & Tzuriel, 1992; Lidz, 1987) beziehen sich bei der theoretischen Begründung ihrer Arbeiten vor allem auf Feuersteins Theorie über die kognitive Modifikabilität, aber auch auf Wygotski, der insbesondere durch Wertsch (1985) den amerikanischen Forschern mehr vertraut wurde. Die Forschergruppe Campione und Brown (1990; Kurzbeschreibung des Ansatzes in Lidz, 1991) beruht in ihren Arbeiten nicht nur auf Wygotski und Feuerstein, sondern vor allem auch auf der *Metakognitions- und Transferforschung.* Sie folgern aus ihren Forschungen: "If the interest is in predicting the learning trajectory of different students, the best indicant is not their IQ or how much the know originally, nor even how readily they acquire new procedures, but how well they understand and make flexible use of those procedures in the service of solving novel problems." (Campione & Brown, 1990, S. 164-165).

Holländische Forschergruppen (s. Hamers, Sijtsma & Ruijssenaars, 1993; Resing, 1990) sowie Carlson und Wiedl (1992 a,b) beziehen sich theoretisch ebenfalls stark auf Wygotski, so daß man zusammenfassend sagen kann: Der eigentliche "theoretische Urvater" (s. auch Glutting & Mc Dermott, 1990), wenn auch nicht "Realisator" des dynamischen Testens im Bereich der Intelligenzdiagnostik ist wohl Wygotski.

2.2 Praktisches Haupteinsatzfeld

Wie bereits im 1. Kapitel kurz angedeutet, wurden in der Intelligenzdiagnostik Lerntests zunächst vornehmlich für die bessere Differentialdiagnostik im unterdurchschnittlichen Intelligenzbereich entwickelt. Insbesondere ging es auch um die Unterscheidung von "echt" (d.h. mehr auf Grund anlagebedingter Intelligenzschwächen) geistig Behinderten und mehr durch ungünstige Umweltbedingungen in ihrer Intelligenzentwicklung beeinträchtigten Kindern. Insbesondere bei den amerikanischen (Budoff und Mitarbeiter, s. z.B. Budoff, 1987a,b; Carlson & Wiedl, 1980) und israelischen Forschern (Haywood & Tzuriel, 1992) wurden z.B. Kinder aus ethnischen Minoritäten und Slums u.a. sozial unterprivilegierte Kinder mit weißen Mittelschichtskindern verglichen. Dabei wurde deutlich, daß ein nicht geringer Teil der "unterprivilegierten" Kinder zwar in herkömmlichen Intelligenztests als stark rückständig erscheint, aber in Lerntests erhebliche Lerngewinne zeigt (sog. "Gainer"). Ähnliche Resultate finden die israelischen Forscher aus der Feuerstein-Gruppe bei Immigranten in Israel, die unter ungünstigen kulturellen Bedingungen aufgewachsen sind.

Die Hauptzielstellung dieser Untersuchungen bestand also in der *Aufdeckung von "Intelligenzreserven"* bei sozial und kulturell benachteiligten Kindern, wie es bereits Wygotski in den 20er und 30er Jahren gefordert hatte, als er bei der kulturellen und technologischen Eingliederung vor allem der rückständigen asiatischen Völker in die Sowjetunion auf die Unfairness der herkömmlichen Intelligenztestmethodik nahezu "gestoßen" wurde.

Dabei will ein Teil der Lerntestforscher Entscheidungshilfen für die Beantwortung der Frage "Spezialbeschulung oder Regelschule" durch die Lerntests bereitstellen, andere möchten im Sinne einer mehr integrierten und individualisierten Unterrichtung aller Kinder in der Regelschule möglichst nur Defizite und Potenzen aufdecken und selbst nicht zu dieser problematischen "Selektion" beitragen. Alle einigt aber das gemeinsame Ziel zu verhindern, daß normal lernfähige und nur kulturell bisher zu wenig angeregte Kinder in "Hilfsschulen" abgeschoben werden, weil ihre Schulleistungen in der Normalschule und vielleicht auch ihre Intelligenzstatustestergebnisse nicht den Normen entsprechen. Darüber hinaus versprechen sich einige Vertreter des dynamischen Testansatzes (vor allem aus der Feuerstein-Schule und aus der sog. Förderdiagnostik (s. auch Kap. III.2 und III.1), daß aus den Untersuchungen direkte *Interventionsempfehlungen* für Pädagogen und Therapeuten ableitbar sind. Andere sind hier skeptischer und schon zufrieden, wenn dynamische Testprozeduren zu faireren und prognostisch gültigeren "Intelligenzdiagnosen" führen. Mehr curriculumbezogene Empfehlungen setzen ja auch voraus, daß man nicht nur die üblichen Intelligenztestaufgaben in Lerntestform appliziert, sondern daß man direkt curriculumbezogene Aufgabenstellungen wählt oder zumindest explizit die Lernvoraussetzungen, z.B. für das Lesen und Rechnen, diagnostisch anzielt (s. hierzu Kap. III.1).

Lerntests werden aber nicht nur bei lern- bzw. geistig behinderten Kindern angewandt, sondern zunehmend mehr auch bei anderen "Sondergruppen", z.B. bei Sprach- und Körperbehinderten, Blinden usw. (s. hierzu Kap. III.2).

Insbesondere in der Forschungsgruppe Guthkes wurde versucht (vgl. Guthke, Jäger & Schmidt, 1983 und 3.), Lerntests für die gesamte Intelligenzspanne - also auch für sog. Normalkinder bzw. Jugendliche - zu entwickeln. Ob Lerntests auch für *Hochbegabte* sinnvoll einsetzbar sind, ist noch fraglich (s. den Überblick hierzu bei Guthke, 1992c). Bereits 1984 diskutieren Deschamp und Robson den Einsatz von learning ability tests für die Identifizierung von "gifted-disadvantaged students". Lidz (1991) referiert eine groß angelegte Untersuchung israelischer Forscher an 1041 Kindern aus ungünstigen sozio-ökonomischen Bedingungen, die von ihren Lehrern als durchschnittlich und gut begabt bezeichnet worden. Herkömmliche Tests und das LPAD der Feuerstein-Gruppe wurden in beiden Gruppen angewandt. Die beiden Gruppen unterschieden sich bereits in den Prätests signifikant; im schwierigsten Untertest des LPAD, im sog. Organizer (s.u.) zeigte die Gutbegabtengruppe die größten Lernfortschritte. Es ist aber nicht deutlich ersichtlich, ob der diagnostische Riesenaufwand (allein der LPAD dauert 15 Stunden) sich wirklich gelohnt hat - in dem Sinne, daß die Lerntestbatterie die Hochbegabten treffsicherer identifizierte als dies herkömmliche Tests bereits ermöglichen. Unseres Erachtens (vgl. zu diesem Problem auch die näheren Ausführungen bei Guthke, 1992c) sind Lerntests in der Zukunft möglicherweise bei folgenden Fragestellungen auch in der Hochbegabungsdiagnostik von Relevanz:

(a) Entdeckung von "Begabungsreserven" in unterprivilegierten Bevölkerungsschichten und bei "irregulären Lernbedingungen" (vgl. Flammer & Schmid, 1982) ;
(b) Frühdiagnostik bei sehr jungen Kindern mit sehr schwierigen Tests, die durch die Lerntestdarbietung schrittweise erleichtert werden;
(c) Bei sog. Grenzfällen und "schwierigen Fällen", z.B. Hochbegabung wird vermutet, aber extreme Prüfungsängstlichkeit oder neurotische Reaktionen verfälschen Schulprüfungs- und Testergebnisse, so daß eine gewisse "Eingewöhnungszeit" zum Abbau von "Anfangshemmungen" (vgl. hierzu schon Kern, 1930: s. Kap. I) führt;
(d) "Enddiagnostik" im Rahmen eines sequentiellen diagnostischen Prozesses, an dessen Anfang Lehrer-, Eltern- und Selbstnominierungen bzw. Intelligenzstatustests als Screening-Tests stehen (vgl. Heller & Hany, 1986).

Daß generell der Lerntestansatz von der Definition der Hochbegabung her nicht als völlig verfehlt und unangemessen zu betrachten ist, zeigen die Ausführungen von Wieczerkowski und Wagner (1985), Geuß (1981) und Waldmann und Weinert (1990), in denen betont wird, daß Hochbegabung sich vor allem auch beim Lernen (effektivere und schnellere Informationsverarbeitung, leichterer Transfer auf neue Problemstellungen) äußert (s. auch schon Roth, 1957). Schneider (1992) leitet aus der Experten-Novizen Forschung noch einmal die große Bedeutung nicht-kognitiver Faktoren für Höchstleistungen ab. Da diese zumindest tendenziell bei Langzeitlerntests stärker beansprucht werden als bei herkömmlichen Intelligenztests (s. II.5), ließe sich auch unter diesem Blickwinkel der Einsatz von Lerntests begründen. Schließlich ist es nicht uninteressant zu erwähnen, daß Langzeit-Lerntests auch höher als Status-Tests mit Tests der Kreativität korrelieren (s. hierzu II.5).

"Intelligenzlerntests" wurden über den Kinderbereich hinaus für erwachsenendiagnostische Fragestellungen im Bereich der klinischen Psychologie und Eignungsdiagnostik entwickelt und angewandt. Darüber informieren spezielle Kapitel dieses Buches (s. Kap. III.4 und IV.1), so daß wir an dieser Stelle uns nicht näher damit beschäftigen.

2.3   Testinhalt (Testaufgaben)

Die Testaufgaben können sich auf intelligenztestanaloge Anforderungen oder auf mehr curriculumbezogene, sehr domänenspezifische Aufgaben (s. Campione & Brown, 1987 und Kap III.1) beziehen.

Die ersten auch publizierten Lerntests aus den Arbeitsgrupppen von Budoff, Feuerstein, Guthke, Carlson und Wiedl waren in ihrem Aufgabeninhalt noch sehr stark an den herkömmlichen Intelligenztestaufgaben orientiert. Es wurden Reihenfortsetzungsaufgaben (Figuren- oder Zahlenfolgen), die Kohs-Würfelaufgaben, Analogien usw. (s. auch weiter unten) als Lerntests appliziert, d.h. also mit Trainingsphasen und Denkhilfen verknüpft. Besonders viel und in mannigfachen Varianten wurde der Progressive Matrizen-Test nach Raven (sowohl die Kinderform als auch die Erwachsenenform, vgl. Raven, 1956, 1965) in den o.g. Forschungsgruppen und darüber hinaus auch in anderen Forschergruppen angewandt. Die erste uns bekannte Lerntestversion des Raven stammt von Hurtig (1962, s. Kap. I). Weitere Lerntestmodifikationen des Raven finden sich in der LPAD-Handanweisung (Feuerstein et al., 1983), bei Frohriep (1978), Wieland (1978), Carlson und Wiedl (1979) und Wiedl und Carlson (1986). Übersichten über Lerntestmodifikationen des CPM finden sich auch im deutschsprachigen Manual von Schmidtke, Schaller und Becker (1978). Vodegel-Matzen (1994) entwickelte auf der Basis einer kognitionspsychologischen Analyse eine computerisierte Lerntestform des Verfahrens.

Die Gründe für diese Orientierung am Aufgabeninhalt herkömmlicher Intelligenztests waren vor allem folgende:
(a) Die bisherigen Intelligenztests - vor allem die sog. Reasoning-Tests (wie z.B. Zahlen- und Figurenfolgen, Matrizen-Test, Analogien usw.) - stellen kognitive Anforderungen dar, die sowohl unter theoretisch-kognitionspsychologischen Aspekten (vgl. z.B. die Arbeiten von Carpenter, Just & Schell, 1990; Holzmann, Pellegrino & Glaser, l983; Hunt 1980; Jacobs & Vandeventer, 1968; Klix & van der Meer 1978;

Sternberg, 1985; Vodegel-Matzen, 1994 usw.; vgl. hierzu auch die Übersicht von Waldmann & Weinert, 1990) als auch unter dem Aspekt der empirischen Validität durchaus erfolgreich eine gewisse Bewährungsprobe als tatsächlich Intelligenz erfassende Aufgabenstellungen bestanden haben. Warum sollten daher Lerntestkonstrukteure neben der neuen Prozedur nun auch unbedingt noch neue Testaufgaben erfinden, wenn es schon bewährte Aufgabentypen gibt?

(b) Will man herkömmliche Intelligenzstatustests und die neuen Lerntests in ihrer Aussagekraft vergleichen (s. hierzu II.5), dann kann man nicht gleichzeitig Testprozedur und Testinhalt verändern. Ansonsten bestünde ja die Gefahr, daß man fälschlicherweise z.B. Validitätsunterschiede zwischen Status- und Lerntestergebnissen auf die Vorteile der Lerntestprozedur zurückführt, obwohl nur die anderen Testaufgaben - also der Testinhalt - dafür verantwortlich sind. Von solchen Überlegungen gingen Guthke und Mitarbeiter in den 60er Jahren aus, als sie in vielen einzelnen empirischen Untersuchungen mit unterschiedlichsten Testinhalten herkömmliche Statustests Lerntestpendants gegenüberstellten (zu Details s. Guthke, 1972).

(c) Für herkömmliche Intelligenztestaufgaben sprach auch die Überlegung, daß Kinder, die in der Schule große Schwierigkeiten mit dem Schulstoff haben, von vornherein benachteiligt sind, wenn sie nun auch in der psychologischen Fähigkeitsprüfung wieder mit Aufgabeninhalten konfrontiert werden, bei denen sie bisher immer versagten. Emotional-motivationale Blockierungen waren eher zu erwarten als bei Aufgaben, die nicht so sehr an Schulstoff und schulische Prüfungsanforderungen erinnerten (vgl. auch Feuerstein et al., 1979).

Beispiele für die meist verwandten Aufgabenstellungen aus unserer eigenen Forschung bringen wir in den nächsten Abschnitten. Hier wollen wir daher eine allerdings notgedrungen nur sehr grobe Schilderung (s. auch Büchel & Scharnhorst, 1993) der Testanforderungen im LPAD nach Feuerstein et al. (1983) geben. Die Batterie, die für Kinder und Jugendliche von 9-18 Jahren und für Erwachsene gedacht ist, wird im folgenden Kasten kurz dargestellt.

Wir werden in den weiteren Abschnitten dieses Kapitels und auch in den anderen Kapiteln des Buches noch sehen, daß nicht nur herkömmliche Intelligenztestaufgaben, sondern auch Aufgaben aus der experimentellen Denk- und Entwicklungspsychologie (wie z. B "Turm von Hanoi", begriffsanaloges Klassifizieren, s. Kap III.2) Anregungen gaben für die Entwicklung von Lerntests. Manchmal werden auch bekannte Aufgabenstellungen aus der Lern- und Gedächtnispsychologie-Paarassoziationslernen, Textlernen, Labyrinth-Lernen, Einprägen von Figuren usw. - in unserem Sinne als Lerntests bezeichnet und ausgewertet (s. z.B. Heidtmann, 1977; s. hierzu Kap. III.2; Wolfram et al., 1986; s. hierzu Kap. IV.1). Da die Letzteren aber in der Regel nicht allzu hoch mit Intelligenz korrelieren, wollen wir sie hier unter den "Intelligenzlerntests" nicht weiter besprechen.

Untertests des Learning Potential Assessment Device

Organization of Dots (OD): Dieser direkt auf Rey zurückgehende Test fordert vom Probanden, unstrukturierte Punktmengen in geometrische Figuren zu verwandeln, indem Verbindungslinien angebracht werden (s. Abb. II.1).

Musterbeispiel: Trainingsbogen 1

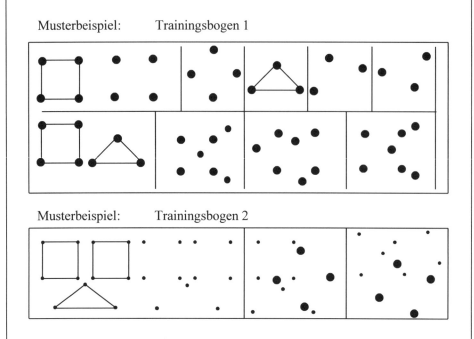

Musterbeispiel: Trainingsbogen 2

Abbildung II.1: Subtest "Organization of Dots" aus dem LPAD
                 (Feuerstein et al., 1983)

Progressive Matrices (PM): Hier werden die Items aus dem CPM und dem SPM nach Raven appliziert und zusätzlich noch einige Neu-Entwicklungen.

Representational Stencil Design Test (RSDT): Das auf Arthur (1930) zurückführbare Verfahren fordert in der Vorstellung das Zusammenfügen einzelner Elemente ("solid or cut-out stencils", farbige geometrische Figuren) zu neuen komplexen Figuren.

Numerical Progression (NP): Hier wird das Fortsetzen von Zahlenfolgen verlangt

Complex Figure Drawing Test (CF): Dieser ebenfalls auf Rey zurückgehende Test besteht aus zwei Aufgaben. Zunächst muß eine recht komplexe geometrische Figur abgezeichnet werden. Im zweiten Schritt muß diese Figur nur aus dem Gedächtnis gezeichnet werden.

Positional Learning Test (PL): In 5 x 5 quadratischen Mustern sind Kreuze einge-zeichnet (s. Abb. II.2), die man sich einprägen soll, um sie dann auf leeren Antwort-mustern richtig einzeichnen zu können.

Standardmodelle

Richtige Positionen: Positional Learning Test 5/25

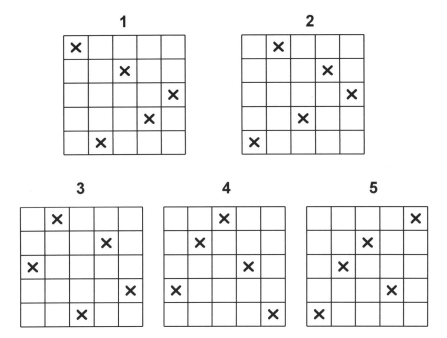

Abbildung II.2: Subtest "Positional Learning Test" aus dem LPAD
(nach Feuerstein et al. 1983)

Associative Recall (A R): In diesem ebenfalls ursprünglich von Rey entwickelten Test wird das visuelle und "assoziative Gedächtnis" geprüft. Man testet, inwieweit es den Probanden gelingt, einzuprägende Bilder (wie z.B. einen Krückstock, Fotoappa-rat) mit ebenfalls dargebotenen funktionsbezogenen cues (z.B. alter Mann, Bild), die sich progressiv verkürzen (nur noch sehr verkürzte schematische Darstellung des Mannes bzw. des Fotos) so zu verbinden, daß ihnen diese cues dann bei der Repro-duktion der einzuprägenden Gegenstände helfen. Zum Schluß wird dann auch noch die völlig freie Reproduktion der einzuprägenden Gegenstände verlangt.

Test of Verbal Abstracting (VA): Ähnlich wie in dem bekannten Untertest des Wechsler-Batterie ist die Ähnlichkeit (bzw. Gemeinsamkeit) von verbalen Begriffen zu erkennen.

Plateaux-Test (P): Hier wird ähnlich wie beim PL verlangt, daß der Proband sich bei wiederholten Darbietungen "special positions" einprägt. Die Anforderungen sind aber erheblich höher.

Word-Memory-Test (WMT): Von 15 mehrfach dargebotenen gut bekannten Wörtern muß ähnlich wie beim Luria-Lerntest (vgl. Wolfram et al., 1986) jeweils versucht werden, möglichst viele Worte frei zu reproduzieren. Die 15 Wörter entstammen 5 Kategorien (Tiere, Möbel, Astronomie, Kleidung, Schulutensilien).

Organizer-Test (O): In diesem Untertest wird die Formulierung und Testung von Hypothesen gefordert, was nur durch Inferenzbildungen möglich ist. Es wird die Generierung von Information verlangt, die nicht explizit in den vorgegebenen Propositionen (Sätzen) enthalten ist. Durch Inbeziehungssetzung der Aussagen in den einzelnen Sätzen, die nacheinander zu lesen sind, können dann nacheinander auch entsprechende Schlußfolgerungen gezogen werden.
Beispiel: Die Probanden sollen erraten, welche 6 Positionen (Plätze) 6 Kinder einnehmen. Sie bekommen nacheinander Sätze zu lesen, z.B.
1. Auf den Plätzen 2, 4 und 6 sind Barbara, Hubert und Sylvester (noch keine Entscheidung für einen Platz möglich, da Zuordnung zum spezifischen Platz nicht bekannt)
2. Auf den Plätzen 1 und 3 befinden sich Allan und Rina (auch noch keine Entscheidung möglich, da wieder keine spezifische Platzinformation)
3. Hubert und Rina befinden sich auf den Plätzen 1 und 4.
 Jetzt ist erste Entscheidung möglich. Also: Hubert befindet sich auf Platz 4 und Rina demzufolge auf Platz 1, Allan auf Platz 3.
4. Barbara befindet sich rechts von Rina .
Schlußfolgerung: Also kommt Barbara auf Platz 2. Unter Bezugnahme auf Satz 1 wissen wir nun auch, daß Sylvester auf Platz 6 kommt. Das letzte Kind (Marion) kann demzufolge nur noch den übrig bleibenden Platz 5 einnehmen.

2.4 Testprozedur

Die prozeduralen Besonderheiten des dynamischen Testens werden vor allem dadurch gekennzeichnet, an welchen Stellen und in welchem Ausmaß die "*Pädagogisierungsphase*" in den Testprozeß eingebaut wird und auf welche Weise ihre "Effekte" festgestellt werden. Dabei kann diese "Pädagogisierungsphase" ganz unterschiedliche Formen und zeitliche Erstreckungen annehmen, so daß sich unter verschiedenen Gesichtspunkten auch unterschiedliche Zuordnungen vornehmen lassen.

Zunächst könnte man fragen, ob nicht bereits bei der herkömmlichen Testdarbietung bisher nur nicht genügend erkannte und untersuchte Lernprozesse ablaufen, die im Sinne des dynamischen Testens sozusagen nur entdeckt und genützt werden müssen. Daß bei der Abarbeitung von Tests gelernt werden kann, wird häufig behauptet, aber kaum direkt bewiesen (s. hierzu zusammenfassend auch Feger, 1984). Raven (1956) nimmt z.B. explizit an, daß im Verlaufe der Abarbeitung der einzelnen Matrizen die Probanden in der Regel immer mehr lernen, wie man solche Aufgaben löst. Erfahrungen der Testkonstrukteure belegen sog. Reihenfolge- oder Übungseffekte, d.h. verändert man den "Standort" eines Items in der Itemabfolge, so ändert sich häufig auch sein statistischer Schwierigkeitsindex. Auch dies spricht für Lernen während der Testbearbeitung. Selbst wenn Probanden nicht darüber informiert werden, daß nach einem Prätest später ein Posttest folgt, gibt es bei der Testwiederholung mit identischen oder parallelen Aufgaben meist einen signifikant höheren Posttestwert, ebenfalls ein Hinweis darauf, daß wahrscheinlich bereits bei der Erstdurchführung gelernt wurde. Es gibt bereits seit einigen Jahren Versuche von Testtheoretikern, solche Lernparameter bei der üblichen einmaligen Testdurchführung mit Hilfe von sog. probabilistischen Lern- und Denkmodelle (vgl. Kempf, 1974; Scheiblechner, 1972; s. auch Spada, 1976) zu identifizieren. Diese Versuche haben aus mehr inhaltlicher Sicht Kritik gefunden (vgl. Hilke, 1980; s. auch Guthke, Böttcher & Sprung, 1990) und sind bisher leider auch noch nicht für die eigentliche diagnostische Praxis ausgebaut und geprüft worden. Die Autoren könnten sich aber durchaus vorstellen, daß in der Zukunft auch Intelligenzstatustests mit einer Einpunktmessung als sog. punktuelle Lerntests (s. zu diesem Terminus bereits Guthke, 1980c, S. 142) besonders für die Differentialdiagnostik im durchschnittlichen und überdurchschnittlichen Intelligenzbereich relevant werden. Nach unseren Befunden (vgl. bereits Guthke, 1972, 1980c; s. auch Glutting & Mc Dermott, 1990) ist es allerdings typisch, daß unterdurchscnittlich Intelligente bei der üblichen Testdurchführung kaum etwas lernen und auch bei einer Testwiederholung ohne zwischengeschaltete Trainingsphase wenig vom Prätest profitieren.

Die gesamte umfangreiche "practice"-, "test sophistication"- und "coaching"-Forschung (s. hierzu bereits Kap. I.1) hat aber gleichzeitig den eindeutigen Nachweis gebracht, daß sich Tests tatsächlich im gewissen Maße üben und trainieren lassen (Schneider, 1987). Dies gilt für den "statistischen Durchschnittsprobanden", aber nicht unbedingt für den Einzelfall und vor allem nicht für den unterdurchschnittlich Befähigten, wohl aber für den an sich gut Befähigten und nur wenig Geförderten bzw. Testungeübten. Demzufolge wäre auch schon die reine Testwiederholung als ein Lerntest zu betrachten, wenn sie in diesem Sinne verstanden und ausgewertet wird. Retesteffekte könnten nicht nur als störende bzw zu berücksichtigende Faktoren bei einer Lerntestprozedur (vgl. Klauer, 1993) anzusehen sein, sondern selbst als Lernfähigkeitsparameter. Voraussetzung wäre allerdings, daß sich die Retest-Effekte interindividuell signifikant unterscheiden. Wie besonders im Kap. IV.1 noch gezeigt wird, lassen sich tatsächlich - vor allem im Rahmen der "Hirnorganiker - Diagnostik" im Erwachsenenbereich - einfache Testwiederholungen als Lerntests erfolgreich auswerten. Im Rahmen der Intelligenzdiagnostik bei Kindern und Jugendlichen haben wir aber meist festgestellt, daß die einfache Testwiederholung nicht zu den angestrebten Gültigkeitsgewinnen führte (s. Guthke, 1972). Dies wird schon dadurch erklärlich, daß sich bei einer einfachen Testwiederholung zwar meist ein genereller Übungsgewinn, aber nicht eine wesentliche Veränderung der Rangordnung der Probanden nachweisen läßt (im Unterschied zu den eigentlichen Lerntests, s. hierzu die folgenden Abschnitte).

Kommen wir nun zu den Lerntests sui generis. Wir haben seit einiger Zeit (vgl. Guthke, 1972, 1980c) den Vorschlag gebracht, daß man zwischen sog. *Langzeit- und Kurzzeitlerntest* unterscheiden sollte. Dieser Vorschlag ist in der Lerntestliteratur weitgehend übernommen worden. Langzeitlerntests (s. 3.1) haben folgenden Aufbau: Prätest-Trainingsphase-Posttest (wobei es sich hierbei meist um Parallelaufgaben des Prätests handelt). Guthke (1972), Hurtig (1962), Budoff (1975), Feuerstein et al. (1979), Kalmykowa (1975) und andere "Erstkonstrukteure" von Lerntests haben zunächst eine solche Drei-Phasen-Prozedur erprobt. Bereits eine solche Prozedur ist natürlich gegenüber dem herkömmlichen Intelligenztest sehr viel zeitaufwendiger. Das gilt nun noch mehr für an sich wünschenswerte, aber für die praktische Diagnostik kaum noch realisierbare Langzeitlerntestvarianten mit mehreren Posttests und sog. Transfertests (beginnend bei Kerns Übungsversuchen 1930 bis hin zu entsprechenden Untersuchungen bei Campione & Brown, 1987, Hamers & Ruijssenaars, 1982, 1984; Resing, 1993). Die "test-teach-test" Prozeduren haben gegenüber z.T. auch realisierten "teach-test"-Designs (z.B. bei den Untertests RSD, OD und NP im LPAD s.o.) den Vorteil, daß man exakt ein Ausgangsniveau (Prätest) mit einem Endniveau (Posttest 1, 2 usw.) vergleichen kann. Allerdings werden bei ihnen Treatment-Effekte mit Retest-Effekten konfundiert, so daß auch sie meßmethodisch keinesfalls ganz unproblematisch sind, worauf Klauer (1993) besonders hinweist. Auch bei den sog. Kurzzeitlerntests (s. Abschnitt 3.2), die nur aus einer Testsitzung mit eingebauten Rückkopplungen und Denkhilfen für den Probanden bestehen ("within-tests, im LPAD z.B. in der Raven-Variation) bringt die Konfundierung von Ausgangsniveau und Lerngewinn erhebliche meßmethodische Probleme mit sich, auf die u.a. Glutting & Mc Dermott (1990) in ihrer sehr massiven Kritik des Feuerstein-Ansatzes aufmerksam machen. Sie folgern daher in ihrem Überblicksreferat, "because the procedures are so nebulous and lacking in reliability" (S. 300), daß sie nur noch test-teach-test-Untersuchungen einer weiteren Analyse für würdig halten. Sie beziehen sich dabei u.a. auf Campbell und Stanley (1963, S.6), die meinen, die "teach-test methodology" had "such a total absence of control as to be of almost no scientific value".

Wir werden später (s. Abschnitt 4. und vor allem Kap. V) sehen, daß es heute trotz aller methodischer Schwierigkeiten durchaus Ansätze - z.B. auf der Basis der probabilistischen Testtheorie - gibt, die es gestatten, auch in der "within-test strategy" (Kurzzeit-Lerntests) "Lernfähigkeitswerte" von Statuswerten zu unterscheiden.

Dynamische Testprozeduren im Bereich der Intelligenzdiagnostik erfordern den Einbau von Rückinformationen, Denk- und Lernimpulsen oder sogar ganzen Trainingsstrecken zwischen einem Prä- und einem Posttest - also gewisse Interventionsprozeduren. In diesem Bereich der Intervention gibt es nun die unterschiedlichsten Ansätze und theoretischen Fundierungen. Selbst innerhalb eines Verfahrens - z.B. des LPAD von Feuerstein - finden wir viele Varianten, die noch dazu auf unterschiedlichen theoretischen Positionen (s. hierzu auch die Kritik von Büchel & Scharnhorst, 1993) beruhen. Zweifellos gibt es nicht (und wird es wohl auch nie geben!) *die* ideale Interventionsstrategie - so wie es auch nicht *den* idealen Unterricht gibt. Die Sachlage ist gegenwärtig wohl so zu charakterisieren: Die meisten Lerntestautoren (wir schließen uns hier übrigens voll ein) gingen zunächst sehr pragmatisch, eklektizistisch und wenig theoriegeleitet an die Entwicklung der Interventionsprozeduren. Wenn auch manchmal theoretische Bezüge genannt werden, so ist doch von einem wirklich stringenten einheitlichen Theoriebezug nicht zu reden. Es macht daher auch wenig Sinn, hier eine detaillierte Typologisierung der Interventionen zu versuchen. Schon die einfache "Rückkopplung" (Feedback) läßt sich ganz unterschiedlich gestalten, z.B. nur Richtig-Falsch Information, diese bei jedem Lösungsschritt oder nur am Ende des Lösungsprozesses, bei allen Items oder nur nach einer gewissen Sequenz, in nicht elaborierter Form oder elaborierter Form (z.B. durch Hinweis auf gemachte Fehler), als optisches Signal oder als verbale Information usw. (zur Gestaltung und Wirkung von Feedback s. Leutner, 1992). Lösungshilfen und Trainingsprogramme unterscheiden sich in den einzelnen Lerntests nach ihrem Aufbau und ihrer "Massivität" im hohen Grade (vgl. auch Tzuriel & Feuerstein, 1992). Man könnte auch darüber streiten, ob man Lösungshilfen mehr in der Orientierungs-, Durchführungs- oder Kontrollphase einer Handlung (Galperin, 1972) einsetzt oder in allen drei Phasen (van Heijden, 1986). Lern- und Instruktionspsychologen geben hierzu keinesfalls einheitliche Empfehlungen (s. hierzu Ewert, 1992) und erste Versuche mit unterschiedlichen Feedback-Gestaltungen bzw. differenten Trainingsprogrammen bei einer Raven-Testdarbietung (s. Carlson & Wiedl, 1979; Guthke, 1972; und vor allem Tzuriel & Feuerstein, 1992) bei unterschiedlichen Probandengruppen zeigten, daß es selbst bei dieser noch sehr einfachen Intervention keine "ideale Strategie" für alle Kinder aus unterschiedlichen Leistungsgruppen, für "regular" und "disadvantaged children" gibt.

Im Feuerstein'schen LPAD wird die Testprozedur von einem Modell (s. Abb. II.3) abgeleitet, in dessen Mittelpunkt das Erkennen und gegebenfalls Lehren eines kognitiven Prinzips (z.B. der Analogie) bei zunächst sehr einfachen sog. "initial tasks" steht, die auf unterschiedlichen Ebenen (verbal, numerisch, bildhaft usw.) dargeboten werden können. Im Verlaufe des Tests wird durch Steigerung der Komplexität (z.B.

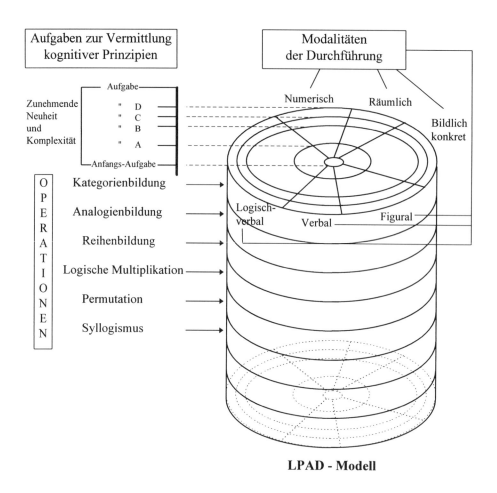

LPAD - Modell

Abbildung II.3: Feuerstein-Modell des LPAD (nach Feuerstein et al., 1983)

immer mehr Relationen müssen beachtet werden) und der Neuigkeit (novelty) eine Schwierigkeitssteigerung der Items erreicht.

In den sog. Diagnostischen Programmen als spezifische Variante von Kurzzeit-Lerntests (s. II.8) realisieren wir ein ähnliches Aufbauprinzip, wobei wir uns im Unterschied zu Feuerstein (s. hierzu die Kritik von Büchel & Scharnhorst, 1993) um eine exaktere Definition und Messung der Komplexität von Testitems bemühen.

Ein grobes Rahmenkonzept der Dynamischen Testdiagnostik, in dem auch eine Typologisierung von Interventionen nach ihrer Zielstellung vorgenommen wird, haben Wiedl (1984, 1985) und Carlson und Wiedl (1992b) vorgelegt. Es wird im folgenden kurz beschrieben und in folgendem Kasten illustriert.

Konzeptuelles Schema zur Analyse von Testperformanz und ihrer Veränderung (nach Wiedl, 1984, 1985; Carlson & Wiedl, 1992b)

I AUFGABENMERKMALE
   Ebenen: - praktisches Handeln
                    - direkte Wahrnehmung
                    - indirekte Wahrnehmung
                    - linguistisch-konzeptuelle Verarbeitung

II PERSONALE FAKTOREN
   Strukturen: - epistemisch
                    - heuristisch

   Komponenten: - basale Fähigkeiten
                      (z.B. Beziehungserfassung, Klassifikation, etc.)
                    - Prozeßcharakteristika (z.B. Geplantheit, Flexibilität,
                      Selbstregulation, Aktiviertheit)
                    - Orientierungsvariablen (z.B. aufgabenspezifische Orientie-
                      rung, Selbstkonzept, Situationsauffassung)

   Prozesse: - Analyse
                    - Synthese

III DIAGNOSTISCHE VORGEHENSWEISEN (INTERVENTIONEN)

   Modifikation: - implizit/explizit
                    - prädeterminiert/autodeterminiert

   Kompensation: - prothetisch/katalytisch

   Inhibition: - erschwerende und behindernde Faktoren

Wie oben (Kap. I) bereits kurz skizziert, wird im Rahmen dieses Konzepts grob zwischen *Aufgabencharakteristika*, intrapersonalen Bedingungen und Interventionsformen unterschieden. Aufgabencharakteristika können hinsichtlich der Ebenen der Itemrepräsentation variieren, die praktische Manipulationen, die Bearbeitung von Wahrnehmungsrepräsentationen oder aber den Umgang mit verbal-begrifflichen Einheiten beinhalten können. Ein Beispiel für diese Variation ist die Präsentation der Raven-Matrizen-Items in Puzzleform anstelle der üblichen Heftform. Empirische Befunde zeigen, daß für bestimmte Probandengruppen, z.B. jüngere Kinder, diese Präsentation zu inkrementeller diagnostischer Information führt (z.B. Carlson, Goldman, Bollinger & Wiedl, 1974; Carlson & Wiedl, 1976, 1979; Frohriep, 1978). Ein weiteres Beispiel für diesen Aspekt ist die Präsentation der Instruktionsaufgaben eines Tests schlußfolgernden Denkens auf einer konkreten Ebene (Lauth & Wiedl, 1985). Hier zeigt sich, daß durch diese Form der Instruktionsoptimierung bei lernschwachen Kindern eine effizientere Bearbeitung der nachfolgenden Testaufgaben bewirkt wird.

Die zweite Differenzierung bezieht sich auf die *personalen Bedingungen*, die in Anlehnung an Lompscher (1972) als Strukturen (Wissen über Objektbereiche, Heurismen) Komponenten wie etwa basale Fähigkeiten (z.B. Klassifikation, Reihenbildung), Verlaufsmerkmale (z.B. Selbstregulation, Planung, Aktivierung) und Orientierungsvariable (z.B. Bewertung der Untersuchungssituation, Verständnis spezifischer Aufgabenanforderungen, Selbstkonzept) beschrieben wurden.

Ziel der *diagnostischen Intervention* (dritte Kategorie des Modells) ist es, diese personalen Parameter zu modifizieren (d.h. durch Training oder Übung Änderungsprozesse anzuschließen), zu kompensieren (d.h. für die Dauer der Situation bestimmte unterstützende Bedingungen einzuführen und deren Effekte zu registrieren) oder aber bei intakter Performanz situative Bedingungen zu schaffen, die spezifische (personale) Leistungsvoraussetzungen behindern, um den Grad der Resistenz der Testleistung gegenüber spezifischer Belastung auszutesten. Während beispielsweise Feedbackprozeduren eingesetzt werden, um Modifikationen zu bewirken (z.B. bezüglich der Fähigkeit des schlußfolgernden Denkens), dienen spezielle Formen der Problemverbalisation als kompensierende Hilfen zur Gewährleistung eines angemessenen Regulationsgrades bei der Problembearbeitung (vgl. Carlson & Wiedl, 1979, 1992a). Auch zeigt sich, daß bestimmte Formen interaktiven Testens in kompensatorischer Weise Testangst und dysfunktionale Befindlichkeiten reduzieren (Bethge, Carlson & Wiedl, 1982). Beispiele für Inhibition schließlich sind Behinderungen durch langandauernde Testung, besonders schwierige Aufgabengestaltung, etc., wie sie z.B. bei Kryspin-Exner (1987) beschrieben wurden.

Alle drei Bausteine des Modells sind jeweils in ihrem Zusammenwirken zu sehen, um eine spezifische Intervention im Rahmen des diagnostischen Vorgehens zu reali-

sieren. So kann z.B. der Wechsel der Aufgabenpräsentation von der Repräsentationsebene zur Ebene konkreten Handelns, wie dies in der Puzzle-Version des Raven
gegeben ist, kompensatorisch sein bezüglich spezifischer personaler Voraussetzungen zur Aufgabenlösung, über die jüngere Kinder noch nicht verfügen. Ebenfalls
wird deutlich, daß die diagnostische Zielsetzung der spezifischen Maßnahmen eine
unterschiedliche ist. Während modifikatorische Interventionen Informationen zur
Gestaltung subsequenter Trainings bzw. Lernanordnungen und Entwicklungsbedingungen implizieren, sind kompensatorische und inhibitorische Interventionen mit
optimierenden Veränderungen der Umwelt assoziiert bzw. darauf gerichtet, Bela-
stungsfaktoren abzuschätzen (Inhibition). Weitere diagnostische Implikationen dieser
Differenzierungen der Interventionskategorie finden sich im Kap. IV.1.

Notwendig ist zweifellos, daß von den Lerntestautoren mehr als bisher der
Erkenntnisstand der modernen Instruktions- und Lernpsychologie (Ewert, 1992)
genutzt werden muß, um zu einer theoriebezogeneren und vielleicht damit auch
effektiveren Gestaltung der Interventionsphase in Lerntests zu gelangen. Vor allzu
großen Erwartungen im Hinblick auf einen stringenten Theoriebezug ist aber zu
warnen, da - wie oben bereits erwähnt - Pädagogen und Lernpsychologen noch sehr
unterschiedliche theoretische Konzepte und "Empfehlungen" bereitstellen, und der
Lerntestkonstrukteur deswegen vielleicht nicht einmal falsch handelt, wenn er eklektizistisch (oder besser synthetisierend) vorgeht (s. ähnliche Situation in der Psychotherapie, s. Plaum 1991). Außerdem "beißt" sich die Forderung des Pädagogen und
Klinikers nach einer möglichst den individuellen Bedürfnissen des Kindes entsprechenden Förderung (auch im Test!) mit der des Psychometrikers nach der Standardisierung der Testprozedur, die auch für die Interventionsphase gilt - ein Problem, das
uns im nächsten Punkt beschäftigen wird.

Bekanntlich lassen sich Tests als Gruppen- oder Einzeltests applizieren. Für den
Einzeltest spricht, daß er viel bessere Beobachtungsmöglichkeiten erlaubt, für den
Gruppentest, daß er ökonomischer und meist auch objektiver in Durchführung und
Auswertung ist. Lerntests wurden als Gruppen- und Einzeltests sowohl in den mehr
psychometrisch orientierten Forschungsgruppen Budoff, Guthke, Carlson und Wiedl
als auch in der mehr klinisch- qualitativ ausgerichteten Feuerstein-Gruppe (s.
Haywood & Tzuriel, 1992) appliziert. So läßt sich das LPAD von Feuerstein et al.
(s.o.) und der LTS nach Guthke et al. (1983) sowohl als Einzeltest als auch Gruppentest applizieren.

Zur Testprozedur gehört auch noch die Frage, wie denn Lerntests ausgewertet
werden können. Diese Frage ist natürlich bei Kurzzeit-und Langzeitlerntests unterschiedlich zu beantworten. Generell haben wir und auch andere (vgl. Campione &
Brown, 1987) folgende Vorgehensweisen erprobt:

1. Feststellung der Differenz zwischen Prä- und Posttest (eventuell ausgangswert-relativiert, z.B. durch regressionsanalytische Residualgewinnbestimmung, s.u. und vor allem Kap. V)

2. Nur Nutzung des Posttestwertes bei Langzeit-Lerntests

3. Feststellung der notwendigen Hilfen oder Aufgaben,die in einem Kurzzeit-Lern-tests notwendig sind, um ein bestimmtes Lernkriterium (z.B. alle Aufgaben werden gelöst) zu erreichen. Embretson (1987) schlägt noch ein zusätzliches Maß vor, näm-lich zu überprüfen, wie die gleichen Aufgaben gelöst werden, wenn sie später ohne Hilfe gegeben werden. Es sind natürlich auch noch andere Auswertungsstrategien denkbar und z.T. auch realisiert, etwa die Feststellung des Wechsels einzelner Probanden in eine Gruppe mit anderem Leistungsprofil während der Testung (s. Kap. V), mehr prozeßanalytische Vorgehensweisen (z.B. Untersuchung des Strategie-wechsels), kriteriumsorientierte Messungen (es wird ein Lernkriterium außerhalb der eigentlichen Testaufgaben festgelegt im Sinne eines Transfertests), usw.

2.5   Grad der Standardisierung und Psychometrisierung

Wygotski, der ein entschiedener Gegner der "endogenistischen Interpretation" von Intelligenzquotienten als unmittelbarer Anlageindikator war, hat sich nie gegen den Test und das psychometrische Vorgehen prinzipiell ausgesprochen, sondern dieses sogar gefordert (vgl. Wygotski, 1934). Auch die ersten "Lerntest-Versuche" (s. z.B. Kern, 1930; de Weerdt, 1927; s. Kap. I) waren dem standardisierten und psychome-trischen Vorgehen verpflichtet. Demgegenüber steht nun die alternative Untersu-chungsstrategie der mehr qualitativ-klinisch orientierten Forscher und Praktiker, die meinen, daß nicht nur der Unterricht, sondern auch das diagnostische Vorgehen ein hochgradig individualisiertes Eingehen auf die Bedürfnisse, Defizite und Stärken des einzelnen Probanden erfordere. Dieses Postulat der "Individualisierung der jewei-ligen Diagnostiker-Diagnostikand-Interaktion" ist nun sehr schwer mit der Forderung der Psychometriker nach Standardisierung und Psychometrisierung in Einklang zu bringen. Beide Forderungen haben u. E. durchaus ihre Berechtigung einerseits und ihre "Gefahren" andererseits. Die "Individualisierungsforderung" bringt zwangsläufig mit sich, daß die Vergleichbarkeit der diagnostischen Situation nicht mehr gewähr-leistet ist, wenn jeder Psychologe z.B. im LPAD und in der sogenannten Förderdia-gnostik je nach Kind und Situation unterschiedliche Hilfen oder generell unter-schiedliche Testadministrator-Testand-Interaktionen gestalten kann. Auch die Inter-pretation der erhaltenen "Testresultate" ist hochgradig subjektivistisch, wenn noch nicht einmal Normen zur Auswertung vorliegen (wie im LPAD). Glutting und Mc Dermott (1990, S. 300) kritisieren u.E. daher mit Recht das Feuerstein'sche Vorgehen wegen dessen mangelnder Standardisierung. Sie zitieren die Standards der APA, 1985. Standard 3.2.3., S. 30: "directions to a test maker that are intended to produce a particular behavior sample often called a "prompt" should be standardized, just as the directions are standardized for any other test". Eigentlich kann man wegen der mangelnden Standardisierung den LPAD gar nicht als Test bzw. Assessment bezeichnen, sondern lediglich als eine qualitativ orientierte Beobachtungsmöglichkeit. Die Standardisierungsforderung bringt nun andererseits tatsächlich die Gefahr mit sich, daß die eingebauten Hilfen nicht genügend auf die Bedürfnisse des einzelnen Kindes abgestimmt sind und daher sozusagen "daneben gehen" oder sogar schädlich sein können. Wir haben im Konzept der Diagnostischen Programme (s. 8.) versucht, beide sich anscheinend ausschließende Postulate doch in einer gewissen Weise gleichzeitig zu berücksichtigen.

Schaut man sich in der "Lerntestliteratur" um, dann finden wir als Vertreter des mehr qualitativ-klinischen Ansatzes zum einen die von Piaget stark beeinflußten Rey und Feuerstein (s.o. Kap. I) und zum anderen russische Autoren, die sich vor allem auf Wygotski und dessen frühen Mitarbeiter Luria stützen (vgl. z.B. Mentschinskaja, 1974). Die russischen Autoren haben sich für das rein qualititative Vorgehen - gefordert und z.T. realisiert wurde eine sog. dynamische diagnostische Untersuchung als Alternative zum psychometrischen Test - wohl nicht nur freiwillig entschieden, sondern auch unter dem Druck des Testverbots der KPdSU 1936 unter Stalin (sog. Pädologie-Beschluß, der übrigens auch zum Verbot der Wygotski-Publikationen führte!). Auch in der Ex-DDR durften bis in die 80er Jahre hinein auf Weisung des Volksbildungsministeriums in der Schule keine Tests durchgeführt werden. In der sog. Hilfsschulaufnahmewoche, die hier keinesfalls nur negativ rezensiert werden soll, sollten Kinder im Probe-Schulunterricht und bei anderen Aufgaben nur beobachtet werden, um auf Grund dieser Beobachtungen dann als "hilfsschulbedürftig" oder "normalschulfähig" diagnostiziert werden zu können. Da hier ganz offensichtlich die Subjektivität der Untersuchungsprozedur und Urteilsfindung ein Problem darstellte, wurde in der Zeit der Lockerung des "Testverbots" bereits in den 70er Jahren sog. Prüfungslektionen (vgl. Kap. III.2) eingeführt, die Vorstufen von curriculumbezogenen Lerntests (vgl. Kap. III.1) darstellen. Auch in den Arbeiten anderer russischer und osteuropäischer Autoren setzte sich in den 70er Jahren eine stärkere Standardisierung und z.T. auch sogar Psychometrisierung durch (vgl. Iwanowa, 1973; Kalmykowa, 1975; Klein, 1973). Etwas später in den 70er und 80er Jahren entstand aber vor allem in Westdeutschland die bereits in Kapitel I erwähnte Bewegung der sog. Förderdiagnostik, die sich z.T. massiv gegen den norm- und selektionsorientierten psychometrischen Test wandte (vgl. Probst, 1981) und ähnlich wie die frühen russischen Autoren und Feuerstein ein nichtpsychometrisches, mehr qualitativ orientiertes Vorgehen forderte. Der Einfluß dieser "Schule" ist zwar etwas

abgeklungen und selbst einstige Herausgeber von Sammelwerken zur Förderdiagnostik (vgl. Kornmann, Meister & Schlee, 1983 einerseits und Schlee, 1985a andererseits) kritisieren diese massiv, da sie ihre Versprechungen nicht einhalten konnte.
Andererseits ist aber der Versuch, Diagnostik stärker mit Intervention zu verbinden,
Diagnostik nicht nur unter dem Selektionsaspekt, sondern vor allem unter dem För-
deraspekt zu betreiben, beachtenswert (s. hierzu auch noch einmal Kap. III.3). Da die
Förderdiagnostiker ebenfalls eine "dynamische Testprozedur" - allerdings bei gleichzeitiger Negierung der Psychometrie - propagieren, sind sie zwar wohl schlecht als
Lern*test*konstrukteure zu bezeichnen, aber auch als Vertreter "dynamischer diagnostischer Untersuchungsprozeduren".

Im Unterschied zu den o.g. Autoren haben Budoff (1975) und Guthke (1972) von
Anfang an versucht, das psychometrische Prinzip - also die Standardisierung der
Instruktion, Durchführung und Auswertung von Tests unter Bereitstellung von
Normen - mit der Forderung Wygotskis nach der "Diagnostik der Zone der nächsten
Entwicklung" zu verbinden. Auch einige nordamerikanische (s. z.B. Campione &
Brown, 1987; Carlson & Wiedl 1980; Embretson, 1987, 1992) sowie israelische
Forschergruppen (s. etwa Tzuriels Beiträge in Haywood & Tzuriel, 1992), die
ursprünglich vorwiegend von Feuerstein ausgingen, sind psychometrisch orientiert.
Europäische Feuerstein-Schüler und Propagandisten seines Ansatzes in Europa
(vgl. Büchel & Scharnhorst, 1993) meinen, daß der an sich äußerst anregungsreiche
Ansatz nur dann wissenschaftlich weiter entwickelt und geprüft werden kann, wenn
er sich endlich den Forderungen nach Standardisierung und Psychometrisierung
stellt, damit man überhaupt feststellen kann, ob die formulierten Ansprüche berechtigt sind. Die Vertreter des nichtpsychometrischen Ansatzes wenden gegen solche
Forderungen immer wieder ein, daß sie als nur an der Förderung des Einzelkindes
und nicht an Selektionsentscheidungen Interessierte keine Standardisierung und
Normierung brauchen. Dieser Einwand hat eine gewisse Berechtigung. Unseres
Erachtens ist durchaus auch eine Diagnostik ohne Standardisierung und Normierung
denkbar, und sie mag für manche praktische, stark curriculumbezogene Fragestellungen auch sinnvoll sein. Aber so lange vom Diagnostiker "Mit-Hilfe" bei notwendigen
Selektions-, aber auch Placierungsentscheidungen (auch bei einem integrierten
Unterricht in einer Gesamtschule muß die Förderkurszuweisung erfolgen) gefordert
wird, so lange muß dieser auch vergleichbare, "objektivierte" Beurteilungsverfahren
(eben psychometrische Tests) anwenden. Die wissenschaftliche Überprüfbarkeit,
Vergleichbarkeit und Wiederholbarkeit eines Verfahrens fordert darüber hinaus, daß
dieses standardisiert ist. Dies erleichtert aber auch die Vermittlung an Studierende
und Berufsanfänger, die dann nicht wie im Mittelalter jeweils im Meister-Lehrling-
Verhältnis oder in teuren Kursen zu Erlernung eines sehr komplizierten und im
Manual "verschwommen" geschilderten Verfahrens (wie beim LPAD) zur Beherr-

schung des "Tests" geführt werden müssen, den sie dann doch mehr oder minder nach Gutdünken durchführen und auswerten können.

Die Befürworter einer experimentellen Psychodiagnostik (s. z.B. Berg & Schaarschmidt, 1984; Schmidt, 1969; Wiedl 1984; s. auch Kap. I) betonen vor allem unter Bezug auf die Vorgehensweise der experimentellen Allgemeinpsychologen ebenfalls die unbedingte Notwendigkeit der Standardisierung der Durchführungsbedingungen beim Test und deren systematische und kontrollierte Veränderung.

Die neuropsychologisch orientierten Autoren - vor allem von Luria ausgehend - bevorzugen entweder ein rein "qualitatives", nichtpsychometrisches Vorgehen (s. z.B. Graichen, 1975) - wie es auch Luria (allerdings auch unter dem Druck des Testverbots) praktizierte (vgl. Luria, 1966) - oder sie bemühen sich ebenfalls um eine Verbindung von Psychometrie (auch in Form des Lerntestkonzepts) und der neuropsychologischen theoretischen Grundorientierung (s. hierzu z.B. das PASS-Modell von Das & Naglieri, 1992; s. auch Wingenfeld, 1992, s. hierzu auch Kap. I und IV.1).

3 Haupttypen von "Intelligenzlerntests" - Exemplarische Darstellung

3.1 Langzeit-Lerntests

Die Langzeit-Lerntests (LZL) bestehen - wie oben bereits kurz angedeutet - zumindest aus 3 Phasen. Zunächst wird ein Intelligenztest in ganz konventioneller Art und Weise appliziert und ausgewertet, z.B. der Raven-Test in seiner Erwachsenen- oder Kinderform. Dann folgt eine sog. Pädagogisierungs- oder Trainingsphase, deren Ziel es ist, die Probanden durch Übungsbeispiele, Erläuterung, Demonstration von Lösungsstrategien und auch Vermittlung metakognitiver Hinweise zur besseren Bewältigung der Testanforderungen zu befähigen. Danach folgt der Posttest, der entweder aus im Vergleich zum Prätest identischen Aufgaben, parallelen Items oder Items besteht, die mehr den Transfer des Gelernten auf ähnliche Aufgabenstellungen prüfen. Zum Beispiel wird induktiv schlußfolgerndes Denken (Reasoning) an einem anderen Materialbereich geprüft als es für den Prätest und für das Training benutzt wurde. Man gibt z.B. im Prätest Zahlenfolgen, trainiert diese dann auch und verlangt im Posttest die Lösung von Figurenfolgen. Schließlich kann man im Posttest auch noch prüfen, ob ein noch "etwas weiterer Transfer" stattgefunden hat, indem man Aufgaben vorgibt, die schlußfolgerndes Denken mit kaum noch den trainierten Tests vergleichbaren Anforderungen (z.B. "Inferenzaufgaben" nach der Art des "Organizer -Test" aus dem LPAD, s.o. oder Textaufgaben aus dem Mathematik-Unterricht) verlangen. Letztlich ließe sich im Sinne eines "sehr weiten Transfers" auch untersuchen, ob neben der trainierten Funktion - im Beispiel "induktiv schlußfolgerndes Denken" - auch nicht trainierte Funktionen - z.B. deduktives Denken - eine Verbesserung zeigen. Dann kann man natürlich auch noch die Anzahl der Posttests und die Zeit ihrer Applikation (z.B. kurz nach dem Training, zusätzlich einen Monat danach usw.) variieren. All dies ist in Untersuchungen auch bereits realisiert worden, z.B. bei Campione und Brown (1990) und Hamers und Ruijssenaars (1984). So wurden z.B. in der Campione-Brown-Arbeitsgruppe folgende "Diagnose-Schritte" gegangen: 1. Prätest zur Feststellung des Ausgangsniveaus; 2. Trainingsphase (mediated learning); 3. Posttest 1 und Transfertest; 4. Posttest 2 mit eingebauten Hilfen (hints) in Art eines Kurzzeitlerntests (s.u.) und Transfertest 2. Es ist offensichtlich, daß solch langwierige und komplizierte Untersuchungsprozedur zwar einerseits wünschenswert ist, andererseits aber für die diagnostische Praxis als kaum realisierbar erscheint. Daher folgen die tatsächlich publizierten oder zumindest in einem größerem Umfange in der Forschung angewandten Langzeitlerntests dem einfacheren Prätest-Training-Posttest-Design, das ja schon beträchtliche zeitliche Anforderungen stellt. Wir können in der Folge hier natürlich nur sehr wenige Verfahren als Beispiele vorstellen:

1. *Raven Learning Potential Test (RLPT, vgl. Budoff, 1987, a, b)*: Der Test ist besonders gedacht für Kinder im Alter von 5 - 12 Jahren (auch für geistig behinderte Jugendliche) und soll insbesondere zur Differentialdiagnostik von "mentally retarded children" und "educable mentally retarded children" dienen. An einem ersten Tag wird der konventionelle Raven-Test appliziert. An den beiden folgenden Tagen folgen Trainingssitzungen in der Gruppe. In den Trainingssitzungen (2 x 30 Minuten) werden an Hand von Dias, die ähnliche Aufgabenstellungen zeigen wie im Raven-Test, aber anfänglich sehr viel einfacher und konkreter sind (s. Abb.II.4), Lösungsprinzipien und Lösungsstrategien gemeinsam mit den Kindern in einem "halbstandardisierten Vorgehen" erarbeitet.

Explizit gelehrt werden Gestaltschließung, räumliche Orientierung und Doppelklassifikation. Die Schüler bekommen Arbeitshefte, in denen die auf den Dias gezeigten Muster enthalten sind. Bevor ihnen die richtige Lösung gezeigt wird, müssen sie zunächst selbst die Lücken ausfüllen. Dann erfolgt gemeinsam mit dem Lehrer die Erörterung der Frage, warum die gezeigte Lösung richtig ist. Am dritten Tag wird dann der Raven-Test einfach wiederholt. Schon seit den 60er Jahren wurden auch in der Forschungsgruppe Guthke ganz ähnliche Langzeit-Lerntestvarianten entwickelt (s. hierzu Guthke, 1972). Im Kapitel III.2 werden wir eine von Wieland (vgl. 1978, 1993) entwickelte Variante vorstellen, die sich insbesondere bei der "Sonderschüler-Diagnostik" bewährt hat.

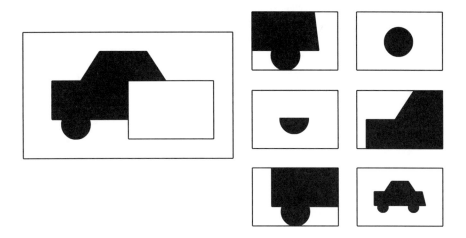

Abbildung II.4: Trainingsitem aus dem Raven Learning Potential Procedure
(Budoff, 1975)

Basierend auf dem bekannten Kohs-Würfeltest (Mosaik-Test in den Wechsler-Skalen) und Bilderfolgen (die nach Inhalt, Größe, Farbe und räumlicher Lage variieren und in denen eine Aufbauregel zu entdecken ist) wurden in der Budoff-Arbeitsgruppe noch der Kohs-Learning-Potential-Test (KLPT) und der Series Learning-Potential-Test (SLPT) konstruiert, die ebenfalls das Prätest-Training-Posttest-Design realisieren.

2. *Der Lerntest "Schlußfolgerndes Denken" (LTS, vgl. Guthke, Jäger & Schmidt, 1983)*: Der LTS ist eines der wenigen in einem Verlag bereits veröffentlichten Verfahren, deswegen soll er hier etwas näher dargestellt werden. Guthke und Mitarbeiterinnen haben die Testbatterie in den 70er Jahren entwickelt und unter Mithilfe vieler Diplomanden erprobt, genormt und validiert. Der Test soll den Kernfaktor der Intelligenz (Reasoning nach Thurstone) erfassen. Obwohl zur Entstehungszeit des Tests das bimodale Intelligenzmodell nach Jäger (1984) noch nicht publiziert war, entspricht doch das Verfahren in seinem Aufbau recht gut diesem Modell (s. Abb. II.5), das u. E. die bisherige faktoranalytische Forschung sehr gut synthetisiert und vielfachen Replikationsstudien (vgl. u.a. Pfister & Jäger, 1992) standgehalten hat.

In der Modalität "Operationen" erscheint auch bei Jäger der Kernfaktor Reasoning mit dem neuen Terminus "Verarbeitungskapazität und logisches Denken", der in den 3 Materialbereichen verbal, numerisch und figural zu untersuchen ist.

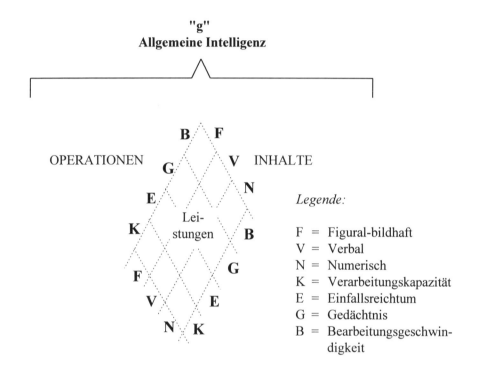

Abbildung II.5: Bimodales Intelligenzmodell (Jäger, 1984)

Die Abbildung II.6 zeigt nun den inhaltlichen und prozeduralen Aufbau des LTS, der durch Zahlen- und Figurenfolgen und Analogien genau den Anforderungen des Jäger-Modells entspricht. Übrigens werden auch in anderen neueren Intelligenz-modellen (z.B. Snow & Lohmann, 1989; s. auch Guttmans Facettentheorie, Guttman & Levi, 1991) immer wieder Reasoning-Aufgaben wie Raven-Matrizen, Figuren- und Zahlenfolgen, Analogien als die "zentralen Intelligenztests "mit der höchsten g-Faktorladung ausgewiesen.

Der LTS ist für "Normalschüler" des 6.-9. Schuljahres (12-15jährige, Prätest-normen existieren auch für die Klassen 10-12, 16-18jährige) konstruiert und normiert. Die Subtests können auch einzeln appliziert werden, da das Verfahren sehr zeitaufwendig ist. In einem Prätest werden zunächst die Aufgaben wie bei einem her-

I. Untertests (3 Tests mit Parallelform)

1. LTS 1 (Zahlenfolgen), 24 Items, 12′ Testzeit

Beispiel: 6 9 12 15 18 21 _?_
Geprüft wird: Erkennen von Relationen und Schlußfolgern im numerischen
Bereich.

2. LTS 2 (Verbale Analogien), 24 Items, 12′ Testzeit

Beispiel: Junge : Mädchen = Vater : ??
a) Kinder b) Mutter c) Eltern d) Sohn e) Großvater
Geprüft wird: Erkennen von Relationen (Analogien) und Schlußfolgern im
verbalbegrifflichen Bereich

3. LTS 3 (Regelkennen - Figurenfolgen), 24 Items, 15′ Testzeit

Beispiel:

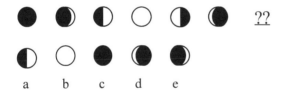

Geprüft wird: Erkennen von Relationen und Schlußfolgern im figural-
anschaulichen Bereich

II. Programme
LTS 1 Programm (denkerzieherisch-heuristisch) -- 2 Unterrichtsstunden
LTS 2 Programm (denkerzieherisch-heuristisch) -- 2 Unterrichtsstunden
LTS 3 Programm (denkerzieherisch-heuristisch) -- 2 Unterrichtsstunden

III. Versuchsdurchführung
Prätest (Parallelform A) Programm⟶ Posttest (Parallelform B)
(7 Tage nach Prätest)

Abbildung II.6: Aufbau der Lerntestbatterie "Schlußfolgerndes Denken" (LTS,
Guthke, Jäger & Schmidt, 1983) - Untertests, Programme und
Versuchsdurchführung

kömmlichen Test appliziert (jeweils 12 Minuten für Analogien und Zahlenfolgen, 15 Minuten für Figurenfolgen). An den nächsten Tagen finden die Trainingssitzungen statt. Bei der Gestaltung der Trainingssitzungen wurde in noch größerem Maße als bei Budoff (s.o.) eine Standardisierung vorgenommen, da ansonsten der Lerngewinn auf unkontrollierbare Weise von der Qualität des Trainers und seines jeweils in der Situation gehandhabten Unterrichtsstils abhängig ist (s. auch die entsprechende Kritik am unstandardisierten Vorgehen in der Feuerstein-Schule durch Glutting & Mc Dermott, 1990). Wir entwickelten daher Programmierte "Lehrbücher", die von den Schülern selbständig im Gruppen- oder Einzeltraining in jeweils 2 Unterrichts-stunden (90 Minuten pro Untertest) durchgearbeitet werden sollen. Der "Trainer" gibt nur eine kurze, auch standardisierte Einführung und steht für Rückfragen zur Verfü-gung. Besonders leistungsstarke Schüler, die mit der Programmabarbeitung früher fertig werden, erhalten noch Zusatzaufgaben zum Üben. Wir sind uns natürlich be-wußt, daß auch dieses Vorgehen keine völlige Vergleichbarkeit der "Lernsituation" gestattet (dies wird wohl auch kaum für praktische Zwecke erreichbar sein), aber die Standardisierung ist doch viel höher als im Feuerstein'schen LPAD und auch höher als bei den Budoff-Tests (s.o.). Beim Aufbau der Programme wurde in Abkehr von den "Dressur-Programmen" der Skinner-Schule mit Miniportionierungen des Lehr-stoffes eine ganzheitlichere Darstellung angestrebt (z.B. auch längere Lehrtexte), bevor die Übungsaufgaben kamen. Es handelt sich um sog. lineare Programme (vgl. Clauß, 1969), die z.T. mit der Konstruktionsantwortmethode (Zahlenfolgen) und z.T. mit multiple choice-Antworten (Analogien- und Regelerkennen) arbeiten. Bei Falschantworten des Probanden nimmt das Programm auf die falschen bzw. eventuell nur teilrichtigen Denkvorgänge Bezug.

Die Lehrprogrammierung wurde ja vor allem in den 70er Jahren für curriculare Lehrstoffe entwickelt (vgl. Clauß, Conrad, Knöchel & Lohse, 1974), hinsichtlich Intelligenztestanforderungen lag Neuland vor. Die späteren Arbeiten der experimen-tellen Kognitionspsychologen zum Lösen von Analogie-, Zahlenfolgen- und Figuren-folgenaufgaben (Sternberg, Pellegrino, Glaser, Hunt, Holtzmann, Klix, van der Meer usw., ref. in Waldmann & Weinert, 1990; s. auch II.6) standen Anfang der 70er Jahre, als die Programme entwickelt wurden, natürlich noch nicht zur Verfügung. Trotzdem werden Leser der Programme (s. als Beispiel auch die Abb. II.7 aus dem Analogienprogramm) feststellen, daß z.B. die später von den Kognitionspsychologen publizierten Schritte bei der Abarbeitung von Analogien (s. z.B. das Prozeßmodell nach Goldman & Pellegrino, 1984) und die von ihnen unter Bezug auf die sog. Fillmore-Grammatik aufgestellten Analogierelationstypen (Klix & van der Meer, 1978) in den Programmen den Adressaten schon sehr explizit nahegebracht werden (z.B. Encodierung, Einzelvergleiche, Mapping, Überprüfung als Lösungsschritte und die verschiedenen Analogietypen wie funktionale Relation, Gegensätze usw.), ohne daß damals der exakte experimentelle Nachweis dieser allerdings u. E. zum großen Teil auch durch eine logische Aufgabenanalyse ableitbaren Schritte der Aufgaben-lösung zur Verfügung stand.

Schnecke : Eidechse = Passagierflugzeug : x
1. Glied   2. Glied   3. Glied   4. Glied
a) Doppeldecker, b) Rakete, c) Adler, d) Ballon, e) Segelflugzeug

Wieder versuchen wir, mit dem 1. und 3. Glied oder mit dem 1. und 2. Glied einen Satz zu bilden.
Das 1. Glied (Schnecke) und das dritte Glied (Passagierflugzeug) wirst Du sicher nicht in einem Satz verwenden, da sie wirklich nicht zueinander passen.
Versuche es bitte mit dem 1. und 2. Glied !

Die Eidechse ist schneller als die Schnecke.

Start

Bilde bitte den analogen Satz mit dem Wort "Passagierflugzeug", also mit dem 3.Glied ! Die Rakete ist schneller als das Passagierflugzeug.
Welches Analogieprinzip gilt hier ? - Geschwindigkeitsvergleich

Ein Beispielschritt aus dem LTS 2 (Analogien-)Lehrprogramm

Abbildung II.7: Beispielitem aus dem Trainingsbuch „Analogienlösen" des LTS
(nach Guthke, Jäger & Schmidt, 1983)

Ansonsten bemühten sich die Autoren in einer allerdings mehr eklektizistischen Vorgehensweise um die Realisierung didaktischer und lernpsychologischer Erkennt-nisse, wobei besonderer Bezug auf die auch auf Piaget zurückgehende Galperin'sche Lerntheorie (Galperin, 1972) gelegt wurde, ohne aus verständlichen Gründen die Etappe der voll entfalteten Handlung realisieren zu können. Weitere Bezugspunkte waren die behavioristischen Lernprinzipien, wie "Aktivitätsprinzip", "Prinzip des fehlerlosen Lernens" und das "Prinzip der unmittelbaren Rückmeldung" (vgl. Ewert, 1992). Dabei erfolgte jedoch keine sklavische Orientierung an der in den 70er Jahren dominierenden Skinner-Technologie zur Gestaltung programmierter Lernmaterialien. Den Probanden wurden durch die Programme vor allem heuristische Lösungsstrategien vermittelt und - in der Sprache der "wissenschaftlichen Moderne" formuliert - metakognitive Hinweise gegeben (vgl. Flavell, 1979). Im Posttest, der wieder wie der Prätest appliziert wurde, erhielten die Probanden Parallelaufgaben zum Prätest (also keine identischen wie z.B. im Budoff'schen RLPT, s.o.). Zuvor waren zwei Parallelformen für jeden Untertest konstruiert worden, die nicht nur nach den statistischen Parametern (Mittelwert und Standardabweichung), sondern auch unter dem Aspekt der Kontentvalidität (vgl. Klauer, 1978) durch gleichwertige Verteilung der Aufgabenprinzipien auf die beiden Parallelformen parallelisiert worden waren.

Für Prä- und Posttests wurden getrennte Normwerte bestimmt, so daß auch im Unterschied zum Budoff'schen Vorgehen bestimmt werden konnte, inwieweit der Lerngewinn eines Probanden zum Posttest hin über oder unter dem durchschnittlich in der Referenzstichprobe erreichten Lerngewinn lag (s. hierzu noch einmal näher II.4).

Auch das LPAD nach Feuerstein (s.o.) kann als Langzeitlerntest appliziert werden und dies auch als Gruppentest. Die jüngst publizierten holländischen Lerntests und generell die mehr curriculumbezogenen Lerntests gehören ebenfalls zur Kategorie der Langzeitlerntests (nähere Schilderung in den Kap. III.1)

3.2 Kurzzeit-Lerntests

Der Anlaß für die Entwicklung der Kurzzeit-Lerntests (KZL) war zunächst ein rein testökonomischer. Langzeitlerntests (LZL) sind zwar oft als Gruppentest durchführbar, aber fordern zumindest 3 Test- bzw. Trainingssitzungen. Da in der diagnostischen Praxis Individualuntersuchungen und nicht Gruppentestungen die Regel sind, stellt insbesondere im ambulanten Beratungswesen die Durchführung von LZL ein Problem dar. Wohl vor allem aus diesen Gründen, dann aber auch wegen der besseren Beobachtbarkeit des Lösungsverhaltens im Einzelversuch wird in verschiedenen Forschungsgruppen in letzter Zeit der KZL favorisiert. Allerdings muß vermutet werden, daß durch KZL infolge der geringeren "Einwirkungszeit" wohl zusätzliche Informationen über die Intelligenz nur im Sinne des Diagnostizierungsbereiches I (s.o.), also als "baseline reserve capacity", nicht aber des Zielbereichs II (developmental reserve capacity sensu Baltes, s.o.) gewonnen werden können.

Die Definition von KZL und LZL und die Unterscheidung zwischen beiden Typen ist nicht ganz unproblematisch und läßt sich strikt auch nicht durchführen. Ein wesentliches Unterscheidungskriterium ist, daß im KZL die "Pädagogisierungs-phase" in den Testprozeß direkt einbezogen, also auf die Trennung zwischen Test- und Trainingsphasen verzichtet wird. Demzufolge gibt es auch nur eine Testsitzung. In dieser Testsitzung sind entweder nur einfache Feedbacks (Richtig-Falsch-Informa-tionen) über die Angemessenheit der Lösungsvorschläge des Probanden eingebaut (KZL vom Typ 1, vgl. Guthke, 1980c), oder es werden allgemeine bzw. spezielle (explizite) Lösungshinweise und auf den Fehler des Probanden abgestufte Denkhilfen (hints oder prompts in der amerikanischen Fachliteratur) appliziert (KZL vom Typ 2).

Die Unterscheidung von Kurz- und Langzeitlerntests ist auch deswegen nicht ganz unproblematisch, weil Mischformen durchaus vorkommen. So stellt z.B. das LPAD eine solche Mischung von KZL und LZL dar. In der Campione-Brown-Gruppe (s.o.) werden die Posttests eines Langzeit-Lerntests ebenso wie z.T. bei Feuerstein als KZL dargeboten. Die meßmethodischen Probleme wachsen damit allerdings in's Uner-meßliche! (vgl. Glutting & Mc Dermott, 1990).

Es muß auch nicht immer der Prätest-Training-Posttest Versuchsplan der LZL auf verschiedene Testsitzungen aufgeteilt werden. So hat z.B. Roether (1983) einen sog. *Vorschul-Lerntest (VLT)* für die Schulanfängeruntersuchung entwickelt, der nur in einer Testsitzung appliziert wird. Es werden dabei jeweils 3 Paralleltest-Darbietun-gen mit eingebauten Rückinformationen und kleinen Lösungshilfen appliziert. Allerdings werden die Lösungen bei den Darbietungen, die erst nach Hilfen erreicht werden, nicht mehr beachtet. Der Lerngewinn soll sich dann bei der selbständigen Lösung der folgenden Aufgaben bzw. Parallelserien (Zweit- bzw. Drittdarbietung) zeigen. Vom Zeitaufwand her und in Anbetracht der Tatsache, daß nur eine Testsit-zung stattfindet, ist der VLT ein KZL, vom Design her dagegen ein LZL (vgl. 3 Darbietungen, im Unterschied zu den KZL werden die Ergebnisse der Probanden nach der Hilfestellung nicht in die Auswertung einbezogen).

Es gibt auch andere Kurzzeit-Lerntests, bei denen die Leistungen in der Trainingsphase in die Testauswertung eingehen. Dazu gehört z.B. der *Situations-Lerntest (SLT)* nach Legler (1983). Er enthält spiel- bzw. curriculumnahe Aufgaben-stellungen (Hausbau, Sportfest, Eisenbahnrangieraufgaben), bei denen die 7-9jährigen Kinder kleine Manipulationen nach Einsicht in die Aufgabenstruktur vornehmen müssen. Prä- und Posttests sind identisch, in der Trainingsphase wird durch Hilfen des Versuchsleiters Einsicht in die Aufgabenstruktur vermittelt. Der Test ist für die Differentialdiagnose zwischen leistungsversagenden Normalschülern ohne Intelligenzbeeinträchtigung und echt Lernbehinderten (Sonderschulbedürftigen) gedacht (s. hierzu auch Kap. III.2).

Einen typischen KZL vom Typ 1 stellt der *Mengenfolgentest (MFT)* nach Guthke (1983) dar, der im Kapitel III.2 kurz beschrieben werden soll. Hierbei müssen die Schulanfänger, deren Lernvoraussetzungen für den Mathematik-Unterricht überprüft werden sollen, eine vom Versuchsleiter gedachte und nur begonnene Folge von Bildern mit kleinen Bären unterschiedlicher Menge (z.B. 6, 5, 4) richtig fortsetzen, indem sie aus einem Auswahlrepertoire von unterschiedlich mächtigen Mengen-bildern (0-10) die richtige Fortsetzungskarte "erraten". Nach jedem "Rateversuch" erhalten sie die Information "Richtig "oder "Falsch" durch Einfügung der Karte in die Folge oder Umdrehen der Karte. Es werden keine weiteren Hilfen gegeben.

Ein ganz ähnliches Aufbauprinzip hat das *Diagnostische Programm Begriffsanaloges Klassifizieren* (s. II.7), das auf den klassischen Begriffsbildungsexperimenten von Ach und Wygotski aufbaut und für die Differentialdiagnostik leistungsschwacher Kinder am Ende des 1. Schuljahres gedacht ist (s. hierzu Kap. III.2). Gerade aus diesen Begriffsbildungsexperimenten und natürlich besonders auch aus der behavioristisch orientierten Lernpsychologie kam in den 60er und 70er Jahren - vgl. auch die Hochkonjunktur des Programmierten Unterrichts und der Lehrmaschinen in dieser Zeit - die Einsicht in die große Rolle schon der einfachen Rückinformation für die Stimulierung von Lernprozessen, die uns auch bei der Interventionsgestaltung in KZL leitete. Carlson und Wiedl entwickelten auf der Grundlage logischer und empirischer Aufgabenanalysen der Raven-Matrizen-Items (Carlson & Wiedl, 1979) ein Inventar elaborierter Rückmeldungen, bei dem den Probanden bei jeder Falschlösung detailliert rückgemeldet wurde, welche Aspekte der Aufgabe richtig und welche falsch gesehen worden waren. Die richtige Lösung wurde jedoch nicht mitgeteilt. Bei Richtiglösungen durch die Probanden wurden ebenfalls die relevanten Aufgabencharakteristika herausgehoben und damit gezielt bekräftigt. Die empirische Überprüfung zeigte, daß diese Rückmeldeprozeduren im Vergleich zu anderen, einfachen Feedbacks (nur richtig/falsch) bei jüngeren oder kognitiv impulsiven Kindern zu vergleichsweise starken Leistungssteigerungen führten. Möglich sind aber auch Aufgabenerleichterungen, indem man z.B. die Lösungshandlung auf einer anderen (tieferen) Ebene ansiedelt. Als Beispiel für einen solchen KZL vom Typ 2 (andere Beispiele s. Guthke, 1980c und in den folgenden Kapiteln) wollen wir jetzt abschließend noch den *Raven-Lerntest (RLT)* nach Frohriep (1978) kurz vorstellen. Das Verfahren wurde entwickelt, um am Ende der Vorschulzeit eine Differentialdiagnostik zwischen "nur" entwicklungsrückständigen Kindern und "echt debilen "Kindern, die im Sinne der Frühförderung einer Sonderschule zuzuführen sind, zu ermöglichen. Basis ist der Coloured Progressive Matrices Test von Raven (vgl. Schmidtke et al., 1978). Zunächst bekommen die Kinder die Aufgaben in herkömmlicher Art und Weise vorgelegt. Können sie die Aufgabe "auf Anhieb" nicht lösen, bekommen sie ein abgestuftes Hilfensystem vorgelegt. Bei der Gestaltung des Hilfensystems ließ

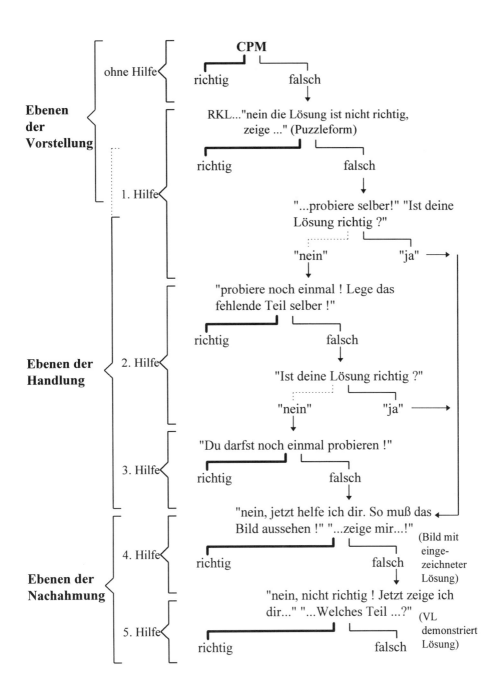

Abbildung II.8: Aufbau des Raven-Kurzzeit-Lerntests (RKL nach Frohriep, 1978)

sich Frohriep von Piaget, Wygotski und vor allem von der auf diesen "Vordenkern" aufbauenden Galperin'schen Lerntheorie (vgl. Galperin, 1972) leiten. Dabei werden aber die zugrundegelegten Handlungsebenen und "Etappen der geistigen Handlung "in umgekehrter Reihenfolge durchschritten. Es wird ein System dosierter und ständig massiver werdender Hilfen verabreicht (s. Abb. II.8).

Die erste Hilfe besteht in der Vorlage der gleichen Aufgabe in Puzzle-Form - also stärkere Veranschaulichung. Es ist erstaunlich, wie viele Kinder schon bei dieser minimalen Hilfe die Aufgabe sofort lösen, nachdem sie zunächst bei der "Papierform" gescheitert waren. Kinder, die die Lösung noch nicht finden, dürfen nun mit den Puzzles probieren (sie also in die Hand nehmen und in das ausgesparte Feld hineinlegen). Dann werden die Probanden bei "Falschlösung" befragt, ob denn das nun die richtige Lösung ist. Kinder, die selbst einsehen, daß dies noch nicht die richtige Lösung ist, dürfen weiter probieren. Bei "Nichteinsicht in den Fehler" folgt gleich die massive 4. Hilfe, bei der den Kindern eine Zeichnung mit richtig ausgefüllter Lücke gezeigt wird. Wenn sie auch jetzt noch versagen, demonstriert ihnen der VL mit den Puzzles selbst die Lösung. Dann müssen die Kinder die Augen kurz schließen, der VL tauscht die Plätze der zur Verfügung stehenden Puzzle-Ersatzstücke (Alternativen), damit das Kind nicht einfach "mechanisch "das vom VL gewählte Stück vom Platz nehmen kann. Nun wird das Kind zum letzten Mal aufgefordert, die Lösung zu probieren. Der VL registriert, wieviel Hilfen das Kind beim Durchlauf des Tests insgesamt gebraucht hat und auf welchen Lösungsebenen Hilfen erteilt werden mußten. Ein ähnliches Verfahren haben auch Wiedl und Carlson (1985) vorgestellt. Anders als das Verfahren Frohrieps enthält es u.a. die Ebene der verbalen Mediation sowie ein systematisches, elaboriertes Feedback (s.o.). Es wurde von Wiedl, Schöttke und Gediga (1987) für die Untersuchung geriatrischer Psychiatriepatienten genutzt (vgl. auch Kap. IV.1).

4   Das Problem der adäquaten Lerntestparameter

Zunächst einige Bemerkungen zur Problematik bei den Langzeitlerntests:

Von der Idee des Lerntests her erscheint es zunächst ganz logisch und selbstverständlich, daß man Lernfähigkeit operationalisiert als "Leistungsverbesserung in einem Test nach zwischengeschalteter Übungs- bzw. Belehrungsphase" (vgl. Guthke, 1969, S. 37). Auch Wygotski bestimmte seine "Zone der nächsten Entwicklung" als Differenzwert zwischen dem Intelligenzalter, das bei der üblichen Testung mit dem Binet-Test gemessen wird ("Zone der aktuellen Entwicklung") und dem durch Hilfengebung während des Testprozesses erreichbaren Intelligenzalter (s. Beispiel in Kap. I, S. 32). Budoff et al. (1971) folgte mehr oder minder dieser Empfehlung, wenn er die untersuchten Kinder in sog. "Gainers", "Nongainers" und "High Scorers" einteilte. Gainers zeigten bei relativ schlechten Ausgangsleistungen nach dem Training im Posttest erhebliche Verbesserungen (so daß sie "Normalwerte "im Posttest erzielten), Nongainers dagegen keine oder nur sehr geringe Lerngewinne, während High Scorers schon im Prätest (und dann auch im Posttest) sehr hoch scorten. Während dieses Verfahren bei bestimmten Sondergruppen und v.a. im klinischen Bereich durchaus angemessen sein kann (vgl. auch Kap. IV.1 sowie V), schien diese Unterteilung für unsere Zwecke sehr grob und nicht genügend auf das Ausgangsniveau und den erreichten mittleren Lerngewinn der Kinder bezogen. Zunächst ist das Problem des Ausgangswertes zu beachten, das in vielen Bereichen der Wissenschaft (vgl. Medizin und Physiologie, Wilder'sches Gesetz, Zuwachsraten in der Ökonomie) und auch in der Psychologie (bes. Psychophysiologie, s. schon Fahrenberg & Myrtek, 1967) eine große Rolle spielt. So wurde in Arbeiten zur DTD häufig beobachtet, daß im Prätest besonders Leistungsschwache größere absolute Lerngewinne erzielten als mittlere oder sogar sehr Leistungsfähige (vgl. schon Guthke, 1972). Dies muß aber sehr problematisiert werden, da bei einem begrenzten (finiten) Test sehr Leistungsfähige schnell an die Testdecke stoßen (ceiling effect) und außerdem stets zu beachten ist, daß bei den üblichen Tests mit stetig steigender Aufgabenschwierigkeit am Ende des Verfahrens (z.B. beim Raven) auch schwierigere Aufgaben zu lösen sind als am Beginn des Verfahrens. Wer also statt 58 Items 60 Items im Posttest des Raven löst, löst zwar ebenfalls nur 2 Aufgaben mehr als derjenige, der statt 8 nun 10 Aufgaben löst, aber er löst zwei bedeutend schwierigere Items. Auch die Forscher in der differentiellen Lernpsychologie (vgl. Flammer, 1974), besonders aber im Bereich des Programmierten Unterrichts hatten ähnliche Erfahrungen gesammelt und daher sog. *Lerngewinnformeln* vorgeschlagen, die diese Ausgangsniveauabhängigkeit berücksichtigen sollten. Bekannt geworden ist besonders die Formel von Mc Guigan (1965, ref. in Guthke, 1972), die garantiert, daß derjenige, der im Posttest den Maximalwert erreicht auf jeden Fall auch die "maximale Lernfähigkeit" zugeschrieben bekommt, unabhängig von seinem Ausgangsniveau.

$$G = \frac{X_{Post} - X_{Prä}}{X_{Max} - X_{Prä}} \quad (X_{Max} = \text{maximal erreichbarer Punktwert im Test})$$

Diese und andere Lerngewinnformeln sind nicht weiter mathematisch begründet und auch mit vielerlei Problemen verbunden (s. Lindner, 1967, ref. in Guthke, 1972). Wir haben daher nicht nur diese Formel und ihre Varianten ausprobiert, sondern vor allem die regressionsanalytisch begründete Formel zur Bestimmung sog. *Residual-*

gewinne (vgl. Klauer, 1969). Hierbei wird auf Grund der Regressionsanalyse zum jeweiligen Prätestwert ein Posttestwert bestimmt, der auf Grund eines bestimmten Prätestwertes zu erwarten ist (z.B. bei Werten im Prätest unter dem Mittelwert der Stichprobe liegt dieser erwartete Posttestwert dann über dem Prätestwert). Die Differenz zwischen dem tatsächlich erhaltenen Posttestwert und dem theoretisch erwarteten Posttestwert bezeichnet dann den Residualgewinn. Der Residualgewinn läßt also auch bei den Leistungsstärkeren eine "gerechtere Einschätzung" ihrer Lernfähigkeit erwarten. Leider mußten wir aber nun feststellen, daß diese wie auch immer berechneten Lerngewinn- bzw. *Differenzwerte* entgegen unseren Erwartungen mit Außenkriterien wie Lehrerurteile und Zensuren schlechter korrelierten als die Posttests und selbst die Prätests (s. II.5). Dies muß nun nicht unbedingt gegen die Lerngewinne als Lerntestparameter sprechen, da gegen die "statischen Außenkriterien" natürlich auch begründete Einwände (s. II.5) erhoben werden können (vgl. Wiedl & Herrig, 1978b), aber natürlich ist zunächst auch an die bekannten meßmethodischen Schwächen von Differenzwerten zu denken. Differenzwerte sind in der Regel nicht so zuverlässig wie die beiden Grundwerte (Prä- und Posttest), da die Meßfehler beider Grundmessungen sozusagen in den Differenzwert eingehen. Außerdem sind Differenzwerte im Unterschied zu den Grundwerten in der Regel nicht normal verteilt, so daß deren Verwendung in Maßkorrelationen (z.B. bei der Gültigkeitsbestimmung) von vornherein problematisch ist. Wir und auch andere Forschergruppen wurden also schon von Beginn an mit den Problemen konfrontiert, die in der klassischen Testtheorie, die eigentlich nicht für Veränderungsmessungen konzipiert ist, unter dem Begriff "Probleme der Veränderungsmessung" seit Erscheinen des Sammelwerkes von Harris (1963; s. dann später auch Petermann, 1978) diskutiert, aber noch nicht zu einer endgültigen Lösung gebracht wurden. Besonders in jüngster Zeit (Embretson, 1991; s. aber auch schon Hofmann 1982; dann Rost & Spada, 1978) wird die sog. moderne oder probabilistische Testtheorie für Veränderungsmessungen favorisiert, da sie angeblich die Differenzmessung auf ein höheres meßmethodisches Niveau stellt. Auch mit Langzeit-Lerntestresultaten wurden bereits erste Versuche zur Berechnung von Differenzwerten auf der Grundlage der probabilistischen Testtheorie und auch auf Grund anderer Meßmodelle für Veränderungsmessungen (vgl. das Utran-Modell von Caruso, 1983 und das Modell von Lander, 1990) gemacht (Gebser, 1980; Embretson, 1991; Sijtsma, 1993). Dabei wurden zwar in der Regel etwas bessere Gültigkeitswerte für die Differenzwerte erreicht als in der klassischen Testtheorie für absolute oder "relativierte" Lerngewinne, aber stets erreichten die Posttests doch die besten Gültigkeitskorrelationen. Dies veranlaßte Guthke und Mitarbeiter dazu, die Posttestwerte als die zuverlässigsten und gültigsten Parameter des Lerntests zu betrachten und auszuwerten. So wurden im LTS (Guthke et al., 1983) der Prätest und der Posttest getrennt normiert, so daß z.B. bei einem durchschnittlichen Lerngewinn (bezogen auf die jeweilige Referenzstichprobe) Prä- und Postnormwerte gleich bleiben. Der absolute Lerngewinn ist daher nur aus den Rohwerten, nicht mehr aus den Standardwerten erkennbar. Natürlich liegt nun der Einwand nahe, daß jetzt nicht mehr exakt zwischen Status und Lernfähigkeit getrennt werden kann, da im Posttest eine Konfundierung von Status und Zugewinn stattfindet. Orientieren wir uns mehr auf den Diagnostizierungszielbereich I (s.o.), dann dürfte dieser Einwand weniger schwer wiegen, als wenn wir etwa im Sinne von Feuerstein eine neue Eigenschaft "Modifiability" oder "Lernfähigkeit", die weitgehend unabhängig vom Status ist, erfassen wollen (Feuerstein thematisiert übrigens diese meßmethodischen Probleme im Unterschied etwa zu seiner Schülerin Lidz - 1991 - nahezu überhaupt nicht, da er keine psychometrische Auswertung anstrebt!). Die Lerntestmethodiker sollten u.E. daher - auch in Anbetracht der Tatsache, daß bei Validierungsbemühungen bisher nur relativ ungeeignete Außenkriterien benutzt wurden - die Suche nach inhaltlich und meßmethodisch besser fundierten Veränderungs- und Prozeßparametern nicht aufgeben (s. hierzu auch Kap. V). In der zeitgenössischen Literatur zur Veränderungsmessung wird jetzt in Abhebung von früheren statistischen Vorgehensweisen und von einfachen Prä-Posttest-Vergleichen gefordert, daß man zunächst auf individueller Basis und unter Zuhilfenahme möglichst vieler Meßgelegenheiten eine Wachstums- bzw. Lernkurve bestimmt, die man erst anschließend z.B. mittels Clusteranalysen zu Gruppen von Personen ("Veränderungstypen") aggregiert. Nur auf diese Weise könne man zuverlässig systematische Differenzen in der interindividuellen Varianz der intraindividuellen Varianz feststellen (vgl. Asendorpf & Valsinger, 1992; Hofman, Jacobs & Baratta, 1993; Rogosa & Willett, 1985). Für Lang- und Kurzzeit- lerntests lassen sich diese Empfehlungen aber schwer umsetzen, da sie nicht so viele Meßgelegenheiten enthalten. Wir werden aber in der Zukunft untersuchen, ob man nicht diese Methodik anwenden könnte, indem man die einzelnen Testitems als Meßgelegenheiten betrachtet. Auf der Seite der Außenkriterien benötigt man dann allerdings auch viele Messungen zu unterschiedlichen Zeitpunkten, idealerweise z.B. im Sinne von Lernfortschrittsmessungen.

    Klauer (1993) fordert, daß man sog. "treatment-effects" von einfachen "retest- effects" trennen müsse. Daher müsse man quasi in Kontrollgruppen ohne Training den Retest-Effekt feststellen, den man dann vom Gesamtlerngewinn abziehen muß, um den "pure treatment-effect" festzustellen. Dieser Vorschlag ist natürlich vernünf- tig, aber schwer realisierbar, da der an sich schon viel größere Testkonstruktionsauf- wand für Lerntests noch viel größer würde. Wir haben zwar auch regelmäßig Kon- trollgruppen benutzt (vgl. z.B. Guthke, 1972; Wiedl et al., 1987), um überhaupt fest- stellen zu können, ob durch das Training in der Gesamtgruppe mehr gelernt wird als durch einfache Retestung. Aber die Realisierung des Klauer'schen Vorschlages fordert ja eine "nationwide representative sample of subjects to be tested and retested so that norms of gains due to retesting can be established" (S. 151).

Geht man andererseits davon aus, daß auch Retest-Effekte nicht nur von uns als Indikatoren der Lernfähigkeit (s. II.2) angesehen werden und daß auch diese diagnostisch relevant sind (s. schon Kern, 1930 und Schmidt, 1969), dann könnte man vielleicht auf diese Retest-Normierung aus Zeit- und Kostengründen verzichten und dafür sogar gewichtige inhaltliche Begründungen anführen. Zweifellos wäre es aber methodisch sauberer und befriedigender, wenn man den erzielten "Gesamt-Lerngewinn" in einen reinen Testübungsgewinn und einen Treatment-Effekt als jeweils unterschiedliche Indikatoren der "Lernfähigkeit" aufspalten könnte. Dies wäre auch deswegen interessant, weil immer wieder von den Lerntestforschern festgestellt wurde (vgl. Guthke, 1972; Rohwer, 1971, ref. in Lidz, 1991), daß nur die intelligenteren Probanden von reiner Testübung ("practice") profitieren, während die Schwächeren das explizite Training zwischen Prä- und Posttest benötigen (s.o. und Kap. I).

Lerntestparameter bei den Kurzzeit-Lerntests:

Hierbei ist die Auswertungsproblematik nur anscheinend leichter, da lediglich eine Testsitzung stattfindet. In den meisten Forschungsgruppen (s. Campione & Brown 1987; Guthke, 1972; Iwanova, 1973) wird die Anzahl der benötigten Hilfen bis zur Richtiglösung als "Lernfähigkeitskriterium" auch im Sinne der "Empfänglichkeit für Hilfen" in der russischen (s. Iwanowa, 1976; Mentschinskaja, 1974; Wlassova & Pewsner 1971) oder als "responsiveness to prompts" in der amerikanischen und israelischen Spezialliteratur betrachtet. Natürlich wäre es noch wünschenswert, wenn auch stets beachtet würde, auf welchem *Hilfenniveau* denn nun meist die Lösung erfolgte (z.B. im Hinblick auf den Raven-Kurzzeit-Lerntests, Frohriep, 1978; vgl. auch Wiedl & Schöttke, 1987). Es ist auch die Frage zu diskutieren, ob man nicht die Inanspruchnahme der Hilfen nach ihrer jeweiligen "Massivität" unterschiedlich gewichten müßte. Schaut man sich allerdings die Erfahrungen in der klassischen Testtheorie mit Wichtungen für unterschiedlich schwierige Items an (s. hierzu Lienert, 1969), dann ist von solchen Wichtungen nicht allzuviel an zusätzlicher diagnostischer Aussagekraft zu erwarten, da bereits durch die Abfolge der Hilfen von leichteren zu massiveren eine implizite Gewichtung vorgenommen wird.

Man könnte auch das letzte Drittel eines KZL als Posttest betrachten und die ersten beiden Drittel als Prätest. Bisher sind uns aber solche Versuche noch nicht bekannt geworden. Daß jeweils die letzten Aufgaben in einem KZL und noch mehr in einem Diagnostischen Programm (s. II.7) ein aussagekräftiger Posttest sein könnten, ergibt sich aus der mehrfach registrierten Tatsache, daß sie meist die höchsten

Trennschärfen haben (s. II.8). Andererseits ist zu bedenken, daß dann nur wenige Aufgaben zur Verfügung stehen und damit die Reliabilität des Tests gefährdet ist.

Resing (1993) bestimmt bei seinem Lerntest die Anzahl der Hilfen und der Aufgaben, bei denen Hilfen gegeben werden mußten, bis zur Erreichung eines vorher festgelegten Lernkriteriums (z.B. vier Aufgaben werden ohne jegliche Hilfe gelöst).

Wiedl untersuchte auch die Frage, ob nicht die Latenzzeit bis zum Auftreten des ersten Fehlers in einem KZL (sog. *Fehlerlatenz*) ein wichtiger zusätzlicher diagnostischer Parameter sein könnte. Es zeigte sich, daß v.a. bei leichteren oder mittelschweren Testaufgaben dieses Maß Veränderungen anzeigt, die bei Verwendung der Richtig-Falsch-Bewertung der Performanz nicht sichtbar werden (Wiedl, 1978). Offenbar bildet dieses Maß auch Veränderungen des Arbeitsprozesses ab, wie sie über spezifische dynamische Testprozeduren initiiert werden. So zeigte sich, daß kognitiv impulsive Kinder sich unter Bedingungen der Problemverbalisation bzw. der elaborierten Rückmeldung (s.o.) in ihrer Fehlerlatenz völlig an die Latenzwerte der kognitiv reflexiven Kinder angleichen. Bei Kombination dieser beiden Prozeduren im Sinne eines interaktiven Vorgehens sinken die Fehlerlatenzwerte der impulsiven Kinder dagegen wieder ab. Offenbar nimmt die so gestaltete Untersuchungssituation ein Komplexitätsniveau an, das die Fehlerlatenz dieser Kinder ungünstig beeinflußt (Wiedl, 1980).

Es gibt neuerdings auch Versuche, die probabilistische Testtheorie so auf KZL anzuwenden, daß ein *Statuswert* von einem *Lernfähigkeitswert* meßmethodisch unterschieden werden kann (vgl. Klauer, Kauf & Sydow, 1994). Diese Versuche und auch Möglichkeiten eines stärker cluster- und prozeßanalytisch orientierten Vorgehens bei der Auswertung von KZL sollen an anderer Stelle in diesem Kapitel (s. II.8) und vor allem auch im Kapitel V, das sich speziell meßmethodischen Fragen zuwendet, näher beschrieben werden. An dieser Stelle im Buch war aber schon eine Kurzinformation über die Auswertungsproblematik vonnöten, da ansonsten die folgenden Abschnitte schwer verständlich wären.

5 Hauptergebnisse der bisherigen Forschungen mit Lerntests - insbesondere unter dem Validitätsaspekt

Es ist hier natürlich nicht der Platz, die Vielzahl der z.T. widersprüchlichen empirischen Untersuchungsergebnisse mit Lerntests auch nur annähernd vollständig wiederzugeben. Wir werden uns daher auf einige immer wieder bestätigte Kernaussagen beschränken und diese nur an manchen Stellen mit der Darstellung einzelner Untersuchungsergebnisse untermauern. Ansonsten müssen wir auf die Spezialliteratur verweisen. Hier wären zunächst die Monografien und Forschungsberichte aus den 70er

Jahren zu nennen (Budoff, 1975; Feuerstein, 1979; Guthke 1972, 1977, 1980c; Kalmykowa, 1975; Klein, 1970), dann die Arbeiten vor allem aus Holland zu Beginn der 80er Jahre (Hamers & Ruijssenaars, 1984) sowie schließlich aus den 90er Jahren die Sammelbände aus den USA (Carlson, 1992; Lidz, 1987, 1991; Haywood & Tzuriel, 1992) und Holland (Hamers, Sijtsma & Ruijssenaars, 1993). Hinzu kommen Übersichtsreferate, die den zum jeweiligen Zeitpunkt erreichten Stand - besonders in Europa - dokumentierten und z.T. auch kritisch einschätzen (s. Carlson & Wiedl, 1980; Flammer & Schmid, 1982; Guthke 1976, 1978, 1982, 1989, 1992; Kormann, 1979; Wiedl, 1984). In der Folge wollen wir thesenartig die Hauptergebnisse zusammenfassen.

5.1   Lerngewinn

Sowohl in der Lerntestforschung psychometrischer Provenienz als auch in der Feuerstein-Schule und in anderen Forschungsgruppen wurde in vielen Untersuchungen nachgewiesen, daß auch in relativ kurzer Trainingszeit ein *signifikanter Lerngewinn* erzielt werden kann, der deutlich über den reinen Testwiederholungsgewinn hinausgeht. Als Beispiel zeigen wir in Abb. II.9 die Prä- und Posttestwerte in Versuchsgruppen (hier wurde also das gesamte Lerntest-Design realisiert) und in Kontrollgruppen (nur Testwiederholung) beim LTS 1 (Zahlenfolgenuntertest, vgl. Guthke, Jäger & Schmidt, 1983, s.o.).

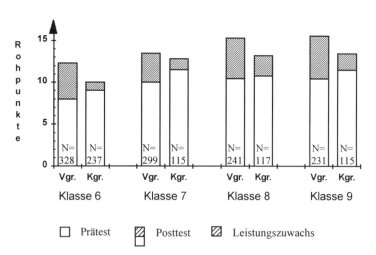

Abbildung II.9: Mittelwerte (Rohpunkte) im Prä- und Posttest des Zahlenfolgen-
                untertests des LTS (Vgr) im Vergleich zur einfachen Retestung
                (Kgr) (Guthke, Jäger & Schmidt, 1983)

Es wird ersichtlich, daß nach nur 90 Minuten Training im Posttest der 6. Klassen ein mittlerer Testwert erzielt wird, der sogar etwas höher liegt als der im Prätest der 9. Klasse erzielte Wert. Daß Intelligenztests trainierbar sind, war schon seit Kern (1930) und Selz (1935) bekannt (s. auch in die in Kap. I geschilderte Coaching-Forschung), weniger bekannt war aber, daß sie in so kurzer Zeit trainiert werden können. Nähere qualitative Analysen (s. z.B. in Guthke et al., 1983) zeigten, daß bei Training z.B. im Zahlenfolgentest jene Aufgaben im Posttest leichter wurden, bei denen komplexere Rechenregeln anzuwenden waren (dies galt nicht in diesem Maße für die reine Testwiederholung!), nicht aber Aufgaben, bei denen die im Training vermittelten Regeln auf "schwierigeres Zahlenmaterial" (z.B. Brüche, große Zahlen) anzuwenden sind. Hier spielen offenbar Wissens- und Fertigkeitskomponenten eine den Trainingserfolg reduzierende Rolle (s.u.). Auch wird nach den Untersuchungsergebnissen in der Leipziger Forschungsgruppe in den Langzeit-Lerntests durch die Trainingsphase offenbar nicht die Reaktionsgeschwindigkeit bei der Lösung der Testaufgaben, sondern die Genauigkeit erhöht. Zumindest gilt dies für den Lerntest "Schlußfolgerndes Denken" (LTS), der oben kurz geschildert wurde. In Kurzzeitlerntests nehmen sich offenbar besonders bei den schwierigen Items am Schluß des Tests gerade die Leistungsstarken mehr Zeit, bevor sie antworten, so daß eine negative Korrelation zwischen Gesamtleistung im Test und Reaktionszeiten bei den schwierigsten Items registriert wird. Bei den leichten Items gibt es dagegen eine positive Korrelation (s. Brendel, 1992; Hochmann, 1991; siehe auch schon Wiedl & Bethge, 1983b).

5.2   Unterschiedliche Trainierbarkeit von Testaufgaben

Besonders gut lassen sich die Tests der sog. erfahrungsunabhängigen und angeblich stärker genetisch bedingten *fluiden Intelligenz* (wie Raven-Matrizen, Zahlen- und Figurenfolgen, Analogien) trainieren (vgl. auch Kap. I), während die stärker auf die kristallisierte Intelligenz und das sog. deklarative Wissen basierenden Tests (Klauer, 1992) weniger "trainingsanfällig" sind. Dies mag auch der Grund sein, daß von den Lerntestkonstrukteuren Aufgaben zur fluiden Intelligenz bevorzugt werden. Fehlendes Wissen läßt sich offenbar in kurzer Zeit weniger gut vermitteln (natürlich dürfen im Posttest nicht identische Wissensanforderungen gestellt werden!) als heuristische Strategien und Taktiken zur Lösung von Denkaufgaben. Die Vorliebe für Aufgaben der fluiden Intelligenz läßt sich aber auch zurückführen auf den Wunsch der Lerntestkonstrukteure, gerade für sozial unterprivilegierte Kinder eine fairere Diagnostik durch relativ bildungsunabhängige und nicht direkt mit dem Curriculum und der verbalen Förderung im Elternhaus verbundene Testanforderungen zu gewährleisten.

5.3   Unterschiedliche Trainierbarkeit von Probanden

Nicht nur Tests sprechen unterschiedlich auf Training an, sondern auch die *Proban-den* lassen sich unterschiedlich trainieren. Das früher oft berichtete Resultat (s.o.), daß insbesondere Leistungsschwache von einem Training profitieren, ist allerdings z.T. auf die Nichtbeachtung "technisch-statistischer Probleme" (also auf statistische Artefacte) zurückführbar. Hier ist zunächst noch einmal auf das Problem der adäqua-ten Berücksichtigung des Ausgangsniveaus aufmerksam zu machen. Daß Status und Lerngewinn häufig negativ miteinander korrelieren, hängt mit dem Regressionseffekt zusammen bzw. damit, daß der Meßfehler im Prätest zweimal in die Korrelation Status/Gewinn eingeht (s. Bereiter, in Harris, 1963). Bei Anwendung einer angemes-senen Versuchsanordnung (Paralleltests in Prä- und Posttests) und der Korrekturfor-mel von Lord (1967; ref. in Klauer, 1992) fand Klauer (1992) in 3 von 4 unabhängi-gen Untersuchungen heraus, daß die zunächst negativen Korrelationen sich in posi-tive Korrelationen verwandelten, so daß er von einem "Matthäus-Effekt" ("Wer hat, dem wird gegeben") spricht. Andererseits ist es, wie bereits weiter oben erwähnt, ein typisches Resultat der Lerntestforschung, daß oft gerade Kinder aus ungünstigem Milieu nach dem Training besonders große Lernfortschritte machen (vgl. Budoff, 1975; Tzuriel, 1989). Tzuriel und Klein (1985) wandten z.B. bei Vorschulkindern einen Analogien-LZL an und stellten fest, daß die Kinder mit niedrigem sozial-öko-nomischen Niveau der Elternhäuser den höchsten Lerngewinn zeigten, gefolgt von den normal geförderten Kindern. Erwartungsgemäß zeigten die geistig behinderten Kinder aus Spezialeinrichtungen den geringsten Lerngewinn.

5.4   Reliabilität

Die *Reliabilität* von Lerntests, bei denen man ja davon ausgeht, daß zwischen Prä-und Posttest Rangplatzverschiebungen in einer Gruppe stattfinden, ist natürlich nicht durch die Retest-Methode feststellbar (vgl. Lienert, 1969). Sinnvoll ist daher nur die getrennte Reliabilitätsbestimmung der eingesetzten Parallelformen, wobei man alle Reliabilitätsschätzungen in "klassischer Art und Weise" durchführen kann, um zunächst einmal festzustellen, ob die eingesetzten Testitems die Anforderungen der Psychometrie an einen zuverlässigen Test erfüllen (wie z.B. von Guthke et al., 1983 bei der LTS-Konstruktion, s.o., realisiert). Hierbei kann man natürlich auch die Retestmethode anwenden, wobei man also auf die Trainingsphase verzichtet. Außer-dem lassen sich Testhalbierungsmethode und Cronbachs Alpha auch nach dem Trai-ning anwenden. Wir stellten dabei kaum Reliabilitätsdifferenzen zwischen Prä- und Posttests fest (vgl. Tab. 5 im Anhang 1 des LTS, s.o.), während andere Autoren z.T.

etwas größere Reliabilitätsschätzwerte bei den Posttests registrierten. So berichten z.B. Tzuriel und Klein (1986, ref. in Haywood & Tzuriel, 1992), daß in ihrem Vorschullerntest "Analogien" (s.o.) im Prätest Cronbachs Alpha .72 und im Posttest dann .90 betragen habe. Bei solch großen Differenzen der Reliabilität fragt man sich natürlich, ob eventuell feststellbare Gültigkeitssteigerungen nicht primär durch die Zuverlässigkeitsverbesserung erzielt wurden (vgl. Klauer, 1993). In den meisten Untersuchungen werden allerdings nicht so "dramatische" Zuverlässigkeitsverbesserungen zum Posttest hin registriert (z.b. bei Resing, 1993, von .84 zu .95 Cronbachs Alpha bei einem Analogien-Lerntest für jüngere Schulkinder 7,6- 8,0 Jahre, s. auch ähnliche geringfügige Differenzen zugunsten des Posttests bei Tissing, Hamers & Luit, 1993, S. 253).

Im Kurzzeit-Lerntest und besonders bei den sog. Diagnostischen Programmen ist das Reliabilitätsproblem noch schwieriger zu lösen, da hier eigentlich auch Testhalbierung, Konsistenzanalyse und Cronbachs Alpha nicht recht angemessen sind. Es ist das Ziel der KZL, daß während der Testabarbeitung Lernprozesse evoziert werden, die die Homogenität des Verfahrens und damit alle darauf aufbauenden Reliabilitätsabschätzungen möglicherweise "negativ" beeinflussen.

5.5 Prätest-Posttest-Korrelationen

Aus den Prätests lassen sich die Posttestwerte nicht mit genügend hoher Wahrscheinlichkeit voraussagen. Dieses Ergebnis ist substantiell für die "Lerntestidee", da ansonsten ja die ganze Prozedur überflüssig wäre. In der Regel gibt es zwischen Prä- und Posttests nur mäßig positive Korrelationen, die einerseits zeigen, daß Intelligenzstatus und Intelligenzpotenz (intellektuelle Lernfähigkeit) natürlich nicht völlig voneinander unabhängig sind (vgl. theoretisch hierzu auch Sternberg & Detterman, 1986; s. auch II.1) anderseits aber auch belegen, daß der Posttest dem Prätest tatsächlich eine *neue diagnostische Information* hinzufügt. Durch Berechnung von Partialkorrelationen (mit denen man quasi den Einfluß des Prätests auf die Korrelation Posttest-Außenkriterium "ausschaltet") wird dies bei der Gültigkeitsbestimmung (s.u.) von vielen Lerntestkonstrukteuren (s. z.B. Jäger, 1972; Stein, 1993) belegt. Jäger (1972) verglich auch die intraindividuellen Leistungsveränderungen, die sie in ihrer Versuchsgruppe (N= 141) mit dem LTS 1 (Zahlenfolgen) erhielt, mit den intraindividuellen Leistungsveränderungen in einer Kontrollgruppe (N= 90), in der lediglich der gleiche Test wiederholt wurde. Dabei stellte sie unter Berücksichtigung eines Grenzwertes (9- T- Werteinheiten = Vertrauensintervall bei Irrtumsrisiko 5 %) in der Kontrollgruppe nur bei 5 % der Probanden signifikante Leistungsveränderungen vom Prä- zum Posttest fest, in der Versuchsgruppe mit dem Lerntest-Design dagegen bei

20 % der Probanden (bei einer Prätest-Posttestkorrelation von r = .70). Wählte sie einen noch schärferen Grenzwert (12 T-Werte für 1 % Irrtumswahrscheinlichkeit), dann wurde der Unterschied zwischen Vgr und Kgr noch größer (10 % Abweichungen in der Vgr gegenüber 0 % der der Kgr.). "Intraindividuelle Leistungsveränderung" bedeutet hier nicht einfach Testleistungsverbesserung oder -verschlechterung, sondern infolge der getrennten Normierung von Prä- und Posttest beim LTS (s.o.) eine Änderung des Rangplatzes innerhalb einer Bezugsgruppe. Auch in Untersuchungen aus anderen Forschungsgruppen (z.B. Büchel, Ribaupierre & Scharnhorst, 1990 bei Schülern und Diemand et al., 1991 bei Ingenieurstudenten mit dem Raven-Test, s. auch Haywood & Tzuriel, 1992) registrierte man erhebliche Rangplatzverschiebungen zwischen Prä- und Posttests, sichtbar hier auch an sehr niedrigen Prä-Posttestkorrelationen. Blumberg (1980) konnte durch Anwendung der kanonischen Korrelationsanlyse beim Vergleich der Inter-Bereichsladungen feststellen, daß sich die Prätestwerte schlechter zur Vorhersage der Posttests eignen als umgekehrt. Es gibt allerdings gelegentlich auch Gegenbefunde (Glutting & Mc Dermott, 1990), die eine relativ hohe Prädiktionsgüte von Prä- auf Posttests nach einem Training nach-weisen. Diese widersprüchliche Befundlage wird wahrscheinlich durch die unterschiedlichen Testanforderungen und deren Eignung für "Lerntestmodifikationen" und durch unterschiedliche Stichproben bedingt (vgl. Klauer, 1992).

5.6   Gültigkeit

Die *Gültigkeit* der Lerntestpendants im Vergleich zu den herkömmlichen Intelligenztests wurde zunächst vorwiegend an den Außenkriterien "Schulleistung" und "Intelligenzschätzurteil "der Lehrer geprüft. Dies resultiert zum einen daraus, daß man keine anderen "besseren Kriterien" für Lernfähigkeit fand, zum anderen aber auch daraus, daß man die Gültigkeit von Lerntests und Statustests nur dann vergleichend gegenüberstellen kann, wenn man die gleichen, wenn auch fragwürdigen Validitätskriterien benutzt. Intelligenztests werden aber bisher vornehmlich trotz aller Kritik und Problematisierung (s. z.B. Jäger, 1986) an Lehrereinschätzungen der Intelligenz und an Schulzensuren (zu deren Problematik s. Ingenkamp, 1977 und Klauer, 1989a) validiert. Als Beispieluntersuchung sind in Tabelle II.1 die Validitätskoeffizienten für den LTS (wobei der Prätest jeweils als das konventionelle Intelligenzstatustestpendant zu verstehen ist) aufgeführt.

Die Prätest-Posttestdifferenzen der Korrelationskoeffizienten können als typisch angesehen werden (vgl. ganz ähnliche Befunde in Hamers, Sijtsma & Ruijssenaars, 1993; Haywood & Tzuriel, 1992; Lidz, 1987, 1991). Sie sind nicht allzu groß (oft noch nicht einmal signifikant), aber doch bei den meisten Außenkriterien in gleiche

Tabelle II.1: Kriterienbezogene Validitätskoeffizienten für den LTS
(Guthke, Jäger & Schmidt, 1983) in der Klassenstufe 6

	LTS 1 (Zahlenfolgen)							
	Kriterien							
	Math.-Test		Math.-Zensur Übereinst. Validität	Prognost. Validität		Lehrer-urteil 1	Lehrer-urteil 2	
	r	n	r	r	n	CC_{korr}	CC_{korr}	n
Prätest	0,51	222	0,59	0,55	294	0,61	0,51	275
Posttest	0,59	222	0,68	0,65	294	0,68	0,64	275

Lehrerurteil 1 = Problemerkennen
Lehrerurteil 2 = Zahlenrechnen (rechn. Gewandtheit)

	LTS 2 (Analogien)							
	Kriterien Schulleist.-zahl R(Übereinst.) (Validität)	R (n.2 Jahren)	n	Lehrer-urteil 1 CC_{korr}	n	Lehrer-urteil 2 CC_{korr}	n	Lehrer-urteil 3 CC_{korr}	n
Prätest	0,50	0,46	424	0,55	316	0,54	316	0,53	424
Posttest	0,56	0,52	424	0,61	316	0,62	316	0,59	424

Lehrerurteil 1 = Fähigkeit, neue Aufgaben rasch zu erfassen
Lehrerurteil 2 = Erfassen von Gesetzmäßigkeiten, Regeln und Beziehungen
Lehrerurteil 3 = Selbständigkeit und Kritikfähigkeit beim Denken

	LTS 3 (Regelerkennen)						
	Kriterien Schulleist.-zahl R(Übereinst.) (Validität)	R (n.2 Jahren)	n	Lehrer-urteil 1 CC_{korr}	Lehrer-urteil 2 CC_{korr}	Lehrer-urteil 3 CC_{korr}	n
Prätest	0,39	0,35	398	0,41	0,38	0,38	350
Posttest	0,48	0,42	398	0,51	0,49	0,49	350

Kriterien für Lehrerurteile wie beim LTS 2

Richtung zugunsten des Posttests weisend. In der modernen Statistik und Evaluationsforschung (Wittmann & Matt, 1986) favorisiert man immer mehr Meta-Analysen und Ergebnisreplikationen anstatt der früher üblichen allzu großen Betonung der Signifikanzprüfung bei nur einer Untersuchung. Guthke hat allerdings schon 1972 eine solche Meta-Analyse mit Hilfe des Vorzeichentests über viele unabhängige Kleingruppenversuche durchgeführt, um die Aussage "Posttests korrelieren höher mit Außenkriterien" als signifikantes Ergebnis trotz geringer Korrelationsdifferenzen und kleiner Stichproben sichern zu können. Flammer (1975a) hat dies noch einmal nachvollzogen (s. Tab. II.2) und die Schlußfolgerungen auch bestätigt.

Tabelle II.2: Synopse von Lerntestvorhersagekorrelationen: Nachtest vs Vortest, mit vs ohne Training (Flammer, 1975a)

	Kriterium			
	Zensur		Lehrerurteil über die Intelligenz	
	mit Training	ohne Training	mit Training	ohne Training
Anzahl Stichproben ..	41	10	25	0
Nachtest überlegen............	37	5	17	-
Vortest überlegen.............	4	5	7	-
Beide ebenbürtig.............	0	0	1	-
Binominaltestergebnis (zweiseitig)....	p<.01	p<.05	p<.05	-

Nahezu alle älteren und neueren Untersuchungen, auch unter Einschluß der mehr kritisch angelegten Studien (z.B. von Flammer, 1974; Melchinger, 1978), weisen in der Regel ebenfalls, wenn auch oft nur geringfügig höhere Validitätskennwerte des Posttests bei konkurrenter und prognostischer Validierung aus. Zumindest wird aber immer nachgewiesen, daß die zusätzliche Verwendung von Posttests gegenüber Prätests zu einem diagnostischen Zugewinn und zu einer (inkrementellen) Validitätssteigerung führt (s. hierzu z.B. Budoff, 1975). In der Untersuchung von Hessels und Hamers (1993) an Immigrantenkindern in Holland wird beispielsweise gezeigt, daß der benutzte Lerntest (s. hierzu Kap. III.3) einen solchen diagnostischen Zugewinn gegenüber einem in Holland üblichen Intelligenztest (RAKIT) bringt. Es gibt Kinder mit niedrigen IQ-Werten (unter IQ 85), die im Lerntest durchschnittliche oder sogar überdurchschnittliche Werte (immer bezogen auf die Normwerte in der holländischen Eichstichprobe) erreichen, also keinesfalls unterdurchschnittlich intelligent oder gar sonderschulbedürftig sind, wie die IQ-Werte nahelegen würden. Als Beispiel für die höhere konkurrente Validität möge die Untersuchung von Resing (1993) stehen, die bei ihren Lerntests für jüngere Schulkinder (s.o.) mit Hilfe der multiplen Regressionsanalyse sowohl nachweisen konnte, daß Posttests höher als Prätests mit der Schulleistung korrelieren als auch daß Lerntestindikatoren (Hilfenverbrauch) einen signifikanten Beitrag zur Prädiktion der Schulleistung erbrachten, wenn man sie zusätzlich zu den in Holland üblichen Intelligenztests einsetzte. Ein weiteres Beispiel noch aus der Leipziger Forschungsgruppe: Stein (1993) entwickelte einen Adaptiven computergestützten Lerntest für Analogien (s. hierzu auch weiter unten) und verglich dessen empirische Validität mit dem bekannten IST-Amthauer bezüglich des Subtests Analogien. Die Tabelle II.3 zeigt die Ergebnisse. Besonders wichtig sind die Partialkorrelationen, die wohl deutlich belegen, daß der Lerntest tatsächlich der reinen Statuserhebung noch einen zusätzlichen diagnostischen Zugewinn im Sinne einer inkrementellen Validität hinzufügt.

Tabelle II.3: Korrelationen und Partialkorrelationen eines Kurzzeit-Lerntests (ADANA; Testscore, Anzahl der Hilfen) und eines Intelligenztest-pendants (IST-Amthauer, 1970, Subtest Analogien, Standardwerte) mit Außenkriterien (Höbold, 1992; Stein, 1993)

	Schulleistungen		Lehrerurteile
	Deutsch	Mathematik	
	(N=90)	(N=90)	(N=45)
Korrelationen r_{12}:			
Statustest: IST-Analogien	-0.42*	- 0.35*	-0.31
Lerntest: Verbale Analogien	0.60*	0.63*	0.69*
Partialkorrelationen $r_{12.3}$:			
Statustest (Lerntest eliminiert)	-0.17	-0.05	-0.13
Lerntest (Statustest eliminiert)	0.50*	0.56 *	0.66*

Anmerkungen: * ..... $p < 0.01$

Die negativen Vorzeichen bei den Zensuren ergeben sich durch die Polung der Schulnoten und sind positiv zu interpretieren.

5.7   Differentielle Validität

Das allgemein in der Psychodiagnostik anzutreffende Phänomen der *differentiellen Validität* - im Hinblick auf Stichprobenbesonderheiten, Außenkritierien usw. - gilt natürlich auch für Lerntestuntersuchungen. Dies scheint besonders zuzutreffen, wenn man im Sinne der prognostischen Validität prüft, inwieweit Lerntests und vergleichbare Intelligenzstatustests zukünftige schulische Bewährung voraussagen können. So stellten Babad und Bashi (1977) und Babad und Budoff (1974) fest, daß "statische Schulleistungserfolgsmaße" bei Kindern aus guten familiären Förderbedingungen besser mit üblichen IQ-Tests vorausgesagt werden konnten, während bei Kindern mit schlechterem familiären Hintergrund die Lerntests die besseren Prädiktoren waren. Bei einem "more process-oriented curriculum based test" als Kriterium war allerdings in beiden Gruppen der Lerntest der überlegene Prädiktor (vgl. hierzu auch Carlson & Wiedl, 1979; Wiedl & Herrig, 1978b). Der englische Psychologe Hegarty (1979) entwickelte einen Lerntest besonders für Immigrantenkinder (s. hierzu Kap. III.3) und wendete ihn an 420 siebenjährigen Immigrantenkindern an (vgl. Hegarty, 1978). Die Schulleistung nach einem Jahr konnte in dieser Population durch den Lerntest besser vorhergesagt werden als durch den Wechsler-Test. Sewell (1979) hatte mit dem Raven-Lerntest nach Budoff in einer schrittweisen Regressionsanalyse ebenfalls festgestellt, daß dieser Lerntest gegenüber einem Intelligenztest bedeutend besser bei schwarzen Kinder als bei weißen Kindern in den USA die spätere Schulleistung voraussagte.

Generell scheinen also Lerntests bei Unterprivilegierten und Leistungsschwachen bessere Prädiktoreigenschaften zu haben als bei normal Geförderten, durchschnittlichen oder leistungsstarken Schülern.

Methodisch problematisch bei den eben referierten Untersuchungen ist, daß hier inhaltlich oft andere Anforderungen bei den Lerntests und den "Vergleichs-Intelligenztests" vorliegen. Das wurde bei den jetzt zu referierenden Untersuchungen vermieden, da hier die gleiche Aufgabenart (Raven-Matrizen) einmal als Statustest und zum anderen als Lerntest appliziert wurden. Wiedl und Herrig (1978b) stellten mit solchen Raven-Varianten fest, daß bei "Normalschulanfängern" und beim üblichen Frontalschulunterricht eher der übliche Intelligenztest, dagegen bei adaptiven Kleingruppenunterricht der Lerntest der bessere Prädiktor ist. Bei einer 7 Jahre dauernden Längsschnittstudie haben Guthke & Gitter (1991) ähnliche Feststellungen wie Babad und Budoff (s.o.) und Wiedl und Herrig treffen können. 440 Schulanfänger wurden mit dem CPM von Raven bzw. dem RAVEN-Kurzzeitlerntest (RKL nach Frohriep, 1978; s.o.. S. 129) untersucht. Aus der Tabelle II.4 ist ersichtlich, daß dann die Korrelationen über 6 Schuljahre hinweg mit verschiedenen Außenkritierien berechnet wurden.

Tabelle II.4: Korrelationen zwischen Vorschultests (CPM vs Raven-Kurzzeitlern-test RKL) und schulischen Bewährungskriterien für die leistungs-schwächsten Vorschulkinder (N=9 bzw. N=13) aus der Gesamt-stichprobe (N=440) (Guthke & Gitter, 1991)

Kriterien	CPM		RKL
1. Klasse			
Mathematikzensur	- 0,08	⟶	+0,37
Lehrerurteil (mathem. Befähigung)	+0,36	⟶	+0,63 (s)
mathematischer Test	+0,36	⟶	+0,61 (s)
Gesamtdurchschnittszensur	- 0,09	⟶	+0,48
2. Klasse			
Mathematikzensur	+0,21	⟶	+0,64 (s)
Lehrerurteil	- 0,12	⟶	+0,33
mathematischer Test	+0,44	⟶	+0,58 (s)
Gesamtdurchschnittszensur	+0,44	⟶	+0,55 (s)
6. Klasse			
Mathematikzensur	- 0,28	⟶	+0,55 (s)

s = signifikant (zumindest bei 0,05 Niveau)

In der Gesamtgruppe gab es kaum größere Differenzen zwischen CPM und RKL. Da der Psychologe sich ja vorwiegend für die "Problemkinder" interessieren muß, wurden mit Hilfe der Intelligenzskala des Erzieherinnenfragebogens nach Gutjahr et al. (1974) von den Kindergärtnerinnen all jene Kinder herausgesucht, die mit einem C-Wert unter 2 als besonders leistungsschwach eingeschätzt wurden. Nur für diese Subgruppe wurden nun über alle Schuljahre hinweg die Gültigkeitskorrelationen bestimmt. Obwohl wegen der geringen Stichprobengröße und infolge der Korrelationsminderung in der hochgradig ausgelesenen Stichprobe die Korrelationen und auch Korrelationsdifferenzen selten signifikant sind,ist das Ergebnis doch recht eindeutig. Bei allen Kriterien und bei allen Untersuchungszeitpunkten wird die bessere

prognostische Validität des Lerntests gerade bei den Leistungsschwachen sehr deutlich. (Varianzunterschiede zwischen CPM und RKL traten nicht auf, beide Ver-
gleichstests waren C-Wert normiert, so daß durch Varianzdifferenzen die Korrela-
tionsunterschiede nicht erklärbar sind.) Prognostische Validitätsstudien bis hinein ins
Jugendalter werden nur aus der Budoff-Arbeitsgruppe berichtet (vgl. Budoff, 1975).
Bei parallelisiertem Intelligenzstatus sollen sich "Gainer" in Lerntests im praktischen
Berufsleben besser bewährt haben als "Non-Gainer". Wir werden im Kap.III.2 noch
weitere Belege dafür aufführen, daß Lerntests offenbar insbesondere bei
"Sondergruppen" Statustests in der Validität überlegen sind. Weitere Validitätsstu-
dien bei "Normalkindern" referieren wir auch unter 8.

5.8   Problematik der Außenkriterien

Mit Recht fragt man sich, ob "statische Außenkriterien" wie Schulleistung und Lehrerurteil die rechten Außenkriterien für "dynamische Testprozeduren" sind. Allerdings haben wir die Lehrer immer gebeten, bei ihren Intelligenzschätzurteilen nicht
primär von der augenblicklich gezeigten Schulleistung auszugehen, sondern von den
geschätzten "Intelligenzpotenzen", die bekanntlich durchaus nicht mit der Schulleistung konform gehen müssen (s. die Over- und Underachievement-Problematik).
Auch kann man wohl die gezeigte Schulleistung bei aller Einsicht in die Multifakto-
renstruktur ihres Determinationsgefüges (s. u.a. Heller, Rosemann & Steffens, 1978;
Weinert & Petermann, 1980) doch als zwar nicht zuverlässigen, aber trotzdem wohl
nicht unwichtigen Indikator der Intelligenzpotenz betrachten. Ein "*dynamisches
Außenkriterium*" wäre aber z.B. die Veränderung der Schulleistung im Verlaufe der
Zeit. Jäger (1972), Fuchs (1974) und Michael (1973) aus der Arbeitsgruppe Guthke
stellten übereinstimmend fest, daß ein Zahlenfolgenlerntest signifikant besser die
Veränderung der Mathematik-Zensur innerhalb eines Schuljahres voraussagte (z.B.
48 % Treffer gegenüber 23 % in der Jäger-Untersuchung von 1972) als der konventionelle Statustest (Prätest). Dabei erwies sich ein multipler T-Wert (gebildet aus
Prätest und Residualgewinn, s.o.) nicht nur dem Prätest, sondern auch dem Posttest
gegenüber als besserer Prädiktor.

5.9   Konstruktvalidierung

Die folgenden Befunde, bei deren Darstellung wir uns noch knapper fassen müssen,
sind als Bausteine zu einer angestrebten *Konstruktvalidierung* zu betrachten. Die
jeweiligen Autoren gehen hierbei von Hypothesen aus, die sich aus der theoretischen
Begründung des Lerntestkonzepts ergeben und fassen deren Bestätigung dann auch

als Validitätsnachweis auf. Wir werden jetzt aber nicht die Hypothesenableitung und die Befunddarstellung im einzelnen nachvollziehen können.

a. Lerntests sollten im geringeren Grade von *Milieufaktoren* determiniert werden als konventionelle Intelligenztests.

In den Forschungsgruppen von Budoff, Feuerstein, Guthke und auch in anderen Forschungsgruppen wurden unabhängig voneinander immer wieder Resultate gefunden, die diese Hypothese zu bestätigen scheinen (s.o.). So registrierte Budoff (1975), daß die Prätestergebnisse im Raven und bei den Kohs-Mosaik-Tests signifikant mit den sozio-ökonomischen Bedingungen im Elternhaus der Kinder korrelierten, dagegen die Posttests keine Zusammenhänge zu diesen Bedingungen und der Rassenzugehörigkeit aufwiesen. Tzuriel (1989) verglich Kindergartenkinder aus Mittelschichtmilieu und Unterschicht hinsichtlich ihrer Prä- und Posttestleistungen. Im Prätest gab es erhebliche Testwertdifferenzen zugunsten der Mittelschichtkinder, im Posttest eine weitgehende Annäherung. Prä- und Posttestwerte stimmten bei den Mittelschichtkindern höher überein und korrelierten auch höher mit dem Raven-Test (als Statustest) als bei den Unterschichtkindern ("disadvantaged children").

b. Gainer und Nongainer in Lerntests sollten sich vor allem in den weniger milieuabhängigen *Handlungs- und Motorik-Tests* zugunsten der Gainer unterscheiden.

Diplomanden von Guthke fanden, daß Gainer im Lerntest LTS (s.o.) in den Motorik-Leistungen, gemessen mit dem "Wasserversuch", bei dem ohne Verschütten und möglichst genau Wasser in Reagenzgläser abgefüllt werden muß, besser waren als Non-Gainer (ref. in Guthke, 1980c). Budoff (1967) registrierte, daß sich die Gainer im Verbal- Teil des Wechsler nicht unterschieden (70,2 / 69,4), dagegen signifikant im Handlungsteil (83,4 / 69,9).

c. Lerntests sollten auch weniger stark von der *Qualität des Unterrichts* beeinflußt werden als Intelligenzstatustests und Schulleistungstests.

Jäger (1972) stellte nun tatsächlich fest, daß in neun 6. Klassen der berechnete Variabilitätskoeffizient bei einem Mathematik- Schulleistungstest 14,4, beim Zahlenfolgen-Prätest 10,5 und beim Zahlenfolgen-Posttest 6,6 betrug. Dieses Ergebnis zeigt u. E. doch recht gut, daß Lerntests offenbar stärker als konventionelle Tests Lernpotenzen aufdecken, die durch die Auswirkungen unterschiedlicher Umweltbedingungen (z.B. Differenzen in der Qualität des Unterrichts) überdeckt werden können.

d. Lerntests sollten die angezielten Eigenschaften "*faktorreiner*" messen als konventionelle Intelligenztests.

Entsprechend lernpsychologischen Erkenntnissen, die allerdings vorwiegend bei Motorik- und Fertigkeits-Tests gewonnen wurden (vgl. Ackerman, 1988; Fleishman & Hempel, 1955; Klauer, 1992; Pawlik, 1982), wird im Sinne einer sog. Spezifizierungshypothese vermutet, daß nach einer Übungs- bzw. Trainingsphase der Test die

jeweils angezielte Eigenschaft "reiner" mißt, da irrelevante Faktoren (wie z.B. Auf-
fassungsgeschwindigkeit, Testängstlichkeit, usw.) an Gewicht verlieren. Guthke
(1972) konnte feststellen, daß z.b. Zahlen- und Figurenfolgentests im Posttest in
Faktorenanalysen tatsächlich eine höhere Ladung auf dem angezielten Faktor
"Reasoning" zeigten als Prätests. Schrem (1976) wies dagegen eine höhere faktorielle
Validität der Posttests nur bei ihren leistungsschwachen Probanden nach. Die Spezifizierungshypothese wurde auch durch Anwendung der kanonischen Korrelations-
analyse (s. Blumberg, 1980) auf Lerntests erneut bestätigt.

e. Lerntests lassen eine *bessere Unterscheidung* zwischen "echten" und "unechten"
Under- und Overachievement Fällen zu.

Das Phänomen der Diskrepanz zwischen Schul- und Intelligenztestleistungen wird
seit langem in der Under- und Overachievement-Forschung (vgl. u.a. Heckhausen,
1980; Kemmler, 1967; Wahl, 1975; Weinert & Petermann, 1980) thematisiert und
immer stärker methodenkritisch betrachtet. Unseres Erachtens gestatten Einpunktmessungen keine zuverlässige Identifizierung von "echten Diskrepanzfällen"(s.a.
Rösler, Biehle & Lange, 1988). So stellte z.B. Jäger (1972) fest, daß von den 27
Fällen (s.o.), die massive Differenzen zwischen Prä- und Posttest im Zahlenfolgentest
zeigten, 23 sog. Test-Schulleistungsdiskrepanzfälle waren. Im Posttest vermindert
sich erheblich die Anzahl solcher "Diskrepanzfälle", die schulklassenbezogen nur
angenommen wurden, wenn bei den Schülern eine Differenz zwischen Test- und
relevanter Zensurenrangordnung (z.B. bei Zahlenfolgentests die Mathematik-Zensur)
von mindestens 5 Rangplätzen vorlag (s. die Referierung entsprechender Ergebnisse
in Guthke, 1972). Bei den noch verbleibenden "echten Diskrepanzfällen" im Posttest
(die also im Prä- und Posttest die gleiche Auffälligkeit zeigten) ließen sich die in der
Speziallitteratur berichteten Persönlichkeitsauffälligkeiten und Differenzen zwischen
Over- und Underachievern in deutlicher Ausprägung nachweisen, während dies bei
den "Pseudodiskrepanten" (nur im Prätest = Statustest auffällig) nur tendenziell
möglich war.

f. Lerntests korrelieren höher mit "*Kreativitätstests*" als Statustests.

Daß kreative Schüler nicht immer die Testintelligentesten sein müssen, ist aus der
Kreativitätsforschung bekannt (vgl. Getzels & Jackson, 1962). Möglicherweise liegt
dies auch daran, daß manche schöpferisch Befähigten sich nicht so sehr durch "fixes
und schnell anpassungsfähiges Denken" (das in Intelligenztests gefordert wird),
sondern durch ein mehr grüblerisches (reflexives), vielleicht auch langsames, selbst-
kritisches Denken auszeichnen, das längere Zeit "zum Anlaufen" braucht, wie es vor
allem die Langzeitlerntests ermöglichen. Außerdem werden schöpferische Kinder
besonders auch durch ein größeres Erkenntnisstreben, höhere Ausdauer und größere
Reflexivität bei geistigen Anforderungen charakterisiert. Es läßt sich eindeutig
nachweisen (vgl. die nähere Ergebnisschilderung in Guthke & Lehwald, 1984), daß

diese Eigenschaften mit den Posttestresultaten stärker korrelieren als die Prätestresultate. Das wird auch verständlich, wenn man bedenkt, daß das erkenntnisstrebige, selbständige und ausdauernde Durcharbeiten der Trainingsprogramme den Lernerfolg im Posttest mitbestimmt.

Demzufolge verwundert es nun auch nicht mehr sehr, daß sowohl Kreativitätstests als auch Fragebogen zur Kreativität höher mit den Posttests als mit den Prätests korrelierten (vgl. Guthke, 1972; Guthke & Lehwald, 1984). Facaorau (1985) versuchte insbesondere für die Kreativitätsdiagnostik in Wissenschaft und Technik neue Tests zu entwickeln, die den Probanden während der Testbearbeitung Lernprozesse (Erzeugung und Veränderung von Hypothesen) abverlangen. Einen allerdings bisher unpublizierten Versuch zur Entwicklung eines Kreativitätslerntests hat auch Oswald (1978) vorgelegt.

g. Lerntests korrelieren geringer als Intelligenzstatustests mit *Ängstlichkeit, Neurotizismus und Stressempfindlichkeit*

Während bei den "intelligenznahen" bzw. "intelligenzfördernden" Eigenschaften wie Kreativität, Erkenntnisstreben, Selbständigkeit eine eher engere Beziehung zum Lerntest angenommen wird, hypostasieren wir dagegen für die "intelligenzferneren und eher intelligenzhemmenden" Eigenschaften wie Ängstlichkeit, Beeinträchtigungen des physischen Wohlbefindens usw. eine eher engere Beziehung zum Intelligenzstatustest, da dieser keine "Gewöhnung" an die Testsituation zuläßt wie der Langzeit-Lerntest. Zu dieser Hypothese waren die Ergebnisse widersprüchlich und nicht sehr aussagekräftig (Hentrich & Reich, 1979). Es ließ sich aber doch sowohl bei Kindern als auch bei Erwachsenen (vgl. Günther & Günther, 1982) zumindest die Tendenz feststellen, daß "Streßempfindlichkeit und Frustrationsintoleranz" (gemessen mit der gleichlautenden Skala im MBI nach Jäger et al., 1973) und die "psychophysische Befindlichkeit" Prätestergebnisse stärker determinieren als die Posttestergebnisse. Auch Wiedl und Mitarbeiter zeigten, daß unter statischen bzw. dynamischen Testabnahmebedingungen vorliegende Testleistungen unterschiedlich hoch mit Neurotizismus (Carlson & Wiedl, 1979) und Testangst (Bethge, Carlson & Wiedl, 1982) zusammenhängen. Jüngst haben Meijer und Elshout (1994) festgestellt, daß bei älteren hochängstlichen Schülern die Lerntestversion eines Mathematik-Tests die späteren Mathematik-Leistungen der Schüler besser prädizierte als die Statustestversion.

h. Lerntests korrelieren höher als Statustests mit den Ergebnissen *experimenteller Lern- und Trainingsversuche*

Eine der u. E. (vgl. aber auch Embretson, 1992; Hamers et al., 1993) wichtigsten Bausteine zur Konstruktvalidierung dürfte der Nachweis sein, daß Lerntests den Lernerfolg unter experimentell möglichst gut kontrollierten Bedingungen des Erwerbs von neuem Wissen und Können besser vorhersagen können als die jeweili-

gen Intelligenzstatustestpendants. Eine solche bessere Vorhersage durch "Lernstichproben" als durch "Momentaufnahmen des Könnens" wäre zwar ein von der differentiellen Lernpsychologie her erwartetes (vgl. Flammer, 1975a), keinesfalls aber trivia-
les und von vornherein feststehendes Ergebnis, da ja die Vertreter des herkömmlichen Intelligenztests die Auffassung vertreten (s.o.), daß die sich im Intelligenztest-
ergebnis manifestierende "vergangene Lernfähigkeit" auch die "zukünftige Lernfähigkeit" bestimmt. Wir erwarten bei solchen experimentell kontrollierten "Lern- und
Trainingsversuchen "größere Differenzen zwischen Status- und Lerntests in der
prognostischen Validität als bei den sehr fragwürdigen, subjektiven und vielfach
determinierten prognostischen Außenkriterien "Schulleistung" und "Zensuren", insbesondere dann, wenn Vorwissen irrelevant für den Trainingserfolg ist. Es gibt nun
auch bereits einige Untersuchungsbefunde, die für diese Annahme sprechen. So
hatten schon 1976 Budoff, Corman und Gimon 54 spanisch sprechende Kinder in
den USA mit einem "electricity curriculum" konfrontiert. Vorher war der Wechsler-
Test sowie der Raven-Matrizentest als Lerntest angewandt worden. Nur der Raven-
Lerntest prädizierte den Lernerfolg im Elektrizitätsunterricht. Wimmer et al. (1977)
haben bei Vorschulkindern festgestellt, daß ein Lerntest (Analogientest) besser als
ein Statustest die Ergebnisse eines nachfolgenden Begriffsbildungstrainings prädizierte. Zur experimentellen Validierung des LTS von Guthke et al. (1983) wurden die
Prä- und Posttests mit einem Begriffsbildungsexperiment, zu Lernvorgängen bei
einem Musteridentifizierungsversuch und zum Ergebnis bei der Abarbeitung eines
programmierten Lehrbuches in Physik in Beziehung gesetzt (Die Untersuchungen
werden näher referiert in Guthke & Lehwald, 1984). Stets korrelierten die Posttests
höher als die Prätests mit den Ergebnissen dieser experimentellen, standardisierten
Lernversuche. Zu verweisen ist auch noch einmal auf die bereits erwähnte Studie von
Wiedl und Herrig (1978a), nach der ein Lerntest im Vergleich zum Intelligenzstatustest besser den Erfolg in einem adaptiven Kleingruppenunterricht zur Mengenlehre
prädizierte. Dies galt vor allem dann, wenn der Lerngewinn im Unterricht über
objektive Trainingserfolgsmessung operationalisiert wurde. Schätzurteile der Lehrer
erwiesen sich dagegen als weniger gute Außenkriterien. Noch strenger wurde der
Wissensaneignungsprozeß bei Beckmann, Funke und Guthke (1993) kontrolliert, die
Wissensaneignung in einem Computerszenario ("Komplexes Problemlösen") mit
Lern- und Intelligenztests korrelierten. Darüber soll weiter unten (s. II.8) noch etwas
ausführlicher berichtet werden. Hier sei auch nur kurz darauf hingewiesen, daß
Resing z. Z. in Holland in einem Forschungsprojekt (vgl. Resing & Kohnstamm,
1993) überprüft, ob der Erfolg in dem Klauerschen Denktrainingsprogramm (vgl.
Klauer, 1989b, 1991) besser durch einen Lerntest oder einen herkömmlichen Status-
test prädiziert werden kann.

6   Zeitgenössische Trends der Intelligenzdiagnostik

In diesem Abschnitt wollen wir lediglich stichpunktartig einige uns besonders wesentlich erscheinende Entwicklungstrends der Intelligenzdiagnostik auflisten, um damit den Übergang zu den neuesten Entwicklungen auf dem Sektor der "Intelligenzlerntests ", den sog. Diagnostischen Programmen, vorzubereiten.

Obwohl die Intelligenzforschung und Intelligenzdiagnostik zu den wohl am meisten geförderten Forschungsgebieten und Praxisanwendungen der Psychologie gehören, hat doch seit Beginn dieser Arbeiten bei Francis Galton, J. Mc Keen Cattell und Alfred Binet die z.T. sehr heftige Kritik und die oft außerordentlich kontroverse Diskussion über das Für und Wider der vorgeschlagenen Intelligenzmodelle und Prüfinstrumente niemals aufgehört. Eine solche Kritik und Diskussion ist ja auch für die Weiterentwicklung ganz normal und immer wieder notwendig - noch dazu bei solch komplizierten und mit erheblichen gesellschaftlichen und persönlichen Konsequenzen verbundenen Sachverhalten wie denen der Intelligenztheorie und Intelligenztestpraxis. Auf den realisierten und z.T. auch geplanten Mißbrauch von Intelligenztests - z.B. zur Durchsetzung sog. eugenischer Maßnahmen, zur "Regulierung" von Einwandererströmen oder zur pseudowissenschaftlichen Begründung einer Theorie über eine angeblich nur biologisch bedingte unterschiedliche Begabungsausstattung bei den verschiedenen sozialen Schichten und Rassen - wollen wir an dieser Stelle nicht weiter eingehen (s. hierzu Guthke, 1980c; Kamin, 1979; Liungman, 1973). Wir sehen in der Gegenwart vor allem folgende Trends:

(a) Versuche zu einer stärker grundlagenpsychologisch begründeten Intelligenzdiagnostik

Von Cronbach (1957) stammt bekanntlich der Vorwurf, daß die Psychologie sich unglücklicherweise in zwei kaum noch kommunizierende Lager - die sog. Experimentalisten - das waren in der Intelligenzforschung die "klassischen Denkpsychologen" wie Koffka, Köhler, Duncker usw. und ihre Nachfolger in der sog. Allgemeinen Psychologie - und die sog. Korrelationisten - auf unserem Feld also die differentialpsychologische Intelligenzstrukturforscher (s. vor allem faktoranalytische Modelle) und die Intelligenztestkonstrukteure - aufgespalten hat. Glücklicherweise gibt es aber nun seit einigen Jahren ein wachsendes Aufeinanderzugehen dieser beiden Lager. Die Kognitionspsychologie (vgl. etwa Hunt, 1980; Klix, 1983; Klix & van der Meer, 1978; Putz-Osterloh & Luer, 1984; Spada, 1976; Sternberg, 1985; s. auch weiter unten) bemüht sich auch um differentialpsychologische Fragestellungen und versucht experimentell z.B. die kognitiven Anforderungen in Intelligenztests näher aufzuklären. Diagnostiker ihrerseits (z.B. Berg & Schaarschmidt, 1984; Clauß, Guthke & Lehwald, 1980; Fischer, 1972; Guthke et al., 1991; Jäger, 1967; Klauer,

1978; Schaarschmidt, 1987a, b; Sprung & Krause, 1978; Ueckert, 1980; Witzlack, 1977) streben an, daß die Aufgaben für Intelligenztests theoriebezogener (also z.B. besonders moderne Erkenntnisse der Kognitions- und Entwicklungspsychologie nutzend) zusammengestellt und die Lösungsprozesse bei deren Bewältigung stärker analysiert werden. Damit erhofft man sich eine Überwindung des oft sehr pragmatisch-praktizistischen Vorgehens bei der Testkonstruktion in der Vergangenheit, das seine wissenschaftliche Berechtigung fast nur in einer noch dazu vorwiegend statistisch verstandenen Testtheorie - und Testkonstruktionslehre suchte. Auch die Bestrebungen einiger amerikanischer Psychologen (s. vor allem Das und Naglieri, 1992), die Intelligenzdiagnostik stärker mit neuropsychologischen Erkenntnissen - vor allem basierend auf Luria (1966) - in Verbindung zu bringen, sind hier einzuordnen. Im sog. PASS-Modell wird auf drei von Luria unterschiedene funktionale Einheiten des Gehirns abgehoben, die verantwortlich sind für Planung (P), Aufmerksamkeit und Aktivität (arousal, A), simultane und sukzessive Codierung (SS) mit anschließender Speicherung. Das und Naglieri meinen, daß Intelligenzdiagnostik Aufmerksamkeits- und Vigilanztests (für Attention), Tests für "simultaneous coding" bzw. "processing" (z.B. Raven-Test, Gedächtnistests für figurales Material, Kohs-Würfel) und Tests für "successive coding" (z.B. Einprägen von Zahlen- oder Wortreihen, Handbewegungen) sowie für "planning" (z.B. Mastermind-Aufgaben, Trail-Making-Test und andere visuelle Suchaufgaben) enthalten müßte. In unserem Kontext ist noch Sternbergs (1985) Intelligenztheorie von besonderer Bedeutung, da er einen Faktor "acquisition of knowledge" als wesentliche Intelligenzkomponente besonders betonte und die These vertritt (s. seine sog. "experimental subtheory"), daß weder völlig automatisierte Aufgaben (was wohl leicht verständlich ist) noch völlig neue Aufgaben (was weniger leicht einleuchtet, s. schon Sterns Intelligenzdefinition) gute Intelligenztests seien. Bei einer völlig neuartigen Aufgabe würden vor allem frühe, nicht unbedingt aufgabenrelevante metakognitive Faktoren angesprochen, bei völlig automatisierten Aufgaben seien dagegen metakognitive Komponenten völlig ausgeschlossen. Günstig für Intelligenztests sei daher ein mittlerer Grad auf der Dimension "Neuigkeit-Automatisierung". Lerntests - vor allem Langzeitlerntests - entsprechen dieser aus kognitionspsychologischer Sicht erhobenen Forderung zweifellos mehr als Statustests, da sie eine Testwiederholung implizieren.

(b) Suche nach ökologisch valideren Intelligenzindikatoren.

An den herkömmlichen Intelligenztests wird oft kritisiert (vgl. z.B. Neisser, 1974; Oerter, Dreher & Dreher, 1977; Pawlik, 1976) , daß ihre Aufgabenstellungen zu "lebensfremd", "künstlich" oder "akademisch" sind. Gegenwärtig werden daher Alternativen vorgeschlagen und auch empirisch erprobt, bei denen z.B. in Form von sog. *Computerszenarios* (vgl. Bürgermeisteraufgabe in der fiktiven Stadt Lohhausen,

s. Dörner, 1986) komplexe, dynamische und oft sogar von der Zielstellung her ziemlich intransparente Problemstellungen vorgegeben werden. Auch die gegenwärtig sehr stark diskutierten, wenn auch kaum realisierten Ansätze einer kognitionspsychologisch orientierten Wissensdiagnostik (vgl. Tergan, 1988), die den Erwerb und die Struktur bereichsspezifischen Wissens untersucht, gehören zu diesen Bemühungen um eine ökologisch validere, an den alltäglichen Leistungsanforderungen orientierte Intelligenz- und Leistungsdiagnostik (s. hierzu auch Kap. III.1)

(c) Suche nach biologischen Indikatoren der Intelligenz

Diese Suche beginnt eigentlich schon bei Galton und wird heute besonders weitergeführt in den Untersuchungen zu sog. *Basiskomponenten der Intelligenz*, die als vorwiegend biologisch-genetisch determiniert betrachtet werden (s. Weiss, 1982). Hierzu zählen vor allem die Informationsverarbeitungsgeschwindigkeit (gemessen z.B. als die einfache und multiple Reaktionszeit - s. Eysenck, 1980; Vernon, 1987) und das Kurzzeitgedächtnis bzw. Arbeitsgedächtnis (Baddeley, 1986; Lehrl & Franck, 1982). Bekannt geworden sind auf diesem Sektor vor allem auch Untersuchungen mit evozierten Potentialen im EEG - sog. Average Evoked Potential (AEP) mit den beiden Parametern Latenzzeit (wie schnell reagiert das Gehirn auf einen Reiz) und Amplitude (wie hoch ist die ektorticale Aktivierung, die der Reiz auslöst, s. Hendrickson & Hendrickson, 1980; Vernon, 1987, 1992). Seit den Befunden von Hendrickson werden auch sog. string measures bestimmt, welche mehr die Wellenform des EEG beschreiben. Selbst bei ausgelesenen Stichproben (Studenten) werden sehr hohe Korrelationen zum Intelligenztest (Raven) berichtet (s. Vernon, 1992). Es gibt allerdings auch negative Befunde. In fast allen Studien korrelierten die EEG-Parameter aber sehr hoch mit psychologischen Tests, die wie z.B. der Zahlenverbindungstest nach Oswald und Roth (1978) die Informationsverarbeitungsgeschwindigkeit als basale Intelligenzkomponente mehr "psychologisch" messen.

In einem kritischen Übersichtsreferat hat Neubauer (1993; s. auch Schweizer, 1995) noch andere mehr psychologische Maße und sog. elementary cognitive tasks (ECT) für Informationsverarbeitungsgeschwindigkeit (wie z.B. Inspektionszeit, Nettelbeck, 1987; Basic Period of Information Processing, Lehrl & Fischer, 1990) in ihrer Beziehung zu Intelligenzmaßen analysiert und auf die widersprüchliche Befundlage sowie auf methodische Artefakte hingewiesen, die auch unterschiedliche theoretische Erklärungen für die beobachteten Zusammenhänge zulassen.

Neueste Untersuchungen (ref. in Vernon, 1992) beziehen sich auf den cerebralen Glukosestoffwechsel, der mit der Positronen Emissions Tomographie (PET) gemessen wird. Die "glucose metabolic rates" (GMRs) waren erhöht bei bestimmten kognitiven Anforderungen (Raven-Test) korrelierten aber negativ mit den Testwerten, d.h. die Intelligentesten benötigten am wenigsten Energie.

(d) Stärkere Beachtung der Kreativität, sozialen und praktischen Intelligenz und Weisheit

Seit Mitte der 50er Jahre wird den Intelligenztests vorgeworfen, daß sie zu einseitig nur das konvergente (formale) Denken prüfen, das lediglich auf eine richtige Lösung abzielt (Guilford, 1956). Notwendig wäre aber auch die Erfassung des divergenten, schöpferischen Denkens, das man nur in Problemstellungen prüfen kann, die die Produktion einer Vielzahl von Lösungsvarianten zulassen. Sog. Kreativitätstests (z.B. Was kann man alles mit einem Ziegelstein anfangen? Finden Sie gute Überschriften zu dieser Story. Machen Sie aus diesen grafischen Elementen möglichst viele unterschiedliche Zeichnungen usw.) werden als notwendige Ergänzung der herkömmlichen Intelligenzdiagnostik vorgeschlagen (s. Getzels & Jackson, 1962), haben aber bis heute nicht die in sie gesetzten Erwartungen erfüllt (vgl. Bollinger, 1976; Krampen, 1993). Ganz ähnlich verliefen Bestrebungen, eine sogenannte soziale Intelligenz (Guilford & Hoepfner, 1976) zu erfassen (kritisch, Orlik, 1978; Groffmann, 1983). Von Sternberg und Wagner (1986) stammen Versuche, eine stärker lebenspraktisch bezogene Intelligenz zu definieren und zu messen, wobei Aspekte der sozialen Intelligenz eine große Rolle spielen. Im Rahmen der Gerontopsychologie bemüht man sich um die Untersuchung der "Weisheit" (vgl. Baltes & Smith, 1990; Baltes, Smith & Staudinger, 1992), die von herkömmlichen Intelligenztests nicht erfaßt werden kann, wohl aber zu den positiven Charakteristika der "Altersintelligenz" gehört.

(e) Adaptives und computergestütztes Testen der Intelligenz

Generell wird heute in der Diagnostik eine stärker individuumsbezogene Testung (tailored testing, s. auch Guthke, 1981a) gefordert, die im Bereich der Leistungsdiagnostik zum viel diskutierten, bisher aber kaum praktisch umgesetzten antwortabhängigen oder adaptiven Testmodell (vgl. Hornke, 1976; Kubinger, 1986; Wood, 1973) führte. Adaptive Tests sollen während der Testung entsprechend dem sich im Testprozeß äußernden Fähigkeitsniveau der Probanden die Itemvorgabe modifizieren. Die Antwort des Diagnostikanden auf ein vorhergehendes Item entscheidet über die Schwierigkeit des ausgewählten nachfolgenden Items. Ein erster praktisch einsetzbarer adaptiver Test im deutschsprachigen Raum ist das auf dem Wechsler-Konzept beruhende Adaptive Intelligenzdiagnosticum (AID nach Kubinger & Wurst, 1985). Hierbei wird allerdings im Sinne des "branched testing" erst nach der Anzahl der Richtiglösungen in einer Aufgabengruppe (z.B. 5 Items) entschieden, ob eine leichtere oder schwierigere Aufgabengruppe zur weiteren Bearbeitung vorgegeben wird. Adaptives Testen setzt eigentlich voraus, daß zunächst ganz exakt geprüft wird, ob wirklich alle potentiellen Aufgaben eines Tests (der Proband bekommt ja jeweils nur eine Stichprobe aus diesen zur Lösung vorgelegt) die gleiche Dimension messen, ob sie also den Homogenitätsanforderungen genügen. Dafür bietet sich insbesondere die moderne probabilistische Testtheorie (Fischer, 1974) an, die z.B. auch von Kubinger und Wurst (1985) bei der Konstruktion ihres neuen Intelligenztests angewandt wurde. Möglich ist aber auch, daß man durch eine von vornherein sehr stark theoretisch fundierte und auf Kontentvalidität abzielende Testkonstruktion zunächst die inhaltlichen Voraussetzungen für die Homogenität liefert, die dann eventuell noch zusätzlich durch Rasch-Modellanpassung gesichert werden kann (s. auch weiter unten).

(f) Versuche zur besseren Einbettung des Subsystems "Intelligenz" in das Gesamtsystem "Persönlichkeit" und in den gesellschaftlich-kulturellen Kontext.

Intelligenzforschung und auch Intelligenzdiagnostik sind lange Zeit so betrieben worden, als wenn man das "Funktionieren des Denkapparats" ("Intelligenzmaschinerie" nach Dörner, 1984) unabhängig und isoliert von der handelnden Gesamtpersönlichkeit mit ihren Gefühlen, Zielen und Wertvorstellungen in ihrem jeweiligen sozial-kulturellen Kontext studieren könne. In einem gewissen Maße ist dies auch sinnvoll und notwendig, da wissenschaftliche Forschung und auch Psychodiagnostik manchmal zu einer gewissen isolierenden Betrachtungsweise greifen muß, um auf der Basis exakter Analysen von "Bausteinen" dann wieder zu einer mehr synthetisierenden Betrachtungsweise gelangen zu können. Es ist aber z.B. schon seit langem bekannt, daß Gefühle und unser Selbstkonzept unser Denkhandeln erheblich beeinflussen können (s. u.a. Dörner, 1984; Helm, 1954) und z.B. das Erkenntnisstreben (vgl. Lehwald, 1985) für das intelligente Alltagshandeln, aber auch für das das Abschneiden in Intelligenz-, besonders aber in Lerntests (s. II.5) von erheblicher Relevanz ist. Persönlichkeitsmerkmale bestimmen neben kognitiven Merkmalen kreative Leistungen (s. Krause, 1977). Wir vertreten daher die Auffassung, daß für die Leistungsdiagnostik des Psychologen nicht allein die Feststellung der Intelligenz genügt, sondern es um die Feststellung der intellektuellen Lernfähigkeit als Komplex intellektueller und nichtintellektueller Faktoren und um die Feststellung der Sachkompetenz in verschiedenen Bereichen ("Wissensdiagnostik") geht. In den Intelligenzmodellen von Cattell und Kline (1977) und Royce (1973) wird versucht, das Konstrukt "Intelligenz" als Teilsystem in einem Gesamtsystem "Persönlichkeit" zu integrieren. In der *triarchischen Intelligenztheorie* nach Sternberg (1985) wird darüber hinaus vor allem die "kontextualistische Sicht" der Intelligenz betont, daß heißt deren Funktion bei der Anpassung in die jeweilige kulturelle Umgebung des Individuums bzw. bei deren zielgerichteter Veränderung. Demzufolge ist auch Intelligenz immer "kulturbezogen" zu messen, eine Einsicht, die allerdings schon in den kulturhistorischen Theorien von Mead und Wygotski in den 20er und 30er Jahren expressis verbis formuliert wurde (s. auch Rubinstein, 1958).

7 Verflechtung der neuen Entwicklungstrends mit dem Lerntestkonzept - die Konzeption der Diagnostischen Programme

Alle neueren Veröffentlichungen zum dynamischen Testen im Bereich der Intelligenzdiagnostik (vgl. Guthke, 1992a,b; Hamers, Sijtsma & Ruijssenaars, 1993; Haywood & Tzuriel, 1992; Lidz, 1991) betonen die Notwendigkeit, den Lerntestansatz stärker mit den Theorieentwicklungen im Bereich der Kognitions- und Entwicklungspsychologie zu verbinden und statt der bisher doch vorwiegend dominierenden reinen Lerngewinndiagnostik zu einer Lernprozeßdiagnostik zu kommen, die uns mehr Aufschluß über Lernwege, Lernstärken und Lernschwächen der Adressaten gibt. Die Forderung ist unmittelbar einleuchtend und wird wohl auch von allen Experten bejaht, aber ihre Realisierung ist außerordentlich schwierig, und wir sind weltweit noch ein großes Stück Wegstrecke hiervon entfernt. Man kann natürlich entgegnen, daß dynamische Testprozeduren - wie z.B. das LPAD von Feuerstein et al. (1979) - viel bessere Möglichkeiten zu einer Lernprozeßdiagnostik erlauben als traditionelle Intelligenztestungen, aber theoretisch explizit abgeleitete und wirklich intersubjektiv vergleichbare Richtlinien für solche "Lernprozeßbeobachtungen" fehlen noch (s. Büchel & Scharnhorst, 1993; s.a. oben Kap. I.2.2). Um diesen Forderungen nach einer theorie- und prozeßbezogenen Lerndiagnostik besser nachzukommen, haben sich Guthke und Mitarbeiter v.a. in den späten 70er und 80er Jahren bemüht (vgl. Guthke, 1980c, 1985, 1986; Guthke & Wohlrab, 1982), eine neue Lerntestvariante, die sie in Anlehnung an russische Autoren (Landa, 1969; Judina, 1973) Diagnostische Programme nannten, zu entwickeln. *Diagnostische Programme* heißen sie deswegen, weil sie einem "programmierten Lehrbuch" ähneln und sie Training und Testung unmittelbar miteinander verbinden.

Dabei wurden vor allem 4 Hauptkennzeichen solcher Diagnostischen Programme postuliert, die im Kasten aufgelistet sind:

Diagnostische Programme (wir werden sie in der Folge mit DP abkürzen) gehören zum Typ der Kurzzeitlerntests, d.h. sie werden auch nur in einer Sitzung durchgeführt, die in Langzeitlerntests übliche Trennung in eine Test- und Trainingsphase entfällt.

DP realisieren vor allem folgende im vorangegangen Abschnitt gekennzeichnete Trends: kognitionspsychologische Fundierung, Streben nach Lernprozeßanalysen, adaptives Testen, höhere ökologische Validität (näher in ihrem Aufbau am alltäglichen schulischen oder beruflichen Lernprozeß).

Hauptkennzeichen Diagnostischer Programme

(a) Exakte Beschreibbarkeit der objektiven Anforderungsstruktur des Gesamttests und seiner Bestandteile (Items) im Sinne der sog. task analysis (Brown & French, 1979) bzw. Kontentvalidierung (vgl. Klauer, 1978). Dies soll durch eine stärker grundlagenpsychologisch fundierte Testkonstruktion (vgl. Guthke, 1986) erreicht werden. Kognitionspsychologisch begründete Fehleranalysen für curriculare und nicht-curriculumbezogene Testaufgaben (vgl. hierzu auch Kormann, 1982a; Küffner, 1981; Schnotz, 1979; Ueckert, 1980) gewinnen eine größere Bedeutung gegenüber der einfachen Summierung der Richtig- bzw. Falschantworten in der herkömmlichen Intelligenztestauswertung.

Mit einer objektiven, theoriebezogenen Komplexitäts- bzw. Schwierigkeitsbestimmung der Testitems soll auch ein Ausweg aus dem circulus vitiosus der klassischen Schwierigkeitsbestimmung von Testitems gefunden werden, der da lautet:

Eine Aufgabe ist umso schwieriger, je weniger Personen sie lösen. Warum aber lösen sie nur wenige Personen? Weil sie eben schwieriger ist (vgl. Berg & Schaarschmidt, 1984)

(b) Sequentieller, möglichst hierarchischer Aufbau des Programms vom Einfachen zum Schwierigen bzw. Komplexen. Für diesen Aufbau sind primär nicht die rein statistischen Schwierigkeitsindizes der klassischen Testtheorie entscheidend, sondern die aus der oben erwähnten "task analysis" theoretisch abgeleiteten Komplexitätsgradbestimmungen. Meist werden bei den Anfangsaufgaben sog. Elementaroperationen getestet und bei Versagen gelernt, die dann auch bei den später folgenden Aufgaben wieder abgefordert werden - allerdings in immer komplexer werdenden Kombinationen.

(c) Im Diagnostischen Programm gibt es - wie in einem programmierten Lehrbuch bzw. wie in den computergestützten Intelligenten Tutoriellen Systemen (Mandl & Hron, 1987) - ständig Feedbacks und auf den individuellen Fehler abgestufte Hilfen mit dem Ziel, daß im Sinne der "mastery learning strategy" (Bloom) erst dann die nächstfolgende Aufgabe in Angriff genommen werden kann, wenn alle vorangegangenen Items vom Testanden selbständig oder mit Hilfestellungen (die massivste ist dann die Demonstration der Richtiglösung) gelöst wurden.

(d) Jedes Item und auch jede Hilfe hat in Diagnostischen Programmen sowohl eine Diagnostik- als auch eine Trainingsfunktion. Angestrebt wird also nicht nur die Feststellung eines Lerngewinns, sondern die Analyse des Lernverlaufs, in dem der Weg durch das Programm, der Zeitverbrauch an den einzelnen Stellen des Programms, Anzahl, Art und "Einsatzort" der benötigten Hilfen analysiert werden.

Bei den Bemühungen um die Validierung der DP kommen dann auch noch andere Trends der Intelligenzdiagnostik (s.o.) ins Spiel, wenn die Ergebnisse der DP mit den Resultaten in komplexen Problemlösungsaufgaben und mit sog. Basiskomponenten der Intelligenz in Verbindung gebracht werden (s.u.).

8 Verfahrensbeispiele für Diagnostische Programme und empirische Ergebnisse

In unseren Arbeitsgruppen wurden schon einige DP entwickelt und empirisch erprobt, allerdings bisher nur z.T. - vgl. *Adaptive Computergestützte Intelligenzlerntestbatterie*, (ACIL, Guthke et al., 1995) - auch für den praktischen Einsatz als Tests publiziert. In der kognitionspsychologischen Fundierung stützten wir uns vor allem auf die Erkenntnisse der "Berliner Schule" um Klix (1983a,b, 1984), aber auch auf amerikanische Arbeiten (s. weiter unten). Von Klix stammt die nachfolgende, auch unserer Übersicht über DP zugrundegelegte *Taxonomie geistiger Operationen*, die für intelligentes Handeln wesentlich sind:

(a) Das Erkennen von invarianten Strukturen (Merkmalen, Begriffen) über Mengen von Objekten. Das DP "Begriffsanaloges Klassifizieren" (vgl. Guthke & Löffler, 1983; Guthke, Wolschke, Willmes & Huber, 1992; Michalski, 1987) fordert diese Leistung, indem Kinder am Ende der 1. Klasse aufgefordert werden, im Sinne der "künstlichen Begriffsbildung" (Ach, Wygotski) aus Rückinformationen des VL zu lernen, welche Objekte aus einer Auswahlmenge in eine "Zielmenge" (z.B. alle großen Objekte, alle Dreiecke, usw.) transformiert wurden. Da der Test insbesondere auch für die Differentialdiagnostik bei Sprach- und Lerngestörten gedacht ist, folgt die nähere Schilderung des Verfahrens erst im Kap. III.2.

(b) Das Erkennen von invarianten Strukturen (Relationen, Regeln) über Folgen von Ereignissen. Hierzu zählen z.B. Zahlen- oder Figurenfolgentests (wie im LTS, s.o.), die als Diagnostische Programme im ACIL-Test (Guthke, 1995) "umgeformt" wurden, worüber weiter unten näher berichtet werden soll.

(c) Das Erkennen von Relationen zwischen verschieden repräsentierten Strukturen. Das DP "Syntaktischer Regel- und Lexikerwerb anhand einer Miniaturkunstsprache" (vgl. Guthke & Harnisch, 1986) soll Fremdsprachenlernfähigkeit vor allem bei Erwachsenen prüfen. Theoretische Fundierungen (die hier natürlich nicht dargestellt werden können) des DP beziehen sich auf psycholinguistische Arbeiten (von Chomsky, 1975 bis Bierwisch, 1982; Vollmer, 1982), auf die sog. Evolutionäre Erkenntnistheorie (Vollmer, 1981), auf Erkenntnisse der Psychologie der künstlichen Begriffsbildung (beginnend bei Ach & Wygotski, s.a. Klix, 1976), der Pädagogik und Psychologie des Zweitsprachenerwerbs und deren allgemeinpsychologischer

Grundlegung (Esser, 1982) sowie auf Erfahrungen mit dem Erwerb sog. Kunst-sprachen (Nagata, 1976). Im Test müssen Silben und Silbenkombinationen einer Kunstsprache mit geometrischen Figuren bzw. Figurenkombinationen einer anderen Sprache in Beziehung gebracht werden (s. Abb.II.10).

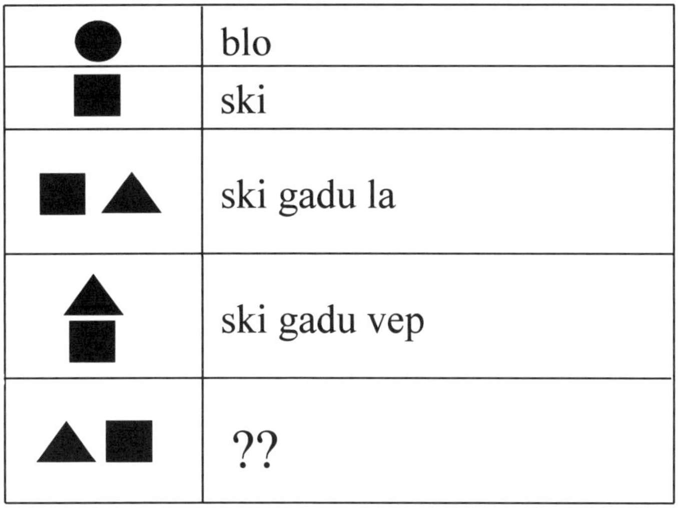

●	blo
■	ski
■ ▲	ski gadu la
▲ ■	ski gadu vep
▲ ■	??

Abbildung II.10: Beginn des Fremdsprachenlerntests "Syntaktischer Regel- und Lexikerwerb" (Guthke & Harnisch, 1986). In der fünften Zeile sollen die Probanden die passenden (sinnlosen) Silben durch Erkennen der "Lexik" und "Grammatik" eintragen bzw. nennen.

Die Schwierigkeit der Sätze wird ganz systematisch gesteigert, das einmal Erlernte wird in neuen Kombinationen mit neuen Elementen immer wieder geprüft, durch eine "Aufklapptechnik" werden die neuen Items dargeboten, die bereits bearbeiteten Items mit ihren Lösungen stehen aber gleichzeitig dem Testanden zur Einsicht und zum Vergleich zur Verfügung. Bei Versagen gibt es zwei standardisierte Hilfen, im "Notfall" wird die richtige Lösung vom VL gezeigt.
(d) Das Erkennen von Analogien zwischen relationsverknüpften Strukturen. Der Analogientest aus dem LTS (s.o.) wurde ebenfalls zu einem DP umgestaltet, worüber weiter unten berichtet werden wird. Basierend auf Scheiblechners (1972) Komponen-tenanalyse bei aussagelogischen Problemstellungen entwickelte Wohlrab (s. Guthke & Wohlrab, 1982) ein "Aussagenlogisches Programm". Hierbei müssen in einer

grafisch dargebotenen Beispielaufgabe logische Operationen (Negation, Konjunktion, Disjunktion) erkannt (s. Abb. II.11) und in einer Analogaufgabe auf eine neue Anforderung angewandt werden. Weiterhin kann die mehr kreative Komponente überprüft werden, indem die Schüler aufgefordert werden, selbst Aufgaben zu konstruieren und auch gleich zu lösen. In einem Computerprogramm kann sofort die Richtigkeit der selbst gestellten Aufgaben und Lösungen abgelesen werden.

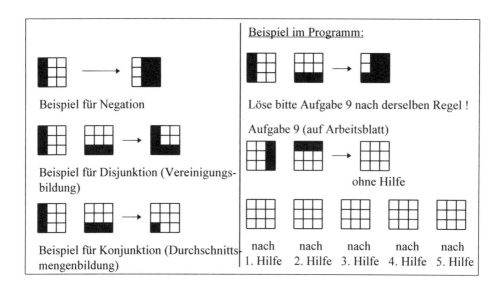

Abbildung II.11:   Grafische Darstellung von Logik-Aufgaben (s. Scheiblechner, 1972) und Beispielitem aus dem Test "Aussagenlogische Denkaufgaben" (Wohlrab, 1976)

Wir wollen jetzt über die Entwicklung adaptiver computergestützter Lerntests berichten, die auf dem inhaltlichen Konzept des oben (s. 3.1) dargestellten Langzeitlerntests "Schlußfolgerndes Denken" (LTS) beruhen, aber nun als Kurzzeit-Lerntests in der Form DP von Mitarbeitern der Forschungsgruppe Guthke (Fiebig, 1989; Räder, 1988; Stein, 1993) konstruiert wurden. Weitere Entwicklungen speziell für den Anwendungsbereich der klinischen Psychologie wurden in der Arbeitsgruppe Wiedl vorgenommen und werden in Kapitel IV.1 berichtet (vgl. Ackermann, Wiedl & Schöttke, 1992).

   Die erste Zielstellung bei der Entwicklung der Adaptiven Computergestützten Intelligenz-Lerntestbatterie (ACIL, Guthke, 1995, im Verlag Dr. Schuhfried als

Experimentalform publiziert) bestand in einer stärker theorie- und regelgeleiteten Itempoolkonstruktion im Sinne der *Kontentvalidierung* (s.o. und Kasten).

Die theoretischen Grundlagen der Itemkonstruktion der drei Subtests der ACIL (Adaptiven Computergestützten Intelligenz-Lerntestbatterie)

Subtest	Theoretische Grundlagen
Figurenfolgen	Strukturelle Informationstheorie (Buffart & Leeuwenberg, 1983; Räder, 1988)
Zahlenfolgen	Kognitionspsychologische Analysen der Zahlenfolgentests (Holzmann, Pellegrino & Glaser, 1983) und Strukturelle Informationstheorie (Fiebig, 1990)
Verbale Analogien	Fillmore-Grammatik und Klix & van der Meer (1978), Stein (1993)

Zunächst zum DP "Figurenfolgentest" bzw. dem Adaptiven computergestützten Figurenfolgentest (ADAFI), dessen Entwicklung ausführlich in Guthke et al. (1991) beschrieben wird. Figurenfolgentest sind ein beliebtes Paradigma der kognitionspsychologischen Forschung, wenn es um die Aufklärung kognitiver Prozesse bei Intelligenztestanforderungen geht (s. schon Simon & Kotovsky, 1963). Es wird hierbei oft auch auf sog. Produktionssysteme (Tergan, 1988) verwiesen. Nach Untersuchungen von Hunt & Poltrock (ref. in Ueckert, 1980) sind allerdings schon bei einfachen Figurenfolgen 82 Produktionsregeln zu identifizieren. Wir haben daher Zweifel, ob man diesen gewiß grundlagenpsychologisch wertvollen Ansatz auch für die praktische Itempoolkonstruktion und Testauswertung noch sinnvoll nutzen kann. In der innerhalb der Psychophysik von Buffart und Leeuwenberg (1983) ausgearbeiteten Strukturellen Informationstheorie fand sich ein etwas einfacher zu handhabendes Mittel zur Bestimmung der Komplexität von Figurenfolgenitems und auch zum systematischen Aufbau eines Itempools. Das Vorgehen wird im Detail in Guthke et al. (1991) beschrieben. Hier nur soviel:

Figurenfolgen verlangen - wie bereits oben ausgeführt - das Erkennen von invarianten Strukturen (Relationen, Regeln) über Folgen von Ereignissen, die hier auf der Repräsentationsebene - geometrische Figurationen - angesiedelt sind. Es geht um die Feststellung von Gleichheit oder Verschiedenheit von Merkmalen und Relationen, die als Basisoperationen für die meisten intelligenten Leistungen, besonders aber für solche des induktiven schlußfolgernden Denkens hervorgehoben werden (vgl. Klix, 1984b; Masendorf & Klauer, 1986). Die *Strukturelle Informationstheorie* (SI) versucht durch ein formalisiertes mathematisches Modell den sog. Informationswert einzelner Wahrnehmungsobjekte (z.B. Quadrat, Rechteck) zu bestimmen, um auf dieser Basis Wahrnehmungsvorgänge (wie z.B. optische Täuschungen, Wahrnehmungsbevorzugungen) besser erklären zu können. In dieser Kodierungssprache spielt die Feststellung sog. Identitäten, z.B. die Wiederholung von Strecken und Winkeln in einem Quadrat, eine wichtige Rolle. Dabei wird die Identität benachbarter und nicht benachbarter Elemente, die Umkehrung in der Reihenfolge der Elemente (reversal) und die Symmetrie als sog. Funktion bestimmt. Die Berechnung des Informationsmaßes beruht im wesentlichen auf der Anzahl der zur Beschreibung einer Struktur (sog. Endcode) notwendigen nichtidentischen Elemente, der Anzahl der Funktionen und der Anzahl der Wiederholungen einer Struktureinheit (Guthke et al., 1991). Es wurde geprüft, ob man mit Hilfe der SI nicht nur den Informationswert einzelner geometrischer Figuren, sondern auch den von Figurenfolgen beschreiben kann. Damit wäre ein Weg geebnet, um Items, Parallelitems und Hilfen nach den Regeln der task analysis und Kontentvalidierung (vgl. Klauer, 1987) theoretisch begründeter zu konstruieren. Jede Folge wird durch ein n-Tupel von Merkmalen kodierbar. Der Merkmalsraum wird in vorher festgelegten Dimensionen (Farbe, Form. Gestaltung) mit einzelnen Merkmalen (z.B. rot, grün bzw. Dreieck, Viereck) aufgespannt. In den Endcode gehen die einzelnen Merkmale (z.B. Anzahl der zu beachtenden Farben), deren Wiederholung und Symmetrie ein. Der sich aus der Summation der einzelnen Parameter ergebende Informationswert spiegelt objektiv den *Informationswert* einer Folge wieder. Auf diese Art und Weise wurden zunächst rein theoretisch Figurenfolgen konstruiert und der Komplexität nach im DP angeordnet, wie dies gefordert ist (s.o.) und erst danach der Zeitverbrauch und die statistische Schwierigkeit der Items bestimmt. Dabei wurde eine sehr hohe Übereinstimmung (Korrelationen um .90) zwischen theoretisch bestimmten Komplexitätsmaßen (Informationswert) und subjektiven statistisch bestimmten Schwierigkeitsindizes bzw. Zeitverbrauch bis zur Lösung festgestellt. Mit Hilfe der SI konnten auch sehr zuverlässig die am häufigsten vorkommenden Fehlertypen prognostiziert werden. All dies spricht für den hier gewählten Weg zur theoriegeleiteten Itemkonstruktion, obwohl auch noch andere Wege denkbar sind.

Besonders interessant war auch die Frage, ob auch bei Zahlenfolgentests, die ebenfalls seit einigen Jahren Gegenstand kognitionspsychologischer Mikroprozeßanalysen sind (vgl. vor allem Holzmann, 1982; Krause, 1985), die SI anwendbar ist. In der Dissertation von Fiebig (1989) wird erstmals dieser Nachweis erbracht, wobei die Holzmann-Befunde nur z.T. bestätigt werden konnten. Auch bei Zahlenfolgen ist wie bei Figurenfolgen die Reduktion der Komplexität einer gegebenen Informationsmenge die wesentliche Komponente des Problemlösungsprozesses (s. auch Klix, 1983, der diese Vereinfachungsleistung als ein Hauptkriterium begabten Handelns bezeichnet).

Die "Vereinfachungsleistung" läßt sich wiederum durch die Berechnung eines Endcodes "operationalisieren", wobei nun die überhaupt verwendeten Zahlen einer Folge und die Relationen - ausgedrückt in Operationen bzw. Operationsfolgen - zwischen diesen Zahlen die relevanten "Bestimmungsstücke" darstellen. Als *schwierigkeitsbestimmende Dimensionen* ließen sich auch in Anlehnung an Holzmann die "Tiefe des Suchraumes" und der "Grad der Unbestimmtheit der Suchrichtung" nachweisen. Der auf dieser Grundlage konstruierte Test (der sog. AZAFO, Adaptiver Zahlenfolgentest) besteht aus 4 Aufgabenkomplexen, die auf diesen beiden Dimensionen und deren Kombination beruhen. So erwies sich auch in unseren Untersuchungen die Anforderung, eine Operation auf einer anderen Operation durchzuführen (z.B. in der Folge 36,34,30,22... ist eine Subtraktion erforderlich und darüber hinaus muß der Subtrahend mit zwei multipliziert werden), als besonders schwierig. Sowohl bei Figuren- als auch bei Zahlenfolgentests war generell die Anzahl der zu beachtenden Elemente bzw. Relationen eine sehr entscheidender schwierigkeitsbestimmender Faktor, so daß z.T. hohe Anforderungen an das Arbeitsgedächtnis gestellt werden. Deswegen verwundern auch die - allerdings in dieser Höhe nicht erwarteten - Korrelationen der Tests mit Tests des Kurzzeitgedächtnisses nicht weiter (s. weiter unten).

Für den dritten Untertest - verbale Analogien -, bei dem die Rolle des deklarativen Wissens und des Langzeitgedächtnisses beträchtlich zunimmt, wurde erst gar nicht versucht, die SI anzuwenden. Auch der Sternberg'sche Ansatz (Sternberg, 1985), mit Hilfe der sog. Dekompositionsmethode und Messungen im Millisekundenbereich eine Mikroprozeßanalyse des Analogienlösens zu ermöglichen, schien für unser praktisch-diagnostisches Anliegen wenig brauchbar, da zu aufwendig. Hinzu kommen Bedenken, ob die unter sehr restriktiven Laborbedingungen und bei hochtrainierten studentischen Vpn gewonnenen Resultate überhaupt so generell gültig sind. Dies gilt in gewissem Maße auch für die in der Forschungsgruppe Klix und van der Meer (1978) gewonnenen Modellvorstellungen und Resultate zum Analogienlösen (s. kritisch hierzu Hölzli, 1983). Trotzdem orientierte sich Stein (1989, 1993) beim Aufbau des Itempools vor allem an diesem u.E. sehr fruchtbaren Ansatz mit der Grobunterteilung in zwischenbegriffliche und innerbegriffliche Relationen und deren weiterer Untergliederung gemäß der in der Psycholinguistik (*Fillmore-Grammatik*) entwickelten Taxonomie. Dabei wird theoretisch ein in Abhängigkeit vom Relationstyp und dessen Stelligkeit (z.B. einstellige Kontrastrelation gegenüber zweistelliger Komparativrelation) unterschiedlich hoher Erkennungsaufwand (gemessen vor allem mit Reaktionszeiten bei Analogieakzeptierungsaufgaben) angenommen. Steins Untersuchungen erbrachten eine nicht so ideale Übereinstimmung wie bei den Zahlen- und Figurenfolgen zwischen theoretisch abgeleiteten und statistisch empirisch gewonnenen Schwierigkeitsindizes für die Aufgaben. Dies liegt wohl daran, daß bei den Analogien die individuelle Ausformung des Langzeitgedächtnisses eine sehr wesentliche Rolle spielt. Wenn z.B. ein Kind einen bestimmten Begriff in der theoretisch sehr einfachen Kontrastrelationsanalogie nicht oder nur sehr unscharf kennt, ist diese Aufgabe eventuell nicht lösbar. Zum anderen muß man auch bedenken, daß die von den Allgemeinpsychologen unter Laborbedingungen bei Analogieakzeptierungsversuchen vorwiegend an Studenten gewonnenen "Schwierigkeitsmaße" nicht ohne weiteres auf alle Zielpopulationen und auf übliche Analogietests mit den Analogiebildungsaufgaben übertragbar sind. Trotzdem gelang eine annähernd mit allgemeinpsychologischen Erkenntnissen in Übereinstimmung zu bringende Ordnung der Items im Test ADANA (Adaptiver Analogientest, s. Stein, 1993).

Bei allen drei hier vorgestellten DP ist also gegenüber bisherigen Intelligenz- aber auch Lerntests, die lediglich eine Registrierung eines Statuswertes bzw. eines Lerngewinnes erlaubten (einfache Anzahl der Richtiglösungen, benötigten Hilfen usw.), auch eine qualitative, auf einer *theoretisch begründeten Taxonomie* beruhende Auswertung der Lösungen möglich. Gleichzeitig ist damit auch die Grundlage geschaffen für eine sinnvolle Sequenzierung der Testitems (entsprechend der Forderung nach einem hierarchischen Aufbau von DP, s. 7.) und für die Gestaltung der Lösungshilfen.

Wie erfolgt nun die eigentliche Testadministration? Es wurde versucht, das Lerntestkonzept mit der *Idee des adaptiven Testens* (s. 6.) und der *Technik des computergestützten Testens* (s. Guthke & Caruso, 1989; Jäger, 1991; Weiss, 1985) in Verbindung zu bringen, um sowohl eine größere Zeitökonomie als auch eine größere Individualisierung in Testung und Training zu erreichen. Die nähere Schilderung des Vorgehens entnimmt der besondere interessierte Leser wieder dem bereits erwähnten Zeitschriftenbeitrag (Guthke et al., 1991). Am Beispiel des ADAFI soll hier das grundsätzliche Vorgehen kurz dargestellt werden.

Bei der Realisierung des Prinzips des adaptiven Testens orientierten sich die Autoren nicht primär - wie in den bisherigen Studien zum adaptiven Testen - an den "klassischen" Schwierigkeitsindizes, sondern an den theoretisch abgeleiteten Komplexitätsniveaus (s.o.). Bei Verzweigungen des Programms und bei den Hilfestellungen entscheidet der Typ des jeweils gemachten Fehlers über die nachfolgenden Items bzw. Hilfestellungen. Außerdem wird nicht - wie sonst empfohlen - mit Items begonnen, die einen mittleren Schwierigkeitsgrad aufweisen (ein solches Vorgehen läßt übrigens häufig auch die angestrebte Testzeitverkürzung und Verbesserung der Testmotivation wieder verloren gehen - vgl. Wild, 1985), sondern das DP beginnt mit den leichtesten Aufgaben. Die Aufgabenreihung erfolgt nach den vorher theoretisch bestimmten Komplexitätsgraden, z.B. nach Informationswerten innerhalb

Abbildung II.12:

Graph der Verzweigungsstruktur des Adaptiven Figurenfolgenlerntests (ADAFI, Guthke et al. 1991)

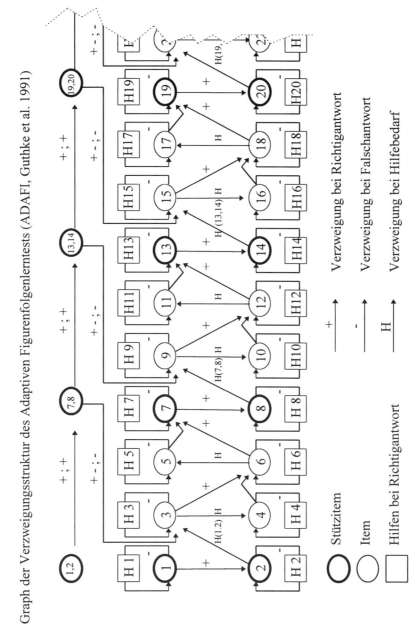

der einzelnen Komplexitätsstufen,die sich ihrerseits wieder unterscheiden (z.B. sind nur eine Dimension oder 2 bzw. 3 Dimensionen zu beachten).

Im ADAFI sieht nun die sog. *Verzweigungsregel* wie folgt aus (s. Abb. II.12). Der Testand muß zunächst die Aufgaben 1 und 2 bearbeiten. Werden beide Aufgaben gelöst, können die Aufgaben 3 und 6 übersprungen werden, und das Computerprogramm zeigt die Aufgaben 7 und 8, die den Abschluß des Komplexitätsbereiches 1 (nur eine Dimension zu beachten, z.B. Form oder Farbe) bilden. Werden auch die Items 7 und 8 richtig gelöst, kann der nächste Sprung zu den Aufgaben 13 und 14 erfolgen, die sich bereits im Bereich 2 (zwei Dimensionen - Farbe und Form - sind zu beachten) befinden. Solche "Sprünge" zu den sog. *Zielitems* (in der Abbildung doppelt umrandet und noch einmal oben aufgeführt) gestatten also sehr leistungsfähigen Schülern ein schnelles Durcharbeiten des Tests bis zum letzten Zielitem 32 (aus Platzgründen wird in der Abb. II.12 der 3. Komplexitätsbereich nicht mehr dargestellt). Versagt ein Proband bei den "Doppel-Zielitems" (d.h. löst es auch nur eine Aufgabe nicht richtig), dann bekommt es zunächst keine Hilfe, sondern das Programm geht zurück auf leichtere Aufgaben. Wird z.B. Aufgabe 7 oder 8 nicht gelöst, dann wird das leichtere Item 3 appliziert. Versagt er auch hier, werden Hilfen gegeben, und daraufhin erfolgt nochmals die Vorgabe eines Items mit gleichem Informationswert (Nr. 4). Löst er Item 3 gleich richtig, bekommt er sofort das schwierigere Item 6 vorgesetzt und bei dessen richtiger Bearbeitung kommt dann der Proband erneut zu den Zielitems 7 und 8. Hat er jetzt wiederum Schwierigkeiten mit der Lösung, bekommt er nun ein abgestuftes Hilfensystem (s.u.) vorgelegt, bis er zu richtigen Lösung gelangt. Er kann aber nicht mehr zu den nächsten Zielitems (13, 14) springen, sondern muß den leichteren, aber längeren Weg über die Items 9 und 12 (bei Versagen hier auch über 10 und 11) gehen. Es gibt also sehr viele unterschiedliche Wege durch das Programm, sehr schnelle und sehr langsame, je nach sich im Testablauf abzeichnender Leistungsfähigkeit, immer wieder die Chance bietend, bei Versagen nochmals bei leichteren oder gleichschwierigen Items bzw. durch Hilfen das Lösungsprinzip zu erlernen. Das *Hilfensystem*, das hier nicht im Detail dargestellt werden kann, ist bei den drei Tests natürlich unterschiedlich gestaltet. Kennzeichnend ist aber für alle Hilfensysteme, daß die Hilfen jeweils auf den Typ des gemachten Fehlers Bezug nehmen. So wird z.B. im ADAFI darauf reagiert, welche Dimension der Testand bei seiner Falschantwort nicht beachtete. Diese Dimension wird dann in einer "abgerüsteten" neuen Aufgabe isoliert dargeboten (s. Abb. II.13), so daß die Lösungseinsicht erleichtert wird.

Bei jeder Wahl des Probanden springt die jeweils ausgesuchte Antwort (Distraktor) in die Lücke der Folge. Gleichzeitig wird die Rückkopplung "falsch oder richtig" gegeben.

Aufgabe:

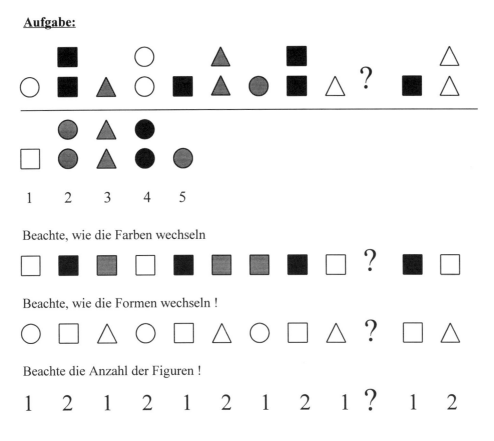

Beachte, wie die Farben wechseln

Beachte, wie die Formen wechseln !

Beachte die Anzahl der Figuren !

Abbildung II.13: Hilfen bei Fehlern im ADAFI

Der Testand hat bei diesen DP nicht so sehr das Gefühl, daß er nur geprüft wird, sondern daß ihm durch das Programm auch etwas Neues beigebracht wird, so daß er also nach Absolvierung des Programms eine Sache besser beherrscht als vorher. Dieser Eindruck täuscht auch nicht. Es wurde nämlich festgestellt, daß die objektiv schwierigsten Items am Ende des Programms - zumindest bei Normalintelligenten - keinesfalls am schlechtesten gelöst werden, wie das bei einer üblichen rein konstatierenden Testdurchführung der Fall ist. Der Lerneffekt wird auch darin deutlich, daß in Vergleichsstudien das im Durchschnitt 40 Minuten dauernde Computerprogramm denselben Lerneffekt erzielte wie das 90 Minuten in Anspruch nehmende programmierte Lehrbuch des LTS (s.o.).

Bei den DP kann man die *Anzahl der Hilfen*, die sog. *Schrittzahl* (Hilfen plus beanspruchte Aufgaben) und den *Zeitverbrauch* als erste grobe Auswertungsparameter benutzen, wobei sich bisher die Schrittzahl (vgl. Hochmann, 1991) als der gültigste Indikator erwies.

Im Sinne der inneren Validierung ist der Befund zu werten, daß der Hilfenverbrauch im ADAFI mit einem Intelligenzstatustest "Figurenfolgen" (Prätest des LTS 3) nur mit .41 korrelierte, dagegen mit .67 mit dem Posttest des LTS (N = 49). Ganz ähnliche Befunde erhielt Fiebig (1989) beim AZAFO (s. auch Brendel, 1992).

Auch bei der Außenvalidierung (Korrelationen mit Zensuren und Lehrerurteilen) erreichten die DP nicht nur höhere Werte als die Intelligenztestpendants, sondern auch ebenso hohe Werte wie die viel zeitaufwendigeren Langzeitlerntests (LTS, s.o.). Als Beispiel mögen die bereits weiter oben berichteten Ergebnisse stehen, die Stein (1993) erhielt, als er den ADANA mit Zensuren und Lehrerurteilen korrelierte (s.o. Tab. II.3) und mit dem IST-Analogientest verglich. Die Partialkorrelationen zeigen, daß der Lerntest dem Statustest tatsächlich eine neue Information hinzufügt.

Im Sinne der Konstruktvalidierung ist auch das Ergebnis zu werten, daß hypothesengemäß Maße für das Kurzzeitgedächtnis (besonders bei etwas komplexeren Anforderungen wie z.b. in Süllwolds 4-Feldertest, s. Süllwold, 1964; Guthke, 1977) sehr hoch mit dem ADAFI (.62 bei N = 4 9) korrelierten.

An anderer Stelle (vgl. Guthke & Caruso, 1987; Guthke et al., 1991) wurde ausführlicher auf das hypostasierte Beziehungsgeflecht von Lerntests und Statustests einerseits und Basiskomponenten der Intelligenz (s. hierzu II.6) andererseits eingegangen. Dabei spielen die inhaltlichen Anforderungen eine wesentliche Rolle - für Zahlen- und Figurenfolgen wird auf Grund der Anforderungsanalyse eine höhere Relevanz des Arbeitsgedächtnisses vermutet als für Analogien - aber auch die Testprozedur. Für Lerntests erwarten wir höhere Korrelationen als für Statustests, da sowohl Lerntests als auch Basiskomponententests eine größere Anlagedeterminiertheit aufweisen sollen (s. Oswald & Roth, 1978) als herkömmliche Intelligenztests. Diese noch sehr spekulative Hypothese wurde z.T. bestätigt (s. Guthke & Caruso, 1987; Guthke & Stein, 1995), z.T. aber auch nicht bestätigt bzw. ist sie nur als Tendenz nachweisbar. Allerdings läßt sich für diesen Befund, sollte er sich auch weiterhin bestätigen, möglicherweise auch eine Alternativerklärung finden. Die Top-Down-Ansätze (vgl. Neubauer, 1993) zur Erklärung der oft festgestellten positiven Beziehungen zwischen Basiskomponenten und komplexen Intelligenztests gehen davon aus, daß vermittelnde Faktoren - wie höhere Motivation und Konzentration, metakognitive Kompetenzen und vor allem größere Lernfähigkeit der Höherintelligenten - die Korrelation verursachen. Höher Intelligente würden also die Instruktion der "Basalkomponenten-Tests" leichter begreifen und die ihnen gestellten Aufgaben über die einzelnen Teilversuche hinweg (z.B. bei Reaktionszeitmessungen oder auch beim Vierfeldertest) schneller erlernen. Da aber nun Intelligenzlerntests noch stärker als Intelligenzstatustests diese Lernkomponente erfassen, ließen sich hierdurch auch die höheren Korrelationen zum Lerntest im Vergleich zum Statustest erklären.

Wichtiger erscheint uns noch für die Konstruktvalidierung von DP die Beantwortung der Frage, ob DP den Erfolg von der Testung nachfolgenden *Wissenserwerbsprozessen* vorhersagen können (s. auch unsere Forderungen unter 5.) Das DP "Syntaktischer Regel- und Lexikerwerb" (Guthke & Harnisch, 1986; s. auch weiter oben) wurde bei ausländischen Studierenden eingesetzt, die vor der Aufnahme ihres Studiums in Deutschland einen Jahreskurs "Deutsch" zu absolvieren hatten. Die vor Beginn des Kurses erhobenen Testbefunde (Testverlaufscluster) stimmten überraschend gut mit der nach einem Jahr erfolgten Leistungseinschätzung durch die Deutsch-Lehrer überein (s. Tab. II.5).

Tabelle II.5: Vorhersage der Bewährung beim Deutschunterricht durch die Leistungen im Fremdsprachenlerntest (Kontingenztafel)

Cluster (Testverläufe)	Leistungskategorien		
	1	2	3
1	2 (12,5 %)	2 (16,7 %)	*11 (91,7 %)*
2	3 (18,8 %)	*9 (75,0 %)*	1 (8,3 %)
3	*11 (68,8 %)*	1 (8,3 %)	0 (0,0 %)

richtig klassifizierte Fälle: 77,5 %

In einer Diskriminanzanalyse erwies sich der Raven-Test (es konnten wegen der mangelnden Deutsch-Kenntnisse zu Beginn des Kurses nur sprachfreie Verfahren eingesetzt werden) als wenig prädiktiv. Die Korrelationen waren sehr gering, obwohl rein von der inhaltlichen Anforderung her doch ähnliche Aufgaben gestellt werden

wie im DP Syntaktischer Regel- und Lexikerwerb. Dagegen waren der Fremdsprachenlerntest und der ZVT (Oswald & Roth, 1978) sehr gute Prädiktoren. Beim ZVT
war es besonders auch der Trend zwischen den Einzelversuchen (also auch eine Art
Lerntest), der zwischen den Leistungsgruppen gut differenzierte. Zur Zeit wird im
Sinne einer Kreuzvalidierung der Befunde an amerikanischen Austauschstudenten
geprüft werden, ob auch bei dieser neuen Zielgruppe die überraschend hohen
prognostischen Gültigkeitskennwerte (sie lagen bei .60, während ansonsten in der
Spezialliteratur nur Werte zwischen .30 - .50 als üblich angegeben werden) bestätigt
werden können. Die ersten Befunde an einer Stichprobe von 60 Studenten/innen
ergaben bei dieser im Unterschied zur ersten Untersuchung (vgl. Guthke & Harnisch,
1986) hoch ausgelesenen Stichprobe etwas geringere, aber immer noch befriedigende
prognostische Gültigkeitskoeffizienten. Interessant war vor allem auch, daß der
Lerntest hypothesengemäß nur relativ gering mit dem Prätest (vor Beginn des
Deutsch-Kurses erhobene Kompetenz in der Deutschen Sprache) korrelierte, dagegen
sehr deutlich (.48) mit dem mittels Lander-Modell (s. Kap. V) berechneten Verände-
rungswert zwischen Prä- und Posttest nach 6 Monaten Deutsch-Unterricht.

Innerhalb eines gemeinsam von der Bonner und Leipziger Universität bearbeiteten
Forschungsprojekts (s. Beckmann, Funke & Guthke, 1993) wurde der Frage nachgegangen, in welchem Zusammenhang Intelligenzstatustests und Lerntests auf der
einen Seite und die Ergebnisse bei *komplexen Problemstellungen* auf der anderen
Seite stehen. Die Hypothese lautete, daß Lerntests mit den Ergebnissen in komplexen
Problemstellungen höher korrelieren müßten als Statustests, da beide neuen Ansätze
gegenüber den traditionellen Intelligenztests höhere *ökologische Validität* bean-
spruchen und auch in der Testprozedur größere Ähnlichkeiten aufweisen (vgl.
Ermöglichung von Lernen während des Testprozesses durch eingebaute Rückinformationen sowohl in Lerntests als auch in den Computerszenarios mit komplexen
Problemstellungen). Die bisher referierten Befunde über den Zusammenhang von
Testintelligenz und Problemlösen sind sehr widersprüchlich (s. Beckmann & Guthke,
1994). Sie reichen von Nullkorrelationen über sehr mäßige Korrrelationen bis hin zu
relativ hohen Korrelationen. Verantwortlich dafür sind die Nutzung ganz unterschiedlicher Problemstellungen (z.B. im Hinblick auf deren Transparenz) und Intelligenztests, mangelnde Klärung der Bestimmung der Problemlösungsgüte (Funke,
1992) und ungenügende Reliabilität der Problemlösungsparameter. Es scheint sich
aber wohl doch die Auffassung durchzusetzen, daß bestimmte Faktoren der Testintelligenz (vor allem reasoning bzw. Verarbeitungskapazität im Jäger'schen Modell,
vgl. Jäger, 1984) in engerer Beziehung mit den Leistungen in komplexen Problem-
lösungsstellungen stehen (vgl. Hussy, 1985; Jäger, 1991) als ursprünglich angenommen. Hieraus ergab sich daher folgende Fragestellung: Lassen sich Gemeinsamkeiten
zwischen Lerntestanforderung und den *Anforderungen komplexen Problemlösens*

finden, die nicht schon durch die Statusintelligenz aufklärbar sind? Ist der in komplexen Problemstellungen feststellbare Wissenserwerbsprozeß stärker durch Lerntests als durch Statustests prädizierbar?

Zur Beantwortung dieser Fragestellung wurden auf Seiten der Lerntests die DP AZAFI und ADANA eingesetzt, auf Seiten der komplexen Problemstellungen die von Funke (1984; 1992) konzipierten und mit seinen Mitarbeitern realisierten sog. Dynamis-Arbeiten. Ihnen liegen dynamische, zeitdiskrete Systeme zugrunde, deren Verhalten sich durch lineare Gleichungssysteme der folgenden Art beschreiben läßt:

$Yt+1 = A* Xt + B * yt.$,

wobei x,y = Vektoren von exogenen (vom Probanden direkt beeinflußbar) und endogenen Variablen (ändern sich unter dem Einfluß der exogenen Variablen und in Abhängigkeit vom eigenen Zustand zu einem vorhergehenden Zeitpunkt, sog. Eigendynamik)

A, B = Gewichtungsmatrizen

t = Zeitindex (s. Funke, 1992, S. 14)

Das von Beckmann konstruierte, computergestützt dargebotene und ausgewertete System "Maschine" besteht aus jeweils 3 exogenen und 3 endogenen Variablen, bei denen die Existenz endogener Nebenwirkungen ausgeschlossen ist, d.h. die Wirkung endogener Variablen auf andere endogene Variablen. Es ergibt sich damit ein Maximum von 12 möglichen Wirkungen in diesem System. Davon sind 6 im System realisiert. Die Eigendynamik führt zu Zustandsveränderungen unabhängig von den exogenen Variablen von Zeitpunkt t 1 zu Zeitpunkt t 2. In der Wissenserwerbsphase (Explorationsphase) soll nun der Proband durch gezielte Veränderung der exogenen Variablen und Beobachtung der Konsequenzen auf die Systemzustände die vorgegebene Zusammenhangsstruktur, die in Abb. II.14 dargestellt ist, erkennen.

Es werden 21 Explorationszeittakte vorgegeben. In der anschließenden Steuerphase (über 7 Zeittakte) soll ein mitgeteilter, genau definierter Zielzustand (bezogen auf die endogenen Variablen) erreicht und beibehalten werden (Festwertregelung). Auf dem Computerbildschirm werden die jeweils erreichten Zustände der systemimmanenten Variablen in Form von Verlaufsdiagrammen dargeboten.

Die Qualität des erworbenen Wissens wird durch die Erfassung der subjektiven Kausalmodelle sichtbar gemacht. Die Probanden werden deswegen vom Computer fortlaufend befragt, welche Relationen bzw. Nicht-Relationen zwischen den exogenen und endogenen Variablen sie nun auf Grund der Folgen ihrer Eingriffe vermuten. Das so erzeugte *Kausaldiagramm* bleibt permanent auf dem Bildschirm, es dient als externes Gedächtnis zur weiteren Qualifizierung der Explorationsstrategie. In Anlehnung an Modelle der Signalentdeckungstheorie - es müssen bestehende Relationen und nicht bestehende Relationen erkannt werden (so daß es Treffer-hits und falsche Alarme gibt) - wird ein *Sensitivitätsmaß* bestimmt: P_r = Hit - Falscher Alarm. Den Probanden fiel es übrigens besonders schwer, nicht bestehende Relationen auch als solche zu erkennen.

Es wurden 40 Schüler/innen 8. Klassen untersucht. Das Niveau des Wissenserwerbs wurde durch den Pr-Wert bestimmt, der dann mit Intelligenzstatustests (LTS-Prätest, IST-Analogien) und Lerntestpendants (ADAFI bzw. ADANA) korreliert wurde. Die Tab. II.6 zeigt die Ergebnisse.

Tabelle II.6: Korrelationen zwischen Intelligenzstatustests vs. Lerntests zu Wissenserwerb- und Steuerparametern im komplexen dynamischen System „Maschine" (Beckmann, 1994)

1. Komplexes Problemlösen (Stichprobe: N=40; Altersdurchschnitt: 14;3 Jahre)		
Variablen	Wissenserwerb	Steuerung
Intelligenzstatus	0.13	0.30*
1) Analogien IST	0.07	0.32*
2) Figurenfolgen LTS-Prätest	0.11	0.36
Lerntest		
1) Analogien ADANA	0.36*	0.50**
2) Figurenfolgen ADAFI	0.42**	0.39*
Lerntest-Gesamtwert	0.52	0.57**

Anmerkung: * $p < 0.05$
            ** $p < 0.01$

Hypothesengemäß korrelierten die Lerntests mit den Wisssenserwerbsparametern, während die Statusintelligenztests nicht nur - wie erwartet - niedrigere Korrelationen, sondern überhaupt keine signifikante Korrelation zeigten. Damit scheint es sich bei der Korrelation von Wissenserwerbs- und Lerntestleistung um statusunabhängige Varianzanteile des Lerntestparameters zu handeln (vgl. Beckmann, 1994). Da bei beiden Lern- bzw. Intelligenztests die gleichen Tendenzen registriert werden konnten, dürfte unser Befund im gewissen Maße als "kreuzvalidiert" gelten. Bei der Steuerleistung gibt es eine signifikant positive Korrelation sowohl zu Intelligenz-status- als auch zu Lerntests, wobei die Lerntests allerdings eine noch etwas deutli-chere Beziehung - zumindest in der Tendenz (nicht signifikant) - erkennen lassen. Die hier berichteten Ergebnisse wurden im Sinne einer Kreuzvalidierung auch an einer studentischen Stichprobe repliziert (Beckmann, 1994).

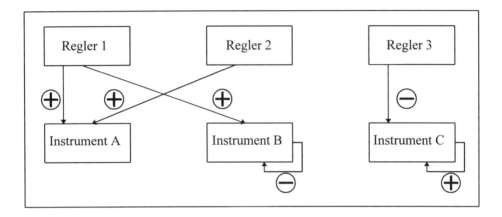

Abbildung II.14: Zusammenhangsstruktur des Systems „Maschine"
(Beckmann, 1994)

Die angestrebte Verlaufs- bzw. Prozeßanalyse in DP erwies sich schwieriger als zunächst erwartet. Es läßt sich errechnen, daß z.B. im DP ADAFI mehr als 200 Millionen unterschiedliche Wege durch das Programm möglich sind. Durch Anwen-dung der Clusteranalyse auf beobachtete Verläufe wurde zunächst explorativ versucht, gewisse "Verlaufstypen" zu extrahieren, indem der Hilfenverbrauch in den einzelnen Komplexitätsstufen des DP ADAFI bzw. AZAFO als Grundlage diente. Da die Komplexitätsstufen unterschiedliche Schwierigkeiten aufweisen und daher im Durchschnitt auch unterschiedliche Anzahlen von Hilfen erfordern, wurden die Werte für den Hilfenverbrauch durch die Berechnung von z-Werten für die 3 Komplexitätsstufen standardisiert.

Abbildung II.15 zeigt die gewonnenen Verlaufscluster. Bei verschiedenen Stich-proben und unterschiedlichen Clusterlösungen unterscheiden sich die Ergebnisse nur unwesentlich (s. Guthke et al., 1991). Es lassen sich immer wieder interessanterweise

Cluster von Personen feststellen,die im ersten Komplexitätsbereich auf gleichem Niveau starten (in Abb. II.15 Cluster 4 und 5), dann aber am Ende des Tests sich deutlich unterscheiden, also bei gleicher Anfangsleistung unterschiedliche Lernfortschritte zeigen. Umgekehrt gibt es Cluster mit gleichem Endniveau, aber differenten Ausgangswerten. Für die zukünftige Forschung ist es nun eine interessante Aufgabe, die diagnostische Relevanz solcher Prozeßverläufe zu erkunden, wobei es außerordentlich schwierig sein dürfte, externe Validierungskriterien für diese Verläufe zu finden.

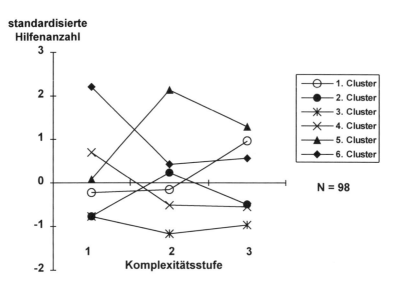

Abbildung II.15: Verlaufscluster im Adaptiven Figurenfolgetest (ADAFI, Guthke et al., 1991)

Die Idee des DP wurde auch bereits bei curricularen Stoffen umgesetzt, so z.B. von Müller (1978) für Bruchrechnen und Judina (1973) für einen Grammatik-Lehrstoff. Die sog. Förderdiagnostik (s.o. und Kap. III.1), die eine stärkere Verbindung zwischen Diagnostik und (pädagogischer) Intervention anstrebt, propagiert Vorgehensweisen, die in der Zielstellung, aber nicht in der psychometrischen Ausrichtung und Standardisierung dem Konzept des DP sehr nahekommen.

9 Zusammenfassung und abschließende Bemerkungen

Obwohl bekanntlich die Intelligenzdiagnostik zu den am meisten ausgebauten und nach Meinung vieler Experten zu den fundiertesten Bereichen der Psychodiagnostik zählt, kritisieren nicht wenige Theoretiker und Praktiker (s. hierzu die neueste Umfrage von Schorr, 1994 unter Praktikern) seit jeher und bis heute die Methodik der Intelligenztestung und die gebräuchlichen Intelligenztestverfahren. Im Einleitungsabschnitt wurde anhand der Diskussion der Pro- und Kontraargumente für die DTD als Alternative bzw. besser Ergänzung der üblichen Intelligenzstatustests begründet, warum die DTD trotzdem zunächst im Intelligenzbereich ihre erste und auch heute noch wohl weiteste Verbreitung gefunden hat - vor allem auch in Gestalt des nichtpsychometrisch orientierten Learning Potential Assessment Device nach Feuerstein und im psychometrisch orientierten Lerntestkonzept. Die Autoren dieses Buches sprechen sich mehr für das Lerntestkonzept aus und unterstreichen daher ihre psychometrische Orientierung, da nur diese u.E. eine wissenschaftliche Überprüfung der „neuen Verfahren" gegenüber den traditionellen Tests erlaubt und darüber hinaus wie bei den „üblichen" Tests eine objektive (standardisierte) Durchführung gestattet sowie keine zeitaufwendige und viele Erfahrungen voraussetzende Einarbeitung in die Testprozedur erfordert. Die Feuerstein-Schule und in Deutschland die sog. Förderdiagnostik betonen aber mit Recht, daß herkömmliche Intelligenztests zu wenig individualisiert, prozeßorientiert und förderungsorientiert sind. Als „Muttermale" des herkömmlichen Intelligenztests wiesen die ersten „Intelligenz-Lerntests", deren Items noch eng an traditionelle Verfahren (z.B. Raven, Untertests des IST-Amthauer) angelehnt waren, auch die ungenügende theoretische Fundierung des Itempoolaufbaus und die rein quantitative Auswertung (allerdings bei Orientierung auf die zusätzliche Erfassung eines Lerngewinns) auf. Mit der neuen Verfahrensvariante der Diagnostischen Programme, die das Prinzip des adaptiven Testens und die Bestimmung der Kontentvalidität über eine exaktere Beschreibung der Itempoolkonstruktion mit dem Lerntest verbindet, wird eine höhere Individualisierung der Testung und der eingebauten „Fördermaßnahmen" (Feedbacks, auf die Fehler abgestimmte Hilfen und Zusatzaufgaben) erreicht. Diese Kurzzeitlerntests sind beträchtlich zeitökonomischer als die ursprünglich vorgeschlagenen Langzeit-Lerntests mit dem Versuchsplan Prätest-Training-Posttest, da sie nur noch eine Testsitzung erfordern und darüber hinaus in der Regel vom Computer appliziert und ausgewertet werden. Die bisher nur zögerliche Aufnahme des Lerntestgedankens in der diagnostischen Praxis wurde wohl vor allem auch dadurch bedingt, daß die angebotenen (Langzeit-)Lerntests zu zeitaufwendig und zu umständlich in der Handhabung sind. Kritiker bemängelten auch, daß die bisherigen Validitätsuntersuchungen noch nicht überzeugend genug die Überlegenheit der Lerntests gegenüber den Statustests nachgewiesen haben. Die in diesem Kapitel referierten Untersuchungen zeigen nun zwar, daß in der Regel die Lerntests gegenüber den Intelligenzstatustestpendants etwas bessere konkurrente und prognostische Gültigkeitswerte zeigen, daß die Differenzen aber für die Gesamtgruppe gesehen relativ gering sind. Allerdings zeigen sich schon größere Unterschiede der Validitätskoeffizienten zugunsten der Lerntests bei den Leistungsschwachen. Wesentlicher aber als die fragwürdige Validierung von Tests an fragwürdigen Außenkriterien wie Zensuren und Lehrerschätzurteile dürfte der Versuch zur Konstruktvalidierung sein. Die in diesem Kapitel berichteten Befunde hierzu lassen u.a. erkennen, daß Lerntests offenbar eine fairere Einschätzung der Leistungspotenzen von „Unterprivilegierten" erlauben, nicht so sehr durch leistungsbeeinträchtigende (Angst, Stressempfindlichkeit) als durch leistungsfördernde (Erkenntnisinteresse, reflexiver Arbeitsstil) Persönlichkeitseigenschaften beeinflußt werden, durch unterschiedliche Unterrichtungsqualität erzeugte Differenzen zwischen den Schülern etwas ausgleichen, usw. Besondere Bedeutung haben aber die Untersuchungen, in denen Lerntests mit den jeweiligen Statustestpendants verglichen werden im Hinblick auf die Prädiktion der Ergebnisse in experimentell kontrollierten Wissenserwerbsprozessen. Sowohl bei curriculumsfernen Aufgabenstellungen (komplexe Problemlösungsszenarios mit künstlichen Systemen, deren Struktur erkannt und anschließend gesteuert werden sollen) als auch bei computergestützten curriculumnahen Lehrprogrammen zur Mathematik und Geographie erwiesen sich in der Regel die Lerntests als die besseren Prädiktoren. Viel Forschungsaufwand ist aber noch notwendig, um den Prozeß der Testbearbeitung und des Testverlaufs (incl. der Zeitcharakteristika dabei) in Diagnostischen Programmen noch besser aufklären zu können, um hieraus auch förderungsrelevante Hinweise zu gewinnen. Allerdings ist es noch nicht klar, ob die curriculumsfernen Aufgabenstellungen von Intelligenz- und auch der bisherigen Lerntests eine solche schulisch orientierte „Förderdiagnostik" überhaupt erlauben. Daher sollen im nächsten Kapitel auch die Möglichkeiten und die bisherigen Realisierungsversuche curriculumbezogener Lerntests näher besprochen werden.

III Spezielle Anwendungen in der pädagogisch-psychologischen Diagnostik und in der beruflichen Eignungsdiagnostik

1 Curriculumbezogene Lerntests

Die bisherige Lerntestforschung im Leistungsbereich orientierte sich vorwiegend auf den traditionellen Intelligenztest (s. Kap. I und Kap. II). Dies gilt sowohl im Hinblick auf die diagnostischen Fragestellungen, die mit dem Verfahren beantwortet werden sollen, als auch im Hinblick auf die Itemanforderungen. Intelligenztests setzen zwar bekanntlich ein "intellektuelles Grundrepertoire" (Aebli, 1963) zu ihrer Lösung voraus (z.B. Kenntnis des Lesens und der rechnerischen Grundoperationen bei älteren Schülern), prüfen aber nicht explizit die spezifischen Lernvoraussetzungen für die einzelnen Curricula noch deren Ergebnisse im Sinne von Wissens- und Fähig- keitsprüfungen bezogen auf das jeweilige Schulfach. Für diesen Zweck sind die Schulleistungstests (vgl. z.B. Heller, 1984; Ingenkamp, 1985) bzw. die lehrziel- bzw. kriteriumsorientierten Tests (vgl. Klauer, 1987) entwickelt worden. Im angloameri- kanischen Sprachraum werden sie als "achievement tests" im Unterschied zu den "aptitude tests" bezeichnet. Diese werden allerdings ähnlich wie die Intelligenztests heute einer zunehmenden Kritik unterzogen. Besonders kritisiert werden die für schulische Belange oft problematische Orientierung an der klassischen Testtheorie mit der Gauß'schen Normalverteilung als Bezugsgröße (bei den herkömmlichen Schulleistungstests), die mangelnde theoretische Fundierung (ungenügender Nach- weis der sog. Kontentvalidität) vieler Verfahren, deren ausschließliche Orientierung auf die Erhebung eines Ist-Zustandes, die vorwiegende Nutzung von multiple choice Aufgaben zum Abprüfen elementarer Kenntnisse und Fertigkeiten bei Fehlen komplexerer und wertbezogener Frage- und Problemstellungen (s. hierzu Baker, O'Neil & Linn, 1993; Marcoulides & Heck, 1994; Raven, 1991) und die geringe Förderrelevanz. In diesem Zusammenhang wird von verschiedener Seite (s. hierzu aus der Sicht des Pädagogen schon Roth, 1957) auch die Entwicklung von schulfachbezogenen Lerntests gefordert, wobei man sich z.T. wieder explizit auf die bereits im Kap. I und II dargestellte Konzeption von Wygotski bezieht. Wygotski hatte ja bekanntlich sein Postulat nach der "Diagnostik der Zone der nächsten Entwicklung" vor allem auch in seiner Abhandlung über den Zusammenhang zwischen geistiger Entwicklung und Unterricht (Wygotski, russ. 1934, deutsch 1964) ausgearbeitet.

Die Hauptzielstellung dieses Beitrages besteht in der übersichtsartigen Darstel- lung von Forschungsprojekten und auch einiger bereits publizierter Verfahren zur curriculumbezogenen Lerntestentwicklung. Dabei beginnen wir aber zunächst mit einer kurzen Übersicht über die unterschiedlichen Funktionen von curriculumbezo- genen Tests (CB-Tests).

1.1 Curriculumbezogene Tests und Curriculum (Instruktion)

Ein CB-Test ist eine standardisierte Prozedur zur Erfassung (evtl. auch Messung) einer repräsentativen (kontentvaliden) Stichprobe aus einem Aufgabenuniversum, das durch das Curriculum (Lehrziel) definiert ist ("classroom learning tasks"). Es sollen also Lernergebnisse gemessen werden, um das zukünftige Lernen der Schüler zu optimieren, aber auch zum Zwecke der Effizienzermittlung des Unterrichts. Die letztere Zielstellung ist wichtig z.b. für regionale und überregionale *Lernerfolgsmessungen* (vgl. Ingenkamp & Schreiber, 1989) mit ihren angestrebten bildungspolitischen Implikationen. Diese stehen allerdings hier nicht im Vordergrund. Vielmehr geht es vor allem um die Beantwortung von 6 Fragen, denen sich Lehrer und Schulpsychologen häufig stellen müssen (vgl. Gronlund, 1988):

(1) In welchem Ausmaß besitzen die Schüler zu Beginn eines Curriculums die erforderlichen Fertigkeiten und Fähigkeiten, um überhaupt erfolgreich das Curriculum starten zu können - Frage nach den Lernvoraussetzungen, beantwortet durch "Lernvoraussetzungstests" ("readiness tests") - s. z.B. den Prerequisite Reading Skills Test (Sixma, 1970) oder den Utrecht Arithmetic Test for Toddlers (Van der Rijt, Van de Luit & Pennings, 1994).

(2) In welchem Grade besitzen vielleicht schon einige Schüler das Wissen, die Fertigkeiten und Fähigkeiten, die im Curriculum eigentlich erst erlernt werden sollen? (s .z.B. das Problem der "Frühleser"). Zur Beantwortung dieser Frage können sog. Lernkontrolltests eingesetzt werden.

(3) Bei welchen Lernaufgaben erreichen die Schüler befriedigende Lernfortschritte? Angestrebt wird hier eine sog. formative Evaluation von Schülerleistungen zum Zwecke der weiteren Interventionsplanung durch "Lernsteuerungstests".

Diese werden periodisch während der Unterrichtung wiederholt und sollten den Charakter sog. kriteriumsorientierter Tests (vgl. Klauer, 1987) haben. In den Niederlanden werden z.B. seit 1990 vom Nationalen Institut für Schulleistungsmessung formative Tests für das Leseverständnis und die Mathematik herausgegeben. International gesehen werden entsprechende Bemühungen zur besseren Integration von Diagnostik und (individualisiertem) Unterricht unter dem Begriff "*Diagnostic-Prescriptive Teaching*" (vgl. Helmke & Schrader, 1993) referiert. Auch das jüngst als Alternative zum herkömmlichen Schulleistungstest ("achievement test") vornehmlich in den USA vorgeschlagene "perfomance-based assessment" hat eine ähnliche Zielstellung, wobei statt der sonst dominierenden multiple-choice Aufgaben "open-ended tasks" favorisiert werden, mehr komplexe Problemstellungen vorgegeben

werden und die Schüler größere Spielräume bei der Problembearbeitung haben, so
daß vor allem auch kreatives Herangehen möglich wird.

(4) Welche Schüler zeigen während der Unterrichtung welche besonderen Lernprobleme, so daß sie spezieller Förderung bedürfen?
    Zur Beantwortung dieser Fragestellung dienen prozeß- und fehleranalytisch ange-
legte "Sondierungstests", die z.B. in Deutschland im Rahmen der "Förderdiagnostik"
(s. hierzu Kap. I und weiter unten) und "tätigkeitsorientierten Diagnostik" (s. unten)
entwickelt wurden (s. auch den Test "Operating with Quantities" von Heijden, 1993)

(5) Nach Beendigung des Curriculums will der Lehrer wissen, in welchem Grade der
Lehrstoff erworben wurde. Es handelt sich also um die sog. summative Evaluation
mit Hilfe sog. Lernkontrolltests (vgl. Rosemann, 1974). Hierzu dient die große
Masse der für die verschiedenen Schulfächer und Lehrziele publizierten Schulleis-
tungstests und lehrzielorientierten Tests, z.B. zur Feststellung von Mathematik- und
Rechtschreibleistungen, Beherrschung von Fremdsprachen usw.

(6) Welche Noten (bzw. andere Bewertungen, z.B. Punkte) sollte ein Schüler auf der
Grundlage der gezeigten Leistungen erhalten? Angestrebt wird hierbei also eine
"Objektivierung der Zensurengebung" (vgl. Ingenkamp, 1985), wozu statistisch
normierte und "summative" Verfahren (bezogen auf die jeweilige Referenzpopulation und die Lehrziele für einen größeren Lehrabschnitt) dienen sollen. Unter
Pädagogen durchaus noch umstritten ist allerdings, ob es wirklich sinnvoll ist, die
statistische Normierung als Grundlage der Zensurengebung zu nehmen. Interessant
ist für den Lehrer aber auf jeden Fall, wie der Einzelschüler und seine Klasse
abschneiden mit Bezug auf den statistischen Durchschnitt einer Jahrgangsklasse in
einem bestimmten Land und zu einer bestimmten Zeit. So wird z.B. in Holland jedes
Jahr in allen 6. Klassen ein Schulleistungstest für mehrere Hauptfächer durchgeführt,
der dem Lehrer auch zur Beurteilung des Leistungsstandes des Einzelschülers dient.

1.2   Die Hauptzielstellung curriculumbezogener Lerntests

Lerntests in diesem Bereich können als alternative oder ergänzende Methoden zu all
den oben genannten Funktionen und Typen schulischer Leistungsmeßverfahren
(übertragbar natürlich auch auf mehr berufsbezogene Inhalte und Fragestellungen)
entwickelt werden. Dabei stehen vor allem folgende 5 Zielstellungen im Vordergrund:

(1) Die herkömmlichen summativen und formativen CB-Tests messen nur die völlig selbständig gezeigte Leistung, nicht aber die im Bereich der "Zone der nächsten Entwicklung" liegende *Leistungsfähigkeit unter "pädagogischer Hilfestellung"*. Konventionelle Tests werden wahrscheinlich in ihrer Auswertung eine große Anzahl "falsch Negativer" erzeugen, d.h. Kinder imponieren als "leistungsunfähig", obwohl sie nach geringer Hilfestellung vielleicht die geforderte Leistung erbringen könnten. Lerntests sollten besser differenzieren zwischen Kindern, die wirklich hochgradig leistungsschwach sind und solchen, die nur eine minimale Förderung (manchmal auch nur eine ausgiebigere Testinstruktion brauchen) benötigen, um die gesteckten Lehrziele zu erreichen.

(2) CB-Lerntests können den *Lernprozeß* in einer verkürzten "Mini-Situation" simulieren, der später im Klassenraum in entfalteter Form stattfindet (vgl. Beispiele hierzu in Ruijssenaars & Oud, 1987)

(3) In CB-Lerntests wird so etwas wie eine *domainspezifische Lernfähigkeit* oder "modifiability" (Feuerstein et al., 1979) gemessen, auch in der speziellen Form der Transfer-Effizienz (vgl. Tissink et al., 1993). Da es die generelle Lernfähigkeit als generelles Konstrukt wahrscheinlich nicht gibt (vgl. bereits Woodrow, 1946; Guthke, 1972), sind solche bereichspezifischen Lernfähigkeitsmessungen unerläßlich.

(4) Spezifische Defizite, die sich in den Fehlern in herkömmlichen Tests nur sehr global äußern, können in CB-Lerntests auf individuelle Besonderheiten des Lerners zurückgeführt werden. Diese sind nämlich in Lerntests durch die Registrierung der Reaktionen auf die unterschiedlichen Hilfestellungen besser zu identifizieren. Solche "*Lernercharakteristiken*" sind z.B. die Bewußtheit bzw. die Fähigkeit zur Verbalisierung kognitiver Strategien (vgl. Kalmykowa, 1975), die Bevorzugung abstrakter oder mehr konkreter Herangehensweisen (Kalmykowa, 1975), das "Anspringen" auf unterschiedlich gestaltete Lösungshilfen oder der reflexive versus impulsive Handlungsstil (s. hierzu Guthke, 1980c; vgl. auch Wiedl, 1980; Wiedl & Herrig, 1978a).

(5) In Lerntests können verschiedene Arten von Hilfestellungen oder Trainingsphasen experimentell und vor allem auch unter differentialpsychologischen Aspekten (welche Hilfen nützen welchen Schülern am meisten?) verglichen werden. Damit können auch Empfehlungen im Hinblick auf die spätere *Förderung* gegeben werden (vgl. Bradley, 1988; Palincsar & Brown, 1984).

Diese fünf Zielstellungen sind Idealforderungen und nur z.T. bzw. in Ansätzen realisiert. Die bisher publizierten Verfahren sind auch noch nicht für den Routineeinsatz durch nicht speziell geschulte Pädagogen gedacht, sondern erfordern eine spezielle Übung und z.T. auch erhebliche theoretische Kenntnisse. Angezielte Test-administratoren sind also vornehmlich Schulpsychologen, die sich speziell eingear-beitet haben.

1.3   Eine Übersicht über curriculumbezogene Lerntests

Die Übersicht - s. hierzu auch die Reviews von Kornmann (1984) und Hamers, Pennings und Guthke (1994) - ließe sich unter verschiedenen Aspekten gliedern, z.B. unter den o.g. Zielstellungen von CB-Tests im allgemeinen und CB-Lerntests im speziellen oder unter dem jeweils gewählten Lerntestdesign (s. hierzu Kap. II). Im folgenden wird sichtbar werden, daß CB-Tests sowohl nach dem Typ des Langzeit-lerntest (Prätest-Training-Posttest) als auch des Kurzzeitlerntests (nur eine Test-sitzung mit Feedbacks und Hilfen) konstruiert wurden. Sogar der selten realisierte Typ des sog. Intervalltests (Wiederholung in größeren Zeitabständen, vgl. Guthke, 1980c) fand hier Anwendung. Wir haben uns aber entschieden, die Gliederung nach den Unterrichtsgegenständen vorzunehmen, da so die Bereichsspezifik der Tests besonders deutlich wird.

Mathematik

Ein Kurzzeit-Lerntestverfahren zur Feststellung von Lernvoraussetzungen für den Mathematik-Unterricht der 1. Klasse

Der *Mengenfolgentest* (vgl. Guthke, 1983) wurde entwickelt, um einige wesentliche Lernvoraussetzungen für den Mathematik-Unterricht der 1. Klassen zu erfassen, wie sie insbesondere durch die Kindergartenerziehung vermittelt werden. Dies sind vor allem die Erfassung von Mengen und Mengenrelationen. Es handelt sich hierbei um einen Kurzzeit-Lerntest vom Typ 1 (s. Kap. II), bei dem also lediglich systematische Rückinformationen in den Testprozeß eingebaut werden. Die Schulanfänger sollen nach der Vorgabe der drei Anfangsglieder einer Mengenfolge (dargestellt in unter-schiedlich "mächtigen" Karten mit "Bärchen") wie im Rateversuch von Shannon aus der Informationstheorie, die Fortsetzung der Folge unter Ausnutzung eines Auswahl-repertoires von Karten (s. Abb. III.1.1) "erraten".

Nach einem "Rateversuch" erhält der Pb jedes Mal die Rückinformation, ob die ausgewählte Karte richtig oder falsch (dann wird sie vom VL umgedreht) ist. Der Test besteht aus insgesamt 9 Items und dauert ca. 15 Minuten. "Lernintensiv" ist das Verfahren nicht nur deswegen, weil der Proband innerhalb der Abarbeitung jeder einzelnen Aufgabe aus seinen Fehlern lernen und damit Hypothesen über den Aufbau

Folgenbeginn

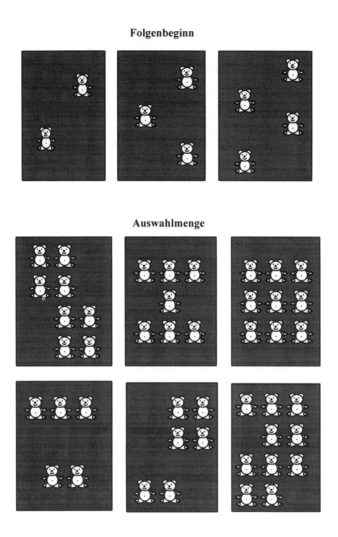

Auswahlmenge

Abbildung III.1.1: Mengenfolgentestitem

der Folge bilden und korrigieren kann, sondern weil er auch aus der jedes Mal bis zum Erfolg geführten Bearbeitung der jeweils vorangehenden Aufgaben Erfahrungen sammeln kann. Ausgewertet werden primär die Fehlnennungen, d.h. die Anzahl der insgesamt benötigten Rateversuche, bis die Richtiglösung gefunden wurde. Die faktorielle Validierung zeigte, daß das Verfahren "induktiv schlußfolgerndes Denken bei anschaulich dargebotenem Material im Mengenbereich" erfaßt. Der Test wird vor

Schulbeginn eingesetzt und ergab mit Außenkriterien am Ende des 1. Schulhalbjahres (Mathematik-Zensur, Schulleistungstest in Mathematik) Korrelationen
zwischen .61 und .89. Eine Kreuzvalidierung nach 2 Jahren ergab nur geringfügig
reduzierte Validitätskoeffizienten. Hohe Korrelationen mit der Durchschnittszensur
(.50 bis .74) lassen erkennen, daß der Test neben speziellen auch allgemeine geistige
Voraussetzungen für den Schulerfolg erfaßt. Als Normwerte wurden C-Werte und
Prozentrangwerte bestimmt. Geschlechts-, Stadt-, Land- und Kindergartenkinder-
Hauskinder-Differenzen sind nicht feststellbar.

In Österreich wurde von Moratelli (1989) nachgewiesen, daß die Testanforderungen raschhomogen sind und somit eine homogene Dimension gemessen wird. Eine
neu entwickelte Langzeit-Testvariante des MFT erwies sich aber gegenüber der
Kurzzeit-Variante nicht als überlegen.

Ein Langzeit-Lerntest mit prä-arithmetischen Aufgaben
Tissink (1993; Tissink, Hamers & Van Luit, 1993) definierte prä-arithmetisches
Wissen und Fertigkeiten. Beide sind von besonderer Bedeutung für Kinder mit
mathematischen Schwierigkeiten. Diese werden häufig durch mangelnde "readiness"
erkannt, die sich in noch nicht erreichtem Wissen und Fähigkeiten äußert. Zunächst
bestimmte Tissink Ziele der Anfangsarithmetik. Anschließend bestimmte sie alle
Voraussetzungen für diese Ziele (siehe Kasten). Jede dieser Voraussetzungen wurde
in parallelen Prä- und Posttests operationalisiert und so "the learning potential device
arithmetic" konstruiert. Das Verfahren als ein Langzeittest besteht aus Prätest, Training, Posttest und Transfertest, die an aufeinanderfolgenden Tagen angewandt
werden.

Der Pb erhält nur ein Training, wenn er es benötigt. Die Auswahl des ersten
Trainingsitems hängt von seiner Leistung im Prätest ab. Es gibt vier Instruktions-
modi mit ansteigender Hilfeleistung zum Finden einer korrekten Antwort auf ein
Übungsitem: die wiederholte Darbietung des Items (Modus 1), das Aufdecken der
Itemstruktur (Modus 2), das Anbieten einer Lösungsstrategie (Modus 3) und eine
Modellierung der Lösung (Modus 4). Auf diese Weise kann das Item mit Modus 1
bis 4 dargeboten werden, falls es dem Pb nicht gelingt, ein Übungsitem zu lösen.

In einer Studie mit 115 Kindergartenkindern in einem Alter von 5;5 bis 6;8 Jahren
betrugen Cronbachs Reliabilitätskoeffizienten für den Prä-, Post- und Post/Transfer-
test .83, .89 und .90 (Tissink, 1993). Die Konstruktvalidität wurde mit Hilfe von
Korrelationen zwischen Arithmetischen Scores und Scores des Revised Amsterdam
Childrens Intelligence Test (RACIT) von Bleichrodt, Drenth, Zaal und Resing (1984)
und dem Learning Potential Test for Ethnic Minorities (LEM) von Hamers, Hessels
und Van Luit (1991; s.a. Kap. III.3) ermittelt. Wie vorausgesagt, war die Korrelation
zwischen dem Arithmetischen Prätest-Score und dem RACIT (.60) niedriger als die

Sieben Voraussetzungen der Arithmetik

a) arithmetische Sprache: begriffliches Wissen wie viel-wenig und mehr-weniger (4 Items; diese Items werden nicht trainiert und gehen nicht in die Ergebnisse ein, denn dieser Teil ist zum "Aufwärmen" gedacht);
b) Serienbildung: Finden von Sequenzen im Material anhand von einem oder zwei Attributen (5 Items). Beispiel: Ordne die Pilze nach ihrer Größe, beginne mit dem größten;
c) Übereinstimmung: zwei Reihen von Objekten, die sich in Anzahl und Größe unterscheiden, sollen verglichen werden, indem eins-zu-eins-Verbindungen hergestellt werden (5 Items). Beispiel: Gibt es einen Becher für jede Zahnbürste?;
d) Klassifikation: Bilderordnen nach einer oder mehreren Charakteristik(a) (5 Items). Beispiel: Zeige alle Bilder mit fünf Bällen;
e) Konservation: Verstehen der Ähnlichkeit von zwei Reihen von Objekten nach Umwandlung(en) in einer von beiden (5 Items). Beispiel: In welcher Reihe sind mehr Eier (nachdem eine Reihe verlängert wurde)?;
f) Verstehen einer Messung: Verstehen von Proportionsunterschieden von Objekten unterschiedlicher Längen und Größen (5 Items). Beispiel: Vergleiche zwei Wege von der Schule nach Hause (auf einer Zeichnung) mit Hilfe einer Meßeinheit und sage, welcher der kürzere ist;
g) Zählen mit Kardinalzahlen: Vervollständigung von Zählreihen (manchmal "skipping numbers") von verschiedenen Anfangspunkten aus (rückwärts und vorwärts; 6 Items).

Korrelation zwischen dem Arithmetischen Posttest-Score und dem LEM (.64). Allerdings war der Unterschied zwischen den Korrelationen nicht signifikant. Der Arithmetische Test wurde auch als Prädiktor der Ergebnisse eines Arithmetischen Leistungstests verwendet, der ein Jahr später eingesetzt wurde. Die Validitätskoeffizienten von .54 und .65 für Prätest und Posttest demonstrieren, daß der Lernpotentialtest einen brauchbaren Prädiktor darstellt. Die prognostische Validität des Posttests ist signifikant höher als die des Prätests - ein Ergebnis, das mit früheren Studien (siehe Embretson, 1987; Guthke, 1972; s. Kap. II) übereinstimmt.

In der Folge wollen wir noch kurz über zwei Lerntest- Entwicklungen im Bereich der Mathematik informieren, die schon vor längerer Zeit in Ostdeutschland entstanden,

die aber wegen der "Testfeindlichkeit" der damaligen ostdeutschen Bildungsbehör-
den nicht zu anwendungsbereiten Testverfahren weiterentwickelt und publiziert
wurden. Auf Anregungen der russischen Psychologen Landa (1969), Judina (1973)
und Gilbuch und Retschik (1974) fußend entwickelte Müller (1978, 1980) einen
Lerntest auf dem Stoffgebiet des "Bruchrechnens", der dem Prinzip der sog.
Diagnostischen Programme folgt (s. hierzu Kap. II). Nach der Unterrichtung erhalten
die Schüler zunächst Aufgaben, um den erreichten Kompetenzgrad zu überprüfen.
Bei Fehlern werden sie je nach Fehlerart durch das Programm geleitet, in dem sie
nochmals Lehrinformationen oder Übungsbeispiele enthalten (s. Abb. III.1.2)

In einem Abschlußtest wird wiederum die erreichte Kompetenz überprüft. Der Test
kann auch als Wiederholungsprogramm zur Schließung von Kenntnislücken eingesetzt werden und dient der sog. formativen Evaluation (s.o.).

Während das eben geschilderte Verfahren einen Kurzzeit-Lerntest in der Variante
"Diagnostisches Programm" darstellt, entwickelte Gebser (1980) einen Langzeit-
Lerntest für das 5. Schuljahr. Es handelt sich hierbei quasi um eine standardisierte
8stündige Unterrichtung der Schüler zum Gegenstand "Masse, Geld und Zeit" mit
eingebauten Prä- und Posttests. Die Tests wurden inhaltlich auf der Grundlage der
Tyler-Matrix abgeleitet und auf der Basis der Rasch-Skalierung psychometrisch
fundiert. Dieser Langzeitlerntest konnte die Zensurenveränderungen im Mathematik-
Unterricht des nächsten Schulhalbjahres gut voraussagen (r=.82).

Die im Kap. III.2 näher zu erläuternden Unterrichtslektionen bei der Sonderschul-
aufnahmeprüfung in der DDR verwandten auch z.T. Mathematik-Stoff (vgl. Buss &
Scholz-Ehrsam, 1973, 1976, 1982). Es handelte sich hierbei also um curriculumbezogene Lerntests, die vor allem Auswahlentscheidungen begründen sollen, während
die anderen oben erwähnten Lerntests direkt dem Lehrer bei der Steuerung des
Aneignungsprozesses helfen sollen.

Lesen

Das Interesse für den Leseerwerb ist so alt wie die Geschichte des geschriebenen
Wortes. Eine Gesellschaft, die will, daß jeder lesen und schreiben kann, sollte Ener-
gie in die Forschung darüber investieren, wie Kinder lesen und wie sie lesen lernen.
Chall (1979) schlug ein Schema von Lesephasen vor, das nützlich ist, um den Lese-
prozeß und seine Entwicklung zu verstehen. Sie unterschied: (A) die Vor-Lese-Phase
- Vorschule bis Kindergarten, (B) das anfängliche Lesen oder die Decodierungsphase
- Klasse 1-2, (C) die Phase der Flüssigkeit - Klasse 2-3, (D) die Phase des Lesens
zum Zweck des Lernens - Klasse 4-8.

In der Vor-Lese-Phase machen viele Kinder die Bekanntschaft mit Büchern,
Worten, Buchstaben und Lauten. Neben einem Vorrat an Wissen über diese Dinge

5 Aufgaben   Prä-Test

adaptives Programm
(Grobstruktur)

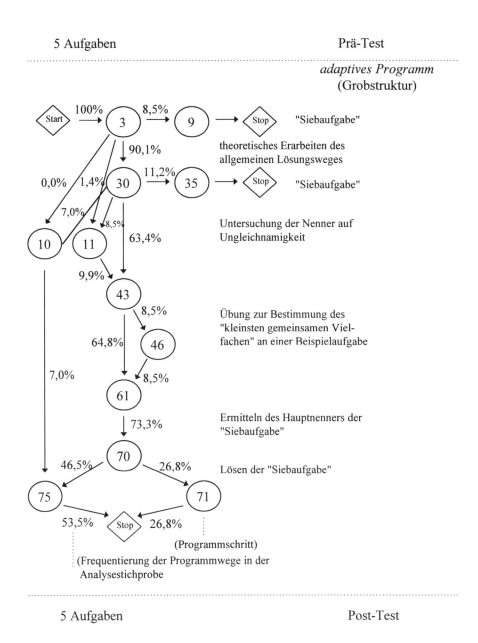

Abbildung III.1.2: Ausschnitt aus Lerntest-Ablaufschema "Addition gebrochener
Zahlen" (Müller, 1980)

entwickeln sie visuelle und akustisch-perzeptuelle Fähigkeiten, die sie für das anfängliche Lesen benötigen. Die Sprache entwickelt sich unter phonologischen, morphologischen, syntaktischen und semantischen Aspekten (siehe Cole & Cole, 1989). Auch das metalinguistische Wissen steigt bei den Kindern an. Sie wissen, daß gesprochene Worte geteilt werden und daß die Wortteile und Laute isoliert erzeugt werden können, um wieder ganze Worte zu formen. Bei Reimspielen haben sie entdeckt, daß einige Teile von Worten gleich oder unterschiedlich klingen. Viele Forschungsprogramme zur Lese-"readiness" und zur frühen Prädiktion und Prävention des Versagens beim Lesen und Schreiben demonstrierten, daß das vielfältige Wissen, die Fähigkeiten und Fertigkeiten, die in der Vor-Lese-Phase erlangt werden, mit dem Erfolg im Lesen während der anfänglichen Lese- oder Decodierungsphase in Beziehung stehen (Breuer & Weuffen, 1978; Chall, 1979; Guthke, 1964; Yopp, 1988).

Ein konsistentes Ergebnis der Forschung zum Lesen ist die Beziehung zwischen phonemischer Bewußtheit und dem Leseerwerb (siehe z.B. das Übersichtsreferat von Adams, 1990). Phonemische Bewußtheit (awareness) bezeichnet im allgemeinen die Fähigkeit, gesprochene Wörter als eine Sequenz von Lauten wahrzunehmen. Diese Fähigkeit wird mit einer Vielzahl von Aufgaben gemessen, dazu zählen z.B. Reimen, die Isolierung von Anfangs-, Mittel- und Endlauten, das Aufteilen von Worten in ihre Komponenten und das Nachsagen von Worten mit ausgelassenen Lauten. Die Ergebnisse von Korrelations- und Experimentalstudien belegen im allgemeinen, daß Schüler ohne die Fähigkeit, Aufgaben zu lösen, die *phonemische Bewußtheit* erfordern, statistisch signifikant niedrigere Lese- und Schreibescores haben, wenn sie den Leseerwerb antreten, als Schüler mit guten Ergebnissen in "phonemischen Bewußtheits-Tests" (z.B. Torgesen, Morgan & Davis, 1992; Lundberg, Frost & Peterson 1988; Yopp, 1988; Bradley, 1988). In der Studie von Yopp (1988) mit einer Batterie von 10 phonemischen Tests konnten ein Phonemzerlegungstest und ein Phonemsynthesetest 58 % der Varianz von Scores eines Lerntests erklären, der entwickelt wurde, um den Prozeß des Fortschritts im Lesenlernen zu simulieren.

Ein mögliches Hindernis in der Anwendung phonemischer Tests ist die geringe Vertrautheit und Komplexität vieler Aufgaben für das Kind in der Vor-Lese-Phase. Der nächste Abschnitt beschäftigt sich mit den Versuchen von Forschern des Lernpotentialansatzes, die Schwierigkeiten auszugleichen, die Kinder mit dieser Art Test haben. Ruijssenaars und Oud (1987) konstruierten zwei Lernpotentialtests, in denen das Lesenlernen simuliert wurde. Spector (1992) entwickelte ein Lerntestverfahren, das dem Phonemzerlegungstest von Yopp entsprach, aber eine Reihe von Hilfen und Hinweisen, die im Grad an Unterstützung ansteigen, bereitstellen. Tissink (1993; siehe auch Tissink, Hamers & Van Luit, 1993) konstruierte ein Test-Training-Test-

Verfahren (Langzeit-Lerntest) zur Evaluation von sieben Fähigkeiten und Fertigkeiten, die in der Vor-Lese-Phase entwickelt werden.

In der anfänglichen Lese- oder Decodierungsphase erlernen Kinder die Anfangsgründe des Lesen und Schreibens. In der Phase der Flüssigkeit automatisieren sich die Lese- und Schreibprozesse. Verschiedene Studien weisen darauf hin, daß erfolgreiche Leser in diesen Phasen über eine gut entwickelte Arbeitsgedächtniskapazität verfügen. Sie können durch ihre Fähigkeit, bildhafte oder verbale Informationen im Gedächtnis zu speichern, während sie gleichzeitig diese oder eine andere Information verarbeiten, charakterisiert werden (Swanson, 1992; Pennings, 1991; Aaron, 1989). Swanson (1992) untersuchte, ob dynamische Testprozeduren bei der Bestimmung des Arbeitsgedächtnisses, wie sie in Lernpotentialtests vorliegen, die Vorhersagbarkeit der Leseleistung verbessern. In sehr diffizilen Untersuchungen konnte er diese Hypothese bestätigen.

Ein Langzeittest mit einer Simulation des Leseerwerbs
Ruijssenaars und Oud (1987) stellten die Frage, ob zwei "learning potential devices", in denen zwei verschiedene Programme für das anfängliche Lesen vermittelt wurden, verschiedene Lernvorgänge hervorrufen würden. Weiterhin untersuchten sie, ob Maße der Lernfähigkeit in der Lesesimulation die Leistung in einem "formativen" Lesetest vorhersagen konnten, der fünf Monate später appliziert wurde.

Die Forscher analysierten zwei holländische Programme für das anfängliche Lesen, die inhaltliche und strategische Differenzen in der ersten Vermittlung des Lesens aufwiesen. Die Autoren beider Programme stimmen dahingehend überein, daß das letztendliche Ziel das automatische Wiedererkennen der Wörter ist. Das Programm "Sicher lesen lernen" beginnt beim geschriebenen Wort und seinem gesprochenen Äquivalent. Die Beziehung zwischen graphischen Symbolen und Lauten muß vom Kind erkannt werden; unterstützt wird dies durch verschiedene Übungen im Zuordnen von Symbolen zu Lauten (siehe Perfetti & Lesgold, 1979). Das Programm "Buchstabenstadt" beginnt beim gesprochenen Wort. Zuerst werden Fähigkeiten der phonemischen Zerlegung und Mischung gelehrt, unterstützt durch Hörübungen. Dadurch werden die Verbindungen zwischen Lauten und Buchstaben hergestellt (s. Elkonin, 1963).

In einer der Studien trainierten die Autoren Kindergartenkinder, die noch nicht gelernt hatten zu lesen, mit jeweils einer der zwei verschiedenen Lesesimulationen. Eine Experimentalgruppe wurde in Übereinstimmung mit den Prinzipien von "Sicher lesen lernen" (Training Form 1) trainiert, eine andere Gruppe nach denen von "Buchstabenstadt" (Training Form 2). In beiden Simulationen bestand das Material aus sechs Paaren von Phonemen (/k/, /b/, /t/, /m/, /o/, /oo/) und Graphemen (buchstabenähnliche Symbole). Mit Hilfe dieser Laut-Buchstaben-Verbindungen wurden zwei "Instruktions"wörter ("boot" und "kom") und zehn Testitems ("kok", "oom", "bot", "boom", "ot", "bom", "tom", "bok", "tok" und "kook") konstruiert.

Die Trainingssitzungen des Experimentes bestanden aus 15 Unterrichtseinheiten von ungefähr zehn Minuten, die vom Lehrer vor Gruppen von sechs bis sieben Kindern gehalten wurden. In beiden Gruppen wurden angewandt: ein Prätest, ein an die Unterrichtseinheiten sich anschließender Test und ein Wiederholungstest zwei Wochen nachdem das Training beendet wurde. In jedem Testitem sollte ein unbekanntes Wort zu einem von vier Bildern zugeordnet werden. Das Kriteriumsmaß, ein Speedtest für mechanisches Lesen, der zu "Sicher lesen lernen" gehört, wurde in der ersten Klasse nach fünfmonatigem Leseerwerb angewandt.

Die Tests, die sofort nach den Unterrichtseinheiten angewandt wurden, sollen als Operationalisierung der Lernfähigkeit in beiden "learning potential devices" angesehen werden.

Eine Analyse der täglichen Lernfortschritte während des Trainings zeigte, daß die Pbn einen rapiden Anstieg der Leseleistung unter beiden Simulationsbedingungen verzeichnen. Die Trends in den beiden Lernkurven waren aber unterschiedlich. Die Versuchsgruppe, die mit der Form 1 trainiert wurde, zeigte stabile, aber signifikante Verbesserungen ihrer Leistungen vom vierten Tag an, während die Versuchsgruppe, die mit Form 2 trainiert wurde, rapide und signifikante Leistungsverbesserungen vom elften Tag an aufwiesen. Von diesem Tag an unterschieden sich die Gruppen nicht mehr signifikant in ihrer durchschnittlichen Leistung.

Für die mit der Form 1 trainierten Gruppe betrugen die Korrelationen zwischen den Prädiktoren (die Lerneffektivitätstests wurden nach fünf, zehn und 15 Unterrichtseinheiten eingesetzt) und dem Lesegeschwindigkeitstest .50, .62, bzw. .70. Die Korrelationen der Gruppe, die mit Form 2 trainiert wurde, waren .27, .29, bzw. .44. Die niedrigeren Korrelationen bei der Form 2 können auf den Fakt zurückgeführt werden, daß dieser Gruppe das Anfangsleseprogramm "Sicher lesen lernen" und der dazugehörige Lesegeschwindigkeitstest in der ersten Klasse später dargeboten wurde als in der Gruppe 1, daß sie aber nach einem anderen Leseprogramm im Kindergarten unterrichtet worden waren. Wir können daher voraussagen, daß das Korrelationsmuster umgekehrt für die Gruppen wäre, wenn später die Kinder in der Schule mit dem Programm "Buchstabenstadt" lesen lernen und mit dem dazugehörigen "formativen" Test untersucht werden würden. Die bereits im Kap. II geäußerte Vermutung, daß Lerntests umso besser mit Kriterienmaßen übereinstimmen, je ähnlicher die in der Lerntestsituation abgeforderte Lernleistung mit der später realisierten Form der Unterrichtung ist, erfährt hiermit eine sehr beeindruckende Bestätigung. Aus den Ergebnissen der ersten Gruppe können wir schließen, daß die Lernfähigkeitsmaße, wie sie mit dem Lernpotentialtest erfaßt wurden, gute Prädiktoren für die Leseleistung fünf Monate später sind, 49 % der Varianz der Kriteriumsvariable konnten durch die Lernfähigkeitsmaße des letzten Meßzeitpunktes in der Simulation erklärt werden. Je größer die Ähnlichkeit zwischen der Testsituation und der Lesesituation in der Schule ist, umso höher ist die Vorhersagevalidität.

Ein Kurzzeit-Testverfahren mit einer phonemischen Segmentationsaufgabe

Spector (1992) entwickelte ein Verfahren, um die Fähigkeit von Kindergartenkindern einzuschätzen, Aufgaben zu lösen, die phonemische Bewußtheit erfordern. Dabei wurden im Sinne des Lerntestkonzepts spezifische Hinweise und Hilfen in den Test eingebaut. In jedem der 12 Items des Dynamischen Phonemsegmentationstests (DPST) wird der Pb gebeten, der Reihe nach jeden Laut eines Wortes auszusprechen. Der DPST entspricht einer gebräuchlichen Segmentationsaufgabe, bietet aber zunehmend unterstützende Hinweise, wenn der Pb nicht fähig ist, ein Wort zu zerlegen: a) langsames Aussprechen des betreffenden Wortes; b) den Pb bitten, den ersten Laut des Wortes zu nennen; c) dem Pb mit dem ersten Laut helfen; d) dem Pb mit der Anzahl von Lauten im Wort helfen; e) Zerlegung mit Hilfe von Pfennigen vorführen, die in Feldern plaziert werden und die Anzahl der Laute im Wort repräsentieren; f) Vorführen der Zerlegung wie oben, aber "hand over hand" mit dem Pb während des Aussprechens der Segmente arbeiten; g) Wiederholen von Hilfen.

Jedes Item wird nach der Anzahl von Hilfen wie folgt bewertet: 6 = korrekte Antwort, Hilfen waren nicht notwendig; 5, 4, 3, 2, 1 für korrekte Antworten nach Hilfe (a), (b), (c), (d) und (e), und 0 für keine korrekte Antwort. Nach Hilfe (f) und (g) werden keine Punkte gegeben.

Das Hauptaugenmerk der Studie war auf die *Prädiktion* gerichtet. Spector nahm an, daß der DPST den Fortschritt beim Wiedererkennen der Worte im Verlaufe eines Kindergartenjahres besser vorhersagen würde als die drei gebräuchlichen Segmentationstests. Außerdem nahm sie an, daß der DPST ein besserer Prädiktor phonemischer Kenntnis am Ende des Kindergartenjahres wäre als traditionelle phonemische Kenntnis-Tests. Der DPST wurde bei 38 englischsprachigen Kindergartenkindern angewandt, dazu drei andere bisher gebräuchliche phonemische Segmentationstests, ein verbaler Intelligenztest und ein Wortrekognitionstest. Alle Tests außer dem DPST und dem verbalen Intelligenztest wurden zweimal im Herbst und im Frühling des Jahres angewandt, in dem die Pbn im Kindergarten waren.

Die Ergebnisse der Studie unterstützen beide Hypothesen. Der DPST zeigte im Vergleich zu anderen Tests, die im Herbst zur Anwendung kamen, die höchsten signifikant positiven Korrelationen mit den Wortrekognitionsscores und den phonemischen Kenntnisscores des Frühlings. Drei schrittweise multiple Regressionsanalysen mit dem phonemischen Kriteriumstest aus dem Frühling als abhängiger Variable und den fünf Tests des Herbstes als unabhängigen Variablen demonstrierten, daß der DPST insgesamt 12 % bis 14 % der Varianz in den Kriteriumsmaßen (phonemischer Test) bei der "Frühlingsmessung" erklärt. Weiterhin klärte der Lerntestscore insgesamt 21 % der Varianz der im Frühling erhobenen Wortrekognitionswerte auf. Die Ergebnisse zeigten außerdem, daß die Pbn mit dem größten Anstieg in der Wortrekognition von der Herbst- zur Frühlingsmessung in der Tendenz identisch mit denen waren, die am meisten von den Hilfen und Hinweisen im DPST profitierten.

Ein Langzeit-Testverfahren mit Vor-Lese-Aufgaben
Tissink (1993; Tissink, Hamers & Van Luit, 1993) entwickelte den "Auditory Analysis Test" (AAT). Sie verwandte die Aufgabenanalyse des anfänglichen Lesens auch, um festzulegen, welches spezifische Wissen und welche Fähigkeiten die Voraussetzung für das Decodieren und die Wortrekognition sind. Jede dieser Voraussetzungen wurde in parallelen Prä- und Posttestitems (siehe Kasten) operationalisiert. Das Verfahren ähnelt dem bereits weiter oben dargestellten (s. Kasten S. 167) zur Arithmetik.

In der gleichen Versuchsgruppe, in der Arithmetik vermittelt wurde, wurde auch der AAT angewandt. Cronbach's Reliabilitätskoeffizienten für den Prä- und Posttest des AAT waren .91 und .92. Die Korrelation zwischen dem AAT-Posttest und den

---

Die sieben Voraussetzungen des Anfangslesens und ihre Erfassung durch Testitems

a) Gedächtnis: Wiederholen von Drei- bis Vierwortsätzen (2 Items). Beispiel: Wiederhole nach mir ... Wim war krank (diese Items werden nicht trainiert und fließen nicht in die Ergebnisse ein, weil dieser Teil zum "Aufwärmen" gedacht ist);

b) auditorische Zerlegung 1 (Identifikation von Worten): Zerlegen eines Satzes in Worte, begleitet durch Händeklatschen (5 Items). Beispiel: Klatsche (K) einmal für jedes Wort ... Hans (K) läuft (K) weg (K);

c) auditorische Zerlegung 2 (Identifikation von Silben): Zerlegen eines Wortes in Silben, begleitet von Händeklatschen (5 Items). Beispiel: Wiederhole das Wort und klatsche es in Teile ... mu- (K) sik (K);

d) Objektivierung von gesprochenen sinnvollen Worten: Herausfinden, welches von zwei verschiedenen Wörtern länger ist (unabhängig von ihrer Bedeutung; 5 Items). Beispiel: Welches Wort ist länger: Katze oder Radieschen?;

e) Objektivierung 2: Wiederholen eines Teils eines zusammengesetzten Wortes (5 Items). Beispiel: Wiederhole ...Schlafzimmer, lasse Schlaf weg... Was bleibt übrig?;

f) Isolation des ersten Phonems: Wiederholen des ersten Phonems eines Wortes (5 Items). Beispiel: Was hörst du zuerst in .. Katze?;

g) phonemische Analyse: Zerlegen eines Wortes in Phoneme (15 Items). Beispiel: Sage jeden Teil von ...Katze >(K, a, t, z., e)

RACIT- Scores betrug .32, während die AAT-Posttestscores und die LEM-Scores mit .61 korrelierten. Diese Korrelationsdifferenz ist theoretisch erwartet. Um die Vorhersagevalidität zu bestimmen, wurden Korrelationen zwischen den AAT-Prätest- und Posttestscores und den Lese- und Buchstabierscores ermittelt, die ein Jahr später erhoben wurden. Die Korrelationen zwischen AAT-Prätest- und Posttestscores und den Lesescores betrugen .48 bzw. .57. Die Korrelationen zwischen AAT-Prätest- und Posttestscores und den Buchstabierscores betrugen .48 bzw. .58. Wie erwartet werden kann, steigen die Korrelationen zwischen dem AAT-Prätests zu den Posttests mit den Kriteriumsvariablen an, wenn auch nicht sehr bedeutsam (siehe hierzu Hamers & Ruijssenaars, 1986; s. Kap. II).

In dieser Studie war die *Analyse von Testverläufen* eine Möglichkeit, um *Informationen für Behandlungszwecke* zu gewinnen. Wenn zum Beispiel ein Kind am Anfang im AAT unter dem Durchschnitt liegt, aber nach einer Trainingsphase mit einer Instruktion bis zu Modus 2 (Aufdecken der Itemstruktur) Fortschritte zeigt, dann ist eine andere Art schulischer Intervention erforderlich als bei einem Kind, das alle Aufgaben nur schlecht erfüllt und trotz erweiterter Instruktion (bis zu Modus 4, Modellösung) seine Leistung nicht steigern kann. Auf diese Weise kann das Verfahren auch dem praktischen Ziel der Ableitung von Empfehlungen dienen, basierend auf kriteriumsbezogenen Lernmaßen (s.o.).

Ein Kurzzeit-Testverfahren mit Aufgaben für das Arbeitsgedächtnis
Das Arbeitsgedächtnis ist eine Quelle der menschlichen Informationsverarbeitung mit begrenzter Kapazität. Es wird vermutet, daß es in enger Beziehung zur Wortrekognition steht. Swanson (1992) stellte die Frage, ob die Leistung des Arbeitsgedächtnisses modifiziert werden kann und ob die dann erzielte Leistung die Vorhersage des Lesens einzelner Wörter verbessern würde. Er erwartete einen Anstieg in der Vorhersagbarkeit der Leseleistung, weil die Übungsprozeduren zur Steigerung des Arbeitsgedächtnisses die Anzahl der ineffektiven Strategien zur Informationsspeicherung, die Kinder anwenden, verringern, und stattdessen bessere Strategien gelehrt und dann vermutlich auch eingesetzt werden. Wenn zum Beispiel systematisch gegebene Hinweise sequentielle Verarbeitungsprozesse unterstützen, die den Zugang zu vorher gespeicherten Informationen im Langzeitgedächtnis verbessern, dann können diese Verfahren die Anzahl der benutzten konkurrierenden Strategien reduzieren. In der Konsequenz wird die Arbeitsgedächtnisleistung reliabler gemessen.

Swanson sammelte 11 Arbeitsgedächtnistests, die durch eine Faktoranalyse in zwei Gruppen eingeteilt werden konnten. Die erste Gruppe bestand aus episodischen Gedächtnisaufgaben, die zeitlich-sequentielle Verarbeitung erfordern: Abrufen von Lauten in Sequenzen (Reimen), das Aufreihen von Punktmustern und -bildern

(Visuelle Matrix, Mapping und Richtungen, Bilderordnen), sequenzweises Koordi-
nieren von Episoden einer Geschichte (Geschichten abrufen), und das Erinnern von
Zahlenreihen. Die zweite Gruppe bestand aus semantischen Gedächtnisaufgaben, die
Organisationsprozesse erfordern (Phrasen aufreihen, räumliche Organisation, seman-
tische Assoziation, semantische Kategorisierung, nonverbale Serien bilden). Die
Testverfahren wurden in Kurzzeit-Lernpotentialtests transformiert, um die *Modifi-
zierbarkeit des Arbeitsgedächtnisses* unter den Bedingungen einer testbezogenen
Intervention zu messen. Der neue Test war ausreichend kurz, um ihn innerhalb einer
"normalen" Testsitzung anwenden zu können (ungefähr 5 Minuten pro Test). Die
Intervention bestand aus einer Reihe von vier Hinweisen, die bei jedem Item zur
Anwendung kamen, das nicht korrekt reproduziert wurde.

Alle Gedächtnistests ergaben vier Scores. Ein "*Initialscore*" war durch die Zahl
der Items bestimmt, die ohne Hilfe gelöst wurden. Ein "*Hilfenscore*" wurde aus der
Anzahl von Hilfen gebildet, die notwendig waren, um ein Maximum von gelösten
Items zu erreichen. Ein "*Zuwachsscore*" wurde bestimmt, indem die maximale
Anzahl der mit Hilfen gelösten Items festgestellt wurde. Ein "*Beibehaltungsscore*"
wurde durch nochmalige Darbietung der Items bestimmt, aber diesmal wurden die
Items ohne Hilfen appliziert. Wenn der Lerngewinn nicht aufrechterhalten werden
konnte, wurde dem Pb hier nochmals der Initialscore erteilt.

Swanson wendete die 11 Lernpotentialtests bei 129 Pbn an (mittleres chronolo-
gisches Alter war 10.05 Jahre, Streuung zwischen 5-18 Jahren). Außerdem applizierte er unter anderem einen Leseleistungstest.

Die Ergebnisse der Studie zeigten, daß die durchschnittlichen Zuwachs- und
Beibehaltungsscores bei allen Aufgaben höher waren als die Initialscores, das heißt,
daß das Testverfahren mit der Intervention die Arbeitsgedächtnisleistung steigerte.
Es wurden Effektstärken für jeden Zuwachs- und Beibehaltungsscore berechnet.
Effektstärken werden in ähnlicher Weise interpretiert wie z-Scores. Die Zuwachs-
scores besaßen eine durchschnittliche Effektstärke von .90 (Streuung = 0.32 - 1.38),
was eine Veränderung der Leistung um ungefähr eine Standardabweichung widerspiegelt. Die mittlere Effektstärke des Beibehaltungsscores betrug .47 (Streuung =
.05 - .99). Der erste Effekt kann als stark, der zweite als mittel interpretiert werden.
Der Unterschied in den Effektstärken zwischen Zuwachs- und Beibehaltungsscore
demonstrierte, daß viele Pbn in der Lage waren, ihre Leistung mit Unterstützung zu
verbessern, während sie alleine ohne Hilfen fortfuhren, inadäquate Erinnerungs-
strategien einzusetzen.

Eine Veränderung der Strategie, die der Testleistung unter dem Einfluß von
Verarbeitungshilfen zugrunde liegt, kann die Konstruktvalidität des Tests beeinflus-
sen (siehe Embretson, 1987). Allerdings fand Swanson, daß die unterschiedlichen
Testprozeduren die Faktorladungen nicht substantiell verändern. Die 11 Arbeitsge-

dächtnistests bewahrten die Faktorstruktur, die oben kurz skizziert wurde. Hinsichtlich der Vorhersage der Leseleistung erklärte das Arbeitsgedächtnismodell, das den Initialscore, die absolute Anzahl der "probes", den Zuwachs- und den Beibehaltungsscore enthielt, 32 % der Varianz bei der Wortrekognition. Ein Modell, das nur Initial- und Zuwachsscore enthielt, erklärte 31 % der Varianz der Leseleistung, von denen 26 % vom Initialscore stammen. Der Anstieg um 5 % in dem erweiterten Modell, das den Zuwachsscore einbezieht, war signifikant, wenn auch nicht sehr groß. Dieses Ergebnis deutet darauf hin, daß die Erfassung einer pädagogisch optimierten Arbeitsgedächtnisleistung die *Vorhersage des Lesens* verbessern kann im Vergleich zu den üblichen rein statusorientierten Maßen des Arbeitsgedächtnisses.

Im folgenden soll noch kurz über einige Ansätze berichtet werden, die man wohl nicht als Realisierungen von schulfachspezifischen Lerntests im engeren Sinne bezeichnen kann, die aber mit diesem Konzept zumindest verwandt sind.

1.4 Förderdiagnostik

Dieser diagnostische Ansatz, der v.a. im Bereich der Heilpädagogik entwickelt wurde (siehe auch oben Kap. I und II, und III.2), verzichtet bewußt darauf, mit Hilfe psychometrischer und normierter Tests Auswahlentscheidungen zu begründen. Förderdiagnostik will auch primär keine einfachen Aussagen darüber machen, wie die Lehrplanziele erreicht wurden (wie z.B. kriteriumsorientierte Tests) sondern strebt diagnostische Informationen über das Lernen des einzelnen Schülers an, um auf dieser Basis dann den Lehr- und Lernprozeß zu optimieren. Dabei stützt sich die Konstruktion der Testaufgaben auf Erkenntnisse der Lern- und Entwicklungstheorien, der Instruktionspsychologie und Didaktik. Eine besondere Bedeutung haben auch die *Analyse der objektiven Anforderungsstruktur* der Aufgaben (Lompscher, 1972), die "task analysis" (Ysseldike & Salvia, 1974) bzw. die Strukturanalyse nach Kutzer (1979, ref. in Probst, 1981), einander sehr ähnliche Konzepte, die wir auch schon unter dem Begriff Kontentvalidität als Kennzeichen Diagnostischer Programme in Kap. II behandelt haben. Bei der Testadministration werden wie bei Lerntests meist Hilfen gegeben, aber diese sind *hochgradig individualisiert* (ähnlich wie im LPAD nach Feuerstein et al., 1979; s. Kap. II) und *nicht standardisiert*. Man will in der Förderdiagnostik ja auch nicht primär Kinder vergleichen, sondern Hilfen zu deren Förderung ableiten. Es gibt bisher noch keine "routinemäßig" einsetzbaren Verfahren der Förderdiagnostik, sondern nur Forschungsarbeiten und Vorschläge, die oft allerdings sehr ins Detail gehen und hier nicht näher geschildert werden können. Eine besondere Bedeutung hat auch die exakte *Fehleranalyse* (s. hierzu die Literaturübersicht bei Eberle & Kornmann, 1984). Die Fehleranalysen werden heute z.T. schon computergestützt durchgeführt, vor allem im Bereich der Mathematik (vgl. Kreschnak, 1985; Küffner, 1981). Schnotz (1979) und Probst und Wacker (1986) haben sich bei der Analyse von Rechtschreibfehlern bzw. der Lesetätigkeit theoretisch auf die russische Aneignungstheorie der Wygotski-Luria-Leontjew-Schule und auf die damit eng in Verbindung stehende Handlungsregulationstheorie nach Hacker (1973) bezogen. Insbesondere für die Diagnostik im sonderpädagogischen Bereich propagiert Moog (1990) eine sogenannte *Aneignungs-Prozeß-Analyse* (APA) "als notwendige Ergänzung zum standardisierten Schulleistungstest". Die APA wird durch drei Prinzipien gekennzeichnet: 1. Detailgenaue Beschreibung des äußeren Lösungsverhaltens 2. Diagnostischer Dialog 3. Kontrollierte Aufgabenveränderung. Das Letztere ähnelt sehr der bereits im Kap. II vorgestellten "experimentellen Psychodiagnostik" nach Berg und Schaarschmidt (1984), wobei diese aber im Unterschied zu Moog die Aufgabenvariationen (z.B. im Sinne der Erleichterung der Anforderung) streng experimentell-standardisiert vorgeben. Im Diagnostischen Dialog soll vor allem eine möglichst spannungsarme, "komplementäre" Interaktion zwischen Diagnostiker und Schüler erzeugt werden. Die folgende Gegenüberstellung aus Moog (1990, S. 85/86) gibt eine gute Charakteristik nicht nur der Hauptkennzeichen der APA, sondern auch der Spezifika der "Förderdiagnostik" im Vergleich zum üblichen psychometrischen Test, aber in einigen Punkten auch zum Lerntest (vor allem in Bezug auf Standardisierung und Normierung).

Die "Förderdiagnostik" hat sich trotz ihrer positiven Seiten bisher in der Praxis weder bei Pädagogen noch bei Psychologen recht durchsetzen können. Dies mag zum großen Teil daran liegen, daß sie noch keine routinemäßig einsetzbaren Verfahren (Ausnahme z.B. das Diagnose- und Förderprogramm für verstehendes Lesen von Kalb, Rabenstein & Rost, 1979/1994) entwickelt hat und der vornehmlich angesprochene Lehrer im Schulalltag wohl weder die Zeit noch die Qualifikation besitzt, um die z.T. höchst komplizierten Diagnosestrategien zu realisieren, die noch dazu eine intensive Schulung erfordern. Dem Psychologen, auch dem Schulpsychologen fehlen oft die fachmethodischen Kenntnisse (z.B. in der Mathematik oder in der Deutsch-Methodik) auf dem jeweiligen Gebiet, um die "Verfahren" anwenden zu können. Darüberhinaus gibt es aber erhebliche *methodische Bedenken* gegenüber der Nichtvergleichbarkeit des diagnostischen Vorgehens bei den verschiedenen Untersuchern (s. schon die Kritik am ebenfalls "nichtpsychometrischen" Feuerstein-Ansatz, z.B. Büchel & Scharnhorst, 1993; Glutting & Mc Dermott, 1990; s. Kap. II). Von Schlee (1985a,c) - einem Didaktiker - stammt eine sehr harsche Kritik, obwohl er selbst Mitherausgeber eines der ersten Sammelwerke zur Förderdiagnostik war (vgl. Kornmann, Meister & Schlee, 1983). Er wirft den "Förderdiagnostikern" vor allem vor:

Gegenüberstellung der Eigenschaften von standardisierten Tests und Aneignungs-prozeßanalysen (nach Moog, 1990, S. 85)

Vergleichs-aspekte	Test	APA
Diagnostische Zielsetzung	gruppenorientierte Leistungs-einstufung, z.B. bei Schul-laufbahnentscheidungen	keine psychometrische Zielsetzung
	Feststellung von Fehler-schwerpunkten vor dem Einsatz von Fördermaß-nahmen	Ermittlung der Variations-breite der dem Schüler ver-fügbaren Lösungsmuster vor dem Einsatz von Fördermaßnahmen
	Betonung der Resultate von Lösungsanstrengungen	Betonung überwiegend qualita-tiver Beobachtungen über den Lösungshergang
	Festlegung didaktischer Schwerpunkte	Feinabstimmung didaktischer und unterrichtsmethodischer Maßnahmen auf die Reaktions-möglichkeiten des Schülers
Methodisches Vorgehen	auf Leistungskategorien gerichtet standardisierte Test-aufgaben	auf persönliche Denkmuster gerichtet keine standardisierten Auf-gaben; die Aufgaben müssen an die Reaktionsweise des Probanden angepaßt werden
Reihenfolge und Anzahl der Aufgaben	festgelegt	je nach Stand der Diagnose variierbar
Arbeitszeit pro Aufgabe	manchmal festgelegt	nicht festgelegt
Aufgaben-schwierigkeit	gestuft nach quanti-tativen statistischen Kriterien	gestuft nach qualitativen didaktischen und entwicklungs-psychologischen Aspekten

Rückmeldung von Leistungs- erfolgen oder -mißerfolgen	nur pauschal	je nach Untersuchungsanliegen auch ganz konkret
Instruktionen	meist festgelegt	von der jeweils vorausgegan- genen Schülerreaktion abhän- gig. Instruktionen und son- stige sprachliche Reaktionen des Untersuchers werden fort- laufend kontrolliert und der Situation, den Bedürfnissen und Gedanken des Schülers angepaßt (dialogische Anpassung).
Mitwirkung des Probanden an der Daten- auswertung	ist nicht vorgesehen	ist ausdrücklich erwünscht, z.B. als subjektive Erklä- rungsversuche des Schülers
Rolle der Verhaltens- beobachtung	nicht explizit definiert	ist in jeder Untersuchungs- phase unverzichtbar für hypothesengeleitetes Vorgehen
Introspektion	ist nicht vorgesehen	ist ein methodisches Element unter anderen

(1) Mangelnder Nachweis, daß die zugrundegelegten theoretischen Annahmen begründet sind;

(2) Es gibt keinerlei exakte Hinweise darauf, wie die aus der Diagnose angeblich ableitbaren Förderhinweise zu einem besseren Unterricht geführt haben (dies sei übrigens auch gar nicht möglich, da nicht aus der Diagnose, sondern nur aus didak- tischen Zielvorstellungen heraus der Unterricht verbessert werden könne);

(3) Keine überzeugenden Validitätsstudien, die nachweisen, daß die "förder- diagnostisch" untersuchten Kinder in der Folge bessere Unterrichtserfolge aufweisen als die "traditionell" untersuchten Kinder;

(4) "Förderdiagnostik" ist in ihrem Funktionieren offensichtlich abhängig von persönlichen Qualifikationen. Damit ist das Konzept - insbesondere mit den geschil-

derten Unverbindlichkeiten - perfekt gegen Falsifikationsversuche abgedichtet worden (S. 103 f.);

(5) Vom Standpunkt des Pädagogen wird die ungenügende didaktische Absicherung der Vorgehensweisen (z.B. bei Probst, 1981) kritisiert und gleichzeitig die Gefahr gesehen, daß die "Förderdiagnostik von der Konstruktion pädagogischen Handlungswissens" ablenke.

Am Schluß des Beitrages kommt das "Verdammungsurteil": "Die sog. Förderdiagnostik kann gar nicht den Anspruch erheben, ein Konzept zu sein. ... Es handelt sich allenfalls um eine monströse Beschwörungsformel." (S. 105). Wenn wir auch dem Autor in vielen Kritikpunkten - vor allem in methodischer Hinsicht - zustimmen, so erscheint uns doch die generelle Verdammung des Ansatzes und seiner Vertreter für unangemessen, wenn man die spezielle Zielstellung und auch Begrenzung der Aussagemöglichkeiten des "Konzeptes" beachtet (s. oben und auch unsere Ausführungen im Kap. II). Bedenklich stimmt allerdings, wenn auch in den neuesten Veröffentlichungen ihrer Protagonisten (Bundschuh, 1994) weder eine Auseinandersetzung mit diesen massiven Einwänden gegen die Förderdiagnostik erfolgt noch das Konzept gründlich mit ähnlichen Bestrebungen verglichen wird, wie sie sich im "Learning Potential Assessment Device" (Feuerstein), Lerntestkonzept, "Prescriptive Diagnostic Teaching", "Testing the Limits", "Performance-based Assessment" (Baker et al., 1993) usw. manifestieren. Eine solche "Selbstbezogenheit" ihrer Vertreter, ungenügende Betrachtung verwandter Ansätze und Abschottung gegenüber Kritik bei gleichzeitiger massiver und globaler Verdammung der traditionellen psychometrischen Diagnostik kann der guten Idee der Förderdiagnostik nur schaden.

1.5   Die Konstruktion von Schülerbeobachtungssystemen (monitoring)

1977 wurde ein umfangreiches Leistungstestprogramm für Arithmetik, Lesen und Sprache im Schulbezirk von Portland (Oregon, USA) vorgestellt. Dieses Programm erlaubte es, Lernfortschritte von Schülern auf diesen Unterrichtsgebieten über längere Zeiträume zu evaluieren. Man könnte daher diese Verfahren auch unter einer speziellen Lerntestvariante subsumieren, die Guthke (1980c) unter dem Terminus "Intervall-Lerntest" charakterisierte. Hierbei besteht eine oft recht lange Zeitspanne zwischen den einzelnen Testsitzungen, die nicht durch ein "experimentelles Training" (wie in den Langzeit-Lerntests, s. Kap. II), sondern durch den üblichen Schulunterricht ausgefüllt wird. Es handelt sich also um Längsschnittstudien, wie sie ja auch aus der Entwicklungspsychologie schon lange bekannt sind.

In den Niederlanden wurde die Idee der "Schüler-Monitoring-Systeme" (SMS) in der Mitte der achtziger Jahre eingeführt (siehe Gillijns & Moelands, 1992; Gillijns &

Van den Bosch, 1992). Man kann die SMS als eine Sammlung von Meßinstrumenten bezeichnen, die eine *Langzeitbewertung von Lernergebnissen* in verschiedenen Fachrichtungen sowohl bei einzelnen als auch bei Gruppen von Schülern ermöglichen. Solch ein System beinhaltet folgende Elemente:

(1) Ein Überblick über Ausbildungsziele jedes Fachgebietes innerhalb des Zeitraums der Ausbildung oder des Trainings.

(2) Eine Anzahl von Leistungstests, in denen die Ausbildungsziele operationalisiert sind.

(3) Eine Karte zum Registrieren des Lernfortschritts jedes Schülers oder jeder Schülergruppe in einem Unterrichtskurs.

(4) Standards, die einer Normierungsstudie entstammen und zur Bewertung des Lernfortschrittes dienen.

Vor kurzem beendete das Holländische Nationalinstitut für Pädagogische Messung (Cito) die Konstruktion des ersten Teils der SMS, einschließlich Leistungstests für Ordnen (Kindergarten), Zählen (Kindergarten und Klasse 1), Wortrekognition (Klasse 1 bis 6), Vokabular, Buchstabieren, Lesevermögen, Hörvermögen und Arithmetik (Klasse 1 bis 2). Die SMS ermöglichen es, einen Leistungstest zweimal pro Jahr bei Schülern anzuwenden, um zu bewerten, ob deren Lernfortschritt befriedigend im Verhältnis zu vorausgehenden Testungen, zu (Sub-) Populationsstandards, zu Ausbildungszielen und gebietsspezifischen Kriterien ist. Im Hinblick auf diese Evaluationsziele ist es notwendig, (a) eine Skala für jedes Fachgebiet; (b) Referenznormen für einige unterschiedliche (Sub-) Populationen; und (c) Zuwachsmodelle für (Sub-) Populationen und/oder für Individuen zu konstruieren (siehe Eggen, Engelen & Kamphuis 1992; Embretson, 1987).

Arithmetikaufgaben ähnlich denen, die in den Lerntests von Guthke (1983) und Tissink (1993) zur Anwendung kamen, sind auch in den Cito-Tests für Ordnen und Arithmetik zu finden. Die Leseaufgaben von Ruijssenaars & Oud (1987) ähneln der Cito-Test-Wort-Rekognition. Tissink und Ruijssenaars und Oud nutzten die klassische Testtheorie, während der Cito-Test auf Grundlage der "Item Response Theory" (IRT) konstruiert wurde. Die beiden Lerntestautoren nehmen an, daß ihre Testsets dieselbe (homogene) Fähigkeit messen, aber z.Zt. ist diese Aussage noch nicht überprüft. Die IRT bietet dagegen Mittel zu untersuchen, ob die Tests zu jedem Meßzeitpunkt eine latente unidimensionale Fähigkeit messen. Die IRT findet daher heute verstärkt in der Forschung zu Lernpotentialtests Anwendung (Embretson, 1987, 1990; Klauer et al., 1994; Pennings & Verhelst, 1993; Sijtsma, 1993; s.a. Kap. V). Leider wurden die ersten Versuche, mit Hilfe der Rasch-Skalierung einen Langzeit-Lerntest für Mathematik (Gebser, 1980, s. oben) und für Rechtschreibung (s.

Hofmann, 1982) zu konstruieren, infolge der weitgehenden Abschottung der ostdeutschen Wissenschaft international kaum zur Kenntnis genommen.

Im folgenden werden einige Prinzipien der IRT anhand der Arithmetic Ability Scale des Cito-SMS erklärt. Die mathematische Fundierung des IRT-Modells, das zur Konstruktion der Skalen des Cito-SMS genutzt wurde, wird von Verhelst und Eggen (1989) vorgestellt und von Verhelst (1992), Eggen, Engelen und Kamphuis (1992) zusammengefaßt. In unserer Beschreibung folgen wir der vereinfachten Darstellung von Janssen, Bokhove und Kraemer (1992).

Der Grund, ein IRT-Modell zu nutzen, besteht in der beabsichtigten Konstruktion einer *Intervallskala*, auf der sowohl *Items* als auch *Pbn* eingeordnet werden können. Die Itemposition wird durch ihre Schwierigkeit determiniert, die Position der Pbn durch ihre Fähigkeiten. Im "One Parameter Logistic Model" (OPLM) von Verhelst und Eggen (1989) werden zur Charakterisierung eines Items zwei Indexparameter unterschieden. Der Itemschwierigkeitsparameter beschreibt die Schwierigkeit eines Items und der Diskriminationsparameter (ähnlich dem Begriff der Trennschärfe aus der sog. Klassischen Testtheorie) zeigt die Diskriminationseffektivität an. Das OPLM ist eine Erweiterung des IRT-Modells von G. Rasch, in dem nur die Itemschwierigkeit repräsentiert wird und das postuliert, daß die Diskriminationseffektivität aller Items dieselbe ist (siehe Fischer, 1974 zum Überblick auf das Rasch-Modell und seine Annahmen). Aus den Daten vieler Testkonstruktionsstudien können wir schließen, daß die Beziehung zwischen der Fähigkeit und der Wahrscheinlichkeit einer korrekten Antwort auf ein Item von Fall zu Fall verschieden ist (siehe Pennings & Verhelst, 1993; Verhelst & Eggen, 1989; Wright & Stone, 1979; Fischer, 1974).

Die Abb. III.1.3 zeigt die Beziehung zwischen Fähigkeit und Wahrscheinlichkeit einer korrekten Antwort auf drei Items. Die Abbildung stellt die Skalenwerte der arithmetischen Leistungsskala dar, die von Lehrern genutzt wird. Die Skala ist so konstruiert, daß die Verteilung der Fähigkeiten der Pbn an vier Zeitpunkten repräsentiert werden kann. Die sog. Schwierigkeit eines Items kann unter Nutzung dieser Abbildung erklärt werden. Die Kurven nennen sich "*item response curves*" (IRC's), weil sie die Art, in der Items Antworten bei Pbn unterschiedlicher arithmetischer Fähigkeit hervorrufen, zeigen. Die Zahl, die die Schwierigkeit jedes Items beschreibt, korrespondiert zur Fähigkeit, die die 50 prozentige Wahrscheinlichkeit einer korrekten Antwort erlaubt. Mit anderen Worten: In der Versuchsgruppe, die eine zur Itemschwierigkeit korrespondierende arithmetische Fähigkeit besitzt, werden durchschnittlich 50 % der Pbn das Item korrekt beantworten.

Die Abb. III.1.3 zeigt, daß die Schwierigkeiten von Item 1, 2 und 3 44, 60 und 77 betragen. Ein Pb mit einer arithmetischen Fähigkeit von 44 wird mit einer Wahrscheinlichkeit von 0.5 das Item 1 korrekt beantworten. Anders gesagt, die Hälfte (50 %) der Pbn mit einem Wert von 44 werden eine korrekte Antwort auf Item 1 geben.

Die Unterschiede in der Steilheit der IRC's in der Abbildung zeigen, daß Items im unterschiedlichen Grade zwischen den Fähigkeitsausprägungen differenzieren. Die IRC von Item 1 ist flacher als die anderen IRCs. Item 1 besitzt die niedrigsten Diskriminationsparameter, Item 2 die höchsten. Die IRC von Item 2 ist relativ steil, also gibt es eine starke Beziehung zwischen der Fähigkeit und einer korrekten Antwort.

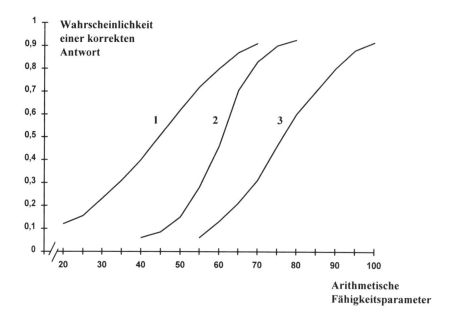

Abbildung III.1.3: Beziehung zwischen Fähigkeit und Wahrscheinlichkeit einer korrekten Antwort bei drei Items

Schon ein kleiner Anstieg der Fähigkeit führt zu einer relativ hohen Zunahme der Wahrscheinlichkeit einer korrekten Antwort auf das Item. Derselbe Fähigkeitszuwachs führt dagegen zu einem relativ geringeren Anstieg der Wahrscheinlichkeit, Item 1 korrekt zu beantworten. Außerdem kann angenommen werden, daß Item 1 einen relativ größeren Fähigkeitsanstieg erfordert, um von Punkt p=50 zu p=80 zu kommen als dies bei Item 2 der Fall ist.

Der p=50-Wahrscheinlichkeitspunkt jedes Items zeigt die Itemschwierigkeit an. Aus psychometrischer Sicht ist das sehr wichtig, denn an diesem Punkt auf dem arithmetischen Fähigkeitskontinuum bietet das Item maximale diagnostische Informationen im Sinne der Differenzierung von Schülern. Vom pädagogischen Blickwinkel ist die p=80-Wahrscheinlichkeit bedeutungsvoll. Wenn die individuelle arithmetische Fähigkeit so hoch ist, daß die Wahrscheinlichkeit einer korrekten Antwort 80 % beträgt, kann von einer guten Bewältigung des pädagogischen Ziels ausgegangen werden. In Citos SMS werden die p=50- und p=80-Wahrscheinlichkeiten genutzt, um bereichsspezifische Kriterien zu definieren. Diese dienen als Richtlinien, um drei *Bewältigungsniveaus von Unterrichtszielen* in einem Fachgebiet festzulegen: niedrige Bewältigung (p<50 %), mittlere Bewältigung (51<p<79 %) und gute Bewältigung (p>80 %). Die p=50- und p=80-Wahrscheinlichkeitspunkte von Item 1 sind 44 und 59, von Item 2 60 und 67 und von Item 3 77 und 89. Man stelle sich vor, ein Schüler erreicht einen Score von 65 auf der arithmetischen Fähigkeitsskala. Aus den IRC's bei Abb. III.1.3 können wir schlußfolgern, daß er oder sie die Wahrscheinlichkeit einer korrekten Antwort auf Item 1 von 0.9 (gutes Bewältigungsniveau) besitzt, auf Item 2 von 0.7 (mittleres Bewältigungsniveau) und auf Item 3 von 0.2 (niedriges Bewältigungsniveau).

Das Beispiel demonstriert die Doppelfunktion der arithmetischen Fähigkeitsskala. Die Items sind an ihren geeichten Positionen von leicht zu schwer entlang der Skala plaziert und die Schüler sind nach ihrem arithmetischen Fähigkeitsscore auf derselben Skala angeordnet. In der Konsequenz kann der Untersucher feststellen, welche Lernziele während der Unterrichts- oder Trainingsphase erreicht wurden.

Citos Arithmetikskala 1 (Janssen et al., 1992) ist durch Items definiert, die den Lerninhalt der Arithmetik in Klasse 1 und 2 im Durchschnitt der holländischen Grundschule abdecken. Die Autoren wählten Items, die für Mädchen und Jungen, für Kinder mit verschiedenen Arithmetik-Lehrplänen, für Kinder verschiedener ethnischer Gruppen und für Kinder mit hohen oder niedrigen Fähigkeiten gleichermaßen "funktionieren", d.h. modellkonform messen. Diese Ergebnisse bedeuten, daß die Skala die Forderung der Unidimensionalität erfüllt. Außerdem zeigte sich, daß die Items, welche zu zwei Zeitpunkten angewandt wurden, nicht differentiell wirkten. Das letzte Ergebnis besagt, daß die arithmetische Fähigkeitsskala zur Langzeitmessung des Lernfortschrittes von Schülern genutzt werden kann.

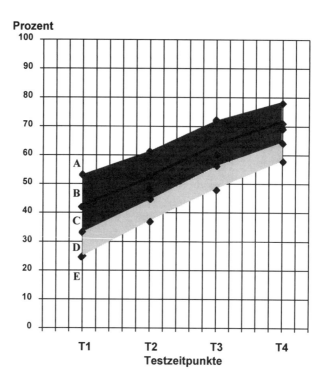

Abbildung III.1.4: Entwicklung der arithmetischen Fähigkeit bei einer Schülerin
über vier Testzeitpunkte verglichen mit der durchschnittlichen
Fähigkeitsentwicklung in der 1. und 2. Klasse (Janssen, Bokhove
& Kraemer, 1992). Weitere Erläuterungen im Text.

Abb. III.1.4 zeigt ein Fallbeispiel. Im Februar und im Juni der ersten Klasse und im
Januar und Juni der zweiten Klasse (T1, T2, T3 und T4 in Abb.) wurde bei der Vp
ein Leistungstest angewandt. Die Entwicklung ihrer arithmetischen Fähigkeit (siehe
die gestrichelte Linie in Abb. III.1.4) wird verglichen mit der Entwicklung der durchschnittlichen Fähigkeit, wie sie in der Standardisierungsgruppe von Klasse 1 und 2
(siehe die schwarze Linie in der Abb. III.1.4) erhoben wurde. Die Buchstaben E, D,
C, B und A kennzeichnen Bereiche (Niveaus) in Percentilen. Die vier Prozentzahlen
(10 %, 25 %, 50 %, 75 %) teilen die beobachteten Verteilungen in fünf Teile. Diese
korrespondieren bei T1 mit den Skalenmaßen 25, 33, 42 und 53. Der Fallbericht
demonstriert, daß die Fähigkeitsscores ein wenig unter dem Durchschnitt der vier
Zeitpunkte liegen, die Vp erhält jeweils ein C. Wenn man in Betracht zieht, daß die

erhaltenen Scoreintervalle auf dem Standardfehler jedes Fähigkeitsscores beruhen (zur Herleitung s. Janssen et al., 1992, S. 41) - dann kann geschlußfolgert werden, daß die beobachtete Schülerin einen befriedigenden Fortschritt von einem Zeitpunkt zum nächsten gemacht hat. Außerdem ist der Verlauf ihrer Lernkurve der der Standardisierungsgruppe vergleichbar.

Allerdings ist die Anwendung der IRT-Meßmodelle auf *Lernfortschrittsmessungen* nicht ganz unproblematisch (s. hierzu Guthke et al., 1990; Kubinger, 1988), da sie nur quantitative, nicht aber qualitative Lernfortschritte widerspiegeln können (vgl. hierzu auch Wiedl et al., 1988; s.a. Kap. V in diesem Buch). Kommt es - wie eigentlich pädagogisch erwünscht und gewiß oft auch der Fall - zwischen den einzelnen Testungen zu qualitativen Wandlungen der Fähigkeit (z.B. werden andere Strategien angewandt), dann ist die Unidimensionalität der Messung bei den verschiedenen Meßzeitpunkten nicht mehr gegeben und daher das Rasch-Modell nicht anwendbar bzw. bringen entsprechende Modellprüfungen der Items viele Modellabweichungen zutage.

1.6 Abschließende Überlegungen

In diesem Kapitel wurden Lernpotentialtests mit bereichsspezifischen Aufgaben im Kontext von Evaluationszielen in der Schule besprochen. Vor, während und nach der Unterrichtung benötigen Lehrer Informationen über den Leistungsgrad und über die Leistungspotenz ihrer Schüler. Es wurden sowohl Kurzzeit- als auch Langzeittestverfahren und Intervall-Lerntests konstruiert. Im Überblick wurden exemplarisch nur einige Verfahren geschildert. So verzichteten wir z.B. auf die nähere Schilderung einer Konstruktion eines Chemie-Lerntests (Scholz, 1980), bei dem interessanterweise vor allem die Aufgaben der Trainingsphase zwischen Prä- und Posttest sich als diagnostisch ergiebig erwiesen. Auch gingen wir nicht auf einen Physik-Lerntest ein, den Kalmykowa (1975; s. Schilderung in Guthke, 1980c) konstruiert hat.

Die Studien belegen, daß sowohl Langzeit- als auch Kurzzeittestverfahren deutlich den Initialscore modifizieren können. Diese Veränderung hat offenbar diagnostische Relevanz für die Vorhersage von späteren Leistungen. Die Vorhersagevalidität ist tatsächlich ein wichtiges Kriterium, um die Qualität von Lernpotentialtests einzuschätzen. Guthke sowie Tissink, Ruijssenaars und Oud fanden Validitätskoeffizienten, die von .48 bis .70 zwischen Lernpotentialmaßen und Leistungsscores für Lesen und Arithmetik, die einige Monate später erhoben wurden, variieren. Aus den Untersuchungen von Spector und Swanson kann ebenfalls geschlossen werden, daß Lernpotentialmaße zusätzliche Varianz von externalen Kriterien erklären, die über die Varianz hinausgeht, die durch traditionelle Testmaße erklärt wird.

In ihrem Überblick zu psychometrischen Herausforderungen durch Lernpotential-untersuchungen unterbreitete Embretson (1987) einige Vorschläge über ein ihrer Meinung nach optimales, aus dem IRT-Modell abgeleitetes Testdesign (s. hierzu auch Kap. II). Mit der Vorstellung der Arithmetischen Fähigkeitsskala aus Citos "student monitoring system" illustrierten wir die Möglichkeiten und Ergebnisse des Arbeitens mit der IRT. Für die Konstruktion von zukünftigen Langzeit-Lernpoten-tialtests mit dem Prätest-Training-Posttest-Design scheint es notwendig, sich noch stärker mit den Möglichkeiten und Grenzen des IRT-Modells auseinanderzusetzen.

Die IRT ist auch zur Konstruktion eines Kurzzeit-Lerntests, in dem in einer Testsitzung eine Reihe von Hinweisen und Hilfen gegeben wird, nützlich (siehe Pennings & Verhelst, 1993; Klauer, Kauf & Sydow, 1994). Eine notwendige Bedingung ist die Standardisierung der Hilfengebung. Die Hilfsserie bei jedem Item sollte allen Pbn in festgelegter Reihenfolge dargeboten werden, um zu garantieren, daß die Scores zweier Items statistisch unabhängig sind (siehe Fischer, 1974). Aller-dings läßt sich das Modell nicht bei adaptiven und gleichzeitig fehleranalytisch orientierten Diagnostischen Programmen (s. Kap. II und s. auch Swanson, 1992) anwenden, bei denen die Reaktion des Programms von der jeweiligen Antwort des Probanden abhängig ist.

Die Lerntests erlauben dem Untersucher, die Reagibilität des Kindes auf anlei-tende Hinweise und Hilfen zu beobachten. Kinder, die eine weitere unterstützende Intervention benötigen, um z.B. den Arithmetik- und den Lese-Erwerb zu erleichtern, können identifiziert werden. Hierin liegt wohl in der Zukunft auch die wichtigste Ausbaumöglichkeit curriculumspezifischer Lerntests, die also nicht nur zukünftige Schulleistungen besser prädizieren sollen als herkömmliche Tests, sondern im Sinne einer formativen Evaluation den Pädagogen Hinweise geben, welche Unterrichts-mängel sie noch überwinden müssen und welche spezifische Defizite beim Kind bestehen sowie mit welchen Maßnahmen (Hilfen) diese am besten zu beheben sind (s. auch Grissemann, 1993).

2 Dynamisches Testen bei Gruppen mit besonderem Förderbedarf

Gruppen mit besonderem Förderbedarf werden im folgenden gelegentlich auch als "Sondergruppen" bezeichnet. Dieser Terminus mag Widerspruch hervorrufen als Ausdruck einer möglichen Etikettierungs- und Ausgrenzungsstrategie. Diese beabsichtigen wir hier jedoch keinesfalls; der Terminus ist lediglich als sprachliche Vereinfachung gedacht, um im Text kürzer formulieren zu können. Gemeint sind hier vor allem geistig-, lern-, körper-, sprach- und sinnesbehinderte Kinder, die entweder Förderschulen besuchen oder im Rahmen des integrierten Unterrichts im Rahmen einer Regelschule einer besonderen Förderung bedürfen.

Die Anwendung Dynamischer Testverfahren bei "Ausländerkindern" wird im Kap. III.3 behandelt. Auch "Hochbegabte" könnte man - s. auch die angloamerikanische Terminologie mit dem Begriff des "exceptional child" (worunter Positiv- und Negativabweichungen von der "Norm" verstanden werden) - zu den Sondergruppen rechnen. Allerdings gibt es bisher nur erste Vorstellungen und sehr wenige Versuche (vgl. Guthke, 1992c) zum Einsatz solcher Verfahren bei der Hochbegabtenauswahl (s. hierzu unsere Ausführungen in Kap. II). Eine zweite Vorbemerkung ist notwendig. Eine Literaturrecherche zur Thematik ergab schon 1985 (vgl. Guthke, 1985) eine beträchtliche Zahl von Arbeiten, in denen versucht wurde, das Lerntestkonzept bzw. eine mehr "dynamische Messung" bei diesen "Sondergruppen" einzusetzen. Inzwischen ist die Befundlage nahezu unübersichtlich geworden. Wir können daher hier nicht eine vollständige Übersicht geben, wollen aber doch versuchen, zu jeder "Sondergruppe" zumindest einige Arbeiten zu nennen bzw. kurz zu referieren. Detailliertere Darstellungen und Erörterungen sind aus Platzgründen nur ausnahmsweise möglich, so daß der besonders interessierte Leser auf die zitierte Spezialliteratur verwiesen werden muß. Andererseits ist manches - insbesondere im Hinblick auf geistig- und lernbehinderte Kinder - schon im "Intelligenzkapitel" (Kap. II) angeklungen und einiges zur Thematik wird auch noch in den Kapiteln zur Klinischen Anwendung (Kap. IV.1 und IV.2) referiert werden, so daß wir auf die entsprechenden Passagen verweisen können. So wird z.B. im Kapitel IV.1 die Anwendung Dynamischer Testverfahren bei Kindern mit sog. minimaler cerebraler Dysfunktion (MCD) bzw. leichter frühkindlicher Hirnschädigung behandelt, so daß hier nicht mehr explizit auf diese Gruppe eingegangen werden muß. Allerdings ist die MCD häufig die Ursache mancher der unten zu besprechenden Auffälligkeiten, so daß sie doch auch in diesem Kapitel zumindest tangiert wird.

2.1   Geistig- und Lernbehinderte bzw. Lerngestörte

Bereits einfache Testwiederholungen werden gerade bei Lernbehinderten oft schon als eine "verbesserte Diagnostik" betrachtet. In der "Testing the Limit"-Literatur (vgl. Feger, 1984; Schmidt, 1971) und auch bei Budoff (1975) wird darüber berichtet, daß die Reliabilität der Messung nach Testwiederholungen bei Lernbehinderten oft deutlich ansteigt. Die Lerngewinne sind aber im Unterschied zu "Normalkindern" vor allem bei geistig Behinderten außerordentlich gering (s. auch Guthke, 1972). Bereits eine Instruktionsintensivierung (vgl. Lauth & Wiedl, 1985) zeigt aber die Steigerungsmöglichkeiten der Testleistung auch bei Sonderschülern.

Die "Lernbehinderten" waren ursprünglich die Hauptadressatengruppe der Forschung zur Dynamischen Testdiagnostik (vgl. bereits die ersten Ansätze in den 20er und 30er Jahren, s. Kap. I). Vor allem Wygotski hatte die Hoffnung geäußert, daß man mit Hilfe der Diagnostik der "Zone der nächsten Entwicklung" die "geistig echt behinderten Kinder" (in der US-Literatur "mentally retarded") besser von den möglicherweise nur milieugeschädigten bzw. ungenügend geförderten Kindern mit niedriger Intelligenzausprägung (den "educable mentally retarded") trennen könne als durch übliche Intelligenztests (s. hierzu auch Kap. I und II). In der Sowjetunion und in den osteuropäischen Ländern (vor allem auch in der DDR) wurde auch unter Bezugnahme auf Wygotski, aber vor allem auch auf Grund des seit 1936 für die "Volksbildung" bestehenden Testverbots die bis dahin übliche Testprüfung bei der Aufnahme von Kindern in die Sonderschule durch sog. *dynamische diagnostische Untersuchungen* (vgl. Mentschinskaja, 1974) bzw. Probeunterricht oder Aufnahmewochen ersetzt. Typisch hierfür war der *Verzicht auf Standardisierung und Normierung.* In den letzten beiden Jahrzehnten gab es auf Grund der u. E. sehr berechtigten Kritik an der Subjektivität und Willkürlichkeit dieser "Aufnahmewochen" (wobei deren Positiva, auf die auch westdeutsche Sonderschulpädagogen und -psychologen hinweisen, nicht übersehen werden sollen) erste Versuche zu einer größeren Standardisierung des "Probeunterrichts". In Anlehnung an das Lerntestkonzept wurden sog. *Unterrichtslektionen* (geschildert in Buss & Scholz-Ehrsam, 1973; Buss, Scholz-Ehrsam & Winter, 1976, 1982) entwickelt. Hierbei handelte es sich um stark unterrichtsbezogene (vorwiegend auf Deutsch, Mathematik und Heimatkunde) lerntestartige Prozeduren mit dem Design Prätest-Training-Posttest. Obwohl diese "Prüfungslektionen" zunächst insbesondere von den diagnostizierenden Sonderpädagogen als "Ersatz" für die verbotenen Intelligenztests sehr begrüßt wurden, da mit ihnen zumindest eine gewisse Vergleichbarkeit und Normierung des diagnostischen Vorgehens gegeben war, gab es aber bald auch Kritik. Die *Standardisierung* und *Psychometrisierung* war doch noch ziemlich unzureichend, und die "*Schulstoffbezogenheit*" hat nicht nur positive Aspekte, da viele zum "Hilfsschulaufnahmeverfahren" gemeldete Kinder bereits mit affektiven Blockierungen reagieren, wenn sie mit curriculumbezogenen Aufgabenstellungen konfrontiert werden, bei denen sie ja bisher so massiv versagten (s. hierzu auch Feuerstein et al., 1979 und Guthke, 1985).

Inzwischen besteht nach der "Wende" die Gefahr, daß man in den neuen Bundesländern "naiv" und ohne nähere Kenntnis der auch in Westdeutschland und in anderen Staaten (z.B. USA, Israel, Holland, England, s. auch weiter unten) seit Jahrzehnten geäußerten Kritik an der Brauchbarkeit der herkömmlichen Intelligenztests für die Sonderschulbedürftigkeitsprüfung (s. z.B. Kornmann, 1984; Probst, 1979; Schuck & Eggert, 1982; für eine Übersicht s. vor allem Langfeldt & Kurth, 1993) einfach die sehr umstrittene Praxis einiger alter Bundesländer einführt und für die Intelligenzprüfung lediglich einen herkömmlichen Intelligenztest (z.B. den HAWIK) benutzt. Ökonomiegesichtspunkte scheinen zwar dafür zu sprechen; die ganze wissenschaftliche Diskussion der Sonderpädagogen und Psychologen der letzten Jahrzehnte läßt aber ein solches "Schnellverfahren" sehr problematisch erscheinen, so daß auch Kurth (1990) auf die positiven Aspekte des "alten Aufnahmeverfahrens" in der ehemaligen DDR aufmerksam macht und die Verwendung von "praktikablen" Lerntests für "wünschenswert" hält.

Wendet man den Blick ins Ausland, dann wird sehr schnell ersichtlich, daß die in Ost- und Westdeutschland seit Jahrzehnten diskutierten Probleme im Zusammenhang mit der Sonderschulüberprüfung z.B. auch in den USA und in Israel seit langem heftig und mit sehr ähnlichen Argumenten kontrovers diskutiert werden.

In den USA und Israel ging es vor allem um die *faire Beurteilung der geistigen Leistungsfähigkeit* von Kindern aus kulturellen Minoritäten und aus sozial unterprivilegierten Schichten (s. hierzu auch bereits unsere Ausführungen in den Kap. I und II sowie Kap. III.3). Diese Kinder werden bei Anwendung herkömmlicher Schulleistungs- und Intelligenztests fälschlicherweise oft als geistig behindert klassifiziert und unberechtigterweise in Spezialklassen "abgeschoben". Die nachfolgende Abbildung (aus Haywood & Tzuriel, 1992, S. 471) zeigt z.B. die 1979 erhobenen Testwertverteilungen des WISC-R (die amerikanische Urfassung des deutschen HAWIK-R) bei kalifornischen Kindern unterschiedlicher rassischer Herkunft.

Aufgrund dieser Ergebnisse ist natürlich mit einer Überrepräsentation nichtweißer Kinder in Spezialklassen zu rechnen. Unter Bezugnahme auf diese Daten, nach Klagen betroffener Eltern und insbesondere auch nach Protestaktionen farbiger Psychologen wurde die Anwendung der üblichen Intelligenztests bei nichtweißen Kindern für die Spezialschulselektion 1979 gerichtlich verboten (vgl. die ausführliche Diskussion des sog. Larry P. Urteils bei Elliot in Haywood & Tzuriel, 1992). Also nicht nur in der diktatorischen Sowjetunion, sondern auch in den freien USA gab und gibt es *Testverbote*! Im Unterschied zur Sowjetunion konnte aber in den USA in Chicago 1980 ein anderer Richter auch ein völlig anderes Urteil fällen (s. hierzu ebenfalls Elliot, in Haywood & Tzuriel, 1992). Gerade in Kalifornien wurde daher das Learning Potential Assessment Device (LPAD) von Feuerstein et al. (1983, s. dessen Kurzbeschreibung in Kap. II) als Alternative zum herkömmlichen Test insbesondere für nichtweiße Kinder empfohlen.

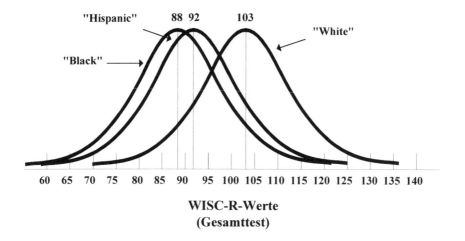

WISC-R-Werte
(Gesamttest)

Abbildung III.2.1: WISC-R-Verteilungen bei kalifornischen Kindern mit unterschiedlicher ethnischer Herkunft (Haywood & Tzuriel, 1992,
S. 471)

Über die zahlreichen (vor allem amerikanischen und israelischen) Arbeiten über dynamisches Testen vornehmlich unter Einsatz des LPAD bei *"learning disabled"* (etwa vergleichbar mit unseren "lernbehinderten" und "teilleistungsschwachen" Kindern) *"educable"* und *"mentally retarded children"* informieren die Sammelbände von Haywood und Tzuriel (1992), Lidz (1987, 1991) und Carlson (1992).

Bald kam es aber im "APA-Monitor" (vgl. Cordes, 1986) zu einer Auseinander-setzung zwischen den Psychologen, die die "alten Intelligenztests" verteidigten, und den Verfechtern des LPAD. Am LPAD wurde ebenso wie in Deutschland hinsicht-lich der "Aufnahmewochen" (s.o.) kritisiert, daß das Vorgehen nicht standardisiert und zu zeitaufwendig ist. Das Ergebnis wird im hohen Maße von der jeweils unter-schiedlichen Interaktion zwischen Testleiter ("assessor" in der LPAD-Terminologie) und Kind bestimmt, so daß die Objektivität (Ausführungs- und Auswertungskonkordanz) stark beeinträchtigt ist. Dabei hatte in den USA schon zu Beginn der 70er Jahre Budoff (s. Budoff et al., 1971, 1976, 1978) standardisierte Lerntestprozeduren (vor allem basierend auf dem Raven-Test, dem Mosaik-Test, Figurenfolgentest und dem sog. Picture Word Game (s. hierzu Kap. II, S. 102f. und die ausführliche Beschreibung der Verfahren bei Budoff, 1987a,b) für die Unterscheidung von "educable mentally retarded" und "mentally retarded children" vorgeschlagen. Er registrierte erstaunliche Lerngewinne zwischen Prä- und Posttests bei nicht wenigen Slumkindern, die zunächst im herkömmlichen Intelligenztest auf Grund ihres IQ als "mentally retarded" diagnostiziert worden waren. Diese sog. Gainer zeigten später bei Längsschnitterhebungen auch eine bessere Lebens- und Berufsbewältigung, während die "Non-Gainer" sich schlechter bewährten. Leider hat Budoff seine Tests nicht normiert und publiziert, außerdem hat er das Problem des Lerngewinns zwischen Prä- und Posttests methodisch nicht ausreichend bearbeitet. Auch sonderschulbedürftige Kinder zeigen Lerngewinne; man muß also auch für die Lerngewinne Normen haben. Lerngewinne müssen auf das Ausgangsniveau hin relativiert werden (s. hierzu auch Kap. II und V). Die auf der Budoff'schen Methodik aufbauenden vielfältigen nordamerikanischen Untersuchungen an lern- und geistig behinderten Kindern werden übersichtsartig dargestellt und methodenkritisch analysiert in einem Artikel von Glutting und Mc Dermott(1990) und in den Büchern von Lidz (1987, 1991). Budoff, seine Mitarbeiter und Folgeuntersucher stellten immer wieder fest, daß Kinder mit einem *niedrigen sozioökonomischen Status* (social-economic status, SES) in der Regel adäquater mit den jeweiligen Lerntestversionen untersucht werden konnten, d.h. die späteren Schulleistungen und Lehrerurteile wurden besser durch Lern- als durch Statustests vorhergesagt. Auch korrelierte der SES geringer mit den Lerntests als mit den Statustests. Es gibt aber auch Ausnahmen von dieser Regel, und die Differenzen der Gültigkeitskoeffizienten sind nicht immer signifikant (vgl. auch Glutting & Mc Dermott, 1990). Auch sind wegen der Fragwürdigkeit der Außenkriterien immer wieder Zweifel geäußert worden, ob diese Vorgehensweise genügt, um die Überlegenheit der Lerntests zu beweisen.

Besonders interessant sind daher die bereits im Kap. II kurz angedeuteten Untersuchungen, bei denen herkömmliche Statuserhebungen und Lerntests im Hinblick auf die Frage untersucht wurden, inwieweit sie den Lernerfolg bei einem begrenzten und annähernd standardisiert vorgegebenen Curriculum voraussagen können. Es wurde ein Curriculum zur Elektrizität bei Normal- und Sonderschülern appliziert (vgl. Budoff & Meskin, 1970). Die Prätestwerte (Vorwissen) unterschieden sich bei den Schülern deutlich. Mit ihnen konnte aber nicht der Erfolg des 26 Stunden-Programms vorhergesagt werden, während die Learning Potential-Werte eine bessere prognostische Validität gezeigt haben sollen.

Diese auf Grund der Methodik und Daten noch nicht ganz überzeugende Schlußfolgerung (vgl. die Kritik von Glutting & Mc Dermott, 1990) wurde durch eine
Folgeuntersuchung (Budoff et al., 1976) bestätigt, bei der 6-14jährige Puerto
Ricaner, die bekanntlich in den USA oft als "Unterprivilegierte" leben, einbezogen
wurden. Hierbei wurden die 4 Erfolgskriterien des Elektrizitätsprogramms bei einer
schrittweisen multiplen Regressionsanalyse von drei traditionellen Intelligenztests
nicht vorhergesagt, dagegen vom Posttest des Raven Learning Potential Test
(Beschreibung des Verfahrens im Kap. II). Auch dieser Befund bestätigt also die
Annahme von Flammer und Schmid (1982), daß Lerntests offenbar besonders bei
Kindern mit "irregulären Lernbedingungen" indiziert sind und für diese Kinder auch
bessere Prognosen zulassen. Da der Psychologe aber bei der Begutachtung lern-
schwacher Kinder oft feststellen wird, daß bei diesen nicht nur "biologische Risiko-
faktoren", sondern auch "psychosoziale Risikofaktoren" (vgl. Teichmann, Probst &
Roether, 1991) auftreten, ergibt sich hieraus die Notwendigkeit des Einsatzes von
Lerntests gerade bei dieser Adressatengruppe (dies fordern auch Rösler et al., 1988
im Hinblick auf sog. Underachievement-"Fälle"). Roether (1983) hat mit ihrem
Vorschullerntest (VLT) ebenso wie Legler (1984) mit seinem "Situations-Lerntest"
(SLT), der direkt für die Hilfsschulbedürftigkeitsdiagnostik entwickelt wurde (s. auch
Kap. II), nachweisen können, daß Lerntests gerade zur *Differentialdiagnostik unter
leistungsschwachen Kindern* als besonders geeignet erscheinen. So fand z.B. Roether
(1974, 1984) heraus, daß bei ihrem Schulanfängertest die 18 Leistungsversager
(Sitzenbleiber und Überweisung in die Hilfsschule) in den drei Testdarbietungen, die
der Test enthält, vor Schulbeginn beträchtlich weniger Lernfortschritte zeigten als
eine zwar ebenfalls leistungsschwache, sich aber gerade noch bewährende
Kindergruppe von 18 Kindern (s. Abb. III.2.2).

Die Abb. III.2.2 zeigt deutlich, daß die Unterschiede zwischen den "Noch-
bewährten" und den "Versagern" bei der ersten Testdarbietung noch nicht zu
erkennen sind. Hier sind beide Kindergruppen gleich schlecht. Zu ganz ähnlichen
Resultaten kam Schrem (1976), die den VLT und den Mengenfolgentest (MFT,
Guthke, 1983; vgl. Kap. III.1) in modifizierter Form bei Kindern unterschiedlichen
(auch schweren) Behinderungsgrades anwandte.

Eine höhere *prognostische Validität* von Lerntests vor allem bei den leistungs-
schwachen Adressaten wurden auch in der Leipziger Forschungsgruppe bestätigt.
Dazu wurde der Coloured Progressive Matrices (CPM) Test nach Raven in eine
Kurzzeitlerntestvariante (s. Frohriep, 1978) und in eine Langzeitlerntestvariante (s.
Wieland, 1978) umgewandelt (über noch andere Lerntestformen des Kinder - Raven

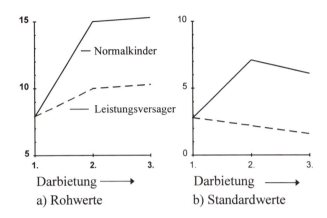

a) Rohwerte   b) Standardwerte

Abbildung III.2.2: Lerngewinne von der ersten zur dritten Darbietung im Vorschul-
lerntest nach Roether bei Leistungsversagern und nach der Prätest-
leistung parallelisierten noch erfolgreichen Schulanfängern
(Gutjahr, Roether, Frost & Schmidt, 1974)

informiert die deutsche Handanweisung von Schmidtke et al. zum CPM, 1978; s.a.
Kap. II). Über die Gültigkeitsuntersuchungen mit der Kurzzeitlerntestvariante wurde
bereits im Kap. II berichtet. Deutlich wurde das Phänomen der *differentiellen Validität*, d.h. in einer Längsschnittstudie über mehrere Jahre erwies sich die Lerntestversion gegenüber dem traditionellen Raven-Test nur in der leistungsschwachen
Untersuchungsgruppe als deutlich prognostisch valider.

Ergebnisse zu einer Langzeit-Lerntest-Variante dieses Verfahrens - speziell auch
im Hinblick auf die Diagnostik der Hilfsschulbedürftigkeit - liegen ebenfalls vor.
Zielgruppe waren leistungsschwache Schüler am Ende der 1. bzw. 2. Klasse, bei
denen die Frage der Förderschulüberprüfung zu klären war.

Wieland (1978) hat die Items des CPM in der ersten Sitzung - das Verfahren ist
ein Gruppentest - mittels Tageslichtprojektor in 20 Minuten mit einer standardisierten Zeitvorgabe pro Item (gestaffelt nach der Schwierigkeit) vorgegeben. Daraufhin
erfolgt eine Trainingssitzung auf der Grundlage von 20 Aufgaben (die wieder als
Vorlagen projiziert werden, s. als Beispiel Abb. III.2.3) mit ansteigender Schwierigkeit, für die gemeinsam in der Gruppe Lösungsstrategien geübt werden (45 Min.).
Am dritten Tag nach der Ersttestung folgt der Posttest, der analog zum Prätest in 17
Minuten appliziert wird.

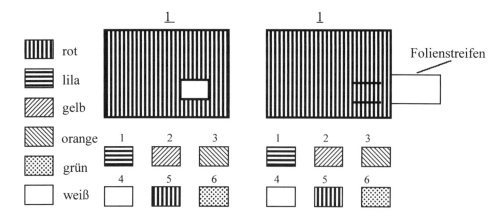

Abbildung III.2.3: Ein Beispiel aus dem Trainingsprogramm zum Raven-Langzeitlerntest nach Wieland (1978). Mittels Tageslichtprojektor werden
Übungsitems projeziert, in die mittels Folienstreifen die richtigen
Ergänzungen nach Diskussion der Lösungsvorschläge der Schüler
eingefügt werden.

Wieland stellte schon in der Erstuntersuchung (1978) fest, daß der Posttest bedeutend
besser als der Prätest die Urteile der Hilfsschulaufnahmewoche prädizierte. Da hier
nur ein dichotomes Urteil vorlag (aufgenommen vs. abgelehnt), wurde der biseriale
Korrelationskoeffizient berechnet. Für den herkömmlichen Raven-Testwert erhielt
Wieland ein rbis = .24 (nicht signifikant) und beim Lerntestwert (Posttest) ein rbis =
.67 (hoch signifikant). Im Rahmen einer Kreuzvalidierung an anderen anfallenden
Stichproben, die im Kreise Görlitz in den Folgejahren im Rahmen der Sonderschulüberprüfung untersucht wurden, konnte Wieland (1993) diese Befunde immer wieder
bestätigen. Dabei wurden nun tetrachorische Korrelationskoeffizienten verglichen, da
mittels des aus der Erstuntersuchung abgeleiteten cut-off Werts die Testergebnisse
ebenfalls dichotomisiert wurden (vom Testergebnis her Verdacht bzw. kein Verdacht
auf Hilfsschulbedürftigkeit). Die Tab. III.2.1 (aus Wieland, 1993, S.45) zeigt die
Ergebnisse. Es wird u.a. deutlich, daß die berechneten biserialen Korrelationskoeffizienten nahezu identisch sind mit den Werten, die erstmals 1978 gewonnen wurden.
Die ebenfalls angewandten sog. Unterrichtslektionen - also fachspezifische lerntestartige Verfahren (s.o.) - zeigten überraschenderweise bedeutend schlechtere empirische Gültigkeitswerte als der curriculumferne Raven-Lerntest.

Tabelle III.2.1: Tetrachorische Korrelation zwischen den Testergebnissen im
konventionellen Raven (CPM) und im Raven-Langzeitlerntest (RLT)
nach Wieland (1978) einerseits und dem Ergebnis der Sonderschul-
aufnahmeprüfung andererseits (Wieland, 1993)

	N	CPM	RLT
Untersuchungsjahr			
1988	50	.40	.87
1989	34	.23	.80
1990	37	.54	.91
1992	22	.47	.75

Natürlich kann man auch an der Gültigkeit des "Außenkriteriums" (Aufnahmeurteil)
zweifeln. Allerdings beruhte es in Görlitz auf einer sehr gründlichen fachmedizini-
schen, sonderpädagogischen und psychologischen Untersuchung, die mit einer ganz-
wöchigen Beobachtungsphase verbunden war, so daß doch von einer hohen Qualität
des Außenkriteriums ausgegangen werden kann.

Während in den Beiträgen der Arbeitsgruppe Guthke *Validitätsfragen* im Vordergrund standen, wurde in der Arbeitsgruppe Wiedl der Frage nach *spezifischen
optimierenden Testprozeduren* für lernbehinderte Kinder nachgegangen. In einer
ersten Studie (Carlson & Wiedl, 1978) wurden 10jährige Schüler (mittlerer IQ 71)
mit verschiedenen Formen der Testdurchführung (Problemverbalisations- und Feed-
back-Prozeduren) jeweils individuell untersucht. Hierbei zeigte sich u.a., daß einfaches Feedback zu keinen nennenswerten Leistungssteigerungen führte. "Elaboriertes Feedback" (Erklärung, warum die vorgeschlagene Lösung jeweils richtig bzw.
falsch war, Verdeutlichung der Aufgabenprinzipien) sowie elaboriertes Feedback und
zusätzlich Problemverbalisation (Aufgabenbeschreibung und Nennung der
Lösungsprinzipien durch das Kind) erwiesen sich dagegen als effektiv, insbesondere
wenn diese Prozeduren auf einer konkreten Ebene der Testpräsentation (Puzzle-
Version; s.o. das Rahmenmodell der Testperformanz nach Wiedl, 1984, 1985; s. auch
Frohriep, 1978 und Kap. II) eingesetzt wurden. In einer Replikations- und Erweite-
rungsstudie (Wiedl & Carlson, 1979) wurden diese Befunde im wesentlichen bestä-

tigt. Auch hier trat der deutlichste Effekt bei der Kombination der o.g. Durchführungsbedingungen auf, die offenbar eine optimale Situation für die lernbehinderten Kinder darstellen. Die prägnantesten Effekte ließen sich dabei speziell für Aufgaben des schlußfolgernden Denkens (v.a. Set B des CPM) feststellen.

Die bisher referierten Untersuchungsberichte bezogen sich vornehmlich auf lernbehinderte, nicht so sehr auf *geistig schwerer behinderte Kinder*. Zur letzteren Gruppe gibt es seltsamerweise auch viel weniger Befunde, obwohl doch gerade für diese Zielgruppe das Lerntestkonzept besonders wichtig erscheint. Dazu zunächst eine Kasuistik:

Eine slowakische Psychologin (vgl. Koluchova, 1972) berichtet über einen neueren Kaspar Hauser-Fall. In der Slowakei wurden in einem Stall zwei sechsjährige Kinder gefunden, die von ihren Stiefeltern massiv vernachlässigt worden waren. Sie konnten weder laufen noch sprechen. Die erste psychiatrische Untersuchungsdiagnose lautete "Imbezillität" und die erste Vermutung der Fachleute, daß die Eltern aus "Scham" über ihre behinderten Kinder diese isolierten und nur notdürftigst verpflegten. Der untersuchenden Psychologin fiel aber bei der Intelligenztestung auf, daß die Kinder trotz des massiven Entwicklungsrückstandes im Test auf Hilfen und Anregungen durchaus reagierten und bei Wiederholungstestungen nach der Krankenhausaufnahme erstaunliche Leistungsverbesserungen zeigten. Diese Beobachtungen ließen sie an der Richtigkeit der ersten Diagnose zweifeln (pers. Mitteilung). Die Psychologin gab die Kinder einem älteren weiblichen Geschwisterpaar zur Adoption, das sich mit viel Mühe und Liebe der Erziehung der Kinder widmete. Zunächst konnte Hilfsschulfähigkeit erreicht werden, dann erfolgte die Überführung in die Normalschule. Inzwischen haben beide Kinder das Abitur bestanden.

In den Untersuchungen mit dem Learning Potential Assessment Device (LPAD nach Feuerstein et al., 1983; s. Kap. II), die vor allem in den USA und in Israel durchgeführt wurden - besonders auch bei Immigrantenkindern mit mangelnder Vorbildung (z.B. bei äthiopischen Einwanderern in Israel) - wurden ähnliche, wenn auch nicht so dramatische Befunde erhoben, über die in englischsprachigen Sammelwerken berichtet wird (s. Lidz, 1987, 1991; Haywood & Tzuriel, 1992). In der Feuerstein-Gruppe wurden z.B. auch Kinder mit Langdon Down mit dem LPAD getestet und anschließend nach dem Enrichment-Programm von Feuerstein (1980) erfolgreich gefördert. 1993 wurde in Jerusalem ein Institut (The International Center for the Enhancement of Learning Potential) gegründet, dessen Schwerpunkt The Institute for Dynamic Assessment und The Institute for Instrumental Enrichment verkörpern und das sich vorwiegend der Diagnostik und Therapie geistig- und lernbehinderter Kinder, Jugendlicher und Erwachsener auf der Basis der Feuerstein-Theorie und Methodik widmet.

In der Leipziger Forschungsgruppe wurden bisher nur wenige Untersuchungen bei geistig schwer behinderten Kindern durchgeführt. So modifizierte Emmrich (1973) einige Untertests der "Testbatterie für geistig behinderte Kinder" (Bondy et al., 1975) zu Lerntests für "imbezille" Kinder und konnte deren höhere Gültigkeit nachweisen.

Eine Adaptation des Farbigen Matrizentests von Raven (CPM) als dynamisches Untersuchungsverfahren (Kurzzeitlerntest mit Anteilen eines diagnostischen Programms) für geistig behinderte und andere intellektuell deutlich beeinträchtigte Personengruppen haben Wiedl und Carlson (1985) vorgelegt. Dieses Verfahren ist ähnlich dem von Frohriep (1978; s. Kap. II) vorgeschlagenen und sieht unterschiedliche Formen und Ebenen der Intervention (sprachliche Mediation, Lernen oder aber auf Kompensation fehlender Leistungsvoraussetzungen abzielende Hilfen) vor. Für die Durchführung ist anzufügen, daß dieses Verfahren nach einer Ersttestung unter Standardbedingungen appliziert werden soll, um einen Vergleich der ohne bzw. mit spezifischen Hilfen erbrachten Testleistungen zu ermöglichen. Die Auswertung der hiermit erhobenen Befunde bei geistig Behinderten ist jedoch noch nicht abgeschlossen.

Von Schmidt (1988a) wurde für die Auswahl von geeigneten Arbeitsplätzen in geschützten Werkstätten eine sog. *Leistungs- und Verhaltensanalyseprobe (LEVAP)* entwickelt. Sie ist vor allem für vorzeitige Sonderschulabgänger und schwerer Behinderte gedacht. Es handelt sich dabei vorwiegend um "Arbeitsproben", bei denen durch Variation der Aufgabenstellung die "Zone der nächsten Entwicklung" erfaßt werden soll. Die im Test gewonnenen "Fähigkeitsprofile" werden auf ihre Passung hin mit "Tätigkeitsprofilen" verglichen, die durch ein Verfahren der Tätigkeitsanalyse - basierend auf der Hacker'schen Tätigkeits- und Handlungstheorie (s. Hacker, 1973) - gewonnen wurden. In der sog. *Tätigkeits-Analyse-Liste* (TAL, Schmidt, 1988b) müssen Experten bestimmte Tätigkeiten in geschützten Werkstätten hinsichtlich ihrer Anforderungen nach einem vorgegebenen Katalog einschätzen.

In neueren Diskussionen wird immer wieder darauf verwiesen (vgl. Hamers et al., 1993; Haywood & Tzuriel, 1992; s. auch Wiedl, 1984; Guthke, 1989), daß Lerntests gerade auch bei behinderten Kindern nicht nur als "verbesserte Intelligenztests" der Selektion und Prädiktion dienen sollten, sondern vielmehr ihre Hauptaufgabe darin zu sehen sei, durch eine stärkere Lernprozeßanalyse die Ursachen des Versagens, aber auch Kompensationsmöglichkeiten besser zu erhellen (s. hierzu schon Kap. II und III.1). Eine solche *prozeß-, fehleranalytisch- und qualitativ orientierte Herangehensweise* fordert eine stärkere theoretische Grundlegung bei der Testkonstruktion, die dann nicht nur mehr oder minder auf der klassischen statistischen Testtheorie basieren kann.

So gibt es schon seit langem Versuche, die Theorie von Piaget (1975) und deren Weiterentwicklung (Orsini-Bouichou, 1982) im Hinblick auf die Induktion logischer

Strukturen bei geistig Behinderten auch stärker für diagnostische Zwecke zu nutzen (vgl. Paour, 1992). Die weltweit immer stärker beachtete neuropsychologische Theorie Lurias (1970) ist die Grundlage von vielfältigen diagnostischen Vorgehensweisen. Luria selbst hat stets eine "dynamische" Untersuchungspraxis (allerdings wenig standardisiert und nicht psychometrisiert) bevorzugt und hat daher die Umwandlung seiner Aufgaben in einen traditionellen psychometrischen Test (vgl. TÜLUC nach Luria-Christiansen, s. Hamster, Langner & Meyer, 1980; Kaufman-Assessment-Battery for Children, Melchers & Preuß, 1993) mit einer gewissen Skepsis verfolgt. In starker Anlehnung an Luria modifizierte Graichen (1975) - insbesondere mit der Zielstellung, Teilleistungsschwächen zu identifizieren - die Aufgabendarbietung im Binet-Kramer-Test. Bei Versagen des Kindes bei einem Item werden sehr individualisierte und nach neuropsychologischen Erwägungen abgestufte Hilfen und Variationen der Aufgabenstellung appliziert. Das Vorgehen ist aber ähnlich wie im LPAD nach Feuerstein (s. oben) kaum standardisiert, setzt einerseits große klinische Erfahrung und Vertrautsein mit der Theorie voraus, ist andererseits nicht frei von Subjektivität und Willkür. Stärker standardisierte dynamische Untersuchungsprozeduren - ebenfalls mit Bezug auf Wygotski und die Luria-Theorie und speziell im Hinblick auf Lernbehinderte - werden von Das und Naglieri (1992) vorgestellt. Das sog. *PASS-Modell* (s. schon Das, 1972, 1980; vgl. Kap. II) fordert die Untersuchung sog. Planning (P), Attention (A), Simultaneous and Successive Coding (SS) - Prozesse. Dabei betonen die Autoren, daß konventionelle Intelligenztests nicht die mit der Tätigkeit des Frontocortex in Verbindung stehenden Planungsprozesse untersuchen. Gerade diese wären aber bei annähernd normalintelligenten Lerngestörten (Learning Disabled) gegenüber Nicht-Lerngestörten beeinträchtigt, während die anderen funktionalen Einheiten relativ unauffällig entwickelt seien. Die von Das und Naglieri vorgeschlagenen Tests zur Diagnostik des *Planungsverhaltens* - wie Mastermind-Variationen, Visual Research und der Trail-Making-Test (s. Reitan & Wolfson, 1985) - erscheinen uns aber nur in begrenztem Maße geeignet (zu komplexeren Methoden für die "Planungsdiagnostik" s. Funke & Gube-Unglaub, 1993). Wingenfeld (1992) verwandte in einer Untersuchung an 12-15jährigen "Learning Disabled" (LD, Kinder mit einem IQ unter 85 wurden ausgeschlossen) und "Non-LD"-Kindern sowohl die von Das empfohlenen "Planungstests" als auch entsprechende Verfahren aus dem LPAD (RSDT, s. Schilderung in Kap. II). Entsprechend der Das-Hypothese zeigten die Lerngestörten im Planungsverhalten Defizite. Nach einer relativ kurzen Trainingsphase im Rahmen des LPAD unterschieden sich die LD und Non-LD nicht mehr in ihren Testresultaten. Die LD verbesserten vor allem auch ihre anfänglich schlechteren kognitiven Strategien und kamen zu einem reflexiveren, analytischen Denkstil.

Im Rahmen der bereits im Kap. III.1 geschilderten *"Förderdiagnostik"* haben deutsche Sonderschulpsychologen (s. Eberle & Kornmann, 1984; Jantzen, 1982; Kornmann et al., 1983; Probst, 1979) seit Jahren versucht, Intervention und Diagnostik stärker miteinander zu verbinden. International werden solche Ansätze auch im Rahmen des sog. diagnostic prescriptive teaching (s. das sehr instruktive Übersichtsreferat von Helmke & Schrader, 1993) viel diskutiert, aber in der Praxis noch kaum realisiert. Auf Grund fachwissenschaftlicher, psychologischer und didaktisch-methodischer Theoriebildung über den jeweiligen Lerngegenstand wird in der "Förderdiagnostik" im Sinne auch einer sog. Strukturdiagnostik (vgl. vor allem Probsts Arbeiten) eine stärker curriculumbezogene, individualisierte "nichtpsychometrische Diagnostik" propagiert. Durch den Einbau von Lernhilfen in den Diagnoseprozeß ähnelt die Förderdiagnostik dem Lerntestkonzept, unterscheidet sich aber von diesem durch die strikte Ablehnung der Standardisierung und Psychometrisierung. Ein einstiger Herausgeber eines Sammelwerkes zur Förderdiagnostik (vgl. Kornmann, Meister & Schlee, 1983 und dann Schlee, 1985a,b,c) kritisiert die Förderdiagnostik nun als wenig begründet. Sie habe Ansprüche formuliert, die sie nicht erfüllen könne und Pädagogik und Diagnostik auf unzulässige Weise vermengt (s. a. Kap. III.1).

Der Streit zwischen "Psychometrikern" und "Nichtpsychometrikern" oder sogar "Anti-Psychometrikern" erscheint uns ziemlich sinnlos, da die jeweilige Zielstellung der Diagnostik entscheiden sollte, welcher Typ von Tests bzw. diagnostischer Verfahrensweise zu wählen ist. Geht es vor allem darum, eine möglichst objektive und vergleichbare Zuordnung eines Kindes zu einer "Beschulungsart" oder Einschätzung seiner geistigen Fähigkeiten im Vergleich zu seiner Referenzpopulation zu erreichen, dann wird man auf standardisierte und psychometrische Verfahren nicht verzichten können,die man ja auch bei den meisten Forschungsfragestellungen benötigt. Will man dagegen z.B. bei einem Kind "nur" die qualitativen Besonderheiten seines Leistungsversagens, die Ursachen und Kompensationsmöglichkeiten tiefer analysieren, um z.B. dem Sonderschullehrer oder Regelschullehrer gezieltere Interventionshinweise geben zu können, dann muß das diagnostische Verfahren nicht unbedingt standardisiert und normiert sein. Vielmehr wird es darauf ankommen, im Sinnes des *Inventarisierens* ein möglichst vollständiges Spektrum der Aufgabe und ihrer Bearbeitung zu erstellen. Andererseits ist nicht zu übersehen, daß bisher die Förderdiagnostik noch keine routinemäßig anwendbaren "Verfahren" veröffentlicht hat und die erhoffte Verbreitung ihrer Vorgehensweisen in der Praxis bisher ausgeblieben ist. Ein Grund dafür mag sein, daß gerade infolge der mangelnden Standardisierung die Weitervermittlung außerordentlich schwierig ist. In der "Feuerstein-Schule" werden mehrwöchige Einführungskurse vorausgesetzt, bevor man überhaupt das LPAD anwenden kann (Und auch dann bleibt nach Berichten von Teilnehmern

an solchen Kursen noch einiges "unklar", s. auch die kritische Einschätzung bei
Büchel & Scharnhorst, 1993). Wir könnten uns auch vorstellen, daß in der Zukunft
"Individualisierung der Untersuchung" einerseits und Standardisierung und Psycho-
metrisierung andererseits sich nicht mehr ausschließen müssen. Mit dem Konzept des
"Diagnostischen Programms", das wir bereits im Kap. II schilderten, haben wir einen
Versuch gestartet, dieses Ziel zu erreichen. Solche "Diagnostischen Programme" sind
auch für "Sondergruppen" ausgearbeitet worden. Im nächsten Abschnitt soll ein
Beispiel etwas näher beschrieben werden.

2.2   Sprachrückständige Kinder

Eine der ersten Studien über das Lernverhalten - untersucht durch experimentelle
Lernsituationen - sprachgestörter Kinder stammt von Heidtmann (1977). Sie unterschied dabei Kinder mit nachgewiesener Hirnschädigung und ohne Hirnschädigung.
Vergleiche mit einer hinsichtlich Intelligenz und sozialer Herkunft parallelisierten
Kontrollgruppe zeigten eine signifikant schlechtere Lernleistung der Sprachentwick-
lungsgestörten sowohl im verbalen als auch im nichtverbalen Lernen. Interessant ist
aber vor allem auch der Befund, daß die Lernleistung weder mit der Statusintelligenz
noch mit der sozialen Schicht im Zusammenhang stand. Dieser Befund ließ hoffen,
daß ein Lerntest besser als ein üblicher Statustest zur differentialdiagnostischen
Abgrenzung innerhalb der Gruppe der Sprachgestörten geeignet ist. Vor allem am
Ende des 1. Schuljahres muß häufig entschieden werden, ob ein Kind wegen massiver Sprach- und Lernprobleme in der Zukunft besser in einer Sprachheilschule oder
in einer Förderschule für lernbehinderte Kinder betreut werden soll, oder ob man es
nicht vielleicht sogar in der Regelschule belassen kann. In diesem Kontext spielt
natürlich auch die sog. Lese-Rechtschreib-Schwäche eine Rolle. In der Forschungsgruppe Guthkes (vgl. Löffler, 1981; Guthke & Löffler, 1983; Michalski, 1987) wurde
daher ein sog. *Diagnostisches Programm* (zum Konzept der DP, s. Kap. II, S. 138
ff.), "*Begriffsanaloges Klassifizieren*" (DP - BAK), entwickelt, das vorwiegend
nonverbal ausgerichtet ist und in einem experimentellen Begriffsbildungsversuch
Lernprozesse evozieren soll. Die Methode baut auf entwicklungspsychologischen
Beiträgen zur Begriffsbildung und auf Paradigmen allgemeinpsychologischer
Begriffsbildungsforschung auf, die hier nicht im Detail beschrieben werden können.
Damit wird das Hauptunterscheidungsmerkmal Diagnostischer Programme (DP)
gegenüber üblichen Status- und auch Lerntests - nämlich die starke
Theoriebezogenheit bei der Itempoolkonstruktion - realisiert. Entsprechend
entwicklungs- und denkpsychologischen Erkenntnissen ist das Verfahren auch
hierarchisch strukturiert.

Die Aufgabe für das Kind: Aus einer Menge von Objekten (Dreiecke und Kreise, die als farbige Holzplättchen vorgelegt werden) sollen Untermengen entsprechend einer vorher gezeigten Beispielaufgabe (s. Abb. III.2.4) aussortiert werden.

Die Objekte unterscheiden sich in Form, Größe und Farbe, bei späteren Aufgaben auch nach zusätzlichen Details (Umrandung, Innenpunkt), die für die Klassifikation jedoch irrelevant sind. Die jeweils klassifikationsrelevanten Merkmale sind durch sog. Beispielaufgaben festgelegt. In jeder Beispielaufgabe werden dem Kind zwei Mengen von Objekten dargeboten, wobei die eine Menge (Untermenge) aus der anderen Menge (Gesamtmenge) unter Beachtung der vom Kind zu findenden Klassifizierungsregeln gebildet wurde. Diese erkannten Klassifizierungsregeln sind dann bei der sog. Analogaufgabe bei veränderten irrelevanten anderen Merkmalen (z.B. Farben) anzuwenden (s. Abb. III.2.4).

Beispielaufgabe   Analogaufgabe

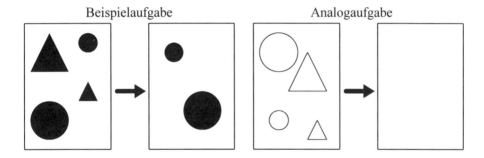

Abbildung III.2.4: Beispielaufgabe aus dem Diagnostischen Programm Klassifizieren (DP-BAK; Guthke, Wolschke, Willmes & Huber, 1992)

Im Untertest 1 wird eine Klassifikation nach der Form, im Untertest 2 nach der Größe und im Untertest 3 nach einer inclusiv-disjunktiven Merkmalsverknüpfung von Form und Größe (Vereinigungsmenge der dreieckigen und großen Objekte) verlangt. Jeder Untertest enthält 5 Aufgaben; die ersten drei Aufgaben bilden die Trainingsphase, die beiden letzten Aufgaben dienen vor allem zur Kontrolle des Gelernten. Innerhalb der Trainingsaufgaben eines jeden Untertests ist die Anforderungsstruktur gestaffelt. Begonnen wird jeweils mit einer einfachen Aufgabe. Danach steigt die Komplexität durch Hinzunahme irrelevanter Details systematisch an. Bei den Aufgaben 4 und 5 müssen die Kinder das Klassifikationskriterium ohne Beispielaufgabe anwenden. Löst das Kind eine Trainings- oder Kontrollaufgabe falsch, so stehen ihm 5, in ihrer Intensität abgestufte Hilfestellungen zur Verfügung. Das Kind hat also die Möglichkeit zu 5 Lösungsversuchen. Die wechselnde Inanspruchnahme

der Hilfen über die einzelnen Subtests und das ganze Verfahren hinweg gibt
Aufschluß über den Lernverlauf des Kindes und soll diagnostisch genutzt werden.

Der Hauptauswertungsparameter ist also der Hilfenverbrauch. Das Verfahren wird
in seinem Aufbau und in seinen psychometrischen Eigenschaften detailliert beschrieben in Guthke, Wolschke, Willmes und Huber (1992). Hier sollen lediglich zwei u.E.
besonders wichtige Ergebnisse kurz dargestellt werden: Zur Prüfung, ob der Test im
Sinne einer probabilistischen Testtheorie eine homogene Fähigkeit mißt, wurde wohl

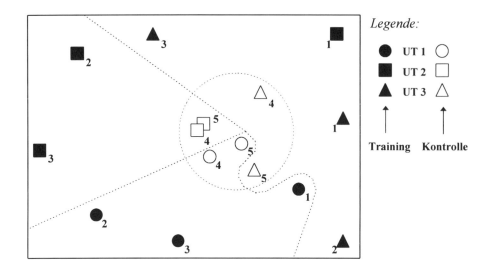

Abbildung III.2.5: Zweidimensionale Lösung des Smallest Space-Analyse für die 15
                  Items (N – 115) des DP-BAK (Guthke et al., 1992)

erstmals in der "Lerntestliteratur" das Partial Credit-Modell von Masters (1982)
angewandt. Wir konnten eine hinreichend gute Anpassung an das Modell registrieren, so daß die Gewinnung von Summentestwerten (z.B. Gesamthilfenverbrauch)
auch meßtheoretisch begründet ist. Es war erwartet worden, daß die Kontrollaufgaben stärker als die Trainingsaufgaben - entsprechend der Grundidee von Lerntests -
quasi als Posttest zu verstehen sind und besonders in ihnen sich die Lernfähigkeit
zeigen sollte. Dementsprechend sollten die Kontrollaufgaben über die Untertests
(UT1,2,3) hinweg ein kompaktes Teilcluster bilden, das von den Trainingsaufgaben
deutlich separiert ist. Die Ergebnisse einer hierarchischen Clusteranalyse sprachen
deutlich für diese Hypothese. Zusätzlich wurde auf Grund der Interkorrelationen

zwischen den Testitems eine nichtmetrische multidimensionale Skalierung (Smallest Space Analysis nach Lingoes, 1973) durchgeführt.

Die Abb. III.2.5 zeigt die Ergebnisse. Die Kontrollaufgaben gruppieren sich eng im Zentrum zusammen.

Das Verfahren wurde zunächst bei Lernbehinderten, LRS-Kindern und frühkindlich Hirngeschädigten angewandt, wobei z.B. typische Lernverläufe für Hirngeschädigte und Lernbehinderte gefunden wurden (s. hierzu Guthke & Löffler, 1983), später dann auch bei Sprachgestörten (Agrammatiker, Stammler, vgl. die Dissertation von Wolschke, 1988). Die Gegenüberstellung von "Regelschul-" und Sprachheilschulkindern zeigte, daß die sprachentwicklungsrückständigen Kinder sowohl im Gesamthilfenverbrauch als auch in der Arbeitszeit signifikant schlechter abschneiden. Damit werden die Ergebnisse von Heidtmann (1977) bestätigt. Interessant ist aber nun der Testverlauf (s. Abb. III.2.6). Dabei zeigt sich, daß auch die Kinder der Sprachheilschule ganz ähnliche Verläufe zeigen wie die Regelschulkinder.

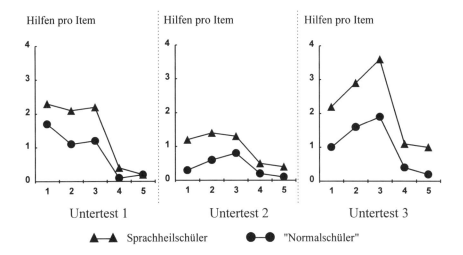

Abbildung III.2.6: Testverläufe im Diagnostischen Programm "Begriffsanaloges Klassifizieren" bei "Normalschülern" und Sprachheilschülern

Dies spricht für eine vergleichbare Lernfähigkeit sprachentwicklungsrückständiger Kinder trotz anfänglicher Schwierigkeiten. Innerhalb der Gesamtgruppe der Sprachrückständigen lassen sich deutlich zwei Untergruppen unterscheiden (s. Wolschke, 1988). In der Untergruppe 1 befanden sich jene Kinder, die von ihren Gesamtwerten her gegenüber der Normalpopulation nur als leicht unterdurchschnittlich erscheinen und auch den typischen Testverlauf der "Normalkinder" zeigen. Sie wurden zum großen Teil (76 %) in die 2. Klasse versetzt, nur 10 % wurden nicht versetzt bzw. zur Sonderschule für Lernbehinderte zugewiesen (14 %). In der Gruppe 2 sind jene sprachgestörten Kinder, deren Ergebnisse weit unterdurchschnittlich sind. Es ließen sich auch hier noch 3 Subgruppen unterscheiden. Einige weisen den Testverlauf lernbehinderter und hirngeschädigter Kinder mit deutlicher Intelligenzschwäche auf, d.h. bei den Kontrollaufgaben gibt es wieder ein Ansteigen der benötigten Hilfen gegenüber Aufgabe 3 und besonders im Subtest 3 mit der disjunktiven Anforderung bestehen große Schwierigkeiten. Von dieser Gruppe wurden ca. 40 % versetzt, 30 % nicht versetzt und 30 % der Sonderschule überwiesen.

Die empirischen Ergebnisse lassen also erhoffen, daß das Verfahren am Ende der 1. Klasse für *differentialdiagnostische Entscheidungen* auf Grund seines "nonverbalen und Lern-Charakters" gerade für sprachrückständige und wenig häuslich geförderte Kinder - besonders in sprachlicher Hinsicht - geeignet ist. Zur Zeit befindet sich der Test in der Normierungsphase.

2.3   Taube und schwerhörige Kinder

Es gibt schon seit Jahrzehnten ein sehr bekanntes nonverbales Verfahren zur Intelligenzmessung bei tauben Kindern, von dem jüngst eine modernere Version erschienen ist. Der *Snijders-Oomen-Nonverbal Intelligence Test* (SON-R, Snijders, Tellegen & Laros, 1989) ist nach Meinung der Testautoren selbst (vgl. Tellegen & Laros, 1992, in Hamers et al., 1993) eine "Mischung" zwischen einem traditionellen "general intelligence test" und einem "learning test". Der Lerntestcharakter wird durch folgende Kennzeichen des Verfahrens deutlich: a) es werden viele Beispiele vor jedem Subtest gegeben; b) es wird "feedback" über die Richtigkeit der Antwort systematisch vermittelt; c) infolge der adaptiven Struktur werden wie beim Diagnostischen Programm (s. Kap. II) leichtere Items appliziert, wenn ein Kind Fehler bei schwierigeren Items macht. In der Vorschulform des Tests (Snijders & Snijders-Oomen, 1976) ist die Lernphase noch ausgeprägter, da es bei Fehlern ein extensives Feedback mit Präsentation der richtigen Lösung gibt.

Das LPAD nach Feuerstein (s. Kap. II) wurde mit Erfolg in den 80er Jahren mehrfach bei tauben Kindern angewandt. Über die amerikanischen Arbeiten informiert ein Sammelreferat von Keane, Tannenbaum und Krapf (1992). In der Studie von Huberty und Koller (1984, ref. bei Keane, Tannenbaum & Krapf) wurde z.B. der Representational Stencil Design Test (RSDT) aus dem LPAD benutzt, bei dem Muster mit "stencils" komplettiert werden müssen (Beschreibung in Kap. II, S. 88).

Die hörenden und tauben Kinder zeigten nach der Trainingsphase keinerlei Differenzen mehr in ihren Problemlösungsfähigkeiten. Oft wurde aber eine Diskrepanz zwischen den relativ schwachen Schulleistungen der tauben Kinder einerseits und ihren im LPAD gezeigten kognitiven Potenzen andererseits deutlich.

Reimann und Eichhorn (1984) publizierten *ein Testsystem für hörgeschädigte Kinder* (TGK), das eine "Kombination von Entwicklungsstand und Lernfähigkeitsdiagnostik" zulassen soll. Das Verfahren ist für die Altersstufen 5-10 Jahren geeicht. Als Lernfähigkeitskriterium wird ein Transfereffekt nach unspezifischem Training ermittelt. Im deutschen Sprachraum modifizierte Weichlein (1978) den RAVEN-Test für die Anwendung bei schwerhörigen und tauben Kindern.

Eine Studie zur Identifikation optimierender Testdurchführungsbedingungen bei tauben Kindern legten Carlson und Dillon (1978; vgl. Carlson & Wiedl, 1980) vor. Sie untersuchten normal intelligente taube Grundschulkinder (3. Klasse) mit dem CPM (Schmidtke et al., 1978) unter Bedingungen, die wie in der Studie bei lernbehinderten Kindern (s.o.) Prozeduren der Problemverbalisation und des Feedback enthielten. Der Test einschließlich seiner dynamischen Prozeduren wurde in der Zeichensprache abgenommen. Als Ergebnis zeigte sich wieder, daß sowohl elaborierte Rückmeldung als auch die Kombination dieser Rückmeldungen mit Problemverbalisation durch die Kinder die Testleistung signifikant erhöhte. Interessanterweise fand sich, anders als bei den lernbehinderten Kindern, keine leistungsfördernde Wirkung der Puzzle-Version des Tests. Aufgrund der Beobachtung der Kinder wurde angenommen, daß sie von dieser Version nicht profitieren konnten, da sie kaum Versuch-Irrtum-Verhalten zeigten.

2.4 Blinde Kinder

Bereits 1974 entwickelte Newland (1974) einen Lerntest für blinde Kinder. Das Verfahren besteht aus Aufgaben, analog zum Raven- bzw. Cattell Test, denen Trainingsitems vorangestellt werden. Die Items sind in Reliefs eingraviert, so daß sie mit Hilfe des Tastsinnes gelöst werden können. Der Autor, der sein Verfahren an 931 Kindern eichte und Normen für 6-12jährige gewann, berichtet über die höhere diagnostische Valenz des Posttests. Dies gilt insbesondere bei jüngeren Kindern und Kindern aus ungünstigen familiären Bedingungen.

2.5 Bewegungsgestörte Kinder

Das Lernverhalten körperbehinderter Kinder ohne Hirnschädigung im Vergleich zu cerebralparetischen Kindern wurde in einer Studie von Groot-Zwaaftink et al. (1987) untersucht, deren Ergebnisse im Kap. IV.1 detaillierter referiert werden. Dabei zeigten die "nur Körperbehinderten" in einem computergestützten Lerntest auf der Basis von "Turm von Hanoi"-Aufgaben den gleichen Prätestwert wie die Cerebralparetiker, aber deutlich höhere Trainingsgewinne und damit auch bessere Posttestwerte. Leyendecker (1977) untersuchte dagegen das Lernverhalten von Körperbehinderten (auch wieder Cerebralparetiker) im Vergleich zu Gesunden. Hierbei wurden experimentelle Lernsituationen vorgegeben: Reiz-Reaktionslernen, Signallernen und Begriffslernen. Interessant waren zunächst typische Auffälligkeiten im Lernverhalten der Körperbehinderten - z.B. geringere Lernzuwachsraten und Extinktionsraten sowie höhere Perseverationsneigung. Insbesondere die Leistungen beim Begriffslernen (s. hierzu auch unsere Ausführungen zum DP-BAK bei den Sprachrückständigen, s.o.) waren schlechter als bei Nichtbehinderten, motorisch Behinderten ohne Cerebralparese und auch bei Lernbehinderten mit gleichem IQ. Offenbar ist das Begriffslernen bei hirngeschädigten Kindern ein besonders leicht anfälliges "Terrain" und daher auch ein sensibler Test. Besonders schwer fällt ihnen auch das Umlernen. Die Lernleistungen erwiesen sich als unabhängig vom Grad der Körperbehinderung und auch als unabhängig vom sozialen Status und Förderbedingungen, die bekanntlich ansonsten ziemlich hoch mit Intelligenztests korrelieren.

Wichtig war auch noch der Befund, daß die Lernleistungen innerhalb der Gruppe der Bewegungsgestörten beträchtlich stärker streuen als in den gesunden Kontrollgruppen. Es finden sich häufiger auch diskontinuierliche Lernverläufe. Die Schwächen und Besonderheiten des Lernverhaltens - auch bei vergleichbarem IQ mit gesunden Kontrollkindern und Lernbehinderten - werden nicht nur auf den neurologischen Defekt, sondern auf die durch diesen negativ beeinflußte "Lerngeschichte" zurückgeführt (s. zu diesem Problem auch Jantzens "Isolationstheorie", vgl. Jantzen, 1990). Die fehlende Korrelation der Lernleistung mit den Förderbedingungen schließt nicht aus, daß eine möglichst früh einsetzende und angemessen gestaltete Förderung zu besseren Lernleistungen führt.

2.6   Abschließende Überlegungen

Wir könnten hier noch weiter berichten über die Anwendung dynamischer Untersuchungsprozeduren bei anderen Sondergruppen, müssen aber aus Platzgründen nun abbrechen und verweisen den speziell interessierten Leser auf folgende Literatur:

Erwachsene mit Lernschwierigkeiten incl. Analphabeten (Samuels et al., 1992, ref. in Haywood & Tzuriel, 1992); Straffällige Gefängnisinsassen (Silverman & Waksman, 1992, ref. in Haywood & Tzuriel, 1992); Entwicklungsauffällige und wenig geförderte Vorschulkinder (Burns, 1980; Tzuriel & Klein, 1987, ref. in Lidz,

1991. s. auch die Neuentwicklung eines Vorschul-Lerntests in der Sydow-Arbeitsgruppe in Berlin, s.u.a. Kauf, 1993).

Insgesamt kann man nach vorliegender Befundlage davon ausgehen, daß gerade bei Personen mit besonderem Förderbedarf dynamische Testverfahren einen hilfreichen Zugang darstellen, und zwar sowohl im Sinne der *Differentialdiagnostik* als auch im Sinne der *Generierung von Behandlungsinformation*. Gerade diese Zielgruppe war ja sowohl in den frühen Arbeiten zur Dynamischen Testdiagnostik als auch bei der Begründung des Testing-the-Limits-Ansatzes (s.o. Kap. I; s.a. Schmidt, 1971) als spezifisch indizierter Einsatzbereich dynamischer Tests hervorgehoben worden.

Ein weiterer Gedanke scheint uns abschließend beachtenswert: Niemand wird leugnen können, daß längere Beobachtung unter auch länger andauernden speziellen Förderbedingungen - z.B. im Rahmen von jetzt in manchen Bundesländern eingeführten Förder- und Diagnoseklassen - sicherere Diagnosen zulassen als Statustests und auch als Lerntests. Auch ein stationärer Krankenhausaufenthalt führt in der Regel zu einer sicheren Diagnostik als eine ambulante Untersuchung, trotzdem kann man nicht alle Patienten im Krankenhaus aufnehmen. Tests - speziell aber auch Lerntests - haben also weiterhin die Funktion, Kinder für solche "Förder- und Diagnoseklassen" auszuwählen und können auch im Rahmen dieser längeren Beobachtungsperiode zur zusätzlichen diagnostischen Absicherung benutzt werden.

3   Dynamisches Testen bei Kindern und Jugendlichen aus
     ethnischen Minoritäten

*3.1 Kritik der Anwendbarkeit traditioneller Intelligenztests bei
      ethnischen Minoritäten*

Die Anwendung traditioneller Intelligenztests v.a. im Rahmen schulischer Auswahl-
prozeduren bei Kindern und Jugendlichen aus ethnischen Minoritäten ist schon oft
kritisiert worden (z.B. Brady, Manni & Winnikur, 1983; Gupta & Coxhead, 1988;
Hegarty & Lucas, 1978; Hessels & Hamers, 1993). Bereits vor über 30 Jahren hatte
Jensen (1961) berichtet, daß bei Verwendung unterschiedlicher verbaler und non-
verbaler Intelligenztests die meisten Kinder mexikanischer Herkunft in den USA in
ihren Leistungen beträchtlich unter dem Durchschnitt der angloamerikanischen Standardisierungsstichproben lagen (s. Kap. I). Jensen folgerte, daß diese Tests nicht zu-
treffende Schätzungen der kognitiven Fähigkeiten dieser meist aus einer unteren Sozialschicht stammenden Kinder lieferten und schlug vor, "Lernpotential zu messen,
indem dem Kind eine standardisierte Aufgabe gegeben und beobachtet wird, wie
schnell es diese erlernt" (S. 548, Übers. d. Verf.). Mit Hilfe von Aufgaben zum
unmittelbaren Behalten, seriellen Lernen und Paarassoziationslernen fand Jensen bei
mexikanisch-amerikanischen Kindern mit niedrigem IQ bessere Lernleistungen als
bei den entsprechenden angloamerikanischen Kindern. Ihre Leistungen waren den
Werten vergleichbar, die die angloamerikanischen Kinder mit hohem IQ erzielten. Es
wurde deutlich, daß Standardintelligenztests zwar gut zwischen schnell und langsam
lernenden angloamerikanischen Kindern, nicht jedoch zwischen entsprechenden
Gruppen mexikanisch-amerikanischer Kinder differenzieren konnten.
     Reynolds (1982) und Sattler (1982) haben die wichtigsten Faktoren, die für die
Erklärung derartiger Ergebnisse in Betracht kommen, zusammengestellt. Sie nennen
insbesondere
Interkulturelle Differenzen: Kinder aus ethnischen Minoritäten kommen oft aus
Umwelten, in denen die Entwicklungsbedingungen deutlich von denen der westeuro-
päischen bzw. angloamerikanischen Kinder abweichen. Erziehungspraktiken, Erwartungen und Anforderungen, Spracherfahrungen, informale und formale Lernerfahrungen, etc. sind Faktoren, die solche Unterschiede konstituieren. Nach Auffassung
dieser Autoren nimmt die Nützlichkeit eines Tests ab, wenn das Akkulturations-
muster eines Kindes sich deutlich von dem unterscheidet, das die Mitglieder der
Standardisierungsstichprobe vorgefunden haben. Die angenommene Beziehung
zwischen interkulturellen Differenzen und Differenzen in Testleistung und Testver-
halten wird auch als "kulturelle Bias-Hypothese" bezeichnet. Empirische Evidenz
hierzu berichten v.a. Jensen (1980) und Reynolds (1982), eine befriedigende empi-

rische Abklärung dieses Problems ist bisher allerdings noch nicht gelungen (vgl. Friedrich & Müller, 1987).

Unterschiedliche sprachliche Fähigkeiten: Intelligenztests erfassen teilweise sprachgebundene intellektuelle Fähigkeiten oder aber benutzen die Sprache, um andere Aspekte kognitiver Fähigkeiten, z.b. analytisches Denken, zu erfassen. Hieraus läßt sich folgern, daß in dem Maße, in dem Kinder andersgeartete oder nicht hinreichend entwickelte sprachliche Fähigkeiten aufweisen beziehungsweise eine andere Sprache sprechen, konventionelle Intelligenztests zu Testergebnissen führen können, die das eigentlich zu erfassende Merkmal (z.b. schlußfolgerndes Denken) inadäquat abbilden.

Testleiter-Bias: Da die meisten Psychologen weißer Hautfarbe sind und die jeweilige Standardsprache (Hochsprache) sprechen, besteht die Gefahr, daß sie auf Kinder aus bestimmten ethnischen Minoritätengruppen einschüchternd wirken beziehungsweise mit diesen nicht angemessen kommunizieren können. Dies kann sich in erniedrigten Testwerten dieser Gruppen ausdrücken.

Unangemessene Inhalte: Häufig sind Minoritätenkinder mit den Inhalten beziehungsweise Materialien, die einen Test und seine Items konstituieren (z.B. Papier und Bleistift, abstrakte geometrische Figuren) kaum in Berührung gekommen, da diese in Anlehnung an Normen und Werte der jeweiligen Mittelschicht der betreffenden Gesellschaft entwickelt wurden.

Testerfahrung: Der Grad der Testerfahrung von Kindern ist eine Quelle individueller Unterschiede von Testscores. Normalerweise wird angenommen, daß Kinder, die an einem Test teilnehmen, die Anweisungen verstehen, die verschiedenen Antwortalternativen überdenken ehe sie eine hiervon auswählen, sich immer nur auf ein Item konzentrieren und sich nicht von anderen Items ablenken lassen, zwischen Bearbeitungsgeschwindigkeit und Fähigkeitsaktualisierung die richtige Balance finden, etc. Es ist zu vermuten, daß Minoritätenkinder mangels hinreichender Erfahrung in diesem Bereich beeinträchtigt sind. Allerdings ist das Ausmaß derartiger Auswirkungen auf die Testleistung empirisch nicht hinreichend geklärt (vgl. hierzu auch Sattler, 1982).

Unangemessene Standardisierungsstichproben: Ethnische Minoritäten sind in den Referenzgruppen zur Gewinnung von Normwerten unterrepräsentiert. Beispielsweise sind in der amerikanischen Standardisierungsstichprobe des WISC-R Minoritätenkinder nur in der Proportion ihres Anteils an der Bevölkerung der USA enthalten (vgl. Williams, 1972). Diese Art der Stratifizierung erlaubt keine differenzierte Betrachtung innerhalb der jeweiligen Minorität.

Erfassung unterschiedlicher Merkmale: Tests erfassen möglicherweise andere Merkmale, wenn sie bei Kindern, die aus anderen Kulturen stammen, eingesetzt werden. So nahm Mercer (1979) z.B. an, daß IQ-Tests bei Minoritätenkindern in den

USA weitgehend lediglich den Grad des im Elternhaus herrschenden Anglozentrismus erfassen.

Differentielle prädiktive Validität: Obgleich Intelligenztests für Mittelschichtkinder eine Reihe von Kriterien gut vorherzusagen vermögen, versagen sie hier bei Minoritätenkindern häufig völlig. Anzunehmen ist hier jedoch, daß die Auswahl eines angemessen Bewährungskriteriums über unterschiedliche kulturelle Gruppierungen hinweg ein Problem darstellt, das nur schwer zu lösen ist (vgl. Friedrich & Müller, 1987). Zu diesem Problem gehört auch, daß die von den Minoritätenkindern erreichten Schulleistungsniveaus ähnlichen Verzerrungen unterliegen dürften (vgl. hierzu Kornmann, 1991), wie sie soeben für die Intelligenztests beschrieben wurden.

3.2   Verbesserungsversuche

Ein allererster Ansatz besteht bereits in der Realisierung und Akzeptanz der dargestellten Problematik und der *Überprüfung gängiger Verfahren* dahingehend, inwieweit sie bei Minoritätenkindern zu systematischen Unterschieden im Vergleich zur einheimischen Population führen. Die Ergebnisse können Anlaß zu spezifischen Veränderungen eines Tests geben. Ein Beispiel hierfür ist eine Arbeit von Bleichrodt, Drenth, Zaal und Resing (1984), die die Angemessenheit des RAKIT (ein gängiger holländischer Intelligenztest) bei unterschiedlichen ethnischen Bevölkerungsgruppen überprüften. Sie fanden insbesondere deutliche Leistungsunterschiede bei den verbalen Subtests, jedoch eine stabile Faktorenstruktur über die verschiedenen Gruppen hinweg.

Eine sich an ein derartiges Ergebnis anschließende Möglichkeit besteht in der *Entwicklung differentieller Normen* für unterschiedliche ethnische Gruppierungen. Hierzu wird angenommen, daß derartige Normen wichtig seien, um bestehende Ungerechtigkeiten in der Gesellschaft auszugleichen und den Testbias zu kompensieren (z.B. Petersen & Novick, 1976). Implizit werden derartige differentielle Referenzbildungen in der Praxis offenbar häufig vorgenommen. So zeigten z.B. De Jong und Valler (1989), daß Kinder holländischer Eltern bessere Schulnoten aufweisen mußten als Immigrantenkinder, um eine Empfehlung für eine bestimmte weiterführende Schule zu bekommen (s. auch Vijver, Van de & Willemse, 1991).

Ein dritter Ansatzpunkt zur Verbesserung der Validität bei interkulturellen Vergleichen liegt in der Anwendung statistischer und linguistischer Techniken aus der *Item-Bias- und Test-Bias-Forschung*. Nach der Standardisierung wird die Angemessenheit eines Tests für ethnische Minoritäten geprüft, indem die Testperformanz für jedes Item getrennt analysiert wird. Hierbei interessiert, ob die Funktion der Item-Charakteristik in den unterschiedlichen Gruppierungen identisch ist. Ein Bias liegt dann vor, wenn zwei Personen aus unterschiedlichen kulturellen Gruppen, jedoch mit gleicher Fähigkeitsausprägung, auf einem Items nicht die gleiche Wahrscheinlichkeit für eine korrekte Antwort besitzen. Ein Beispiel für dieses Vorgehen ist die Arbeit von Kok (1988), der die Testergebnisse holländischer, türkischer und marokkanischer Schüler verglich. Es zeigte sich, daß linguistische Merkmale eine beträchtliche Varianzquelle bildeten: Items, die aus vielen Worten bestanden, besaßen einen Bias zu Ungunsten der türkischen und marokkanischen Kinder.

Ein vierter Ansatz liegt schließlich in der *Konstruktion neuer Tests*. Als angemessen erscheinen hier Verfahren, die sich aus kognitiven Theorien der menschlichen Intelligenz herleiten (z.B. Kaufman & Kaufman, 1983), oder aus Verfahren, die sich in interkulturellen Studien bereits bewährt haben (z.B. Vijver, van de, 1993) oder aber sich auf ein Lernpotentialkonzept beziehen (z.B. Hamers, Sijtsma & Ruijssenaars, 1993). Die Darstellung dieses vierten Ansatzes ist das Hauptanliegen dieses Kapitels. Während die Orientierung an Prinzipien dynamischer Testdiagnostik bei den ersten beiden der genannten Richtungen implizit ist, stellt sie bei den Beiträgen zum Lernpotentialkonzept oder verwandten Konzepten naturgemäß ein zentrales Element dar. Dementsprechend werden wir diesen Beiträgen im folgenden einen größeren Anteil einräumen.

3.3   Untersuchungsmethoden mit Anteilen dynamischen Testens

Ein Test aus dem Informationsverarbeitungs-Ansatz
Ein Beispiel für diesen Ansatz ist die *Kaufman Assessment Battery for Children* (K-ABC; Kaufman & Kaufman, 1983; deutsche Fassung: Melchers & Preuss, 1993), deren Konzeption an Lurias Theorie simultaner versus sukzessiver Prozesse der Informationsverarbeitung orientiert ist. Der Test berücksichtigt spezifische Probleme bei der Untersuchung von Minoritätenkindern, wie sie oben berichtet wurden. In die Standardisierungsstichprobe wurde eine größere Anzahl dieser Kinder aufgenommen. Zusätzlich wurden bei der Testentwicklung verschiedene Maßnahmen ergriffen, um die Brauchbarkeit des Verfahrens für Untersuchungen in den spezifischen Zielgruppen zu erhöhen. Die Beispiels- und Demonstrationsaufgaben wurden den Voraussetzungen dieser Kinder angepaßt, indem Items gewählt wurden, die dem Testleiter grundsätzlich den Gebrauch von Gesten, von Instruktionswiederholungen, körperlichen Hilfen (Prompting) oder den Gebrauch einer anderen Sprache ermöglichen. Dies soll gewährleisten, daß das Kind die Aufgabe wirklich versteht und der Test dadurch valider in bezug auf die Erfassung von Merkmalen der Intelligenz wird. Der mögliche Gebrauch einer anderen Sprache impliziert auch, daß bei allen Items eine korrekte Antwort in dieser Sprache gewertet wird. Weiterhin wurden rationale

und statistische Techniken eingesetzt, um Items mit einem kulturellen Bias zu identifizieren. Auf der Grundlage unterschiedlicher Item-Charakteristika bei den untersuchten Gruppen wurden eine ganze Reihe von Items eliminiert.

Modifikation und Auswahl von Verfahren bei interkulturellen Studien
Die hier dargestellten Beiträge sind insofern von Interesse für die Diagnostik bei ethnischen Minoritäten, als sich aus ihnen Maßnahmen zur Sicherung der Validität von
Verfahren bei Anwendung in unterschiedlichen ethnischen oder kulturellen Gruppen
ergeben.

Van der Vijver, Daal und Van Zonneweld (1986) nahmen eine detaillierte Analyse
von Trainingseffekten bei Aufgaben zum induktiven Denken vor. Es wurden drei
Tests entwickelt, die zwei Stimulus-Domänen abdecken, nämlich Buchstaben (ein
Test) und Figuren (zwei Tests). Bei dem "Buchstabentest" besteht jedes Item aus fünf
Gruppen von jeweils sechs Buchstaben, von denen vier Gruppen nach einer bestimmten Regel zusammengestellt sind. Es muß herausgefunden werden, welche Gruppe
dieser Regel nicht entspricht. Der "Figurentest" (erster Test zu dieser Stimulus-Di-
mension) besteht aus Figurenfolgen-Aufgaben. Hier ist (bei 30 Items zu je 5 Reihen
aus jeweils 12 Figuren) für jedes Item herauszufinden, welche Reihe jeweils einer
von drei vorgegebenen Regeln entspricht. Der dritte Test, der "Früchtetest", ist iso-
morph zum Figurentest (vgl. Abb. III.3.1). Dies bedeutet, daß beispielsweise ein
Kreis im Figurentest einem runden Obstteller, ein Punkt einer Kirsche, etc. im
Früchtetest entspricht. Bei jedem Item muß wiederum die Reihe von Abbildungen
gefunden werden, die nach einer der drei Regeln konstruiert wurde.

Die drei Tests wurden Schülern der letzten Klasse der Primarschule in Zambia, Suri-
nam und den Niederlanden gegeben. Nach Durchführung des Vortests wurde jede
Klasse nach Zufall in eine experimentelle und eine Kontrollgruppe aufgeteilt. Die
Experimentalgruppe erhielt zusätzliches Training in einem der drei Tests (also
Buchstaben, Figuren oder "Früchte"-Training) im Umfang eines halben Schultags.
Hierbei wurden die Regeln jeweils explizit beschrieben, dann wurden die Kinder
instruiert, sie bei den weiteren Aufgaben zu identifizieren bzw. anzuwenden. Die
Kontrollgruppe erhielt keine zusätzliche Unterweisung. Die Items der ersten und
zweiten Darbietung waren identisch.

In ihrer Bewertung der Ergebnisse unterschieden die Autoren zwischen *vier Formen des Lerngewinns*: Verbesserung bei parallelen Verfahren, Verbesserung bei
Verfahren mit isomorphen Aufgaben (s.o. Figuren/Früchte), Verbesserung bei Instru-
menten, die das gleiche Konstrukt messen sollen (z.B. Verbesserung im Früchte-Test
bei Training im Buchstabentest) und schließlich Verbesserung durch zunehmende
„Testweisheit". In jeder der untersuchten Gruppen ließen sich die ersten beiden

Typen von Trainingsgewinnen nachweisen, der dritte in keiner. Weiterhin fiel der hohe Lerngewinn sowohl bei der Experimental- wie Kontrollgruppe aus Zambia auf. Die vierte Form des Leistungsgewinns zeigte sich unabhängig von den trainierten Inhalten. Die Autoren vermuten, daß dies auf erhöhte Familiarisierung bezüglich Test und Testsituation zurückzuführen ist (Testweisheit, s.o. "test-practice", Kap. I). Neben Prozessen aufgabenspezifischen Lernens stellt letztere somit einen wichtigen Aspekt bei der Untersuchung von Kindern unterschiedlicher kultureller beziehungsweise ethnischer Zugehörigkeit dar.

In einer zweiten Studie wurden Kindern der ersten Klasse der Sekundarstufe aus Holland beziehungsweise Simbabwe mit Hilfe eines Mikrocomputers *Reaktionszeitaufgaben* vorgelegt (Langenberg, Van de 1989). Die holländischen Kinder hatten auf allen Komplexitätsstufen der Aufgaben niedrigere Reaktionszeiten. Die Gruppenunterschiede waren am kleinsten bei der Einfachwahl-Reaktionsaufgabe und nahmen mit zunehmender Aufgabenkomplexität (Mehrfachwahl-Anordnung) zu.

Die wiederholte Durchführung hatte zwei Effekte: nicht alle Aufgaben unterlagen gleichermaßen einem Übungseffekt. Einfache Aufgaben zeigten die niedrigsten, komplexe Aufgaben die stärksten Effekte. Dies wurde für beide kulturelle Gruppen gefunden. Desweiteren zeigte sich, daß durch Übung die Unterschiede zwischen den Gruppen nivelliert wurden. In beiden Gruppen hatten sich beträchtliche Reaktionsverbesserungen eingestellt, wobei eine unterschiedlich starke Abnahme der Zeiten in den Gruppen die beschriebene Nivellierung ermöglichte.

In einer weiterführenden Studie von Van de Vijver und Willemse (1991) wurde die Nützlichkeit der dargestellten Reaktionszeitanordnung für die Untersuchung von Minoritätenkindern weiter bestätigt. Untersucht wurden holländische sowie Migrantenkinder v.a. türkischer und marokkanischer Herkunft (Durchschnittsalter 11.9). Die Migrantenkinder hatten durchschnittlich 7.5 Jahre in Holland gelebt. Zusätzliche Daten in Form der Schulnoten, eines Schulleistungstests (Cito, s. Kap. III.1) und des OTIS Test of Verbal Intelligence lagen ebenfalls vor. Das Ergebnismuster war bemerkenswert: Zwei Maße - der Cito und der OTIS-Test - zeigten signifikant höhere Werte der holländischen Kinder. Die Zensuren (zur Problematik der Zensurengebung bei Minoritätenkindern s.o.) und die Reaktionszeitaufgaben zeigten dagegen keine signifikanten Gruppenunterschiede.

Van de Vijver (1993) kam zu dem Schluß, daß bei interkulturellen Untersuchungen von einer differentiellen Beherrschung der Testsprache auszugehen ist, wodurch die Validität der Befunde gefährdet sei. Als Vorteil der computerisierten Reaktionszeitmessung sah er, daß dieses Verfahren minimale Voraussetzungen an die spezifische Sprachfertigkeit stellt, da jeder Subtest durch Demonstration instruiert werden kann.

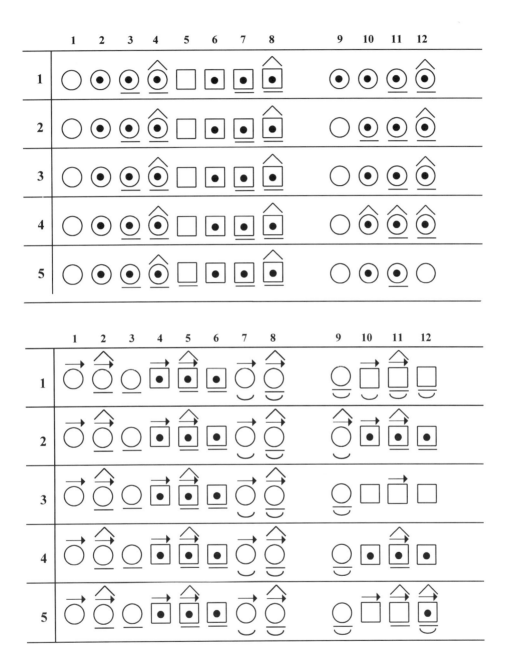

Abbildung III.3.1: Beispielaufgaben aus dem in interkulturellen Studien verwendeten Figurentest (Vijver, Van de, 1993)

Im Vergleich zu Paper-Pencil-Tests scheinen diese Verfahren dadurch vom kulturellen Hintergrund der Kinder weniger beeinflußt zu werden. Dies gilt besonders, wenn hierbei auch Lernprozesse ermöglicht werden.

3.4   Tests auf der Grundlage eines dynamischen Testansatzes

Die hier zu subsumierenden Tests sind dadurch gekennzeichnet, daß explizit Trainingsmaßnahmen in den Testablauf integriert sind und eine routinemäßige Nutzung der unter diesen Bedingungen evozierten Testleistung beabsichtigt ist. Dieser Anspruch konnte allerdings nicht durchgängig realisiert werden. So berichten Carlson und Wiedl (1980) Befunde zu einer modifizierten Version der Testbatterie zur Entwicklung kognitiver Operationen (TEKO, Winkelmann, 1975), die an drei ethnischen Gruppen der USA - angloamerikanischen, mexikanischen und afroamerikanischen Kindern im Alter zwischen 5 und 10 Jahren - erprobt wurde. Als dynamische Testprozeduren wurde eine *Verbalisierungsinstruktion* (Verbalisierung der Aufgabenmerkmale und des Lösungsprinzips) sowie eine Kombination dieser Prozedur mit einer die spezifischen Anforderungen elaborierenden *Rückmeldung* durch den Testleiter vorgesehen. Tabelle III.3.1 veranschaulicht die Ergebnisse dieser innerhalb eines randomisierten Block-Designs durchgeführten Analysen für den Matrizen-Subtest des TEKO.

Es zeigte sich u.a., daß die unter Standardbedingung (C1) auftretenden Differenzen zwischen den Gruppen (Leistungsrangfolge: angloamerikanische, mexikanische, afroamerikanische Kinder) unter den eingesetzten leistungsfördernden Bedingungen verschwinden, und zwar differentiell für die jüngeren Kinder in der kombinierten Bedingung (C6) und für die älteren Kinder sowohl unter der Bedingung der Problemverbalisation (C2) wie ebenfalls unter der kombinierten Bedingung C6. Die Autoren folgerten, daß mit Hilfe des so modifizierten Verfahrens eine validere Erfassung des kognitiven Entwicklungsstandes der mexikanischen und afroamerikanischen Kinder gelungen war (Zielbereich I). Eine darüber hinausgehende Überprüfung und Weiterentwicklung des Verfahrens konnte jedoch nicht geleistet werden.

Gleiches gilt für eine von Guthke und Al-Zoubi (1987) berichtete Arbeit zu den Farbigen Matrizen von Raven (CPM, vgl. Schmidtke et al., 1978). Ihre Untersuchungsprozedur folgte dem Muster Test-Training-Test, und zwar im Gruppenrahmen. Das Training bestand in der Verabreichung standardisierter Hilfen (Erklärungen, Demonstrationen). Probanden waren deutsche sowie syrische Schüler am Ende des ersten Schuljahres. Die Ergebnisse demonstrierten neben massiven Unterschieden zwischen den ethnischen Gruppen unter der Standardbedingung jedoch auch

Tabelle III.3.1: Mittelwerte und Standardabweichungen zu den TEKO-Matrizen
für jeweils drei Alters- und ethnische Gruppen sowie Testbedingungen (C)

	Alter 5 - 6			Alter 7 - 8			Alter 9 - 10		
	C1	C2	C6	C1	C2	C6	C1	C2	C6
Angloamerikaner									
Mittelwert	1.29	.71	2.43	3.43	2.43	4.29	4.14	6.00	6.29
Standardabweichung	.95	1.11	2.23	2.37	1.51	.95	2.80	1.73	1.60
Mex.-Amerikaner									
Mittelwert	.57	1.71	2.43	2.14	2.71	4.00	4.29	5.71	6.14
Standardabweichung	.98	1.70	2.23	.90	1.50	1.41	2.29	1.38	1.07
Afro-Amerikaner									
Mittelwert	.57	.86	2.00	1.43	2.71	4.14	2.71	5.72	6.00
Standardabweichung	.79	.85	1.83	1.40	1.60	.90	1.38	1.25	1.00

noch relativ große Differenzen im Posttest nach dem Training. Lediglich die Lerngewinne zwischen Prä- und Posttest unterschieden sich nicht signifikant voneinander.
Die Autoren schlußfolgerten, daß dieser Lerngewinn noch am ehesten als Indikator
der intellektuellen Anlagen der Schüler im Sinne der Intelligenz A (s. Kap. I) angesehen werden könne.

Im folgenden werden Entwicklungen von Verfahren vorgestellt, die speziell für
Minoritäten konstruiert wurden. Hierzu gehört von seiner Zielsetzung her in gewisser
Weise auch das von Feuerstein et al. (1979) entwickelte Learning Potential Assessment Device (LPAD), da es u.a. auch für die faire Diagnostik von israelischen Einwanderern, v.a. aus Äthiopien, entwickelt wurde. Da dieses Verfahren in Kap. II bereits ausführlich geschildert wurde, wird es hier nicht weiter dargestellt. Die nun folgenden Erörterungen einzelner Verfahren sollen einen Eindruck davon geben, wie
und mit welchen Ergebnissen solche Untersuchungsprozeduren umgesetzt werden,
um Kinder aus ethnischen Minoritäten adäquater als mit Hilfe der herkömmlichen
Tests zu untersuchen.

Der "Test of Children's Learning Ability" (TCLA)

Dieses von Hegarty (1979) konzipierte Verfahren soll erfassen, was ein Kind lernen kann und wie leicht bzw. schwierig sich Lernprozesse vollziehen. Es wurde für sieben- bis achtjährige Kinder in Großbritannien entwickelt, die aus bestimmten ethnischen Minoritätengruppen stammen (v.a. Pakistani, Immigranten aus Westindien). Die Testbatterie besteht aus fünf Subtests: Begriffsbildung (Sortieren von Objekten nach perzeptiven Merkmalen), verbales Lernen von Objekten, Zahlenfolgen, verbales Lernen von Silben, Analogien. Verbales Lernen von Objekten beinhaltet Paar-Assoziations-Aufgaben, verbales Lernen von Silben auditives Wiederholungslernen. Die Testprozedur folgt dem Muster "Lehren-Üben-Testen". Dem Kind wird zunächst eine einfache Aufgabe durch Demonstration erläutert, dann kann es an ähnlichem Material üben, bis es die Instruktion wirklich vollständig verstanden hat. Es folgt die Testphase, wobei jedem Testdurchgang jeweils ein eigenes Instruktionselement vorangeht. Diese Prozedur erlaubt es, auf verbale Instruktionen zu verzichten und erfüllt somit eine wichtige Anforderung für die Untersuchung von Kindern mit fehlenden bzw. nicht adäquaten sprachlichen Voraussetzungen.

Anders als beim LPAD liegen für dieses Verfahren teststatistische Kennwerte vor. Für die Retest-Reliabilität liegen diese zwischen .55 (Begriffsbildung) und .80 (Zahlenfolgen). Die prädiktive Validität des TCLA wurde mit der Kurzform des Wechsler-Test (WISC) verglichen. Externe Kriterien waren Tests zur Erfassung von Wortschatz, mathematischen und Leseleistungen. Die prozentuale Varianzaufklärung der Kriteriumsvariablen innerhalb der Regressionsanalyse betrug für den TCLA bzw. WISC 14.8 bzw. 23.9 beim Wortschatz, 43.9 und 28.8 bei Mathematik I (Geometrie), 47.8 und 25.5 bei Mathematik II (Rechenfertigkeit) und 40.8 bzw. 24.5 beim Lesen. Mit einer Ausnahme (Wortschatz) sagt der TCLA die Kriterien somit besser vorher. Diese Ausnahme ist durchaus zu erwarten, da Lerntests weniger als Statustests mit Bildungsfaktoren korrelieren (s.o. Kap. II).

Die "Learning Efficiency Battery" (LETB)

Dieses Verfahren wurde von Coxhead und Gupta (1988) für Kinder asiatischer Herkunft im Alter von 6 bis 10 Jahren, die in Großbritannien leben, entwickelt. Die Batterie besteht aus acht Tests, die sich drei inhaltlichen Kategorien zuordnen lassen: a) Verfahren, die auf Piagets Theorie basieren (zwei Reihungsaufgaben, ein Test zur seriellen Entsprechung und ein Test zur ordinalen Entsprechung); b) ein Test zum sequentiellen Kurzzeitgedächtnis; c) drei Tests zum assoziativen Lernen (Objekt-Bild-Assoziation, Wort-Bild-Assoziation, Lernen von Symbol-Beziehungen).

Die Testprozedur wurde nach folgendem Muster aufgebaut: Demonstration, Demonstration verbunden mit Übung und Testen. Der erste Abschnitt soll den Kindern v.a. eine Vorausorientierung vermitteln: Der Testleiter führt die Aufgabe selbst durch, das Kind beobachtet. Im zweiten Abschnitt soll durch Integration von Demonstration und Übung sichergestellt werden, daß das Kind die Anforderungen wirklich verstanden hat. Im Testteil findet ebenfalls Instruktion statt; weiterhin wird Feedback über die Richtigkeit der jeweiligen Lösung gegeben. Das Kind soll hier zeigen, ob es durch zusätzliche Hilfe neue Aufgaben erfolgreich bearbeiten kann. Nur in diesem Testteil werden Leistungsbewertungen vorgenommen. Ebenfalls werden die in Anspruch genommenen Hilfen registriert.

Eine Faktorenanalyse der Interkorrelationen der einzelnen Tests erbrachte eine 5-Faktor-Lösung: Ein Faktor bildet die Piaget-Tests ab, während die übrigen Faktoren jeweils durch eine der übrigen Skalen beschreibbar ist. Reliabilitätsschätzungen liegen bei Cronbachs Alpha zwischen .77 (Piaget-Test) und .96 (Symbol-Test), beim Retest-Koeffizienten zwischen .46 (Objekt-Bild-Assoziation) und .98 (Symbol-Test). Bezüglich der Konstruktvalidität wird angenommen, daß die Piaget-Tests konventionellen Intelligenztests nahestehen. Die übrigen LETB-Tests werden hiervon als konzeptuell unabhängig angesehen und zeigen hierzu auch empirisch keine nennenswerte Beziehung. Bezüglich der prädiktiven Validität zeigen sich keine beachtenswerten Unterschiede zu den Intelligenztests: Das berichtete R^2 beträgt für Mathematik als Kriterium .41 (LETB) und .45 (IQ-Maße) und für Lesen .28 und .30 entsprechend.

Coxhead und Gupta (1988) prüften ihr Verfahren auf zwei wichtige Aspekte: seine "*Kultur-Fairness*" und die Identifizierbarkeit spezifischer Förderbedürfnisse der Kinder. Zur Untersuchung ersteren Aspektes wurden zum einen Varianzanalysen mit der ethnischen Zugehörigkeit als Faktor gerechnet. Mit Ausnahme des Tests zum visuellen Kurzzeitgedächtnis, bei dem die asiatischen Kinder bessere Ergebnisse erzielten, ergaben sich keine signifikanten Unterschiede. Weiterhin wurden die Interkorrelationen zwischen den Tests über die ethnischen Gruppen sowie die Altersgruppen hinweg verglichen. Unabhängig von den untersuchten Gruppen ergaben sich jeweils ähnliche Zusammenhangsmuster. Mit Ausnahme des Tests zum visuellen Kurzzeitgedächtnis scheint den Autoren ihr Verfahren somit geeignet, englische wie asiatische Kinder gleichermaßen zu testen.

Für die *Identifikation spezifischer Förderbedürfnisse* schlagen die Autoren vor, die Piaget'schen Aufgaben als Index für den Stand der erreichten Funktionsentwicklung zu verwenden. Der bei der Testdurchführung investierte Interventionsaufwand soll zur Abschätzung des Umfangs der erforderlichen schulischen Maßnahmen herangezogen werden. Für schulische Zuweisungsentscheidungen schlagen die Autoren vor, sowohl den Interventionsaufwand in der Testsituation als auch in der Schulsituation heranzuziehen: sind beide hoch, so soll dies als Indikator für die Überweisung in eine Sonderklasse gelten.

Der "Leertest voor Etnische Minderheden" (LEM)
Dieser Test wurde für in den Niederlanden lebende türkische und marokkanische sowie holländische Kinder (5.4 - 7.9 Jahre) entwickelt. Er besteht aus 6 Subtests: Klassifikation, Erkennen von Wort-Objekt-Assoziationen, Benennen von Wort-Objekt-
Assoziationen, Zahlenreihen, Silben-Erinnern und figuralen Analogien. Während
Klassifikation, Zahlenreihen und figurative Analogien schlußfolgerndes Denken
erfassen sollen, stellen die Wort-Assoziations-Tests Verfahren zum Paar-
Assoziations-Lernen dar. Silben-Erinnern ist ein Kurzzeitgedächtnis-Test. Der LEM
wird derzeit für seine Anwendung im deutschen Sprachbereich adaptiert und soll
daher im folgenden etwas ausführlicher dargestellt werden.

Die Testprozedur sieht Training innerhalb des Tests vor (Kurzzeitlerntest, s. Kap.
II), enthält also keine abgegrenzte Trainingsphase. Dem Kind wird jede Aufgabe
durch Demonstration und Übung vermittelt, um ein vollständiges Verstehen der Instruktion sicherzustellen. Jedem Subtest gehen zwei oder drei Übungsitems voraus.
Die Instruktionen sind non-verbal, ungeachtet der Zusammensetzung des Tests aus
verbalen und non-verbalen Untertests. Sie werden über Gesten vermittelt, die sowohl
während der Übungsitems als auch während des Testablaufs selbst gegeben werden.
Das Training bei der Vorgabe der Testitems besteht aus drei Prozeduren: Aufgaben-
wiederholen, Feedback (non-verbale "Richtig/Falsch"-Information) und Demonstration. Die Leistungsbewertung berücksichtigt - mit Ausnahme des Tests zu
Benennung von Wortobjekt-Assoziationen, wo der Score auf der Anzahl korrekt
benannter Items beruht - die Anzahl der erforderlichen Hilfestufen.

Die Reliabilitätskoeffizienten des Gesamttests (Cronbachs Alpha) liegen zwischen
.88 und .92, und zwar für die holländischen, türkischen und marokkanischen Kinder
gleichermaßen.

In jeder der drei Gruppen konnten mit Hilfe von Faktorenanalysen zwei Faktoren
unterschieden werden, die zwischen 58 % und 68 % der Gesamtvarianz aufklären:
ein Faktor zum perzeptiven Lernen und schlußfolgernden Denken und einer zum
verbalen Lernen (vgl. Tabelle III.3.2). Die Korrelation zwischen den LEM-Scores
und IQ-Werten liegen zwischen .45 und .68. Die Korrelationen mit Schulleistungstests aus dem 2. Schuljahr liegen für die türkische Gruppe zwischen .42 und .45, für
die marokkanische Gruppe zwischen .26 und .44. Die Korrelationen der IQ-Werte
mit den Schulleistungswerten liegen im gleichen Bereich. In der 3. Klasse der
Grundschule betragen die Korrelationen zwischen dem LEM und Leseverständnis,
Rechtschreibung und Mathematik .23 (nicht-signifikant), .45 (signifikant, 1 Prozent)
und .50 (signifikant, 1 Prozent).

Tabelle III.3.2: Die varimaxrotierte Faktorenstruktur des LEM in den über Alter und
Nationalität gebildeten Gruppen

	Türkisch 5.4.0-6.9.30		Türkisch 6.10.0-7.9.30		Marokkanisch 5.4.0-6.9.30		Marokkanisch 6.10.0-7.9.30		Holländisch 5.4.0-6.9.30		Holländisch 6.10.0-7.9.30	
	I	II	I	II	I	II	I	II	I	II	I	II
Klassifikation	.70		.80		.85		.76		.81		.80	
WOA-Erkennen[*]		.86		.86		.81		.87		.86		.89
WOA-Benennen		.83		.83		.75		.65		.86		.85
Zahlenreihen	.74		.83		.78		.86		.78		.88	
Silben-Erinnern		.42		.49		.63		.75		.65		
Fig. Analogien	.84		.82		.84		.82		.82		.89	

[*] = Wort-Objekt-Assoziationen; I = Faktor schlußfolgerndes Denken im Wahrnehmungsbereich; II = Faktor verbales Lernen (nur Faktorladungen > .40)

Die Autoren führten spezifische Analysen durch, um die Adäquatheit des Verfahrens für die unterschiedlichen Gruppen zu prüfen. Im ersten Schritt wurde davon ausgegangen, daß der Test dann unterschiedliche Fähigkeiten in den Gruppen mißt, wenn die Faktor-Strukturen dort unterschiedlich sind ("*Test-Bias*"). Mit Hilfe von Tuckers Phi-Koeffizienten ließen sich Übereinstimmungswerte zeigen, die über .90 lagen. Es ist somit nicht von unterschiedlichen Faktorenstrukturen bei den ethnischen Gruppen auszugehen.

Mit Hilfe des zweiten Schritts wurde versucht, den *Item-Bias* zu kontrollieren (s.o.). Der Item-Bias kann über einen Vergleich der jeweiligen ethnischen Gruppen hinsichtlich der Rangordnungen der Schwierigkeitsindizes von Items der betreffenden Tests bzw. Subtests mit Hilfe von Rangkorrelationen abgeschätzt werden. Bei niedriger Korrelation ist davon auszugehen, daß einzelne Items neben der intendierten Fähigkeit weitere Merkmale erfassen, die über die Gruppen hinweg variieren (z.B. Beherrschung der Testsprache). Die Ergebnisse zeigten Rangkorrelationen über .90, ein Item-Bias ist somit nicht anzunehmen (vgl. Tabelle III.3.3).

In einem dritten Analyseschritt wurde überprüft, ob der LEM, verglichen mit einem gängigen Intelligenztest, zu einer *Reduzierung der Leistungsdifferenzen* zwischen den verschiedenen Gruppen beiträgt. Als Intelligenztest wurde der RAKIT, ein in Holland gängiges Verfahren (Bleichrodt et al., 1984) gegeben. Die LEM-Werte der Kinder wurden nach den für holländische Kinder ermittelten Bezugsnormen be-

Tabelle III.3.3: Rangkorrelationen zwischen den Schwierigkeitsindizes der Subtests des LEM in unterschiedlichen Stichproben (H = holländisch, T = türkisch, M = marokkanisch)

	5.4.0 - 6.9.30 Jahre			6.10.0-7.9.30 Jahre		
Subtest (N Items)	H/T	H/M	T/M	H/T	H/M	T/M
Klassifikation (18)	.98	.94	.97	.91	.96	.94
WOA-Erkennen (14)	.92	.91	.98	.94	.93	.92
WOA-Benennen (28)	.83	.88	.92	.96	.93	.96
Zahlenreihen (8)	.81	.75	.91	.80	.83	.93
Silben-Erinnern (17)	.99	.99	.98	.99	.99	.99
Figurale Analogien (10)	.89	.93	.81	.95	.94	.92

rechnet, um Vergleichbarkeit mit dem RAKIT, der nur eine holländische Normierung besitzt, sicherzustellen. Bei Kontrolle der sozialen Schichtzugehörigkeit (die Mehrzahl der türkischen (10.5 Punkte) und marokkanischen Kinder (9.2 Punkte) in der untersten Altersgruppe und von 7.5 (türkische Kinder) und 6.6 (marokkanische Kinder) in der ältesten Gruppe.Die Differenzen im IQ lagen dagegen bei 15.8 und 14.0 in der jüngsten und 17.3 und 17.4 in der ältesten Gruppen (jeweils türkische bzw. marokkanische Kinder; vgl. Tabelle III.3.4).

Tabelle III.3.4: Mittelwerte der nach Alter und Nationalität gebildeten Gruppen im LEM und RAKIT (nur niedriger sozioökonomischer Status)

	Türkisch		Marokkanisch		Holländisch	
	LEM	RAKIT	LEM	RAKIT	LEM	RAKIT
5.40-6.9.30	83.2	74.6	84.5	76.4	93.7	90.4
6.10.0-7.9.30	85.7	76.2	86.6	76.1	93.2	93.5

Varianzanalytische Auswertungen mit den Faktoren "Nationalität" und "Test" bestätigten über signifikante Interaktionen die Abhängigkeit des gemessenen Leistungsniveaus der Minoritätenkinder vom eingesetzten Test. Die Ergebnisse zeigen somit, daß - wenngleich Leistungsdifferenzen bestehen bleiben - diese durch Verwendung des LEM reduziert werden. Besondere Beachtung verdient der Hinweis daß, anders als dies beim Intelligenztest der Fall zu sein scheint, diese Differenzen mit dem Alter nicht zunehmen. Die Einbeziehung der Praxisphase und die in diesem Verfahren sichergestellte Führung des Kindes durch den Testleiter gleichen offenbar ungünstige Vorbedingungen der ethnischen Minderheitenkinder zumindest zu einem Teil aus.

Eine Zusammenhangsanalyse von LEM und RAKIT hatte, wie oben berichtet, Korrelationen in mittlerer Höhe erbracht. Die genauere Betrachtung der Verteilungen zeigte, daß Kinder, die im Intelligenztest niedrige Werte erzielt hatten, im LEM im Bereich niedriger, mittlerer oder höherer Werte liegen können. Auf der Grundlage dieser Ergebnisse schlagen die Autoren vor, die Diagnose einer geistigen Retardierung auszuschließen, wenn im LEM mindestens ein im Vergleich zur Altersnormierung mittlerer Wert erreicht wurde.

Die praktische Bedeutung des Verfahrens demonstriert schließlich die folgende, von den Testautoren vorgenommene Analyse. Bei Einbeziehung der in Holland üblichen Kriterien für die Überweisung von Kindern in eine Sonderschule für Lernbehinderte (IQ-Werte unter 85) zeigte sich, daß mit Hilfe des RAKIT 59 der untersuchten 79 marokkanischen Kinder als retardiert klassifiziert wurden, mit Hilfe des LEM unter Verwendung der Normwerte für holländische Kinder nur 35. Bei Verwendung der Normwerte für die marokkanische Bezugspopulation fielen nur 14 Kinder unter das Kriterium. Ein solcher Trend ließ sich in allen Altersgruppen bei beiden Minoritätengruppen zeigen. Der LEM ist offenbar in der Lage, sogenannte "false positives" zu identifizieren, eine Tatsache, die von nicht zu unterschätzender praktischer Bedeutung ist.

3.5   Abschließende Überlegungen

In der vorangegangenen Darstellung wurde deutlich, daß der Dynamische Testansatz auch in seiner Anwendung bei Minoritätenkindern ein Konglomerat unterschiedlicher Testprozeduren darstellt. Es zeigten sich Unterschiede bezüglich der Testanforderungen, Trainingsstrategien, der Zielvariablen, des Aufbaus der Testanordnung und des diagnostischen Vorgehens sowie schließlich der jeweiligen Zielgruppen. Dies macht eine allgemeine Bewertung des Ansatzes schwierig. Sie wird um so eher möglich sein, je mehr Erfahrungen zu einzelnen Verfahren in der diagnostischen Praxis selbst vorliegen. Gerade angesichts der mit der Zunahme von Kindern unterschiedlicher ethnischer und kultureller Herkunft einhergehenden schulischen Probleme ist entsprechender Erfahrungserwerb dringend geboten. Die Adaptation des LEM für den deutschen Sprachraum könnte hier einen wichtigen Schritt zur geforderten Praxisimplementation und eine Basis für weitergehende Studien darstellen. Zwei Punkte scheinen uns für die Diskussion des vorliegenden Themas von zentraler Bedeutung: das Problem der kulturfreien bzw. kulturfairen Testung und die Frage nach den gemessenen Merkmalen. Diesen Problemen wollen wir uns zum Abschluß nochmals zuwenden.

Bezüglich der *Kultur-Fairness* von Tests stellt sich grundsätzlich die Frage, ob es möglich ist, diese mit Hilfe von dynamischen Testverfahren zu gewährleisten. Wir sind der Auffassung, daß kulturfreie bzw. kulturfaire Tests prinzipiell nicht existieren, der Versuch ihrer Entwicklung also sinnlos ist. Wie in Kapitel I dieses Buches anhand des Intelligenzmodells von Hebb dargestellt, muß Intelligenz (bzw. müssen kognitive Fähigkeiten) auf unterschiedlichen Ebenen betrachtet werden. Ihre Erfassung ist immer mit Einwirkungen kultureller Bedingungen bzw. spezifischen Wechselwirkungen konfundiert (vgl. hierzu auch Anastasi, 1985). In diesem Zusammenhang ist auch die Unterscheidung verbaler und non-verbaler Tests nicht relevant (Drenth & Sijtsma, 1990), da beide kulturellen Einflüssen unterliegen: Bilder und andere non-verbale Testmaterialien beziehen sich auf eine Realität, die vielen Kindern aus Minoritätengruppen nur wenig bekannt sein mag. In vielen, auch non-verbalen Testaufgaben spielen kulturell vermittelte verbale Strategien und Fertigkeiten, die eine sprachliche Mediation der Aufgabenbearbeitung begünstigen, eine entscheidende Rolle (vgl. hierzu Feuerstein, 1980; s.a. Carlson & Wiedl, 1980).

Im Bereich der Lerntestforschung scheint das Konzept der "Kultur" unbemerkt durch ein *Fertigkeitskonzept* ersetzt worden zu sein. Den dargestellten Autoren geht es v.a. darum, die Auswirkung solcher Fertigkeiten auf die Testleistung zu minimieren, die nicht im eigentlichen Sinne Intelligenz messen. Unsere obige Darstellung läßt bei genauer Betrachtung drei Ansatzpunkte zur Reduzierung derartiger Fertigkeitseffekte auf Tests kognitiver Fähigkeiten und zur Erhöhung der Validität dieser Testverfahren erkennen. Ersterer bezieht sich auf eine erschöpfende Instruktion über Demonstration, verbale Erklärungen, Gesten und Übungsitems. Eine zweite Möglichkeit liegt in der Verwendung von Tests mit reduzierten Anforderungen an sprachliche Fertigkeiten. Hier ist v.a. der von van der Vijver und Mitarbeitern entwickelte computerisierte Reaktionszeit-Test zu nennen (Vijver, van der & Willemse, 1991). Auch die Gedächtnis-Tests bei Hegarty (1979) und Coxhead und Gupta (1988) scheinen diesem Kriterium vergleichsweise gut zu entsprechen. Im LEM wird die Minimierung erforderlicher sprachlich-kommunikativer Fertigkeiten durch Verwendung von Gesten angestrebt (Hamers et al., 1991). Der dritte Ansatzpunkt beinhaltet die Evaluation von Testitems über spezifische statistische Techniken, wie dies bei Hamers et al. (1991) und Coxhead und Gupta (1988) demonstriert wurde.

Versteht man Kultur-Fairness so wie die Autoren der soeben genannten Beiträge, so zeigen die dargestellten Studien, daß die Testfairness durch die genannten Ansätze und gemessen an den jeweils gewählten Kriterien (Gleichheit von Mittelwerten und Faktorenstrukturen, Korrelation der Item-Schwierigkeiten) in der Tat verbessert werden kann. Definiert man Kulturfairness jedoch anders (zu verschiedenen Modellen von Kulturfairness vgl. Thorndike, 1971), etwa nach dem Modell von Cleary (1968), wonach ein Test fair ist, wenn die Regressionsgeraden auf ein gegebenes Kriterium (z.B. Schulerfolg) für zwei Gruppen von Probanden zusammenfallen, dann muß bezweifelt werden, ob Fairness erreicht werden kann. Vielmehr ist anzunehmen, daß für unterschiedliche ethnische Gruppierungen in bezug auf derartige, ja ebenfalls kulturell geprägte Kriterien unterschiedliche Regressionsgeraden vorliegen. In einer früheren Arbeit (Wiedl & Herrig, 1978a) wurde dieses Phänomen unter dem Gesichtspunkt der ökologischen Validität analysiert. Es zeigte sich, daß dynamische Tests brauchbare Vorhersagen nur gestatten, wenn das Kriterium (z.B. Erlernen schulischer Inhalte) durch ähnliche situative Komponenten gekennzeichnet ist, wie sie in der Testsituation vorherrschen (z.B. Kompensation fehlender "Skills" im Unterricht, beispielsweise der verbalen Mediation). Bezogen auf die Frage der Kulturfairness bedeutet dies, daß zwischen den Aspekten einer *validen Merkmalserfassung* und solchen der *Kriteriumsprognose* unterschieden werden muß. Dementsprechend hat Kornmann (1991) das Problem eher im schulischen Bereich gesehen und eine Förderdiagnostik (s. Kap. III.1) gefordert, die auf die individuellen Voraussetzungen des Schülers, die sachlichen Anforderungen des Lerngegenstandes und die möglichen Formen seiner Aneignung gleichermaßen gerichtet ist. Innerhalb dieses Rahmens könnte Dynamische Testdiagnostik einen Beitrag zur valideren Erfassung der individuellen Voraussetzungen (Diagnostizierungszielbereich I, s. Kap. I) und gegebenenfalls zur Aufdeckung einer mit herkömmlichen Mitteln nicht hinreichend diagnostizierbaren gegenstandsspezifischen Lernfähigkeit (Diagnostizierungszielbereich II) leisten. Zu letzterem Aspekt wurde in Kapitel III.1 dieses Buches unter dem Gesichtspunkt sogenannter curricularer Lerntests gesondert Bezug genommen.

Die soeben bereits angeklungene *Frage der Konstruktvalidität* - bessere Erfassung eines Merkmals durch dynamische Testprozeduren oder Erfassung eines neuen Merkmals - haben wir in Kapitel I bereits eingehend diskutiert (vgl. hierzu auch Embretson, 1987). Die von den hier referierten Autoren verwendeten Konzepte (Lernpotential, Lernfähigkeit, Lerneffizienz, etc.) signalisieren den Anspruch, ein "neues" Merkmal zu erfassen. Die genauere Betrachtung der Verfahren zeigt jedoch, daß eine Differenzierung dieses Anspruchs von dem, eine unverzerrte Erfassung von Aspekten der Intelligenz zu gewährleisten, weder theoretisch noch methodisch vorgenommen wird. Somit sind die vorgestellten Verfahren wohl insgesamt eher dem in

Kapitel I beschriebenen Zielbereich I Dynamischer Testdiagnostik - validere Erfassung eines Merkmals mit Hilfe dynamischer Untersuchungsprozeduren - zuzu-ordnen.

Ebenfalls gilt für die hier dargestellten Versuche mit Ausnahme des von van der Vijver vorgeschlagenen Verfahrens, daß sie wesentlich auf differentiellen psychome-trischen und faktorenanalytischen Theorien der Intelligenz beruhen. Erst mit Hilfe neuer, insbesondere kognitionspsychologischer Ansätze, wie sie weiter oben (Kapitel II) im Zusammenhang mit der Entwicklung diagnostischer Programme beschrieben wurden, wird sich die Erfassung derartiger dynamischer Qualitäten bzw. "neuer Fä-higkeiten" konstruktiv vorantreiben lassen. Wie in diesem Abschnitt gezeigt, ist je-doch auch die verbesserte Erfassung der "bekannten" kognitiven Leistungsmerkmale mit Hilfe dynamischer Testprozeduren durchaus nicht ohne Relevanz.

4 Dynamische Untersuchungsverfahren in der Diagnostik von Berufs- und Studieneignung

4.1 Die Forderung nach "dynamischen Tests" auch in der Eignungsdiagnostik

Prognosen - insbesondere Berufs- und Eignungsprognosen - sind bekanntlich mit einem hohen Irrtumsrisiko behaftet, da die spätere Berufsbewährung und auch schon der Ausbildungserfolg nicht nur von den Eigenschaften des untersuchten Individuums abhängig sind, sondern von einer Vielzahl von Umgebungs- und Ausbildungsfaktoren, deren mögliches Eintreten und deren Wirksamkeit bei der Eignungsuntersuchung schwer abgeschätzt werden können. Hinzu kommt die immer wieder vor allem von Entwicklungs- und Arbeitspsychologen betonte Tatsache, daß die bei einer Eignungsuntersuchung interessierenden Fähigkeiten und Eigenschaften nicht nur angeborene oder nahezu unveränderliche traits darstellen, sondern daß es sich in der Regel um weitgehend veränderliche, manchmal sogar in der Ausbildung erst zu erwerbende Dispositionen handelt (Hacker, 1973, 1986). Aus dieser heute allgemein akzeptierten Tatsache erwächst einer der Hauptkritikpunkte an der psychologischen Eignungsdiagnostik, die ja meist aus einmaligen Statuserhebungen oder sog. Einpunktmessungen weitreichende Prognosen ableitet und dabei diese Veränderlichkeit psychischer Dispositionen unter dem Einfluß von Training und Lernen ungenügend beachtet. Die nahezu ausschließliche Orientierung auf die Feststellung einer momentanen Kompetenz in bestimmten Leistungsbereichen erscheint aber gerade in unserer Zeit mit ihrem raschen technologischen Wandel, der ein ständiges Neu- und Umlernen bis zum Rentenalter erfordert, ergänzungsbedürftig durch eine Diagnostik-Strategie, die neben der traditionellen Feststellung der momentanen Kompetenz (des Könnens) solche Faktoren wie Lernfähigkeit, Trainierbarkeit, Übungsfähigkeit oder Intelligenzreserve (Baltes, 1983) stärker beachtet. Dies wird inzwischen auch theoretisch formuliert und als Zukunftsaufgabe durch führende Arbeitspsychologen und Eignungsdiagnostiker herausgestellt (s. hierzu schon Gebert & Rosenstiel, 1981 und Triebe & Ulich, 1977). Schuler (1988) schreibt in seinem Übersichtsreferat zur Eignungsdiagnostik: "Bei aller historischen Affinität zur Annahme relativ invarianter Eignungsmerkmale ist Aufgabe der Berufseignungsdiagnostik selbstverständlich nicht nur die Messung stabiler Eigenschaften, sondern gerade auch die Feststellung von Veränderbarkeit und deren Bedingungen als Grundlage für Zuordnungsstrategien...". W. Hacker betont (1982, S. 2): "Erwachsene sind bei gegebenen Anforde-

rungen, gegebenen gesundheitlichen Voraussetzungen und entsprechendem gesellschaftlichen Rollenverständnis beinahe lebenslänglich zum Hinzulernen in der Lage
und deshalb auch durch die Art und das Ausmaß dieser Lernpotenz charakterisier-
bar". Zur Feststellung dieser "Lernpotenz" fordert er ausdrücklich die *Entwicklung
berufsbezogener tätigkeitsorientierter Lerntests.*

Die derzeitige eignungsdiagnostische Praxis ist weit entfernt von der Realisierung
dieser Forderungen. Andererseits sollte man aber schon der historischen Gerechtig-
keit halber ergänzen, daß diese jetzt so modern anmutenden Postulate durch
"Vordenker" und auch einzelne empirische Untersuchungen bereits im Rahmen der
Psychotechnik der zwanziger Jahre vorbereitet wurden. Hierbei ist nicht nur an
Thorndike zu denken, der 1924 Intelligenz als die "Fähigkeit zum Lernen" definierte
(s. Kap. I), sondern es sind auch direkt aus psychotechnischen Eignungsprüfstellen
stammende Praktiker zu erwähnen, die ihre eigene Arbeit sehr kritisch hinterfragten
und die Notwendigkeit von Wiederholungsmessungen sehr nachdrücklich betonten
(s. hierzu unsere Ausführungen zu den Arbeiten von Schackwitz, 1920 und Kern,
1930 sowie zu den entsprechenden Re-Analysen bei Greif & Holling, 1990 im
historischen Abriß, Kap. I). Diese Kritiker blieben aber offenbar "Rufer in der
Wüste" - wohl vor allem aus zwei Gründen: Die besonders von Kern empfohlenen
Testübungsversuche waren zu zeitaufwendig für die Praxis und die von ihm
benutzten Tests möglicherweise unzuverlässig, so daß die methodische Kritik Meilis
(1965) - nur bei unzuverlässigen Tests sind die Kern'schen Schlußfolgerungen
zutreffend - nicht von der Hand zu weisen war. In den 60er und 70er Jahren - als die
Kritik am herkömmlichen Intelligenztest wieder einmal stark aufflammte - stellte
Guthke (1972) auch bei zuverlässigen gut bewährten Intelligenztests wie dem Raven,
dem IST-Amthauer usw. nach Trainingsphasen erhebliche Rangordnungsverschie-
bungen zwischen einem Prä- und einem Posttest fest (s. Kap. II). Simons und Möbus
(1977) führten mit Berufsbewerbern ein Lösungsstrategietraining zum IST-Amthauer
durch. Dabei beobachteten sie im Posttest - also nach dem Training - bei variablen
Zuordnungsquoten in 61 % der Fälle und bei fixen Quoten immerhin noch bei 35 %
der Fälle Änderungen in der Berufsempfehlung, die man nun auf Grund des Posttests
zu geben hätte - verglichen mit dem Prätest. Jüngst berichteten Diemand, Schuler
und Stapf (1991) darüber, daß nach einer Trainingsphase zum Raven-Test (Set II der
Advanced Progressive Matrices) bei Ingenieurstudenten Prä- und Posttests nur noch
insignifikant mit .27 korrelierten. Westhoff (1989) und Westhoff und Dewald (1990)
registrierten sogar bei Konzentrationstests erhebliche Senkungen der Retest-
Reliabilitäten nach einer Übungsphase.

Uns geht es bei den Schlußfolgerungen aus diesen Befunden nicht primär um das
viel diskutierte Problem, inwieweit in der Praxis die ja meist unkontrollierten Vorbe-
reitungen auf Leistungstests (z.B. durch "Testknacker" und spezielle Übungskurse)

Testleistungen von Probanden generell anheben können (s. hierzu das Sammelreferat von Schneider, 1987 und unsere Ausführungen im Kap. I und II). Wir interessieren uns vielmehr für die Frage: Gibt es nach einem Training *Rangplatzverschiebungen der Testanden*, deren Beachtung möglicherweise die Eignungsdiagnostik gerechter und valider zugleich macht. Bevor man diese Frage beantworten kann, müssen aber zunächst solche lernintensiven Testprozeduren ausgearbeitet werden. Für den Betroffenen einleuchtender wäre es gewiß, wenn man sog. Schnupperlehren direkt im Betrieb gestatten oder den Erfolg zeitlich noch relativ begrenzter beruflicher Aus- und Weiterbildungsmaßnahmen auch als Prädiktor zukünftiger beruflicher Leistungsfähigkeit ansehen und daher auch als Auswahlkriterium benutzen würde. Bekanntlich wird dies an manchen Orten schon realisiert, aber Zeit- und Kostenkalkulationen sowohl für den Betrieb als auch für den Bewerber (dieser könnte übrigens auch durch den Mißerfolg einer länger dauernden "Probelehre" oder eines "Probestudiums" noch mehr geschockt und frustriert werden als durch eine relativ kurze Testung) ließen es doch geraten erscheinen zu prüfen, inwieweit nicht durch Einbau standardisierter Lernanregungen in den Testprozeß bei beruflichen Eignungstests diesen Forderungen nach Feststellung der Lernpotenz besser entsprochen werden kann.

Überblickt man die bisher vorliegenden Realisierungsversuche bezüglich stärker lern- und veränderungsbezogener Untersuchungsverfahren, so lassen sich im wesentliche vier Ansatzpunkte abgrenzen:

(1) Vor allem in Ostdeutschland wurde auch in Anbetracht der mehr oder minder verbotenen Anwendung sog. westlicher Eignungstests in der DDR versucht, das zunächst nur für die Kinder-Intelligenzdiagnostik entwickelte Lerntestkonzept auch auf die berufliche Eignungsdiagnostik anzuwenden, wobei die von den DDR-Arbeitspsychologen unter dem maßgeblichen Einfluß der Hacker-Schule (vgl. Hacker 1982, 1986) propagierte Einheit von "*Diagnostik und Training*" im handlungspsychologischen Kontext auch als arbeitspsychologische Begründung für dieses Vorhaben herangezogen wurde.

(2) Weniger theoretisch begründet, sondern aus mehr pragmatischen Überlegungen im Hinblick auf eine bessere, d.h. fairere und gleichzeitig richtigere Eignungsdiagnostik insbesondere bei Gastarbeitern und älteren Arbeitnehmern wurde in England in den 70er Jahren das sog. *trainability-concept* entwickelt und erprobt. Dieses stellt eine Verbindung des Lerntestkonzepts mit der schon aus den 20er Jahren bekannten Arbeitsprobe (work sample) dar.

(3) Vor allem auch durch stärker prozeßorientierte Untersuchungen mit Hilfe dafür besonders geeigneter "Computertests" kommt die moderne Eignungsdiagnostik immer stärker zu der Einsicht, daß *Lernverläufe* - auch in herkömmlichen Tests - oft aussagekräftiger sind als einfache Testsummenwerte im Sinne eines reinen Statustests.

(4) Die an sich alte (vgl. entsprechende Vorläufer bei der Offiziersauswahl der Deutschen Wehrmacht, vgl. Sarges, 1990), aber unter neuem Gewand als *Assessment Center* wiederum sehr "moderne" Methodik der Bewerberauswahl unter Einbeziehung von "Rollenspielen" und "Gruppenübungen" wird neuerdings kritisch diskutiert - vor allem bei der Auswahl von Bewerbern aus den ehemals sozialistischen Ländern, da sie nur momentane Kompetenzen (z.B. der Selbstdarstellung) erfaßt, aber Lernfähigkeiten nicht genügend erkennen lasse. Unter ausdrücklichem Bezug auf das Lerntestkonzept werden daher jetzt sog. Lernfähigkeits-Assessment Centers (Sarges, 1993) gefordert.

Im folgenden sollen an wenigen Beispielen diese vier Trends etwas illustriert werden, wobei die trainability-Konzeption im Vordergrund stehen wird.

4.2   Berufs- und studienbezogene Lerntests

Eine erste Übertragung des Lerntestkonzepts auf berufseignungsdiagnostische Fragestellungen stammt von Finke (1978). Er untersuchte Chemieanlagenfahrer, die auf ihre Eignung als Operateure für neu installierte hochautomatisierte Chemieanlagen überprüft werden sollten. Sie mußten sich eine programmierte Unterweisung für die Bedienung dieser Anlagen dreimal durchlesen und ein Simulatortraining absolvieren. Die Richtigpunkte beim Kenntnistest nach jeweils drei 3 Lernversuchen und nach 3 Trainingsphasen am Simulator wurden dem Schichtleiterurteil als Bewährungskriterium ein Jahr nach der Testung gegenübergestellt. Wie bei Guthke (1972; s. Kap. II) wurde festgestellt, daß entgegen ursprünglicher theoretischer Annahmen zum Lerntestkonzept, die noch auf Wygotski zurückgehen, die Lerngewinne keine besondere prognostische Validität aufweisen, dagegen aber die Posttests gegenüber den Ersttests einen deutlichen Validitätsgewinn bringen. Nun muß dieses immer wieder replizierte Ergebnis nicht bedeuten, daß generell Lerngewinne und vor allem Lernverlaufsanalysen diagnostisch und vor allem prognostisch wenig bringen (s. auch weiter unten). Die immer noch schwierig zu lösenden methodisch-statistischen Probleme der Veränderungsmessung (s. Kap. V) und der Identifizierung von qualitativ unterscheidbaren Lernverläufen bzw. Lernstrategien mögen eine Ursache für die unbefriedigende Validität solcher Lernprozeßparameter sein. Wiegner (1990) untersuchte E-Lok-Fahrer im Rahmen von Tauglichkeitsfragestellungen an einem computergestützten Simulationsarbeitsplatz mit einer Lerntestprozedur.

Ihre Ergebnisse (s. Abb. III.4.1) zeigten, daß nach Experteneinschätzungen bewährte E-Lok-Fahrer (Cluster 2 und 3) und weniger bewährte (Cluster 1) sich vor allem im Posttest nach einer längeren Trainingsphase am Simulator unterschieden,

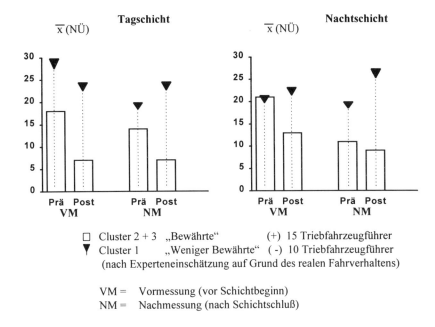

Abbildung III.4.1: Computergestützte Prozeßdiagnostik bei Triebfahrzeugführern:
Zeitanteile für Geschwindigkeitsüberschreitungen (NÜ) im Simulator

obwohl es sich bei den Probanden um bereits berufserfahrene Fahrer handelte. Wie
die Abbildung zeigt, machen die "Versager" in allen 4 Messungen - also vor und
nach der Tagschicht bzw. Nachtschicht - mehr Fehler im Prätest als im Posttest, aber
im Posttest ist die Differenz der beiden Extremgruppen in der Regel stärker
ausgeprägt (s. vor allem Vormessung und Nachmessung bei der Nachtschicht).

Eine ganz neue Lerntestentwicklung für die Eignungsdiagnostik berichtete jüngst
Eißfeldt (1994). Angezielt wird eine validere Eignungsdiagnostik bei Bewerbern für
die Tätigkeit des Fluglotsen. Dabei soll die Idee des *work sample*, des *Lerntestkonzepts* und des *trainability-concepts* (s.u.) miteinander verknüpft werden.

In einer computergestützten Darbietung werden den Probanden "traffic control
tasks" (s. Abb. III.4.2) vorgelegt.Verschiedene Flugzeuge müssen zur gleichen Zeit
entsprechend ihren Flugplänen durch den Flugraum geführt werden, wobei
gleichzeitig Sicherheits- und Ökonomieaspekte zu beachten sind.

Zunächst erhalten die Probanden eine 30 Minuten dauernde Belehrung (Instruktion) über ihre Aufgabe in der Gruppe. Dann erfolgt eine individuelle Instruktion (60
Minuten), in der die Pbn ein Einführungsheft in den Test lesen und anschließend in

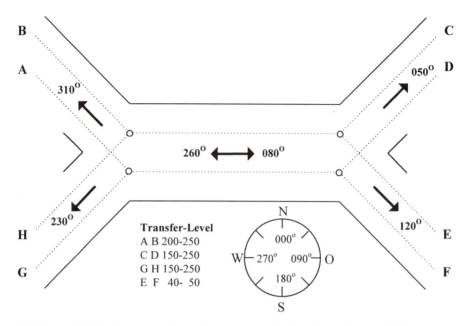

Abbildung III.4.2: Airspace of the Dynamic Air Traffic Control Test (Eißfeldt, 1994)

einem kurzen multiple choice-Test zeigen sollen, ob sie die Aufgaben des Tests verstanden haben. Jetzt folgt eine kurze praktische Einführung am Computertest und anschließend der erste Durchlauf des Tests, der 10 Minuten dauert. In diesem Durchlauf werden keine Hilfen gegeben. In der Trainingsphase erhält der Testand vom Psychologen eine detaillierte Rückinformation über den ersten Durchlauf (wobei auf dem Bildschirm der erste Testdurchlauf noch einmal gezeigt wird). Dann erfolgt der zweite Testdurchlauf (Posttest). Bei beiden Testdurchläufen führt der Psychologe ein Protokoll über die Verhaltensweisen des Probanden während des Tests. Das Verfahren wird seit 1992 bei der Deutschen Flugsicherung und auch bei der Eurocontrol zur Auslese der Bewerber angewandt. Umfangreiche Validitätsstudien (bisher wurden 800 Bewerber getestet) werden für 1996 angekündigt. Interessant im Sinne der "Spezifizierungshypothese" (s. Kap. II) für Lerntests ist der Befund, daß die zweite Testdurchführung (Posttest) weniger als der Ersttest mit einem psychomotorischen Test (Tracking-Test) korrelierte, der primär für die Auswahl von Piloten benutzt wird. Da für die Fluglotsen die perzeptiv-kognitiven Fähigkeiten größere Bedeutung als die "motorischen Fähigkeiten" haben, ist es günstiger, wenn diese im Posttest "reiner" erfaßt werden als im Prätest.

Nun zu einer Anwendung des Lerntestkonzepts bei der Studentenauswahl bzw. für Zwecke der *Studienwahlberatung*:

Bei allen frisch immatrikulierten Chemiestudienanfängern einer Technischen Hochschule wurde von Winkler (1978) eine Kurzform des IST-Amthauer und ein chemiespezifischer Lerntest angewandt. Der fachspezifische Lerntest bestand aus einem Prätest, in dem zunächst geprüft wurde, ob eventuell Vorkenntnisse auf einem spezifischen Chemie-Gebiet vorliegen, das normalerweise nicht zum Schulstoff gehört. Dann arbeiten die Probanden einen programmierten Lehrtext (in der Gruppe) über dieses für fast alle Probanden wirklich neue Gebiet durch. Im Posttest wurde geprüft, wie dieser neue Lehrstoff verstanden wurde. Weiterhin wurde eine Chemie-Aufnahmeklausur zur Erhebung des sog. Chemie-Vorwissens im Sinne des Abitur-Stoffes geschrieben. Nach zwei Jahren des Grundstudiums wurden die Studenten/innen in drei Leistungsgruppen anhand der Zensuren und Urteile der wissenschaftlichen Betreuer eingeteilt. Die nachfolgende Abb. III.4.3 zeigt, daß der *chemiespezifische Lerntest* sowohl der Aufnahmeklausur als auch dem IST vor allem bei der Vorhersage des Versagens im Studium überlegen ist.

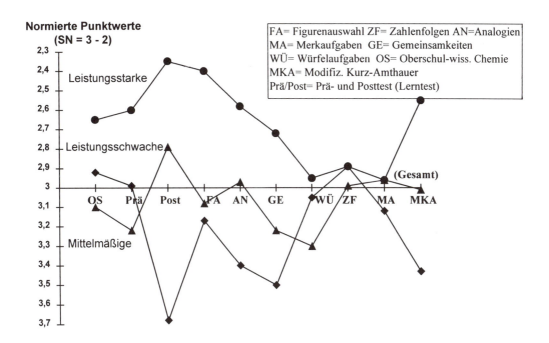

Abbildung III.4.3: Testleistungen von Chemie-Studenten mit späterem unterschiedlichem Schulerfolg (schwache, nittlere und hohe Leistungen) bei Studienbeginn (Winkler, 1978).

Die Anwendung eines solchen Lerntestverfahrens für Aufnahmeprüfungen ist aber nicht unproblematisch. "Ganz Schlaue" könnten sich bei der Feststellung des jeweiligen Ausgangsniveaus im Prätest besonders "dumm" anstellen, um dann durch eine besonders hohe Steigerungsrate zum Posttest hin ihre hohe Lernfähigkeit unter Beweis zu stellen. Also auch unter diesem mehr praktisch-pragmatischen Aspekt dürfte bei Lerntestprozeduren die Hauptorientierung auf die Erhebung eines wie auch immer berechneten Lerngewinns bzw. Differenzwertes problematisch sein. Der Posttest bzw. Prätest und Posttest gemeinsam betrachtet, bringen offenbar die aussagekräftigsten Ergebnisse. Eine gewisse Bestätigung des Nutzens des Lerntestkonzepts für die Studieneignung brachten auch die Untersuchungen zum Test für Medizinische Studiengänge (Trost, 1990). Die höchsten Validitätskoeffizienten erreichten nämlich die Untertests, die von den Bewerbern die Verarbeitung neuer umfangreicher Informationen (Verstehen medizinisch-naturwissenschaftlicher Texte, ähnlich wie bei Winkler, s.o.) forderten. Hinzu kommt, daß den Bewerbern durch die Publikation einer Informationsbroschüre und die Möglichkeit des Übens an einem alten Test eine „Trainingsphase" vor der Testung geboten wird.

Wie schon an anderer Stelle (s. Kap. II) ausgeführt, wurde in der Leipziger Arbeitsgruppe in den letzten Jahren eine neue, zeitökonomischere und mehr verlaufsanalytisch orientierte Lerntestvariante, sog. Diagnostische Programme entwickelt (vgl. Guthke et al., 1991), bei der ähnlich wie in einem programmierten Lehrbuch in nur einer Testsitzung ein Aneignungsprozeß simuliert und auf die in „klassischen" Langzeitlerntests übliche Trennung in Prätest - Trainingsphase und Posttest verzichtet wird. Harnisch (s. Guthke & Harnisch, 1986) konstruierte z.B. ein Diagnostisches Programm zur Diagnostik der sog. *Fremdsprachenlernfähigkeit* bei ausländischen Studierenden, die am Herder-Institut der Leipziger Universität zunächst in einem Vorkurs die deutsche Sprache erlernen müssen. Verbale Tests ließen sich bei diesen Studenten, die aus über 100 Ländern kommen und oft nicht einmal Mittlersprachen beherrschen, nicht anwenden. Mit dem Raven-Test konnten wir aber die spätere Deutschbeherrschung nicht vorhersagen. In dem von Harnisch entwickelten kurzen diagnostischen Programm (DP) mußten die Studenten eine Miniaturkunstsprache mit einer ganz einfachen Lexik und Grammatik erlernen. Figuren und Figurenkombinationen (Sätze) sollten nach einer bestimmten selbst zu entdeckenden Zuordnungsregel sinnlosen Silben bzw. Silbenkombinationen („Sätzen") zugeordnet werden. Festgestellt wurde die Anzahl der Hilfen, die benötigt wurden, um durch das Programm zu kommen. Eine Diskriminanzanalyse unter Einbezug noch des ZVT von Oswald und Roth (1978) zeigte, daß das DP insbesondere die Leistungsschwachen am Ende des ersten Studienjahres recht gut prädizierte. (s. unsere Ausführungen zur Validität des Verfahrens im Kap. II).

Dies gelang auch durch Zuordnung von Testverlaufsclustern nur auf Grund der Abarbeitung des Diagnostischen Programms bei 91,7 % der Leistungsschwachen, so daß gerade diese Studenten frühzeitig identifiziert werden können.

4.3 Das "Trainability-Concept" - englische Untersuchungen

Nun einige Bemerkungen zum sog. „trainability-concept", wie es in Großbritannien vor allem von Robertson und Mindel (1980) und Downs (1985) entwickelt und vielfach erprobt wurde. Trainability-Tests werden von Downs (1989, S. 392) wie folgt definiert: "A trainability-test is, as its name implies, a test to predict the ability of applicants to succeed in training". Die Tests wurden insbesondere entwickelt für die Vorhersage (und damit mögliche Selektion von Bewerbern) der berufsbezogenen Trainierbarkeit von ungelernten und berufsunerfahrenen Bewerbern. Die Autoren, die in Trainings- und Umschulungszentren von Großkonzernen arbeiten, gehen bei der Entwicklung ihrer Testprozeduren nicht so sehr von entwicklungs-, denk- und persönlichkeitspsychologischen theoretischen Überlegungen aus wie die Befürworter und Begründer des Lerntestkonzepts, sondern von mehr praktisch orientierten Erwägungen. Sie fanden nämlich heraus, daß die üblichen generellen Eignungstests - vor allem in der sog. paper and pencil Form - insbesondere bei der Untersuchung ausländischer und älterer Arbeitnehmer im Rahmen von Qualifizierungsmaßnahmen und Umschulungsmaßnahmen wenig geeignet waren. Diese Testanden werden in solchen Tests oft unterschätzt, da die "Schulnähe", die Zeitdruckkomponente und die starke Bildungs- und Erfahrungsabhängigkeit vieler dieser Tests gerade testunerfahrene und aus anderen kulturellen Bedingungen stammende Bewerber massiv benachteiligen (s. hierzu auch Kap. III.3). Die englischen Psychologen setzten daher an zwei Punkten ein. Sie wollten zum einen eine *höhere ökologische Validität* bzw. Tätigkeitsorientiertheit der Verfahren unter inhaltlichem Aspekt erreichen. Daher sollten ihre Tests vor allem *"job"* bzw. *"work samples"* sein in Analogie zu den Arbeitsproben der Psychotechnik der zwanziger Jahre. Auf Grund einer möglichst exakten beruflichen Anforderungsanalyse werden "crucial elements of the job" herauskristallisiert, die dann den Testinhalt bilden. Beispiele sind: Elektriker (Stromkreis anklemmen), Maurer (Vervollständigen einer begonnenen Ziegelmauer), Näherin (Zwei Stoffteile zu einer Tasche zusammennähen), Gabelstaplerfahrer (um eine Tonne herumfahren, eine Palette aufnehmen, abladen und rückwärts fahren, s. Robertson & Downs, 1979, S. 44 ff.). Es werden also im Test "Lernstichproben" aus dem Trainingsinhalt der folgenden Ausbildung gegeben. Der zweite Punkt betrifft nun die *Testprozedur*. Durch einen Ausbilder wird zunächst in standardisierter Form eine Instruktion für die ausgewählte Berufstätigkeit vermittelt und die Tätigkeit demonstriert (z.B. Bedienung einer Maschine). Der Testand kann jetzt auch Fragen stellen. Dann versucht der Testand, die Aufgabe selbst zu lösen. In manchen methodischen Varianten bekommt der Testand auch die Möglichkeit, nach erneuter Hilfe und Korrektur in einem Posttest sein verbessertes Leistungsvermögen zu zeigen. Der Testleiter beobachtet den Testanden hierbei und vergibt nach einer standardisierten Check-Liste Fehler-Punkte. Außerdem wird noch ein mehr globales Rating auf einer 5-Punkteskala verlangt. Über eigentliche Normwerte wird in der Literatur nichts berichtet, dafür über *berufs- und betriebsspezifische Erwartungswerttabellen* bezüglich der festgestellten Berufsbewährung bei bestimmten Fehler-Punktwerten in der Check-Liste (s. Downs, 1985). Untersuchungen wurden vor allem bei handwerklichen Berufen - wie Maurer, Schweißer, Zimmermann, Näherin usw. - durchgeführt, aber auch für Helikopter-Navigatoren und Management-Jobs (s. Downs, 1985). Hauptziel war die Prädiktion und damit auch Selektion für zeitlich meist relativ begrenzte Trainingskurse (von einer Woche bis 6 Monate). Eine Meta-Analyse von Robertson und Downs aus dem Jahre 1979, der schon relativ viele Validitätsstudien mit solchen trainability-tests zugrunde lagen, ergab folgende Haupterkenntnisse:

(1) Es wurden in der Regel wie bei üblichen Eignungstests nur mäßig hohe Gültigkeitskorrelationen registriert. (2) Wie bei anderen Eignungstests auch ließ sich der Ausbildungserfolg eines Trainings (training success) besser prädizieren als der spätere Berufserfolg (job performance). (3) Ebenfalls in Übereinstimmung mit der Spezialliteratur wurde ein ständiges Absinken der Validitätskennwerte mit der Verlängerung des Prognosezeitraums registriert. (4) Ungünstige Validitätskennwerte gab es vor allem dann, wenn es nicht gelang, im Test die Komplexität eines Berufes bzw. eines Trainings adäquat abzubilden. Demzufolge wurden die höheren Validitätskoeffizienten bei einfacheren, vorwiegend psychomotorisch definierten Berufsanforderungen erreicht. (5) In der Regel erbringt die Kombination von "klinischer Auswertung" anhand der Rating-Scales und der "statistischen Auswertung" mit der Fehler-Check-Liste die besten Gültigkeitskoeffizienten. Wahrscheinlich ist diese Art von Tests besonders gültig bei *älteren Arbeitnehmern*, wie schon eine Studie von Downs aus dem Jahre 1968 zeigte, bei der die Prädiktionsgüte eines trainability-Tests für den Zimmermannsberuf bei jüngeren und älteren Bewerbern verglichen wurde (s. Tab. III.4.1).

Die Tab. III.4.1 läßt erkennen, daß gerade bei den älteren Bewerbern der Test den Kurserfolg bzw. -mißerfolg gut vorhersagte, während bei den jüngeren doch relativ viele Fehltreffer zu verzeichnen waren. Wenn ältere Bewerber im Test versagten, absolvierten sie auch in der Regel den Kurs nicht erfolgreich, wenn sie dagegen im Test erfolgreich waren, hatten sie fast stets auch im Kurs Erfolg.

Tabelle III.4.1: Ergebnisse in einem trainability-test für den Zimmermannsberuf bei jüngeren und älteren Bewerbern und Erfolg in einem anschließenden Umschulungskurs (Downs, 1968)

Untersuchte Probanden	Testergebnis[1]		Alter[2]		Ausbildungserfolg erfolgreich	nicht erfolgreich
228	gut	167	jung	138	117	21
			alt	29	26	3
	schlecht	61	jung	46	21	25
			alt	15	2	13

[1] „gut": 9 Fehler oder weniger   [2] jung: unter 35 Jahren
„schlecht": 10 Fehler oder mehr   alt: 35 Jahre und älter

Kritisch ist zu der bisherigen trainability-Forschung neben dem oben bereits erwähnten Theorie-Defizit zu bemerken:

(1) Die Tests sind nur anwendbar durch Berufsexperten, die außerdem eine spezielle diagnostische Schulung erhalten haben.

(2) Die inkrementelle Validität dieser Tests gegenüber bisher verwandten mehr generellen Intelligenz- und Eignungstests müßte durch entsprechende Vergleichsuntersuchungen erst noch nachgewiesen werden (vgl. auch die Meta-Analyse von Ree & Earles, 1992 und Schmidt & Hunter, 1981 über die generell recht hohe Prädiktionsgüte von allgemeinen Intelligenztests in der Eignungsdiagnostik).

(3) Die Rolle spezifischer Berufsvorerfahrungen für das Test- und das Trainingsergebnis ist bisher unzureichend untersucht. So könnte z.B. der Sohn eines Maurers, der seinem Vater schon oft bei der Arbeit zugesehen hat, gegenüber anderen Bewerbern bevorteilt werden.

(4) Die angestrebten "point to point"-Entsprechungen beziehen sich bisher vorwiegend auf den Arbeitsinhalt. Es ist noch zu prüfen, inwieweit höhere Gültigkeitskoeffizienten erzielt werden, wenn die Tests sowohl repräsentativ sind im Hinblick auf den Arbeitsinhalt als auch hinsichtlich des nachfolgenden Trainings.

Das heißt, daß auch die Lernbedingungen und Lernprozeduren in Test und Training einander weitgehend entsprechen sollten (s. zu dieser Problematik auch Kap. II). Positiva der "trainability tests" stellen aber zweifellos dar:

(1) Die höhere *Augenscheinvalidität* und Berufsnähe für die Testanden. Damit entspricht diese Art von Tests auch eher den Anforderungen von Gewerkschaften und Gerichten (s. Beschluß des Obersten Gerichtshofs der USA über die Zulässigkeit von Eignungstests; vgl. Robertson & Mindel, 1980), die nicht eindeutig berufsbezogene Tests in der Eignungsdiagnostik als "illegal" einstufen.

(2) Die Möglichkeit, durch die Tests einen ersten Eindruck ("taste of the job") von den beruflichen Anforderungen zu bekommen. Dies eröffnet auch Möglichkeiten der sog. *Selbstselektion*. Nach einer Untersuchung von Downs (1985) nahmen nach einem Test 91 % der "Teststarken" die angebotene Anstellung "auf Probe" an, aber nur 23 % der "Testschwachen".

(3) Die besondere *Akzeptanz* durch ausländische und ältere Arbeitnehmer, die insbesondere bei berufsfernen verbalen oder auch abstrakten paper and pencil Tests sich stärker irritiert fühlen und durch diese eventuell auch unfairer beurteilt werden.

Auf eine Testneuentwicklung soll noch hingewiesen werden, die das Prinzip der Arbeitsproben, das Lerntestkonzept und den handlungspsychologisch orientierten Ansatz von Hacker gleichzeitig berücksichtigt. Es handelt sich hierbei um die bereits in Kap. III.2 erwähnte Tätigkeits-Analyse-Liste (TAL von Schmidt, 1988b) und die Leistungs- und Verhaltensanalyse-Probe (LEVAP, Schmidt, 1988a). Mit beiden Verfahren sollen diejenigen geschützten Arbeitsplätze für geistig Behinderte und Rehabilitanden gefunden werden, die ihrer Lernfähigkeit am besten entsprechen.

4.4 Prozeßanalysen bei herkömmlichen, vor allem auch computergestützt dargebotenen Tests

Wir hatten schon oben erwähnt, daß Lernverläufe in Lerntests als besonders aussagekräftige und zusätzliche diagnostische Informationen angesehen werden können, vor allem, wenn es gelingen sollte, die damit im Zusammenhang stehenden meßmethodischen Probleme zu lösen (s. auch Kap. V). Man könnte allerdings mit Recht fragen (vgl. Guthke, 1980c), ob sich "Lernfähigkeit" nicht nur in Lerntests, sondern auch in konventionellen Tests äußert (s. auch Fischer, 1972; Scheiblechner, 1972). Voraussetzung hierfür wäre allerdings, daß man nicht nur Testsummenwerte, sondern den Testverlauf stärker beachtet und analysiert. In Konzentrationstests wird dies ja im Unterschied zu Intelligenztests schon lange praktiziert. Man denke nur an die Auswertungen der Arbeitsprobe nach Pauli in der sog. Arbeitskurve. Die moderne rechnergestützte Testdarbietung und Testauswertung bietet hervorragende und zeit-

ökonomische Möglichkeiten für eine solche *Testverlaufsanalyse.* Nach dem Lerntestkonzept müßte man nun erwarten, daß die späteren Testabschnitte eines herkömmlichen Verfahrens diagnostisch und prognostisch valider sind als die Testabschnitte am Beginn des Tests, da sie quasi die Funktion von Posttests haben. Lern-
und Übungsfähigkeit, aber auch Ausdauer und Vigilanz, Motivation und Belastbar-
keit (bzw. leichte Ermüdbarkeit) müßten gerade durch den Vergleich der Leistungen
am Anfang des Tests mit denen am Ende gut sichtbar werden. Insbesondere für die
Bewährung bei den in der modernen Arbeitswelt immer wichtiger werdenden Fahr-,
Steuer- und Überwachungstätigkeiten mit ihren erhöhten Anforderungen an Vigilanz
(Daueraufmerksamkeit) und Motivation spielen nun diese Faktoren eine ausschlag-
gebende Rolle, so daß mit Recht an der Relevanz sehr kurzer Tests (wie z.B. des
Tests d 2 von Brickenkamp, 1981) für solche Tätigkeiten gezweifelt werden kann
und länger dauernde Tests, die auch Verlaufsanalysen besser zulassen, gefordert
werden.

Dvorak und Brunner (1987) entwickelten aus solchen Überlegungen heraus einen
Vigilanz- bzw. Daueraufmerksamkeitstest (DATG). Der Test fordert für eine Zeit
von 30 bzw. 50 Minuten eine visuelle Aufmerksamkeitsanspannung im Sinne einer
"Was ist das?"-Leistung (vgl. Fröhlich, 1980 zu den beiden Systemen der Informationsverarbeitung, "Was ist das?" und "Was ist zu tun?").

Auf einer Projektionsfläche erscheinen komplexe Reizbilder (s. Abb. III.4.4) in
fortlaufender Folge. Jedes Bild enthält 6 rechtwinklige Dreiecke. Der Proband hat zu
prüfen, ob - und gegebenenfalls wie oft - ein als kritischer Reiz definiertes Dreieck
(Spitze nach unten) im jeweiligen Reizfeld enthalten ist.

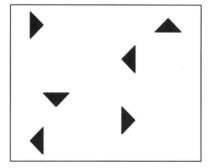

Abbildung III.4.4: Testanforderung im Daueraufmerksamkeitstest nach Dvorak und
Brunner (1987)

Der Rechner vergleicht die Leistung mit dem Sollwert und druckt am Schluß ein Verlaufsprotokoll aus. Untersuchungen dieser Verlaufsprotokolle ergaben nun interessanterweise, daß sich ganz ähnlich wie in den oben referierten Lerntestuntersuchungen von Wiegand an E-Lok-Fahrern der Deutschen Reichsbahn die späteren Testabschnitte (entspricht dem Posttest im Lerntest) als diagnostisch besonders relevant erwiesen. Mitarbeiter aus dem Betriebsdienst der DB (hauptsächlich Lokfahrer und Stellwerker), die in ihrer beruflichen Tätigkeit durch häufiges Versagen auffällig geworden waren - sog. Versager-Gruppe - wurden unauffälligen Arbeitskollegen gegenübergestellt (s. Abb. III.4.5).

Dabei fällt zunächst auf, daß erwartungsgemäß die "Versager" schlechtere Testergebnisse zeigten. Gleichzeitig zeigte aber eine Gegenüberstellung jüngerer und älterer Arbeitnehmer, daß die Analyse des Testverlaufs im DATG eine gerechtere Einschätzung der Leistungsfähigkeit der älteren Arbeitnehmer erlaubt. Während im kurzzeitigen Test d2 und auch in den ersten Testabschnitten des DATG unauffälligeältere Probanden sehr viel mehr Fehler machen als jüngere Probanden und fast so viele wie die "Versager", sind sie in den letzten Testabschnitten genauso gut wie die Jüngeren und deutlich besser als die "Berufsversager".

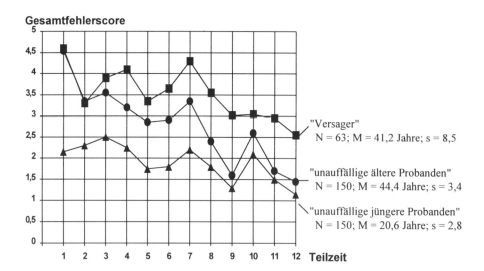

Abbildung III.4.5: Leistungsverlauf bewährter und nicht bewährter Triebfahrzeug-
führer und Stellwerker unterschiedlichen Alters im DATG
(Dvorak & Brunner, 1987)

E. Winkler aus der Leipziger Arbeitsgruppe hat in den letzten Jahren einen sog. Konzentrations-Lerntest (KOLLO, vgl. Winkler & Guthke, 1995) entwickelt, der auf einer zweimaligen Darbietung eines Verfahrens beruht, das ansonsten ähnliche Anforderungen wie andere Durchstreichtests stellt. Er konnte bei Validierungsuntersuchungen immer wieder feststellen, daß die zweite Testdurchführung höhere Gültigkeitswerte ergab im Vergleich zur ersten Testung (s. auch Kap. II).

Besonders hirnorganisch beeinträchtigte Patienten zeigten im Unterschied zu gesunden älteren Probanden nicht den üblichen Übungsgewinn zum Posttest hin (s. hierzu auch Kap.IV.1), so daß auf dem Hintergrund dieser Befunde angenommen werden kann, daß bei den Untersuchungen von Dvorak und Brunner in der Versagergruppe möglicherweise nicht wenige solcher hirnorganisch erkrankten Personen (z.B. infolge cerebrovaskulärer Störungen oder auf Grund von Morbus Alzheimer) enthalten sind. Insbesondere durch die Untersuchungen von Kryspin-Exner (1987) ist ja bekannt geworden, daß "Hirnkranke" im Frühstadium erst nach längerer Testbelastung (im Sinne auch der medizinischen Belastungstests) auffällig werden, also oft nicht bei den üblichen Kurztests. "Dynamisches Testen" im Sinne von Testverlaufsanalysen bei länger währenden Testungen verhindert also zum einen, daß unauffällige hirngesunde Probanden, die vielleicht nur eine längere Eingewöhnungszeit für die neuen Anforderungen brauchen, fälschlicherweise auf Grund ihrer schlechten Anfangsleistungen als "potentielle Berufsversager" fehleingestuft werden, und zum anderen, daß tatsächlich beeinträchtigte Probanden, die für sich und andere (z.B. in Verkehrsberufen) bei Weiterführung ihrer Tätigkeit Gefahren heraufbeschwören könnten und die möglicherweise in Kurztests und bei rein summarischer Auswertung von Tests noch gar nicht auffällig werden, rechtzeitig erkannt werden.

4.5 Lern-Assessment Centers

Obermann (1992) zitiert in seinem Buch über Assessment Centers Heinze (in Sarges, 1990), der feststellt, „Lernfähigkeit ist als Kriterium aus Anforderungslisten in Assessment Center-Verfahren nicht mehr wegzudenken" (S. 214). An anderer Stelle (vgl. Obermann, 1994, S. 110/111) schreibt er: „Die sich immer schneller ändernden Anforderungsstrukturen (EU, Global Marketing, technische Änderungen, höhere Bedeutung kommunikativer Faktoren) fordern damit weniger die Beurteilung und Entwicklung von „Ist-Fähigkeiten" als vielmehr die Fähigkeit, sich auf wechselnde „Solls" einstellen zu können ... Dadurch wird die Fähigkeit, sich auf neue Anforderungen hin entwickeln zu können, die Lernfähigkeit, zum wesentlichen Anforderungskriterium" (vgl. auch Sarges, 1993). Gleichzeitig weisen beide Autoren aber darauf hin, daß in der Praxis der Assessment Center eigentlich nur Statusmessungen stattfinden und daher die eigentlich angezielte „*Potential-abschätzung*" nicht möglich ist. Die an sich wünschenswerte AC-Wiederholung sei zu teuer, daher schlägt Obermann (1994) in Anlehnung an das Lang-zeitlerntestkonzept folgende Versuchsanordnung vor: Während eines zwei- bis drei-tägigen ACs wird zu Beginn zunächst eine Messung 1 z.B. als Rollenübung (z.B. Mitarbeitergespräch) vorgenommen. Die Teilnehmer hatten in 30 Minuten mit einem trainierten „Rollenspieler" ein Mitarbeitergespräch zu führen. Ihr Verhalten wurde durch verschiedene Beurteiler mit Hilfe einer Check-Liste eingeschätzt. Auf der gleichen Check-Liste wurden dann die Teilnehmer um eine Selbstbeurteilung gebeten. Die Teilnehmer erhielten dann ausführliche individuelle Rückmeldungen (die jeweils drei besten und drei schlechtesten Verhaltensleistungen des Teilnehmers wurden schriftlich mitgegeben). Am Abend des ersten Tages sollten die Teilnehmer über diese Rückmeldungen reflektieren. Am zweiten Tag gibt es auch eine zusätzliche Trainingsphase (4 Stunden) für alle Teilnehmer. Hierbei wurden u.a. auch einzelne Gesprächsphasen eingespielt, um theoretische Argumentationen besser veranschaulichen zu können. Am dritten Tag erfolgt dann auch wieder eine Rollenübung mit vergleichbarem Szenario und Meßinstrumenten wie in Messung 1 als Messung 2 (s. Abb. III.4.6).

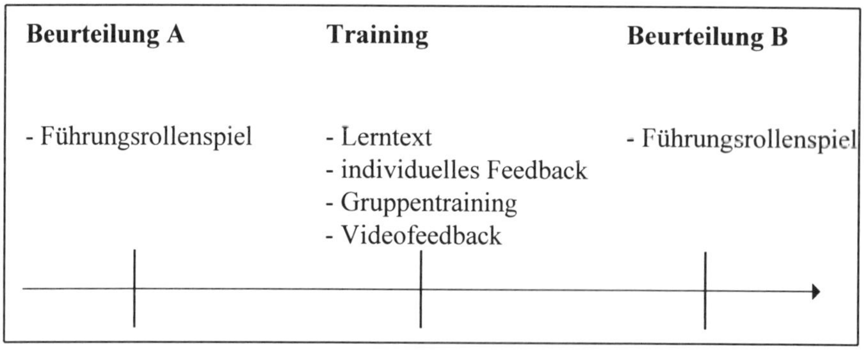

Beurteilung A	Training	Beurteilung B
- Führungsrollenspiel	- Lerntext - individuelles Feedback - Gruppentraining - Videofeedback	- Führungsrollenspiel

Abbildung III.4.6: Übungssequenz in einem Lern-Assessment-Center (Obermann, 1994)

Das „Lernen in den rückgemeldeten Kriterien" (bezogen auf die „schwächsten Items") bildete den wesentlichen Kennwert zur Beurteilung der Lerngewinne. Hinzu kam noch die Berechnung eines durchschnittlichen Lernzuwachses bezogen auf alle 20 Beurteilungsitems.

In der Kontrollgruppe wurden alle sehr umfangreichen diagnostischen Verfahren durchgeführt, aber keinerlei Rückmeldungen und Training angeboten. Im Vergleich zur Kontrollgruppe wurde zunächst die Trainingseffizienz nachgewiesen. Erwartungsgemäß korrelierte in der Kontrollgruppe Prä- und Posttest höher miteinander als in der Versuchsgruppe (.67 bzw. .47). Beim Vergleich genereller Lerngewinn (über alle 20 Beurteilungskategorien) und „Lernen bei den rückgemeldeten Kriterien" erwies sich der letztere (nur in der Versuchsgruppe berechnete Wert) als derjenige Parameter, der am meisten durch das Training positiv verändert wurde.

Interessant war bei den Erhebungen Obermanns, daß die so gewonnenen "Lernfähigkeitswerte" nicht mit den anderen Übungen und Tests des ACs bzw. mit Eigenschaften des Trainings korrelierten, so daß sie offenbar diagnostisch neue Informationen liefern. Der Lerngewinn - besonders bei rückgemeldeten Kriterien - korrelierte aber mit gewissen Attributen der Teilnehmer (z.T. auch mit Regressionsanalysen bestimmt), z.B. Weiterbildungsmotivation, mehr internale Kontrollüberzeugung, positives Selbstbild (allgemeine Effektivitätserwartung), berufliches Anspruchsniveau, Führungserfahrungen und Führungsmotivation. Ansonsten wurden aber auch viele erwartete Korrelationen - z.B. zum komplexen Problemlösungsverhalten (s. hierzu auch Kap. II) - nicht gefunden. Unseres Erachtens ist aber dafür z.T. auch die meßmethodische Problematik der Differenzwerte (s. Kap. II und Kap. V) mitverantwortlich. Interessant wäre daher gewesen, wenn der Autor auch jeweils Prä- und Posttests mit den Kriterientests verglichen hätte.

Obermann macht darauf aufmerksam, daß natürlich auch für AC nicht von einer generellen Lernfähigkeit ausgegangen werden kann, sondern daß es domainspezifische Lernfähigkeiten gibt, die man durch "ein bis drei erfolgskritische Lernsituationen" erfassen sollte. Interessanterweise wurde aber auch registriert, daß diejenigen Teilnehmer, die gut auf der Dimension „Mitarbeiterorientierung" lernten, in der Regel auch in der Dimension „Aufgabenorientierung" gut lernten.

Zur Validitätsprüfung wurde das Kriterium „Beförderung" nach mindestens 2 Jahren Intervall zwischen Assessment Center und Kriteriumserhebung erhoben. Die Validität des gesamten Assessment Centers betrug auf dieses Kriterium bezogen .35 (dies entspricht etwa dem Mittelwert aus vergleichbaren Studien) und konnte in einer Regressionsanalyse auf R=.48 gesteigert werden, wenn der Lernzuwachs als Prädiktor mit eingeführt wurde. Das Ergebnis wurde auch dadurch erreicht, daß Lernzuwachs und das Gesamtergebnis im Assessment Center nicht miteinander korrelierten. „Aus dem fehlenden Zusammenhang zwischen AC-Gesamtwert und Lernzuwachs ergibt sich die Erkenntnis, daß Lerngewinne im Führungsverhalten nicht durch klassische Assessment-Center Verfahren vorhergesagt werden können, obwohl dies eigentlich mit dem Begriff „Potentialanalyse" beansprucht wird." (Obermann, 1994, S. 188). In diesem Zusammenhang sind auch die Untersuchungen von Jansen (1991) an ostdeutschen Bewerbern in Assessment Centers der Auto-Industrie sehr beachtenswert (s. auch Wottawa, 1994). Dabei wurde festgestellt, daß die „Ostbewerber" den „Westbewerbern" in den Erstmessungen deutlich unterlegen waren und viele (88 %) daher nicht das Kriterium für die Auswahl erfüllten, das bei den „Westbewerbern" galt. Die „Ostbewerber" reagierten aber zum Teil sehr stark auf das Trainingsangebot - hier speziell bezogen auf Präsentationstechniken -, so daß bei der Zweitmessung ein Großteil (33 %) dann das Auswahlkriterium erfüllte, das bei vergleichbaren Studien von etwa 40 % der Westbewerber erreicht wurde. Wottawa (1994), S. 228 folgert: „... ist es doch erstaunlich, wie stark hier Fortschritte erfolgen können - und wie unfair eine Selektion wäre, die auf Präsentationsübungen mit Ost-Bewerbern ohne eine wenigstens geringe Lernchance aufbaut."

Bei den von Sarges (1993) vorgeschlagenen und auch bereits realisierten Lernfähigkeits-Assessment Centers wird im Unterschied zu Obermanns Vorgehen (s.o.) vor allem auch Wert darauf gelegt, daß sich die Bewerber schon vor der Durchführung des Assessment Centers systematisch auf die Anforderungen vorbereiten können. Die Lernphase wird also gewissermaßen schon vor die Erstmessung gelegt. Sie erhalten Informationen über die Übungen des Centers und können sich mit Literatur auf diese vorbereiten. Während des AC wird dann die Lernphase vor allem durch systematisches Feedback durch die Mitbewerber und die Beobachter weitergeführt.

"Lern-Assessment Centers" sind wahrscheinlich nicht nur fairer und prognostisch gültiger - wie Obermann, Sarges und Wottawa vermuten -, sondern u.E. auch "humaner". Gespräche mit Teilnehmern an üblichen Assessment Centern vermitteln oft den Eindruck, daß sie die Psychologen bzw. „Assessoren" oft als Menschen mit "poker face" und als geheimnisvolle "Seelendurchleuchter" erleben - vor allem auf Grund der mangelnden Rückkopplung, die zwar theoretisch gefordert wird, (vgl. Sarges, 1990), in der Praxis wohl aber leider kaum realisiert wird. Sarges (1993) berichtet nach den Erfahrungen von 5 Lernfähigkeits-AC, daß sich die Bewerber im Vergleich zu „klassischen AC" bedeutend positiver über jene äußerten und sowohl von Beurteilern als auch Bewerbern vor allem die Vorteile des systematischen, in die Übungen eingebauten Feedbacks gegenüber dem sonst üblichen globalen „Abschluß-Feedback" hervorgehoben wurden.

4.6 Abschließende Überlegungen

Zusammenfassend ist festzustellen, daß zwar viele theoretische Argumente und auch ganz praktische Überlegungen, sowie bereits auch einige empirische Befunde dafür sprechen, daß durch die Einbeziehung des Lerntestkonzeptes bzw. Trainability-Konzepts die Eignungsdiagnostik eine gültigere und auch fairere neue Strategie hinzugewinnen würde, daß aber bis heute der voll überzeugende Nachweis für diese Behauptung noch aussteht. Es ist allerdings recht wahrscheinlich, daß dieser Nachweis in der Zukunft erbracht werden kann und somit auch dynamische diagnostische Ansätze eines Tages wie andere zur Zeit viel diskutierte Neuerungen in der Eignungsdiagnostik, die allerdings ebenfalls schon recht lange historische Wurzeln haben - man denke nur an die Assessment-Centers oder die biographischen Fragebögen - zu einer Bereicherung der eignungsdiagnostischen Praxis beitragen werden. Bis dahin ist aber noch viel Forschungsarbeit zu leisten. Für diese bieten sich im Anschluß an die oben dargestellten Befunde und Überlegungen einige Ansatzpunkte an, die im folgenden abschließend aufgeführt und erläutert werden sollen:

Die Determination erhöhter prädiktiver Validität. Hier bietet sich die Strategie an, die Variation von Validitätskoeffizienten in Abhängigkeit von

• der Kontentvalidität bezüglich der inhaltlichen beruflichen Anforderungen (also inwieweit besteht eine Äquivalenz zwischen Testaufgaben und beruflichen Anforderungen)

• der Kontentvalidität bezüglich der den Kriteriumsbereich kennzeichnenden Prozesse (v.a. Lernen und dessen Formen und Bedingungen) zu untersuchen.

Zu kontrollieren ist dabei jeweils der Einfluß, den allgemeine Leistungsvoraussetzungen wie etwa die Intelligenz, Ausdauer und Motivation und spezifische Voraussetzungen (Aufgabenverständnis, spezifische Strategien) bei der Bewältigung der berufsspezifischen Lerntests spielen.

Ein weiteres Problem stellt die Kriteriumsauswahl dar. Hier sind folgende Differenzierungen denkbar:

• Trainingserfolg: Die Befunde legen nahe, daß Lerntests relativ gut den Trainingserfolg in einer angeschlossenen Ausbildung vorhersagen können. Hierbei ist jedoch zu beachten, welche Art von Training nachfolgt: wenn es sich um formales Training in einer limitierten Ausbildung handelt, könnten formal äquivalente Lerntests eine überlegene Validität aufweisen. Passiert die Ausbildung jedoch vorwiegend "on the job", so könnte eine Hypothese lauten, daß allgemeine Fähigkeiten, gegebenenfalls auch erfaßt über eine dynamische Prozedur, die besseren Prädiktoren konstituieren. Eine derartige Differenzierung des Trainings ist bisher nur ansatzweise in der Forschung berücksichtigt worden (vgl. auch Wiedl, 1984).

• Job-Performanz: Hier ist zum einen die Komplexität der Tätigkeit zu berücksichtigen. Bei wenig komplexen Tätigkeiten könnten Arbeitsproben-Lerntests hilfreich sein, bei komplexeren Tätigkeiten dagegen allgemeine Fähigkeitstests bzw. Tests der Problemlösefähigkeit, Planungsfähigkeit etc. oder aber Lerntests, die die intellektuelle Lernfähigkeit bezüglich solcher allgemeinen Fähigkeiten erfassen.

Weiterhin ist zu berücksichtigen, inwieweit berufliche Anforderungen mit kontinuierlichen Lernanforderungen verbunden sind, wie sie z.B. im Soft- und Hardwarebereich der Computerberufe gegeben sind. Ist dies der Fall, sollten allgemeine Lerntests sensu Guthke (Lernfähigkeit als komplexes Konstrukt) geeigneter sein.

Die Frage der Trainingsgestaltung im Lerntest stellt ebenfalls einen wichtigen Ansatzpunkt dar. Dies ist ein Thema, das auch in der übrigen Forschung zum Dynamischen Testen noch nicht sehr weit entwickelt ist (siehe oben Kapitel I und II). Differenzierungen sind hier erforderlich. Als eine Möglichkeit bietet sich an, selbstorganisiertes Lernen von extern vorgegebenem und strukturiertem Lernen zu unterscheiden (vgl. Wiedl, 1984). Damit würde auch einigen Aspekten der oben diskutierten Differenzierung des Kriteriumsbereichs Rechnung getragen.

Der nächste Punkt betrifft die Auswahl von Prädiktoren. Hier muß die Frage diskutiert werden, ob Statuswerte (Prä- bzw. Posttests), Prozeßwerte oder kombinierte Maße als Prädiktoren verwendet werden sollten. Welche Werte verwendet werden, ist zum Teil auch abhängig davon, wozu die Diagnose dienen soll. Soll sie für die Ausbildungsplanung herangezogen werden, sind wohl Prozeßinformationen am aussagekräftigsten, wobei die Operationalisierung solcher Prozeßparameter aber noch gelöst werden muß.

Unser letzter Punkt betrifft die Indikationsfrage. Hier ist zu untersuchen, inwieweit Lerntests und andere dynamische Verfahren generell oder nur für bestimmte Bewerbergruppen geeignet sind. Wie oben dargelegt ist anzunehmen, daß Lerntests vor allem geeignet sind für "unerfahrene" Bewerber, wie sie z.B. zu Zeiten erhöhter Migration gehäuft vorstellig werden. Weiterhin sind solche Verfahren vermutlich geeignet für "Sondergruppen", insbesondere im Bereich der Rehabilitation.

Die Beurteilung der Nützlichkeit der Lerntests für die Praxis wird in dem Maße erleichtert, in dem die genannten Problemstellungen einer Lösung entgegengeführt werden können.

IV   Klinische Diagnostik

1   Dynamische Testdiagnostik im Bereich des Leistungsverhaltens

1.1   Ziele, Ansatzpunkte und Forschungsstrategien

Daß Testleistung intraindividuell nicht nur zufällig und unsystematisch, sondern vielmehr auch systematisch unter dem Einfluß ganz bestimmter Faktoren variiert, wird in der klinisch-psychologischen Praxis ganz besonders deutlich. Allgemeine Befindlichkeitseinschränkungen und -schwankungen, spezifische krankheitsbedingte Einflüsse und deren Veränderungen, degeneratives und regeneratives Prozeßgeschehen, die Beeinträchtigung von Leistungsbereichen, die bezüglich bestimmter Fähigkeiten zwar konstruktrelevant, für deren Zustandekommen jedoch instrumentell sind (z.B. Wahrnehmungsfunktionen für die Lösung bestimmter Intelligenzaufgaben) und weitere Faktoren haben ganz spezifische Auswirkungen auf die erhobene Testleistung und deren Variabilität bzw. Stabilität. Es nimmt daher nicht wunder, daß klinische Praktiker häufig dazu neigen, die vorgeschriebene Form der Testabnahme zur Berücksichtigung derartiger Faktoren, allerdings in theoretisch wenig explizierter und methodisch unkontrollierter Weise und geleitet von persönlichen Erfahrungswerten, abzuändern. Aber auch klinisch-psychologische Forscher haben dieses spezielle Problem immer wieder angesprochen. So warnte z.B. Duhm (1971) eindringlich vor einer nur einmaligen Testdurchführung bei bestimmten klinischen Fragestellungen. In der Geschichte der DTD lassen sich, wie in Kapitel I bereits gezeigt, immer wieder Versuche feststellen, die unter dem Einfluß klinisch relevanter Faktoren zustande kommenden Leistungen bzw. Leistungsschwankungen diagnostisch zu nutzen. Reys Anwendungen dynamischer Untersuchungsverfahren bei unterschiedlichen klinischen Gruppen (1934), Zubins Versuch einer testtheoretischen Explikation des Performanzbegriffs für den klinischen Bereich unter dem Gesichtspunkt der intraindividuellen Variabilität (1950), Lurias (1970) neuropsychologisch fundierte "dynamisch-qualitative" Diagnostik bei Hirnverletzungen und Schmidts Ausformulierung des Testing-the-Limits-Konzepts (1969, 1971) unter methodischen und zielgruppenbezogenen Aspekten stellen besonders prägnante Marksteine dar.

Greifen wir auf die eingangs vorgenommene Unterscheidung von Zielbereichen der DTD zurück, so lassen sich zwei generelle Ansatzpunkte erkennen. Zum einen kann es darum gehen, durch gezielten Einsatz von Interventionen (z.B. Familiarisierungsmaßnahmen, Training), die Validität eines Testbefundes zu erhöhen (Zielbereich I: Präzisere Erfassung eines gegebenen Merkmals). Versteht man klinisch-psychologische Diagnostik ganz allgemein als einen Prozeß zur sukzessiven Hypothesenabklärung unter Verwendung standardisierter bzw. wissenschaftlich fundierter und gut kontrollierter Verfahren (Schmidt, 1984), so können dynamische Testprozeduren als eine Möglichkeit gesehen werden, diese Hypothesen bei widersprüchlichen, erwartungswidrigen oder inkonsistenten Befunden unter Berücksichtigung der intra-individuellen Performanzvariabilität abzuklären und so zur Erhöhung der Validität einzelner Messungen beizutragen.

Zum anderen ist denkbar, daß über die Auswertung von Indikatoren variierender Performanz Hinweise auf ein weiteres, klinisch relevantes Merkmal erzielt werden können (Zielbereich II). Cicerone und Tuppers Konzept des "Rehabilitation Potential" (1986; siehe auch oben Kapitel I), erhoben über die Ansprechbarkeit Hirnge-schädigter auf Training, kann als Beispiel für letzteren Aspekt gelten. Ebenfalls liegt nahe, daß ganz allgemein durch die Erfassung der Ansprechbarkeit auf spezifische Interventionen auch unmittelbar behandlungsrelevante Informationen generiert werden können, ein gerade für den klinischen Praxisbereich wichtiger Aspekt. Ein Beispiel hierfür aus dem Bereich der Persönlichkeitsforschung wird in Kapitel IV.2 dargestellt. Hier wird gezeigt, daß bestimmte Veränderungen sozial-kooperativen Verhaltens im Rahmen einer interaktiven, dynamischen Untersuchungsanordnung nicht nur mit spezifischen psychischen Auffälligkeiten assoziiert sind, sondern daß derartige Veränderungen auch zur Vorhersage des Therapieerfolges in einem an Petermann (1983) angelehnten Behandlungsprogramm beitragen. Da dieser klinisch-psychologische Anwendungsaspekt einer dynamischen Diagnostik von Persönlich-keitsmerkmalen in Kap. IV.2 ausführlich dargestellt ist, soll er hier nicht weiter behandelt werden. Vielmehr soll hier die klinische Nutzung einer dynamischen Testdiagnostik von Aspekten des Leistungsverhaltens erörtert werden.

Gegenwärtig liegen - wenngleich nicht so zahlreich wie für Fragestellungen aus dem pädagogischen und sonderpädagogischen Praxisfeld - bereits einige Verfahrensent-wicklungen und Studien zum DTD im klinischen Bereich vor (vgl. bereits Guthke, 1980a). Für eine systematische Analyse der Einsatzmöglichkeiten der DTD in diesem Feld haben Wiedl und Schöttke (1993, 1995) eine von Helmchen (1988) angeregte, die obige Unterscheidung von Zielbereichen der DTD für klinische Belange präzi-sierende duale Forschungsstrategie vorgeschlagen. Der eine Zweig innerhalb dieser Strategie ("Select by Diagnosis", *diagnosegruppenorientierte Strategie*) beinhaltet die Frage, inwieweit vorgegebene klinische Gruppen sich mit Hilfe von Indikatoren aus dynamischen Testanordnungen besser trennen lassen als mit Hilfe von Status-tests. Über diese rein diskriminatorische Funktion differentialdiagnostischer Ziel-setzung hinaus geht die Frage, inwieweit vorgegebene Gruppen sich mit Hilfe der DTD in detaillierterer und spezifischerer Weise beschreiben lassen. Variabilität beziehungsweise deren Einschränkung als kennzeichnendes Merkmal bei spezi-schen nosologischen Gruppen wäre ein Beispiel für letzteren Fall. Eine weitere Frage, die an diesen Aspekt anschließt, bezieht sich darauf, inwieweit durch eine so spezifische Diagnose bei bestimmten klinischen Gruppen auch ein spezifischer

Behandlungsbedarf sichtbar gemacht werden kann. Ließen sich z.B. bei Apoplexie-patienten mit eindeutiger rechts- bzw. linkshemisphärischer Lokalisation des Insults mit Hilfe der DTD je spezifische kognitive Beeinträchtigungen feststellen, würde dies auch ganz spezifische Behandlungsmaßnahmen implizieren (vgl. hierzu Ackermann, Wiedl & Schöttke, 1992). Beinhaltet die dynamische Untersuchungs-anordnung zur Erfassung intraindividueller Variabilität das Abarbeiten unterschied-licher Interventionen (z.B. verschiedene Trainings, Stufen kompensatorischer Maß-nahmen), so könnten auch Hinweise zu differentiellen Behandlungsindikationen bei den betreffenden diagnostischen Gruppen erarbeitet werden.

Anders als bei der an Diagnosegruppen orientierten Strategie wird bei der an der *Zielvariablen selbst orientierten Strategie* ("Select by Marker"-Strategie) innerhalb einer diagnostischen Gruppe oder über Diagnosegruppen hinweg das Phänomen der Veränderbarkeit auf seine Bedeutung hin analysiert. Unterschiedliche Grade intrain-dividueller Variabilität werden zum einen mit praktisch-klinisch relevanten Varia-blen (z.B. Verlauf, Ansprechen auf Behandlung, etc.) in Beziehung gesetzt. Dies trägt zur Abschätzung der klinischen Utilität der DTD bei. Von besonderem wissen-schaftlichen Interesse ist zum anderen die Aufklärung der Bedingungen (Moderatorvariablen) für die festgestellte intraindividuelle Variabilität. Das Auf-decken intrapersonaler Bedingungen kann dazu beitragen, Konzepte wie Rehabilita-tionspotential, Responsivität für Behandlung, etc. inhaltlich zu präzisieren. Situative Moderatorvariablen können bedeutsam sein für den Entwurf von Interventions-Settings und die Entwicklung von Behandlungsmethoden. Letztlich wird von der "Select-by-Marker"-Strategie auch erwartet, daß sie zur Bildung neuer diagnostischer Gruppen beitragen kann (Helmchen, 1988). So wäre im Falle der DTD z.B. denkbar, daß Personen mit verschiedenen Störungen unterschiedlicher Ätiologie nach Graden und Bedingungen von Plastizität bei spezifischen Funktionen klassifiziert werden, ein theoretisch wie für die Organisation von Behandlungsmaßnahmen interessanter Aspekt.

Im nebenstehenden Kasten sind die Grundkomponenten der beiden Strategien nochmals anschaulich aufgelistet. Vorliegende Untersuchungen zur DTD im klini-schen Bereich können danach charakterisiert werden, in welchem Ausmaß sie einer oder beiden Strategien entsprechen.

Inhaltlich lassen die meisten der bisher vorgelegten Untersuchungen zur DTD im klinischen Bereich eine mehr oder weniger stark ausgeprägte neuropsychologische Orientierung erkennen. Die Spezifität neuropsychologischer Diagnostik liegt darin begründet, daß Testdaten als Hinweise auf den zerebralen Funktionszustand des Individuums gesehen und gegebenenfalls Aussagen über den morphologischen Zustand des Gehirns abgeleitet werden (vgl. Wittling, 1983). Der Beitrag der DTD bezieht sich auf den Variabilitätsaspekt des zentralen Funktionszustandes. Es wird angenommen, daß hirnorganische Beeinträchtigungen den Variabilitätsbereich kognitiver Funktionen einengen und somit geringere Modifizierbarkeit und engere Leistungsgrenzen sichtbar werden (Kühl & Baltes, 1988; Guthke & Adler, 1990).

Strategien der Anwendung von Dynamischer Testdiagnostik bei Personen mit psychiatrischen Erkrankungen

"Select by Diagnosis"

Unabhängige Variable:	vorgegebene diagnostische Gruppen
Abhängige Variable:	intraindividuelle Variabilität
Ziele:	Differentialdiagnostik Aufklärung der nosologischen Spezifität

"Select by Marker"

Unabhängige Variable:	intraindividuelle Variabilität
Abhängige Variable:	Prognose, Behandelbarkeit, etc.
Ziele:	Potentialeinschätzungen Aufklärung von Moderatorvariablen

---

Zielgruppen einer solchen neuropsychologisch ausgerichteten Diagnostik sind naturgemäß als erstes Personen mit Hirnschädigung unterschiedlicher Ätiologie. Weiterhin lassen sich die zur Gruppe der Schizophrenen zählenden Patienten insofern hier einordnen, als von ihnen angenommen wird, daß sie ebenfalls ausgeprägte, neuropsychologisch faßbare morphologische oder funktionale Beeinträchtigungen des ZNS

aufweisen. Eine weitere, in den Untersuchungen allerdings weniger stark berücksichtigte Gruppe stellen Personen mit unterschiedlichen somatischen (z.B. Herz-
Kreislauf-Krankheiten) oder psychischen (z.B. affektive und Angststörungen, etc.)
Erkrankungen dar. Von derartigen Störungen wird angenommen, daß sie die Wirksamkeit spezifischer kognitiver Funktionen einschränken. Im folgenden werden die
zu den genannten diagnostischen Gruppierungen - hirnorganische Beeinträchtigungen (bei Erwachsenen bzw. bei Kindern), Schizophrenie, sonstige Störungen - vorliegenden Arbeiten in getrennten Abschnitten berichtet. Zuvor sollen jedoch die
bislang entwickelten Untersuchungsverfahren etwas ausführlicher vorgestellt werden,
da diese in der Literatur nur wenig bekannt geworden sind. Ihre Kenntnis ist für
praktisch-klinische Bereiche nützlich, im Rahmen unserer weiteren Ausführungen
erleichtert ihre Darstellung auch das Verständnis der weiter unten berichteten Untersuchungen.

1.2   Klinisch-diagnostische Routineverfahren

Wir beschränken uns bei dieser Darstellung auf solche Tests, die den Status psychodiagnostischer Routineverfahren (Lienert, 1969) erreicht haben bzw. ihm zumindest
nahekommen. Mit Ausnahme eines von Roether entwickelten Verfahrens (TME,
1984) wurden alle hier referierten Tests von Wolfram, Neumann und Wieczorek
(1986) vorgelegt. Tests, die nicht publiziert wurden bzw. die den Charakter von
Forschungsinstrumenten haben, werden weiter unten im Rahmen der einzelnen
Untersuchungen beschrieben.

Lern- und Gedächtnistest nach Luria

Das Testmaterial umfaßt ursprünglich 10 Wörter ohne inneren Zusammenhang, die
den Probanden (Pbn) wiederholt vorgelesen werden und von ihnen jeweils reproduziert werden sollen. Die Durchführung dieses Versuches wurde von den Autoren
einer stärkeren Standardisierung als bei Luria (1970) selbst unterzogen (Zeitinter-
valle, Reihenfolge). Als "Intervention" wurde, abweichend von Luria, der bis zu 10
Wiederholungen vorsah, eine maximal fünfmalige Wiederholung eingeplant. Rückmeldungen wurden nicht vorgenommen. Das Verfahren soll die *verbale Merkfähigkeit* für akustisch dargebotene Inhalte sowie die entsprechende *verbal-mnestische
Lernfähigkeit* prüfen. Als Maß für die Merkfähigkeit gilt die Anzahl der richtigen
Reproduktionen im ersten Versuch. Das Lernfähigkeitsmaß berechnet sich aus dem
Leistungsgewinn der jeweils aufeinander folgenden Durchgänge, gewichtet nach der
Rangordnung der Durchgänge (hohe Durchgänge erhalten geringes Gewicht) und ist
bezogen auf die Anzahl der benötigten Versuche. Es wurden kombinierte C-Wert-

Normen für einzelne Alters- und Intelligenzbereiche sowie unter Berücksichtigung des Ausgangsniveaus erstellt. Nach den ermittelten Kennwerten ist der Test wegen der auftretenden Deckeneffekte ausschließlich im unteren Leistungsbereich einsetzbar.

Lerntest DCS

Dieses Verfahren stellt eine Adaptation des ursprünglich von Weidlich (1972; s.a. Weidlich & Lamberti, 1980) entwickelten "Diagnostikum für Cerebralschädigungen" (DCS) dar, eines Tests, der in erster Linie mnestische Funktionsstörungen erfaßt. Den Pbn werden 9 sinnfreie (optische) Figuren vorgelegt mit der Instruktion, diese mit Hilfe von Stäbchen nachzulegen. Ursprünglich waren 10, in einer späteren Version 6 Darbietungen vorgesehen. Ausgewertet wird die Reproduktionskurve, von der Geyer und Lamberti (1983) clusteranalytisch zeigten, daß sie unterschiedliche Verläufe ("Lerner", "Vergesser", "Versager") anzeigen kann.

Wolfram et al. (1986) modifizierten dieses ohnehin als Lernversuch aufgebaute Verfahren hinsichtlich einiger relevanter Parameter. Sie standardisierten die Darbietungszeit, reduzierten die Anzahl der Lerndurchgänge auf drei und unterschieden zwischen einem *Maß für Merkfähigkeit* (erste Darbietung) und für *Lernfähigkeit* (Lernleistung 1. bis 3. bzw. bei vorherigem Erreichen des Kriteriums 1. bis 2. Versuch). Das Veränderungsmaß wird unter Berücksichtigung des Ausgangswertes und der Anzahl der Durchgänge errechnet. Es wurden sowohl alters- als auch kombiniert alters- und intelligenzgruppenspezifische Normwerte (C-Normierung) ermittelt. Das Verfahren wurde hinsichtlich der Gütekriterien überprüft und erbrachte befriedigende Objektivitäts- und Reliabilitätswerte. Studien zu Validität werden unten noch mitgeteilt. Restriktionen ergeben sich hinsichtlich des Anwendungsbereichs, da das Verfahren für Pbn unter einem IQ von etwa 80 zu schwer ist.

Mnestische Lerntestbatterie

Anders als die bisher berichteten Verfahren stellt die mnestische Lerntestbatterie nicht eine Modifikation gebräuchlicher Tests, sondern die Neuentwicklung eines dynamischen Testverfahrens dar. Es ist auf die Erfassung der *Merk- und mnestischen Lernfähigkeit* im visuellen, verbalen, topographischen und assoziativen Bereich ausgerichtet und soll eine umfassende Grundlage für Hirnschadens- und Hirnschadensfolgendiagnostik liefern. Das Verfahren wurde so entwickelt, daß es für Personen im mittleren Intelligenzbereich gut anwendbar ist. Der Aufbau sieht vier verschiedene Lerntests mit jeweils drei Darbietungen vor. In einem Bilder-Lerntest haben die Pbn die Aufgabe, sich möglichst viele der auf einem Blatt aufgedruckten Abbildungen zu merken. Analog sind im Wörterlerntest möglichst viele Elemente aus einer Liste mit Wörtern zu reproduzieren. In einem Stadtplanlerntest werden die

Pbn instruiert, sich einen auf dem Plan eingezeichneten Weg einzuprägen und dann nachzuzeichnen. Im assoziativen Wortlerntest schließlich besteht die Aufgabe darin, sich eine Anzahl von Wortpaaren einzuprägen, um sodann in der Prüfphase, nachdem jeweils ein Wort vorgegeben wurde, das zweite zu ergänzen. Bei allen vier Lerntests ist die Vorgehensweise genau standardisiert. Bei der Reproduktion erhalten die Pbn jeweils eine Richtig-Falsch-Rückinformation. Neben einem Merkfähigkeitswert wird wiederum ein Lernfähigkeitsmaß vorgesehen. In letzteres gehen die Ausgangswerte (1. und 2. Durchführung) und die Differenzwerte (2-1, 3-2) ein. Ihre Verrechnung zum Lernfähigkeitsindikator geschieht mit Hilfe eines hierfür entwickelten Algorithmus. Es wurden wiederum alters- sowie kombiniert alters- und intelligenzdifferenzierende Normwerte (C-Normierungen) ermittelt. Die Überprüfung der Gütekriterien zeigte recht befriedigende Ergebnisse. Einige der Befunde zur Validität werden unten noch mitgeteilt.

Konzentrativer Lerntest d2
Nach Angaben der Autoren (Wolfram et al., 1986) soll dieses Verfahren die *Lernfähigkeit* im Bereich von *Aufmerksamkeit und Konzentration* erfassen. Der Aufbau des diagnostischen Settings ist an dem Test-Training-Test-Paradigma orientiert: Nach Ersttestung mit dem d2 unter Standardbedingungen (Brickenkamp, 1981) wird ein Training, das aus dem Interferenztest nach Stroop (1935) und dem LPS-Subtest 3 (Horn, 1962) besteht, appliziert. Dann erfolgt die wiederholte Vorgabe des d2-Tests. Die Berechnung des Lernfähigkeitsmaßes bezieht sich auf die gebräuchlichen d2-Leistungsindikatoren. Nach deren Überprüfung unter dem Gesichtspunkt der Differenzierungsfähigkeit und Reliabilität werden die Maße δ GZ - F (Differenz der um die Fehlerzahl reduzierten Leistungsmengen im Erst- und Zweitversuch) und δ F% (Differenz der Fehlerprozente in Erst- und Zweittestung) vorgeschlagen. Diese beiden Maße sollen den quantitativen sowie den qualitativen Aspekt der konzentrativen Lernfähigkeit erfassen. Bei hirnorganisch erkrankten Patienten zeigte sich, daß sie nicht bedeutsam miteinander korrelieren. Die Normierung des Lerntests folgte ausgangswertbezogen (drei Leistungsgruppen) auf einer C-Skala. Eine altersgruppendifferenzierende Normierung erschien angesichts der empirisch ermittelten Verteilung der Testwerte nicht angezeigt.

Tempoleistung und Merkfähigkeit Erwachsener (TME)
Dieses Verfahren wurde von Roether (1984; vgl. auch 1986) primär zur Erfassung von Aspekten der *Lernfähigkeit und ihrer Störungen* im Erwachsenenalter entwickelt. Als Zielgruppe waren insbesondere Personen mit deutlichen Altersveränderungen und mit hirnorganischen Störungen vorgesehen. Dementsprechend zielt das Verfahren darauf ab, die bei solchen Störungen auftretende Verlangsamung des

Denk- und Handlungstempos sowie Gedächtnisbeeinträchtigungen zu erfassen. Explizit wurde das Verfahren nach dem Lerntestkonzept aufgebaut. Dies geschah über wiederholte Aufgabendarbietung. Tempoleistung und ihre Veränderbarkeit werden mit Hilfe des Zahlenzeigetests untersucht. Die Pbn haben die Aufgabe, auf 25 auf einem Karton aufgedruckte Zahlen so schnell wie möglich in geordneter Reihenfolge zu zeigen. Diese Aufgabe wird 10 mal wiederholt. Bei der Merkfähigkeitsprüfung wird zwischen visueller und auditiver Merkfähigkeit unterschieden. Bei dem visuellen Merkfähigkeitstest werden den Pbn 30 Abbildungen einfacher Gegenstände sukzessiv vorgelegt und müssen anschließend reproduziert werden. Dem schließt sich unmittelbar ein zweiter, mit dem ersten identischer Untersuchungsdurchgang an. Analog dazu werden bei der auditiven Merkfähigkeitsprüfung zunächst 20 einfache Begriffe vorgegeben, die dann von den Pbn zu reproduzieren sind. Dem schließt sich wieder eine Testwiederholung an.

Die Testleistung wurde jeweils getrennt für jeden Test und die einzelnen Durchgänge auf eine Wertpunkteskala transformiert. Die Normierung erfolgte an einer großen Stichprobe gesunder Personen unterschiedlichen Alters. Der Vergleich der Wertpunkte, die eine Person in den einzelen Durchgängen eines Tests erzielt, soll eine Beurteilung der relevanten Leistungsposition und ihrer Veränderung ermöglichen. Allerdings werden keine methodisch oder empirisch begründeten Kriterien, sondern lediglich Erfahrungswerte für die Bewertung der klinischen Relevanz von Positionsveränderungen angegeben. Bezüglich der Gütekriterien scheint die Objektivität durch standardisierte Durchführungs- und Auswertungsrichtlinien gewährleistet. Die Reliabilitätsprüfungen zeigten befriedigende Werte. Validitätsuntersuchungen bei unterschiedlichen klinischen Gruppen liegen ebenfalls vor, auf diese wird unten noch eingegangen.

1.3 Empirische Untersuchungen

Die nun folgende Darstellung einschlägiger empirischer Arbeiten wird sich grob an die oben eingeführten Unterscheidung zwischen einer an Diagnosegruppen beziehungsweise an der Markiervariablen selbst orientierten Strategie anlehnen. Chronologisch geht der Erforschung spezifischer Fragestellungen (z.B. Differentialdiagnostik, Prognose) im Rahmen dieser Strategien naturgemäß der Nachweis des interessierenden Phänomens, der intraindividuellen Variabilität einer Funktion selbst, voraus. Deren Nachweis im Rahmen von Demonstrationsstudien (vgl. hierzu Wiedl, 1981b; 1984) stellt ebenfalls einen notwendigen Schritt innerhalb der DTD-Forschung dar und soll daher im folgenden berücksichtigt werden. Desweiteren differenziert unsere Darstellung nach den Zielgruppen der Personen mit hirnorganischen Beeinträchtigungen (getrennt für Erwachsene und Kinder), mit schizophrenen Erkrankungen und mit sonstigen Erkrankungen oder Störungen.

1.3.1 Hirnorganische Beeinträchtigungen bei Erwachsenen

1.3.1.1 Demonstrationsstudien

Allen Untersuchungen zur diagnostischen Nutzung von Testleistungsveränderungen, wie sie in den nächsten beiden Abschnitten berichtet werden, liegen Arbeiten zugrunde, die zunächst den Nachweis der Veränderbarkeit einer spezifischen Funktion bei hirnorganisch beeinträchtigten Personen erbrachten. Kriterium war stets eine nachweisbare Veränderung in relevanten neuropsychologischen Tests. In der überwiegenden Mehrzahl der Arbeiten handelte es sich dabei um Interventionsstudien ohne explizit diagnostische Zielsetzungen, die von Autoren der DTD als Grundlage für die Konzeption weiterführender, diagnostischer Arbeiten genutzt wurden. Im wesentlichen betreffen diese zur Demonstration der intraindividuellen Performanzvariabilität (IV) herangezogenen Studien die Funktionsbereiche der Intelligenz einschließlich spezifischer Intelligenzfunktionen (z.B. schlußfolgerndes Denken, Raumvorstellung, visuokonstruktive Funktionen), der Aufmerksamkeit, des Gedächtnisses und der Konzentration (vgl. hierzu Cicerone & Tupper, 1986; Lezak, 1976; und Schöttke & Wiedl, 1993). Wegen der Vielzahl derartiger Arbeiten und der gebotenen thematischen Zentrierung auf den Bereich der Diagnostik werden diese Studien hier nicht dargestellt. Entsprechende Hinweise finden sich jeweils in den empirischen Originalarbeiten, die in den folgenden Abschnitten aufgeführt werden (vgl. auch Guthke, 1980c; Guthke & Adler, 1990; Roether, 1986; Wolfram et al., 1986). Exemplarisch soll eine kürzlich abgeschlossene Studie vorgestellt werden, um die Zielsetzung und das Vorgehen in solchen Untersuchungen zu demonstrieren (Heinrich et al., 1992).

Ausgangspunkt der Untersuchung war die von Goldstein und Scheerer (1953) aufgestellte Behauptung, wonach bei Hirnschädigung Beeinträchtigungen des begrifflichen Denkens vorliegen, die einer Intervention nicht zugänglich sind. Ziel der Studie war es demnach, die Responsivität Hirngeschädigter gegenüber Training sowie den Trainingstransfer nachzuweisen.

Im Rahmen einer Lerntestanordnung applizierten die Autoren zwei aus dem Category-Test der Halstead-Reitan-Battery entwickelte parallele Formen dieses Verfahrens als Prä- bzw. Posttest. Als Transfertest wurde ein konstruktverwandtes Verfahren verwendet (Concept-Formation Subtest, Woodstock-Johnson Psychoeducational Battery). Als Trainingsmaterial diente der Subtest III des Category Test. Das Training selbst war nach dem "Mediation"-Prinzip in Anlehnung an Feuerstein

et al. (1979, s.o.) aufgebaut, beinhaltete somit ein nicht-standardisiertes, antwort-
abhängiges Vorgehen. Die Trainingsdauer betrug ca. 30 Minuten. Untersucht wurden
22 Personen mit schweren Hirnschädigungen, insbesondere nach Schädel-Hirn-
Trauma (SHT), die nach Zufall in eine Versuchs- und eine Kontrollgruppe aufgeteilt
wurden.

Die Ergebnisse der Studie konnten die These von Goldstein und Scherer (1953)
insofern widerlegen, als beim Category-Test, anders als bei einer hinsichtlich der
neurologischen Schädigung vergleichbaren Kontrollgruppe ohne jegliche Intervention, ein spezifischer Trainingsgewinn zu verzeichnen war. Dessen Transfer auf das
konstruktnahe Verfahren konnte jedoch nicht nachgewiesen werden. In ihrer Diskussion betonten die Autoren die Notwendigkeit, solche Aufgaben zu entwickeln, die
deutlichere Hinweise auf defiziente beziehungsweise intakte Funktionen zulassen.
Sie verwiesen auf die mangelnde Differenzierungsfähigkeit geläufiger Skalen für
minimale Veränderungen und forderten eine Analyse der "Mediation" dahingehend,
welche Elemente von Intervention angesichts der je spezifischen Beeinträchtigungen
indiziert seien. Es ist auch unsere Auffassung, daß die Demonstration der IV einer
geschädigten Funktion zum Zwecke einer nachfolgenden diagnostischen Verwertung
dieser Information einer derartig differenzierten Betrachtung einzelner Aspekte
dieser Funktion selbst, einer auch neuropsychologisch fundierten Interventionsgestaltung (vgl. hierzu auch Schöttke & Wiedl, 1993) und einer sensiblen Meßmethodik
bedarf (s. hierzu auch die Forderungen Lurias 1970 an eine neuropsychologische
Diagnostik).

1.3.1.2   Studien nach der Strategie der Diagnosegruppenorientierung

Wie oben bereits erwähnt, lassen sich die zu diesem Abschnitt einschlägigen Studien
nach ihrer zentralen Fragestellung in zwei Gruppen unterteilen. In ersterer Gruppe
geht es um die Frage, inwieweit spezifische hirnorganische Beeinträchtigungen sich
im Rahmen einer "hinweisenden Diagnostik" (Wolfram et al., 1986), also von
Screenings, mit Hilfe der DTD identifizieren lassen. Dementsprechend beinhalten
diese Studien Vergleiche von Personen mit einer eindeutigen Hirnschädigungsdia-
gnose mit gesunden Personen beziehungsweise mit solchen klinischen Gruppen, die
eine organische Schädigung per definitionem nicht aufweisen. In der zweiten Gruppe
geht es darum, Unterschiede zwischen bestimmten klinischen Gruppen durch
Verwendung der DTD sichtbar zu machen und näher zu beschreiben. Diese Analyse
der nosologischen Spezifität geschieht durch gezielte Vergleiche bestimmter klinischer Gruppen.

Identifikation von Personen mit hirnorganischen Beeinträchtigungen
Der Großteil der zu ersterem Punkt vorliegenden Arbeiten wurde in den 80er Jahre in
der DDR - beeinflußt von Guthkes Arbeiten zum Lerntestkonzept - durchgeführt. Sie
bezogen sich vorwiegend auf Konzentrations- und Gedächtnisleistungen.

Eine frühe Studie stammt von Rambach (1980), der eine Gruppe von Personen mit
cerebrovaslulären Erkrankungen mit drei unterschiedlichen Gruppen verglich:
Gesunden, als "Neurotiker" eingestuften Personen, und Personen mit neurologischen
Schädigungen ohne kognitive Beeinträchtigungen. Als Verfahren diente eine Lerntestvariante des d-2-Tests, die aus zweimaliger Testvorgabe und einem dazwischen-
geschalteten Training auf der Grundlage des Pauli-Tests bestand. Als wesentliches
Ergebnis zeigte sich bei den Hirnorganikern im Vergleich zu den Gesunden eine
deutlich niedrigere Steigerungsrate vom Prä- zum Posttest. Im Vergleich zu den
Neurotikern ließen sich im Ersttest des d-2 (Originaltest) keine signifikanten Differenzen zeigen, wogegen diese beiden Gruppen in der Steigerungsrate und im Posttest
signifikant differierten.

Einen wichtigen nächsten Schritt stellten die Arbeiten von Wolfram et al. (1986)
insofern dar, als hier bereits *standardisierte* und an teilweise großen Stichproben der
Normalpopulation *normierte Verfahren* zum Einsatz kamen (s.o. 1.2) und durch
Ermittlung von *Trefferquoten* auf der Grundlage empirisch ermittelter Cut-off-Werte
auch für die klinische Praxis hilfreiche Kennwerte erstellt werden konnten.

Bezüglich des oben beschriebenen Luria-Lerntests zeigten die Autoren anhand
relativ großer Stichproben (jeweils N = 100), daß das von ihnen vorgeschlagene
Lernfähigkeitsmaß Gesunde wie auch als "Neurotiker" diagnostizierte Personen
signifikant von Hirngeschädigten und von Alkoholikern unterscheiden kann. Als
Trefferquoten wurden 71 % für Hirngeschädigte und 75 % für Neurotiker berichtet.

In ähnlicher Weise zeigten Wolfram et al. (1986), daß der von ihnen adaptierte
DCS-Lerntest beim Vergleich der Lernkurven von *Hirngeschädigten* (kognitive
Atrophien, zerebrale Durchblutungsstörungen, Epilepsien, Großhirntumoren,
Schädel-Hirn-Trauma) und *Neurotikern* mit subjektiv erlebten Problemen im
Leistungsbereich (jeweils N = 78) deutliche Unterschiede erkennen ließ: Während
die Fehlerpunktwerte bei den Neurotikern über die drei Testdurchgänge stark abnah-
men, wiesen die Hirngeschädigten nur einen vergleichsweise geringen Übungs- bzw.
Lerngewinn auf. Die Ermittlung von Trefferquoten auf der Grundlage des Lernfähigkeitswertes (s.o.) erbrachte für Hirnorganiker einen erstaunlich hohen Wert von
93 %. Eine Trefferquote von 81 % für die Neurotiker legte darüber hinaus nahe, daß
bei Vorliegen durchschnittlicher oder überdurchschnittlicher Lernfähigkeitswerte
eine organische Erkrankung bei derartigen, sich subjektiv beeinträchtigt fühlenden
Personen unwahrscheinlich ist. Kritisiert muß an diesem Befund allerdings werden,
daß kein Vergleich der Trefferquote des Lernfähigkeitswertes mit einem entsprech-

enden, auf dem Merkfähigkeitswert basierenden Befund (erste Darbietung) vorgenommen wurde.

Bezüglich des Konzentrations-Lerntests d-2 berichten Wolfram et al. (1986) die folgenden Befunde: Wiederum zeigen Vergleiche (N jeweils 50) von Hirngeschädigten (ohne nähere Spezifizierung) mit Gesunden, Neurotikern und Alkoholikern deutliche Unterschiede bei den Lernfähigkeitsmaßen. Die Überprüfung der Trefferquoten zeigt, daß mit Hilfe des Lernmaßes δ GZ - F 92 % der Hirngeschädigten richtig zugeordnet werden konnten. Mit Hilfe des üblichen GZ - F-Wertes (Ersttestung) betrug die Trefferquote dagegen nur 50 %. Die Brauchbarkeit des Lernfähigkeitsmaßes δ GZ - F scheint dadurch jedoch etwas eingeschränkt zu sein, daß es bei (den hirngesunden) Neurotikern im Vergleich zum Ersttestwert zu häufigeren Fehlklassifikationen kam (68 vs. 80 % richtiger Zuordnungen).

Die von Wolfram et al. (1986) selbst entwickelte Mnestische Lerntestbatterie schließlich erbrachte Werte, die eine gute Brauchbarkeit dieses Verfahrens nahelegen. Ein Vergleich hirngeschädigter Patienten mit Neurotikern (jeweils N = 90) zeigte signifikante Unterschiede zwischen den Gruppen und machte deutlich, daß mit Ausnahme des Bilderlerntests im Bereich einer Standardabweichung keine Überschneidung der Verteilungen der Kennwerte vorlag. Die Trefferraten für den Stadtplanlerntest, Wörterlerntest und Assoziations-Wortlerntest lagen um 80 %, für den Bilderlerntest deutlich nicdriger. Für die Verwendung aller vier Lerntests wurde ein Trennkriterium berichtet, das eine fast 100 %ige Trennung der Hirnorganiker von den Neurotikern ermöglicht. Der Vergleich mit den Merkfähigkeitswerten (jeweils Leistungen im ersten Durchgang) erbrachte jeweils Unterschiede in den Trefferquoten in Höhe von etwa 10 % zugunsten der Lernfähigkeitswerte.

Bei einem weiteren standardisierten Verfahren, dem TME (s.o., Roether, 1984) liegen ebenfalls Befunde zur Differenzierungsfähigkeit von Hirnorganikern und gesunden Personen vor. Roether (1984, 1986) berichtet Vergleiche von (N = 37) Patienten mit kortikalen und subkortikalen Atrophien mit Patienten, die neurologische oder funktionelle Störungen ohne nachgewiesene hirnorganische Schädigungen aufwiesen. Nach ihren Befunden trennen sowohl im Zahlenzeigetest als auch bei den Merkfähigkeitsprüfungen die Posttestwerte jeweils besser zwischen den Gruppen als die Ersttests, die Trefferquoten liegen jedoch auch dann noch relativ niedrig (ca. 50 %). Allerdings ging es der Autorin auch nicht um die Entwicklung eines Screening-Verfahrens, sondern eher um eine möglichst exakte Erfassung der betreffenden Funktionsbereiche beziehungsweise von deren Beeinflußbarkeit durch Übung.

Differenzierungen und Weiterentwicklungen erbrachten einige weitere Untersuchungen. Enger (1987; dargestellt bei Guthke & Adler, 1990) verwendete neben Konzentrations- und Merkfähigkeitstests auch einen Intelligenzlerntest und führte für die Patientenklassifikation das zusätzliche *Kriterium des subjektiv empfundenen Leistungsversagens* ein. Sie verglich 35 "Hirnorganiker" (Patienten mit diffusem hirnorganischem Psychosyndrom, kortikalen beziehungsweise subkortikalen Atrophien) mit einer gesunden Kontrollgruppe, einer Gruppe mit psychisch bedingten Leistungsminderungen ("Neurotiker") sowie Gruppen von Patienten mit cerebrovaskulären Erkrankungen sowie Schädel-Hirn-Verletzungen mit beziehungsweise ohne subjektiv erlebtem Leistungsversagen.

Die Konzentrations- und Merkfähigkeitstests erbrachten im wesentlichen Befunde, wie sie bereits oben aus anderen Arbeiten berichtet wurden. Als bedeutsam erwies sich die Unterscheidung hinsichtlich des subjektiv erlebten Leistungsversagens. Die Steigerungsraten der Patienten ohne subjektiv empfundenes Leistungsversagen lagen deutlich über denen, die sich subjektiv als gemindert einschätzten. Ähnlich zeigte sich bei dem Intelligenzlerntest (Zahlenfolgentest aus dem LTS von Guthke et. al., 1983, zwischen Prä- und Posttest ein Training an 20 Aufgaben), daß bei den Schädel-Hirn-Verletzten beziehungsweise cerebrovaskulär Erkrankten zwischen den Untergruppen "mit subjektiv empfundener Leistungseinbuße" und "ohne subjektiv empfundener Leistungseinbuße" deutliche Unterschiede in der Lernrate auftraten.

Winkler (1988; vgl. auch die Darstellung bei Guthke & Adler, 1990) entwickelte einen neuen Konzentrationslerntest (LO, links offen), der ähnliche Anforderungen wie der d-2 stellt, dessen Aufgaben aber leseschwachen oder durch Sehschwäche behinderten Personen eher angemessen sind (vgl. Abb. IV.1.1, s.o. III.4, „KOLLO").

Beispiel:

Übungs-
zeile:

Abbildung IV.1.1: Aufgabe im Konzentrationstest LO (Links Offen) nach Winkler
                                (1988)

Das Verfahren enthält zwischen Prä- und Posttest eine zehnminütige Übungsphase mit Pauli-Testaufgaben, ist für einen Altersbereich von 6 bis 90 Jahren konzipiert und entsprechend geeicht. Winklers Überprüfung des LO-Tests anhand eines

Vergleichs von Hirnorganikern und Hirngesunden bestätigte im wesentlichen die Befunde, die von Wolfram et al. (1986, s.o.) berichtet wurden. Die Verbesserung der Trefferquote von Prä- zu Posttest betrug allerdings nur 6 %. Dies mag daran liegen, daß - anders als die von Wolfram et al. untersuchte Gruppe von Personen mit psychisch bedingten Leistungsminderungen ("Neurotiker") - sich die lediglich nach "Hirngesundheit" ausgesuchten Kontrollpersonen Winklers bereits in der Ersttestung besser von den hirnorganisch beeinträchtigten Patienten trennen ließen.

Als Versuch, die bis dahin vorliegenden Arbeiten zu resümieren und einer vorläufigen Bewertung zuzuführen kann die Arbeit von Adler (1988; Guthke & Adler, 1990) angesehen werden. Als dynamische Tests wurden eingesetzt der Assoziative Wortlerntest und die Lerntestvariante des DCS (s.o., Wolfram et al., 1986), der LO-Test (Winkler, 1988) sowie der TME (s.o. Roether, 1984). Daneben kamen eine Reihe klinisch relevanter konventioneller Tests, darunter der Benton-Test (verzögerte Rückmeldung, Form C) zur Anwendung. Untersucht wurden 98 Probanden. Die Abbildung IV.1.2 zeigt die nach empirischer Festlegung eines Cut-off-Wertes ermittelten Trefferquoten, jeweils getrennt für die Erst- und Zweitmessung der eingesetzten dynamischen Testformen.

Es läßt sich eine - wenngleich nicht immer sehr deutliche - Überlegenheit der Posttestwerte feststellen. Bei einer anschließend durchgeführten Diskriminanzanalyse ergab die "Lerntestkombination" gegenüber der "Statustestkombination" eine Steigerung der Trefferrate um 8 %, die auch bei einer Kreuzvalidierung bestätigt werden konnte. Die "Lerntestkombination" ergab eine doch recht hohe Trefferrate von 90 % (Kreuzvalidierung: 86 %). Sucht man über alle eingesetzten Verfahren die optimal trennende Verfahrenskombination, so ergibt sich folgende Testzusammenstellung: LO (Prätest), LO (Posttest), Trail-Making-Test (TMT-B aus der Halstead Reitan Batterie), Benton-Fehler, DCS-Lernfähigkeitswert (Trefferrate: 92 %, Kreuzvalidierung: 91 %).

Ähnlich wie in der von Winkler (1988) durchgeführten Studie erreicht die Zunahme an Treffsicherheit bei der Gruppenzuordnung nicht das von Wolfram et al. (1986) berichtete Ausmaß. Ein Grund dafür mag wiederum darin liegen, daß auch hier, anders als bei Wolfram et al., unauffällige Kontrollpersonen verwendet wurden, die bereits im Ersttest leistungsfähiger waren als die von Wolfram et al. untersuchten "Neurotiker" mit Leistungsproblemen.

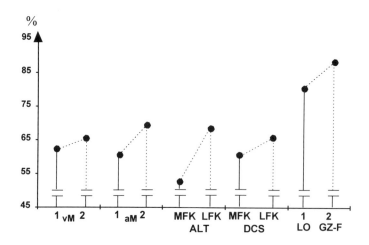

Legende: vM   = visuelle Merkfähigkeit (TME)
          aM   = auditive Merkfähigkeit (TME)
          1/2   = Erst- bzw. Zweitversuch
          ALT   = Assoziativer Lerntest
          MFK   = Merkfähigkeitswert (1. Versuch)
          LFK   = Lernfähigkeitswert
          DCS   = Diangnosticum Cerebralschädigung
          LO/GZ-F   = Gesamtzeichen minus Fehler im Links-Offen-Test
                        (Winkler 1988 - 1 = Ersttest, 2 = Zweittest)

Abbildung IV.1.2: Trefferraten für Statustests und Lerntestpendants (nach Guthke &
                   Adler, 1990, S. 7)

Für eine abschließende Würdigung der Brauchbarkeit von dynamischen Tests für
eine *"hinweisende"* *Hirnschadensdiagnostik* (Wolfram et al., 1986) gibt schließlich
noch eine Untersuchung von Vogt (1990) wichtige Anhaltspunkte. Unter Verwendung unterschiedlicher Tests (darunter LTS-3, LO, TME, Assoziativer Wortlerntest
ALT) zeigte Vogt bei 88 Patienten im Alter von 40 - 60 Jahren, daß dynamische
Testverfahren v.a. bei *leichteren Schweregraden der Schädigung* Leistungsauffällig-
keiten sichtbar machen. Hochgradig Geschädigte sind dagegen naturgemäß schon im
Prätest auffällig.

    Auf einer Linie mit diesem Befund liegen Überlegungen von Baltes, Kühl und
Sowarka (1989), dynamische Testprozeduren für die *Früherkennung demenzieller*
Erkrankungen, also dann, wenn die entsprechenden Störungen erst ein geringes
Ausprägungsstadium erreicht haben, zu nutzen. Ihre Erwartung war, daß diese noch

schwach ausgeprägten Störungen mit Hilfe der DTD gewissermaßen vergrößert und
deutlicher sichtbar gemacht werden können.

In einer von Baltes, Kühl und Sowarka (1992) durchgeführten Studie wurden 81
Altenheimbewohner im Alter von 58 bis 86 Jahren untersucht. Bei 25 dieser Personen lag aufgrund klinischer Interviews die Einschätzung eines erhöhten Demenzrisi-
kos, insbesondere einer Demenz vom Alzheimerschen Typ vor. Der Gesundheitszustand der übrigen Pbn wurde als gut beziehungsweise befriedigend eingeschätzt.
Als Untersuchungsverfahren wurde ein "Figural-Relations"-Test eingesetzt, der
zweimal gegeben wurde. Dazwischen wurde in fünf Sitzungen ein Training an ähnlichen Aufgaben appliziert, das Modelldemonstrationen, Feedback, Übungen in der
Anwendung von Regeln sowie Gruppendiskussionen beinhaltete. Die Ergebnisse
zeigten, daß nur die gesunden Pbn das Training für eine Leistungssteigerung nutzen
konnten. (s. Abb. IV.1.3)

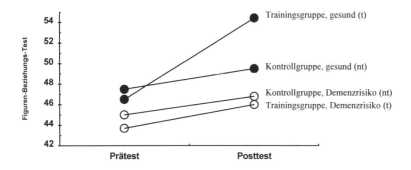

Abbildung IV.1.3: Prä- und Posttestwerte trainierter (t) und untrainierter (nt) älterer
                   Probanden mit bzw. ohne Alzheimer-Erkrankungsrisiko (aus
                   Baltes et al., 1992, S. 166)

Dementsprechend ließen sich mit Hilfe eines regressionsanalytischen Auswertungs-
modells demonstrieren, daß ein vergleichsweise großer Varianzanteil der Leistungssteigerungen von Prä- zu Posttest durch die Interaktion von Gesundheits- und Trai-
ningsstatus aufgeklärt wird. Angesichts des relativ hohen Bildungsstandes der untersuchten Personen (vgl. Baltes et al., 1992) kann dieses Ergebnis vermutlich als
konservativ eingeschätzt werden. Roether et al. (1981) hatten nämlich gezeigt, daß
Hirnschädigungen bei höherem Bildungsstand sich weniger stark auf den Leistungsgewinn in einem Lerntest auswirkt als bei niedrigem Bildungsstand. Somit können

bei einer repräsentativen Untersuchungsgruppe möglicherweise noch deutlichere Befunde erzielt werden.

Als letztes ist in diesem Zusammenhang eine Studie zur Differentialdiagnostik von Demenz und Depressivität zu nennen, die Lachner und Engel (1994) kürzlich vorgelegt haben. Unter Bezug auf die o.g. Studie von Guthke und Adler zeigten sie, daß die wiederholte Darbietung von Gedächtnisaufgaben eine bessere Differenzierung dieser Gruppen ermöglicht. Die Autoren vermuten, daß dieser differenzierende Effekt entweder auf einen Abbau eines bei Erstdurchführung noch wirksamen Aufmerksamkeitsdefizits bei den depressiven Patienten zurückgeht oder aber auf effektiveres Lernen dieser Gruppe. Interessant ist auch, daß die Einführung erschwerender Bedingungen (Ablenkungsaufgaben) die Effektgrößen erhöht. Dies spricht für diesen diagnostischen Zielbereich für die Bedeutsamkeit des *Inhibitionsprinzips* in der Interventionsgestaltung, wie es in dem von Wiedl (1984, 1985) skizzierten Rahmenmodell der DTD expliziert wurde (s.o. Kapitel II, vgl. Kryspin-Exner, 1987).

Klinisch-diagnostische Beschreibung von Hirnschädigungsfolgen
Anders als zum Problem der Identifikation von Hirnschädigungen liegen bezüglich ihrer differentiellen Beschreibung, also der Aufklärung ihrer *nosologischen Spezifität*, bislang kaum verwertbare Arbeiten vor. Roethers Intention bei der Entwicklung des TME (1984), mit diesem Instrument zur klinischen Beschreibung der psychologischen Folgen von Hirnschädigungen unterschiedlicher Ätiologie beizutragen, kann als ein erster Beitrag hierzu gesehen werden. Systematische diagnosegruppenorientierte Arbeiten wurden bislang jedoch kaum vorgelegt. Zu den wenigen verfügbaren Studien gehört ein von Seidel (1990) vorgenommener Vergleich dreier Alkoholikergruppen ("gamma-kritisch": psychische Abhängigkeit; "gamma-chronisch": psychische und physische Abhängigkeit, Kontrollverlust; "delta-chronisch": psychische und physische Abhängigkeit, Abstinenzverlust; vgl. Feuerlein, 1989) zur Erfassung alkoholbedingter hirnorganischer Beeinträchtigungen mit Hilfe unterschiedlicher statusorientierter wie dynamischer Testverfahren (letztere: LO, Winkler, 1988 s.o.; LTS, Guthke et al., 1983, s. Kap. II; TME, Roether, 1984; s.o.). Die Untersuchung fand während der ersten vier Abstinenzmonate über fünf Meßzeitpunkte hinweg statt. Die Ergebnisse zeigten u.a., daß die chronischen "Spiegeltrinker" ("delta-chronisch") deutliche und persistierende Beeinträchtigungen in der Tempoleistung (TME) aufwiesen, während die durch Kontrollverlust gekennzeichneten chronischen Patienten (gamma-chronisch) vor allem in der kognitiven Lernfähigkeit beeinträchtigt sind (LTS, Guthke et al., 1983). Die Persistenz der Beeinträchtigungen bei diesen Gruppen läßt ein spezifisches Behandlungsangebot in Form gezielter Trainings indiziert erscheinen.

Eine in diesem Zusammenhang anzuführende Arbeit wurde kürzlich von Wiedl und Schöttke (1993) berichtet. Explizites Ziel dieser Analyse war es, einen Beitrag zur Aufklärung der *nosologischen Spezifität von Beeinträchtigungen der selektiven Aufmerksamkeit* bei Personen mit einem Schädel-Hirn-Trauma zu leisten. Beeinträchtigungen der selektiven Aufmerksamkeit, erkennbar über verlangsamte Reaktionszeiten in Wahl-Reaktions-Experimenten, stellen ein Phänomen dar, das bei dieser Schädigung konsistent beobachtet wird. Eine Verlangsamung der Reaktionszeit bei derartigen Versuchsanordnungen wird jedoch auch bei schizophrenen Patienten registriert. Ziel der Untersuchung war es demnach zu prüfen, ob die IV dieser Funktion ein diskriminierendes Merkmal darstellen könnte. Untersucht wurden 51 schizophrene Patienten und 35 Patienten mit Schädel-Hirn-Trauma, die in relevanten deskriptiven Parametern (Alter, Geschlecht, Dauer des stationären Aufenthaltes, u.a.) vergleichbar waren. Selektive Aufmerksamkeit wurde mit dem Hick-Paradigma, einer Anordnung zur Messung der Reaktion auf unterschiedlich komplexe Anforderungssituationen (vgl. Schöttke, 1988) erfaßt. Als dynamische Testprozedur war lediglich eine Wiederholung des Experiments nach einer Woche vorgesehen. Analysiert wurde die gesamte Reaktionszeit, die sich aus der Entscheidungszeit (Erscheinen des Reizes bis Loslassen einer Starttaste) und Bewegungszeit (Loslassen der Starttaste bis Drücken einer Zieltaste) zusammensetzt. Die Ergebnisse zeigten eine signifikante Interaktion von Diagnosegruppe und Testwiederholung: Während die schizophrenen Patienten gleichbleibend (hohe) Reaktionszeiten aufwiesen, konnten die Schädel-Hirn-Trauma-Patienten ihre Performanz signifikant verbessern. Eine signifikante Dreifachinteraktion unter Einfluß der Stimuluskomplexität ließ sich nicht sichern. Insgesamt kann das Ergebnis als Hinweis auf eine Rückbildungsfähigkeit von Beeinträchtigungen der selektiven Aufmerksamkeit bei Schädel-Hirn-Trauma-Patienten gewertet werden. Bezüglich der Chronizität dieser Beeinträchtigung bei Schizophrenen sind Differenzierungen erforderlich, die weiter unten noch dargestellt werden.

In einer weiteren Studie von Wiedl und Mitarbeitern (vgl. Ackermann, Wiedl & Schöttke, 1992) sollte u.a. auch ein Beitrag zur Aufklärung der nosologischen Spezifität von Beeinträchtigungen nach cerebralem Insult (Apoplex) geleistet werden. Abweichend von dem Untersuchungsparadigma des Vergleichs vorgegebener diagnostischer Gruppen wurde hier jedoch versucht, im Sinne einer *Differenzierung von Unterformen* dieser Schädigung Erkenntnisse zur Spezifität der Störungen zu gewinnen. Unterformen wurden definiert über die Lokalisation des Insults, wobei der Schwerpunkt des Interesses auf der Unterscheidung von rechts- beziehungsweise linksseitig lokalisierten Schädigungen lag. Untersuchungsverfahren war eine Test-Training-Test-Anordnung, bei der in der Testphase der Raven-Matrizen-Test (SPM; Sets A, AB, B, C) gegeben wurde. Als Training fungierte ein hierfür speziell entwickeltes, adaptives Diagnostisches Programm (zum Begriff des Diagnostischen Programms, s. Kap. II), das seinerseits Test- und Trainingsphasen enthält und somit als Diagnostikum und Training einsetzbar ist (vgl. Ackermann, Wiedl & Schöttke, 1992). Um sowohl *restitutions-* wie *substitutionsorientierte* Intervention (Zielbereich geschädigte bzw. nicht spezifisch geschädigte Funktion) zu ermöglichen, wurde ein Training visuo-konstruktiver Funktionen wie auch ein Training zum analogen Schließen vorgesehen. Beide Trainings beziehen sich auf die gleiche Sinnesmodalität und besitzen hinsichtlich ihres Aufbaus ein Höchstmaß an Vergleichbarkeit (z.B. objektive Aufgabenschwierigkeiten, Ablauf, Art der Hilfen, etc.). Bisher vorliegende Auswertungen beziehen sich ausschließlich auf das Wahrnehmungstraining ("versteckte Figuren"). Hier wurde der Umgang mit Aufgaben zur Ganz-Teil-Wahrnehmung trainiert. Die Patienten mußten jeweils entscheiden, ob eine Figur Teil einer anderen komplexen Figur ist oder nicht. Als Teilfiguren wurden Umrißfiguren, Innenfiguren, Halbfiguren (Teilung an der Symmetrieachse) und überlappende Figuren verwendet. Es wurden vier Trainingssitzungen à ca. 30 bis 40 Minuten vorgesehen. Da jedes Training selbst als Diagnostisches Programm aufgebaut ist, enthält es Möglichkeiten der Prozeßanalyse (Hilfeverbrauch, Fehlerdiagnose) und Ergebniskontrolle (Vortest, Nachtest bei einzelnen Trainingsschritten, vgl. Abb. IV.1.4).

Erste Ergebnisse aus der Auswertung des SPM und des Programms deuten darauf hin, daß Spezifität der Störungen insofern vorliegt, als bei rechtshemisphärisch geschädigten Insultpatienten eher bei globalen, bei linkshemisphärisch Geschädigten bei sequentiellen Prozessen beziehungsweise deren Einübung Beeinträchtigungen bestehen. Die Analysen der Trainingseffekte zeigen, daß bei rechtshemisphärisch geschädigten Patienten in Interventions- und Kontrollgruppe lediglich Re-Test-Effekte vorliegen, während bei den linkshemisphärisch geschädigten Patienten in der Interventionsgruppe eine spezifische Verbesserung der Testleistung im Raven Matrizentest eintritt. Diese bezieht sich vor allem auf Set C, der vornehmlich aus Aufgaben des analogen Schließens besteht, weniger deutlich auch auf die stärker wahrnehmungsgebundenen Sets AB und B. Eine Ansprechbarkeit der geschädigten Funktion auf Intervention scheint danach dann vorzuliegen, wenn das applizierte Training sich auf die durch den Insult nicht spezifisch geschädigte Funktion bezieht. Ein *Rehabilitationspotential* der geschädigten Funktion scheint somit vor allem unter dem *Substitutionsprinzip* gegeben zu sein: Effekte treten dann auf, wenn die nicht spezifisch beeinträchtigte, sondern die heile Funktion trainiert wird. Weitere Auswertungen werden zeigen, ob dieser Tatbestand auch in analoger Weise bei den rechtshemisphärisch geschädigten Patienten feststellbar ist, die einem Training in analogem Schließen unterzogen wurden. In diesem Falle wäre ein wichtiger Ansatzpunkt zur

Beispielaufgaben

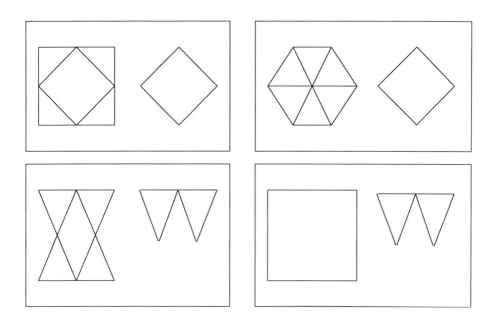

Trainingsablauf

Tag	Trainingsinhalte	
1	Instruktionsprogramm Eingangsdiagnostik	
2	Demonstrationsprogramm 1. Trainingssitzung (Umrißfiguren, Innenfiguren)	2 Hilfestufen je nach Fehlerkriterium
3	2. Trainingssitzung	
4	3. Trainingssitzung	
5	4. Trainingssitzung	
6	5. Nachdiagnostik	

Abbildung IV.1.4:   Illustration des Trainingsprogramms "Versteckte Figuren" differentiellen Indikation von Behandlungsmaßnahmen in dieser Phase der Erkrankung gegeben (restituierende vs. substituierende Maßnahmen). Wenngleich die Studie noch nicht abgeschlossen ist, illustrieren diese ersten Befunde dennoch, worin der klinische Nutzen dieser Forschungsstrategie liegen könnte: Sie macht *spezifischen Behandlungsbedarf* deutlich und gestattet u.U. auch die *Abschätzung der Ansprechbarkeit* der gestörten Funktionen auf bestimmte, zu einem späteren Zeitpunkt als Training zu implementierende Intervention.

1.3.1.3   Die differentielle Analyse intraindividueller Variabilität innerhalb einer Diagnosegruppe

Die Erfassung der IV als differentielles Merkmal, ihre Analyse unter dem Gesichtspunkt der klinischen Nützlichkeit (z.B. Prognose) und theoretischen Aufklärung (z.B. Suche nach Moderatorvariablen) war oben als essentielles Charakteristikum dieser auf das Phänomen bzw. die Markiervariable selbst - die IV - fokussierenden Strategie herausgestellt worden. Zieht man diese drei Merkmale als Kriterien für die Selektion entsprechender empirischer Studien heran, so läßt sich strenggenommen keine hier anzusiedelnde Arbeit finden. Allenfalls kann eine Studie von Roether (vgl. 1984, 1986; s.a. Roether, Rehn & Engel, 1984), in der Fragen der prognostischen sowie Konstruktvalidität von Testleistungsveränderungen behandelt wurden, hier eingeordnet werden.

Untersucht wurden 100 neuropsychiatrische Patienten mit Hilfe unterschiedlicher psychometrischer und neurologischer Verfahren. Die Untersuchungsgruppe setzte sich aus 37 Personen mit klinisch gesichertem hirnorganischen Abbauprozeß, 40 Patienten mit neurologischen Erkrankungen (z.B. zentralen "Gelegenheitskrämpfen", transitorischen ischämischen Attacken) und 23 Patienten mit „funktionellen Erkrankungen" (z.B. Neurosen und psychosomatische Erkrankungen, etc.) zusammen. Als dynamische Tests wurden der TME (s.o.) sowie ein von der Autorin adaptierter Raven-Lerntest (RLT) gegeben. Letzterer war als Kurzzeitlerntest angelegt, bei dem die Pbn eine Serie von 22 Aufgaben in einem Prätest und mit Rückmeldungen und Hilfen absolvierten, um sodann in einer parallelisierten Serie von Posttest-Aufgaben diese eigenständig zu bearbeiten.

Nach fünf Jahren konnten 75 dieser Patienten nochmals untersucht werden. Als erstes zeigte sich, daß von 7 verstorbenen Patienten 6 der Gruppe mit gesichertem hirnorganischen Abbau angehörten. Zum Zeitpunkt der Ersttestung hatten diese Patienten im TME und im RLT deutlich unter den übrigen Patienten dieser Gruppe gelegen. Aus der von Roether et al. (1984) publizierten Grafik geht hervor, daß sie v.a. im RLT von der Prä- zur Postmessung deutlich abgefallen waren. Bei einer letzten Nachuntersuchung nach nunmehr 14jähriger Beobachtungszeit (vgl. Roether,

1992) registrierte Roether 33 Verstorbene (bei ursprünglich 100 Patienten). Auch jetzt bestätigte sich wieder, daß die Verstorbenen zum jeweils letzten Untersuchungszeitpunkt vor dem Lebensende deutlich geringere Lernraten zeigten als die Überlebenden. In den Posttests ließ sich demzufolge auch die Gruppe der Überlebenden besser von den Verstorbenen trennen als dies durch den Prätest möglich war. Hieraus kann man schließen, daß die Patienten mit *verkürzter weiterer Lebenszeit* zum Zeitpunkt der letzten Testung tatsächlich *weniger Leistungsreserven* mobilisieren können (Roether, 1992).

Die Analyse der 75 verbliebenen Pbn zeigte zunächst auf korrelativer Ebene, daß die Posttests von TME und RLT im Vergleich zu den entsprechenden Prätests dieser Verfahren aus der Erstuntersuchung mit den Testbefunden der Zweituntersuchung tendenziell höhere Zusammenhänge aufwiesen. Dies galt v.a. für die Merkfähigkeitstests. Angaben über die Signifikanz der Korrelationsveränderungen wurden jedoch nicht gemacht.

Als nächstes klassifizierte Roether Patienten mit niedrigen und hohen Ausgangswerten und mit beziehungsweise ohne Lernfortschritt während der Erstuntersuchung und verglich sie hinsichtlich ihrer Leistungen in den jeweils identischen Tests nach fünf Jahren. Aus der mitgeteilten Grafik (Roether, Rehn & Engel, 1984) läßt sich wiederum entnehmen, daß die Gruppen zum zweiten Meßzeitpunkt sich augenfällig unterschieden. Aus der niedrig- beziehungsweise hochleistungsfähigen Gruppe zur Erstuntersuchung wiesen jeweils Patienten, die hier von der Erst- zur Zweittestung in den TME-Subtests Verbesserungen zeigten, auch zur Zweituntersuchung jeweils höhere Werte auf. Ob letztere allerdings besser durch die Ausgangswerte oder die Lernraten bei der Erstuntersuchung vorhergesagt werden können, kann nicht entschieden werden, da entsprechende statistische Daten nicht mitgeteilt wurden. Die Autorin selbst ist der Ansicht, daß der Lernfortschritt während der Erstuntersuchung mit dem Intelligenzniveau zu diesem Zeitpunkt zusammenhängt und keinen verläßlichen Hinweis auf den künftigen Verlauf gibt. Eine Klassifikation der Pbn danach, ob sie zur Zweituntersuchung im Vergleich zur Erstuntersuchung eine allgemeine Leistungsverbesserung, -verschlechterung, oder aber ein gleichbleibendes Leistungsniveau aufweisen, scheint diese Schlußfolgerung zu bestätigen. Zwischen diesen Gruppen ergaben sich nämlich in den Lerntests zum Zeitpunkt der Erstuntersuchung keine deutlichen Unterschiede. Hinweise auf Faktoren, die mit einem günstigen Verlauf zusammenhängen könnten, geben jedoch zusätzliche Auswertungen eines Befindlichkeitsfragebogens. Danach ging die Anzahl der mitgeteilten Beschwerden bei den "Leistungsverbesserern" signifikant zurück, während sie bei den übrigen Pbn konstant blieb. Aufgrund der nicht eindeutigen Befundlage schloß die Autorin, daß sich der Krankheitsverlauf bei Patienten mit funktionellen und hirnorganischen Störungen durch Kurzzeitlerntests nicht vorhersagen ließe. Die Autorin schloß hieraus, daß die anfänglich optimistischen Erwartungen in die prognostische Validität von Lerntests zu relativieren seien. Für künftige Studien sei die *Vernetzung unterschiedlicher Variablenbereiche* unter Einschluß von Variablen der Befindlichkeit, der Zukunftserwartung, des subjektiv erlebten Gesundheitszustandes, etc. stärker zu berücksichtigen.

Neben der berichteten Analyse von Prognoseaspekten untersuchte die Autorin unterschiedliche Variablen auf ihre Bedeutung für das Zustandekommen von Testleistung und deren Veränderung in den eingesetzten dynamischen Tests (Roether, 1984). Mit den Testleistungsindikatoren korreliert wurden u.a. die radiologisch erfaßte Sulcusweite zur Abschätzung der kortikalen Atrophie und die Weite des dritten Ventrikels sowie die Cellamedia-Werte als Indikatoren der subkortikalen Atrophie. Es ergaben sich insgesamt niedrige Zusammenhänge (bis r=.40), wobei die Korrelationen für die Posttests des TME etwas höher ausfielen als für die Prätests. Angaben zur Signifikanz von Korrelationsdifferenzen wurden jedoch nicht gemacht.

Insgesamt kann auf der Grundlage der von Roether berichteten Befunde eine Bewertung der prognostischen Tauglichkeit von Veränderungsindikatoren nicht vorgenommen werden. Zum einen fehlen Analysen, die eine klare *Abgrenzung der Effekte* von *Ausgangsniveau* und *Leistungsfortschritt* ermöglichen. Beim Vergleich von Patienten mit unterschiedlichem Ausgangsniveau wird nicht deutlich, inwieweit es gelungen ist, den Regressionseffekt zu kontrollieren (vgl. Kapitel V). Auch bleibt die Erfassung des Leistungsfortschritts selbst ungenau, da sie entweder indirekt lediglich über Posttestwerte vorgenommen wurde oder aber auf qualitativen Beurteilungen beruht. Zwar lassen sich eine Reihe von Argumenten für eine solche qualitative Klassifikation finden, jedoch müssen auch dann Kriterien expliziert werden, die die Beurteilung ihrer Tauglichkeit ermöglichen (vgl. hierzu Schöttke, Bartram & Wiedl, 1993; Wiedl, Schöttke & Gediga, 1988; siehe auch Kapitel V). Die von der Autorin mitgeteilten Befunde zur theoretischen Aufhellung der Bedeutung von Testleistung und deren Veränderungen letztlich unterliegen ebenfalls der methodischen und theoretischen Kritik: Bei den mitgeteilten Korrelationskoeffizienten zu den radiologisch ermittelten neurologischen (und weiteren: vgl. Roether, 1984) Daten kann nicht unterschieden werden, ob Korrelationsdifferenzen, so sie signifikant sein sollten, auf eine Verbesserung der Reliabilität oder eine Veränderung der Validität bei Posttestungen zurückgehen.

Einen weiteren Beitrag zur Analyse der prognostischen Relevanz von Parametern der IV wurde in der Arbeitsgruppe Wiedl vorgenommen (Schöttke, Lübbers, Ackermann & Wiedl, 1995), und zwar auf der Grundlage der oben dargestellten diagnosegruppenorientierten Studie bei rechts- bzw. linksseitig geschädigten Apoplexiepatienten (Ackermann et al., 1992). Alle Patienten wurde nach einem Zeitraum von 6 Monaten einer katamnestischen Befunderhebung unterzogen. Es wurden eine Reihe von Prognosekriterien erhoben, die sich auf den Grad der Behinderung und das Ausmaß von *Selbständigkeit* und *Lebensqualität* beziehen (darunter eine als Selbstberichtsskala adaptierte Form der Klosterburger Schlaganfallsdatenbank, SDB, siehe Lübbers et al., 1993 und eine globale Beurteilung des Wohnstatus der Patienten). Bei den letztgenannten Verfahren ließen sich varianzanalytisch Effekte des Trainings absichern. Eine schrittweise logistische Regression verschiedener Untersuchungsvariablen auf das Zielkriterium Wohnstatus (alleine ohne Hilfe vs. Wohnen mit Hilfe) beziehungsweise auf die mit der SDB-Skala abgeschätzten Alltagsaktivitäten zum Katamnesezeitpunkt zeigte eine signifikante Prädiktion nur für den SDB-Status während des stationären Aufenthaltes und den SPM-Posttest. Geringe SPM-Posttestwerte und ein geringes Niveau an Alltagsaktivitäten während des stationären Aufenthaltes prädizieren somit den späteren Wohnstatus und den Grad der dann erlebten Alltagsbeeinträchtigungen. Dieser Befund deckt sich mit anderen Ergebnissen der Lerntestforschung, wo häufig für Posttests höhere prädiktive Validität bezüglich relevanter Kriterien gefunden wurde.

Diesen Abschnitt abschließend ist noch kurz auf eine Arbeit einzugehen, die Prigatano et al. (1984) vorgelegt haben. Hierbei handelt es sich nicht um eine Studie zur DTD, sondern um eine Interventionsstudie bei Teilnehmern eines neuropsychologischen Rehabilitationsprogramms (n = 28, v.a. SHT-Patienten, Alter x = 26.1 Jahre, Zeit zwischen Trauma und Testung: x = 21.6 Monate). Das Training dauerte sechs Monate und umfaßte kognitive und kompensatorische Anteile ebenso wie Interventionen, die auf eine bessere Krankheitsverarbeitung abzielten. Vor und nach der Behandlung wurden die Teilnehmer psychometrisch untersucht. Anläßlich einer Follow-up-Erhebung nach etwa einem Jahr wurden die Teilnehmer danach klassifiziert, ob sie ein Arbeitsverhältnis aufgenommen hatten oder nicht. Der Vergleich dieser beiden Gruppen auf den psychometrischen Variablen erbrachte signifikante Ergebnisse. Kovarianzanalytische Auswertungen mit den Ergebnissen der Ersttestung als Kovariaten wiesen auf größere trainingsbedingte Veränderungen der (später) arbeitenden Teilnehmer in fast allen neuropsychologischen Tests hin. Ebenfalls zeigten diese Teilnehmer größere Fortschritte auf Schätzskalen zur Erfassung von Psychopathologie, Hyperaktivität und emotionaler Stabilität. Die Autoren schlossen daraus, daß "Schädel-Hirn-Trauma-Patienten, die durch Übung lernen können und weniger Gedächtnisdefizite und Persönlichkeitsschwierigkeiten aufweisen, ganz allgemein eine bessere Anpassung im Arbeitsbereich" zeigen (1984, p. 511, Übersetzung d. Verf.). Obwohl die berichteten Befunde und die Schlußfolgerungen der Autoren nahelegen, den hier untersuchten Lerngewinn als Indikator eines "*Rehabilitationspotentials*" (Cicerone & Tupper, 1986) zu sehen, bleibt doch offen, ob der Lerngewinn selbst oder aber das abschließend erreichte Niveau die psychologisch relevante Größe indizieren, die schließlich für die Rehabilitationsprognose bedeutsam ist. Dies wäre jedoch von praktischer wie auch theoretischer Bedeutung. Zwei Aspekte scheinen uns fruchtbar für weiterführende Überlegungen: Prigatano et al.'s (1984) Befunde weisen wie die Roethers (s.o.) auf die Bedeutung nicht-intellektueller personaler Charakteristika für Testleistungsveränderungen und Prognose hin. Dies steht in Übereinstimmung mit theoretischen Vorstellungen zur DTD, wie sie von Carlson und Wiedl (1980, 1992a, b) und Wiedl (1984, 1985) entwickelt wurden. Zum anderen war Prigatano et al.'s (1984) Trainingsprogramm erheblich zeitintensiver und umfassender angelegt als die üblichen Trainings beziehungsweise als nur Testwiederholungen im Rahmen von Lerntests. Möglicherweise produzieren erst *intensive Trainings*, die sich gegenüber Faktoren wie Spontanremissionen, situativen Befindlichkeitsvariationen und ähnlichen episodischen Schwankungen abheben, Effekte, die sich für eine Prognose nutzen lassen.

1.3.2   Hirnorganische Beeinträchtigungen bei Kindern

1.3.2.1   Demonstrationsstudien

Arbeiten, in denen versucht wurde nachzuweisen, daß Kinder mit Hirnschädigungen beziehungsweise neurologischen Auffälligkeiten auf Testwiederholungen, Testveränderungen oder Trainings mit Leistungsveränderungen reagieren, lassen sich, wie oben (IV.1.3.1.1) erläutert, als Interventionsstudien klassifizieren und sollen hier nicht weiter aufgeführt werden (vgl. hierzu z.B. bereits Wewetzer, 1973). In den im folgenden aufgeführten Studien wurde eine derartige Responsivität vorausgesetzt, das Interesse lag eher auf dem Vergleich derartiger Kinder mit hirngesunden Kindern.

1.3.2.2   Studien nach der Strategie der Diagnosegruppenorientierung

Bereits 1974 konnte Meyer-Probst bei begriffsanalogen Klassizierungslernversuchen nachweisen, daß deutliche Differenzen im Lernfortschritt und Übungstransfer zwischen im konventionellen Intelligenzstatustest gleich intelligenten leicht frühkindlich hirngeschädigten und hirngesunden Kindern zu registrieren sind. Angeregt v.a. durch die Formulierung des Testing-the-Limits-Konzepts durch Schmidt (1971, s. Kapitel I) und das Lerntestkonzept (Guthke, 1972) gingen Becker und Schmidtke (1977) explizit der Frage nach, ob bei hirnorganisch beeinträchtigten Kindern eine geringer ausgeprägte Lernfähigkeit vorliegt als bei hirngesunden Kindern. Auf der Grundlage klinisch relevanter Kriterien (Auffälligkeiten in der Anamnese, EEG-Veränderungen, einschlägige Arztberichte einschließlich neurologischem Befund, Auffälligkeiten im Göttinger Formreproduktionstest GFT nach Schlange, 1972, Hinweise in Erzieher- und Psychologenberichten) wurden 36 Kinder im Alter von 8 bis 11 Jahren als hirngeschädigt eingestuft. Aufgrund ihres Ersttestergebnisses im Farbigen Matrizentest (CPM, Raven, 1965) wurden diese Kinder hinsichtlich unterdurchschnittlicher ("Minderbegabte") beziehungsweise durchschnittlicher ("Normalbegabte") Intelligenz klassifiziert (Trennkriterium IQ = 80). Zu diesen beiden Gruppen wurden Kontrollgruppen hirngesunder Kinder jeweils gleichen Intelligenzniveaus gebildet. Allen Kindern wurde der CPM noch dreimal gegeben. Zwischen dritter und vierter Testdarbietung wurde zusätzlich ein kurzes Training an ähnlichen Aufgaben eingeschoben.

Als Ergebnis zeigte sich, daß mit Ausnahme der hirngeschädigten unterdurchschnittlichen Kinder alle Pbn einen kontinuierlichen Leistungsanstieg zu verzeichnen hatten. Es wurde auch deutlich, daß diese Gruppe als einzige auf das eingeschobene Training nicht ansprach. Varianzanalytische Auswertungen zeigten, daß Leistungsverbesserungen sowohl vom Intelligenzstatus als auch vom Hirnstatus bestimmt wurden. Hirngeschädigte Kinder mit gleichem Intelligenzstatus wie hirngesunde Kinder (geschätzt über die Ersttestung) zeigten generell einen geringeren Leistungszuwachs. Die Autoren nahmen an, daß v.a. eine im Sinne erhöhter *Impulsivität* beziehungsweise mangelnder *Reflexivität* gegebene Beeinträchtigung der hirngeschädigten Kinder für diese Unterschiede verantwortlich ist.

Wiedl (1980) hat im Rahmen einer späteren Studie an einer unausgelesenen Stichprobe die leistungsbeeinflussende Wirkung der kognitiven Impulsivität/ Reflexivität im Rahmen einer dynamischen Testanordnung direkt nachgewiesen. Eher einer markiervariablenorientierten Strategie folgend wurde gezeigt, daß kognitiv impulsive Kinder hinsichtlich ihres Blickverhaltens auffällig sind: Ihre visuellen Suchprozesse sind wenig systematisch (Wiedl & Bethge, 1981) und hinsichtlich ihrer Zeitcharakteristik nicht hinreichend an die Schwierigkeit von Testaufgaben angepaßt. Die Applikation spezifischer, in den Test integrierter Interventionen (Problemverbalisation, elaborierte Rückmeldung) kann allerdings eine Korrektur dieser wenig adäquaten Suchprozesse bewirken (Wiedl & Bethge, 1981, 1983b). Abbildung IV.1.5 veranschaulicht für den Matrizentest von Raven die unter Standardbedingung vorliegenden Unterschiede im Blickverhalten zwischen reflexiven und impulsiven Kindern und die Angleichung des Blickverhaltens der letzteren unter den genannten, offenbar kompensatorisch wirksamen Testbedingungen.

Direkte Hinweise auf ein Vorliegen solcher Auffälligkeiten bei den klinischen Gruppen selbst (frühkindlich hirngeschädigte Kinder) berichteten Guthke & Löffler (1980), die das Diagnostische Programm Begriffsanaloges Klassifizieren (s. Kap. III.2) bei verschiedenen Kindergruppen anwandten.

Während in der Studie von Becker und Schmidtke (1977) noch der Nachweis unterschiedlicher Verläufe bei den untersuchten Gruppen im Vordergrund stand, hatten Möbus und Wallasch (1977) das Anliegen, die *Trefferquote und Prognose* bei

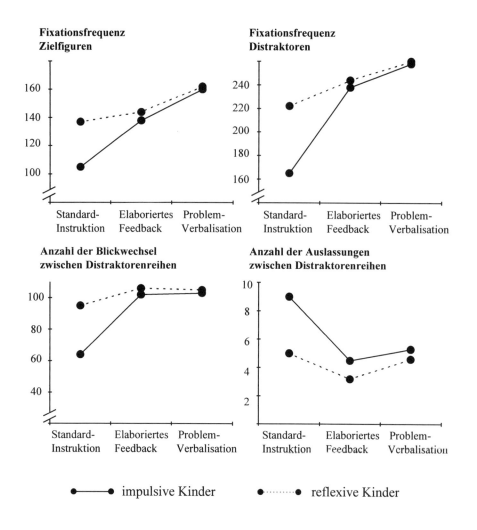

Abbildung IV.1.5: Indikatoren des Blickverhaltens impulsiver und reflexiver Kinder
bei der Bearbeitung des Farbigen-Matrizen-Tests unter verschie
denen Bedingungen der Testdurchführung

der Hirnschadensdiagnose von Kindern durch Einbeziehung von Veränderungsinformationen zu erhöhen. In Voruntersuchungen hatte sich die sogenannte
Background Interference Procedure (BIP) als bester Prädiktor für Hirnschädigung
erwiesen (Wallasch & Möbus, 1977). Es handelt sich hierbei um eine Modifikation
des Bender-Gestalt-Tests (BGT), bei der die nachzuzeichnenden Figuren nicht auf
normal weißes, sondern mit Schlangenlinien bedrucktes Papier zu zeichnen sind. Da

bekanntlich bei Hirnschädigungen die Figur-Grund-Differenzierung erschwert ist, führt diese Komplikation des Bender-Tests zu einer Vergrößerung der durchschnittlichen Differenz zwischen Gesunden und Hirngeschädigten. Die Autoren wollten nun überprüfen, inwieweit durch die Einbeziehung des Konzepts der Veränderungsmessung die Treff- und Prognosesicherheit des Verfahrens noch zusätzlich erhöht werden kann. Zu diesem Zweck gaben sie 48 hirngeschädigten Kindern (Kriterien: Anamnese, EEG, neurologische Untersuchung) und einer nach Alter und IQ (HAWIK) parallelisierten Kontrollgruppe hirngesunder Kinder den Bender-Gestalt-Test als Prätest und die Background Interference Procedure als Posttest. Der Posttest stellt also somit eine schwierigere Variante des Prätests dar.

Es zeigte sich, daß die Hirngesunden im BGT und BIP besser abschnitten als die hirnorganisch beeinträchtigten Kinder. Auffällig ist aber, daß die Verschlechterung vom BGT zum BIP, die bei beiden Gruppen erfolgte, bei den Hirnorganikern beträchtlich größer war. Dieser Befund ermutigte dazu, den Differenzwert zwischen Prä- und Posttest (BGT und BIP) unter Berücksichtigung spezifischer methodischer Vorkehrungen in die Prädiktorbatterie aufzunehmen. Nur diejenigen Probanden wurden als vermutlich hirngeschädigt identifiziert, die sowohl im BGT als auch im BIP eine hohe Fehlerquote aufwiesen und gleichzeitig eine starke Verschlechterung vom BGT zum BIP zeigten. Die Kreuzvalidierung mit Hilfe einer hier nicht näher zu beschreibenden Pseudoreplikationsstrategie bestätigte die hohe Treffsicherheit der Zuordnung unter Einbezug der Veränderungsinformation. Die bedingte Trefferwahrscheinlichkeit unter Berücksichtigung des Veränderungswertes (Differenz) bei der Zuordnung "ärztliche Diagnose hirnorganische Beeinträchtigung"/"Testverdacht hirnorganische Beeinträchtigung" betrug $P = .89$, während sie bei alleiniger Anwendung des BGT nur $P = .66$ und alleiniger Verwendung des BIP $P = .75$ betrug.

Zusätzlich zu der beschriebenen Analyse bestimmten die Autoren die *Prognosesicherheit* des diagnostischen Urteils durch Berücksichtigung der Distanz zum Cutoff, d.h. dem kritischen Wert, von dem ab ein Pb im Test als hirnschadensverdächtig gilt. Diese Distanz sollte im Sinne der Stabilität der Aussage möglichst groß sein, d.h. die hirnschadensverdächtigen Probanden sollten nicht nur gerade unter dem Limit liegen, sondern deutlich von diesem abweichen. Es zeigte sich, daß die größte Sicherheit dann erzielt werden konnte, wenn die Differenz (Verschlechterung) von Prä- zu Posttest multiplikativ mit dem Produkt aus Prätest (BGT) und Posttest (BIP) verbunden wurde.

Als letztes ist schließlich eine Studie anzuführen, in der cerebralparetische Kinder mit neurologisch nicht beeinträchtigten Kindern verglichen wurden. Dies geschah im Rahmen der Entwicklung eines computergestützten dynamischen Untersuchungsverfahrens für die erstere Zielgruppe. Der Test wurde auf der Grundlage des denkpsychologischen Untersuchungsparadigmas "*Turm von Hanoi*" konzipiert. Aufgabenmaterialien sind hierbei drei Scheiben unterschiedlicher Größe und drei Stäbe, auf die diese Scheiben aufgesteckt werden können. Die Aufgabe besteht darin, die mit nach oben hin abnehmender Größe auf einen der Stäbe aufgesetzten Scheiben auf einen anderen Stab umzusetzen. Dabei darf jeweils nur eine Scheibe bewegt werden, und es darf keine größere über eine kleinere Scheibe gesteckt werden. Es ist jedoch erlaubt, alle Stäbe zu benutzen.

Die von den Autoren (Groot-Zwaaftink, Ruijssenars & Schelbergen, 1987) entwickelte computerisierte und dynamische Untersuchungsanordnung setzt sich aus einer Familiarisierungsphase, in der die Kinder mit einem Zwei-Scheiben-Turm arbeiten, um mit der Aufgabe und dem Computer vertraut zu werden, und drei diagnostischen Einheiten unterschiedlicher Komplexität der Aufgabenstellung zusammen. Jede der Untersuchungseinheiten besteht aus einem Prätest, einem Training und einem Posttest, der als Parallelversion zum Prätest konzipiert ist. Das Training besteht in der Vorgabe von Übungsaufgaben, bei denen die Ausgangsposition so variiert ist, daß sie jeweils unterschiedlich weit an die Zielposition der Aufgabenstellung angenähert ist und die Lösung dadurch in ihrer Abfolge erkennbar und in abgestufter Weise jeweils leichter wird. Feedback wird durch ein akustisches Signal gegeben. Alle Kinder durchlaufen den gesamten Test, jedoch mit variierendem Hilfeverbrauch.

Verglichen wurden 25 cerebralparetische Kinder (n = 25, Altersdurchschnitt 9,1 Jahre) und fünf altersgleiche körperbehinderte Kinder ohne Cerebralbeteiligung. Ziel war es - neben der Validierung des Verfahrens - herauszufinden, welche Unterschiede zwischen den Gruppen in diesem Lerntest auftreten. Erwartungsgemäß unterschieden sich die Gruppen nicht im Prätest, jedoch im Posttest. Aus dem schlechteren Ergebnis der cerebralparetischen Kinder wurde geschlossen, daß der neurologische Status dieser Kinder deren Lernfähigkeit einschränkt. Eine weitere Aufklärung der nosologischen Spezifität, etwa durch differenziertere Analysen des Hilfeverbrauchs und anderer Parameter wurde nicht vorgenommen. Eine solche Analyse wäre allerdings auf der Grundlage der zahlenmäßig sehr kleinen Kontrollgruppe auch nicht aussagekräftig gewesen.

1.3.2.3   Die differentielle Analyse intraindividueller Variabilität innerhalb der Diagnosegruppe

Explizit auf der Grundlage dieser Strategie konzipierte Studien sind uns nicht bekannt. Allerdings enthält die soeben vorgestellte Arbeit von Groot-Zwaaftink et al. (1987) einen Auswertungsschritt, der in diesem Zusammenhang fruchtbar sein könnte.

Die Autoren zeichneten mit Hilfe des Rechners die *Lernwege* aller untersuchten Kinder auf und klassifizierten die Kinder anschließend nach verschiedenen Charakteristika dieser Lernwege in drei Gruppen: Gruppe 1 ist durchgehend durch konfuse Lernwege gekennzeichnet, die keine Struktur erkennen lassen, Gruppe 2 zeigt ähnliche Anfangscharakteristika, jedoch treten deutliche nachfolgende Verbesserungen auf. Die Mitglieder von Gruppe 3 schließlich zeigen von Anfang an ein geradliniges, strukturiertes und effizientes Vorgehen.

Der Rechner erlaubt es hier somit, den dynamischen Testaufbau des Verfahrens in differenzierter Weise für einen diagnostischen Informationsgewinn zu nutzen. Es wäre interessant, die so erhaltenen Veränderungsinformationen für Zwecke der Prognose oder der Zuweisung zu spezifischen Trainings zu nutzen.

1.3.3 Psychoseforschung

Anders als für die Zielgruppe der Hirngeschädigten, wo bereits Routineverfahren mit dem Ziel der Frühidentifikation von Beeinträchtigungen oder der Orientierung auf deren heilpädagogisch-therapeutische Behandlung entwickelt wurden, liegen solche Ansätze für Personen mit schizophrenen, affektiven oder anderen Psychosen bislang nicht vor. Insbesondere in der Schizophrenieforschung sind jedoch in den letzten Jahren einige Untersuchungen vorgelegt worden, die als Grundlage für eine solche Entwicklung dienen können. Es handelt sich hierbei um Interventionsstudien, in denen mit Ausnahme einer von Wiedl und Mitarbeitern (s.u.) vorgelegten Arbeit diagnostische Aspekte nicht im Vordergrund standen, solche jedoch als Implikationen diskutiert wurden. Entsprechend sind diese Arbeiten vorwiegend den Demonstrationsstudien zuzuordnen.

1.3.3.1 Demonstrationsstudien

In einer ersten, bezüglich differentialdiagnostischer Kriterien noch unspezifischen Studie, untersuchten Wiedl, Schöttke und Gediga (1987) die Testperformanz psychiatrischer Alterspatienten mit Hilfe einer dynamischen Testanordnung. Grundlage hierfür waren die von Baltes und Willis (1982) vorgelegten Arbeiten, die im Rahmen des Testing-the-Limits-Konzeptes kognitive Plastizität im höheren Lebensalter nachgewiesen hatten (s.a. Kap. I). Als Untersuchungsinstrument diente ein in Anlehnung an Frohriep (1978, Beschreibung in Guthke, 1985 und Kap. II) und Roether et al. (1981) entwickeltes Diagnostisches Programm zum Progressiven Matrizen Test von Raven (PM-DP; Sets A, AB, B, C). Es beinhaltet als veränderungsorientierte Interventionen verbale Mediation (durch Probanden oder Testleiter), eine auf einer Anforderungsanalyse basierende, die relevanten Aufgabenmerkmale elaborierende Rückmeldung und den Wechsel auf die Ebene bildhafter Vorstellungen

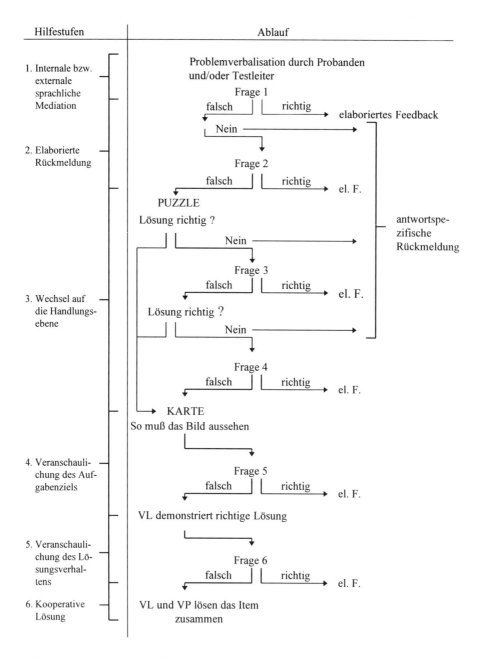

Hilfestufen   Ablauf

1. Internale bzw.   Problemverbalisation durch Probanden
   externale   und/oder Testleiter
   sprachliche   Frage 1
   Mediation   falsch   richtig
                                                      elaboriertes Feedback
                                  Nein

2. Elaborierte
   Rückmeldung   Frage 2
                         falsch   richtig
                                                      el. F.
                         PUZZLE
                         Lösung richtig ?
                                       Nein   antwortspe-
                                                                      zifische
                                   Frage 3   Rückmeldung
                         falsch   richtig
                                                      el. F.
3. Wechsel auf   Lösung richtig ?
   die Handlungs-
   ebene   Nein

                                   Frage 4
                         falsch   richtig
                                                      el. F.
                         KARTE
                         So muß das Bild aussehen

4. Veranschauli-
   chung des Auf-   Frage 5
   gabenziels   falsch   richtig
                                                      el. F.
                         VL demonstriert richtige Lösung

5. Veranschauli-
   chung des Lö-   Frage 6
   sungsverhal-   falsch   richtig
   tens   el. F.
6. Kooperative   VL und VP lösen das Item
   Lösung   zusammen

Abbildung IV.1.6: Schema des diagnostischen Ablaufs im PM-DP pro Testitem
(el. F. = elaboriertes antwortspezifisches Feedback)

oder konkreter Handlungen mit Hilfe geeigneter Materialien (Demonstrationskarten bzw. Puzzle-Version des Tests; vgl. auch Wiedl & Carlson, 1985). Der wesentliche Unterschied zu den o.g. Varianten dieses Verfahrens liegt in der expliziten Berücksichtigung der verbalen Mediation und einer spezifischen, die Anforderungscharakteristik wie das Lösungsverhalten thematisierenden (elaborierenden) Rückmeldungen. Zur Unterstützung des Testleiters steht ein rechnergestütztes Expertensystem zur Verfügung, das je nach Lösungsverhalten der Probanden in adaptiver Weise die geeigneten Hilfen abruft. Die Testdurchführung geschieht jedoch mit dem üblichen Testmaterial. Die Abbildung IV.1.6 veranschaulicht den Ablauf.

Alle Patienten erhielten zuerst den Test in seiner Standardform, nach einer Woche wurde mit dem Diagnostischen Programm nachgetestet. Hierbei wurden nur diejenigen Lösungen für die Rohwertermittlung berücksichtigt, die ohne spezifische Hilfen (Stufen 2 - 6) zustande gekommen waren. Eine Kontrollgruppe erhielt den Test zweimal unter Standardbedingung.

Untersucht wurden 27 geriatrische Psychiatriepatienten (Altersdurchschnitt 71.5 Jahre, Streubreite 58 - 85 Jahre) mit der Diagnose Schizophrenie (n = 7), Depression (n = 6), organische Psychose (n = 11) und sonstige Störungen (n = 3). Ebenfalls wurden 28 Altenheimbewohner als Vergleichsgruppe untersucht (Altersdurchschnitt 80.3 Jahre, Streubreite 69 - 92 Jahre).

Die Ergebnisse demonstrierten für die geriatrischen Psychiatriepatienten bei vergleichsweise niedrigem Leistungsniveau das gleiche Muster, wie es aufgrund der Studien von Baltes und Willis (1982; s.a. Kapitel I.3.2.5.1 in diesem Buch) von den unausgelesenen Altenheimbewohnern erwartet und bei der hier untersuchten Stichprobe auch gefunden wurde: keine statistisch bedeutsame Veränderung der Testleistung bei einfacher Testwiederholung (nach ca. einer Woche), jedoch ein signifikanter Anstieg, wenn zum zweiten Testzeitpunkt das Diagnostische Programm gegeben wurde. Bemerkenswert ist, daß dieser Anstieg in der *Größenordnung einer Standardabweichung* lag und bei den Psychiatriepatienten zu dem Leistungsniveau führte, das die Altenheimbewohner bereits in der Ersttestung aufgewiesen hatten. Angeschlossene Analysen des Hilfeverbrauchs auf Itemebene (s.a. Wiedl & Schöttke, 1987) ließen darüber hinaus erkennen, daß die Psychiatriepatienten bei bestimmten, in der Regel schwierigen Testaufgaben signifikant häufiger mehrere Hilfestufen (insbesondere elaborierte Rückmeldung, Wechsel der Funktionsebene) in Anspruch nahmen. Dieser Befund bietet prinzipiell die Möglichkeit, durch Analyse der Anforderungsstruktur der betreffenden Aufgaben und im Zusammenhang mit den erforderlichen Hilfestufen zu *Aussagen über spezifische Trainingsindikationen* zu gelangen. Entsprechende Folgeuntersuchungen wurden jedoch nicht durchgeführt.

Explizit auf eine diagnostische Gruppe - an Schizophrenie erkrankte Personen - und auf hierzu vorliegende nosologische Hypothesen sind einige Studien gerichtet, die in den letzten Jahren erschienen sind. Theoretisch fußen sie auf der Annahme, daß Schizophrene eine *spezifische Funktionsbeeinträchtigung* im Bereich des dorso-lateralen präfrontalen Kortex aufweisen. Erkennbar soll diese Beeinträchtigung im Wisconsin Card Sorting Test (WCST, Grant & Berg, 1948) sein, einem Test, der für Gesunde recht einfach, für Personen mit Läsionen oder Funktionsbeeinträchtigungen im präfrontalen Bereich jedoch schwierig ist. Abbildung IV.1.7 veranschaulicht die Aufgabenstellung des Verfahrens.

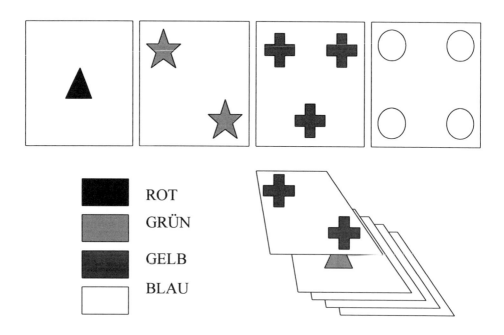

Abbildung IV.1.7: Der Wisconsin Card Sorting Test (nach Milner, 1963)

In dem Test haben die Pbn die Aufgabe, 128 (bzw. in einer reduzierten Fassung 64 oder 32) Abbildungen (Kärtchen) einfacher geometrischer Formen zu kategorisieren. Es werden ihnen vier Zielkarten vorgegeben, denen diese Kärtchen nach drei mög-lichen Regeln zugeordnet werden können: Farbe, Form, Anzahl abgebildeter Objekte. Den Pbn wird nicht mitgeteilt, welche Regel der Testleiter jeweils festgelegt hat, sie erhalten stattdessen nach jedem Versuch eine "richtig" beziehungsweise "falsch" Rückmeldung. Nachdem ein Pb 10 aufeinanderfolgende richtige Zuordnungen vorgenommen hat, wird die Regel ohne Vorankündigung durch den TL verändert und der Pb muß die neue Zuordnungsregel finden. Der Test verlangt somit das Erkennen, das Beibehalten und das Verändern von Regeln unter Inanspruchnahme von Feedback. Ausgewertet werden üblicherweise die Anzahl korrekter Antworten, die Anzahl perseverativer Fehler (Fehler nach Kategorienwechsel) und die Anzahl der gefundenen Kategorien. Im Manual (Heaton, 1981) ist auch ein "Learning to Learn"-Index vorgesehen, der die Performanzverbesserung während der Testbearbeitung durch Vergleich des ersten und letzten Testteils quantifizieren soll, dieser ist jedoch in vorliegenden Studien nicht berücksichtigt worden.

Bei diesen Studien ging es vielmehr darum zu prüfen, inwieweit Leistungsbeeinträchtigungen Schizophrener im WCST durch spezifische, in die Testabnahme integrierte Interventionen behoben werden können. Die Bedeutung der Arbeiten wird v.a. im Hinblick auf Indikationsstellung und Planung von Rehabilitationsmaßnahmen gesehen.

In einer ersten Studie mit stark chronifizierten Patienten konnten Goldberg, Weinberger, Faith Berman, Pliskin und Podd (1987) zeigen, daß diese unter spezifischen, die Bildung bzw. den Wechsel der Kategorien und das Lösungsverhalten thematisierenden Instruktionen ihre Testleistung erhöhen, diese Verbesserung jedoch in der Nachtestphase nicht halten konnten. Eine zweite Studie an weniger chronifizierten Patienten und mit zwei Interventionsbedingungen - Münzverstärkung und spezifisch elaborierende Instruktion - führten Bellack, Mueser, Morrison, Tierney und Podell (1990) durch. Sie fanden, daß Münzverstärkung alleine nicht wirksam war, daß aber das Hinzufügen der spezifischen Instruktion zu Testleistungsverbesserungen führte, die bestehen blieben. Auf der Grundlage dieser beiden Arbeiten führten Green, Satz, Ganzell und Vaclav (1992) schließlich eine Studie durch, die wegen ihrer Bedeutsamkeit für die nachfolgend dargestellte Untersuchung zur DTD detaillierter beschrieben werden soll.

Untersucht wurden 46 schizophrene Patienten, die den entsprechenden Kriterien genügten, weiterhin 20 psychiatrische Patienten mit unterschiedlichen anderen Störungen als Vergleichsgruppe. Der Ablauf war die folgt: Standardvorgabe, Münzverstärkung, Münzverstärkung plus Instruktionen in Anlehnung an Goldberg et al., Standardvorgabe (je Block 64 Karten). Für die Kombination von Münzverstärkung und spezifischer Instruktion zeigte sich wiederum ein signifikanter und auch stabiler Effekt. Während sich die beiden untersuchten Gruppen insgesamt nicht bedeutsam unterschieden, ließ eine signifikante Interaktion von Gruppe und Durchführung erkennen, daß die nicht-schizophrenen, psychiatrischen Kontrollpersonen unter der letzten Bedingung (Münzverstärkung alleine) ihre erhöhte Performanz besser halten konnten als die schizophrenen Patienten. In einer Vorstudie hierzu (Green et al., 1990) an nur wenigen Probanden hatten die Autoren aufgrund der Werteverteilung die schizophrenen Patienten in "gainer" und "non gainer" eingeteilt, eine für die rehabilitationsbezogene

Diagnostik möglicherweise bedeutsame Unterscheidung. Diese würde es nämlich ermöglichen, Patienten, bei denen die verwendete Intervention letztlich nur als kompensatorisches "Frontalhirn-Surrogat" (vgl. hierzu Bellack et al., 1990) diente, von denen zu unterscheiden, die die Leistungs-fähigkeit der spezifischen Frontalhirnfunktion unter diesen Bedingungen verbessern konnten (Kompensation vs. Modifikation, s.o. Kap. II). Ihr Versuch, dies anhand der größeren Stichprobe zu replizieren, mißlang jedoch angesichts der empirischen Testwerteverteilung. Die Autoren nahmen noch einige zusätzliche, insgesamt jedoch wenig ergiebige Analysen vor, diese werden weiter unten (IV.1.3.3.3) noch beschrieben.

Einen erneuten Versuch, die Modifizierbarkeit der WCST-Performanz zu demon-strieren, unternahmen Wiedl und Wienöbst (im Druck, vgl. auch Wienöbst, 1993). Sie untersuchten 23 schizophrene Patienten mit einer dynamischen Version des WCST. Diese bestand aus Vortestung, "Trial-by-Trial" Rückmeldung in Anlehnung an Green et al. (1992) und Nachtestung (jeweils 64 Karten, innerhalb einer Sitzung).

Die untersuchten Probanden erreichten in der WCST-Standardbedingung durch-schnittlich nur eine recht niedrige Leistung; fast jede zweite Karte (44 %) wurde verkehrt zugeordnet. Unter dem Einfluß der "Karte für Karte"-Zusatzinstruktionen nahmen die Fehler dramatisch ab, kein Proband hatte Schwierigkeiten den Test adäquat zu bearbeiten. Auch nach dem Weglassen der Zusatzinstruktion blieb die Performanz auf einem hohem Niveau, die Probanden konnten sich - gruppensta-tistisch betrachtet - im Vergleich zur Standardbedingung signifikant verbessern. Dies bestätigte die bei Bellack et al. (1990) und Green et al. (1992) bereits sichtbar gewordene Bedeutung der spezifischen Rückmeldung für die Leistungserhöhung und deren Stabilisierung. Allerdings lag die Testleistung bei der Nachtestung aber auch signifikant unter der Leistung während der Applikation der "trial-by-trial"-Rückmel-dungen.

1.3.3.2 Studien auf der Grundlage einer an Diagnosegruppen orientierten Strategie

Arbeiten, die dieser Rubrik zuzuordnen sind, liegen nur in geringem Umfange vor. Allenfalls wäre an den oben angeführten Befund von Green et al. (1992) zu erinnern, wonach die schizophrenen Patienten im Gegensatz zu der psychiatrischen Vergleichsgruppe (v.a. Suchtpatienten, Personen mit nicht-psychotischen affektiven Störungen) nicht während, sondern in der der spezifischen Intervention folgenden Standardtestdurchführung ihre Testleistungsverbesserungen nicht so gut zu halten scheinen. Dieser Hinweis auf eine nosologische Spezifität von Aspekten intraindi-vidueller Variabilität ist jedoch sehr tentativ, da eine diagnostische Spezifizierung der Vergleichsgruppe nicht vorlag.

Explizit wurde der Frage der *nosologischen Spezifität* von Auffälligkeiten im WCST unter Einbeziehung von Aspekten der IV in einer Studie von Schneider und Arsanow (1987) nachgegangen. Die Autoren verglichen 15 autistische und 11 schizophrene Kinder sowie eine nach relevanten Variablen parallelisierte Kontrollgruppe (Altersdurchschnitt jeweils etwa 11 Jahre) mit Hilfe verschiedener neuropsychologischer Tests. Die Durchführung des WCST geschah wie folgt: ein Kartendeck (64 Karten) wurde unter Standardbedingung gegeben. Sodann erhielten die Kinder zusätzliche Instruktionen, in denen die Kategorisierungsprinzipien erläutert und demonstriert wurden. Danach wurden die 64 verbliebenen Karten vorgelegt.

Die varianzanalytischen Ergebnisse geben ein differenziertes Bild: bei den Perseverationsfehlern hatten die schizophrenen Kinder deutlich höhere Werte als die Kontrollgruppe, die autistischen Kinder lagen dazwischen. Der Vergleich der beiden WCST-Durchgänge zeigte bei den Schizophrenen - wie bei der Kontrollgruppe - eine nicht-signifikante Tendenz, die Perseverationsfehler zu reduzieren, während bei den autistischen Kindern dies nicht zu erkennen war. Signifikant war eine derartige Wechselwirkung dagegen bei den non-perseverativen Fehlern: hier zeigte sich, daß die schizophrenen Kinder in der zweiten Hälfte signifikant mehr Fehler machten, die autistischen Kinder jedoch nicht. Bezüglich des Leistungsergebnisses - Anzahl der gefundenen Kategorien - verschlechterten sich die schizophrenen Kinder, während die autistischen Kinder in ihrer Leistung etwa gleich blieben und die gesunden Kinder sich etwas verbesserten. Diese Veränderungen waren jedoch nicht signifikant.

Interkorrelationsstudien mit anderen Tests zeigten, daß bei den drei Gruppen unterschiedliche Zusammenhangsmuster vorzuliegen scheinen: während bei den schizophrenen Kindern und den Kindern der Kontrollgruppe die Testleistung in der zweiten WCST-Hälfte (nach der spezifischen Instruktion) mit dem Verbal-IQ (WISC-R) in mittlerer Höhe korrelierte, lag bei den autistischen Kindern ein solcher Zusammenhang nur für die erste Testhälfte vor.

Die Autoren schlossen aus den Ergebnissen insgesamt, daß bei gegebener Beeinträchtigung beider Gruppen im präfrontalen Funktionsbereich diese sich durch ihre Ansprechbarkeit auf Interventionen unterscheiden. Die Autoren nahmen an, daß bei den schizophrenen Probanden die Bereitstellung verbaler Instruktionen häufig zu einer Überlastung ihrer Verarbeitungskapazität führt, die sich dann letztlich leistungsmindernd auswirkt; bei den autistischen Kindern wird dagegen eine Beeinträchtigung in der Nutzung verbaler Mediation vermutet, die eine Verbesserung der Testleistung verhindert. Entsprechend wurde von den Autoren die Frage nach den je spezifisch angemessenen Hilfen für beide Gruppen aufgeworfen und als Aufgabe künftiger Untersuchungen angeregt.

Eine letzte, hier anzuführende Studie in der Untersuchung der nosologischen Spezifität von Veränderungen der selektiven Aufmerksamkeit Schizophrener wurde

oben bereits im Vergleich zu hirnorganisch beeinträchtigten Patienten (SHT-Patienten) dargestellt und muß hier somit nicht nochmals aufgeführt werden (Wiedl &
Schöttke, 1993). Die Berücksichtigung von Unterformen der Schizophrenie wie von
bestimmten anderen Störungen, z.B. schizoaffektiven Psychosen, Borderline-Störun-
gen, organischen Psychosen, wäre ein Untersuchungsfeld für die Aufklärung der
nosologischen Spezifität von Aspekten der IV.

1.3.3.3   Die differentielle Analyse intraindividueller Variabilität innerhalb der Diagnosegruppe

Ein Beispiel für die explizite Befolgung der markiervariablenorientierten Strategie ist
der zweite Teil der oben bereits beschriebenen Studie von Wiedl und Schöttke
(1993). Es wurde berichtet, daß schizophrene Patienten, anders als Patienten mit
Schädel-Hirn-Trauma, bei wiederholter Untersuchung mit dem Hick-Paradigma -
einem Mehrfachwahl-Reaktions-Experiment zur Erfassung der selektiven Aufmerksamkeit - ihre Testleistung nicht signifikant verbessern. Ausgehend von klinischen
Beobachtungen heterogener Testwerte und Verläufe, die in Mittelwertsdifferenzen
und deren Signifikanzbestimmungen nicht ihren Ausdruck finden, und gestützt auf
den empirisch schon öfter erbrachten Nachweis dieses Phänomens (z.B. Brooks et
al., 1984), wurde auf *einzelfallanalytischer Grundlage* nach interindividuellen Unterschieden der Performanzveränderungen innerhalb der schizophrenen Gruppe gesucht.
Dies geschah mit Hilfe eines von Schöttke, Bartram und Wiedl (1993) entwickelten
psychometrischen Algorithmus zur Veränderungserfassung (siehe auch Kap. V):

Auf der Grundlage des Konsistenzkoeffizienten für das Hick-Paradigma zum
Zeitpunkt der Erstuntersuchung wurde für jeden Pb ein hypothetischer Paralleltest-
wert geschätzt, weiterhin wurde der Standardvorhersagefehler ermittelt. Hieraus
konnte dann für den hypothetischen Paralleltest das Konfidenzintervall errechnet und
unter Verwendung von Kriterien zum Ausschluß von Boden- und Deckeneffekten
entschieden werden, ob ein gegebener Zweittestwert als Realisation eines hypothetischen Paralleltestwerts oder aber als Veränderung zu klassifizieren war. Mit Hilfe
dieses auf den Einzelfall bezogenen, auf Nominalskalenniveau lokalisierten Verfahrens wurden aus der untersuchten Gruppe 24 Patienten identifiziert, die sich verbessert hatten, 24, die stabil geblieben waren und 6, die sich verschlechtert hatten.

Im nächsten Schritt wurde nun die *praktisch-klinische Bedeutsamkeit* dieser
Veränderungsinformation untersucht. Als externes Kriterium diente die Positiv- und
Negativsymptomatik, geschätzt über die Skala von Andreasen und Olsen (1982)
sowie die Leistung und Arbeitsweise der Pbn in einem zur gleichen Zeit stattfinden-
den Rehabilitationstraining in elektronischer Textverarbeitung. Letzterer Kriteriumsbereich wurde über Tastaturprotokolle erfaßt.

Bezüglich der psychopathologischen Variablen ergaben sich signifikante Unterschiede zwischen den langsamer gewordenen im Vergleich zu den stabilen oder schneller gewordenen Patienten für die Skalen zu Aufmerksamkeitsstörungen und zu positiv formalen Denkstörungen. Auch andere Skalen zeigten klinisch durchaus bedeutsame Unterschiede, diese waren jedoch nicht signifikant. In der elektronischen Textverarbeitung zeigte sich, daß die im Reaktionszeitexperiment langsamer gewordenen Patienten deutlich mehr Fehler machten und signifikant mehr Tastaturbewegungen benötigten als die anderen Gruppen (insbesondere Cursor-Bewegungen). Die erstere Gruppe schien insgesamt durch ein erratisches, wenig organisiertes und wenig erfolgreiches Vorgehen gekennzeichnet.

Methodische Mängel schränken die Präzision der Aussagen ein, die aus dieser, ursprünglich unter anderer Zielsetzung geplanten Studie abgeleitet werden können. Besonders ist zu bemängeln, daß die Hick-Wiederholungsuntersuchung und das Textverarbeitungstraining zur gleichen Zeit stattgefunden haben. Somit ist nicht auszuschließen, daß sowohl die Performanzveränderungen im Hick als auch der Leistungsgewinn im Textverarbeitungsprogramm durch den Verlauf der schizophrenen Erkrankung zu diesem Zeitpunkt zu erklären sind und die Prognosetauglichkeit der IV somit nicht abgeschätzt werden kann. Auf alle Fälle kann das Ergebnis jedoch als ein Beleg für die *Sensitivität der Veränderungsinformation* bezüglich der selektiven Aufmerksamkeitsleistung im Hinblick auf praktisch-klinisch relevante Verhaltensbereiche genommen werden. Weiterhin als Hinweis darauf, daß einzelfallbezogene Veränderungserfassung eine methodisch fruchtbare Zugangsweise gerade im klinischen Bereich, der über eine große Heterogenität von Merkmalsausprägungen und Verläufen verfügt, zu sein scheint.

Versuche zur Aufklärung der IV unter Aspekten relevanter *Moderatorvariablen* waren ansatzweise auch in den oben beschriebenen Demonstrationsstudien enthalten. Green et al.'s (1990, 1992) Bemühen, verschiedene "Lern-Typen" zu identifizieren und Veränderungen der WCST-Performanz mit Hilfe von neuropsychologischen oder psychopathologischen Variablen aufzuklären, gehört hierher. Unter ersterem Gesichtspunkt errechneten die Autoren die Partialkorrelation zwischen WCST-Performanz in der vierten Untersuchungsphase (nach der Intervention) unter Kontrolle der Performanz in der ersten Phase (Standarddurchführung) und den Werten der Patienten in relevanten neuropsychologischen Tests (Degraded Continous Performance Test, Pin Test, Span of Apprehension Test). Es ergaben sich jedoch keine signifikanten Zusammenhänge. Ebenso korrelierten sie die Scores der Brief Psychiatric Rating Scale (Psychoticism, Withdrawl, Depression) mit den WCST-Werten unter den unterschiedlichen Bedingungen. Auch hier ergaben sich keine Hinweise auf relevante Zusammenhänge.

Solche Zusammenhänge fanden sich jedoch in der weiteren Analyse der Daten aus der oben dargestellten Demonstrationsstudie von Wiedl und Wienöbst (im Druck, vgl. Wienöbst, 1993). Nach erfolgtem Nachweis der Wirksamkeit der spezifischen Intervention wurde der gruppenstatistische Ansatz verlassen. In Anlehnung an einen von Schöttke, Bartram und Wiedl (1993) entwickelten Algorithmus (s.u. IV.1.3.3.2 und Kap. V) wurden die Patienten hinsichtlich ihrer Veränderungscharakteristik über die drei Bedingungen hinweg charakterisiert. Danach konnten 5 Personen als *High-Scorer* eingeordnet werden. Sie legten schon in der Standardbedingung mehr als zwei Drittel der Karten richtig. 12 Probanden konnten sich von der ersten zur letzten WCST-Bedingung um mehr als 15 richtige Antworten verbessern, sie wurden als *Lerner* klassifiziert. Bei den restlichen 6 Probanden war das Performanzniveau nach der "Karte für Karte"-Instruktion ähnlich niedrig dem der Standardbedingung, sie bilden die Gruppe der *Nichtlerner*. Somit war erstmals differentielle Modifizierbarkeit hinsichtlich der WCST-Performanz schizophrener Patienten nachgewiesen. Die Abbildung IV.1.8 zeigt die Charakteristik der Performanzveränderungen dieser drei Gruppen:

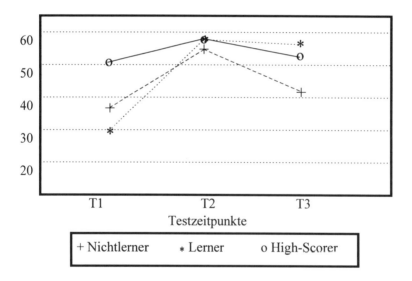

Abbildung IV.1.8: Durchschnittliche Anzahl richtiger Antworten im Verlauf über die drei Testzeitpunkte in den drei WCST- Verlaufsgruppen (Wienöbst, 1993, S. 46)

In einer angeschlossenen differentiellen Analyse der intraindividuellen Variabilität innerhalb dieser Diagnosegruppe wurde sodann die hiermit erhaltene Veränderungsinformation weiter untersucht. Die Darstellung dieses Teils der Arbeit findet sich weiter unten.

Die Berücksichtigung der verfügbaren klinischen Daten zeigte ein differentielles Zusammenhangsmuster. Je stärker die schizophrene Erkrankung der untersuchten Probanden chronifiziert war (Gesamtdauer bzw. Anzahl stationärer Aufenthalte), desto schlechter war ihre Leistung im WCST nach der "Karte für Karte"-Instruktion. Für die WCST-Standardbedingung ergaben sich die entsprechenden Korrelationen nicht, die Unterschiede zwischen den Korrelationen sind überzufällig groß. Abbildung IV.1.9 veranschaulicht diesen Befund mit Hilfe der Gruppenmittelwerte der drei Gruppen in den genannten Variablen.

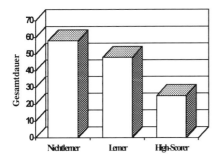 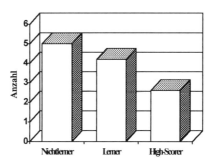

Abbildung IV.1.9: Indikatoren des Krankheitsverlaufes schizophrener Patienten in den drei WCST-Verlaufsgruppen (Gesamtdauer und Anzahl stationärer Aufenthalte)

Ein ähnliches Bild ergibt sich bei der Einteilung der Patienten nach vorherrschender Symptomatik: die als paranoid klassifizierten Schizophrenen hatten vor allem in der WCST-Bedingung 3 (Standardversion nach Interventionsphase) weniger Schwierigkeiten mit dem Test als die nicht-paranoiden Schizophrenen. Die Fremdeinschätzung der Negativsymptomatik (Apathie, Alogie, affektive Abstumpfung, etc.) zeigte hingegen nur mit der WCST-Standardbedingung ein hohes Maß an gemeinsamer Varianz.

In einem letzten Schritt wurde schließlich versucht, die *prognostische Valenz* der angefallenen Veränderungsinformation abzuschätzen. Die untersuchten Patienten nahmen im Anschluß an die WCST-Testung an zwei Testsitzungen aus dem Integrierten Psychotherapieprogramm für schizophrene Patienten (IPT, vgl. Roder et al., 1988, Unterprogramm kognitive Differenzierung) teil. Der Trainingserfolg wurde mit Hilfe selbstkonstruierter, trainingsnah gestalteter Aufgaben erfaßt, die vor Beginn bzw. nach dem Ende des Trainings appliziert wurden. Das Kurztraining zur kognitiven Differenzierung erwies sich als erfolgreich. Die meisten Probanden konnten sich in der trainierten Funktion verbessern. Die Größe des Trainingserfolgs war abhängig von der Schulbildung der Probanden; Probanden mit keinem oder mit Hauptschulabschluß profitierten deutlich weniger vom Training als Probanden mit Realschulabschluß oder Abitur; Männer hatten größere Trainingserfolge als Frauen. Die Größe des Trainingserfolges erwies sich weiterhin als bedeutsam mit der WCST-Performanz nach der "Karte für Karte"-Instruktion assoziiert, nicht jedoch mit der zuvor erbrachten Testleistung (s. hierzu auch Kap. II, wo mit anderen Testverfahren ähnliche Befunde bei gesunden Kindern und Erwachsenen berichtet werden). Eine Gegenüberstellung von WCST-Veränderungstyp und Trainingserfolg ergab, daß keiner der *Nichtlerner*, jedoch alle *High-Scorer* sich im nachfolgenden Training zur kognitiven Differenzierung deutlich verbessern konnten. Für die Gruppe der *Lerner* war das Bild uneinheitlich: Die Hälfte dieser Personen verbesserte sich im Training deutlich, die andere Hälfte kaum. In diesem Falle ermöglichte jedoch die Zusatzinformation der Schulbildung eine vollständige Vorhersage des Trainingserfolges. Tabelle IV.1.1 illustriert dieses interessante Ergebnis.

Tabelle IV.1.1: Hoher bzw. niedriger Trainingserfolg, WCST-Verlaufsgruppen
               und Schulabschluß

		Trainingserfolg	
WCST-Gruppen	Schulabschluß	niedrig	hoch
Nichtlerner	Schul.-	3	0
	Schul.+	2	
Lerner	Schul.-	4	
	Schul.+		4
High-Scorer	Schul.-	0	1
	Schul.+		3

Legende: Schul.- = kein Abschluß oder Hauptschulabschluß;
          Schul.+ = Realschulabschluß oder Abitur

Sollten sich diese Befunde replizieren und weiter aufklären lassen, würden sie einen hilfreichen Beitrag zur Abschätzung des *Rehabilitationspotentials* schizophrener Patienten und gegebenenfalls zur *Indikation* spezifischer Traingsmaßnahmen leisten.

1.3.4 Medizinisch-psychologische und Psychotherapie-Forschung

Auf die bisher vorgenommene Gliederung in Unterabschnitte nach Zielsetzung der Studien wird hier verzichtet, da zu diesem Thema insgesamt nur vereinzelte Arbeiten vorliegen.

Günther und Günther (1981) untersuchten den Einfluß *unterschiedlicher nicht-intellektueller Faktoren* auf die Intelligenzleistung unter Einschluß des Lerntest-konzeptes. Ihr besonderes Interesse galt der aktuellen Stimmungslage (Befindlichkeit) und dem subjektiven Gesundheitszustand. Befindlichkeit wurde über die B-S-Skala (v. Zerssen, Koeller & Rey, 1970), der Gesundheitszustand über einen Beschwerdefragebogen erfaßt, der Items zum allgemeinen Gesundheitszustand sowie Subskalen zu kardio- und cerebrovaskulären Störungen enthält. Weitere Variablen waren Schulbildung und Alter. Untersucht wurden 96 unausgelesene Personen und 15 Patienten aus Kureinrichtungen (v.a. kardiovaskuläre Erkrankungen, KVE; Alter von 35 bis 65 Jahren).

Als Lerntest dienten 5 Subtests des IST-Amthauer, der im Abstand von zwei Wochen als Prä- beziehungsweise Posttest (Form A und B, permutiert) gegeben wurde. Als Training bearbeiteten die Pbn in Form von Arbeitsheften standardisierte Trainingsprogramme aus Analogieaufgaben und Zahlenreihen, jeweils ohne Zeitbegrenzung, jedoch mit Registrierung des Zeitbedarfs.

Als Ergebnis zeigte sich, daß der Gesundheitszustand etwas stärker den Prätest als den Posttest beeinflußte. Da der Varianzanteil für die B-S-Skala höher lag (12 bzw. 9 % für Prä- und Posttest) wurde angenommen, daß die erlebte Befindlichkeit weitere über den subjektiven Gesundheitszustand hinausgehende, für die Testleistung jedoch relevante Aspekte umfaßt.

In einer weiterführenden Studie (Günther & Günther, 1982) gingen die Autoren sodann der Frage nach möglichen *Leistungs- und Belastungsgrenzen* im Zusammenhang mit körperlichen Erkrankungen nach. Sie untersuchten 28 Patienten mit Hypertonie beziehungsweise mit einem im Durchschnitt 8 Jahre zurückliegenden Herzinfarkt und damit einhergehenden weiteren Risikofaktoren wie Übergewicht und Nikotinabusus (KVE-Gruppe). Die Kontrollgruppe bestand aus 28 hinsichtlich relevanter Merkmale parallelisierten Probanden. Als Lerntest wurde die oben beschriebene Adaptation des IST-Amthauer eingesetzt. Zusätzlich wurde wieder die B-S-Skala gegeben und zwar vor und nach dem Prätest und vor und nach dem Posttest des IST-Lerntests.

Als Ergebnis zeigte sich bei der KVE-Gruppe in beiden Testteilen eine niedrigere Testleistung, dieser Unterschied konnte jedoch nur für den Prätest statistisch gesichert werden. Bezüglich der Trainingszeit wurde deutlich, daß die KVE-Patienten signifikant mehr Zeit in Anspruch nahmen. Weiterhin zeigte sich bei der KVE-Gruppe ein drastischer Anstieg der subjektiv erlebten Beschwerden von der Messung vor der IST-Vorgabe zur Messung nach der Testbearbeitung, während die subjektiv erlebte Befindlichkeit bei den gesunden Kontrollpersonen gleich blieb. Der Anstieg bei der KVE-Gruppe war allerdings nur im Prätest signifikant.

Zusammen mit den Ergebnissen aus der Erststudie kann dieser Befund dahin interpretiert werden, daß die KVE-Patienten bei der Testbearbeitung generell und auch beim Versuch, ihre Testleistung durch Training zu verbessern, ein gesteigertes Maß an Anstrengung mobilisieren und die Verschlechterung der Befindlichkeit die Erschöpfung ihrer Reserven signalisiert. Die Autoren diskutieren, daß dieses Phänomen mit dem als Typ-A-Verhalten umschriebenen Verhaltensmuster zusammenhängen könnte. Beim Posttest selbst scheint der Gesundheitszustand etwas weniger bedeutsam, möglicherweise im Zusammenhang mit der dann größeren Vertrautheit mit diesem Verfahren.

Abschließend und aufbauend auf den dargestellten Studien ist noch auf eine Arbeit von Schaitanowa (1990) hinzuweisen, in der die folgenden Gruppen verglichen wurden: je 30 Patienten mit ischämischen Herzerkrankungen, mit der Diagnose einer Neurose, mit der Diagnose einer Neurose und zusätzlich funktionellen Herz-Kreislauf-Erkrankungen ("Herzneurotiker"), sowie 20 gesunde Kontrollpersonen. Alle Probanden lagen im Altersbereich zwischen 20 und 50 Jahren. Neben einer Reihe von Verfahren zur Erfassung von Befindlichkeit und von Alltags- und Krankheitsbewältigung wurde als Leistungs- und Belastungsprobe der Lerntest Schlußfolgerndes Denken (LTS-3) von Guthke et al. (1983, Schilderung in Kap. II) gegeben. Die Auswertung zeigte bei den drei klinischen Gruppen im Vergleich zur Kontrollgruppe jeweils erniedrigte LTS-3-Werte im Prä- wie im Posttest. In keiner der untersuchten Gruppen kam es zu einer Leistungssteigerung, was die Autorin auf einen geringen Wirkungsgrad des Trainings zurückführte. Signifikant bei den ischämischen Herzpatienten und in der Tendenz auch bei den "Herzneurotikern" zeigte sich jedoch folgender Befund: Wenn die Befindlichkeit vor der Testung als gut eingeschätzt wurde, wurden gute Testergebnisse erzielt; wurden gute Testergebnisse erzielt, wurde anschließend die Befindlichkeit ebenfalls als gut eingeschätzt. Somit stützen diese Ergebnisse die bei Günther und Günther (s.o.) gefundenen Hinweise, wonach bei Personen mit ischämischen Herzerkrankungen ein spezifischer beziehungsweise stärkerer Zusammenhang zwischen Leistungsmerkmalen und Merkmalen der subjektiven Verarbeitung besteht als in der Normalpopulation.

Bezüglich eines eigenständigen Beitrags der IV, wie sie im Rahmen dieser Lerntestanordnung erfaßt wurde, zu diesem Aspekt nosologischer Spezifität lassen sich jedoch keine Hinweise erkennen, da die beschriebenen Effekte im Prä- wie im Posttest der jeweiligen Verfahren gleichermaßen auftraten. Fruchtbar könnte es jedoch sein, Lernprozesse selbst als Grundlage für entsprechende Untersuchungen heranzuziehen.

Bereits seit einigen Jahren wird die traditionelle Psychodiagnostik vor allem auch in der Hinsicht kritisiert, daß sie nur selektionsorientiert sei und zu wenig modifikationsorientiert (vgl. zu dieser Unterscheidung Pawlik, 1976). Die Forderung nach einer stärker interventions- bzw. therapiebezogenen Diagnostik wird immer häufiger erhoben (vgl. u.a. Bommert & Hockel, 1981; Zielke, 1982; Plaum, 1991). Die bisherigen Ansätze zur Realisierung dieser Forderung sind aber eher als dürftig einzuschätzen (s. auch Wittchen, 1992).

Zwei *Aspekte einer therapiebezogenen Diagnostik* lassen sich unterscheiden (vgl. Baumann, 1981): 1. Die selektive prognostisch orientierte Indikation. 2. Die adaptive verlaufsorientierte Indikation. Durch krankheits- und verlaufsbezogenere, situations- und therapiespezifischere Diagnoseinstrumente (vgl. u.a. auch Petermann, 1992) versucht man, erste Schritte in Richtung einer solchen therapieorientierten Diagnostik zu gehen. Dabei spielt das Phänomen der intraindividuellen Variabilität natürlich eine besondere Rolle (vgl. Guthke, 1981b, 1982; Ettrich & Guthke, 1988). Veränderungen während eines Therapieprozesses (z.B. Verschlechterungen oder Verbesserungen der Symptomatik, Veränderungen des Verhaltens) sind diagnostische Informationsquellen von großer Bedeutung, da sie sowohl die Angemessenheit der Ausgangsdiagnose und der Therapieindikation bestätigen oder falsifizieren als auch Hinweise für die weitere Regulation der Therapie (Adaption an die besonderen Bedürfnisse des Patienten) ergeben. Möglichst sensible und objektive "Veränderungsmeßinstrumente" sind also vonnöten. Die Erfassung der intraindividuellen Variabilität bereits vor Therapiebeginn - zur Verbesserung der Prognose und damit zur Indikationsstellung - bildet eine andere, u. E. ebenso wichtige Facette in der Nutzung der IV für eine therapiebezogene Diagnostik. Dabei kann man, ähnlich wie im Schulleistungsbereich (s. Kap. III.1), wo der Lerntest als eine "Lernstichprobe" das zukünftige schulische Lernen besser vorhersagen sollte als der konventionelle Statustest allein, auch für diesen Bereich annehmen, daß eine "Lernstichprobe" therapierelevanten Verhaltens zu Beginn der Therapie auch den späteren Erfolg der Therapie besser prädiziert als die "übliche Diagnostik". Von einer solchen Überlegung ließen sich bereits die Berliner Psychoanalytiker in den 20er Jahren leiten, die vor der endgültigen Behandlungsaufnahme der Patienten im Berliner Psychoanalytischen Institut eine "Probetherapie", die also quasi einen therapiespezifischen Lerntest darstellte, durchführten (vgl. Thomä & Kächele, 1986). Vom Erfolg dieser Probetherapie war es abhängig, ob man eine analytische Therapie für indiziert hielt oder nicht. Diese ja an sich schon alte medizinische Diagnosestrategie (diagnosis ex juvantibus) empfehlen auch heute Gesprächstherapeuten, da sie feststellten, daß die in den ersten Stunden einer Gesprächstherapie sich äußernde und verbessernde" Selbstexplorationsfähigkeit" der beste Prädiktor für den späteren Therapieerfolg ist (vgl. Helm et al., 1980). Nun ist es natürlich nicht unproblematisch und ethisch auch etwas fragwürdig, wenn man erst nach einer "Probebehandlung" über die Aufnahme bzw. Nichtaufnahme von Patienten in eine bestimmte Therapie entscheidet. Daher wäre es natürlich günstiger, wenn man schon in der Diagnostik-Phase vor Behandlungsbeginn durch Beachtung der IV eine zutreffendere Prognose und damit Indikation erreichen könnte. In einer Pilotstudie mit einer sehr umfangreichen Testbatterie , die sowohl konventionelle Tests, als auch sehr situations- und therapiespezifische neu entwickelte Verfahren (Leistungs- und Persönlichkeitstests) enthielt und außerdem durch Testwiederholungen das Lerntestkonzept berücksichtigte, hat Göth (1984; Göth & Guthke, 1985; Göth, 1988) diese Fragestellung wohl erstmals untersucht. Wir beschränken uns hier nur auf die Leistungstestergebnisse.

Göth hatte Patienten vor der Aufnahme einer dreimonatigen stationären Behandlung im Rahmen einer analytisch orientierten Gruppenpsychotherapie (intendierte dynamische Gruppentherapie nach Höck) mit der oben kurz skizzierten Testbatterie diagnostiziert. Die Gruppentherapie wird theoretisch als ein Lernprozeß verstanden,so daß deren Erfolg auch von einer natürlich therapiespezifisch zu fassenden "Lernfähigkeit" des Individuums mitbestimmt wird. "Lernfähigkeit" wurde durch zwei Verfahren gemessen: 1. Ein *therapiespezifischer Lerntest*; zunächst wurde nach einem "Vorwissenstest" ein Tonbandvortrag zum Thema "Umgang mit Gefühlen" vorgegeben, danach wurde ein Behaltenstest 1 durchgeführt. Es folgte eine Wiederholung der Tonbanddarbietung und ein Behaltenstest 2, der also dem Posttest im üblichen Lerntest-Design entspricht. 2. Der bekannte Konzentrationstest Test d2 (Brickenkamp, 1972) wurde in der üblichen Art und Weise dargeboten, danach erfolgte unter der Instruktion, daß man nunmehr die Intelligenz und Lernfähigkeit messen wolle, eine Zweittestung (s. hierzu weiter oben). Hierbei handelt es sich wahrscheinlich auch um die Erfassung einer wenig therapiebezogenen allgemeinen Aktivierungs- und Veränderungsbereitschaft, die aber offenbar von erheblicher Relevanz für den Therapieerfolg ist. Die Ergebnisse des Posttests korrelierten nämlich sehr hoch mit einem Verfahren zur Erfassung der therapiebezogenen Veränderungsbereitschaft und auch mit den Ergebnissen des therapiespezifischen Lerntests (s.o.).

Tringer (1980) hatte bereits bei seinen Untersuchungen zur "Motivationsstruktur psychiatrischer Patienten" (Neurotiker und Psychotiker) einen Konzentrationstest (Pieron-Verfahren) einmal mit der Standardinstruktion (ohne spezielle Motivierung) im Individualversuch und beim zweiten Mal mit "Intelligenztestinstruktion" im Gruppenversuch durchgeführt. Dabei zeigten "Normalpersonen" gegenüber Neurotikern einen höheren Übungsgewinn zum Zweittest. Je schwerer der psychopathologische Zustand der Patienten war, desto schwerer fiel es ihnen auch, entsprechend der Instruktion einen möglichst hohen Mengenwert bei weitgehender Vernachlässigung des Güteaspektes (Fehler) zu erreichen. "Akute Neurotiker" und Angstneurotiker haben in diesem Versuch ähnlich reagiert wie "Normalpersonen" (allerdings auf niedrigerem Niveau), Hysteriker und Depressive dagegen in deutlich unterschiedener Weise, die nach Tringer auf eine "Einengung der Adaptionsfähigkeit" schließen lasse.

Göth stellte nach Therapieende auf Grund mehrerer Kriterien (Patienten- und Therapeutenurteile) eine "Erfolgsgruppe" (N = 60) und eine "Mißerfolgsgruppe" (N = 50) zusammen. Geprüft wurde dann, inwieweit die einzelnen Verfahren mit dem Therapieerfolg bzw. -mißerfolg zusammenhängen. Dabei schnitten die Lerntests erstaunlich gut ab. Erfolgreiche Patienten zeigten in beiden Lerntests einen bedeutend größeren Lerngewinn vom Prä- zum Posttest im Vergleich zu den nicht erfolgreichen Patienten, im Prätest waren die beiden Gruppen noch gleich leistungsfähig. Am deutlichsten waren derartige Befunde für den d-2-Lerntest. Dies verdeutlicht auch Tabelle IV.1.2.

Tabelle IV.1.2:   Punktbiseriale Korrelationskoeffizienten für einzelne Prädiktorvariable und die Zugehörigkeit der Patienten zur "Erfolgs"- bzw. "Mißerfolgsgruppe"

Variable		rp bis
Selbstbildhöhe	ESB (Eigenentwicklung)	0,22
Feldunabhängigkeit	GOTTSCHALDT	0,18
Skandieren	Eigenentwicklung	0,33
Satzergänzen	IST	0,19
Analogien	IST	0,19
Merkfähigkeit	IST	0,36
Zahlenfolgen	IST	0,24
Prä-Post-Test-Differenz im Test d2	d2	0,43
BARRON-Skala (MMPI)	470F (MMPI)	0,21

Durch diese Ergebnisse wird die Erwartung bekräftigt, daß eines Tages möglicherweise durch die systematische Einbeziehung der DTD die heute noch sehr unvollkommene *Indikationsdiagnostik für Psychotherapie* verbessert werden könnte. Daß dies unbedingt notwendig ist, wird heute klarer denn je erkannt. In der Psychotherapieforschung und -praxis wird immer wieder betont, daß wie bei jeder Therapie auch bei der Psychotherapie Mißerfolge, ja sogar Schädigungen des Patienten bei Fehlindikationen auftreten können (vgl. Grawe, 1992; Schulz in Jüttemann, 1984), und es nicht die für alle Patienten und alle "Störungen" optimale Therapie gibt, wie einst orthodoxe Vertreter von "Therapieschulen" behaupteten und dies gelegentlich auch noch heute tun.

1.4   Zusammenfassung und Schlußfolgerungen

Unsere Darstellung der vorliegenden Studien zur DTD im klinischen Bereich - hier erst einmal nur bezogen auf den Leistungsbereich (zum "Persönlichkeitsbereich" s. Kap. IV.2) - beziehungsweise von hierzu relevanten empirischen Beiträgen aus anderen Gebieten hat gezeigt, daß je nach Zielsetzung beziehungsweise strategischer Orientierung eine unterschiedlich gut aufgearbeitete Wissensbasis vorliegt und unterschiedliche theoretische und methodische Probleme zu beachten sind. Wir werden uns in unserer abschließenden Besprechung dieses Forschungsbereiches daher an unsere Einteilung in Demonstrationsstudien und Studien mit Orientierung an vorgegebenen Diagnosegruppen beziehungsweise an der Markiervariablen selbst (differentielle Analyse innerhalb einer Diagnosegruppe) anlehnen.

Oben wurde gefordert, daß Demonstrationsstudien mit Aufgaben beziehungsweise Verfahren durchgeführt werden sollten, die Hinweise auf intakte beziehungsweise defizitäre Funktionen erlauben, für bereits kleine Veränderungen sensitiv sind und aus der jeweiligen Störungstheorie entwickelte Interventionen beinhalten. Diese Auffassung ist sicher, gerade unter Berücksichtigung der Grundlagenfunktion dieser Studien für darauf aufbauende diagnosegruppen- und markiervariablenorientierte Ansätze, unstrittig. Andererseits ist der Demonstrationswert nachgewiesener IV jedoch vor allem bei solchen Verfahren groß, die zur Erfassung stabiler, relativ übergreifender Persönlichkeitsmerkmale vorgesehen und mit den hierzu üblichen methodischen Mitteln konstruiert wurden. Ein Beispiel dafür sind die von Baltes und Mitarbeitern (vgl. z.B. Baltes & Willis, 1982) in der gerontologischen Forschung vorgelegten Arbeiten, die die kognitive Plastizität alter Menschen in klassischen Tests zur Erfassung der fluiden Intelligenz nachgewiesen haben. Die Implikation eines solchen Befundes - das Vorliegen eines Veränderungspotentials, das stark genug ist, sich selbst in derartigen Statustests zu manifestieren - hat eine Reihe weitergehender und differenzierter Studien angeregt (s.a. Kap. I). Uns scheint daher eine Strategie angemessen, die beide Aspekte - Veränderungserfassung im klassischen Statustests und auf prozessualer beziehungsweise Funktionsebene - verbindet. In der von Wiedl und Mitarbeitern durchgeführten Analyse differentieller Intelligenzbeeinträchtigungen nach cerebralem Insult sowie deren Ansprechbarkeit auf Trainings wird versucht, eine solche Strategie zu realisieren: Effekte von Interventionen im Rahmen von DT werden zum einen auf einem etablierten Intelligenzdiagnostikum abgebildet (Progressive Matrizen; Raven, 1956). Zum anderen ermöglicht die Analyse des Trainings eine differenzierte Erfassung spezifischer Prozesse, da dieses Training auf der Grundlage einer einschlägig relevanten Theorie der Informationsverarbeitung entwickelt und nach dem Format eines Diagnostischen Programms aufgebaut wurde. Aufgrund seiner Prozeßorientierung verspricht ein derartiges Programm weiterhin, sensitiv auch gegenüber kleineren Veränderungen zu sein. Schließlich ist wichtig, daß Inhalte und Form der vorgenommenen Interventionen eng an die jeweilige Störungstheorie angebunden sind. Ist dies nicht der Fall, so kann bei Ausbleiben von Effekten auf dieser Ebene nicht entschieden werden, ob bei dieser Störung eine IV bestimmter, relevanter Funktionen nicht vorliegt oder ob lediglich ein irrelevanter Zugang gewählt wurde. Die Beliebigkeit einer diesbezüglichen Aussage variiert mit der Enge der Anbindung von Aufgabenauswahl und Interventionsgestaltung an die jeweilige nosologische Theorie.

Die empfohlene Strategie ist aufwendig und gerade im klinischen Bereich nicht immer umsetzbar. Erste Hinweise auf spezifische, intakte oder gestörte Funktionen geben gelegentlich auch differenziertere Auswertungen der gängigen Testverfahren. So ist es z.B. bei der Auswertung des in der Schizophrenieforschung eingesetzten Wisconsin Card Sorting Test (WCST) möglich, zwischen dem Erwerb, der Erhaltung und der Veränderung eines Konzeptes unter dem Einfluß von Rückmeldungen zu unterscheiden. Im Sinne unserer Forderung sind jedoch auch in diesem Falle subsequente Analysen mit größerer Auflösung auf der Ebene von Prozessen und Funktionen unabdingbar.

Bei Betrachtung der Studien mit Orientierung an vorgegebenen Diagnosegruppen fällt auf, daß bei den Trefferraten für Hirnschädigungsdiagnosen z.T. beachtliche Unterschiede zwischen den Verfahren beziehungsweise Untersuchungen bestehen. Das Problem, das hier zu lösen ist, ist das der Auswahl der Untersuchungs- und Kontrollgruppen und deren genaue Dokumentation. Zur Wahl der Kontrollgruppe wurden oben bereits einige Anmerkungen gemacht. Die oben dargestellte Arbeit von Vogt (1990, 1993), bei der erstmals Indikatoren für den Schweregrad der Hirnschädigung eingeführt wurden, scheint uns einen hilfreichen Weg zur genaueren Beschreibung der Gruppe der Hirngeschädigten aufzuweisen.

Ein anderes Problem stellt die Angemessenheit derartiger Studien angesichts der Verfügbarkeit moderner radiologischer Verfahren ganz allgemein dar. Hirnschädigungen sind mit Hilfe derartiger Methoden gut diagnostizierbar und sollten keiner testpsychologischen Identifikation mehr bedürfen. Andererseits wurden Belege dafür erbracht, daß Trefferraten mit Hilfe konventioneller neuropsychologischer Tests jenen durchaus vergleichbar sein können, die mit Hilfe der radiologischen Verfahren erzielt werden (vgl. hierzu Kühl & Baltes, 1988). Da die unter Einbeziehung der Veränderungsinformation erzielbaren Quoten, wie oben berichtet, durchgängig noch höher liegen, könnte dies für den Einsatz von Verfahren der DTD unter bestimmten Bedingungen sprechen: zum einen sind diese Verfahren erheblich ökonomischer einsetzbar, kostengünstiger und weniger für die Patienten belastend als die radiologischen Verfahren und könnten daher diesen Verfahren zur weiteren Indikationsstellung von Untersuchungsmethoden vorgeschaltet werden. Zum anderen scheinen sie ja besonders bei leichten Schädigungen beziehungsweise im Frühstadium einer pathologischen Entwicklung brauchbar zu sein (s.o. Vogt, 1990, 1993; Baltes et al., 1992). Da nach unserer Kenntnis derartige Störungen auch mit den modernen bildgebenden Verfahren nicht beziehungsweise nicht eindeutig diagnostizierbar sind, könnte hier ein Feld liegen, in dem Verfahren der DTD alleine oder in Kombination mit anderen Verfahren nützliche Hinweise liefern könnten. Hilfreich zur weiteren Klärung dieser Fragen wären Vergleichsuntersuchungen zur diagnostischen Valenz der unterschiedlichen diagnostischen Ansätze bei derartigen frühen beziehungsweise leichten Stadien von Schädigungen.

Unabhängig von der Identifikation einer Schädigung kommt deren klinischdiagnostischer Beschreibung insbesondere für die Behandlungsplanung eine große Bedeutung zu. Studien zur nosologischen Spezifität unter Einführung von Parametern der IV leisten hierzu sicher einen Beitrag. Dieser wird um so nützlicher sein, je besser es gelingt - wie bereits bei den Demonstrationsstudien gefordert - defizitäre und intakte Funktionen vollständig und präzise zu erfassen. Auch hier sind Fortschritte für die DTD nur von Studien zu erwarten, die einen hohen Auflösungsgrad hinsichtlich der untersuchten Funktionen aufweisen.

Betrachten wir die an der Markiervariablen, der intraindividuellen Variabilität selbst orientierten Studien, so lassen sich wiederum unterschiedliche Probleme aufzeigen. Bei Vergleich von Post- und Prätestwerten hinsichtlich ihrer Korrelation mit prognostischen oder konkurrenten Außenkriterien beziehungsweise mit Moderatorvariablen läßt sich, wie gezeigt, durchgängig eine höhere Korrelation der Posttestwerte finden. Diese wird auf den zusätzlichen diagnostischen Beitrag der Veränderungsinformation zurückgeführt (s.o.; Roether, 1984, 1986; Wallasch & Möbus, 1977). Aus praktisch-diagnostischer Sicht interessiert hier die Frage der Utilität: rechtfertigt der meist relativ geringe Beitrag zusätzlicher Varianzaufklärung den

Einsatz solcher aufwendigen Verfahren? In nachfolgenden Analyse wäre unter Einbeziehung relevanter Parameter des klinischen Praxisfeldes zu klären, in welchen Bereichen Verfahren der DTD von zweifelsfreier klinischer Nützlichkeit sind.

Neben der angesprochenen Nützlichkeitsfrage sind auch methodische und theoretische Fragen offen: so bleibt in den Studien mit Testwiederholung unklar, ob Korrelationsveränderungen auf eine Erhöhung der Reliabilität oder der spezifischen Validität zurückzuführen sind. Bei deutlich verbesserten Prognosen (vgl. oben Prigatano et al., 1984) ist unklar, ob der Leistungszuwachs oder das durch das Training erbrachte Leistungsniveau den prognostisch relevanten Faktor konstituieren. Letztlich ist die prognostische Tauglichkeit von Verfahren der DTD jedoch auch so lange nicht abschließend zu beurteilen, wie die Tauglichkeit von Prognosekriterien nicht eindeutig festzulegen ist. Von dynamischen Verfahren ist nach unserer Auffassung zu fordern, daß sie Veränderungen beziehungsweise Performanz unter spezifischen Bedingungen besser vorhersagen sollten (s.o. Kap. II; vgl. Wiedl, 1984; Wiedl & Herrig, 1978a,b). Ein angemessenes Kriterium wäre demnach beispielsweise der Lernerfolg in einem Trainingsprogramm zur Rehabilitation einer spezifischen Funktion. Solche Studien liegen bislang nur in ersten Ansätzen vor (vgl. oben Wienöbst, 1993; s.a. Curio, 1995).

Ein letztes Problem im Rahmen dieser Strategie stellt die Erfassung der Markiervariablen - der IV - selbst dar. Weiter unten in Kapitel V werden Probleme der Erfassung von Veränderungen zusammenfassend dargestellt. Dort werden auch Kriterien herausgearbeitet, die im konkreten Fall eine methodisch begründete Entscheidung, welches Veränderungsmaß angemessen ist, ermöglichen sollen. Die bisher praktizierten Methoden der Veränderungserfassung, wie sie oben dargestellt wurden (klinische Routineverfahren, klinische Studien), könnten mit Hilfe solcher Kriterien überprüft und gegebenenfalls revidiert werden.

Speziell für den klinischen Bereich interessant scheinen uns die von Wiedl und Schöttke (1993; s.a. Schöttke et al., 1993) vorgelegten Befunde aus der Schizophrenieforschung, die auf einem *einzelfallorientierten, typologischen Ansatz* der Veränderungserfassung basieren. Neben seiner vergleichsweise hohen Voraussetzungsfreiheit hat dieser Ansatz den Vorteil einer leichten Umsetzbarkeit auch für klinische Praktiker und den Vorzug, daß er dazu verhilft, Personen bestimmten Veränderungsgruppen (z.B. "Gainer", "Non-Gainer") zuzuordnen. Letzterer Aspekt ist für die klinisch-psychologische Arbeit ganz besonders relevant.

Ein weiterer, übergreifender Aspekt in der klinischen Nutzung der DTD scheint uns besondere Beachtung zu verdienen: die Unterschiedlichkeit von Effekten. So fanden Goldberg et al. (1987) in ihrer Studie mit dem WCST den Effekt einer spezifischen Intervention, den sie wegen seiner mangelnden Stabilität - die Performanzverbesserung persistierte nur während der Intervention - als "Nicht-Effekt" klassifizierten. Winkler (1988, beschrieben bei Guthke & Adler, 1990) stellte bei der Erprobung seines konzentrativen Lerntests "Links Oben" (LO) fest, daß manche Probanden das vorgesehene Training nicht zur Leistungssteigerung nutzen konnten, sondern eher als leistungshemmendes Element empfanden und ihre Leistung entsprechend reduzierten (s.a. Guthke & Adler, 1990). Auch der von Roether (1984) gefundene Leistungsabfall im Posttest ihres Raven-Lerntests bei den in der Katamnese verstorbenen Patienten läßt sich in Richtung des Wirksamwerdens von Belastungen durch den Lerntest anstelle einer Lernhilfe u.ä. deuten. Wir sind der Auffassung, daß unterschiedliche *Formen von Veränderung* auch begrifflich zu differenzieren sind und haben dafür die Begriffe Modifikation, Kompensation und Inhibition gewählt (s.o. Kap. II; z.B. Carlson & Wiedl, 1992a, 1992b; Wiedl, 1984, 1985). Während *Modifikation* eine relativ zeit- und situationsübergreifende Veränderung von Verhaltensweisen bezeichnet, umfaßt *Kompensation* Veränderungen, die ausschließlich situativ und an die Präsenz bestimmter, hilfreicher Bedingungen gebunden sind. *Inhibition* beinhaltet die Untersuchung der Resistenz eines Funktionsniveaus gegenüber spezifischen Belastungen. Der von Goldberg et al. (1987) gefundene Effekt wäre danach zwar in Übereinstimmung mit den Autoren nicht als Modifikationseffekt (Trainingseffekt, relativ überdauernde und generalisierbare Beeinflussung der Funktion), wohl aber als Kompensationseffekt zu klassifizieren. Kompensation bezeichnet situationsgebundene Veränderungen, die dadurch entstehen, daß defizitäre Funktionen in prothetischer oder katalytischer Form situativ substituiert werden. Die für klinische, insbesondere Rehabilitationszwecke relevante Implikation wäre, daß hiermit Hinweise für die Gestaltung angemessener situativer Kontexte gegeben werden, Kontexte, in denen es möglich ist, ein zunächst unbeeinflußbar erscheinendes Defizit, wenngleich zeitlich und räumlich begrenzt, auszugleichen.

Der Begriff der Inhibition schließlich ließe sich auf die von Winkler beziehungsweise Roether erfaßten Veränderungen anwenden. Inhibition beinhaltet die Behinderung einer Funktion durch Einbringung erschwerter Bedingungen. Was in diesen Studien geprüft wurde, war nach unserer Auffassung die Resistenz einer Funktion gegenüber einer durch die spezifische Testsituation gegebenen Belastung. Die Überprüfung der Resistenz von Funktionen gegenüber Streß stellt jedoch einen diagnostischen Ansatz dar, der insbesondere in der medizinischen Forschung, jedoch auch im Rahmen der psychologischen Diagnostik schon des öfteren befürwortet wurde (vgl. Kühl & Baltes, 1988). Gerade bei organischen oder psychischen Funktionsbeeinträchtigungen sollte dieser Interventionstyp zu deutlichen, auch diagnostisch bedeutsamen Leistungseinbußen führen. (vgl. auch Kryspin-Exner, 1987, die solche "Stresstests" als besonders gute Frühindikatoren bei ansonsten noch unauffälligen "Hirnorganikern" betrachtet). Treten keine Einbußen auf, so zeigen sich doch zumindest Effekte auf der Ebene der Verarbeitung der Untersuchungssituation, wie sie

Günther und Günther (1980, s.o.) nachgewiesen haben. Ein einschlägiges Beispiel für die fruchtbare Nutzung des Inhibitionsprinzips stellt übrigens die von Wallasch und Möbus (s.o., 1977) untersuchte Testanordnung dar, bei der die Bearbeitung des Bender-Gestalt-Tests durch Einführung zusätzlicher Linien (Hintergrund-Interferenz-Test) erschwert wurde.

Unser letzter Diskussionspunkt gilt der Würdigung der diagnostischen Routineverfahren, die oben dargestellt wurden. In einem neuen Forschungsbereich wie dem vorliegenden werfen jeweils ermittelte Befunde stets so viele neue Fragen auf, daß eine Umsetzung in die Praxis zunächst unangemessen erscheint (siehe hierzu auch Kap. I). Die Betrachtung der Psychologiegeschichte zeigt andererseits am Beispiel der Entwicklung von Intelligenztests eindrucksvoll, daß die frühe Umsetzung grundlagenwissenschaftlicher Erkenntnisse in diagnostische Ansätze und die damit verbundene Verbreitung und Praxisbewährung von Verfahren zu einem eminenten Erkenntnisfortschritt führen kann (vgl. hierzu auch Wiedl, 1984). Somit wäre nach unserer Auffassung zu wünschen, daß der insbesondere von Wolfram et al. (1986) beschrittene Weg, in der klinischen Praxis nutzbare Routineverfahren zu entwickeln, auf der Grundlage des mittlerweile verbesserten methodischen und theoretischen Erkenntnisstandes weiter beschritten wird.

2 Dynamisches Testen im "Sozial-, Einstellungs- und Charakterbereich"

2.1 Einleitungsbemerkungen und Übersicht über einige Untersuchungsansätze

Das Testing the Limits- und Lerntestkonzept bzw. das dynamische Testen wurden bisher vornehmlich im Leistungsbereich angewandt. Allerdings haben wir die Übertragung auf die gesamte Psychodiagnostik und speziell auch auf den "Persönlichkeitsbereich" explizit unter der Forderung nach einer "Psychodiagnostik intraindividueller Variabilität "bereits seit über einem Jahrzehnt für notwendig erachtet (vgl. Guthke, 1981b; s. auch Ettrich & Guthke, 1989). Wir stehen nicht allein mit dieser Forderung und können uns auch hierbei schon auf "historische Kronzeugen" (s. z.B. Heiß, 1964; s. Kap. I und weiter unten) berufen, aber in der täglichen Routinepraxis der sog. Persönlichkeitsdiagnostik hat sich bisher seit Woodworth's (1917) erstem Fragebogen und Rorschachs "Wahrnehmungsexperiment" (vgl. Rorschach, 1921) wenig Grundsätzliches geändert.

Nun gibt es schon aus rein theoretischer Sicht (vgl. bereits Heiß, 1964; Herrmann, 1973) überhaupt keinen Grund anzunehmen, daß im Bereich von sog. Charakter- oder Sozialeigenschaften Messungen stabiler und konsistenter sind als im Bereich von Leistungseigenschaften und daher Meßwiederholungen weniger relevant sein sollten. Ganz im Gegenteil: Das Phänomen der Konsistenz bzw. Inkonsistenz von Eigenschaften (intraindividuellen Variabilität) im Sinne der zeitlichen, situationalen und modalen Konsistenz wird ja vor allem bei diesen sog. Persönlichkeitseigenschaften seit langem untersucht und kontrovers diskutiert (s. Epstein & O'Brien, 1985; vgl. neuerdings Asendorpf, 1990, 1992; Schmitt & Borkenau, 1992; Steyer & Schmidt, 1990, 1992). Zumindest Wiederholungsmessungen im gleichen oder unterschiedlichen situativen Kontext werden von Vertretern ganz unterschiedlicher persönlichkeitstheoretischer Auffassungen ("Situationisten", "moderne Trait-Theoretiker" und "Interaktionisten") mit allerdings unterschiedlicher Begründung aus meßmethodischer Sicht für äußerst wichtig gehalten, um fehlerhafte Prädiktionen aus Einzelmessungen zu verhindern. Der bereits im Kap. I zitierte Zubin (1950) forderte die Erfassung der "Spielbreite von Eigenschaften" durch Wiederholungsmessungen aus grundsätzlichen meßmethodischen Erwägungen heraus.

In einer neuen Arbeit von Deinzer et al. (1995) wird der Einfluß der Situation auf die Ergebnisse von gebräuchlichen Persönlichkeitsfragebogen (wie FPI nach

Fahrenberg) mit Hilfe des mathematischen Meßmodells einer sog. „latent-state-trait-theory" (LST, vgl. Steyer & Schmitt, 1992) unter Auswertung der Ergebnisse von Meßwiederholungen abgeschätzt. Im Ergebnis dieser Untersuchungen stellen die Autoren einen erheblichen situativen Einfluß auf die Testwertvarianz fest und fordern daher Meßwiederholungen unter unterschiedlichen situativen Bedingungen. Die üblichen Reliabilitäts- und Validitätsabschätzungen, bei denen nicht systematisch der situative Kontext der Messung berücksichtigt wird, werden als sehr problematisch angesehen. „Reliability and validity studies should not only be based on a sample of persons representative for those to which the test will be applied; it should also be conducted in situational contexts representative for the intend applications", S. 1). An anderer Stelle schlußfolgern die Autoren (S. 35) „If one wants to reduce the impact of situations on the measures it might be useful to aggregate the data across occasions of measurement as has been proposed by Epstein."

Bekanntlich betont man heute auch in der Medizinischen Diagnostik, daß z.B. der Blutdruck durch eine einmalige Messung unter ganz spezifischen situativen Bedingungen (s. beispielsweise den "Weißen-Mantel-Effekt") als trait im Sinne von Hypertonie bzw. Hypotonie nicht exakt erfaßt werden kann, sondern daß man hierfür zumindest in einer 24 Stunden-Aufzeichnung viele Wiederholungsmessungen unter unterschiedlichen Belastungsbedingungen benötigt. Es gibt u. E. keinen Grund anzunehmen, daß die im Vergleich zum Blutdruck wohl nicht weniger komplexen und z.T. auch nicht weniger stabilen Charaktereigenschaften nicht auch solche Wiederholungsmessungen erforderlich machen. Umso verwunderlicher ist es, daß man in der Persönlichkeitspsychologie und Persönlichkeitsdiagnostik daraus bisher noch kaum meßmethodische Konsequenzen gezogen hat. Allerdings versucht man seit der klassischen Arbeit von Bem und Allen (1974) die Frage zu beantworten, ob es so etwas wie eine unterschiedliche Konsistenzneigung von Individuen gibt. Bis heute gibt es hierzu noch keine befriedigende Antwort (vgl. ausführlich hierzu Schmitt, 1990, 1992). Vor allem umstritten ist auch, ob es so etwas wie eine generelle Konsistenzneigung gibt oder ob diese jeweils "domänenspezifisch" (z.B. bei der Introversion anders als bei der Gewissenhaftigkeit) ausgeprägt ist. Als Pendant dazu könnte man auch fragen, ob nicht Charaktereigenschaften ebenso wie Intelligenzeigenschaften durch die Feststellung einer "modifiability" (s. Kap. I) zusätzlich zur reinen Niveaubestimmung im Sinne Zubins (s. nähere Schilderung der sog. Zubin-Axiome in Kap. I) zu untersuchen sind. Bisher wird in der Charakterdiagnostik stets nur versucht, das typische oder durchschnittliche Verhalten in jeweils relevanten Situationen für die Eigenschaft zu erfragen oder zu beobachten. Bereits 1963 haben Fiske und Butler dieses Vorgehen aus methodischer Sicht kritisiert, da es nicht möglich sei, alle Probanden unter gleichen motivationalen Bedingungen zu befragen bzw. zu beobachten. Sie schlagen daher vor, daß man die maximale Stärke einer Eigenschaft unter optimalen Bedingungen mißt. Dieser Vorschlag erinnert sehr an das Lerntest-konzept im Leistungsbereich. In den Folgeuntersuchungen (referiert und zitiert in Riemann, 1993) wurden gegenübergestellt: das typische Verhalten und das Maximal-verhalten (z.B. "Beschreiben Sie das dominanteste Verhalten, das Sie in dieser Situa-tion ausführen können"). Die Koeffizienten der konvergenten Validität sind für die "Maximalmaße" größer als für die entsprechenden "Typisch-Maße". In diesem Kon-text ist auch die Theorie von Paulhus und Martin (1987) relevant, die zwischen "personality abilities" und "personality capabilities" unterscheiden, wobei die letzte-ren die "Fähigkeit" bezeichnen, erworbene Verhaltenskompetenzen auch tatsächlich ausführen zu können.

Lubbers (1992) versucht bei der Einstellungsmessung am Beispiel der Einstellung zu einem umweltbewußten Verhalten, die Prinzipien der sog. participatory research (Maguire, 1987) und der "qualitativen Methodik" mit dem Lerntestkonzept in einem sog. Progressive Learning Interview zu verbinden. Dabei wird in der ersten Gesprächsphase die bestehende Einstellung des Gesprächspartners zu umweltbewuß-tem Verhalten möglichst "neutral" und unbeeinflußt erfaßt - also vergleichbar mit dem Prätest des Intelligenzlerntests. Dann folgt eine Lernphase, in der vom Inter-viewer Informationen über ökologische Zusammenhänge vermittelt werden und ein "gleichberechtigter Gedankenaustausch" stattfindet. Nach etwa 4 Wochen wird mit einer kurzen schriftlichen oder mündlichen Befragung (Posttest) geprüft, ob der Befragte sein umweltbezogenes Verhalten geändert hat, und wenn ja, warum.

Grossarth-Maticek und Eysenck (1990) fordern generell ein "dynamisches Testen" bei der Fragebogenapplikation in der klinischen Psychologie (s. hierzu auch weiter unten unsere eigenen Untersuchungen), um aus der wiederholten Vorgabe ihrer Skalen und den hierbei registrierten Veränderungen zusätzliche differentialdiagno-stische Aussagen gewinnen zu können. Allerdings explizieren sie ihr Vorgehen nicht näher.

Pawlik und Busse (1992) studieren das alltägliche, von Setting zu Setting wech-selnde Verhalten von Menschen in einer sogenannten Feldpsychodiagnostik, die sozusagen das psychodiagnostische Pendant zu der oben erwähnten 24-Stunden-Blutdruckmessung darstellt. Mit Hilfe spezieller Selbstprotokolliertechniken (Stim-mungs- und Verhaltensliste), Verhaltensdatenrecorder und kurzer psychophysiolo-gischer und psychometrischer Tests werden Felduntersuchungen zur transsituativen Konsistenz bzw. Inkonsistenz individueller Unterschiede im Erleben und Verhalten durchgeführt.

2.2   Kurzcharakteristik des eigenen Untersuchungsansatzes

Wir haben in der Leipziger Forschungsgruppe vor allem auf zwei Wegen versucht, "dynamisches Testen" auch im Bereich der "Charakterdiagnostik" anzuwenden.

Wir nutzten zunächst einmal die Fragebogenmethodik und evozierten intraindividuelle Variabilität durch Mehrfachmessungen (z.B. mit dem FPI von Fahrenberg) in Alltagssituationen und unter Psychotherapie-Einfluß. Dabei stellten wir fest, daß hieraus wichtige Hinweise für die Therapieindikation und Therapieprognose zu gewinnen sind. In der Arbeit von Ettrich und Guthke (1988) wird ausführlich über die Methodik und die Ergebnisse berichtet. So wurde z.B. festgestellt, daß der Erfolg von Gruppenpsychotherapie mit der in den ersten Wochen der Behandlung gemessenen Intraindividuellen Variabilität im Zusammenhang steht. Dabei erwiesen sich interessanterweise extrem hohe und extrem niedrige Variabilität als ungünstige Voraussetzungen für den späteren Therapieerfolg (vgl. die Tabelle IV.2.1).

Hier soll jetzt aber vor allem über den zweiten Weg berichtet werden - nämlich den Versuch, "experimentelle Spiele" (vgl. Krivohlavy, 1976) als Lerntests zu gestalten. Wir haben in unserer Leipziger Forschungsgruppe schon seit den 70er Jahren versucht, so etwas wie eine "soziale Lernfähigkeit" analog der "intellektuellen Lernfähigkeit" nach dem Lerntestdesign zu untersuchen (vgl. Guthke, 1977). Dabei war uns vornherein klar, daß das Konstrukt "soziale Lernfähigkeit" noch viel komplexer, unaufgeklärter und verschwommener ist als die Konstrukte "Intelligenz" bzw. "intellektuelle Lernfähigkeit". Wir haben uns daher von vornherein nur auf eine Facette

Tabelle IV.2.1: Beziehungen zwischen Intensität der Variabilität und Therapieerfolg (10 - 12 Meßwiederholungen des FPI-Fahrenberg) in den ersten 4 Wochen einer halbjährigen Gruppenpsychotherapie bei 28 Alkoholabhängigen (Ettrich & Guthke, 1988)

Intensität der Variabilität	N	Therapieerfolg	%
hohe	5	0	0
mittlere	18	14	78
geringe	5	2	40

der "sozialen Lernfähigkeit" konzentriert, die wir als "Kooperationsfähigkeit" etiket-
tierten (vgl. Scheinpflug, 1977; Stiehler, 1978). Als Methodik nutzten wir für die
Testung und das Training die Technik der "experimentellen Spiele" (Krivohlavy,
1974). Dabei trafen wir schon gleich zu Beginn auf ein gegenüber Intelligenzlerntests
neues Problem. Nach einem Prätest und einem intensiven Trainingsprogramm mit
Kooperationsspielen zeigten wider Erwarten die "Versuchskinder" gegenüber den
"Kontrollkindern" keinen signifikanten Lerngewinn im Sinne eines höheren Koope-
rationswertes im Posttest (s. Abb. IV.2.1).

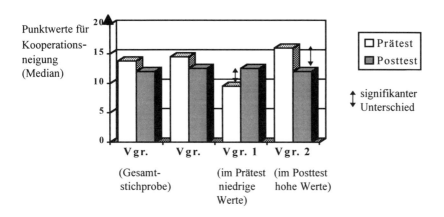

Abbildung IV.2.1: Veränderung der Kooperationsbereitschaft in einem Spiel-
experiment nach Training bei unterschiedlichem Ausgangsniveau
im Posttest (Scheinpflug, 1977)

Trennte man aber die im Prätest "Niedrigkooperativen" von den "Hochkooperativen",
dann ließ sich bei den Niedrigkooperativen ein Anstieg und bei den Hochkooperativen ein Abstieg nach dem Training feststellen. Dieses Phänomen ist nun nicht nur
auf die bekannte Ausgangswertproblematik (s. hierzu Kap. II und Kap. V) zurückzuführen, sondern auch auf die Tatsache, daß im "Charakterbereich" im Unterschied
zum Leistungsbereich das Maximum nicht identisch ist mit dem Optimum. Bei
sozialen Lerntests ist das Überschreiten einer allerdings schwer zu bestimmenden
Zielgröße nach einem Training im Posttest eher unerwünscht. Allerdings tangiert
man hier auch schon philosophische und weltanschauliche Fragen. Bei der Eigenschaft "Ängstlichkeit" wird wohl jedermann/frau zustimmen, daß "zuviel Ängstlichkeit" ebenso unerwünscht ist wie "zuwenig Ängstlichkeit". Bei der Kooperations-

fähigkeit sieht das schon etwas anders aus. Aber die meisten Menschen werden wohl auch eine "übertriebene Kooperationsfähigkeit" im Sinne des immer wieder Nachgebens auch bei extrem egoistischem Verhalten des Partners zumindest als nicht sehr angepaßtes und erfolgversprechendes Verhalten ansehen (s. zu diesem Problem auch weiter unten).

Schon zu Beginn der Untersuchungen stellten wir uns auch die Frage, ob wir soziale Eigenschaften besser durch Urteile (Fragebogen) oder in realen Handlungssituationen (z.B. Spiele) erfassen sollten. Wir favorisierten mehr die Handlungssituationen, da sie uns theoretisch besser begründet, ökologisch valider und praktisch relevanter erschienen. Interessanterweise korrelierten die Ergebnisse in experimentellen Spielen nicht mit einem Fragebogentest (Reaktionen in fiktiven Situationen, in denen Kooperationsbereitschaft bzw. Hilfsbereitschaft erforderlich erscheint) zur Kooperationsfähigkeit (vgl. Stiehler, 1978).

In einer anderen Untersuchung sollten die Kindergärtnerinnen bei Vorschulkindern die Kooperationsbereitschaft einschätzen. Dabei gab es in einer kleinen Gruppe ($N = 36$) nur bei den Posttestwerten (also nach der Trainingsphase) eine signifikante Korrelation zu den Werten des Spielexperimentes - also ein vom Lerntestkonzept her erwartetes Ergebnis. Als ein Hauptproblem sahen wir die offensichtlich noch mangelnde "ökologische Validität" der Spielexperimente an, wenn die Testanden gegen den Versuchsleiter spielten. Wir entwickelten daher für zukünftige Untersuchungen eine neue Strategie, bei der jeweils zwei Kinder miteinander spielen, so daß das ganze Scenario sehr echt und lebensnah ist. Da aber über den Versuchsleiter die jeweiligen Reaktionen der Kinder vermittelt werden, dieser also die Möglichkeit hat, vorgegebene Standardspielstrategien zu realisieren (unabhängig von dem tatsächlichen Spielverhalten des jeweiligen Partners), wird gleichzeitig der Forderung nach Standardisierung und Vergleichbarkeit der diagnostischen Situation entsprochen. Mit den durch den Versuchsleiter während des Spieles realisierten Strategien soll gleichzeitig ein gewisser "pädagogischer Effekt" erreicht werden, also z.B. am "Modell" zu lernen, daß kooperatives Verhalten in der Regel auch durch kooperatives Verhalten des Partners belohnt wird. Im folgenden werden wir diesen Ansatz darstellen. Weitergehende Ausführungen finden sich bei Zimmermann (1989, 1990) und in zahlreichen Zeitschriftenartikeln (s. z.B. Zimmermann, 1988, a,b, 1989). Wir können uns daher und müssen uns auch in der Folge relativ kurz fassen.

2.3 Dynamische Psychodiagnostik des Sozialverhaltens bei Kindern und ihre Nutzung für Fragen der Therapieindikation

2.3.1 Zielstellung und Adressatengruppe

Unsere experimentaldiagnostischen Handlungstests, deren inhaltliche wie psychome-trisch-methodische Gesamtkonzeption wir an anderer Stelle sehr ausführlich expli-ziert haben, gehen von definierten und inhaltlich wie methodisch operationalisierten Handlungseinheiten (Teiltests, Teilversuchen) innerhalb einer Gesamtaufgabe aus. Diese Gesamtaufgabe wird aus der Optik der anwesenden beiden Kinder für das zu untersuchende Kind und seinen zwar *real anwesenden*, aber tatsächlich vollkommen unabhängig von ihm arbeitenden und selbst untersuchten Partner über inhaltliche Zielkriterien (besonders der Kooperation) definiert. In den definierten Test-Hand-lungseinheiten werden vor allem solche "Hauptvariablen" angezielt wie kooperati-onsbezogenes soziales Partnerengagement, Partnervertrauen und Variablen des Part-nerverhaltens, kooperative und wettbewerbliche Konfliktbewältigung, Erwartungen an die Partnerentscheidungen, Frustrationstoleranz dem Partner gegenüber, Hilfsbe-reitschaftsmotivationen (Formen der Hilfsbereitschaft), kooperative Arbeitsorganisa-tion und -koordination, Prosozialität, Aggressivität im Partnerumgang, Entschei-dungsverhalten und -stabilität u.v.ä.m.

Diese und andere operational-definierte Hauptvariablen basieren auf einem integra-tiven Konzept der psychischen Regulation prosozial-kompetenten Verhaltens. Wir haben dieses Konzept in einer einfachen schematischen Übersicht in der neben-stehenden Abbildung IV.2.2 dargestellt.

An anderer Stelle haben wir alle dazugehörigen Erlebens- und Verhaltensvariablen ausführlich behandelt und ihre diagnostische Abbildung über die einzelnen Hand-lungstestverfahren dargestellt, was hier nicht wiederholt werden kann (vgl. Zimmermann, 1993). Über den Weg der direkt-handlungsbezogenen, auf Mehrzeit-punktmessungen basierenden Erfassung der betreffenden Eigenschaften wird ein Zugang zur kindlichen Persönlichkeit geschaffen.

Durch das direkt handlungsbezogene, prozeßorientierte und damit reale Kooperati-ons-, Wettbewerbs- und Konfliktsituationen provozierende diagnostische Vorgehen mit Verlaufs- und Mehrzeitpunktmessungen werden gerade solche wie die oben genannten und andere Persönlichkeitseigenschaften des Kindes über den Prozeß der Tätigkeit diagnostisch abbildbar.

Wir konzentrieren uns mit unserem Ansatz auf die Altersgruppe der 9-11jährigen Kinder vor allem aus folgenden inhaltlichen und methodischen Gründen:

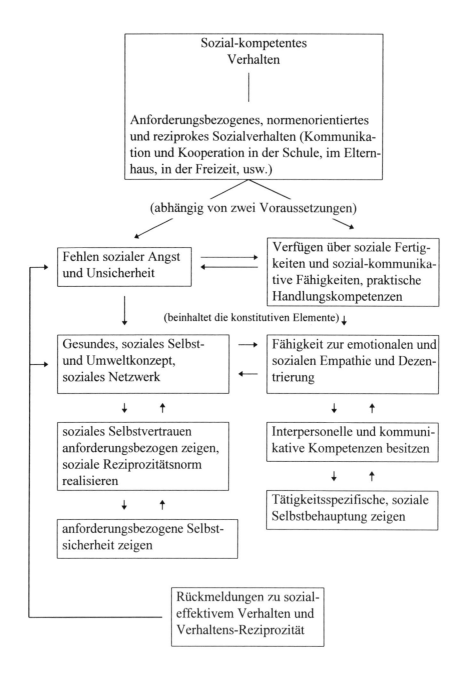

Abbildung IV.2.2: Konzeption zur psychischen Regulation prosozial-kompetenten
               Verhaltens

Es finden sich in diesem frühen und mittleren Schulalter aus epidemiologischer, pathopsychologischer und ätiopathogenetischer Sicht ausreichende diagnostische Anhaltspunkte für das deutlich gehäufte erstmalige Auftreten von sozial-relevanten Verhaltensstörungen, emotionalen Anpassungsdefiziten und Reflexionsstörungen und damit auch z.T. massiven Auffälligkeiten im schulischen Verhaltens- und Leistungsbereich (Linsener, 1977, 1985; Schütze, 1989, 1990; Schütze, 1987, 1990; Zimmermann, 1993 u.a.m.). Aus dieser Sicht erweist sich das frühe und mittlere Schulalter als besonders "sensibel" hinsichtlich der *rechtzeitigen* diagnostischen Erfassung sich anbahnender Verhaltensstörungen.

Neben diesem spezifischen Alters- und Entwicklungsaspekt existiert aber auch eine *spezifische differentialdiagnostische Zielstellung*: die diagnostisch valide Zuordnung eines Kindes zu einer jeweils gezielten Interventionsmaßnahme, also z.B. einer psychotherapeutischen (psychodynamisch orientierten, verhaltenstherapeutischen, familiendynamisch-systemischen oder anderen) Maßnahme, einer primär beratungsorientierten Intervention mit Elternarbeit, usw.

Wichtig ist uns bei der Betonung dieser Zielstellungen des Ansatzes, daß trotz des gesamten experimentell-fundierten Arrangements mit *zwei real anwesenden* (wenn auch objektiv-diagnostisch völlig voneinander unabhängig handelnden) *Kindern* unser Ansatz eindeutig *individualdiagnostisch* ausgerichtet ist, wir also in keiner Form eine Dyaden- bzw. Paardiagnostik oder ähnliche Zielstellungen verfolgen (vgl. hierzu z.B. Krivohlavy 1974; Hiebsch & Kauke, 1983). Nur zum Zweck einer erlebnisintensiven Einstellungs- und Überzeugungsbildung im Erleben und damit zur Gewährleistung auch der ökologischen Validität wird die *echte Partner-Kooperations-Situation* arrangiert. Durch die Art unseres Arrangements sind am Ende jedes einzelnen experimentaldiagnostischen Handlungstests jeweils *zwei* solcher individualdiagnostisch-psychometrischen Aussagenebenen (für zwei voneinander unabhängig diagnostizierte Kinder) verfügbar. Mit unserem Ansatz wurden insgesamt vier solcher experimenteller psychometrisch-individualdiagnostischer Handlungstests entwickelt:

- Der sog. "*3x3 Prisoner's-Dilemma-Game (PDG-) Musterbau-Test*" *(D D M-Test)*, der vor allem spielexperimentelle Grundlagen hat.
- Der "*Begriffe-Finden-Test*" *(B F-Test)*, der eine vollkommene Neuentwicklung darstellt.
- Der "*Akme-Bolt-Spiel-Test*" *(A B S-Test)*, der auf eine methodisch stark modifizierte Variante des klassischen (amerikanischen) „Acme-Bolt"-Versuches (vgl. in Krívohlavy, 1974, S. 27 ff.) zurückgreift, und
- Der "*Steck- und Legemuster-Test*" *(S T L-Test)*, der sich auch spielexperimenteller Gewinn-Verlust-Auszahlungsmatrizen bedient.

Im Vordergrund unserer späteren Bezugnahmen und empirischen Darstellungen
stehen vor allem die am weitesten psychometrisch aufgearbeiteten und klinisch-
praktisch angewendeten Verfahren "DDM-Test" und "BF-Test", für die inzwischen
auch komplett menügesteuerte PC-Software zur VL-Testdurchführung und vollständige graphische wie numerische Auswertung und Interpretation aller Testvariablen
für IBM-kompatible Rechnertypen (ab MS.DOS. 3.2.) vorliegen (vgl. dazu
Zimmermann, 1993).

2.3.2   Inhaltliches und methodisches Gesamtkonzept der Verfahren

Hier sollen nur einige wenige ausgewählte grundsätzliche Inhalte skizziert werden,
die allen 4 Verfahren zugrundeliegen. Details des Ansatzes müssen den o.g. ausführlichen Arbeiten entnommen werden. Die Erfassung ausgewählter Eigenschaften
prosozial-kooperativer Lernfähigkeit und Verhaltenskompetenz des Kindes setzt eine
gründliche inhaltliche Anforderungsanalyse des spezifischen Diagnostizierungs-
gegenstandes voraus: Es geht um die Frage, *welche* psychischen Eigenschaften regu-
lieren und koordinieren ein partnerorientiertes soziales Kooperationsverhalten unter
welchen konkreten Ziel- und Leistungsanforderungen und *welchen* (z.B. sozialen
Reziprozitäts-) Normen in *welchem* Alter (Entwicklungsbezug)? Hierzu haben wir in
mehrjährigen praktischen Voruntersuchungen entsprechende inhaltliche Anforderungen und Strukturen für die experimentellen Handlungstests fixieren und empirisch in
vielen Versuchen erproben können (Zimmermann, 1987). Erst auf dieser inhaltlichen
Basis gelangten wir zu einer sinnvollen Bestimmung experimentell fundierter
Versuchsleiterstrategien zur systematischen Variation der zentralen Variablen wie
etwa "Partnerverhalten", "Konflikthaftigkeit der Kooperationssituation", "kooperatives, soziales Partnervertrauen" u.a.m. Diese Variation realisieren wir, indem ein
Handlungstest aus mehreren Teilversuchen (=TV) als in sich relativ abgeschlossenen
Handlungseinheiten besteht. Diese TV umfassen jeweils eigenständige Teilhandlun-
gen, z.B. Mosaikmusterbauaufgaben, Begriffslisten legen bzw. ergänzen, bestimmte
Wege von einem zum anderen Punkt (Start-Ziel) realisieren u.ä. In diesen Teilversuchen werden spezifisch-inhaltlich und psychometrisch definierte Veränderungswerte
als Verlaufsvariablen abgeleitet, die nun immer in mehreren jeweils aufeinanderfolgenden TV vorkommen und die Veränderungen von einer Teilhandlung (i) zur nachfolgenden (i +1) Teilhandlung (bzw. auch zwischen Ausgangs-TV und End-TV) des
gesamten Handlungstests psychometrisch abbilden. Es gibt auch für den jeweiligen
TV allein spezifisch definierte Parameter, wie etwa Einzelvariablen oder integrative
Komplexvariablen, die mehrere inhaltliche Auswertungsaspekte in einem (damit
integrativen) Gesamtwert verbinden. Über die Erfassung gleicher Variablen in allen
oder mehreren TV werden spezifische Verläufe abgebildet, die gerade jene relevan-

ten Veränderungen in der Ausprägung der betreffenden erfaßten Eigenschaft charakterisieren, die den direkt *kooperationsbezogenen Lernfortschritt* anzeigen. Damit soll in erster Näherung der Aspekt der sozialen Lernfähigkeit abgebildet werden und zwar nicht nur als Prä-Post-Messung, sondern als wirkliche verlaufsorientierte Prozeßmessung (Mehrzeitpunktmessung). Dabei wird jeweils *sukzessiv* die Veränderung vom TV (i) zum TV (i+1) erfaßt und sodann als ein regressionsanalytisch definierter "*Veränderungs-Rohwert*" (*Roh-RED-Wert* s. hierzu weiter unten) bestimmt.

Durch den psychometrisch über Prozeß- und andere Verlaufsparameter realisierten Einbezug des Aspektes der sozial-kooperativen "Lernfähigkeit" bietet sich zugleich die neue Möglichkeit, eine mehr *therapieorientierte* und - über die Lernfähigkeitsanalyse nun - auch direkt *indikationsbezogene Persönlichkeitsdiagnostik* des Kindes verfahrenspraktisch zu realisieren.

Frühere Ansätze haben zwar immer (mehr proklamativ) diese unsere Forderungen akzentuiert, aber - so muß man fragen - wie soll aus einem statusdiagnostischen Globalergebnis (etwa einem T-Gesamtwert eines Neurosefragebogens oder ähnlichen Tests für Kinder) denn jemals eine differentielle, an den individuellen Mustern sozialen Lernens (oder Fehllernens) direkt orientierte und auf die aktuellen kooperativen Verarbeitungsprozesse rekurrierende *dynamische* Diagnostik mit ableitbaren praktischen individuellen Therapieentscheidungen resultieren?

Die diagnostisch effektive Einbeziehung der *Norm sozialer Reziprozität* ist nur über ein reales, emotional-einstellungswirksames Handlungs*erlebnis*, also die innere Repräsentation des Erlebnisses einer *echten*, hier sozial-kooperativen Partnersituation beim Kind möglich. Uns geht es dabei um das diagnostisch-psychometrisch auch faßbare *dynamische Wechselspiel* zwischen jeweils durchaus altersangemessenen, also normalen wettbewerblich-egozentrischen <u>und</u> partnerbezogenen, kooperationsorientierten bis hin zur altruistisch orientierten Hilfs- und Verhaltensmotivationen des Kindes in der konkreten inhaltlich definierten sozialen Partner-Kooperations-Situation. Daher sind die von uns entwickelten vier experimentaldiagnostischen Handlungstestverfahren jeweils für sich immer nur repräsentativ für *bestimmte Aspekte der prosozial-kooperativen Verhaltenskompetenz* und Lernfähigkeit. Dabei spielt die lernbezogene Verarbeitung rückgekoppelter Entscheidungen des Partners in der gegebenen eigenen Entscheidungs- und Handlungsfolge eine entscheidende Rolle. In diesem *Prozeß* der Entscheidung für oder gegen ein spezifisches kooperationsorientiertes, sozial-kompetentes Verhalten geht es um die durch die Mehrzeitpunktmessungen (TV) abzubildende *spezielle soziale Erfahrungsverarbeitung* des Kindes, also seine diesbezügliche Lernfähigkeit. Erfaßt wird dabei vor allem die innere Flexibilität hinsichtlich einer optimalen (hier: kooperationsorientierten) Zielerreichung zum stets beiderseitigen Nutzen. Da das soziale Kooperationsverhalten - auf das wir uns primär konzentriert haben - einer relativ großen Anzahl von

Anforderungen und zu bewältigenden Aufgaben im Kindesalter zugrundeliegt, kommt diesem Diagnostizierungsgegenstand eine entsprechend große praktische Bedeutung z.B. auch für die gesamte Schulpsychologie und für die klinisch-psychologische Persönlichkeitsdiagnostik im mittleren Schulalter zu. Bei der Analyse des individuellen *Partnerverhaltens* des Kindes muß von einer dynamischen Konzeption im Hinblick auf die soziale Konfliktlösung (mit der angemessenen Zielerreichung) durch das Kind ausgegangen werden. Nur dadurch wird tatsächlich deutlich, an *welchen* Stellen, bei *welchen* Teilkomponenten der kooperativen Konfliktlösung es Verhaltens- und/oder Entscheidungsprobleme gibt bzw. *wo* die sozialen (und emotionalen) "Störstellen" eines vom Kind aus kooperationskompetenten (effizienten) Verhaltens liegen. Genau diese Störstellen bieten aber die wesentlichen inhaltlichen Grundlagen für die Ableitung interventions- und/oder therapieorientierter Maßnahmen.

Die definierten und operationalisierten Testparameter müssen möglichst genau den individuellen Abstand von einem für den jeweiligen TV des gesamten Tests definierten *Optimalverhalten* oder auch einem angestrebten Interventionsziel, also den *Abstand von einem definierten individuellen Zielkriterium* widerspiegeln. Durch diese Strategie erlangt die angestrebte diagnostische Aussage die geforderte therapieorientierte und indikationsbezogene Relevanz. Mit den vorgenannten Anforderungen ist die bereits oben mehrfach erwähnte Forderung unmittelbar verbunden, daß die Handlungstests konkrete *methodische Einbettungen* verwenden müssen, die sehr erlebnisintensiv und handlungsnah mit Blick auf die Echtheit der Kooperations-Partner-Situation für die handelnden Kinder sein müssen. Gleichzeitig muß die Eigenverantwortung (Eigenleistung) für das "Ganze" aus der Sicht des Kindes sehr transparent werden, obgleich beide Kinder diagnostisch-objektiv vollkommen unabhängig voneinander agieren und beurteilt werden.

2.3.3   Die experimentelle Grundsituation aller vier Tests und die verlaufsbezogenen Auswertungsparameter

Um ein *verfahrenspraktisch-umsetzbares* Modell für die konkrete Testentwicklung und -durchführung zu erarbeiten, welches alle der o.g. inhaltlichen, methodischen, psychometrischen und experimentellen Bedingungen auch tatsächlich realisiert, waren jahrelange Voruntersuchungen notwendig mit sehr viel elaborierender Kleinarbeit, aber auch vielen methodisch-inhaltlichen Irrwegen (Bsp.: den Versuchsleiter als potentiellen "Partner" des Kindes zu nutzen oder reine "Stooge"-Strategien oder strohmannanaloge Varianten, usw.). Es ergaben sich im Ergebnis zahlreicher Voruntersuchungs- und kritischen Versuchsreihen folgende Hauptcharakteristika, die die Grundsituation realisieren muß:

(1) Die methodische Testsituation muß eine Kombination zwischen *allen* Merkmalen eines psychometrischen Tests und wesentlichen Merkmalen eines psychologischen Experiments verfahrenspraktisch umsetzen.

(2) Die beiden real anwesenden Kinder müssen so in eine für sie erlebnismäßig repräsentierte *gemeinsame* Gesamtaufgabe einbezogen sein, daß die Tatsache ihrer (diagnostischen) objektiven Unabhängigkeit voneinander ausreichend kaschierbar wird. Die experimentell notwendige Kaschierung wird - neben verschiedenen anderen Maßnahmen, auf die wir hier nicht eingehen können - vor allem auch durch die spezifische *Sitzanordnung* beider Kinder erreicht, die in *allen* vier experimental-diagnostischen Handlungs-Tests gleichermaßen in dieser Form standardisiert gegeben ist. Wir haben diese Sitzanordnung in der nachfolgenden Abbildung IV.2.3 dargestellt.

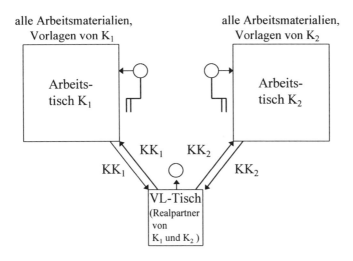

Abbildung IV.2.3: Sitzanordnung der Kinder und des Versuchsleiters in den "Spieltests" (K_1 = Kind 1; K_2 = Kind 2; KK_1 bzw. KK_2 = standardisierte nonverbale Kommunikation zwischen Versuchsleiter (VL) und K_1 bzw. K_2)

(3) Das Erlebnis einer echten dyadisch-strukturierten Situation und deren Transfer in die gesamten späteren Teilversuche der Handlungstests wird vor allem durch einen allen Teilversuchen des jeweiligen Handlungstests vorgeschalteten *Übungsversuch (ÜV)* realisiert.

Hier wird nun eine echte Partner-Kooperations-Situation, ohne jegliche Strategie oder Kaschierungen, realisiert und von den beiden anwesenden Kindern auch so erlebt. Mit diesem ÜV wird nicht nur das oben erwähnte Erlebnis der echten Kooperations-Partner-Situation erreicht, sondern es hat auch grundlegende Bedeutung für den notwendigen "Transfer" der emotional-sozialen Erlebnisseite auf die späteren Teilversuche des eigentlichen Handlungstests. *Nur dadurch* gelingt es, trotz der experimentellen und nur auf die Individualdiagnostik gerichteten Standardisierung und Kaschierung aus der Sicht der Kinder eine zweifelsfreie Kooperations-Situation und eine entsprechende Partnerkommunikation verfahrenspraktisch umsetzen zu können.

Da diese letztere nur nonverbal erfolgt (z.B. mit Signalkärtchen und Handzeichen), lassen sich leicht alle diese einzelnen Standardisierungs- und Kaschierungsmaßnahmen zur Durchsetzung der experimentellen und standardisierten Versuchsleiter-Strategien einbauen. Der ÜV selbst ist zeitlich nicht begrenzt, nimmt aber meist nicht mehr als eine viertel bis eine halbe Stunde (bei den einzelnen Tests variierend) in Anspruch.

(4) Auf dieser Basis werden grundsätzlich stets *zwei getrennte individualdiagnostische Aussagenebenen* möglich, da beide Kinder vollkommen unabhängig voneinander agieren.

(5) Die *Auswertungs- und Beurteilungsparameter* sind für alle Tests sehr vielgestaltig und wurden grundsätzlich zahlreichen Voranalysen und inhaltlichen, variablenspezifischen Selektionsprozeduren unterzogen: So sind beispielsweise beim "DDM-Test" von ehemals ca. 80 operational für die verschiedenen TV definierten Variablen (Einzel-, Verlaufs-, Prä-Post- und Komplexvariablen) in der Endform "nur" noch 22 Variablen verblieben. Unser Diagnostizierungskonzept setzt auch voraus, daß die Testvariablen inhaltlichen *und* teststatistisch-psychometrischen Selektionskriterien entsprechen müssen, damit eine Erhöhung der *differentiellen diagnostischen* Valenz erreicht werden kann. Im Zentrum der verlaufsbezogenen, die Lernfähigkeitsaspekte abbildenden Parameter stehen die sog. *Residual-Gewinn-Testwerte.* Sie werden nach einem erweiterten Verfahren mit dem Modell der Residual-Gewinn-Testwerte aus der Lerntestdiagnostik sensu Klauer und Guthke (vgl. Guthke, 1972, 1989) berechnet. Die Erweiterung ist vor allem dadurch gegeben, daß es bei uns nicht mehr um *einmalige* Prä-Post-Vergleiche geht, sondern daß diese Prä-Post-Werte praktisch *sukzessiv von TV zu TV* bestimmt und dann auf die gesamte Folge, den gesamten Verlauf von (i) Teilversuchen (i = mindestens 4) in den einzelnen Handlungstests bezogen werden. Über diese regressionsanalytisch bestimmten einfachen Verlaufsparameter (die schon o.g. "Roh-RED-Werte") werden zugleich *sukzessiv* Normierungen auf der Grundlage der gegebenen Abweichungen von der Regressionsgeraden (also die Werte der Streuung des Meßfehlers)

vorgenommen. Nach weiteren mathematisch-statistischen Prozeduren gelangen wir zu den sog. "Normalverlaufs-Kurven" aus den entsprechenden standardisierten Roh-RED-Werten, den sog. "RED-SW-Werten".

Diese RED-SW-Werte erlauben nun eine direkte psychometrische und inhaltliche Beurteilung des Einzelfalles: Ist der betreffende Schüler hinsichtlich des speziellen Variableninhaltes altersentsprechend normal lernfähig, kann er die entsprechende Erfahrungsverarbeitung nutzen oder in welchem Grade weicht er vom normalen erwarteten Verlauf ab, zeigt z.B. uneffektives, kooperationskonträres und rigides Verhalten, usw.? Dies aber sind Aussagen, die mit keinem der konventionellen Tests zu verschiedenen Aspekten der psychischen Regulation sozialen Verhaltens von Kindern getroffen werden konnten. Auch die aus einigen Prozeßvariablen-Verläufen direkt ableitbaren *indikations- und therapierelevanten* Konsequenzen (etwa bei erhöhter aggressiver und/oder einseitig-rigider, wettbewerblich-egozentrischer Verhaltensbereitschaft eines Kindes trotz eigener sozialer Erfahrungen), bezogen auf die Ergebnisse einzelner oder mehrerer TV, sind ein Novum und eine Konsequenz der dynamisch-prozeßbezogenen Diagnostizierungsstrategie mittels dieser RED-SW-Testwerte.

Eine Vielzahl anderer, direkt therapierelevanter und auch auf einzelne Strategien in den TV'n bezogener Testparameter wie Komplexwerte sichern ein relativ komplexcs diagnostisches Gesamtbild des Kindes zu den jeweils erfaßten Aspekten prosozial-kooperativer Verhaltenskompetenz und Lernfähigkeit. Die Vielzahl von Parametern braucht den potentiellen Anwender der Tests nicht zu belasten, da inzwischen zu den hier erwähnten Verfahren komplett menügesteuerte PC-Software für die detaillierte numerische wie graphische Auswertung und Interpretation sowie auch für die gesamte Durchführung durch den Vl vorliegt. Der Versuchsleiter braucht auf dieser Basis am Testende nichts mehr auszurechnen oder zu vergleichen, alle Parameter werden ihm in allen vorkommenden Varianten und für alle Variablen des Handlungstests komplett ausgedruckt bzw. graphisch ausgegeben.

2.3.4   Die einzelnen Testanforderungen und einige Hauptergebnisse

Wie schon oben angedeutet, werden wir uns hier vor allem auf den DDM-Test, den BF-Test und in einigen Ergebnissen auch auf den ABS-Test konzentrieren, da hierzu die meisten Erfahrungen und vor allem auch klinisch-praktische Anwendungsuntersuchungen vorliegen und bei den beiden erstgenannten Verfahren auch die komplette PC-Software.

2.3.4.1   Die Testanforderungen

(1) Der "ABS-Test"

Die Grundidee des von uns wesentlich weiter entwickelten und psychometrisch-individualdiagnostisch für unser Anliegen aufgearbeiteten Acme-Bolt-Spieles als sog. "Transport-Spiel" (vgl. Krivohlavy, 1974, S. 27 ff.) besteht in folgendem: Zwei Kinder bzw. andere Personen gehen jeweils von einem Startfeld aus und müssen mit einem Handwagen bzw. auch Lkw ein bestimmtes begehrtes Ziel erreichen. Dabei haben sie ein Stück eigenen Weg, aber auch ein Stück gemeinsamen Weg mit dem Partner, der von der jeweils genau entgegengesetzten Seite kommt, zurückzulegen. Genau diese *gemeinsame* Wegstrecke und ein kurzer Abschnitt vor Beginn der gemeinsamen Wegstrecke sind die "wunden" Punkte und implizieren - neben anderen Stellen - die eigentlichen Konflikte und Spannungen bzw. Hindernisse bei der erstrebten eigenen Zielrealisierung, so daß von jedem der beteiligten Partner Kompromiß- und soziale Konfliktlösungsbereitschaft, Partner- und Frustrationstoleranz, Kooperationswilligkeit und in hohem Maße soziale Dezentrierung und kooperationsbezogene partnerorientierte Empathie abverlangt werden. Gleichzeitig geht es auch um solche Variablen wie Entscheidungssicherheit und -stabilität unter konfliktbelasteten und anderen (eher "störenden") Bedingungen, die auf dem Weg zur eigenen Zielrealisierung gegeben sein können und deren Gestaltung man durch das eigene und partnerbezogene Verhalten günstig beeinflussen kann. In der Abbildung IV.2.4 haben wir die Grundstruktur des Spieles (ohne Figuren, ohne Schranken und andere Spielelemente und auch ohne die Personen) sehr vereinfacht dargestellt (vgl. dazu auch die ausführliche Legende zu Abbildung IV.2.4).

Es sind vor allem die Abschnitte auf der gemeinsamen Wegstrecke, auf denen sich die möglichen Konflikte abspielen: Gemeinsames (ungewolltes) Stehen voreinander (kein Fortkommen), uneffektives Warten vor der (vom vermeintlichen Partner) noch geschlossen gehaltenen Schranke auf der gemeinsamen kurzen Wegstrecke, oder einige Felder zurückgehen, weil man sich statt der kurzen (konfliktreichen) nun doch für die Umwegstrecke entschieden hat usw. Beide Kinder sind *völlig unabhängig voneinander*. Daß heißt: Wie bei allen experimentaldiagnostischen Handlungs-Tests realisiert der Versuchsleiter *nach* der Durchführung eines Übungsversuches (dieser ist *ohne* jegliche Strategien und Kaschierungen als reine dyadisch-strukturierte Situation dem eigentlichen Handlungstest vorgeschaltet - vgl. oben) auch hier experimentelle standardisierte Strategien, die die Kinder u.a. vor allem aufgrund der o.g. Sitzanordnung und anderer Kaschierungsmaßnahmen nicht erkennen können. Deshalb sprechen wir oft vom "vermeintlichen Partner", da es in Wirklichkeit im Grunde die experimentelle Strategie des Versuchsleiters ist, auf die das Kind A wie das zweite Kind (B) vollkommen unabhängig voneinander reagieren - in der (Fehl-)

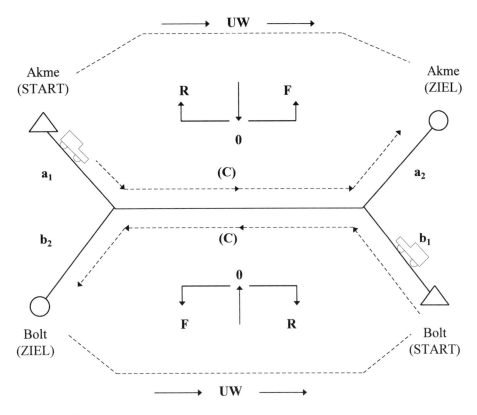

Anmerkung:
Bei den Starts für Akme und Bolt beginnt noch ein zusätzlicher (hier nicht in voller Länge eingezeichneter) sehr viel längerer (unökonomischer) Umweg, der zur Vermeidung der gemeinsamen Wegstrecke genutzt werden kann. Wenn sich beide Partner optimal aufeinander einstellen und eine "Kompromißorientierung" erreichen, ist der kurze Weg mit der Nutzung von (C) natürlich der effektive.

Abbildung IV.2.4: Schematische Darstellung des Akme-Bolt-Spieles (R = Rückwärts; F = Vorwärts; O = Stillstand; (C) = Gemeinsame konfliktreiche Wegstrecke; a_1-a_2 = individueller Weg von Akme; b_1-b_2 = individueller Weg von Bolt; UW = Umweg

Annahme, daß das jeweilige andere Kind in dieser Art und Weise gehandelt hat. Auf der gemeinsamen Wegstrecke befinden sich zwei sog. Schranken (die eigene wie die vom "Partner"), wobei der jeweils vermeintliche Partner seine eigene Schranke für das andere Kind öffnen oder verschlossen halten kann (Schrankensperrung). Das Kind muß an der "Wegscheide" vor Beginn der gemeinsamen Wegstrecke (s. Abb. IV.2.4) entscheiden, ob es den (belastenden) kurzen Weg (nur 20 Felder zum Ziel) oder den einfachen, aber dafür langen Umweg (mit weniger Feldbewegungen pro Schritt) gehen möchte. Dementsprechend sind die Strategien des Versuchsleiters standardisiert festgelegt und jedes der beiden anwesenden Kinder spielt auf seiner A3-Spielvorlage real gegen die Strategie des Vl. Jedes Kind muß auf seiner Spielvorlage (als notwendige Orientierungsgrundlage!) die Figur des vermeintlichen Partners mitbewegen, da nach jedem Spielzug ja die "Entscheidungen" nonverbal per Handzeichen und Signalkärtchen durch den Vl bekanntgegeben werden, so daß das Kind immer die eigene Position und die des vermeintlichen Partners genau kennt. Die Mehrzahl der hier nicht darstellbaren Einzelaktionen (da sie ein Manual erfordern) läuft auf einige notwendige Konfliktlösungs- und Kompromißentscheidungen hinaus: Entscheiden zwischen eigenen und partnerbezogenen gemeinsamen Interessen, Entscheiden für oder gegen einen Weg zur *beiderseitigen* optimalen kooperationsorientierten Problem- und Konfliktlösung. Der ABS-Test besteht - wie die anderen experimentaldiagnostischen Tests auch - aus mehreren TV'n, in denen die experimentellen Strategien realisiert werden. Variiert werden in den Strategien vor allem die Bedingungen:

Warten an der Wegscheide, Zurückgehen zur Wegscheide (andere neue Entscheidung treffen), Sperren des gemeinsamen Weges durch Verweigerung der Schrankenöffnung, Wahl des Weges, Anzahl der zurückzugehenden Schritte, Anzahl der Konfrontationen (Voreinanderstehen), u.ä.m.

Jede dieser "Aktionen" impliziert andere, hier nicht weiter darstellbare Konfliktbedingungen und verschiedene sozial-kooperative Motivationsprobleme, z.B. "finanzielle" (tokenorientierte) und zeitliche Belastungen, Verlust von bereits zurückgelegten Feldern usw., so daß es im Verlauf der Teilversuche zu einer deutlich erlebten emotionalen Konflikteskalation (wofür entscheide ich mich hier an dieser Stelle?) je nach der individuellen Bereitschaft des Kindes kommt. Da die Kinder so instruiert sind, daß es neben der eigenen Aufgabenrealisierung vor allem auch auf die Bewältigung der gemeinsamen Aufgabenstellungen ankommt, also die Zielerreichung *beider* Kinder genauso ausgewertet wird wie die jedes einzelnen Kindes (und damit auf den vermeintlichen Partner direkt Bezug genommen wird), ist der Kooperations-Kompetitions-Konflikt weitgehend - wie im realen Leben oder Schulalltag auch - vorprogrammiert (Zimmermann, 1990): Es gibt - wie generell im Leben - keine Kooperation ohne eigene Kosten, ohne eigenen Aufwand, sozusagen zum "Nulltarif" für einen selbst. Kooperation impliziert (vgl. oben) immer die Norm der *Beiderseitigkeit und sozialen Reziprozität*. Genau dies spiegeln die Inhalte im ABS-Test wider. Die wesentlichen lernaktivierenden Bedingungen via Vl-Strategien tragen dazu bei, daß die Kinder lernen, zunehmend angemessener mit dem vermeintlichen Partner und seinem Verhalten (Entscheidungen) in Relation zum eigenen Verhalten und eigenen Interessen umzugehen.

(2) Der "DDM-Test"
Bei diesem Test wird als praktische Handlung eine Mosaik-Musterbau-Aufgabe (mit vier- und geteilt farbigen Holz-Mosaikbausteinen, ähnlich dem HAWIK) verwendet, bei der die Kinder aus 36 Mosaiksteinen nach definierten Regeln (die dann auch die eigentlichen Konfliktmöglichkeiten implizieren) nach einer im jeweiligen TV verwendeten farbigen Vorlage das entsprechende Muster bauen müssen (vgl. dazu im Detail Zimmermann, 1989, s.a. 1987). Beim "DDM-Test" geschieht die Gestaltung der Konflikthaftigkeit von Entscheidungen, Erwartungen und erlebten Partnerverhaltensweisen vor allem über die Verwendung einer sog. "3x3-Alternativen Gewinn-Verlust-Auszahlungsmatrix". Diese Matrix reguliert, wieviele Bausteine das Kind im betreffenden Spielzug seinem Vorratskasten entnehmen (Gewinn, Pluswerte) oder auch wieder zurücklegen (Verlust, Minuswerte) muß. Die Konflikthaftigkeit wird primär über die Auszahlungsrelationen (Gewinn/Verlust) determiniert. Wir haben die aus der spielexperimentellen Forschung hinlänglich bekannte Matrixform vom Typ des "Prisoner's Dilemma-Game" ("PDG", Gefangenen-Dilemma-Spiel) verwendet, bei dem im Grunde zwischen jeweils zwei schwierigen, ein Entscheidungsdilemma induzierenden Alternativen mit Abwägung von jeweils entstehendem "Nutzen" und/oder "Schaden" eine individuelle Entscheidung zu treffen ist.
Bei uns gibt es hier 3 Verhaltens-Wahl-Alternativen für jeden einzelnen Spielzug (i) des Teilversuches (j): Kooperative, rein wettbewerblich-egozentrische und sehr unsichere Wahlentscheidung. In der nachfolgenden Abbildung IV.2.5 haben wir diese Matrix dargestellt.

Diese Matrizen haben sich mit einem Index mittlerer Konflikthaftigkeit vor allem für Anwendungen bei Kindern als effektiv und sehr leicht verständlich erwiesen (vgl. Krivohlavy, 1974; May, 1983; Zimmermann, 1990). Wir haben in dieser abgebildeten 3x3 ("Drei-mal-Drei") PDG-Auszahlungsmatrix bei dem DDM-Test der Überschaubarkeit wegen auf die in allen vier Teilversuchen gezielt erfaßten und diagnostisch ausgewerteten Erwartungen des Kindes hinsichtlich des Partnerverhaltens, der Wahlverhaltensweisen des vermeintlichen Partners, also des "inneren Bildes" vom jeweiligen vermeintlichen Partner, verzichtet.
Im Zentrum des "DDM-Tests" stehen als Diagnostizierungsgegenstand vor allem solche Variablen wie sozial-kooperationsbezogene Entscheidungssicherheit und -stabilität, partnerbezogenes (kooperatives) Vertrauen bzw. Mißtrauen, Kompetitionsbereitschaft, Täuschungsmotivationen, Kompromißbereitschaft und Konflikttoleranz.

Schüler 2
Wahlmöglichkeiten

	1	(+2) / +2	(-1) / +4	(0) / +2
Schüler 1 Wahlmöglichkeiten	2	(+4) / -1	(-2) / -2	(0) / +1
	3	(+2) / 0	(+1) / 0	(0) / 0

Abbildung IV.2.5: Gewinn-Verlust-Auszahlungsmatrix im DMM-Test. Wahlmöglichkeiten: 1 (kooperativ), 2 (wettbewerblich), 3 (unsicher).
Auszahlung bzw. Verlust für Vp 1 = Zahlen vor dem
Schrägstrich, Auszahlung bzw. Verlust für Vp 2 = Zahlen nach
dem Schrägstrich.

(3) Der "BF-Test"

Wie bereits oben erwähnt, ist dieser Test wie der DDM-Test im Verlauf von ca 12
Jahren anwendungsorientiert standardisiert worden. Er basiert inhaltlich-methodisch
auf einer kompletten Neuentwicklung, bei der die beiden anwesenden Kinder in
jedem Teilversuch andere Begriffslisten mit den jeweiligen Ergänzungen in Form
von kleinen Begriffskärtchen vervollständigen müssen. Dabei handelt es sich z.B. um
Ergänzungen wie "Gegenteile" finden oder "Zusammenpassendes" finden o.ä.m.
Wichtig ist dabei, daß die Kinder einen Begriffs-Kärtchen-Vorrat besitzen, jedoch
darin neben nur einem Teil (genau 50 %) der richtigen Lösungsworte auch jeweils 10
falsche Kärtchen enthalten sind, die nicht genutzt werden können. Dem vermeintlichen Partner geht es ebenso. Zugleich hat aber jedes Kind die kompletten 20
notwendigen richtigen Lösungskärtchen für den jeweiligen Partner, kann ihm also
"helfen", sofern dieser dies will und durch entsprechende Signalkärtchen nonverbal
zur Kenntnis gibt. Dieses nonverbale Kommunizieren geschieht aber - wie beim
DDM-Test und dem ABS-Test - nur "über die Vermittlung des Versuchsleiters",
wiederum so, wie es in der generellen Kinder-Sitzanordnung (vgl. nochmals oben
Abb. IV.2.3) ermöglicht wird. Die Kinder selbst kommunizieren während der eigentlichen Teilversuche nicht direkt miteinander, sondern nur über entsprechende Signal-

kärtchen und andere Zeichen via Versuchsleiter. Dieser realisiert mittels entsprechender experimenteller Kaschierungen seine Strategien, die sich von TV zu TV entsprechend einer lernaktivierenden Abfolge unterscheiden (ganz ähnlich zu dem, was wir oben zum ABS-Test schon ausgeführt haben). Auch bei diesem Test ist also der (vermeintliche) Partner aufgrund der gegebenen Bedingungen in der Lage, dem jeweils anderen Kind zu helfen, sofern es diese Hilfe anfordert. Gleichzeitig ergeben sich damit natürlich auch Möglichkeiten, die vom vermeintlichen Partner "angeforderte" Hilfe zu verweigern, ihn also indirekt zu bestrafen (z.B. für zuvor erlebte Ablehnung von erbetener Hilfe, usw.). Auch in diesem Test sind die Kinder also auf die Hilfe und Mitarbeit des Partners angewiesen, *wenn* sie kooperationskompetent ihr Ziel und das gemeinsame Ziel (beide Listen von Begriffsvorlagen müssen schnell fertiggestellt werden) erreichen wollen. Dieses Kooperations- und Gegenseitigkeits-Erlebnis wird - wie bei allen anderen Tests auch - durch den auch beim BF-Test *vorgeschalteten,* wiederum *echt dyadisch-strukturierten Übungsversuch (ÜV)* erreicht.

Eine Vielzahl von konflikterzeugenden Bedingungen (u.a. auch verschiedene aggressive Verhaltensweisen des vermeintlichen Partners, Zeitfaktoren, Abgabe von roten Wertmarken bei Hilfeleistungen an den vermeintlichen Partner u.ä.) sind sehr wirksame Variablen. Jedoch wissen die Kinder aus dem genannten erlebnisintensiven Übungsversuch (ÜV) in diesem Test, daß für *jedes* Kind gleichermaßen diese Belastungen gegeben sind und daß die eigenen Verhaltensentscheidungen - für oder gegen eine Hilfe oder die Annahme eines Hilfeangebotes seitens des Partners - unmittelbare und langfristig mittelbare Rückwirkungen haben. Es realisiert sich damit die *Norm sozialer Reziprozität eigenen Handelns* im Kooperationsprozeß.

Im Unterschied zu den anderen experimentaldiagnostischen Tests erfolgt im BF-Tests eine sehr genaue Differenzierung der verschiedenen Hilfsarten und -motivationen des Kindes. Diese reichen von einfacher, sozial-reziproker Hilfeleistung bis hin zu einseitig altruistischen, "samariterhaften" Hilfsleistungen. Andererseits gibt es einseitig-wettbewerbliche und aggressiv-egozentrisch motivierte Schein-Hilfeleistungen des Kindes (vgl. hierzu auch Bilsky, 1990). Damit lassen sich spezifische Anhaltspunkte für eine direkt therapie- und interventionsorientierte Beurteilung von sozialen Lerndefiziten vor allem hinsichtlich des kompetenten Hilfsverhaltens des Kindes ableiten. Dies ist bereits im Rahmen empirischer Untersuchungen zur Anwendung des BF-Tests durch Studien zur *Therapieeffektivität und -indikation* erfolgt, worauf wir dann bei der Ergebnisschilderung unten noch eingehen werden. Generell kann aber hier schon gesagt werden: Therapieresistente Kinder mit diagnostizierten ausgeprägten (neurotischen) Verhaltensstörungen zeigen in ihren Lernfähigkeits-Parametern und Verlaufskurven eindeutig schlechtere Resultate als Kinder mit guten Therapieergebnissen. Interessanterweise fanden sich solche Tendenzen aber auch bei Kindern aus sogenannten "Russisch-Klassen", wie sie seinerzeit in der ehemaligen DDR als Eliteklassen eingerichtet wurden. Diese Kinder aus den Sonderklassen verhielten sich im Hinblick auf die soziale Kooperation und Hilfsbereitschaft abbildende Lernfähigkeitsparameter etwa analog zu den neuroti-schen Kindern, die erhebliche Schwierigkeiten in der sozialen und emotional-affek-tiven Erfahrungsverarbeitung aufwiesen. Nur waren es bei den jetzt genannten gleichaltrigen Kindern der Russischklassen vor allem extrem ausgeprägter Egozen-trismus und Kompetitionsbereitschaft und damit andere Hintergründe für sozial-inkompetentes rigides Verhalten.

2.3.4.2   *Generelle Ergebnistrends aller drei Verfahren*

Wir berichten hier über Analyseergebnisse an insgesamt 1.100 Normalschülern (darunter auch Schüler der sog. „Russisch-Sonderklassen") im Alter von 9-11 Jahren. Weiterhin wurden 100 normalintelligente, aber deutlich neurotisch-verhaltensgestörte Kinder im Alter von 9-11 Jahren untersucht. Die Zuordnung zu dieser Gruppe geschah auf Grund sehr umfangreicher Analysen.

Zunächst wurden von uns aus einem sehr großen Variablenpool insgesamt 30 sehr gut diskriminierende Variablen der Handlungstests selektiert. Dies geschah auf der Basis mehrerer Diskriminanzanalysen (vgl. Zimmermann, 1984 sowie 1993a). Für alle Variablen lagen grundsätzlich standardisierte Werte vor, d.h. entweder die RED-SW-Parameter (als C-Skalenwerte, vgl. oben) der Verlaufsvariablen bzw. der Prä-Post-Variablen oder die entsprechenden C- bzw. T-Standardwerte der Einzelvaria-blen in den TV. Zudem berechneten wir verschiedene konfigurationsfrequenzanaly-tisch (KFA)-bestimmte sogenannte individualdiagnostische KFA-Beurteilungsstan-dards, die eine Aussage über die Abweichung bzw. die Nicht-Abweichung von einem "Normalverlauf" der betreffenden Variablenkurve erlaubten. Auf der Grundlage dieser verschiedenen Auswertungsparameter ergaben sich folgende Ergebnistrends:

(1) Bei der Mehrzahl der Testvariablen mit kooperationsaktiven Inhalten finden sich im Sinne unserer Hypothesen erwartungsgemäße Lernveränderungen bei den Normalschülern, die einen sozial-kooperativen Erfahrungszuwachs im Prozeß der Tätigkeit vom 1. bis zum n-ten Teilversuch des jeweiligen Tests widerspiegeln. So zeigt sich bei den meisten Tests (insbesondere den drei hier vorgestellten Verfahren) nach der anfänglich intendierten Labilisierung der prosozialen Kooperationsbereit-schaft im 2. TV dann ein z.T. "überreaktiver" deutlicher Anstieg im 3. TV, welchem dann im allgemeinen ein "Einpegeln" auf einem mittleren, d.h. hier anforderungs- und kooperationskompetenten Handlungsniveau zum Ende des Tests, also im letzten TV, folgte. Dabei wird deutlich: *Weder* ein einseitiges, nur egozentrisches und ausschließlich wettbewerblich-motiviertes Entscheidungs- und Wahlverhalten des

betreffenden Kindes *noch* ein einseitiges uneffektives und altruistisch/samariterhaftes Helfen ohne entsprechendes Engagement des vermeintlichen Kooperations-Partners erweisen sich als kooperationskompetentes Verhalten. Diese Vorgehensweisen kommen schließlich am Ende der Erfahrungssequenzen bei den Kindern ohne Verhaltensstörungen nicht oder nur extrem (unterrepräsentiert) selten vor.

(2) Bei den Normalschülern ist generell (und dies in der großen Mehrzahl der untersuchten Variablenverläufe sowohl auf der Basis der RED-SW-Wert-Analysen als auch der Einzelvergleiche und der mit allen Variablen durchgeführten KFA'n) zwischen Ausgangs- und End-TV eine signifikante Verminderung eines einseitig wettbewerblich orientierten und nicht genügend partnerbezogenen "Spielverhaltens" feststellbar

(3) Die auf kooperationsbezogene Entscheidungssicherheit (bzw. auch -unsicherheit), Risikobereitschaft und Konflikttoleranz abzielenden Testvariablen weisen demgegenüber keine durchgängig eindeutigen Verläufe auf. Hier finden sich lediglich zwischen Ausgangs- und End-TV deutliche und statistisch sehr signifikante Verminderungen von Entscheidungsunsicherheit und kooperationsbezogener Entscheidungsinkonstanz, während die auf Risikobereitschaft und Konflikttoleranz abzielenden Variablen z.T. sehr unterschiedliche und widersprüchliche Verläufe zeigen.

Die genannten drei Trends konnten für Normalschüler von 9-11 Jahren abgesichert werden, dabei für die Jungen durchgängig etwas markanter als für die Mädchen, obgleich sich - insgesamt gesehen - keine relevanten Geschlechtsunterschiede nachweisen ließen (vgl. Zimmermann, 1987, 1990).

In der wesentlichen, vor allem klinisch-psychotherapeutisch relevanten Differenzierung zwischen unauffälligen Normalschülern und sozial-auffälligen, neurotisch-verhaltensgestörten Kindern im Alter von 9-11 Jahren konnten wir bei allen drei hier näher geschilderten experimentaldiagnostischen Handlungstests (sowie bei dem vierten von uns entwickelten "STL-Test", den wir aber hier nicht weiter verfolgen) ihre deutliche Überlegenheit gegenüber konventionellen Tests nachweisen. Dazu wurde neben vielen anderen Analyseebenen und Einzelverfahren (vgl. dazu ausführlich in Zimmermann, 1984) vor allem Diskriminanzanalysen herangezogen. Wir ermittelten durch eine schrittweise diskriminanzanalytische Selektion eines sehr großen Variablensatzes aus allen vier Verfahren einen optimierten Variablensatz aus 12-16 Test-Variablen (verschiedener Art), denen ein ebenfalls optimierter Variablensatz (10 Variable) von herkömmlichen Verfahren (auf die wir hier nicht eingehen können, vor allem Persönlichkeitsfragebogen, fiktive Situationstests zum Sozialverhalten, usw.) gegenübergestellt wurde. Dies geschah dadurch, daß wiederum durch Diskriminanzanalysen die entscheidende Frage überprüft wurde: Lassen sich mit dem

optimierten Satz von Variablen der neuen experimentaldiagnostischen Tests treff-
sicherere Zuordnungen zu normal-unauffälligen, kooperationskompetenten Schülern
und einer entsprechenden Extremgruppe von neurotisch-verhaltensgestörten Kindern
gleichen Alters (diagnostiziert durch eine umfangreiche Einzeldiagnostik in der
klinischen Behandlungsstelle) treffen als mit dem optimierten Satz von Variablen
herkömmlicher Verfahren? Wir erzielten mit unseren Verfahren eine sehr hohe
Trefferquote von über 95 % richtiger Zuordnung. Vergleichsweise dazu (siehe
Zimmermann, 1984 und 1990) wurde mit dem optimierten Satz konventioneller
Verfahren eine Trefferquote von nur ca. 71 - 72 % richtiger Zuordnungen erreicht. In
den einzelnen (jeweils auch diskriminanzanalytisch ausgewerteten) Handlungstests
finden sich vergleichbare Resultate, die auf eine Trefferquote zwischen 91 und 94 %
im Sinne der eben dargestellten Unterscheidung verweisen.

2.3.4.3   *Differentialdiagnostische Befunde bei einzelnen Tests*

Basierend auf einer speziellen Stichprobe von 450 Normalschülern sowie den o.g.
Extremgruppen und in inzwischen durchgeführten klinischen Anwendungsuntersu-
chungen in den Jahren 1983 - 1989 ergaben sich folgende wesentliche empirische
Resultate *beim DMM-Test*:

(1) Bei einer Reihe von Vergleichen der gemittelten und z-skalierten Rohwerte
der drei wesentlichen Variablengruppen (sozial-kooperationsbezogene sowie primär
egozentrisch-wettbewerblich ausgerichtete Variablen und solche mit Bezug zur
Entscheidungsunsicherheit bzw. -stabilität sowie Risikobereitschaft) zwischen
Normalschülern (N) und als neurotisch-verhaltensgestört diagnostizierten Schülern
(Vhst.) sowie einer Gruppe von ausgewählten leistungsstarken und wahrscheinlich
ehrgeizigen Schülern der sog. „Russischklassen" in der früheren DDR ("LST"-
Gruppe) im Alter von 9-11 Jahren finden sich durchgängig sehr unterschiedliche
Verläufe, die wir vereinfachend in der nachfolgenden Abbildung IV.2.6 dargestellt
haben (vgl. auch Zimmermann, 1984, 1988a):

Es zeigt sich bei den N-Schülern ein deutlicher Anstieg der prosozial-kooperativen
Entscheidungen (auch bei den entsprechenden Erwartungshaltungen gegenüber dem
vermeintlichen Partner, die wir hier aus Übersichtsgründen nicht mit in die Abbildung einbeziehen), dem ein intendierter Rückgang auf der Basis einer lernaktivierenden Labilisierung (vor allem zwischen 2. und 3. TV, hier verhielt sich der vermeintliche Partner ziemlich unkooperativ) folgt, um dann schließlich wieder einem erneuten, aber nicht so steilen Anstieg Raum zu geben, mit dem das oben bereits genannte
schrittweise "Einpegeln" auf einem offensichtlich optimalen Niveau im dynamischen

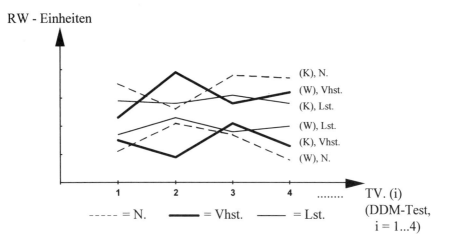

Abbildung IV.2.6: Generelle Trends (vereinfacht zusammengefaßt) der rohwertbezo-
genen Variablenausprägung in den vier TV des DDM-Tests.
Primär kooperationsorientierte (K) und primär wettbewerblich
(W) orientierte Testvariablen bei "Normalschülern" (N.), deutlich
verhaltensgestörten (neurotischen) Kindern (Vhst.) und bei sehr
leistungsstarken, vermutlich auch ehrgeizigen Schülern (Lst.) im
Alter von 9 - 11 Jahren

Spannungsfeld zwischen kooperativen und selbstverständlich immer auch bestehenden (also ganz normalen) eigenen, wettbewerblichen Interessen erreicht wird. Hier
zeigt sich u.a. die schon oben thematisierte spezifische "Kooperations-Kompetitions-
Konflikt-Dynamik", welche sich letztlich wie ein roter Faden durch alle Variablen-
Verläufe und unseren dynamischen Testansatz zieht. Demgegenüber findet sich
dieser Trend bei den Vhst.-Schülern nicht, ebenso findet er sich auch nicht bei den
sehr ehrgeizigen "LST"-Schülern, die sich im Grunde ähnlich rigide im Hinblick auf
die kompetente Erfahrungsverarbeitung (sprich hier: sozial-kooperative Lernfähigkeit) verhalten wie ihre jeweils altersgleichen verhaltensgestörten Kameraden, denen
jedoch die sozial-kooperative Erfahrungsverarbeitung viel schwerer fällt (s. hierzu
weiter unten).

Übrigens finden sich im BF-Test ganz ähnliche Ergebnistrends, so daß dieser
Befund wohl doch schon von einer generellen Bedeutsamkeit zu sein scheint.

(2) Aus einer Vielzahl von Vergleichen und statistischen Analysen wollen wir -
vor allem wegen der praktisch-psychotherapeutischen Anwendungs-Relevanz - hier

für den DDM-Test nur einen besonders markanten Vergleich auswählen, welcher sich auf eine *therapieorientierte* Fragestellung, die mit der *Einzelfallanalyse* bearbeitet wird, bezieht:

Wir konzentrieren uns dabei auf verschiedene Detailanalysen des *Verlaufs* der Ausprägungsgrade der Wahlreaktions-Variablen (die jeweils auf die maximal 30 Spielzüge in jedem der vier TV des DDM-Tests bezogen sind) und zwar bei jeweils *einem* Schüler. Es wird dabei zu zeigen sein, daß gerade solche inhaltlichen einzelfallanalytischen Detailuntersuchungen wesentliche Unterschiede zwischen sozialunauffälligen Schülern und den neurotisch-verhaltensgestörten Kindern deutlich hervortreten lassen, die besonders *differentialdiagnostisch* gut genutzt werden und zu Therapieentscheidungen Anlaß geben können.

Wir analysierten bei dieser Ausgangsfragestellung 25 Paare von je einem Kind A und einem Kind B. Die Kinder aus der Gruppe A waren solche mit insgesamt durchschnittlichen normalen Variablenausprägungen (d.h. die RED-SW-Parameter lagen alle im Normbereich der C-Skala, die Skalenwerte der verschiedenen Einzel- und Komplexvariablen lagen ebenfalls im Normbereich).

Die Kinder der Gruppe B gehörten alle zur Extremgruppe der deutlich neurotischverhaltensgestörten Kinder. Uns interessieren nun die auf den 1. und 4. TV (also den Ausgangs- und End-TV) bezogenen insgesamt (2*30=) *60 Einzelentscheidungen* und dabei speziell deren *serielle Abhängigkeiten bzw. Unabhängigkeiten* im Verlauf der beiden entscheidenden Teilversuche, praktisch i.S. einer Prä-Post-Test-Analyse. Bei jeder dieser 60 Einzelentscheidungen gab es jeweils drei Alternativen: Wahl 1 = kooperationsbezogene Entscheidung; Wahl 2 = kompetitionsbezogene, egozentrische Entscheidung und Wahl 3 = offene oder "Unsicherheitsentscheidung". Damit wurde pro Schüler ein *Markoff-Prozeß erster Ordnung* definiert (vgl. Petermann & Hehl, 1979, S. 229 ff.). Mit diesem Markoff-Prozeß 1. Ordnung soll nun über den Anderson-Goodman-Test (a.a.O) die seriale Abhängigkeit (bzw. Unabhängigkeit) der Folge der 60 Einzelentscheidungen überprüft werden.

Wir gehen hypothetisch nach den Ergebnissen unserer damaligen Voruntersuchungen von folgender Annahme aus: Es ist evident, daß inhaltlich enge und statistisch zu sichernde seriale Zusammenhänge zwischen den einzelnen zu treffenden Verhaltensentscheidungen in jedem Falle dann gegeben sind, wenn ein Kind sich prosozial-kooperationskompetent verhält. D.h. wir erwarten, daß das jeweilige Verhalten des Kindes zum Zeitpunkt t_{i+1} auf das Verhalten zum vorhergehenden Zeitpunkt t_i direkt (also serial) bezogen ist (bei i=1..n im Teilversuch j).

Für diese - einzelfallanalytische - Fragestellung werden für jeden Schüler A sowie B des ausgewählten Paares zunächst die Übergangs-Häufigkeiten (h(i;j), mit (i=1..59; j=i+1) in einer Matrix (M), bezogen auf die drei alternativen Wahlmöglichkeiten (1,2 oder 3) pro Spielschritt (i) innerhalb der 60 Züge der zwei TV des DDM-Tests

ermittelt. Diese bilden nun die Grundlage für die schrittweise Bestimmung der Übergangswahrscheinlichkeiten p (j/i), d.h. also der bedingten (jeweils auf den vorherigen
Spielzug rekurrierenden) Wahrscheinlichkeiten des Eintretens der betreffenden
Wahlalternative 1, 2 oder 3. Daraus nunmehr bestimmt sich die entsprechende Matrix
dieser Übergangswahrscheinlichkeiten für Schüler A: $P_A = p(j/i)_a$ bzw. für Schüler B
zu: $P_B = p(j/i)_b$ mit (i=1...59 und j=2..60).

Man kann nach dem von Revenstorff und Vogel (vgl. in Petermann & Hehl, 1979)
vorgeschlagenen Verfahren des "Anderson-Goodman-Tests" bei einer Chi-Approxi-
mation und einem entsprechenden Schrankenwert alpha (für die Hypothesenableh-
nung oder -annahme) sowie Fg=(k-1)=4 die seriale Abhängigkeit (bzw. Unabhängigkeit) für jeden einzelnen Schüler und den Reaktions-Entscheidungsverlauf über seine
60 Spielzüge überprüfen. Wir haben dies nun getan für alle Schüler unserer ausgewählten 25 Paare. In der folgenden (vereinfachten) Tabelle IV.2.2 haben wir das
Ergebnis einmal auszugsweise für zwei nach dem Zufall ausgewählte Paare dargestellt ($A_1:B_1$ und $A_2:B_2$ i.S. der oben genannten Gruppen der A- und B-Schüler).

Die Analysen zu allen einzelnen ausgewählten 25 Schülerpaaren ($A_i:B_i$) mit
(i=1..25) bestätigten uns statistisch sehr eindeutig, daß bei den Schülern der Gruppe
A Markoff-Prozesse 1. Ordnung und damit deutliche seriale Abhängigkeiten in
entscheidungsrelevanter Hinsicht vorliegen und in 20 von 25 Fällen diese seriale
Abhängigkeit eindeutig statistisch mit p<0,01 gesichert ist; bei drei Fällen finden
sich statistische Ergebnisse mit p<0,10 (also tendenziell auch relevant).

Umgekehrt stellten wir - in Bestätigung unserer Erwartung - fest, daß neurotisch-
verhaltensgestörte Kinder relativ häufig ein weitgehend entscheidungslabiles und
überwiegend stochastisches Wahl-Entscheidungs- und Erwartungsverhalten zeigen.
Innerhalb dieser Gruppe B fanden sich nur bei 6 der 25 Schüler noch oder nur noch
tendenziell signifikant gesicherte seriale Abhängigkeiten über die 60 Spielzüge
(p=0,05 bzw. <0,10) hinweg. Bei den anderen 19 Schülern fanden sich eindeutig
keine solchen serialen Abhängigkeiten mehr (p>0,30 bzw. 0,50), d.h. es dominierten
primär stochastische Verläufe der einzelnen Verhaltensentscheidungen. Dieses
Ergebnis weist auf den differentialdiagnostisch nutzbaren Aspekt hin, daß aus der
Strukturiertheit des Wahlentscheidungs- und Erwartungsverlaufes der Folgen von
Verhaltensentscheidungen eines Kindes (gleich, ob in primär kooperations- oder
kompetitionsbezogener Hinsicht) auf anforderungsgemäße (hier soziale) Verhaltenskompetenz zurückgeschlossen werden kann. Umgekehrt kann aus der Diffusität und
fehlenden Strukturiertheit solcher Verhaltensentscheidungs-Verläufe über einen
bestimmten Zeitraum auf mögliche Störungen hinsichtlich einer solchen kompetenten
Verhaltensorientierung und Regulation der Verhaltensentscheidungen geschlossen

Tabelle IV.2.2:   Einzelfallanalytische Ergebnisse der Anderson-Goodman-Tests auf seriale Abhängigkeiten (bezogen auf 60 Wahlentscheidungen mit je drei Alternativen 1,2 und 3 im 1. und 4. Teilversuch - TV - des DDM-Tests) bei zwei Schülerpaaren

Matrix der Übergangswahrscheinlichkeiten Zeitpunkt: $j = (i + 1)$				Anderson-Goodman-Testgröße (Chi-Quadrat)	Signifikanz-niveau
Schüler - A_1 -					
i 1 2 3 Summe					
1 0.72 0.17 0.15 1.00					
2 0.50 0.40 0.10 1.00				<u>15,828</u>	< 1 %
3 0.39 0.00 0.61 1.00					(s.s.)
p_j: 0.62 0.17 0.21 1.00					
Schüler - B_1 -					
0.36 0.44 0.44 1.00					
0.25 0.42 0.33 1.00					
0.00 0.62 0.38 1.00				6,741	> 10 %
p_j: 0.24 0.45 0.31 1.00					(n.s.)
Schüler - A_2 -					
0.78 0.12 0.10 1.00					
0.40 0.50 0.10 1.00					
0.41 0.02 0.57 1.00				<u>19,614</u>	< 1 %
p_j: 0.66 0.16 0.18 1.00					(s.s.)
Schüler - B_2 -					
0.30 0.40 0.30 1.00					
0.27 0.35 0.38 1.00					
0.10 0.56 0.34 1.00				4,002	> 10 %
p_j: 0.28 0.37 0.35 1.00					(n.s)

<u>Anmerkung:</u> In der Tabelle bedeuten $P_{A1} = (p_j/i)_{A1}$ bzw. $P_{B1} = (p_j/i)_{B1}$ die Matrizen der Übergangswahrscheinlichkeiten vom i-item zum i+1-ten (Zug bzw.) Entscheidungsvorgang, bezogen auf die jeweilige Wahlart 1,2 oder 3, für den Schüler A_i bzw. B_{i2} (i=1,2). Rechts stehen die Ergebnisse des Anderson-Goodman-Tests (Chi-Approximation) mit Angabe der Signifikanz (in %-Niveau).

und gegebenenfalls auch praktisch-klinisches therapeutisches Handeln abgeleitet werden (vgl. dazu Zimmermann, 1990, 1993).

(3) Bei der Gegenüberstellung von 1. und 4. TV (die man auch als Prä- und Post-tests im Sinne von Lerntests betrachten kann) war zunächst auffällig, daß die *Normalschüler* gegenüber den *Verhaltensgestörten* bereits im 1. TV die erwartete seriale Abhängigkeit ihrer Entscheidungen zeigten. Bei den Verhaltensgestörten gab es eine interessante Unterscheidung. 11 der 25 Kinder zeigten im 4. TV im Vergleich zum 1. TV eine nun angemessenere seriale Abhängigkeit in ihrem Entscheidungs-verhalten (allerdings nicht ganz so ausgeprägt wie die "Normalkinder"). Es wäre nun anschließend zu fragen, ob dies nicht vielleicht auch die therapeutisch leichter zu beeinflussenden Kinder sind (s. hierzu auch weiter unten).

(4) Wir haben einzelfallanalytische Ergebnisse auch unter Einbeziehung einer Gruppe sehr stark *wettbewerblich-egozentrisch orientierter Kinder* (N=30, aus "Russisch-Spezialklassen") und der Gruppe *neurotisch-verhaltensgestörter Kinder* ermittelt: Hier zeigte sich interessanterweise, daß diese schulisch leistungsstarken, wettbewerblich-orientierten Kinder ganz eindeutig signifikant gesicherte seriale Abhängigkeiten im o.g. Sinne in ihrem Entscheidungs-, Wahl- und Erwartungsver-halten im Verlauf von 60 Spielzügen erkennen ließen (die Mehrzahl der Goodman-Anderson-Tests waren mit $p<0,05$ bzw. $0,01$ signifikant gesichert), also durchaus effiziente und verhaltenskompetente Erfahrungsverarbeitung (wenn auch auf "ihre konkurrenzorientierte Weise") zeigten, während dies bei den verhaltensgestört-neurotischen Kindern nicht der Fall war. Hier dominierte stochastische Unabhängig-keit in den Verläufen der Entscheidungen während der 60 Spiel-Zugfolgen im DDM-Test.

Ähnliche Ergebnisse ließen sich mit den anderen experimentaldiagnostischen Tests auf der Basis vor allem einzelfallanalytischer Techniken feststellen.

(5) Wir wollen schließlich ein letztes komplexes Ergebnis unserer Anwendungen zum DDM-Test vorstellen, welches exemplarisch für zahlreiche andere differential-diagnostische und klinische Analyseresultate steht: Aus dem Satz der insgesamt nach den verschiedenen Testgütekriterien als valide ausgewiesenen und in die Endform des DDM-Tests aufgenommenen Variablen sollten diejenigen herausgefunden werden, bei denen auf der Basis der Konfigurationen der Variablenausprägungen von TV zu TV (also ihres Anstieges oder ihres Abfallens, symbolisiert durch <+> oder <->) eine Differenzierung zwischen 200 "*Normalschülern*" (mit unauffälligen psycho-diagnostischen Ergebnissen) und den bereits erwähnten 100 deutlich *neurotisch-verhaltensgestörten Kindern* ermöglicht werden kann. Eine solche treffsichere Diffe-renzierung anhand von Konfigurationen, die durch die KFA als valide und signifi-kant ausgewiesen sind, kann wesentliche Erleichterung bei anstehenden Therapieent-

scheidungen bzw. überhaupt bei der Frage der Therapieindikation im Kindesalter geben.

Tabelle IV.2.3: Ergebnisse der Konfigurationsfrequenzanalyse: Trennschärfe Verlaufskonfigurationen im Vergleich zwischen „Normalschülern" (N) und neurotisch-verhaltensgestörten Kindern (Vhst.)

Variable (V)	(K)	T-Wert	Signifikanz (%) [2]	Über- oder Unterrepräsentation von (K)	Inhaltliche Kurzcharakteristik der Variablen (V)
(1)	(-++) (-+-)	20,92	< 0,1	ÜB(N) ÜB(Vhst)	effektiv realisierte Kooperationsbereitschaft
(6)	(-++)	54,76	< 0,1	ÜB(N), UN(Vhst)	kooperative Stabilität
(7)	(---) (-+-)	29,87	< 0,1	ÜB(N), UN(Vhst) ÜB(N)	realisierte kompetitive Stabilität (Motivation)
(8)	(+--) (-+-) (++-)	19,63	< 1	ÜB(N), UN(Vhst) ÜB(Vhst) ÜB(N)	kooperative Entscheidungslabilität
(13) (nur 1./4.TV)	(-+) (++)	16,80	= 1	ÜB(N) UN(Vhst)	aktives Bemühen um kooperatives Wiedervertrauen (Restitutionsmotivation)
(14)	(-+-) (+--) (+++)	38,64	< 0,1	ÜB(N), UN(Vhst) ÜB(N), UN(Vhst ÜB(Vhst), UN(N)	kompetitionsmotivierte bewußte Partner
(27)	(+--) (+-+)	19,91	< 1	ÜB(Vhst), UN(N) ÜB(N), UN(Vhst)	Partnervertrauen und Kooperationsengagement signalisierende Partnererwartungen
(28)	(+--) (+-+)	18,42	< 1	ÜB(N), UN(Vhst) UN(N), ÜB(Vhst)	negative, kein Partnervertrauen signalisierende Erwartungen des Kindes
(31)	(-++)	26,11	< 0,1	ÜB(N), UN(Vhst)	erwartungsbezogener kooperativer Partnerrealismus
(36)	(+--) (+-+)	31,17	< 0,1	ÜB(N), UN(Vhst) ÜB(Vhst), UN(N)	„Gesamtunrealismus" bezüglich erwarteten Partnerverhaltens

[2] Zum statistischen Verfahren vgl. besonders Bartoscyk und Lienert (1978, S. 1ff.) Es wurden alphaadjustierte Schrankenwerte (5 bzw. 1 und 0,1 %) herangezogen. Fg = 7 bei r = 8 Konfigurationen und Fg = 3 bei r = 4 Konfigurationen, so daß unterschiedliche Signifikanzgrenzen existierten.
Der T-Wert ist nicht signifikant mit dem klassischen t-Test.

Wir verwendeten ein aus der klassischen Konfigurations-Frequenzanalyse (KFA)
abgeleitetes Verfahren von Bartoczyk und Lienert (1978).Wir haben in der nebenstehenden Tabelle IV.2.3 die wesentlichen Ergebnisse der ermittelten differentialdiagnostisch besonders validen Verlaufskonfigurationen (K) der vorselektierten Variablen (V) des "DDM-Tests" dargestellt.

Diese linksseitig angegebenen numerierten Variablen (V) sind aus mehr als 90
Variablen hervorgegangen, ihre inhaltliche Bedeutung ist in Form einer Kurzcharakteristik auf der rechten Tabellenseite angegeben. Für den Anwender des Verfahrens
genügt es also nun, zu sehen, ob bei einem einzelnen Schüler eine spezielle (über die
vier TV des Tests sich ergebende) Variablenausprägungs-Konfiguration (K) gegeben
ist, die im Sinne der durchgeführten Analysen als besonders typisch für eine Gruppe
(Normalschüler oder verhaltensgestörte Kinder) unter - bzw. natürlich wichtiger -
*über*repräsentiert ist. Im letzteren Falle kann der Untersucher den betreffenden
Schüler, insbesondere beim Vorliegen zahlreicher solcher signifikanter Konfigurationen bei seinem individuellen Variablenausprägungs-Verlauf im DDM-Test der
Gruppe der verhaltensgestörten Kinder nach KFA-spezifischen Kriterien zuordnen.
Durch den Bezug der Konfigurationen auch zur Unterrepräsentanz kann auch nach
ausschließenden diagnostischen Kriterien gesucht und eine Abgrenzung vorgenommen werden. Diese wie auch andere vergleichbare Ergebnisse bestätigen recht
eindeutig die Relevanz solcher individualdiagnostischer KFA-Beurteilungsstandards,
die eine diagnostische Abbildung erfahrungs- und kooperations-lernfähigkeitsbe-
dingter Verbesserungen (bzw. Verschlechterungen) eines partnerbezogenen Verhaltens und damit veränderter kooperativer Handlungsfähigkeit des Kindes auch ohne
großen Auswertungsaufwand ermöglichen.

2.3.4.4 Die Prognose des Therapieerfolgs mit Hilfe des "BF-Tests"

Wir realisierten vor allem Ende der siebziger und Anfang der achtziger Jahre zahlreiche Psychotherapie-Vorhaben in Kleingruppen zu 3-4 Kindern im Rahmen einer
Ambulanz. Unser Vorgehen konzentrierte sich dabei vor allem auf den Abbau von
(meist emotional-affektiven und sozialen) Verhaltens- und Anpassungsstörungen, die
insbesondere bei neurotisch-gehemmten, selbstunsicheren und/oder aggressiven
Kindern vorzufinden waren. Wir nutzten dazu ein integratives Konzept, in welches
sowohl nicht-direktive, spieltherapeutische als auch spezielle verhaltenstherapeu-
tische wie besonders auch gruppendynamische (etwa auf Rollenspiele bezogene)
Therapieelemente einbezogen wurden (vgl. dazu Zimmermann, 1987; 1990; 1993).

Unter anderem fanden wir zu den auf die sozialen Kompetenzaspekte bezogenen
Therapieinhalten wichtige Orientierungen im Material zum Sozialen Selbstsicher-

heits-Training von U. Petermann (1983). Uns ging es dabei vor allem um die integrativen Verhaltensregulative

• Bewußtmachen sozialer Selbstunsicherheit und kompensierender aggressiver Impulse (inclusive der Impulskontrolle),

• Verbesserung der sozialen und emotionalen Wahrnehmung (vor allem auch der entsprechenden Wahrnehmung des Partners) und

• soziale Selbstkontrolle und bessere Folgenantizipation wie Folgenkontrolle des eigenen Verhaltens und Entscheidens.

Eingebettet in unser Vorgehen wurden vor allem soziales Modell-Lernen, die Anwendung von Rollenspielen, fiktive Geschichten, partnerbezogene Kooperationsspiele, Gestaltung von Problemlösungs- und Konfliktsituationen, aber auch einzelne Entspannungsverfahren, wie sie für Kinder schon praktikabel sind.

In mehreren Gruppenstunden sowie auch in den zwischenzeitlichen Einzelkontakten wurden verlaufsdiagnostische Untersuchungen und Beurteilungen (auch durch Lehrer und Eltern) durchgeführt, die den Therapieprozeß mit abbilden sollten. Hierbei wurden unter anderem benutzt: Eine standardisierte Lehrer-Verlaufsbeurteilung (LF_{SK}) über einen Zeitraum von drei Monaten mit jeweils dreimaliger Erhebung bezüglich der einzelnen Verhaltensauffälligkeiten, ein Neurosescreening (BFB-K, Höck, Hess & Schwarz, 1981) sowie andere spezielle neuroserelevante Testverfahren, aus denen ein integrativer Neurosegesamtwert (N) nach verschiedenen Kriterien ermittelt wurde. Wir können hier nicht auf diese methodischen Details und Verfahren eingehen und müssen auf die ausführlichen Darstellungen dazu in Zimmermann (1990; auch 1987) verweisen. Die in die Kinderpsychotherapie einbezogenen 70 Patienten beiderlei Geschlechts wurden in *zwei Gruppen* eingeteilt, die nach dem *Kriterium des Therapieerfolges* (auf der Basis aller diagnostischen- und Beurteilungsdaten durch Lehrer und Eltern) gebildet wurden:

Gruppe 1 (mit N=40) umfaßte die insgesamt therapieerfolgreichen Kinder nach einem Zeitraum von ca. 4 Monaten (*"Erf."*);

Gruppe 2 (mit N=30) umfaßte dementsprechend die nicht oder höchstens teilweise therapieerfolgreichen Kinder (*"ME"*).

In der nachfolgenden Tabelle IV.2.4 haben wir die Ergebnisse der Vergleiche zwischen beiden Gruppen hinsichtlich der wesentlichsten integrativen diagnostischen Parameter dargestellt: Es bedeuten dabei, "LF_{SK}-N"= der aus der Lehrer-Verlaufsbeurteilung ausgewählte Neurotizismus-Gesamtwert des Kindes; "LF_{SK}-ges."= die prosozial-kooperative Verhaltenskompetenz des Kindes aus der Verlaufsbeurteilung des Klassenlehrers, "N"= der integrative Neurosetestwert und "BFB-K"= der jeweilige Neurosescreening-Wert des psychotherapierten Kindes.

Tabelle IV.2.4: Vergleich einiger ausgewählter Testdaten (Mittelwerte) der therapieerfolgreichen (Erf.) und nicht erfolgreich behandelten Kinder (ME)
drei Monate nach Therapieschluß

Gruppen	Test- und Beobachtungsdaten			
	$(LF_{SK}-N)$ (C-Werte)	(LFSK-ges.) (T-Werte)	(N) (T-Werte)	(BFB-K) (T-Werte)
(Erf.) $(n_1=40)$	4,7	52,18	47,79	53,12
(ME) $(n_2=30$	6,5	46,44	58,89	65,02
T-Wert: Signifikanz	t = 3,01 < 1 % !!	t = 0,98 > 5 % n.s.	t = 2,28 < 5 % !	t = 2,42 < 5 %

Folgende Fragestellung ist nun besonders relevant: Lassen sich aufgrund der "BF"-
Testdaten (insbesondere denjenigen, die auf soziale Lernfähigkeitsparameter, Hilfs-
motivationsvariablen u.ä. abzielen!), die bei allen Kindern *vor und nach* der insgesamt etwa viermonatigen Psychotherapie erhoben wurden, nunmehr *nachträglich*
nach dem Kriterium des Therapieerfolges bzw. -mißerfolges Prognosen stellen; d.h.
mit anderen Worten: Hätte man aufgrund der ausgewählten BF-Testdaten bereits
einen Therapieerfolg oder Therapiemißerfolg valide prognostizieren und damit eine
klare Therapieindikation treffen können? Wären diese Fragen positiv beantwortbar,
d.h. wären vor allem aufgrund der BF-Testdaten zur prosozial-kooperativen Lernfähigkeit, zur spezifischen emotionalen Hilfsbereitschaft und Partnermotivation usw.
valide Prognosen zum Therapieerfolg zu stellen, dann könnten zukünftig solche
experimentaldiagnostischen Handlungstests erstmals Therapieentscheidungen begründen bzw. zumindest im Kontext mit anderen Kriterien eine bessere Entschei-
dungsbasis vermitteln. Wir haben genau diese Fragestellung mit insgesamt 9 ausgewählten BF-Test-Variablen (sowohl integrative Komplexvariablen als auch direkt
verlaufsbezogene Variablen mit den oben charakterisierten RED-SW-Parametern)
bearbeitet. Aus Raumgründen können wir hier diese Variablen in ihrer Definition
und psychometrischen Bestimmung nicht detailliert darstellen (siehe dazu im Detail

vor allem Zimmermann, 1990, S. 100 ff.). Es sollen nur ihre Inhalte kurz skizziert
werden:

- Anforderungsorientierte Nutzung von Partnerhilfe, definiert als Lern-Prozeßpara-
  meter und über alle TV des Tests erfaßt;
- Partnerorientierte aktive Hilfsbereitschaft, ebenfalls in allen TV erfaßt und als
  Lern-Prozeßparameter definiert;
- Kooperationsbezogene Partner- und Frustrations-Toleranz, ebenfalls als Lern-
  Prozeßparameter definiert und erfaßt;
- Zeitökonomie und Effektivität der Kooperation, als Prä-Post-Verlaufs-Variable
  definiert;
- Fehlerhaftigkeit und Arbeitsweise in der Kooperation, definiert als Prä-Post- Test-
  Variable;
- Kooperationsbezogene Arbeitsorganisation- und -koordination, definiert als Lern-
  Prozeßparameter;
- Uneigennützige (altruistisch-samariterhafte) Hilfsmotivation, definiert und erfaßt
  als Lern-Prozeßparameter;
- Überdauernde Kooperationsmotivation, partnerbezogene Hilfsbereitschaft und
  Fehlertoleranz, definiert als integrative Komplexvariable (aus mehreren Einzel
  indikatoren bestimmt);
- Generelle kooperationskompetente Arbeitsorganisation und -koordination, defi-
  niert als integrative Komplexvariable und aus mehreren Einzelindikatoren
  bestimmt.

Unsere Globalhypothese lautete: Vor allem psychotherapie*resistente* Kinder
zeigen deutliche defizitäre Verläufe besonders hinsichtlich der auf die prosozial-
kooperative Lernfähigkeit und Erfahrungskompetenz bezogenen Parameter des BF-
Tests, während dies im Kontrast dazu bei den therapie*erfolgreichen* Kindern nicht
der Fall ist. Unsere hier wegen des Umfanges tabellarisch nicht noch einmal dargestellten Ergebnisse (vgl. Zimmermann, 1990, S.105 f.), die auf der Basis entsprechender t-Tests für unabhängige Stichproben ermittelt wurden, bestätigen insgesamt
in deutlicher und statistisch signifikanter Weise die Hypothese hinsichtlich der
meisten BF-Test-Lernfähigkeitsparameter, aber vor allem auch hinsichtlich der "BF"-
Test-Komplexvariablen. Das heißt, daß wir aufgrund der BF-Test-Ergebnisse bei der
nun vorliegenden nachträglichen Therapie-Erfolgs-Differenzierung relativ prägnante
Aussagen zur Therapieprognose und damit zur Therapieindikation machen können.
Damit wird aber auch bei den erfaßten therapieresistenten Kindern eine solche
Behandlung in Frage gestellt, entsprechend wäre nach anderen interventiven Maß-
nahmen (Beratung, Trainingsprogramme, Elternarbeit usw.) zu suchen.

Diese hier kurz skizzierten und aus sehr umfänglichen klinischen Anwendungsuntersuchungen ausgewählten Ergebnisse charakterisieren unseres Erachtens die

gegebenen Möglichkeiten eines dynamischen und vor allem Lern- wie Veränderungsaspekte direkt einbeziehenden, handlungsorientierten persönlichkeitsdiagnostischen Vorgehen, bei dem letztlich die Ableitung von Interventions-(Therapie)-Strategien im Vordergrund steht mit folgendem Ziel: Die psychisch beeinträchtigten Kinder sollen lernen, vor allem soziale und emotional-affektive Rückmeldungen im Rahmen solcher Erfahrungsverarbeitungsprozesse effektiv für ein kooperations- und partnerorientiertes, kompetentes Handeln zu nutzen und damit ein höheres Maß kooperativer Handlungsfähigkeit zu realisieren.

2.4 Abschließende Bemerkungen

Im Unterschied zum Leistungsbereich (s. Kap. II und IV.1) gibt es im Charakterbereich bisher nur sehr vereinzelte Ansätze zum Dynamischen Testen. Diese lassen aber schon heute durchaus erkennen, daß der dynamische Testansatz sich eines Tages auch hier weiter verbreiten könnte - im Sinne der geforderten "Psychodiagnostik intraindividueller Variabilität" (s. Kap. I) als eine globale Zielstellung für eine "neue Psychodiagnostik", die ihre Parallelen auch in der medizinischen Diagnostik hat.

Wiederholungstestungen bei Fragebogenverfahren, eventuell auch unter kontrollierter Bedingungsvariation bzw. veränderter Instruktion, bereichsspezifische Lerntests, die bestimmte Anforderungen aus sozialen Trainingsprogrammen oder Psychotherapien en miniature widerspiegeln und experimentelle Spiele, die als soziale Lerntests aufbereitet wurden sowie das sogenannte Progressive Learning Interview sind erste Ansätze zur Realisierung des Dynamischen Testens auch im Bereich der sogenannten Charakterdiagnostik. Die bisher gewonnenen Befunde zeigen, daß mit diesen Methoden tatsächlich neue diagnostische Informationen gewonnen werden können, die zum Beispiel die Prognose und damit auch Indikation von Therapiemaßnahmen verbessern. Diese kurz skizzierten und aus sehr umfänglichen klinischen Anwendungsuntersuchungen ausgewählten Ergebnisse zu spielexperimentellen Lerntests zeigen die Möglichkeiten eines dynamischen Lern- wie Veränderungsaspekte direkt einbeziehenden handlungsorientierten persönlichkeitsdiagnostischen Vorgehens.

Die Befunde von Ettrich und Guthke (1988) sowie Guthke & Göth (1985, s. hierzu Kap. IV.1) demonstrierten, daß neben den experimentellen Spielen auch einfache Fragebogenwiederholungen und therapiespezifische Lerntests gute Prädiktoren für den Therapieerfolg bzw. -mißerfolg sind. Die jüngst viel geforderte "therapieorientierte Diagnostik" (s. Kap. IV.1) läßt sich in der Zukunft wahrscheinlich besser mit dynamischen Testprozeduren realisieren als mit den heute immer noch in der Praxis der klinischen Diagnostik dominierenden Einpunktmessungen.

V Veränderungsmessung in der Dynamischen Testdiagnostik

1 Vorüberlegungen

Die Diagnostik der intraindividuellen Variabilität setzt notwendigerweise angemessene Verfahren zur Erfassung von Veränderungen der Testperformanz voraus. Wenngleich diese Forderung fast trivial erscheint, ist ihre Umsetzung für praktisch-diagnostische Zwecke schwierig und kontrovers (vgl. schon Harris, 1963 und später Sijtsma, 1993a,b). Geht man von dem im Kap. II dargestellten theoretischen Rahmenmodell der Testperformanz aus (Wiedl, 1984; vgl. auch Guthke, 1980a,b), so müssen qualitativ unterschiedliche Formen von Performanzveränderungen unterstellt werden. Diese könnten demnach beispielsweise Veränderungen kognitiver Strukturen, das Operieren mittels unterschiedlicher Lösungsstrategien, erhöhte Aktivierung in Folge adäquater Orientierung oder das Wirksamwerden kompensatorischer Faktoren indizieren. Rost und Spada (1983) bezweifelten, daß derartige Veränderungen über Differenzwerte oder daraus abgeleitete Maße adäquat erfaßt werden können. Somit stellt sich die Frage, inwieweit die vorliegenden methodischen Ansätze zur Veränderungsmessung den Spielraum möglicher Veränderungsformen umfassen können. Dieses Problem wird noch vertieft durch die methodologische Differenzierung von Veränderungen, die Golembiewski, Billingsley und Yeager (1976) vorgenommen haben. Diese Autoren unterscheiden auf der Basis dimensions-analytischer Untersuchungen *drei Veränderungsformen*:

- Die primär interessierende Merkmalsveränderung ('α-change'). Allgemein soll unter α-Änderung die Veränderung von Personen unter der Annahme eines stabilen Meßinstruments verstanden werden.

- Die Veränderung der Kalibrierung der Meßinstrumente ('β-change'). Verallgemeinert ist unter β-Änderung die Veränderung der Parameter eines Meßmodells gemeint, wobei die Struktur des zu Messenden identisch bleibt. In der Regel wird man erwarten müssen, daß eine β-Änderung immer mit einer α-Änderung einhergeht.

- Die Veränderung der (bei Golembiewski et al. faktoriellen) Struktur des Meßinstruments ('γ-change'). Allgemein ist unter γ-Änderung die Veränderung der Struktur des Meßmodells zu verstehen. Diese Art der Veränderung umfaßt in der Regel wiederum die beiden vorhergehenden und ist deshalb die Veränderungsart, die am schwierigsten zu beschreiben ist.

Im folgenden werden die gebräuchlichen Ansätze zur Beschreibung von Veränderung dargestellt, soweit es sich um den am häufigsten benutzten Fall der Prä-Post-Test-Messung handelt. Hierbei werden Modelle vorgestellt, die im Bereich von Langzeitlerntests ihre Anwendung finden. Einige wenige Ansätze eignen sich auch für die Analyse von Kurzzeitlerntests (s.u. 4.3.2).

Die Ansätze werden aus theoretischer und methodischer Sicht diskutiert und hinsichtlich ihrer praktisch-diagnostischen Nutzbarkeit geprüft. In den meisten Fällen werden die einzelnen Ansätze anhand von Daten aus einer früheren Studie (Wiedl & Bethge 1983) exemplarisch veranschaulicht. Mit Hilfe der Beispielstudie werden jeweils auch Kriterien zur Abschätzung der Zulässigkeit der jeweiligen Methode - kurz "Checkpunkte" - illustriert. Es handelt sich hierbei jeweils um Reanalysen der von Wiedl und Bethge (1983) publizierten Normierungsstudie zu einer dynamischen Version des Farbigen Matrizentests (CPM-PV) von Raven (1956). Bei dieser Test-version folgt auf eine Ersttestung unter Standard-Bedingung nach etwa einer Woche eine Wiederholungs-Testung unter modifizierten Bedingungen. Die Probanden werden hierbei aufgefordert, während der Testbearbeitung nach spezifischen Regeln zu verbalisieren ("Problemverbalisation"). Insbesondere wird Wert gelegt auf die verbale Analyse des jeweiligen Problems und die Begründung des Lösungswegs. Rückmeldungen werden nicht gegeben. Die hier zugrunde liegende Analyse wurden an den Testwerten von 241 Kindern des dritten Schuljahres (Alter: 8.4 bis 9.3 Jahre) durchgeführt.

2   Differenzmessung im klassischen Testmodell

Die klassische Testtheorie, die Basis der wohl meisten Testverfahren, liefert zunächst keinerlei Hinweise, wie Veränderungen konzeptualisiert werden sollen. Ein Testwert ist nach dieser Theorie als Summe eines personenspezifischen wahren Wertes und eines personenspezifischen Fehlerwertes festgelegt.

Eine Konzeptualisierung einer α-Veränderung im Rahmen des klassischen Test-modells ist möglich, wenn die personenspezifische Veränderung des wahren Wertes betrachtet wird. In diesem Abschnitt werden einige Versuche diskutiert, die diesen Grundgedanken verfolgen und die α-Veränderung in eine geeignete Statistik abzu-bilden versuchen.

2.1   Die Posttest-Prätest-Differenz

Ein Prätest X und ein Posttest Y besitzen nach der klassischen Testtheorie für die Person v die Zerlegung

$$X_v = t_v + e(X_v)$$
$$Y_v = t_v + d_v + e(Y_v) \, .$$

Die Konstante τ_V ist der wahre Wert der Person v im Vortest. Die Größen $\varepsilon(X_V)$ und $\varepsilon(Y_V)$ sind Zufallsvariablen, die den Fehler der Messung konzeptualisieren. Die Größe δ_V ist letztlich der wahre Wert der Posttest-Prätest-Differenz *PPD*. Dieser wahre Wert δ_V wird unverzerrt durch die einfache Differenz Y_V-X_V geschätzt (Rogosa, Brandt & Zimowski, 1982). In der Veränderungsmessung mit Mitteln der klassischen Testtheorie wird versucht, etwas über die Güte der Variablen δ auszusagen. Wie man den Gleichungen direkt ansieht, hat die innere Konsistenz des Prätest-Wertes nichts mit der Zuverlässigkeit der Schätzung von δ zu tun. Insbesondere kann die Reliabilität des Prätestes durchaus Null sein.

Ein Beispiel: Man nehme als Standardtest eine Testbatterie mit Items, die von Kindern ohne Hilfen nicht lösbar sind. Die Lerntest-Variante der Testbatterie ist bei den Kindern mehr oder weniger erfolgreich. Der Prätest hätte eine Reliabilität von 0 und der Posttest eine Reliabilität, die von der Variablen δ gestiftet wird.

Je nach Korrelation der Größen τ und δ ändern sich die Reliabilitätsverhältnisse von Prätest zum Posttest. Korrelieren τ und δ positiv (d.h. wenn der Zuwachs mit größer werdendem Prätestwert steigt, die Stichprobe also heterogener wird), dann ist der Posttest reliabler als der Prätest. Korrelieren τ und δ nicht oder ist die Korrelation sogar negativ, so wird man im Posttest eine niedrige Konsistenz als im Prätest erwarten.

Die Differenz hat neben der angenehmen Eigenschaft eines unverzerrten Schätzwertes aber auch einige weniger angenehme Eigenschaften, die in vielen Veröffentlichungen dazu geführt haben, die PPD als auswertbare Veränderungsinformation abzulehnen (Cronbach & Furby, 1970; Furby, 1973; Lord & Novick, 1968; Petermann, 1978; Stelzl, 1982).

2.1.1 Die mangelnde Reliabiliät der Posttest-Prätest-Differenz

In vielen Fällen kann empirisch beobachtet werden, daß die PPD eine sehr geringe innere Konsistenz besitzt (z.B. Guthke, 1980a, b; Kormann, 1984). Es bleibt die Frage, worin diese geringe innere Konsistenz der PPD begründet liegt. Zunächst hängt der wahre Wert der inneren Konsistenz der Differenz $\rho(PPD)$ von folgendem Varianzverhältnis ab:

$$\rho(PPD) = \frac{\sigma^2(\delta)}{\sigma^2(\delta) + \sigma^2(\varepsilon(Y) - \varepsilon(X))}$$

Damit folgt: Je kleiner die Varianz der Veränderungswerte, desto geringer die innere Konsistenz der PPD. Außerdem sieht man, daß die innere Konsistenz der PPD nichts über die Größe der Änderungsmessung aussagt, sondern nur etwas über die Güte der

Rangreihenfolge in den Veränderungswerten. ρ(PPD) hängt weiter von zwei Größen ab: Der inneren Konsistenz des Tests (ρ(X)) und der Retest-Reliabilität (Stabilität) des Tests (ρ(X,Y)). Geht man von gleicher inneren Konsistenz bei Vor- und Nachtest aus, sowie gleichen Varianzen in Vor- und Nachtest und unkorrelierten Meßfehlern, erhält man:

$$\rho(\text{PPD}) = \frac{\rho(X) - \rho(X,Y)}{1 - \rho(X,Y)}$$

Die *innere Konsistenz der Differenz* ist als Funktion in zwei Variablen beschrieben, und man stellt schnell fest, daß diese Funktion dann niedrige Ergebnisse für das Verhältnis ρ(PPD)/ρ(X) liefert, wenn die Stabilität in der Nähe der inneren Konsistenz von X bzw. Y liegt. Die Schlußfolgerung aus dieser Ableitung ist, daß Teststabilität und innere Konsistenz der PPD gegenläufig sind. Ein Test, der eine Stabilität in der Höhe seiner inneren Konsistenz aufweist, hat in der Regel keine auswertbaren Unterschiedsinformationen bzgl. der Veränderung.

Die Interpretation dieses Ergebnisses wird in der Literatur sehr unterschiedlich bewertet. Eine geringe Stabilität kann zweierlei bedeuten: Zum einen kann eine geringe Stabilität durch hohe differentielle Veränderungen entstehen (s.o.), zum anderen kann eine geringe Stabilität aber auch bedeuten, daß sich der Test selber substantiell geändert hat, d.h. daß der Posttest etwas anderes mißt als der Prätest (s.a. Petermann, 1978, S.30ff.). Welche dieser Alternativen im gegebenen Fall zutrifft, ist auf der Grundlage des klassischen Modells allein nicht entscheidbar. Dies hat zu kontroversen Diskussionen zwischen 'PPD-Befürwortern' und 'PPD-Gegnern' geführt (Nesselroad et al., 1980; Petermann, 1978; Rogosa et al., 1982; Stelzl, 1982; Zimmerman & Williams, 1982a).

2.1.2   Die Korrelation mit dem Ausgangswert

Korreliert man die PPD mit dem Prätest, dann erhält man in der Regel negative Korrelationen. Dieser Effekt hat den Namen *law of initial value* oder *Wilders Gesetz* (Furby, 1973) erhalten. Der Begriff "Gesetz" ist in diesem Zusammenhang sicher zu stark: Zum einen kann die Korrelation ρ(X, δ) durchaus positiv sein, wenn die Varianz des Posttests größer ist als die Varianz des Prätests (Möbus & Nagl, 1983), zum anderen ist diese Korrelation auch nicht die theoretisch wichtige, da X aus dem wahren Wert und einer Fehlervariablen besteht und in der Schätzung der Korrelation r(X,Y-X) allein auf Grund des Fehlers von X eine negative Korrelation zu erwarten ist. Gefragt ist nach der Korrelation der wahren Werte (τ) mit den wahren Werten der

Veränderungen (δ): $\rho(\tau, \delta)$, die nach Rogosa et al. (1982) bei Unkorreliertheit der Meßfehler von Prätest und Posttest durch

$$r(\tau,\delta) = \frac{r(X,Y-X) + \dfrac{s(X)(1-REL[X])}{s(Y-X)}}{\sqrt{REL[X]*REL[Y-X]}}$$

geschätzt werden kann.

Die Schätzung $r(\tau, \delta)$ kann in Ausnahmefällen kleiner als -1 oder größer als +1 werden, da die Voraussetzung der unkorrelierten Meßfehler nicht gegeben sein muß und es sich bei allen Werten in den Formeln wiederum um geschätzte Werte handelt, die auch mit einem Schätzfehler behaftet sind. Außerdem handelt es sich bei den Schätzungen der inneren Konsistenz meist um untere Schranken (z.B. Cronbach's α), sodaß die Schätzung der Korrelation $\rho(\tau, \delta)$ i.d.R. betragsmäßig zu hoch ausfallen dürfte. Unter harten Verteilungsannahmen läßt sich eine Maximum-Likelihood-Schätzung der gewünschten Korrelation ableiten (Blomqvist, 1977). Da es sich bei der angegebenen Gleichung um einen Check auf Zulässigkeit handelt und Verteilungsannahmen auch problematisch sind, ist ein größerer Aufwand für die Schätzung nicht notwendig.

Ist $r(\tau, \delta)$ ebenfalls sehr stark negativ, ist von einer Benutzung der PPD abzuraten.

Der empirische Effekt des law of initial value kann aber bei konstruierten Skalen (wie den in den Beispielen benutzten 12-Punkte-Intelligenztest-Skalen) auch auf einer schlechten Modellgültigkeit beruhen. Da bei sehr hohen Werten Verbesserungen und bei sehr niedrigen Werten Verschlechterungen in den Skalen kaum auftreten können, ist eine negative Korrelation zwischen Ausgangswert und der PPD dann zu erwarten, wenn sich eine Vielzahl von Personen an den Extrema der Skala befinden.

2.1.3   Der Regressionseffekt

Der Regressionseffekt ist eng mit dem law of initial value verknüpft. Ist $|\rho(X,Y)|<1$, so gilt für jeden wahren Wert τ_V die Ungleichung:

$$\frac{E[Y|X=\tau_V] - E[Y]}{\sigma(Y)} < \frac{\tau_V - E[X]}{\sigma(X)}$$

Bei nicht perfekter Korrelation zwischen Prä- und Posttest muß man bei großen Abweichungen zum Mittelwert im Prätest (gemessen in Streuungseinheiten des Prätests) eine Regression zum Mittelwert der entsprechenden Werte im Posttest erwarten (gemessen in Streuungseinheiten des Nachtests). Dieses ist der Grund für die negative Korrelation $\rho(X, \delta)$.

Da $\sigma(Y)$ auch von differentiellen Veränderungen abhängig ist, macht diese Ungleichung unter der Arbeitshypothese 'differentielle Änderung' wenig Sinn. Die alternative Ungleichung:

$$E[Y|X=\tau_V] - E[Y] < \tau_V - E[X]$$

gilt aber nur dann, wenn $\rho(\tau, \delta) < 0$ ist (Rogosa et al., 1982)!

2.1.4   Beispiel

Die Daten der Normierungsstichprobe ergeben die in der Tab. V.1 aufgeführten Indizes der klassischen Testtheorie.

Die 2σ-Vertrauensbereiche zeigen bereits, daß für die Sets A und AB die Basis für PPDs höchstwahrscheinlich nicht gegeben ist: Es können starke Deckeneffekte erwartet werden.

Tab. V.1 : Klassische Testkennwerte

Test	Mittelwert	Streuung	2σ-Bereich	innere Konsistenz
A(Standard)	9,62	1,54	6,54 - 12,70	0,53
AB(Standard)	8,70	2,12	4,46 - 12,94	0,63
B(Standard)	7,32	2,32	2,68 - 11,96	0,72
A(Dynamisch)	10,66	1,35		0,56
AB(Dynamisch)	10,29	1,70		0,59
B(Dynamisch)	9,54	2,41		0,80
A(Differenz)	1,04	1,42		0,23
AB(Differenz)	1,59	1,56		0,02
B(Differenz)	2,22	2,10		0,53

Folgerichtig zeigen die Werte des Differenzscores des Sets B eine befriedigende innere Konsistenz. Als weiterer Checkpunkt ist die Frage nach der Korrelation mit dem Ausgangswert zu beantworten (Tab. V.2).

Tab. V.2 : Korrelation der Testsummen und Differenzen

Art der Korrelation	Set A	Set AB	Set B
Prätest mit Posttest	0,52	0,71	0,61
Prätest mit Differenz	-0,59	-0,61	-0,41
Schätzung: $r(\tau, \delta)$	-0,23	<-1	-0,16

Hier liefern die Sets A und B befriedigende Ergebnisse. Insgesamt erhält man unter Berücksichtigung der drei Checkpunkte das Ergebnis, daß die PPD des Sets B als Veränderungsinformation benutzt werden kann.

2.1.5 Bewertung

Die Gesamtsituation erscheint wenig befriedigend: Ob die PPD eine vernünftige Schätzung für die Veränderung ist, hängt von (im Rahmen der benutzten Theorie) untestbaren Vorraussetzungen ab. Immerhin gibt es einige Anhaltspunkte, die eine Benutzung der PPD möglich erscheinen lassen:

(1)   Die Werte der Prätests sollten sich hauptsächlich im *mittleren Bereich* der Skala befinden. Es werden damit Decken- und Bodeneffekte vermieden.

(2)   Die Korrelation der PPD mit dem *wahren Wert* des Prätests sollte *nahe Null* sein. Ist die Korrelation substantiell positiv oder negativ, so kann die PPD nicht unabhängig von den Ausgangswerten interpretiert werden. Man sollte zunächst prüfen, ob starke Bodeneffekte (Grund für eine positive Korrelation) oder starke Deckeneffekte (negative Korrelation) im Prätest vorliegen. Bei stark positiver Korrelation ist zu überlegen, ob nicht nur die Posttestwerte weiter analysiert werden: Dieser Wert besteht aus einem Fähigkeitsanteil und einem stark damit assoziierten Anteil der Lernfähigkeit. Bei stark negativer Korrelation nivellieren sich die Unterschiede zwischen den Personen durch die Intervention, d.h., daß, statistisch gesehen, die Daten des Prätests aussagekräftiger über die Unterschiede zwischen den Personen sind, als die des Posttests. In dieser mißlichen Situation kann ein Plot der Veränderungen (s.u. Kap. 2.2) Aufschluß über die Gründe liefern.

(3)   Die Reliabilitätsschätzung für die PPD sollte substantiell von Null abweichen. Benutzt man klassische normierte hoch-reliable Tests, kann allerdings nicht erwartet werden, daß die PPD eine vergleichbar hohe Reliabilität aufweist.

Besteht die PPD eine solche Check-Prozedur (wie bei Set B), kann sie als α-Änderungs-Indikator benutzt werden.

Man kann sich auch auf den Standpunkt stellen, daß eine Zweipunktmessung zu wenig Information liefert, um eine Entscheidung über die Gültigkeit der Annahme 'differentielle Änderung' liefern zu können. Nesselroade, Stigler und Baltes (1980) schlagen deswegen Mehrpunktmessungen vor, die dann mit Zeitreihenanalyse-instrumenten untersucht werden könnten. Eine andere Alternative ist die Verknüpfung mit Drittvariablen (Cronbach & Furby, 1970), wobei die Frage nach den wichtigen Drittvariablen kritisch ist.

2.2   Grafische Darstellung der PPD

Die grafische Darstellung von Veränderung hat eine lange Geschichte (s. Chambers, Cleveland, Kleiner & Tukey, 1983; oder Tufte, 1983). Es wird hierbei zunächst versucht darzustellen, ob sich eine abhängige Variable durch ein Treatment verändert hat.

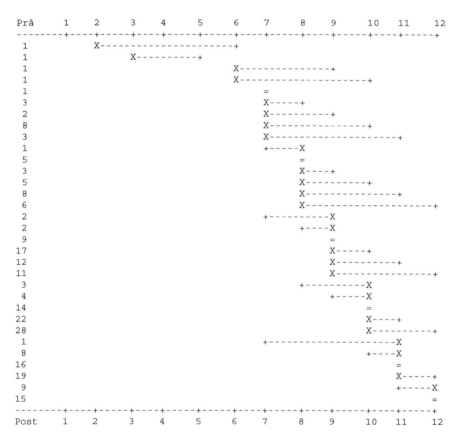

Legende: links die Häufigkeiten der einzelnen Paare
          X = Wert des Prätests
          + = Wert des Posttests

Abb. V.1: Darstellung der Prä-Post-Veränderung im Set A nach der Parallel-Linien-Methode

Abb. V.1 zeigt für den Set A eine Darstellung der Veränderung nach der Parallel-Linien-Methode, die nach Untersuchungen von McNeil (1992) am besten geeignet ist, Unterschiede zwischen den Versuchsbedingungen darzustellen. Wie der Abbildung zu entnehmen ist, ist ein systematischer Anstieg vom Prä- zum Posttest zu verzeichnen. Ob sich allerdings die individuelle Veränderung als diagnostisch wertvolle Variable benutzen läßt (und aus den obigen Vorüberlegungen ist bekannt, daß dies für den Set A nicht der Fall ist), kann der Parallel-Linien-Darstellung nicht entnommen werden.

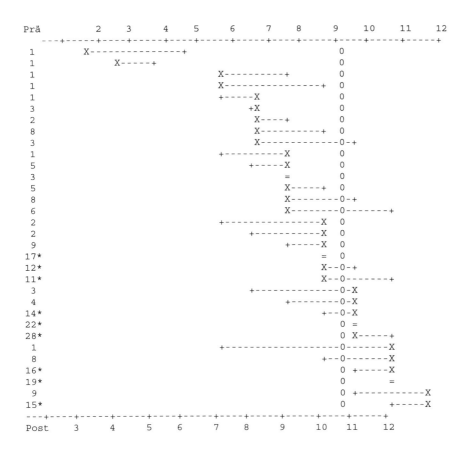

Abb. V.2: Darstellung der Prä-Post-Veränderung im Set A nach der modifizierten Parallel-Linien-Methode

Abb. V.2 zeigt eine modifizierte Form der Parallel-Linien-Methode. Hierbei werden die Differenzen der Prä- und Posttest-Werte von den jeweiligen Mittelwerten angegeben. Über die gesamte Stichprobe hinweg müssen sich die dargestellten Veränderungen zu Null summieren. Wichtig für die *individuelle Veränderung* als Kriterium ist, daß diese Variable eine hohe Variation aufweist. Dies ist für den Set A nach der Abbildung offensichtlich nicht der Fall: Die sehr kleinen Differenzen sind stark vertreten (in der Abbildung mit * gekennzeichnet), während größere Veränderungen selten auftreten.

Wie zu erwarten, ist dies für Set B (Abb. V.3) nicht der Fall. Darüberhinaus läßt sich dem Plot ein eventuell vorhandener Regressionseffekt entnehmen. Idealerweise sollten sich auf jeder Stufe des Prätests die bedingten Verteilungen zu Null summieren. Decken-, Boden- oder ein Regressionseffekt lassen sich u.U. mit diesem Plot durch systematische Abweichungen von diesem Ideal entdecken. Für den Fall des Sets B (Abb. V.3) liegen im oberen Bereich des Prätests systematisch negative Veränderungen vor, die auf einen starken Deckeneffekt hinweisen.

2.3 *Prä-Post-Differenzen nach a priori Skalentransformationen*

Das wohl gebräuchlichste Veränderungsmaß in dieser Kategorie ist die prozentuale Veränderung, die durch

$$\delta_V \text{ (proz)} = 100 * (\exp(\log(Y_V) - \log(X_V)) - 1)$$
$$= 100 * (Y_V - X_V) / X_V$$

berechnet wird. Dieses von Manning und Du Bois (1962) eingeführte Maß kann dann benutzt werden, wenn die Datentransformation (hier der Logarithmus) theoretisch plausibel gemacht werden kann. In physiologischen Anwendungen (Fahrenberg & Myrtek, 1967; Myrtek, Foerster & Wittmann, 1977; Schmidt, 1976) oder bei Reaktionszeiten (Woodworth & Schlosberg, 1954) können Daten-Modelle (z.B. eine log-Normalverteilung) angenommen oder Plausibilitätsüberlegungen gemacht werden, die eine solche Datentransformation vor der Differenzbildung notwendig erscheinen lassen. Im Fall der Testergebnisse eines Leistungstests kann der prozentuale Anstieg als Veränderungsinformation auch nur dann benutzt werden, wenn durch theoretische Vorüberlegungen, die z.B. in eine log-Normalverteilung der Leistungsdaten münden, die logarithmische Datentransformation plausibel gemacht werden kann. Eine solche Theorie wurde bislang nicht vorgestellt. Aus diesem Grund und aus der Tatsache, daß sich auch pragmatisch bei der Benutzung von prozentualen Veränderungswerten keine gut verwertbaren Ergebnisse erzielen lassen (Krauth & Weil, 1989), wird auf eine weitere Diskussion der prozentualen Veränderung verzichtet.

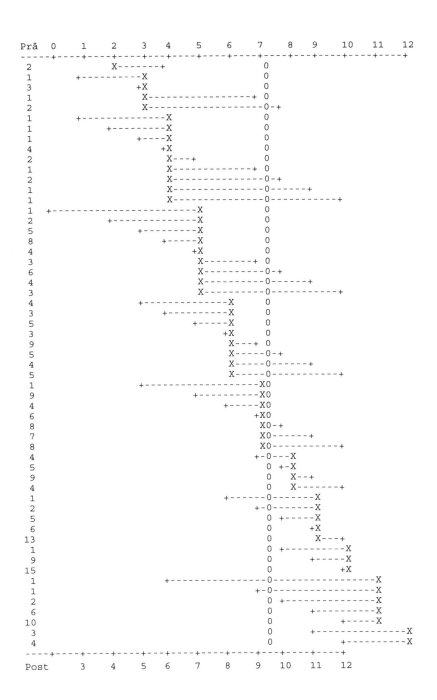

Abb. V.3: Prä-Post-Veränderungen im Set B

2.4   Modifizierte Prä-Posttest-Differenzen

Zur Kontrolle der mit den PPD verbundenen Risiken wurden verschiedene Modifikationen vorgeschlagen. Generell beruhen diese Ansätze auf der Annahme, daß die beobachtete Differenz D aus zwei Teilen besteht: Der durch das treatment bedingten Differenz $\delta_V{}^t$ und der Differenz, die aus dem Regressionseffekt zu erwarten wäre: $\delta_V{}^r$. Die Gleichung für den Posttest ergibt sich damit zu

$$Y_V = \tau_V + \delta_V{}^t + \delta_V{}^r + \varepsilon(Y_V), \quad \text{bzw.}$$

$$Y_V\text{-}X_V = \delta_V{}^t + \delta_V{}^r + \varepsilon(Y_V - X_V)$$

2.4.1   Gewichtete Prä-Posttest-Differenzen

Eines der ersten derartig gewichteten Differenzmaße wurde von McNemar (1958) vorgestellt, die *reliabilitäts-korrigierte Differenz*:

$$Y_V\text{-}X_V \quad = \delta_V{}^t - \frac{1\text{-}\rho(Y\text{-}X)}{\rho(Y\text{-}X)} E[Y\text{-}X]$$

bzw. (ohne Berücksichtung des Proportionalitätsfaktors $\rho(Y\text{-}X)$):

$$\delta_V{}^t = \rho (Y\text{-}X)(Y_V\text{-}X_V) + (1\text{-}\rho (Y\text{-}X))E[Y\text{-}X]$$

Dieses gewichtete Differenzmaß ist nur noch von historischer Bedeutung: Es ist wirkungslos, wenn der Erwartungswert der Differenzen nahe Null ist. Es bereinigt nicht den Regressioneffekt, da es sich bei den transformierten Differenzen lediglich um eine lineare Transformation der Werte $Y_V\text{-}X_V$ handelt. Interessant ist an dieser Formel eigentlich nur, daß sie, wie McNemar (1958) zeigen konnte, eine gute Approximation an die wesentlich kompliziertere Regressions-Schätzung der Differenzwerte von Lord (1956) ist. Aus diesem Grund wird die Lord-Regressions-Schätzung hier nicht vorgestellt, wenngleich sie auch in einigen Lehrbüchern zur Veränderungsmessung als Methode empfohlen wird (z.B. Petermann, 1978).
Die Lord-Regression ist definiert durch den Ansatz:

$$\delta_V{}^t = E[Y - X] + \beta (Y - X, X.Y)(X_V - E[X]) + \beta (Y - X, Y.X)(Y_V - E[Y]).$$

Identisch sind die Lord-Regression und die reliabilitäts-korrigierte Differenz, wenn Fehler- und True-Score-Varianz im Vortest und Nachtest gleich sind, da dann $\beta (Y\text{-}X,Y.X) = -\beta (Y\text{-}X,X.Y) = \rho (Y\text{-}X)$ gilt. Sind die Voraussetzungen nicht erfüllt, so gilt

$\delta_v{}^t(Lord)=\delta_v{}^t(McNemar)+(\beta(Y-X,X.Y)+\rho(Y-X))(X_v-E[X])+(\beta(Y-X,Y.X)-\rho(Y-X))(Y_v-E[Y]),$

wobei die Korrekturwerte in der Regel sehr klein ausfallen werden (McNemar, 1958). Ein Problem der Lord-Regression: Sie kann nur für große Stichproben benutzt werden, da nur dann stabile Schätzungen für die Regressionsgewichte erwartet werden können.

2.4.2 Residualwerte der linearen Regression

Eine ganze Reihe anderer modifizierter Differenzmaße basieren auf einer Vorhersage für den individuellen Wert $Y_{v|X}$ unter der Annahme 'nur Regressionseffekt'. Man erhält die Differenzen $d_v{}^r = Y_v - X_v$ als Schätzung für die Differenz unter dem Einfluß des Regressionseffekts und $d_v{}^t = Y_v - Y_{v|X}$ als Schätzung für die Treatment-Differenz.

Hier sei nur eine einfache Möglichkeit dieser linearen Zerlegung der Differenzwerte diskutiert (Cronbach & Furby, 1970): Sei mit $r=r(X,X')$ die Stabilität des Tests X bekannt. Nach einem Treatment erwartet man neben einem differentiellen Treatmenteffekt auch einen Regressionseffekt, der in der Höhe der Stabilität ausfallen soll (auch dies eine Annahme, die ungeprüft in die Analyse eingeht). Läge lediglich der Regressionseffekt vor, so müßte die Regression $Y = \alpha + \beta X$ mit den Gewichten

$$\beta = r \; \frac{\sigma(Y)}{\sigma(X)}, \; \text{und}$$

$$\alpha = E[Y](1 - \beta)$$

ausgestattet sein. Die Schätzungen für die beiden Differenzanteile ergeben sich dann aus:

$$d_v{}^r = (E[Y] - X_v)(1 - r(\sigma(Y)/ \sigma(X)))$$

$$d_v{}^t = (Y_v - X_v) - d_v{}^r$$

Die geschätzte korrigierte Differenz $d_v{}^t$ ist nur dann genau gleich der PPD, wenn $r=\sigma(X)/\sigma(Y)$ ist. Ist $\sigma(Y)<\sigma(X)$, fällt die PPD nicht unter die Möglichkeiten, die der Ansatz bietet. Wenn Decken- und Bodeneffekte ausgeschlossen werden können, liegt erfahrungsgemäß dieses Verhältnis zwischen 0,80 und 0,90, d.h. die nicht-korrigierte Differenz entspräche einem $\delta_v{}^t$ bei einer Stabilität von 0,80 bis 0,90.

Die Korrelation zwischen der korrigierten Differenz $\delta_v{}^t$ und dem Prätest bzw. dem wahren Wert des Prätest lassen sich mit

$$\rho(\delta^t, X) = \frac{\rho(X,Y) - r}{\sqrt{1 - 2r\rho(X,Y) + r^2}}$$

$$\rho(\delta^t, \tau) = \frac{\rho(X,Y) - r\rho(X)}{\sqrt{\rho(X)\,(\sigma^2(Y) + r/(\sigma(X)\sigma(Y)))}}$$

angeben.

Das Problem bei dieser Vorgehensweise ist die Schätzung des Parameters r. Diskutiert werden hauptsächlich die drei folgenden Möglichkeiten für diese Schätzung:

(1)   Schätze r in einer Kontrollgruppe, die den Nachtest ohne Treatment im gleichen Zeitabstand wie die Treatmentgruppe erhält. Durch diese Vorgehensweise erhält man eine experimentelle Schätzung der Stabilität. Aber: wird der Regressionseffekt von einer Kontrollgruppe auf die Treatment-Gruppe "vererbt"? Betrachten wir das Treatment 'dynamisches Testen', dann wird bei einer Gruppe von Personen, die vom Treatment profitieren, höchstwahrscheinlich eine Fehlervarianzeinschränkung zu erwarten sein, da bei einem Lerntest das Lösungsprinzip erkannt wird und z.B. motivations-bedingte Fehlversuche reduziert werden. Für eine Personengruppe, bei der das Treatment keine Rolle spielt, kann man eher eine stabile Fehlervarianz annehmen. Letztlich, bei einer Personengruppe, für die das Treatment kontraindiziert ist, dürften sich Zufallseinflüsse hier stärker bemerkbar machen als im Vortest.

(2)   Schätze r so, daß die Korrelation mit dem Ausgangswert eliminiert wird. Dies ist für r=r(X,Y) der Fall. Die resultierende Differenz, die in der Literatur als *regressions-analytische Residualdifferenz* bezeichnet wird, dürfte in der Regel den Regressionseffekt überkorrigieren.

(3)   Schätze r so, daß die Korrelation mit dem wahren Wert des Ausgangswertes eliminiert wird *(base free measurement of change*; Bond, 1979; Jin, 1992; Tucker, Damarin & Messick, 1966). Dies ist für r=r(X,Y)/r(X) der Fall. Hier ist das Problem die Schätzung der inneren Konsistenz r(X). Die Schätzungen der inneren Konsistenz (z.B. Cronbach's α) liefern nur eine untere Schranke für r(X). Der Wert von r dürfte somit in der Regel zu hoch ausfallen. Es können sich auch Schätzungen von r>1 ergeben.

2.4.3   Die Theorie von Lander

Bei der Applizierung in einem Prä-Post-Test-Design wird man neben der durch Meßfehler verursachten Regression auch eine nicht kontrollierbare Einflußgröße für die
Verschiebung von wahren Werten berücksichtigen müssen. Man könnte diese Quelle
als "klinische Regression" oder auch als "Spontanremission" bezeichnen.

Lander (1990) setzt an diesem Punkt ein. Er nimmt an, daß der Posttestwert auch
ohne Einfluß eines Experimentators per se zu einer festen *Zielgröße* (ζ) regrediert. In
seiner Theorie wird diese Spontanremission durch eine experimentelle Manipulation
weiter verstärkt.

In der einfachsten Version dieser Theorie kann man annehmen, daß drei Gruppen
von Personen vorhanden sein können:

- V+: Diese Gruppe hat im bereits im Vortest das Zielkriterium erreicht.
  Vereinfacht kann man annehmen, daß die Testwerte dieser Personen auch im
  Nachtest sich nur durch Meßfehler vom Zielwert unterscheiden. D.h. diese
  Gruppe ließe sich im Vortest und im Nachtest durch ($\zeta, \varepsilon(\zeta)$) beschreiben.
  Insbesondere sollen in dieser Gruppe Unterschiede zwischen den Personen nur
  auf Meßfehler beruhen.

- N+: Diese Gruppe erreicht im Nachtest das Zielkriterium. Hier wird
  angenommen, daß diese Gruppe im Nachtest durch ($\zeta, \varepsilon(\zeta)$) beschreibbar ist.

- R: Diese Gruppe ist die Remissionsgruppe.

Für die Remissionsgruppe wird als Veränderungsansatz das Regressionsmodell
benutzt:

$$\tau(Y;v) = \tau(X;v) + \beta(\zeta - \tau(X;v)). \qquad (*)$$

Es wird hier angenommen, daß der Remissionseffekt linear ansteigt in Abhängigkeit
vom Abstand des wahren Wertes der Person v vom Zielkriterium ζ.

Da desweiteren angenommen wird, daß ein Treatmenteffekt eine Verstärkung des
natürlichen Remissionseffekt bewirkt, gibt es zwei Remissionsparameter $\beta(T)$ (für
das Treatment) und $\beta(R)$ (für die spontane Remission), die durch $\beta(T) = \alpha\beta(R)$ mit
$\alpha \geq 0$ verknüpft sind. Damit läßt sich das Basismodel (*) umformulieren zu:

$$\tau\{Y;v\} = \tau\{X;v\} + \beta(R)(\zeta - \tau\{X;v\}) + \beta(T)(\zeta - \tau\{X;v\}).$$

Sind empirisch eine Experimentalgruppe T und eine Kontrollgruppe K gegeben,
hat man eine geeignete Schätzung der Zielgröße Z (für ζ) ermittelt oder festgelegt, und
sind die zu bestimmenden Substichproben der Remissionsgruppen R^T bzw. R^K

angebbar, so können über die Regressionsgleichungen

$$Y^T = X^T + b(Z - X^T)$$
$$Y^T = X^K + b_R(Z - X^K)$$

die Größen β (R) und β (T) geschätzt werden durch

$$b (R) = b_R$$
$$b (T) = b - b_R.$$

Hiermit wird ein Test des Treatmenteffekt durch Testung der Nullhypothese $\beta = \beta_R$ möglich.

   Obwohl der Ansatz von Lander (1990) interessante Möglichkeiten der Datenanalyse offeriert (es wurde hier nur ein kleiner Ausschnitt vorgestellt), gibt es bisher kaum Anwendungen der Theorie (etwa: Theilemann, 1993). Der Grund hierfür liegt in einigen *Mängeln der Schätztheorie*. So ist es für den Ansatz entscheidend, daß die Zielgröße adäquat gewählt wird. Es gibt innerhalb der Theorie kaum Ansätze zu entscheiden, wann eine Zielgröße adäquat ist und wann nicht; insbesondere werden keine scharfen Modelltests vorgeschlagen. Darüberhinaus beruht die von Lander (1990) angebotene Schätzung der Zielgröße auf einer Normalverteilungsannahme in den Nachtestwerten. Dies ist äußerst problematisch, da eine derartige Verteilungsannahme der expliziten gemachten Mixturannahme schon widerspricht.

2.4.4   z-Wert-Differenzen

Petermann (1978) schlägt vor, als Veränderungsindizes die Differenzen der z-Werte von Vor- und Nachtestwerten zu berechnen. Ein Ansatz von Asendorpf (1990, 1992) schlägt als Stabilitätsindex eine monotone Transformation der quadrierten z-Wert-Differenzen vor.

   Es ist zu klären, ob z-Wert-Differenzen geeignet sind, treatment-bedingte interindividuelle Veränderungen vom Prä- zum Posttest abzubilden. Hierzu einige stark vereinfachte Beispiele:

*   Situation 1:

Angenommen die untersuchte Stichprobe bestehe aus n_a Probanden, die zum Zeitpunkt 1 alle den Testwert a erreichen und durch die Intervention auf den Wert b (angehoben) werden (die 'Könner'). Desweiteren gibt es zum Zeitpunkt 1 $N-n_a$ Probanden, die das Prinzip des Tests nicht durchschauen und deshalb den Testwert $c < a$ erreichen. Diese werden durch die Intervention auf den Testwert d angehoben (die 'Nicht-Könner').

Diese Situation ist wegen der fehlenden Varianz innerhalb der Gruppen zwar etwas realitätsfern, fängt aber eine mögliche Grundhypothese der Wirkung des dynamischen Testens ein.

Man überlegt sich leicht: Nimmt man an, daß c=0 gilt und greift die Intervention nicht (also d=0), so wird jede beliebige (noch so große positive oder negative) Veränderung in der 'Könner'-Gruppe auf die z-Wert-Differenz 0 abgebildet. Dies ist ein Spezialfall einer proportionalen Änderung b=x*a und d=x*c: Auch hier ergeben sich für beide Gruppen z-Wert-Differenzen von 0.

Ein empirisches Gegenstück zu der geschilderten Situation läßt sich finden: In einer Stichprobe aus einer Population von 7-jährigen Mädchen konfrontiere man die Kinder mit Aufgaben vom Typ der Piagetschen Umschüttaufgabe sowie mit einer identischen Meßwiederholung nach einem Jahr. Das Ergebnis wird sein, daß im Vortest und im Nachtest eine starke Gruppe beobachtbar ist, die praktisch keine Aufgabe lösen kann und daß es eine weitere Gruppe gibt, die durch eine ansteigende Fähigkeit zu charakterisieren ist (Thomas & Turner, 1991; Thomas & Lohaus, 1992). Natürlich gibt es Varianz innerhalb der Gruppen. Wesentlich für die Argumentation ist zweierlei: 1) Die Gruppen können als Mixturen von gut getrennten Binomialverteilungen beschrieben werden, so daß die Gesamtvarianz zum großen Teil durch die Gruppenunterschiede festgelegt wird. 2) Die Gruppe der 'Nicht-Könner' zeigt zu beiden Zeitpunkten eine Lösungswahrscheinlichkeit nahe Null, so daß die Situation des proportionalen Anstiegs ebenfalls näherungsweise gegeben ist.

- Situation 2:

Eine weitere idealisierte Form der möglichen Wirkungsweise einer dynamischen Testprozedur: Zu beiden Zeitpunkten erreichen die 'Könner' den Testwert a und die andere Gruppe den Testwert c. Durch die Intervention werden lediglich die Gruppengrößen von Zeitpunkt 1 nach Zeitpunkt 2 verändert. Sind p_1 und p_2 die relativen Häufigkeiten der 'Könner'-Gruppe zum Zeitpunkt 1 bzw. Zeitpunkt 2, so ergibt sich:

$$z_2(a)-z_1(a) = (a+c)/(a-c) * (\sqrt{(1-p_2)/p_2} - \sqrt{(1-p_1)/p_1})$$

$$z_2(a)-z_1(c) = (a+c)/(a-c) * (\sqrt{p_2/(1-p_2)} - \sqrt{(1-p_1)/p_1})$$

$$z_2(c)-z_1(a) = (a+c)/(a-c) * (\sqrt{(1-p_2)/p_2} - \sqrt{p_1(1-p_1)})$$

$$z_2(c)-z_1(c) = (a+c)/(a-c) * (\sqrt{p_2/(1-p_2)} - \sqrt{p_1/(1-p_1)})$$

In Situation 2 würde ein Anstieg von c nach a (wie groß er auch sei) für eine Person dann auf einen negativen z-Wert führen, wenn die Gruppe der 'Könner' im Nachtest kleiner ist als die Gruppe der 'Nicht-Könner' im Vortest ($p_2 < 1 - p_1$).

Der Grund für die unterschiedlichen Ergebnisse von Veränderungsmodell und der z-Wert-Differenz ist in den *unterschiedlichen Grundannahmen* zu suchen: Während die Quelle der Varianzunterschiede in den Veränderungsmodellen das Treatment ist, nimmt man bei der Bildung der z-Wert-Differenz an, daß sich neben den Personen auch das Meßinstrument geändert hat: So wird z.B. eine höhere Variabilität im Posttest nur(!) auf eine höhere Meßungenauigkeit zurückgeführt, also eine β-Änderung konzipiert. Da bei dynamischen Testprozeduren Variabilitätsveränderungen durch das Treatment möglich bzw. erwünscht sind, wird eine Korrektur der Daten um den Variabilitätsunterschied ähnliche (überkorrigierende) Konsequenzen haben wie bei den regressions-analytisch korrigierten Differenzmaßen.

2.4.5   Der Residualzuwachs

Neben den z-Wert-Differenzen wurden eine Reihe weiterer Differenzmaße vorgeschlagen, die die z-Wert-Transformation und den Regressionsansatz miteinander kombinieren. Zu berichten sind hier der Residualzuwachs (Manning & Du Bois, 1962):

$$RZ_V = z_Y(Y_V) - \rho\,(X,Y)z_X(X_V),$$

bzw. die T-Wert-Version (z.B.: Guthke, Jäger & Schmidt, 1983):

$$RZ_V{}^T = T_Y(Y_V) - \rho(X,Y)T_X(X_V) = 10*(z_Y(Y_V) - \rho(X,Y)z_X(X_V)) + 50*(1-\rho\,(X,Y))$$

und Laceys (1956) *autonomic lability score*:

$$ALS_V = 50 + 10 * \{RZ_V / \sqrt{1-\rho\,(X,Y)}\,\}$$

Alle Veränderungsindizes korrellieren zu 1. Es wird deswegen nur der Residualzuwachs RZ betrachtet. Da dieser auf z-Werten beruht, werden proportionale Veränderungen oder Verschiebungen vom Prä- zum Posttest grundsätzlich als β-Veränderungen des Meßinstruments aufgefaßt, womit RZ ebenfalls insensitiv gegenüber solcherlei Veränderungen ist (Veränderungssituation 1).

In der prototypischen Veränderungssituation 2 wird ein Anstieg von c nach a durch

$$RZ(X=c,Y=a) = (a+c)/(a-c) \left(\sqrt{p_2/(1-p_2)} - \rho(X,Y) * \sqrt{(1-p_1)/p_1} \right)$$

beschrieben. Wie bei der einfachen z-Wert-Differenz hängt auch hier der Anstieg von den Verhältnissen der Gruppenzugehörigkeiten im Prä- und Posttest ab. Darüberhinaus ergibt sich eine weitere Merkwürdigkeit: Sind die Wechselwahrscheinlichkeiten statistisch unabhängig, so ist $\rho(X,Y)=0$ und RZ somit gleich dem z-Wert im Nachtest. Dies gilt unabhängig von den Basisraten p_1 und p_2.

2.4.6   Beispiel

Es werden wiederum die Daten der Normierungsstichprobe herangezogen. Für die Korrektur der Differenzwerte werden zwei Residualwerte der linearen Regression benutzt: Zum einen der optimale Wert r(X,Y), zum anderen der durch die innere Konsistenz-Schätzung des Tests korrigierte Stabilitätswert r(X,Y)/r(X) (base-free measurement of change). r(x) wird mittels Cronbach's α geschätzt (vgl. Tab. V.3).

Tab. V.3 : Korrelationen mit modifizierten Differenzmaßen

korreliert mit	Prätest	τ	PPD
d^t(Set A|r=r(X,Y))	0,00	0,30	0,81
d^t(Set AB|r=r(X,Y))	0,00	0,30	0,80
d^t(Set B|r=r(X,Y)	0,00	0,19	0,91
d^t(Set A|r=r(X,Y)/r(X))	-0,49	0,00	0,99
d^t(Set AB|r=1)	-0,43	0,00	0,98
d^t(Set B|r=r(X,Y)/r(X))	-0,30	0,00	0,99

Korrigiert man die Differenzen regressions-analytisch mit der Retest-Korrelation, so korrelieren die Differenzen nicht mit dem Prätest. Es ergaben sich aber mittelhohe Korrelationsschätzungen mit dem wahren Wert des Prätestes.

Wird diese Korrektur wiederum durch die innere Konsistenz der Tests korrigiert, so ergibt sich (für die angewandten Testverfahren) ein Wert, der mit der PPD praktisch identisch ist (s.a. Zimmerman & Williams, 1982b).

2.5   Bewertung der Differenzmaße im klassischen Testmodell

Prä-Posttest-Differenzen sind problematisch! Aber auch alle diskutierten Korrekturen der PPD sind ebenso zu problematisieren.

Von allen vorgestellten Varianten bereiteten regressions-analytisch korrigierten Differenzen noch die geringsten Schwierigkeiten. Aus praktischen Erwägungen ist hier die Methode nach Tucker, Damarin und Messick (1966) (base free measurement of change) hervorzuheben. Neben der Tatsache, daß sich diese Korrektur empirisch kaum von der PPD unterscheidet (Krauth & Weil, 1989; Zimmerman & Williams, 1982b) ist die Verrechnung der Testreliabilität problematisch, da Reliabitätsschätzungen verteilungsfrei nur als untere Schranke zu haben sind oder durch (nicht gewollte) Verteilungsannahmen schätzbar werden.

Sind diese oben aufgeführten Checkpunkte für die Gültigkeit einer PPD verletzt, hilft auch eine Modifizierung der PPD wenig weiter.

Bei den Beispieldaten lassen sich PPD und die mit analysierten modifizierten PPD im Set B des Raven-Tests benutzen. Weder Differenzwerte noch modifizierte Differenzwerte der beiden anderen Sets (A und AB) liefern eine vernünftige Interpretationsbasis.

3   Veränderungsmessung in der Skalogramm-Analyse

Die von Guttman (1950) entwickelte Testtheorie ist zunächst als Alternative zur klassischen Testtheorie entwickelt worden. Zu dieser sehr einfachen Skalierungstheorie sind für die Veränderungsmessung Varianten entwickelt worden, von denen hier zwei diskutiert werden sollen.

3.1   Der longitudinale Guttman-Simplex (LGS)

Collins, Cliff und Dent (1988) sowie Collins und Cliff (1990) versuchen den klassischen Ansatz von Guttman direkt auf die Veränderungsmessung anzuwenden. Die Vorgehensweise wird am besten an einem Beispiel verdeutlicht:

Wir wählen zunächst 4 Items aus, die sich in der Schwierigkeit substantiell unterscheiden. Im nebenstehendem Beispiel (Tab. V.4) werden die Items 4, 10, 11, 12 des Sets B benutzt. Da sich die Itemschwierigkeiten substantiell unterscheiden und ein eindimensionales Konstrukt angenommen wird, werden lediglich die 5 Muster 0000, 1000, 1100, 1110 und 1111 als Ergebnisse erwartet. Alle anderen Ergebnisse sind nicht Guttman-Skala-konform. Dies kann man für Prä- und Posttest durchführen und alle Muster kreuzklassifizieren. Man erhält die in Tabelle V.4 aufgeführten Werte.

Tab. V.4 : Guttman-Simplex: Beobachtete Werte

Nachtest-Konfigurationen

Vortest	0000	1000	1100	1110	1111	Nicht-Guttman	Randsumme
0000	1	7	3	4	1)	3	19
1000	2	(37	9	18	16)	11	93
1100	0	3	(7	12	12)	0	34
1110	0	0	0	(14	23)	3	40
1111	0	1	0	7	(11)	1	20
Non-Guttman	0	0	2	12	17	4	35
Randsumme	3	48	21	67	80	22	241

BK = Beobachtete Konsistenzen = 175
BT = von insgesamt : 241 - 22 - 35 + 4 = 188

Nimmt man sowohl die Gültigkeit einer Guttman-Skala für Prä- und Posttest und monotones Wachstum vom Vortest zum Nachtest an (wobei dieses Wachstum individuell äußerst verschieden ausfallen kann), so dürften sich lediglich Häufigkeiten in dem durch die Klammern angegeben Bereich befinden.

Collins, Cliff und Dent (1988) versuchten die beobachteten Häufigkeiten mit einem Erwartungswert zu vergleichen. Der Erwartungswert wird auf der Basis der Zellenerwartungswerte unter statistischer Unabhängigkeit berechnet:

Tab. V.5 : Guttman-Simplex: Zellen-Erwartungswerte

Nachtest-Konfigurationen

Vortest	0000	1000	1100	1110	1111	Nicht-Guttman	Randsumme
0000	(0.2	3.8	1.7	5.3	6.3)	-	19
1000	1.2	(18.5	8.1	25.9	30.9)	-	93
1100	0.4	6.8	(3.0	9.5	11.3)	-	34
1110	0.5	8.0	3.5	(11.1	13.3)	-	40
1111	0.2	4.0	1.7	5.6	(6.6)	-	20
Non-Guttman	-	-	-	-	-	-	35
Randsumme	3	48	21	67	80	22	241

EK = Erwartete Konsistenzen = 144.3
ET = von insgesamt   : 144.3 + 31.8 = 176.1

Als Index zur Begutachtung der Qualität wird ein Konsistenz-Index CL vorgeschlagen.

$$CL = \frac{BK / BT \; - EK / ET}{1 \; - EK / ET}$$

Im Beispiel errechnet man CL=0.62, was nach Collins et al. (1988) als hoch eingestuft werden kann.

3.2   Skalenanalyse nach Caruso

Caruso (1990; 1983) versucht in Nachfolge von Mokken (1971) die Skalogramm-Analyse von Guttman in den Voraussetzungen abzuschwächen und auf das Problem der Veränderungsmessung anzuwenden.

Sortiert man die Items eines Tests nach ihren Schwierigkeiten, dann erwartet man bei einer eindimensionalen Struktur eine Datenmatrix, wie sie in Tab. V.6 dargestellt ist.

Tab. V.6 : Datenmatrix der Lösungswahrscheinlichkeiten

Randsumme	Item 1		Item 2		...		Item i		...		Item k
r=0	0		0		...		0		...		0
	$\leq$		$\leq$		$\leq$	$\leq$	$\leq$				$\leq$
r=1	π_{11}	$\geq$	π_{12}	$\geq$	...$\geq$		π_{1i}	$\geq$	...$\geq$		π_{1k}
	$\leq$		$\leq$		$\leq$	$\leq$	$\leq$				$\leq$
r=2	π_{21}	$\geq$	π_{21}	$\geq$	...$\geq$		π_{2i}	$\geq$	...$\geq$		π_{2k}
	$\leq$		$\leq$		$\leq$	$\leq$	$\leq$				$\leq$
...	...	$\geq$	...	$\geq$	...$\geq$		...	$\geq$	...$\geq$		...
	$\leq$		$\leq$		$\leq$	$\leq$	$\leq$				$\leq$
r=v	π_{v1}	$\geq$	π_{v1}	$\geq$	...$\geq$		π_{vi}	$\geq$	...$\geq$		π_{vk}
	$\leq$		$\leq$		$\leq$	$\leq$	$\leq$				$\leq$
...	...	$\geq$	...	$\geq$	...$\geq$		...	$\geq$	...$\geq$		...
	$\leq$		$\leq$		$\leq$	$\leq$	$\leq$				$\leq$
r=k	1	$\geq$	1	$\geq$	...$\geq$		1	$\geq$	...$\geq$		1

Die Parameter π_{vi} schätzt man über das Verhältnis der Anzahl der Personen, die Aufgabe i richtig lösen und den Gesamttestwert v erreichen (n_{vi}) und der Anzahl der Personen, die den Gesamttestwert v erreichen (n_v): $p_{vi} = n_{vi} / n_v$}.

Soll das Datenmodell für einen Test gelten, dann kann man die Modellgültigkeit per Augenschein prüfen, da die in der Tabelle angegebenen Relationen der Lösungswahrscheinlichkeiten innerhalb des Tests gelten müssen. Diese Fragestellung läßt sich in zwei statistische Testverfahren überführen:

• CH1: Wenn sich innerhalb der Items die Lösungswahrscheinlichkeiten nach der Randsumme sortieren lassen, wird sich die Verteilung der Häufigkeiten für jedes Randsummenpaar v<w und jedes Item i im Prä- und Posttest

$$n_{vi} \quad n_{v^-} \, n_{vi}$$
$$n_{wi} \quad n_w - n_{wi}$$

gemäß der Relation $n_{vi}/n_v \leq n_{wi}/n_w$ sortieren lassen können. Als Testprozedur schlägt Caruso (1990) vor, pro Item die Randsummen v=1,...,k-2 mit den Ergebnissen der Randsummen w=v+1 mit einem Test auf Gleichheit der Proportionen p_{vi} p_{vi} und $p_{(v+1)i}$ mit einem 4-Felder-Chi-Quadrat-Test zu überprüfen. Ist $p_{(v+1)i}$ signifikant kleiner als p_{vi}, ist die Modellvorraussetzung verletzt.

• CH2: Für jede Randsumme v muß die Verteilung der Häufigkeiten

$$n_{vi} \quad n_{v^-} \, n_{vi}$$
$$n_{vj} \quad n_v - n_{vj}$$

für jedes Itempaar i<j die Relation $n_{vi}/n_v \leq n_{vj}/n_v$ aufweisen. Dies kann mit einem Test auf Gleichheit von korrelierenden Proportionen überprüft werden.

Für die Analyse der Prä-Posttest-Veränderungen lassen sich folgende *vier Hypothesen* per Augenschein überpüfen:

(1) Keine Veränderung: In diesem Fall sollten beide Tests parallel sein. Eine notwendige Voraussetzung für die Parallelität ist, daß beide Datenmatrizen identisch sind. Selbst wenn die Inspektion beider Datenmatrizen keine Änderung indiziert, kann sich die Rangreihenfolge der Personen vom Prä- zum Posttest vollständig geändert haben.

(2) α-Änderung: Die Sortierung der Items nach den Randsummen ist in beiden Tests gleich, aber die Leichtigkeiten der Items π_v unterscheiden sich substantiell (kann durch Test auf Gleichheit der Proportionen der Itemlösungswahrscheinlichkeiten abgeprüft werden).

(3) β-Änderung: Prä- und Posttest sind als Guttman-Skala akzeptierbar, aber die Rangreihenfolge der Items hat sich substantiell geändert (Test auf Gleichheit der Proportionen muß entweder für die umsortierten Items oder für alle anderen Items ansprechen).

(4) γ-Änderung: Der Prätest ist als Guttman-Skala akzeptierbar, der Posttest nicht, oder umgekehrt.

Mit Hilfe des Satzes von Bayes läßt sich der Erwartungswert der Lösungswahrscheinlichkeit eines Items ermitteln über:

$$\pi(a_i=1) = \sum_{v=0}^{k} \pi_{vi} \ \pi_v$$

Caruso (1990) schlägt vor, einen normierten Skalenwert S(r) für die Randsumme r zu ermitteln über

$$S(r) = 1/k \sum_{i=1}^{k} \pi_{ri} \ / \ \pi(a_i=1).$$

Veränderungen von Prätest X zum Posttest Y werden dann mit der Differenz $S_Y(r)$-$S_X(r)$ abgebildet.

Berechnet man zunächst S(r) aus der Summe der unbedingten Wahrscheinlichkeiten, so erhält man für eine Randsumme r den geschätzten Skalenwert

$$S(r) = 1/k \sum_{i=1}^{k} n_{ri} \ / \ n_{r\cdot}.$$

Rechnet man die Summe aus, so stellt man fest, daß S(r)=r/k gilt, d.h. daß für die Punktsummen lediglich eine neue Charakterisierung gefunden worden ist.

Um die bedingten Wahrscheinlichkeiten zu berechnen, muß Caruso (1990) zunächst die Auftretenswahrscheinlichkeiten der Itemsummen π_v in der Population angeben. Hierfür nimmt er eine gemeinsame Gleichverteilung der Randsummenwerte mit $\pi_v=1/(k+1)$ für den Prätest und den Posttest an. Diese Annahme führt zu den Skalenwerten

$$C(r) = (k+1)/k \sum_{i=1}^{k} \frac{n_{ri} \ / \ n_{r\cdot}}{\sum_{s=0}^{k} n_{si} \ / \ n_{s\cdot}}$$

Neben der problematischen Annahme gleichverteilter Randsummen taucht eine weitere Schwierigkeit auf: Die Differenzen der transformierten Prätest- und Posttest-Werte können (wie die PPD auch) durch den Regressionseffekt verfälscht sein. Wann diese Differenzen zulässige Statistiken sind, bleibt deshalb unklar.

Für die Beispieluntersuchung wurden zunächst die Häufigkeitstabellen ausgerechnet. Diese etwas umfänglichen Tabellen werden nur für den Set B mitgeteilt (s. Tab. V.7 und V.8). Die anderen Sets unterscheiden sich in der Konsequenz nicht von den Ergebnissen im Set B.

Tab. V.7 : Datenmatrix: Set B (Prätest)

1	2	3	4	5	6	7	10	9	11	8	12	N
0	0	0	0	0	0	0	0	0	0	0	0	0
0	0	0	0	0	0	0	0	0	0	0	0	0
1	1	0	0	0	0	0	0	0	0	0	0	2
1	.86	.86	.29	0	0	0	0	0	0	0	0	7
1	.86	.79	.64	.21	.43	0	.07	0	0	0	0	14
1	.92	.92	.72	.61	.42	.19	0	.11	.08	0	.03	36
1	1	1	.97	.79	.71	.21	.16	.11	0	.03	.03	38
.98	.95	.98	.95	.84	.81	.63	.33	.16	.12	.19	.07	43
1	1	1	1	.86	.73	.50	.77	.59	.36	.14+	.05	22
1	1	1	1	.93	.85	.63	.70	.63	.74	.33	.19	27
1	1	1	.96	.92	.88	.72	.88	.92	.80	.64	.28	25
1	1	1	.95	1	.90	.90	.95	1	.95	.85	.50	20
1	1	1	1	1	1	1	1	1	1	1	1	7
240	233	231	214	185	169	113	105	95	82	61	35	N

Nach der Klassifikation der Ergebnisse ist eine reine α-Veränderung zu erwarten, da im Prä- und Posttest die Guttman-Sortierung akzeptabel ist (jeweils eine signifikante Verletzung pro Tabelle kann akzeptiert werden) und die Reihenfolge der Items (bis auf Zufallsfluktuation) ebenfalls identisch ist. Lediglich die Itemleichtigkeiten erhöhen sich im Posttest. Dieses Ergebnis gilt analog für die beiden anderen Sets.

Tab. V.8 : Datenmatrix: Set B (Posttest)

2	1	3	4	5	6	10	9	7	11	8	12	N
0	0	0	0	0	0	0	0	0	0	0	0	0
0	0	0	0	0	0	0	0	0	0	0	0	0
1	1	0	0	0	0	0	0	0	0	0	0	1
1	1	.50	.50	0	0	0	0	0	0	0	0	2
1	1	1	1	0	0	0	0	0	0	0	0	3
.93	1	.93	1	.57	.14	.14	.07	.14	0	.07	0	14
1	1	1	.83	.89	.67	.11	.06	.28	0	.11	.06	18
1	.95	1	.95	.86	.90	.24	.14	.81	.05	.14	.14	21
1	1	1	1	1	.88	.50	.63	.50+	.13	.25	.13	8
1	.96	1	.96	.89	.78	.78	.81	.52	.59	.44	.26	27
1	1	1	1	1	.92	.94	.89	.58	.81	.75	.11	36
1	1	1	1	1	.92	1	1	.92	.96	.92	.29	49
1	1	1	1	1	1	1	1	1	1	1	1	63
241	240	239	235	222	202	180	176	171	157	155	93	N

Die Caruso-Skalenwerte für die Tests ergeben die in Tabelle V.9 aufgeführten Werte (leere Zellen sind durch '-' gekennzeichnet).

Tab. V.9 : Beispielanalyse für Caruso-Differenzwerte

Summe	Skalenwerte Prätest			Skalenwerte Posttest		
	Subtest A	Subtest AB	Subtest B	Subtest A	Subtest AB	Subtest B
0	-	-	-	-	-	-
1	-	-	-	-	-	-
2	0.26	-	0.20	-	0.24	0.20
3	0.45	0.38	0.32	-	-	0.31
4	-	0.59	0.48	-	-	0.43
5	-	0.77	0.66	0.75	0.76	0.63
6	0.87	0.96	0.80	0.86	1.05	0.83
7	1.14	1.12	1.07	1.13	1.21	1.05
8	1.40	1.38	1.28	1.33	1.43	1.30
9	1.67	1.55	1.58	1.64	1.67	1.65
10	1.92	1.80	1.87	1.95	1.92	1.84
11	2.39	2.04	2.19	2.39	2.18	2.15
12	2.90	2.43	2.56	2.94	2.54	2.62

Die Skalenwerte zeigen den für das Modell typischen Verlauf: Die Differenzen zwischen den Skalenwerten steigen monoton mit der Summe der gelösten Items an.

Um festzustellen, inwieweit sich die Caruso-Differenzen von den PPD unterscheiden, werden die Caruso-Differenzen mit einigen kritischen Variablen korreliert:

Tab. V.10 : Korrelationen mit der Caruso-Differenz

korreliert mit	Prätest	PPD	Skalenwert(Prätest)
Caruso-Differenz: Set A	-0,41	0,95	-0,46
Caruso-Differenz: Set AB	-0,45	0,96	-0,47
Caruso-Differenz: Set B	-0,27	0,97	-0,30

Für alle drei Sets verhalten sich die Caruso-Differenzen wie die PPD. Der lineare Zusammenhang mit den PPD ist extrem hoch. Die Korrelation mit den Ausgangswerten ist wie bei der PPD negativ und in mittlerer Höhe.

3.3 Bewertung der Skalogramm-Verfahren

Das vorgestellte sog. LGS-Verfahren dürfte nur für kleine Itemmengen mit Items, die sich in der Schwierigkeit reichlich unterscheiden, anwendbar sein. Selbst wenn bei 4 Items die Unterschiede der Itemschwierigkeiten sehr hoch sind, wie in dem gewählten Beispiel, sind durch statistische Fluktuation schon über 20% der Daten wegen der fehlenden Guttman-Konformität nicht auswertbar. Wenn sich aber 4 oder 5 Items theoretisch ableiten lassen, die sich außerdem noch in ihrer Schwierigkeit hinreichend unterscheiden, so könnte das LGS-Verfahren Aufschluß über *monotone Trends* in den Daten liefern. Etwas problematisch ist die Fixierung auf monotone Trends, da im Bereich des dynamischen Testens nicht unbedingt davon ausgegangen werden kann, daß alle Probanden von der Intervention auch profitieren. Letztlich ist der Index CL schwierig zu bewerten, da eine zuverlässige Angabe, wann CL groß oder klein ist, nicht angegeben worden ist. Diese Problematik teilt CL mit anderen Indizes, die für die einfache Guttman-Skalierung entwickelt wurden.

Caruso (1990) liefert eine alternative Skalierungstheorie, die zunächst unabhängig von der intendierten Formulierung einer Theorie zur Veränderungsmessung entwickkelt worden ist. Die Checks auf Skalierbarkeit sind jedoch weich, da nur hinreichende Annahmen für die Skalierbarkeit abgetestet werden können. Die Skalenwerte für Prä- und Posttest basieren auf der wenig plausiblen Annahme einer Gleichverteilung der Randsummenergebnisse in der Population. Die Differenzen der modifizierten Skalenwerte haben von der Theorie her den gleichen Status wie die PPD: Sie sind im Prinzip PPD, nur auf der Basis einer anderen Populationsannahme. Aus diesem Grund fehlt ein Check, *wann* die *Differenzbildung zulässig* ist und wann nicht. Da für die Beispieluntersuchung die PPD der Sets A und AB nicht benutzbar sind und die Caruso-Differenzen sehr hoch mit den korrespondierenden PPD korrelieren, muß man folgern, daß auch die Caruso-Differenzen für diese Tests wenig brauchbar (sprich unreliabel) sind. Die angebotenen Checks innerhalb der von Caruso vorgestellten Theorie sprechen für diese beiden Sets nicht an, so daß die Brauchbarkeit des Ansatzes von Caruso bezweifelt werden muß.

4   Veränderungsmessung im Rasch-Modell

4.1   Klassische Veränderungsmodelle für Prä-Post-Test-Daten

Wie die klassische Testtheorie ist auch das Rasch-Modell zunächst lediglich für die Beschreibung der Messung zu einem Zeitpunkt entworfen worden (Fischer, 1971; Rasch, 1960). Die Grundidee ist die Annahme, daß sich (bei richtig-falsch-Aufgaben) die Lösungswahrscheinlichkeit eines Items i durch eine Person v durch

$$p(\text{richtig}|v,i) = p(1|v,i) = \exp(\theta_v - \sigma_i) \: / \: (1 + \exp(\theta_v - \sigma_i))$$

angeben läßt. Dieses Modell stellt relativ harte Forderungen an die Daten, da die Auftretenswahrscheinlichkeit eines Ergebnisvektors mit Hilfe der Modellannahme direkt berechnen werden kann. Abweichungen des Modells von den Daten lassen sich also im Gegensatz zur klassischen Testtheorie im Prinzip feststellen. Leider hat diese Vorgehensweise nur einen prinzipiellen Status, da die Anzahl der Beobachtungen pro Ergebnisvektor meist viel zu gering ist. Zur Modellgültigkeit werden deshalb andere Testverfahren benutzt (vgl. Rost & Strauß, 1992), wobei der Extremgruppen-Test von Andersen (1973) der geläufigste Modelltest sein dürfte.

Man kann das Rasch-Modell auf unterschiedlichste Weise als Veränderungs-messmodell formulieren. Spada (1983), Rost und Spada (1983), Fischer (1976, 1987), Fischer und Formann (1982) geben eine ganze Reihe von Veränderungshypo-thesen im Rasch-Modell an.

Die wohl gebräuchlichste Form der Veränderungshypothese ist die Annahme, daß sich an der Struktur des Meßmodells nichts verändert hat, während sich die Personen über den Zeitverlauf geändert haben. Diese Hypothese mündet in das *Veränderungs-Rasch-Modell*:

$$p(1|v,i,t=1) = \exp(\theta_v - \sigma_i) \: / \: (1 + \exp(\theta_v - \sigma_i))$$
$$p(1|v,i,t=2) = \exp(\theta_v + \delta_v - \sigma_i) \: / \: (1 + \exp(\theta_v + \delta_v - \sigma_i))$$

Krauth und Weil (1989) untersuchten dieses Modell und gaben eine approximative Schätzung der Änderungsparameter δ_v an. Das überraschende Ergebnis der Untersuchung von Krauth und Weil (1989) war, daß sich die approximativen Schätzungen für die Veränderungsparameter mit geringem Fehler durch

$$\hat{\delta}_v \: (\text{RASCH}) = C * \text{PPD}$$

bestimmen lassen, d.h. daß diese approximativen Schätzungen zu 1 mit der Prä-Posttest-Differenz korrelieren.

Will man lediglich eine Schätzung für die Personenveränderung ermitteln, bringt das Rasch-Modell also keinen zusätzlichen Gewinn. Auch die Behauptung Spadas (1983, S. 103), daß das Problem eines artifiziellen Regressionseffekts bei der Inter-pretation der Rasch-Veränderungsparameter entfällt, ist nicht haltbar. Da die Vertei-lung der Personenparameter im Rasch-Modell beliebig sein kann, darf diese z.B. im Prä- und Posttest identisch normal-verteilt sein mit identischem wahren Mittelwert für alle Personen in beiden Tests. Wegen der speziellen Modellannahmen ist jegliche Veränderung lediglich durch den Regressionseffekt zu begründen. Somit resultieren in dieser Situation auch die Rasch-Veränderungsparameter lediglich aus dem Regressionseffekt.

Neben dem Personenparameter-Veränderungs-Modell lassen sich auch andere Veränderungen im Rasch-Modell konzipieren. Für die Veränderungen im Lerntest sind nach Spada (1983) folgende 3 weiteren Modelle möglich:

- *Globale Veränderung:* Zunächst wird festgelegt, daß die Itemlösungswahrscheinlichkeit durch ein Rasch-Modell als

$$p(1|v,i,t) = \exp(\lambda_{vit}) / (1+\exp(\lambda_{vit}))$$

  formulierbar ist. Modell 1 nimmt an, daß es einen globalen Veränderungsparameter δ_t pro Meßzeitpunkt gibt, d.h.

$$\lambda_{vit} = \theta_v - \sigma_i + \delta_t$$

Dieses Modell ist ein Spezialfall des oben diskutierten Modells, da angenommen wird, daß sich alle Personen über die Testzeitpunkte hinweg in gleicher Weise verändern.

- *Itemspezifische Veränderung:*

$$\lambda_{vit} = \theta_v - \sigma_{it}$$

Die Personenparameter bleiben über die Testzeitpunkte identisch, aber die Stellung der Items zueinander bzw. deren Rangreihenfolge wird verändert, für Lerntests und dynamische Testprozeduren ein ungeeignetes Modell. Sinn dieser Vorgehensweisen ist schließlich, daß Testverfahren an die Kenntnisse der zu testenden Personen angeglichen werden und dies idealerweise (in der Terminologie des Rasch-Modells) durch eine globale Veränderung der Personenparameter. Dies läßt sich auch beobachten, da es in der Regel eine große Gruppe von Personen gibt, die erheblich mehr Aufgaben (bei Testerleichterung) bzw. weniger Aufgaben (bei Testerschwerung) lösen. Eine Veränderung der Aufgabenschwierigkeit kann bei den Testprozeduren auch auftauchen (durch carry over Effekte z.B.), ist aber als ein Zusatzeffekt des Lerntests anzusehen, den man zusätzlich zu dem intendierten personenspezifischen Veränderungseffekt modellieren müßte.

- *Globale Veränderungseffekte, heterogene Itemstichprobe:*

$$\lambda_{vit} = \theta_{vi} - \delta_t$$

Hier gibt es pro Person*Item einen Parameter. Alle diese Interaktionsparameter verändern sich über die Meßzeitpunkte hinweg nur durch eine Konstante. Dieses Modell hat durch die Aufnahme der Person-Item-Interaktion eine hohe Flexibilität, hat aber andererseits den Nachteil, daß es pro Parameter in der typischen Prätest-Posttest-Situation nur 2 Beoachtungen besitzt und somit kaum anwendbar erscheint.

4.2   Lineare Wachstums-Modelle

In diesem Kapitel soll eine spezielle Auswertungstechnik für die Analyse dynamischer Tests vorgestellt werden, die auch für die Analyse von Kurzzeitlerntests (vgl. Kap. II) geeignet ist (Klauer & Sydow, 1992).

Die Grundidee der Analyse besteht in der Annahme, daß durch das Darbieten der Testaufgaben ein zusätzlicher Anstieg der Fähigkeit der Personen resultiert. Im einfachsten Fall nimmt man an, daß die Fähigkeit linear mit der Präsentation wächst (Zimmerman & Williams, 1982c). Einen numerischen Wert für diesen Zuwachs erhält man dann durch die Summe

$$Y_v = \sum_{i=1}^{I} w_i \, a_{i,v}$$

wobei die Gewichte der Items i linear über die Position ansteigen. Klauer und Sydow (1992) zeigen, daß die (in der Itemposition i) lineare Funktion

$$w_i = (i - (I+1)/2) \sqrt{12/((I-1)(I+1))}$$

eine von der Punktsumme faktoriell unabhängige numerische Repräsentation des linearen Wachstums ist. Folgende Fragen müssen nun geklärt werden:

(1)   Sind lineare Wachstumsmodelle valide Beschreibungen für die Veränderungsmessung im dynamischen Testprozeß ?

(2)   Gilt die Validität: Lassen sich dann die Daten durch Status (Punktsumme X) und Wachstum (Y) adäquat beschreiben ?

(3)   Unter Modellgültigkeit: Reicht die Kenntnis der Status-Variablen aus ? (Bzw.: Ist die Wachstums-Variable statistisch unbedeutend ?)

(4)   Falls das Wachstum statistisch bedeutend ist, bleibt noch die Frage, ob Status und Wachstum unterschiedliche diagnostische Informationen bilden. (Bzw.: Ist die Korrelation zwischen Status und Wachstum nahe 1 oder nicht ?)

Klauer und Sydow (1992) geben ein Modell an, um die Fragen 2 bis 4 angehen zu können. Das Modell in Kürze:

(1)   Die Beschreibung der Itemlösungswahrscheinlichkeiten:
      $p(1|i) = \exp(\theta + w_i\delta - \sigma_i) / (1 + \exp(\theta + w_i\delta - \sigma_i))$
      Hierbei ist θ die (latente) Statusvariable, δ die (latente) Wachstumsvariable und w_i das Gewicht des Items i, wie oben beschrieben.

(2)   Status und Wachstum sind in der Population bivariat normalverteilt mit Streuungen $\sigma(\theta)$, $\sigma(\delta)$ und Kovarianz $\sigma(\theta, \delta)$.

(3)   Die Modellgültigkeit (Punkt 2) läßt sich dann über die Passung des Modellansatzes an die Daten bestimmen.

(4)   Falls der Status statistisch unbedeutend ist, sollte ein Modell mit $\sigma(\delta) = 0$ keine wesentlich schlechteren Ergebnisse erbringen als ein Modell mit vollem Parametersatz (Punkt 3).

(5)   Falls Wachstum und Status zu 1 korrelieren, sollte ein Modell mit $\sigma(\theta, \delta)$ $= \sigma(\theta)\sigma(\delta)$ die Daten ebenso gut erklären wie das Modell mit vollem Parametersatz (Punkt 4).

(6)   Status X (die Punktsumme) und Wachstum Y (die mit w_i gewichtete Punktsumme) sind suffiziente Statistiken für die latenten Variablen θ bzw. δ.

Bei der praktischen Verwendung des Modells ergibt sich ein Problem: Der Test muß (in etwa) 'Rasch-skalierbar' sein, um die Anwendbarkeit des Modells zu garantieren. Ein nachträgliches Auslassen nicht skalierbarer Items ist nicht möglich, da dann die Modellvoraussetzungen substantiell geändert werden. Im folgenden soll eine Reanalyse des Subtests B mit dem Klauer-Sydow-Modell vorgestellt werden. Hierbei ist zu berücksichtigen, daß der CPM-CV-Test nicht als Rasch-skalierbarer Test entwickelt wurde und Modellabweichungen zu erwarten sind.

Wie in Klauer und Sydow (1992) vorgeschlagen, werden in Tab. V.11 und Tab. V.12 die erwarteten und beobachteten Häufigkeiten kreuzklassifiziert nach Punktsumme und Quartil des Wachstumswerts.

Die Daten sind erwartungsgemäß nicht Rasch-konform. Nicht-modellkonforme Beobachtungen sind mit (**) gekennzeichnet. Für den Prätest schätzt das Modell $s^2(\delta)/s^2(\theta) = 0.47$ und korr$(\theta, \delta) = 0.70$.

Tab. V.11 : Analyse des Prätests für Set B (Klauer-Sydow-Modell)
Quartile des Wachstumswertes

Punktsumme	Q1	Q2	Q3	Q4
0				
1				
2			1.8 (2)	
3		5.2 (5)	2.2 (2)	
4		14.7 (10)	1.2 (4)	
5	19.4 (16)	6.3 (14)**	3.2 (3)	0.5 (3)
6	23.5 (24)	11.6 (11)	5.3 (3)	1.3 (0)
7	12.6 (23)**	14.7 (9)	9.5 (6)	3.0 (5)
8		11.9 (8)	13.5 (12)	4.9 (2)
9		0.9 (1)	16.2 (21)	7.6 (5)
10			12.2 (11)	9.8 (14)**
11				14.1 (20)**
12				13.4 (7)**

Tab. V.12 : Analyse des Posttests für Set B (Klauer-Sydow-Modell)
Quartile des Wachstumswertes

Punktsumme	Q1	Q2	Q3	Q4
0				
1				
2		0.9 (1)		
3		4.6 (2)		
4	5.2 (3)	1.3 (0)		
5	7.4 (8)	2.6 (6)		
6	11.3 (14)	6.3 (4)		
7	4.6 (15)**	9.9 (9)	0.1 (1)	
8	0.7 (0)	9.1 (7)	0.3 (0)	
9		16.9 (16)	2.8 (7)**	
10		31.8 (29)	8.6 (7)	0.9 (0)
11			44.8 (45)	3.0 (4)
12				67.4 (63)

Auch der Posttest ist bzgl. des Modells nicht skalierbar. Für den Posttest schätzt das Modell $s^2(\delta) / s^2(\theta) = 0.28$ und korr$(\theta, \delta) = 1.0$.

Sieht man von der fehlenden Skalierbarkeit von Prä- und Posttest ab, fällt ein weiterer Aspekt auf: Nach den Kriterien von Klauer und Sydow(1992) sind die Indizes für einen "Lerneffekt" für den Posttest wesentlich ungünstiger als für den Prätest. Zunächst ist die geschätzte Varianz von δ im Posttest etwas mehr als halb so groß wie im Prätest. Dann korreliert δ mit θ im Posttest zu 1, während beide Größen im Prätest nur mäßig korrelierten (0.7). Dies deutet auf eine fehlende Validität des linearen Wachstums-Index als Veränderungsindikator hin.

Das in Tabelle V.13 beschriebene Beispiel soll verdeutlichen, daß vor allem die Interpretation des Strukturparameters korr(θ, δ) große Schwierigkeiten bereitet. Mit einem Testverfahren mit 11 Aufgaben seien die dort aufgeführten Ergebnisse erzeugt worden:

Tab. V.13 : Zwei Testergebnisse: Guttman-skaliert und normalverteilt

Lösungshäufigkeiten in der Stichprobe

Muster	Punktsumme	Test "0-5"	Test "6-11"
00000000000	0	3	
10000000000	1	19	
11000000000	2	44	
11100000000	3	44	
11110000000	4	19	
11111000000	5	3	
11111100000	6		3
11111110000	7		19
11111111000	8		44
11111111100	9		44
11111111110	10		19
11111111111	11		3

Der Test "0-5" hat näherungsweise normalverteilte und Guttman-skalierte Testsummen. Der Mittelwert der Testsummen liegt bei 2.5. Der Test "6-11" hat ebenfalls näherungsweise normalverteilte und Guttman-skalierte Testsummen mit einem Mittelwert von 8.5. Die Korrelation zwischen den Testwertsummen und dem empirischen Wachstumsindikator Y ist beträgt im Test "0-5" -0.975, während sie im Test "6-11" den Wert +0.975 aufweist.

Die Tab. V.14 zeigt, daß sich die Korrelationen auch auf die Schätzung der Modellparameter im Klauer-Sydow-Modell auswirken, wobei die Beispiele so konstruiert sind, daß Modellkonformität gegeben ist.

Tab. V.14: Analyse von Guttman-skalierten Tests mit dem Klauer-Sydow-Modell

Test	Annahme	korr(θ, δ)	LogLikelihood	χ^2
"0-5"	b=c=0	--	-111.7	--
	b frei; c=0	-1	-105.7	12 (p<0.001)
	b,c frei	-0.99	-105.1	1.2 (n.s.)
"6-11"	b=c=0	--	-111.7	--
	b frei; c=0	+1	-105.6	12.2 (p<0.001)
	b,c frei	+0.98	-105.1	1.2 (n.s.)

Für den praktischen Einsatz des Modells ergeben sich somit starke *Restriktionen*: Füllt man etwa einen Test mit gut differenzierenden Items mit leichten ("warming up") Items auf, so gerät man in die Situation, wie sie unter Test "6-11" idealisiert dargestellt ist. In diesem Fall wird man eine positive Korrelation zwischen Status und Wachstum erwarten müssen. Füllt man aber den Test mit sehr schweren ("testing the limit") Items auf, um z.B. diesen Test in einer dynamischen Testprozedur zu benutzen, dann wird man negative Korrelationen zwischen Status und Wachstum erhalten. Dies könnte ein Erklärungsmuster für die von Klauer, Kauf und Sydow (1994) berichtete negative Korrelation zwischen Status und Wachstum sein.

Der Grund für dieses Modellverhalten liegt in der *Annahme des konstanten Wachstums* über die Items hinweg. Weder bei "warming up" Items, noch bei "testing the limits" Items wird man einen großen Transfer auf nachfolgende Items erwarten können, sodaß die Modellvoraussetzungen eklatant verletzt sind.

Der dargestellte Effekt kann somit einen eventuell vorhandenen Lerneffekt überlagern und z.B. bei hoch-wirksamer und homogen wirkender dynamischer Intervention eine hohe Korrelation zwischen Status und Wachstum erzeugen.

4.3   Bewertung

4.3.1   Das klassische Rasch-Modell

Sind weder mehrfache Meßwiederholungen noch multiple Kontrollgruppen vorhanden, ist das Arsenal der Modelle zur Meßwiederholung im Rasch-Modell sehr beschränkt. In der Praxis reduziert sich die Modellvielfalt auf das Personenparameter-Veränderungs-Modell. Dieses ist aber praktisch identisch zur Benutzung der PPD im klassischen Testmodell (Krauth & Weil, 1989).

Für den Fall mehrfacher Wiederholung und/oder mehrfacher Kontrollgruppen sind weitere Modelle (Andersen, 1985; Embretson, 1991, Fischer, 1976, Fischer &

Formann, 1982) vorgeschlagen worden, die wegen der fehlenden Datenbasis hier nicht weiter diskutiert werden. Die Modelle von Andersen (1985) und Embretson (1991) sind für das hier zu untersuchende Prä-Posttest-Design identisch mit dem in Kap. 4.1 vorgestellten Veränderungs-Rasch-Modell.

Über eine weitere Anwendung des Rasch-Modells im Rahmen der qualitativen Veränderungsmessung wird weiter unten berichtet.

4.3.2   Wachstums-Modelle

Wachstums-Modelle liefern einen interessanten weiteren Aspekt der Messung von Veränderungen. In der vorgestellten Form (Klauer & Sydow, 1992) erhält man große Schwierigkeiten bei der Testkonstruktion, da bei fehlender Modellgeltung wenig Chancen bestehen (zumindest für den "normalen" Anwender), die Daten weiter im Sinne des Modells zu benutzen. Forschungsbedarf liegt in der Frage der Konstruktion der Wachstumsvariablen.

5   Typologische Ansätze

Die bisher diskutierten Ansätze zielten auf eine Beschreibung von Veränderung mittels eines Differenzmaßes. Schon früh (z.B. Cronbach & Furby, 1970) wurde darauf hingewiesen, daß angesichts der vielfältigen Probleme, die bei der Benutzung von Differenzmaßen auftauchen können, lediglich qualitative Veränderungen interpretiert werden sollten.

Die Möglichkeiten der Modellierung qualitativer Veränderungen sind noch umfangreicher als die der rein quantitativen Veränderungen, da man qualitative Veränderungsinformation aus einem quantitativen Basismodell (z.B. der klassischen Testtheorie im Unterkapitel 5.1.) gewinnen kann, aber auch auf der Basis eines qualitativen Skalierungsmodells (Unterkapitel 5.2). Es gibt sogar Ansätze, die man als Mischtyp auffassen kann (Unterkapitel 5.4), mit denen man sowohl qualitative als auch quantitative Veränderungen modellieren kann.

5.1   Veränderungstypen durch Prätest-Vorhersage

5.1.1   Check am Paralleltest

Schöttke, Bartram und Wiedl (1993) versuchen auf der Basis der klassischen Testtheorie zwei Veränderungstypen und drei 'Nicht-Veränderungs-Typen' zu isolieren: Sichere positive Veränderer, sichere negative Veränderer und (mögliche) Nicht-Veränderer.

Die dritte Gruppe kann noch einmal unterschieden werden in: Nicht-Veränderer, deren Werte im Prätest zu klein sind, um sich nach unten zu verändern ("non looser"); Nicht-Veränderer, deren Werte im Prätest zu groß sind, um sich nach oben zu verändern ("high scorer"); sowie sonstige Nicht-Veränderer ("non gainer"). Basierend auf der Reliabilität des Vortests ($\rho(X)$) kann das Ergebnis eines hypothetischen Paralleltestwertes bei Kenntnis des Vortestwertes durch die Regressionsgleichung

$$E[X'|X=x_i] = \rho(X) * x_i + E[X](1-\rho(X))$$

vorhersagt werden. Es handelt sich um einen Spezialfall aus dem Kap. 2.4.2. Es wird hier zusätzlich $\sigma(X) = \sigma(Y)$ gesetzt. Als Stabilitätsschätzung wird die Reliabilität des Tests benutzt

Der korrespondierende Standardvorhersagefehler ist durch

$$\sigma(X' - E[X'|X=x_i]) = \sigma_X \sqrt{1-\rho^2(X)}$$

gegeben, wobei es sich um eine Approximation handelt. Wenn man die Genauigkeit der Messung im Test X mit berücksichtigt, so ist

$$\sigma(X' - E[X'|X=x_i]) = \sigma_X \sqrt{(1-\rho^2(X))(1+1/N+(x_i-E[X])^2/((N-1)\sigma^2_X))}$$

eine etwas bessere Schätzung für den zu ermittelnden Standardfehler. Da die Stichprobengröße N allerdings immer recht hoch sein dürfte, bringt diese Korrektur keine substantiell anderen Ergebnisse.

Aus diesem Modell, in dem angenommen wird, daß das Merkmal stabil geblieben ist und die Variation im Nachtest nur durch die Reliabilität des Tests erklärbar ist, lassen sich Konfidenzgrenzen bei Annahme einer bivariaten Normalverteilung von X und X' festlegen durch:

untere Konfidenzbandgrenze = C_{unten} = $E[X'|X=x_i]$ - $z_\alpha \sigma(X'- E[X'|X=x_i])$, sowie obere Konfidenzbandgrenze = C_{oben} = $E[X'|X=x_i]$ + $z_\alpha \sigma(X'- E[X'|X=x_i])$, mit z_α = das α-Prozent-Intervall der Standardnormalverteilung.

Für gegebenes α kann für jeden Posttestwert y_i bestimmt werden, ob dieser Posttestwert innerhalb des berechneten Konfidenzbandes liegt (möglicherweise keine Änderung), oberhalb der oberen Grenze (α-sicher positive Änderung) oder unterhalb der unteren Grenze (α-sicher negative Änderung). Für die Nicht-Veränderer lassen sich die "high scorer" und "non looser" mit Hilfe der Schranken C_{unten} und C_{oben} festlegen. Alle jene Personen, die sich nicht verändert haben und bei denen $C_{unten} \leq$

0 ist, werden als non looser typisiert. Analog sind die unveränderten Personen mit $C_{oben} \geq$ maximaler Skalenwert als high-scorer eingeordnet.

Die Autoren geben keinerlei Hinweise, welche Größe der z-Wert haben muß, um handhabbare Ergebnisse zu bekommen. Bei einem z-Wert von 2 kann man 5% Wechsler erwarten. Soll ein Test für eine Veränderungsmessung benutzt werden, sollten die beiden Veränderungskategorien zusammen substantiell mehr als 5% der Stichprobengröße ausmachen.

5.1.2   Eine Anwendung

Für die Daten der Wiedl und Bethge-Stichprobe ergeben sich bei der Anwendung der Paralleltest-Check-Prozedur mit $z_{krit}=2$ die Zuordnungen aus Tab. V.15.

Tab. V.15 : Klassenbesetzung nach der Paralleltest-Check-Prozedur

| | verändert | | unverändert | | |
	negativ	positiv	"non looser"	"high scorer"	"non gainer"
Set A	0	20	1	139	81
Set AB	0	13	2	146	80
Set B	1	54	9	79	98

Tab. V.16 : Varianzanalysen des Vortestergebnisses über die Klassen 'Unverändert' und 'positiv'

| | Mittelwerte | | | Streuungen | | |
	"non gainer"	positiv		"non gainer"	positiv	
Set A	8,23	8,40	n.s.	1,23	1,13	n.s.
Set AB	6,56	6,69	n.s.	1,29	1,03	n.s.
Set B	6,28	5,94	n.s.	1,04	0,75	n.s.

Wie bei den Differenz-Score-Analysen zeigt sich auch hier, daß lediglich der Set B verwertbare Veränderungsinformation aufweist. Beide anderen Sets zeigen eine Anzahl von Veränderungen, die kaum über das hinaus geht, was man unter der Paralleltestannahme hätte erwarten können. Darüberhinaus zeigt sich, warum Set A und AB wenig geeignet sind: Die Kategorie der "high-scorer" ist viel zu hoch besetzt.

Wenn mit den Kategorien weiter gearbeitet werden soll, dann sollte abgetestet werden, ob in den Veränderungskategorien trotz der Zuordnungsprozedur nicht doch noch ein substantieller Regressionseffektanteil vorhanden ist. Man testet dies indem man die drei normal scorer Kategorien "positiv", "negativ" und "non gainer" miteinander im Vortest vergleicht.

Die in Tab. V.16 dargestellten varianzanalytischen Ergebnisse zwischen den Kategorien "non gainer", "positiv" (die Gruppe "negativ" war zu gering vertreten) und dem Prätestergebnis als abhängiger Variable zeigten, daß die Prozedur erfolgreich war, da keine systematische Variation der Vortestergebnisse auf der Basis der ermittelten Kategorien nachgewiesen werden konnte und somit ein Einfluß eines Regressionseffekts nicht nachweisbar ist und die Kategorien tatsächlich als Veränderungskategorien anzusehen sind.

5.2   Veränderungsmessung in der latenten Klassenanalyse (LCA)

5.2.1   Modellvoraussetzungen der LCA

Im Unterschied zur Paralleltest-Check-Prozedur, die bei signifikanter Abweichung von einem Nullmodell eine Veränderung konstatiert, können mit der latenten Klassenanalyse (LCA) Veränderungsgruppen konstruktiv ermittelt werden.

Das Modell der LCA geht von der *Lösung einzelner Items* aus. Es wird angenommen, daß es zwei oder mehr Gruppen g von Vpn gibt, die pro Item eine gruppenspezifische Lösungswahrscheinlichkeit $\pi(g,i)$ aufweisen. Die Gruppen sind innerhalb der Stichprobe mit unterschiedlichen Gewichten $W(g)$ beobachtbar. Die wesentliche Modellvoraussetzung ist nun, daß angenommen wird, daß innerhalb jeder Gruppe über alle Items hinweg *lokale stochastische Unabhängigkeit* für die Lösungswahrscheinlichkeiten der Items gegeben sein muß. Für je zwei Items bedeutet dies, daß die Wahrscheinlichkeit $\pi(g,(i,j))$ zwei Items i und j zu lösen durch

$$\pi(g,(i,j)) = \pi(g,i) * \pi(g,j)$$

gegeben ist. Mit dieser Annahme läßt sich zunächst die Wahrscheinlichkeit $\pi\,(s|g)$ des Auftretens einer Beobachtung s bei gegebener Gruppe g durch

$$\pi(s|g) = \prod_{i=1}^{I} \pi(g,i)$$

berechnen. Die unbedingte Wahrscheinlichkeit $\pi\,(s)$ die Beobachtung s zu erhalten, ist dann durch

$$\pi(s) = \sum_{g=1}^{G} W(g)* \ \pi(s|g)$$

gegeben, womit durch das Bayes-Theorem auch die Wahrscheinlichkeit π (g|s) der Gruppe g bei gegebener Beobachtung s durch

$$\pi(g|s) = W(g) \ \pi(s|g) \ / \ \pi(s)$$

zu berechnen ist.

5.2.2   Parameterschätzung und Modelltests

Für die (Maximum-Likelihood-) Schätzungen der Parameter seien nun die Bezeichnungen p(g,i), p(s|g), p(s), p(g|s) sowie w(g) eingeführt, wodurch nach Wolfe (1970) und Goodman (1979) gilt

$$w(g) = \sum_{s=1}^{N} p(g|s) \ / \ N$$

und

$$p(g,i) = \sum_{s=1}^{N} p(g|s)*a(s,i) \ / \ \{N*w(g)\}$$

mit

$$a(s,i) = \begin{cases} 1, & \text{wenn Item i von VP s gelöst wird} \\ 0, & \text{sonst} \end{cases}$$

Hierbei werden die letzten beiden Gleichungen von einem Startwert solange iterativ benutzt, bis die (logarithmierte Likelihoodfunktion)

$$L(G) = \sum_{s=1}^{N} \ln(p(s))$$

ihr Maximum bei einer gegebenen Anzahl (G) von Gruppen erreicht hat.

Für ein Modell mit G Gruppen und I Items werden G-1 Gewichtsparameter und G*I Itemparameter benötigt. Die maximale Anzahl der Parameter ist durch 2^I -1 begrenzt. Diese Anzahl der Parameter wird dann errreicht, wenn man für jede Kombination genau einen Parameter schätzt. Die Maximum-Likelihood-Schätzung für diese Zellenparameter ist die relative Auftretenswahrscheinlichkeit des zugehörigen Antwortmusters n(s)/N. Die zugehörige Likelihood beträgt

$$L = \sum_{s=1;\ n(s)>0}^{2^I} n(s)*\ln(n(s)/N)$$

mit 2^I-1 Freiheitsgraden.

Die Maximum-Likelihood-Schätztheorie bietet nun einige Möglichkeiten, Modelltests durchzuführen.

5.2.2.1   Unbedingte Modelltests

Der Wert

$$X(A) = 2 * (L - L(G))$$

ist (normalerweise) approximativ χ^2-verteilt mit df $= 2^I$ - G*(I+1) Freiheitsgraden. Nach Untersuchungen von Wolfe (1970) ist die χ^2-Approximation im Falle von Mixtur-Analysen nicht gegeben. Immerhin zeigt der χ^2-Wert, wie weit sich die Reproduktion der Daten durch das Modell vom Gesamtmodell unterscheidet.

5.2.2.2   Bedingte Modelltests

Ist ein Modell mit G Gruppen das zulässige Datenmodell, dann sind die Abweichungen, die ein Modell mit G+1 Gruppen erzeugt, mit

$$X(B) = 2 * (L(G+1) - L(G))$$

ebenfalls (normalerweise) approximativ χ^2-verteilt mit df = I+1 Freiheitsgraden. Auch hier ist nach Wolfe (1970) die χ^2-Approximation nicht gegeben.

5.2.2.3   Akaikes Informations Kriterium (AIC)

Das AIC, definiert durch

$$AIC(G) = -2L(G) + 2(G*I+G-1)$$

ist ein Vergleichskriterium zwischen Modellen mit unterschiedlicher Parameteranzahl (Bozdogan, 1987). Es wird das Modell mit G Klassen gewählt, für das AIC(G) minimal ist.

5.2.3   Modelle der Veränderung innerhalb der LCA

Es gibt eine ganze Reihe möglicher Vorschläge zur Veränderungsmessung im Rahmen der LCA. Bei vielen vorgeschlagenen Auswertungsmodellen wird die Veränderung eines Typs unter Vernachlässigung der anderen Veränderungen ermittelt. Hat man die Vorstellung, daß im Vor- und Nachtest keine β- *und γ-Veränderungen* stattfanden, so sind die Schwierigkeiten der Items innerhalb der Klassen für Vor- und Nachtest identisch und eine latente Klassenanalyse über den verdoppelten Datensatz liefert uns die für Vor- und Nachtest gültigen Klassen, wobei die interessante Wechslerinformation dem Ergebnis direkt zu entnehmen ist. Diese Vorgehensweise scheidet bei zweimaliger Testung mit (zu erwartender) wirksamer Intervention aus, da zumindest β-Veränderungen auftreten werden.

Allein Formann (1984) diskutiert zwölf mögliche Veränderungshypothesen innerhalb des Modells der LCA. Grundgedanke der Veränderungsmessung nach Formann (1984) ist, daß eine LCA über den gesamten Datensatz (also Vor- und Nachtest) simultan durchgeführt wird. Hierbei werden dann zusätzlich bestimmte Parameter der LCA durch Restriktionen beschränkt.

Ein Beispiel: Es werden 2 Items in einem Vortest und einem Nachtest untersucht. Es wird desweiteren angenommen, daß sowohl im Vortest drei und im Nachtest drei Gruppen auftauchen. Eine spezifische Veränderungshypothese (restringierte Parameter in den Vor- und Nachtestitems und freie Wechslerwahrscheinlichkeiten) hat dann die in Tab. V.17 dargestellte Parameterstruktur.

Tab. V.17 : Schematische Darstellung einer LCA mit Restriktionen

KLASSE:	(1,1)	(1,2)	(1,3)	(2,1)	(2,2)	(2,3)
Gewichte	w(1,1)	w(1,2)	w(1,3)	w(2,1)	w(2,2)	w(2,3)
Item V1	p(1.,1)	p(1.,1)	p(1.,1)	p(2.,1)	p(2.,1)	p(2.,1)
Item V2	p(1.,2)	p(1.,2)	p(1.,2)	p(2.,2)	p(2.,2)	p(2.,2)
Item N1	p(.1,1)	p(.2,1)	p(.3,1)	p(.1,1)	p(.2,1)	p(.3,1)
Item N2	p(.1,2)	p(.2,2)	p(.3,2)	p(.1,2)	p(.2,2)	p(.3,2)

Wie man der Tab. V.17 entnehmen kann, bestehen die Restriktionen für die Parameter darin, daß bestimmte Itemlösungswahrscheinlichkeiten über Klassen hinweg als konstant angenommen werden. Mit w(j,k) erhält man bei dieser Vorgehensweise die Klassenwechsler und mit den Wahrscheinlichkeiten p(j.,i) bzw. p(.k,i) die Lösungswahrscheinlichkeiten der Vor- bzw. Nachtestitems in den Gruppen. Die Vorgehensweise scheint zunächst eine plausible Erweiterung der LCA auf Veränderungsdesigns zu sein. Allerdings ist diese Erweiterung nur dann zulässig, wenn anzunehmen ist, daß innerhalb der Klassen keine Kovariation zwischen Lösungen von V1 mit N1 bzw. V2 mit N2 auftauchen. Dies ist aber in der Regel *nicht* anzunehmen. Die Konsequenz dieser Abhängigkeiten ist, daß die Schätzung von z.B. p(1.,1) unter diesem Modell erheblich von dem Wert p(1.,1) abweichen kann, der nur bei der Anwendung des Modells über die Items V1 und V2 gewonnen wurde. Geht man insbesondere von einer festen Klassenanzahl in Vor- und Nachtest aus und von einer festen Anzahl von Klassenwechslern, so wird man je nach Permutation der Klassenwechsler eine andere Lösung für die Parameter p(j.,i), p(.k,i) und w(j,k) erhalten. Ein ähnlicher Einwand trifft auch das Verfahren von Clogg und Goodman (1981), die die *Assoziation zwischen zwei Variablen* durch latente Klassen aufklären wollen. Auch hier wird in den Modellannahmen explizit von lokaler stochastischer Unabhängigkeit zwischen den Merkmalen in den Klassen ausgegangen.

Ein möglicher Ausweg ist eine *mehrkategoriale LCA*, die die latenten Klassen mit Hilfe der Kategorien (0,0), (1,0), (0,1) und (1,1) der Kombinationen der Vor- und Nachtestitems bestimmt. Eine Schwierigkeit ist hier (wie auch bei dem Verfahren nach Formann, 1984), daß die Anzahl der möglichen Zellen mit der Potenz der Zahl 4 ansteigt, was bedeutet, daß für Testnormierungen (mit üblichen Stichprobengrößen) maximal 4 Items benutzt werden können. Eine leichte Verbesserung bringt eine latente Klassenanalyse, die auf der Basis von jeweils drei Kategorien pro Itempaar die Klassen schätzt, nämlich mit den Kategorien MINUS = {(1,0)}, PLUS = {(0,1)} und GLEICH = {(0,0), (1,1)}. Allerdings steigt auch hier der Aufwand enorm (in Dreierpotenzen = max 5 Items), wobei die bisherige Annahme von latenten Klassen in den Randsummen bei dieser Art der Analyse unzulässig ist, da unter dieser Voraussetzung die GLEICH-Kategorie nicht sinnvoll ist.

Um das Problem der *Vor-Nachtest-Itemabhängigkeiten* zu entschärfen, schlagen wir vor, bei der Analyse der Veränderung auf die einfachste Art der Veränderungsmessung zurückzugreifen: Es wird jeweils für Vor- und Nachtest eine LCA durchgeführt. Mit Hilfe der gewonnenen Parameter werden dann die Vpn reklassifiziert, wobei die Klassifizierung nach der Klasse g geschieht, in der p(g|s) maximal ist. Durch eine Kreuzklassifikation der Vpn über Vor- und Nachtest erhält man eine Kontingenztafel der Wechsler (vgl. auch Rost, 1984).

Der Klassifikation der Veränderungstypen nach Golembiewski et al. (1976) wird mit Hilfe der LCA in folgender Weise Rechnung getragen:

- Falls keine γ-Veränderung vorliegt, können α-Veränderungen durch die Klassenwechsler bestimmt werden.

- Falls keine γ-Veränderung vorliegt, können die Veränderungen der Itemparameter als β-Veränderung interpretiert werden.

- Die γ-Veränderung ist indiziert durch strukturell unterschiedliche Klassenlösungen bei der Analyse von Vor- und Nachtest. Hier leistet die

Methode der LCA nur insofern Hilfestellung, als durch Signifikanztests die Anzahl der Klassen festgestellt werden kann. Dies ist allerdings nicht unproblematisch, wie bei der Diskussion des Aspekts 'praktische vs. statistische Signifikanz' dargelegt wurde. Darüberhinaus ist auch bei gleicher Klassenanzahl eine γ-Veränderung zu konstatieren, wenn die ordinale Struktur der Itemparameter erheblich verletzt wird.

5.2.4   Beispiel: Eine Analyse von 6 änderungssensitiven Items

Für die gegebene Vpn-Zahl von N=241 war eine Item-Zahl von lediglich I=6 vertretbar. Aufgrund der vorangehenden Analysen des Tests (vgl. Wiedl & Betghe, 1983) wurde für die vorliegende Studie eine Gruppierung von als veränderungssensitiv und diagnostisch relevant eingestuften Items zusammengestellt (Item AB8, AB11, AB12, B8, B9, B10). Hinsichtlich ihrer Anforderungsstruktur handelt es sich hierbei um Aufgaben der Erschließung von Symmetrieeigenschaften und des logischen Denkens (Wiedl & Carlson, 1976).

5.2.4.1   *Die Bestimmung der latenten Klassen*

Die LCA für dichotome Itemantworten wurde nach dem oben angegebenen Iterationsverfahren für Vor- und Nachtest getrennt durchgeführt. Die Prüfung der Modellanpassung erfolgte über die Likelihoodquotiententests. Es zeigte sich für Lösungen von 3, 4 oder 5 Klassen bei beiden Testungen Modellgültigkeit. Die Entscheidung für eine Dreiklassenlösung erfolgte nach den Kriterien der Sparsamkeit und Interpretierbarkeit.

Im nächsten Schritt wurden die ermittelten Klassen näher betrachtet. Ihre Bestimmungsstücke sind zum einen die jeweiligen Gewichte, die die zu erwartenden Fallzahlen bei Reklassifikation bestimmen, zum anderen die latenten Kategorieauftrittswahrscheinlichkeiten der einzelnen Items.

Es ist ersichtlich (Tab. V.18), daß die ermittelten Klassen in beiden Testungen einander ähnlich sind. Die Inspektion der latenten Kategorieauftrittswahrscheinlichkeiten zeigt, daß die erste Gruppe (Klasse 1) jeweils aus leistungsstarken Vpn zusammengesetzt ist. Klasse 2 scheint Vpn zu umfassen, deren Performanz durchgängig deutlich unter der von Klasse 1 liegt. Klasse 3 schließlich ist aus Vpn zusammengesetzt, deren latente Kategorieauftrittswahrscheinlichkeiten innerhalb der Kategorie 'richtig' bzw. 'falsch' starken Schwankungen unterliegen (0.00 bis 0.89 bzw. 1.00 bis 0.106), wobei eine erhöhte Wahrscheinlichkeit der Richtiglösungen

Tab. V.18: Zusammensetzung und latente Itemlösungswahrscheinlichkeiten bei der Analyse von sechs änderungssensitiven Items in der Standard- und dynamischen Version des CPM

Klassen-Nr.	Größe in %	Item-Nr.	Standard Version Lösungswahrsch.	dynamische Version Lösungsw.
1	30 / 60	1	0.757	0.916
		2	0.814	0.878
		3	0.483	0.740
		4	0.673	0.912
		5	0.896	0.941
		6	0.813	0.980
2	57 / 29	1	0.549	0.663
		2	0.539	0.614
		3	0.122	0.033
		4	0.006	0.054
		5	0.074	0.188
		6	0.169	0.160
3	13 / 11	1	0.157	0.533
		2	0.001	0.106
		3	0.121	0.376
		4	0.344	0.743
		5	0.642	0.986
		6	0.740	0.999

gerade für die anspruchsvolleren und relativ schwierigen Aufgaben B8, B9 und B10 (logisches Denken, Item-Nr. 4-6) auffällt, während die leichteren, stärker Wahrnehmungsanforderungen repräsentierenden Items AB8, AB11 und AB12 (Item-Nr. 1-3) weniger häufig gelöst wurden. Die drei Klassen (Personengruppen) werden im folgenden als 'Leistungsstarke' (1), 'Leistungsschwache' (2) und 'Spezialisten' (3) bezeichnet. Bemerkenswert ist, daß sich die Schwierigkeiten der Items der Klassen (2) und (3) nicht monoton ineinander überführen lassen, d.h. daß es keine eindimensionale Repräsentation (z.B. Rasch-Skalierbarkeit) dieser Items in der gewählten Population geben kann.

5.2.4.2   Zuordnung von Personen zu einzelnen Klassen

Für die Bestimmung von Veränderungstypen und für die Anwendung der Ergebnisse in der diagnostischen Praxis ist eine wahrscheinlichkeitstheoretische Absicherung der Zuordnung einzelner Vpn mit spezifischen Antwortmustern im Prä- und Posttest zu

den jeweiligen latenten Klassen erforderlich. In der Tab. V.19 ist zur Veranschaulichung ein willkürlich herausgegriffener Ausschnitt aus der Tabellierung der 64 Klas-
senzugehörigkeitswahrscheinlichkeiten dargestellt.

Tab. V.19 : Zuordnung der Lösungsmuster zu latenten Klassen bei der dynamischen
Version (ausschnittweise Darstellung für die ersten zehn Muster)

Muster-Nr.	N	E	Residuum	p(1|m)	p(2|m)	p(3|m)	Muster
1	73	70.87	-0.2525	.9932	.0000	.0068	111111
2	1	1.42	0.3554	.9944	.0056	.0000	111110
3	4	4.42	0.1986	.9969	.0015	.0016	111101
4	0	0.12	0.3512	.7182	.2812	.0000	111100
5	5	6.96	0.7434	.9721	.0039	.0241	111011
6	0	0.28	0.5263	.4915	.5085	.0000	111010
7	1	0.54	-0.6222	.7811	.2144	.0045	111001
8	0	0.62	0.7858	.0138	.9862	.0000	111000
9	25	25.56	0.1104	.9964	.0018	.0313	110111
10	1	0.73	-0.3106	.6774	.3226	.0000	110110

Legende: N = beobachtete Häufigkeiten
         E   = erwartete Häufigkeiten
         p(j\|m) = Klassenzugehörigkeitswahrscheinlichkeiten für die jeweili-
                   gen Klassen (j=1,2,3)
         Muster= Lösungsmuster der sechs Items (1=gelöst; 0=nicht gelöst)

Wie ersichtlich, läßt sich für alle Vpn bzw. für alle spezifischen Antwortmuster in
Ergänzung der beobachteten und erwarteten Auftrittshäufigkeiten auch die *Klassen-
zugehörigkeitswahrscheinlichkeit* bestimmen. Somit läßt sich das Fehlerrisiko der
jeweiligen Zuweisung präzisieren. Zusätzlich kann unter bestimmten Voraussetzungen (vgl. hierzu Formann, 1984) für jede Vpn über die in der Tab. V.19 ebenfalls
angegebenen z-Werte der Residuen die *Verträglichkeit mit dem Modell der LCA*
angegeben werden. Die geforderte Voraussetzung der Zuordnungssicherheit ist somit
gegeben. Bei nachgewiesener inhaltlicher Relevanz der gefundenen Typen sollten die
dargestellten Zuweisungsregeln gute diagnostische Voraussetzungen für eine differentielle Zuordnung von Vpn und Interventionsformen darstellen.

5.2.4.3   Die Bestimmung von Klassenwechslern

Die Migration der Vpn von der Erst- zur Zweittestung innerhalb der jeweils gegebenen drei Klassen veranschaulicht Tab. V.20.

Tab. V.20 : Klassenwechsler von der Standardversion zur dynamischen Version bei der Analyse von sechs änderungs-sensitiven Items

dynamische	Standardversion &		
Version	1. Klasse	2. Klasse	3. Klasse
1. Klasse N =	64	59	21
2. Klasse N =	0	63	6
3. Klasse N =	5	17	7

Es ergeben sich acht verschiedene Gruppen. Sie wurden in Anlehnung an die Ausgangsklassen als 'gleichbleibend Leistungsstarke' (1), 'gleichbleibend Leistungsschwache' (2), 'Leistungsgewinner' (3), 'verbesserte Spezialisten' (4), 'spezifische verbesserte Leistungsschwache' (5), 'verschlechterte Spezialisten' (6), 'konsistente Spezialisten' (6) und 'spezialisierte Leistungsstarke' (8) bezeichnet. Unter Rückgriff auf die Arbeiten von Budoff (vgl. z.B. 1970) und die dort entwickelte Typologie läßt sich Gruppe 1 als "high scorer", Gruppe 2 als "non gainer" und Gruppe 3 als "gainer" identifizieren. Diese drei Gruppen repräsentieren 76% unserer Vpn-Stichprobe.

5.3   Veränderung in binomial-verteilten Subgruppen

Eine leichte Modifikation der LCA (s. a. Rost, 1985) läßt die Anzahl der Zellen um einige Potenzen sinken: Wenn man statt der Items eine *Itemsumme* betrachtet und annimmt, daß diese Itemsumme in den Gruppen binomialverteilt ist (was inhaltlich bedeutet, daß neben der Annahme der lokalen stochastischen Unabhängigkeit auch noch die Annahme gleicher Schwierigkeit innerhalb des Itempools hinzukommt), so lassen sich wiederum die Parameter w(g) und p(g,i) durch das Iterationsschätzverfahren berechnen, wobei lediglich

$$a(s,i) \;=\; \frac{\text{Anzahl gelösten Items im Subtest i von VP s}}{\text{Anzahl aller Items im Subtest i}}$$

neu definiert werden muß. Die Probleme dieser Vorgehensweise liegen in der *Annahme der gleichen Schwierigkeit* der Items. Insbesondere wenn es anzunehmen ist, daß einige Items in einer Klasse immer (oder nie) gelöst werden können und alle weiteren Items etwa gleiche Schwierigkeiten aufweisen, erhält man verschobene Binomialverteilungen, die zu erheblichen Spezifikationsfehlern führen. Es verbietet sich deshalb von vornherein bei einem Test wie dem progressiven Matrizentest, die Summe des gesamten Tests als binomialverteilte Variable aufzufassen.

5.3.1   Eine simultane Analyse der Subtests "Closure" und "Reasoning"

5.3.1.1   Auswahl der Subtests

Während in der Analyse des letzten Abschnitts Iteminformationen ausgewertet wurden, kann man auch Subtestsummen mit Hilfe der LCA untersuchen. Zu erhoffen ist hierbei eine höhere Repräsentativität der Ergebnisse, da die Gruppierungen weniger von einer mehr oder weniger willkürlichen Itemauswahl abhängen.

Grundlage für folgende exemplarische Analyse ist eine Zusammenstellung der Items zu Subtests nach einer Faktoren-Analyse von Wiedl und Carlson (1976), die als Hauptfaktoren der Aufgaben im CPM-Test die Faktoren 'concrete and abstract reasoning', 'continous and discrete pattern completion' und 'pattern completion through closure' gefunden hatten. Während der zweite Faktor Aufgaben mit heterogenen Schwierigkeiten versammelt, lassen sich zum Faktor 1 (im folgenden als *Reasoning* bezeichnet) und zum Faktor 3 (im folgenden als *Closure* bezeichnet) genügend Aufgaben mit ähnlicher Schwierigkeit zusammenstellen. Closure besteht hierbei aus den Aufgaben A9, A10, AB5, AB6, AB8 und B5. Reasoning soll durch die Aufgaben AB9, B8, B9, B10, B11 und B12 festgelegt sein. Da die Gleichheit der Aufgabenschwierigkeiten für beide Subtests in etwa gegeben ist, ist die Analyse mit Hilfe der LCA über die Subtestsummen zulässig.

5.3.1.2   Eine Beispielstudie

Die LCA für binomialverteilte Subtestsummen wurde nach dem oben angegebenen Iterationsverfahren für Vor- und Nachtest getrennt durchgeführt. Die Prüfung der Modellanpassung erfolgte wieder über Likelihoodquotiententests. Bei der Analyse des Vortests ergaben sich keine Komplikationen. Hier erreichte eine 3-Klassenlösung eine hinreichend gute Beschreibung der Daten, dies sowohl im unbedingten als auch im bedingten Anpassungstest. Die Analyse des Nachtests wirft hingegen Probleme auf, da nach den Likelihoodquotiententests erst eine 5-Klassenlösung geeignet erscheint. Für die Interpretation der Ergebnisse waren aber weder die 5- noch die 4-Klassenlösungen geeignet, da zwei (bzw. eine) Klassen mit extrem niedrigen Gewichten (<2%) und extremen Itemlösungswahrscheinlichkeiten auftraten. Diese Gruppen sind höchstwahrscheinlich durch mangelnde Modellanpassung, d.h. durch Korrelation der Subtests in den Gruppen artifiziell erzeugt worden. Im folgenden

wird deshalb auch für den Nachtest von einer 3-Klassenlösung ausgegangen, wobei
man bei der Interpretation der folgenden Ergebnisse einen Modellspezifikationsfehler
berücksichtigen muß.

Im nächsten Schritt wurden die ermittelten Klassen näher betrachtet. Ihre Bestimmungsstücke sind zum einen die jeweiligen Gewichte, die die zu erwartenden
Fallzahlen bei Reklassifikation bestimmen, zum anderen die *latenten Lösungswahrscheinlichkeiten* der Items innerhalb der betrachteten Subtests. Tab. V.21 zeigt die
entsprechenden Kennwerte.

Tab. V.21 : Zusammensetzung und latente Itemlösungswahrscheinlichkeiten bei der Analyse der Subtests Reasoning und Closure in
der Standard- und dynamischen Version des CPM

Klasse	Größe in %	Subtest	Standard-Version Lösungswahrsch.	dynamische Version Lösungsw.
1	34 / 67	Reasoning	0.711	0.851
		Closure	0.879	0.974
2	25 / 24	Reasoning	0.116	0.160
		Closure	0.447	0.782
3	41 / 13	Reasoning	0.237	0.603
		Closure	0.836	0.751

In der Ersttestung zeigen sich drei Gruppen, die wieder als 'Leistungsstarke' (1),
'Leistungsschwache' (2) und 'Spezialisten' (3) beschreibbar sind. Letztere lösen
closure-Items gut, nicht jedoch reasoning-Items.

In der Zweittestung zeigt sich wiederum die Gruppe der 'Leistungsstarken' (1).
Eine weitere Gruppe (2) zeigt niedrige Lösungswahrscheinlichkeiten für reasoning-
und hohe Lösungswahrscheinlichkeiten für closure-Items, während die Gruppe (3)
sich lediglich durch eine mittlere Lösungswahrscheinlichkeit aller Items auszeichnet.
Im Unterschied zur oben berichteten Analyse hat sich somit die Struktur der
Gruppierung nicht nur quantitativ (β-), sondern auch qualitativ (γ-) geändert.
Insbesondere ist eine Zuordnung von Vortest- und Nachtestgruppen gemäß ihrer
Ordinalinformation bei den Klassen (2) und (3) nicht mehr möglich.

Bemerkenswert ist, daß die Gewichte der Gruppe der Leistungsstarken im Vor-
und Nachtest über unterschiedliche Verfahren vergleichbar sind (6-Items 30/60; 2-
Subtests 34/67).

Angeregt durch die unterschiedlichen Lösungen bei Vor- und Nachtest und die schlechte Interpretierbarkeit der Nachtest-Lösung, wurden Territorialplots der Lösungen für Vor- und Nachtest erstellt. Sie sind in der Abb. V.4 dargestellt.

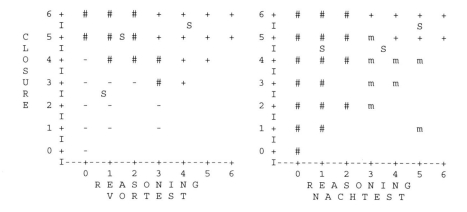

Legende: + = Leistungsstarke   - = Leistungsschwache   # = R-defizitär
            m = Mittelgruppe   S = Gruppenschwerpunkt

Abbildung V.4: Territorialplot der Klassen für Vor- und Nachtest

Während sich für den Vortest die drei beschriebenen Gruppen als gut abgegrenzt erweisen, ist - mit Ausnahme der Leistungsstarken - für den Nachtest das Ergebnis weniger prägnant. Insbesondere die 'Mittelgruppe' scheint in sich heterogen zu sein.

5.3.1.3   Die Bestimmung von Klassenwechslern

Die Bestimmung der Klassenwechsler läßt sich über die Kreuztabellierung der Klassenzuordnungen gewinnen (Tab. V.22).

Tab. V.22 : Klassenwechsler von der Standardversion zur dynamischen Version bei der Analyse der Subtests Reasoning und Closure

dynamische	Standardversion &		
Version	1. Klasse	2. Klasse	3. Klasse
1. Klasse N =	78	18	57
2. Klasse N =	1	30	24
3. Klasse N =	2	10	4

In dieser Analyse lassen sich (wegen der oben diskutierten Probleme der Zuorden-
barkeit der Klassen) nur die Wechsler von bzw. in die Klasse der Leistungsstarken
interpretieren, was mit der Klassifikation von Budoff (1970) (s.a. Kap. II) identisch
ist. Betrachtet man eine vierdimensionale Wechselkontingenztafel mit den Dimensionen Standard vs. dynamische Version und 6-Items vs. zwei Subtests, so lassen sich 6
konsistente Veränderungstypen identifizieren, die mehr als 70% der Stichprobe beschreiben, wobei kein weiterer Typ mehr als 3% der Vpn beinhaltet. Auch hier
zeigen sich Budoffs Typen ausgeprägt.

5.4   Typologische Veränderungsmessung in der linear logistischen LCA

5.4.1   Das Modell der LLLCA

Die von Formann (1982) entwickelte linear logistische LCA (LLLCA) ist zwischen
latenter Klassenanalyse und dem Rasch-Modell anzusiedeln. Die Idee des Models ist
die Annahme unterschiedlicher Gruppen, die sich auf einer Rasch-Dimension skalie-
ren lassen.

Sei Person $v \in g$, so ist die Lösungswahrscheinlichkeit eines Items i für diese Person
durch

$$p(1|g, i) = \exp(\theta_g - \sigma_i) / (1 + \exp(\theta_g - \sigma_i))$$

gegeben. Der Personenparameter des Rasch-Modells wird im Modell der LLLCA
durch einen Gruppenparameter ersetzt. Jede Gruppe besitzt damit zwei charakterisie-
rende Parameter: Zum einen den *Gruppen-Fähigkeitsparameter* θ_g, zum anderen das
Gewicht der Gruppe in der untersuchten Population w_g. Im Unterschied zur LCA
werden pro neuer Gruppe statt I+1 nur zwei weitere Parameter notwendig.

Ein wichtiges Ergebnis zur LLLCA zeigten Lindsay, Clogg und Grego (1991):
Hat ein Rasch-skalierbarer Test I Items, so ist eine LLLCA mit (I+1)/2 Gruppen
identisch mit dem Rasch-Modell (d.h. die Itemparameter und die
Auftretenswahrscheinlichkeiten aller Ergebnismuster beider Modelle sind identisch).
Dieses Ergebnis hat einige wichtige Konsequenzen:

- Die Frage, ob die LLLCA angemessen ist, kann mit den Mitteln für
  die Modellpassung für das Rasch-Modell beantwortet werden. Im Gegensatz
  zur LCA ist damit die Prüfung der Modellgültigkeit nicht an die Anzahl der
  Items gebunden.

- Jede Rasch-Skala kann durch eine aufsteigende LLLCA ausgeschöpft werden:

(1) Man paßt zunächst ein Modell mit Gruppenanzahl g=1 an.

(2) Setze g=2.

(3) Man paßt zunächst ein Modell mit Gruppenanzahl g an.

(4) Ist die Likelihood-Differenz des Modells mit g-1 Gruppen zur gesamten Rasch-Skala sehr groß oder ist die Likelihood-Differenz zwischen g-1 und g Gruppen sehr groß, dann erhöhe g um 1. Weiter bei 3.

(5) Anderenfalls hat man die Rasch-Skala mit der LLLCA ausgeschöpft, d.h. eine Gruppenerhöhung erbringt keine weitere Information über die gegebenen Daten. Als Ergebnis wird die g-Gruppenlösung berichtet.

Mit dem Modell der LLLCA lassen sich die Veränderungshypothesen des Rasch-Modells auf Gruppenparameter umformulieren (Formann, 1984). Da aber bereits bei der Diskussion des Rasch-Modells gezeigt wurde, daß keine der Veränderungshypothesen überzeugende Ergebnisse liefert (s.o.), wird hier vorgeschlagen, einen anderen Weg zu beschreiten.

Es werden für Prä- und Posttest getrennte LLLCA Schätzungen durchgeführt, die zur Charakterisierung der Personengruppen benutzt werden. Die Veränderungsinformation wird der Kontingenztafel der Gruppenwechsler entnommen.

5.4.2 Beispiel

Wichtige Voraussetzung für die Anwendung der LLLCA sind Rasch-skalierbare Daten im Prä- und Posttest. Keiner der Sets A, AB, B ist aber Rasch-skalierbar. Da bekannt ist (z.B. Fischer, 1970), daß das Rasch-Modell bei extremen Schwierigkeitsunterschieden leicht zu verletzen ist, wurden Items mit nicht allzu großen Schwierigkeitsunterschieden zusammengestellt. Es stellte sich heraus, daß die schweren Items der Sets A, AB und die mittelschweren Items des Sets B (A9, A10, A11, A12, AB7, AB8, AB9, AB10, AB12, B4, B5, B6, B7) im Vortest mit $X^2_{12}=14.33$ gut und im Nachtest $X^2_{11}=18.71$ leidlich gut Rasch-skalierbar sind (Extremgruppentest nach Andersen, 1973).

In Tab. V.23 sind die Ergebnisse der LLLCA des Vortests zusammengestellt. Die drei auf der Log-Likelihood basierenden Kriterien (s. Kap. 5.2.2) weisen darauf hin, daß der Vortest adäquat durch 3 Gruppen zu beschreiben ist. Für den Nachtest werden 4 Gruppen benötigt (Tab. V.24).

Tab. V.23 : LLLCA Vortest

Gruppenanzahl	1	2	3	4
Log-Likelihood	-1904.05	-1751.50	-1736.85	-1736.45
AIC	3841.1	3533.0	3507.7	3510.9
X^2(Gesamt)	335.22	30.12	0.82	
X^2(Differenz)	305.10	29.30	0.80	
Gruppenparameter				
Gewicht	0.272	0.498	0.230	
Fähigkeitspar.	-1.401	-0.063	1.838	
Bezeichnung	V-	V0	V+	

Tab. V.24: LLLCA Nachtest

Gruppenanzahl	1	2	3	4	5
Log-Likelihood	-1654.03	-1460.26	-1445.53	-1439.94	-1439.85
AIC	3334.06	2950.52	2925.06	2917.88	2921.70
X^2(Gesamt)	424.42	40.88	11.42	0.24	
X^2(Differenz)	387.48	29.46	11.18	0.18	
Gruppenparameter					
Gewicht	0.041	0.328	0.470	0.161	
Fähigkeitspar.	- 1.838	0.155	2.018	4.300	
Gruppenbezeichnung	N-	N0	N+	N++	

Jeder Fall wird im Vor- und Nachtest der Gruppe zugeordnet, für die die Zuordnungswahrscheinlichkeit am höchsten ist. Mit dieser Information lassen sich danach die Gruppenwechsler klassifizieren (Tab. V.25).

Tab. V.25 : Klassenwechsler von der Standardversion zur dynamischen Version
mittels der LLLCA

dynamische	\multicolumn{3}{c}{Standardversion}		
Version	V-	V0	V+
N-	4	0	0
N0	19	29	1
N+	7	69	74
N++	1	4	33

Die LLLCA ist wie die LCA eine Methode zur konstruktiven Bestimmung latenter Klassen. Als Vergleich soll das Ergebnis der Paralleltest-Check-Methode (Kap. 5.1.1) für den Set B den Ergebnissen der LLLCA-Klassifizierung gegenübergestellt werden (Tab. V.26).

Tab. V.26 : Klassifizierung von PCM und LLLCA-Typen

LLLCA Typen	Typen der Paralleltest-Check-Methode				
	Negativ	Positiv	non-gainer	high scorer	Sonstige
V+N0					1
V-N-	1		2		1
V0N0		5		3	21
V+N+		10		37	27
V-N0		4	4		11
V-N+		2	2		3
V-N++		1			
V0N+		26		9	33
V0N++		3		1	
V+N++	3			29	1

Obwohl die Verfahren von der Vorgehensweise sehr verschieden sind und auch die Datenbasen der Ergebnisse nicht identisch sind, zeigen sich stabile Ergebnisse. Den größten Unterschied bei der Klassifikation bildet die Gruppe der high scorer, die praktisch identisch mit der 'V+'-Gruppe im Vortest ist. Hier findet die LLLCA eine Veränderung ('V+N++'), die mit der Paralleltest-Check-Methode von der Konzeption her nicht bestimmt werden konnte.

5.5 Bewertung der typologischen Methoden

Die *Paralleltest-Check-Methode* erlaubt eine einfache Bewertung der Unterschiede zwischen Prä- und Posttest. Als Nullhypothese für den individuellen Fall wird der Posttestwert als Realisation eines Testwertes aufgefaßt, der zeitlich vollständig stabil bleibt und in dem die Variation nur durch die Reliabilität des Tests bestimmt ist. Es werden nur solche Veränderungen festgehalten, die nicht durch Decken-, Boden-, oder Regressionseffekte zu erklären sind.

Die Prozedur basiert auf Residualwerten der linearen Regression bei der PPD. Sie interpretiert diese Information jedoch typologisch. Diese Vorgehensweise beinhaltet wichtige praktische Vorteile:

(1)   Es können zwei Gruppen von Veränderern identifiziert werden.

(2)   Auf der Basis der Veränderungsfrequenzen kann beurteilt werden, ob überhaupt interpretierbare Veränderungsinformation vorhanden ist.

(3)   Die Nicht-Veränderer können genauer beschrieben werden, als nur auf der Basis des Differenzwertes.

Die Methode bietet noch einen großen Raum für weiterführende Arbeiten, da

(1)   das Verfahren erst durch einen frei festlegbaren z-Wert vollständig wird. Für die Wahl eines adäquaten z-Wertes gibt es bisher keine Hinweise. Wählt man den z-Wert zu klein, werden fälschlicherweise Nicht-Veränderer in eine Veränderungsgruppe aufgenommen und die Anzahl der high- und low-scorer wird stark herabgesetzt. Wählt man den z-Wert zu hoch, so ist die Chance hoch, daß in die Veränderungsgruppen nur die Veränderer aufgenommen werden, bei denen sich zusätzlich der Regressionseffekt auswirkt. Darüberhinaus werden die high- und low-scorer an Gewicht stark zunehmen.

(2)   Die Kategorie der Nicht-Veränderer als Restkategorie festgelegt ist. Es ist bisher nicht exploriert, unter welchen Voraussetzungen diese Gruppe mit den anderen vergleichbar ist.

(3)   Differentielle Veränderungen, die sich in der Summe aufheben, nicht beschrieben werden können, da die Basis eine modifizierte PPD ist.

(4)   Differenzierungen in den Veränderungstypen bisher nicht konzipiert sind.

(5)   Es letztlich zu klären ist, wie sich die Paralleltest-Check-Prozedur gegen Prozeduren bewährt, die auf einer anderen modifizierten PPD beruhen.

Die *LCA* liefert eine Reihe interessanter Möglichkeiten für die Veränderungsmessung. Vorteile sind

(1)   eine Vielzahl möglicher Veränderungshypothesen,

(2)   für jede mögliche Hypothese ist stets ein Test auf Modellgültigkeit integriert,

(3)   durch die probabilistische Typisierung kann ein LCA-Ergebnis fast wie ein 'normales' Testergebnis behandelt werden,

(4)   nicht-lineare Interaktionen können berücksichtigt werden.

Probleme tauchen bei der Anwendung einer LCA ebenfalls auf:

(1)   *Lokale stochastische Unabhängigkeit*: Die lokale stochastische Unabhängigkeit verlangt, daß innerhalb der ausdifferenzierten Gruppen keinerlei Kovariation zwischen den Itemlösungswahrscheinlichkeiten auftauchen darf. Wäre etwa eine G-Klassenlösung die wahre Lösung des Problems und würde hier innerhalb einiger Gruppen die lokale stochastische Unabhängigkeit verletzt, so hätte das zur Konsequenz, daß einige Beobachtungen s in ihrer Häufigkeit unterschätzt würden. Dies hätte zur Konsequenz, daß ein Modell mit G+1

Klassen eine Verbesserung der Anpassungsleistung ergeben würde. Andererseits, ist ein Modell mit G Klassen richtig und paßt man nur ein Modell mit G-x Klassen an, so werden sich auch Abhängigkeiten in dieser Lösung zwischen den Items aufzeigen lassen. Zusätzliche Klassenextraktion und lokale Abhängigkeiten lassen sich empirisch kaum voneinander trennen, was die Interpretation der nach dem Anpassungstest geeigneten Lösung erschwert. Eine empirische Lösung des Problems schlägt Harper (1972) vor, der latente Strukturmodelle mit identischen lokalen Abhängigkeiten zuläßt. Diese Modelle sind allerdings nicht mit ML-Schätzern gekoppelt.

(2) *Stichprobengröße*: Da die vorgestellte LCA Schätzungen immer über die Antwortmuster der Vpn tätigt, müssen die zugrundeliegenden Schätzungen für die Gesamtverteilung stabil sein. Dies führte in der Literatur zu dem oft gemachten Vorschlag, Zellenbesetzungen von 5 oder mehr zu verlangen. Diese Daumenregel führt dazu, daß für die Parameterschätzung einer LCA-Analyse etwa $5*2^I$ Beobachtungen zur Verfügung zu stellen sind (I=Anzahl der Items).

Bei nur 10 Items ist somit die (meist unrealistische) Größenordnung von 5000 Vpn erreicht. Diese Anforderung an die Anzahl der Beobachtungen erscheint uns stark überhöht. Gibt es etwa klar zu identifizierende Klassen (z.B. nur zwei Itemkombinationen), so lassen sich diese Klassen ohne großen Fehler aus der Stichprobe bestimmen, ohne daß viele Beobachtungen nötig wären und ohne daß die Erwartungswerte in allen Zellen eine bestimmte Größe überschreiten, und dieses sogar ohne Rücksicht auf die Anzahl der Items. Nur bei der Annahme, daß die Hypothese 'Alle Antwortalternativen sind gleichwahrscheinlich' gilt, wäre die verlangte Anzahl eine plausible Größenordnung.

Man kann auch versuchen, viele Items mit einer LCA zu verarbeiten (z.B. Aitken, Anderson & Hinde, 1981), muß dann aber beim Modelltest über Konfigurationen aggregieren. Auf diese Weise erhält man einen "ungefähren" X^2-Wert mit unbekannter statistischer Qualität. Der Grund ist, daß es sehr viele Aggregationsmöglichkeiten gibt, sodaß man bei einer gewählten Möglichkeit nicht sicher sein kann, ob der berechnete X^2-Wert charakteristisch für die Daten ist oder eher einen Extremwert bildet.

(3) *Statistische und praktische Signifikanz*: Wie oben dargestellt, gibt es für die LCA eine Reihe von Modelltests, die Entdeckung von Abweichungen vom vollständigen (saturierten) Modell (bzw. von eingeschränkten Modellen untereinander) ermöglichen. Allerdings sind die abgeleiteten Signifikanztests abhängig von der Gesamtstichprobengröße. Da das Modell der LCA starke Annahmen besitzt, sind zunächst kleinere Abweichungen zu erwarten, da aber andererseits viele Beobachtungen für die Durchführung der LCA verlangt werden, kann auch ein recht gut angepasstes Modell signifikant vom saturierten

Modell abweichen. Zwar werden für solche Bewertungen der Abweichungen einige heuristische Maße vorgeschlagen, der Wert dieser Indizes ist jedoch kaum zu beurteilen. Bei kleineren Abweichungen liegt damit die Frage der Interpretationswürdigkeit einer Lösung letztlich in der Hand des Untersuchers.

(4)   Es ist bisher wenig geklärt, ab wann eine Gruppe in der LCA als gesichert anzusehen ist. Simulationsstudien bei normal-verteilten Mixturen (McManus, 1984) zeigen, daß ein zu großer Optimismus bzgl. der Stabilität von latenten Klassen nicht angebracht ist.

Die Mixturanalyse von *binomial-verteilten* Subgruppen hat die gleichen Möglichkeiten und Probleme wie die LCA. Es wird lediglich zusätzlich angenommen, daß in allen Subgruppen alle Items die gleiche Schwierigkeit aufweisen. Diese Annahme hat den positiven Effekt, daß stabilere Schätzungen ermöglicht werden und die notwendigen Anforderungen an die Stichprobengröße reduziert werden können. Andererseits ist die Annahme streng genommen immer verletzt. Es ist zu prüfen, wie groß *Verletzungen der Annahme identischer Itemschwierigkeiten* sein dürfen, um dennoch praktikable Ergebnisse mit Binomial-Mixturen zu erhalten. Nach H. Thomas (pers. Mitteilung) ist nach Ergebnissen umfangreicher Simulations-Studien die Annahme einer Binomial-Mixtur sehr robust. Bislang sind die Ergebnisse allerdings nicht veröffentlicht. Ein weiteres Problem der Analyse von Mischungen binomialverteilter Variablen ist die zu erwartende höhere Modellunverträglichkeit bei der simultanen Analyse mehrerer Variablen aus einer Testung. Allein schon durch das identische Setting während der Testdarbietung können schwache Itemkorrelationen innerhalb der Gruppen auftauchen, die bei der Analyse einzelner Items zu einem kaum bemerkbaren Spezifikationsfehler führen. Summiert man jedoch mehrere Items zu Untertests, so können diese schwachen Iteminterkorrelationen sich zu einem insgesamt starken Effekt kumulieren. Auch hier ist noch Forschungsbedarf.

Die *LLLCA* benötigt weniger Voraussetzungen als Binomial-Mixturen, ist jedoch wegen der Annahme einer latenten Itemdimension mit mehr Annahmen verküpft als die LCA. Binomial-Mixturen kann man als LLLCA-Analysen mit der Nebenbedingung gleicher Itemschwierigkeiten auffassen. Die LLLCA kann man wiederum als LCA mit logistischen Nebenbedingungen beschreiben (Formann, 1984).

Die Vorteile und Kritikpunkte lassen sich entsprechend aus den beiden anderen Ansätzen übertragen. Die LLLCA ist mit dem Rasch-Modell eng verknüpft: Sie ist nur dann anwendbar, wenn die Daten *Rasch-skalierbar* sind. Das Modell der LLLCA kann damit nicht mehr Information aus den Daten schöpfen, als es das Rasch-Modell zuläßt.

Durch die Vergröberung mittels Klassenbildung erhält man Informationen über essentielle Veränderer, die anhand der Testergebnisse im Prä- und Posttest charakterisiert werden können. Gegenüber der Parallel-Check-Methode hat man bei Anwendung der LLLCA die Chance auch innerhalb guter und schlechter Probanden noch Veränderungsgruppen zu charakterisieren.

6 Zusammenfassung und weitere Entwicklungen

6.1 Zur Anwendbarkeit der Veränderungsmessungs-Modelle

Die PPD als klassischer Veränderungs-Index nimmt eine zentrale Stellung ein, wenn man die α-Änderung der Personen auf einer Dimension feststellen will. Die Modifikationen der PPD bringen keine zusätzliche Information, wenn sie nicht sogar Verfälschungen erzeugen. Selbst alternative Modelle (Rasch-Modell; Caruso-Modell) liefern unter der gegebenen Veränderungshypothese keine substantiell anderen Ergebnisse als die PPD. Hält man sich an die Checkpunkte aus Kap. 2.1.5 und besteht die PPD die Checks, so kann die PPD als Veränderungs-Index benutzt werden, wenn nicht, so sind auch Modifikationen der PPD wenig nutzbringend (vgl. Kap. 2.5).

Will man Analysen auf der Ebene der Skalensummen durchführen, sind die Checks, die Caruso (1990) vorschlägt (Kap. 3.2) eine Hilfe zu entscheiden, welche Art der Veränderung vorliegen könnte. Der von Caruso entwickelte Veränderungs-Index ist allerdings wenig hilfreich.

In vielen Fällen wird die Ermittlung von Veränderungsklassen eine adäquatere Datenanalyse sein. Es wurden vier Methoden mit unterschiedlichen Voraussetzungen vorgestellt. Die Paralleltest-Check-Methode ist immer anwendbar, da sie einen Paralleltest des Prätests als Vergleichspunkt benutzt. Diese Methode liefert immer bis zu fünf plausible Gruppen.

LCA, LLLCA und Binomial-Mixturen sind Daten-Modelle, die die Daten vollständig beschreiben müssen und deshalb starke Voraussetzungen brauchen. Wegen der starken Voraussetzungen sind diese Methoden bei empirischen Daten nicht immer anwendbar, bringen aber bei Passung der Daten an das Modell eine große Sicherheit, daß die ermittelten Gruppen die Daten adäquat beschreiben.

6.2 Diskussion einiger aktueller Entwicklungen

Sijtsma (1993b) diskutiert das Verhältnis von klassischer Testtheorie (CTT) und modernen Testtheorien, wie dem Rasch-Modell, Birnbaum-Modell, Ogiven-Modell (etc.), die unter dem Sammelbegriff *Item-Response-Theorien* (IRT) gefaßt werden können. Hierbei werden die Vorteile der IRT gegenüber der CTT ausführlich erörtert.

Obwohl wir unten bei der Diskussion des Rasch-Modells bzgl. der Veränderung im Prä-Post-Design keine Vorteile erwähnt haben, gibt es dennoch einen zentralen Punkt, der für die Anwendung von Differenzen basierend auf einer Item Response Theorie spricht:

Klauer (1993) zeigt, daß bei der Durchführung eines mit dem Vortest identischen Nachtests andere Varianzquellen (z.B. Gedächtnisfaktoren) als nur die der gewünschten Veränderungsinformation eine substantielle Rolle spielen können. Um besser die tatsächliche Veränderung durch die Intervention beschreiben zu können, muß entweder ein Design mit (mindestens einer) Kontrollgruppe benutzt werden, was teuer und aufwendig ist und bzgl. der Vergleichbarkeit der Veränderungsinformationen von Experimental- und Kontrollgruppe zusätzlicher überlegungen bedarf (Becker, 1988, 1990). Alternativ dazu kann (zumindest theoretisch) im Rahmen der CTT ein Paralleltest für den Posttest eingesetzt werden.

In der Praxis wird man ebenfalls aus Kostengründen kaum einen Paralleltest zusammenstellen können, der in der untersuchten Stichprobe die geforderten identischen Kennwerte zum Prätest aufweist. Identisch müssen die Kennwerte der Tests sein, da sonst Differenzen bereits durch die unterschiedliche Konstruktion der beiden Tests entstehen können und nicht (nur) durch den gewünschten Interventionseffekt.

Benutzt man eine IRT, so kann man in Voruntersuchungen relativ leicht feststellen, (1) ob Prätest- und Posttest-Items auf einer Dimension skalierbar sind und (2) wo sich diese einzelnen Items in ihren Parametern (Item-Schwierigkeit beim Rasch-Modell und z.B. zusätzlich der Item-Steilheit beim Birnbaum-Modell) befinden. Prä- und Posttest können mithin auch nicht-parallele Tests sein, wenn diese nur gemäß einer IRT gemeinsam skaliert werden können. Voraussetzung ist natürlich, daß keine qualitativen (γ-) Änderungen vom Prä- zum Posttest vorliegen.

Der Unterschied zwischen einer IRT und einem typologischen Veränderungsmodell basierend auf einer IRT (z.B. dem Rasch-Modell und der vom zugrunde liegenden Skalierungsmodell identischen LLLCA) liegt in der *Bewertung der Differenzen*: Während gleiche Differenzen der Personen-Parameter innerhalb einer IRT bestenfalls signifikant oder nicht-signifikant ausfallen können (je nachdem ob sich die Personenparameter in der Nähe der meisten Itemparameter befinden oder nicht), so können die Differenzen in einem typologischen Modell zwar ebenfalls dimensional skaliert werden (in der LLLCA sind die Differenzen genauso zu interpretieren wie im Rasch-Modell), bilden aber nicht die Basis für die Veränderungsinformation. Diese entsteht durch die Angabe von *Kontingenztafeln der Klassenwechsler*, die Fälle mit unterschiedlichen Differenzen zu einer Klasse zusammenfaßt.

Aufmerksamen Lesern wird aufgefallen sein, daß die Kategorie der γ-Veränderung bislang lediglich als Restkategorie behandelt wurde. Eine γ-Veränderung tritt immer dann auf, wenn ein zugrunde gelegtes einfaches Modell nicht mehr adäquat ist

und ein komplizierteres Modell zu wählen ist. Es ist offensichtlich, daß in diesem
Fall eine einfache Differenz auf keinen Fall die Veränderung beschreiben kann. Ein
Modell von Rost (1991) kann möglicherweise für diesen Fall der Veränderungsmes-
sung angewendet werden. Rost (1991) gibt die Maximum-Likelihood-Schätzmetho-
dik an, um aus einer Population zwei, drei, ... gemischte Rasch-Skalen schätzen zu
können. Die Gesamtpopulation zerfällt danach in *mehrere Subpopulationen*, für die
jeweils ein anderes Rasch-Modell gilt. Eine γ-Veränderung ließe sich mit Hilfe dieser
Methodik feststellen, wenn der Prätest sich als gut Rasch-skalierbar darstellt und der
Posttest z.B. eine Mischung von Populationen mit zwei unterschiedlichen Rasch-
Skalen bildet, wobei die 2-Klassenlösung signifikant von der Rasch-homogenen
Lösung abweicht.

Hieran anschließend wollen wir zum Schluß unserer Ausführungen die folgende
Einschätzung treffen: Wir haben eine Reihe eingeführter und auch neuerer Verfahren
zur Veränderungsmessung vorgestellt und diskutiert. Hierbei hat sich gezeigt, daß
alle Verfahren jeweils spezifischen, z.T. sehr spezifischen Restriktionen unterliegen.
Dies kann als Mangel und Komplikation für praktische Diagnostik wie Forschung
aufgefaßt werden. Andererseits, und bei einer „positiven" Sichtweise zeigen unsere
Ausführungen auch, daß es *die Veränderungsmessung* schon lange nicht mehr gibt,
wohl aber die Chance der Konzeptualisierung und Modellierung *unterschiedlicher
Formen von Veränderungen*. Diese gehen in ihrem Spektrum weit über die eingangs
aufgeführte Differenzierung zwischen α, β und χ-Veränderungen hinaus. In dieser
Einschätzung liegt u.E. eine reizvolle Aufgabe der methodischen Forschung. Wir
hoffen aber, daß für Fragen der angewandten Diagnostik die oben aufgeführten
„Checks" auch jetzt bereits zu einer differenzierten und zugleich handhabbaren
Erfassung von Veränderungen im Rahmen dynamischer Untersuchungsanordnungen
beitragen können.

Literaturverzeichnis

Aaron, P.G. (1989). *Dyslexia and hyperlexia.* Dordrecht: Kluwer Academic Publishers.

Ackerman, P. L. (1988). Determinants of individual differences during skill acquisition: Cognitive abilities and information processing. *Journal of experimental psychology: General, 117,* 228-318.

Ackerman, P.L. (1987). Individual differences in skill learning : An integration of psychometric and information processing perspectives. *Psychological Bulletin, 102,* 3-27

Ackermann, B., Wiedl, K. H. & Schöttke, H. (1992). *Zur Entwicklung dynamischer Testprozeduren für Patienten mit unilateralem zerebralen Insult. Forschungsbericht 2 zum Projekt "Differentielle Intelligenzbeeinträchtigungen, Prognose und Indikation neuropsychologischen Trainings nach zerebralem Insult"* (Psychologische Forschungsberichte aus dem Fachbereich 8 der Universität, Nr. 85). Osnabrück: Universität.

Adams, M.J. (1990). *Beginning to read: Thinking and learning about print.* Cambridge, MA: MIT Press.

Adler, C. (1988). *Psychodiagnostische Untersuchung bei Patienten mit Verdacht auf hirnorganisch bedingtes Leistungsversagen unter besonderer Berücksichtigung des Lerntest-konzepts.* Unveröff. Dissertation. Universität Leipzig, Bereich Psychologie.

Aebli, H. (1963). *Über die geistige Entwicklung des Kindes.* Stuttgart: Klett.

Aitken, M., Anderson, D. & Hinde, R.A. (1981). Statistical modelling of data on teaching styles. *Journal of the Royal Statistical Society, A 144,* 419-461.

Amthauer, R. (1953). *Intelligenz-Struktur-Test (IST; 3. Auflage, 1973: IST-70).* Göttingen: Hogrefe.

Amthauer, R. (1970). *Intelligenz-Struktur-Test (IST-70).* Göttingen: Hogrefe.

Anastasi, A. (1976). *Psychological testing* (4. Auflage). New York: Macmillan.

Anastasi, A. (1981a). Coaching, test sophistication, and developed abilities. *American Psychologist, 36* (10), 1086-1093.

Anastasi, A. (1981b). Diverse effects of training on tests of academic intelligence. In B.F. Green (Ed.), *New directions for testing and measurement: Issues in testing-coaching, disclosure, and ethnic bias (No.11)* . San Francisco: Jossey-Bass.

Anastasi, A. (1985). Some emerging trends in psychological measurement: A fifty-year perspective. *Applied Psychological Measurement, 9,* 121-138.

Andersen, E. B. (1973). A goodness of fit test for the Rasch model. *Psychometrika, 38,* 123-140.

Andersen, E. B. (1985). Estimating latent correlations between repeated testings. *Psychometrika, 50,* 3-16.

Andreasen, N. C. & Olsen, S. (1982). Negative vs. Positive Schizophrenia. Definition and Validation. *Archives of General Psychiatry, 39,* 789-794.

Arbinger, R. (1989). Wissensdiagnostik. In K.H. Ingenkamp & R.S.Jäger, *Tests und Trends 9* (S. 80-109). Weinheim: Beltz.

Arndt, M. (1989). *Ein Beitrag zur Validierung eines neu entwickelten Lerntests für schlußfolgerndes Denken im numerischen Bereich (AZAFO).* Unveröff. Diplomarbeit, Universität Leipzig, Bereich Psychologie.

Asendorpf, J. B. (1988). *Keiner wie der andere: Wie Persönlichkeitsunterschiede entstehen.* Stuttgart: Piper.

Asendorpf, J. B. (1990). The measurement of individual consistency. *Methodika, 4,* 1-23.

Asendorpf, J. B. (1992). Beyond stability: Predicting inter-individual differences in intra-individual change. *European Journal of Personality, 6,* 103-117.

Asendorpf, J. B. & Valsiner, J. (Eds.) (1992). *Stability and change in development.* Newbary Park CA: Sage.

Babad, E.Y. & Bashi, J. (1977). Age and coaching effects on the reasoning performance of disadvantaged and advantaged Israeli-children. *Journal of Social Psychology, 103,* 169-176.

Babad, E. Y. & Budoff, M. (1974). Sensitivity and validitiy of learning potential measurement in three levels of ability. *Journal of Educational Psychology, 66,* 439-447.

Baddeley, A. D. (1986). *Working memory.* Oxford: University Press.

Baker, E., O'Neil, H., & Linn, R. L. (1993). Policy and Validity Prospects for Performance - Based Assessment. *American Psychologist, 48,* 1210-1218.

Baltes, M. & Kindermann, T. (1985). Die Bedeutung der Plastizität für die klinische Beurteilung des Leistungsverhaltens im Alter. In D. Bente, H. Coper & F. Kanowski (Hrsg.), *Hirnorganische Psychosyndrome im Alter. Methoden zur Objektivierung pharmakotherapeutischer Wirkung* (S. 171-184). Berlin: Springer.

Baltes, M., Kühl, K. P. & Sowarka, D. (1992). Testing the limits of cognitive reserve capacity: A promising strategy for early diagnosis of dementia? *Journal of Gerontology: Psychological Sciences, 47,* 165-167.

Baltes, P. B. (1983). Zur Psychologie der Intelligenz im Alter - Nur Abbau oder auch Entwicklung? In Max-Planck-Gesellschaft (Ed.), *Jahrbuch 1983* (53-72). München: Generalverwaltung der Max-Planck-Gesellschaft.

Baltes, P. B. (1986). Intelligenzentwicklung. In W. S. Sarges & R. Fricke (Hrsg.), *Psychologie für die Erwachsenenbildung* (262-272). Göttingen: Hogrefe.

Baltes, P. B. (1987). Theoretical Propositions of Life-Span-Developmental Psychology: On the Dynamics between Growth and Decline. *Developmental Psychology, 23,* 611-626.

Baltes, P. B. (1990). Entwicklungspsychologie der Lebensspanne: Theoretische Leitsätze. *Psychologische Rundschau, 41,* 1-24.

Baltes, P. B. (1993). The Aging Mind: Potentials and Limits. The *Gerontologist, 33;* 580-594.

Baltes, P. B. & Smith, J. (1990). Weisheit und Weisheitsentwicklung: Prolegomena zu einer psychologischen Weisheitstheorie. *Zeitschrift für Entwicklungspsychologie und Pädagogische Psychologie, 22,* 95 - 135.

Baltes, P. B. & Willis, S. L. (1982). Plasticity and Enhancement of Intellectual Functioning in Old Age. In F.I.M. Craik & E.E. Trehub (Eds.), *Aging and Cognitive Processes.* New York: Plenum Press.

Baltes, P. B., Dittmann-Kohli, F. & Dixon, R. A. (1984). New perspectives on the development of intelligence in adulthood: Toward a dual-process conception and a model of selective optimization with compensation. In P.B. Baltes & O.G. Brim Jr. (Eds.), *Life-span development and behavior* (pp. 33-76). New York: Academic Press.

Baltes, P.B., Smith, J. & Staudinger, U.M.(1992). Wisdom and Succesful Aging. In Th.B. Sonderegger (Ed.), *Nebraska Symposium on Motivation.* (Vol.39, pp.123-167). Lincoln.NB : University of Nebraska Press.

Bar-Tal, D. (1976). *Prosocial Behavior-Theory and Research.* New York: Hamstead.

Bartosczyk, G. & Lienert, G. A. (1978). Konfigurationsfrequenzanalytische Typisierungen und Verlaufskurven. *Zeitschrift für Experimentelle und Angewandte Psychologie, 25,* 1-19.

Baumann, U. (Hrsg). (1981). *Indikation zur Psychotherapie.* München: Urban & Schwarzenberg.

Becker, P. & Schmidtke, A. (1977). Intelligenz und Hirnschädigung in ihrer Beziehung zur intellektuellen Lernfähigkeit. *Heilpädagogische Forschung, 7,* 186-207.

Beckmann, J. F. & Guthke, J. (1995). Complex problem solving, intelligence, and learning ability. In P. A. Frensch & J. Funke (Eds.), *Complex problem solving: The European perspective* (pp. 177-200). Hillsdale, NJ: Lawrence Erlbaum Associates.

Beckmann, J. F. (1994). *Lernen und komplexes Problemlösen. Ein Beitrag zur Konstruktvalidierung von Lerntests.* Bonn: Holos.

Beckmann, J. F., Funke, J. & Guthke, J. (1993). *Zum Zusammenhang von komplexen Problemlösen, Intelligenz- und Lerntest-Indikatoren.* Berichte aus dem Psychologischen Institut der Universität Bonn, Band 19 (1).

Bellack, A. S., Mueser, K. T., Morrison, R. L., Tierney, A. & Podell, K. (1990). Remediation of cognitive deficits in schizophrenia. *American Journal of Psychiatry, 147,* 1650-1655.

Bem, D. J. & Allen, A. (1974). On predicting some of the people some of the time : The search for cross-situational consistency in behavior. *Psychological Review, 81,* 506-520.

Bennett, G. K. & Doppelt, J. E. (1967). *Test Orientation Procedure.* New York: Psychological Cooperation.

Berg, M. (1986). Experimentelle Diagnostik - eine Herausforderung an Theorie und Praxis. In U. Schaarschmidt (Hrsg.), *Diagnostik geistiger Leistungen. Tagungsbericht* (119-126) Berlin.

Berg, M. & Schaarschmidt, U. (1984). Überlegungen zu neuen Wegen in der Intelligenzdiagnostik (Reflections on new ways for intelligence assessment). *Wissenschaftliche Zeitschrift der Humboldt-Universität zu Berlin. Mathematisch-naturwissenschaftliche Reihe, 6,* 565-573.

Bethge, H.-J., Carlson, J. S. & Wiedl, K. H. (1982). The effects of dynamic assessment procedures on test performance, visual search behavior, test anxiety and test orientation. *Intelligence, 6,* 89-97.

Bierwisch, M. (1982). Sprache als Kognitives System- Thesen zur theoretischen Linguistik. *Deutsch als Fremdsprache, 3,* 139-144.

Bilsky, W. (1990). *Angewandte Altruismusforschung-Analyse und Rezeption von Texten über Hilfeleistung.* Bern, Stuttgart: Huber.

Binet, A. (1903). *L'étude expérimentale de l'intelligence.* Paris: Schleicher frères.

Binet, A. & Simon, T. (1908). Le Dévelopment de l'intelligence chez les Enfants. *Année Psychologique, 14,* 1-94.

Biskupek, A. (1989). *Überprüfung der Trainings- und Transferwirksamkeit eines computergestützten adaptiven Lerntests für schlußfolgerndes Denken im numerischen Bereich (AZAFO).* Unveröff. Diplomarbeit, Universität Leipzig, Fachbereich Psychologie.

Bleichrodt, N., Drenth, P. J. D., Zaal, J. N. & Resing, W. C. M. (1984). *Revision Amsterdam Child Intelligence Test.* Lisse: Swets & Zeitlinger.

Blomquist, N. (1977). On the relation between change and initial value. *Journal of the American Statistical Association, 72,* 746-749.

Blumberg, P. (1980). *Anwendung und Vergleich von verschiedenen Veränderungsmeßverfahren und Veränderungsmeßmodellen auf Lerntestuntersuchungen.* Unveröff. Diplomarbeit, Universität Leipzig, Bereich Psychologie.

Boesch, E. E. (1952). *L'exploration du caractère de l'enfant. Principes et méthodes.* Paris: Edition du Scarabée.

Boesch, E. E. (1964). Psychologische Diagnostik. Die diagnostische Systematisierung. In K. Gottschaldt, P. Lersch, F. Sander, & H. Thomae (Hrsg.), *Handbuch der Psychologie in 12 Bänden, Band 6* (S. 930-959). Göttingen: Hogrefe.

Bollinger, G. (1981). Kreativitätsmessung durch Tests zum divergenten Denken. *Zeitschrift für Differentielle und Diagnostische Psychologie, 2,* 87-106.

Bommert, H. & Höckel, H. (1981). *Therapieorientierte Diagnostik.* Stuttgart: Kohlhammer.

Bond, L. (1979). On the base-free measure of change proposed by Tucker, Damarinand Messick. *Psychometrika, 44,* 351-355.

Bondy, C., R. Cohen & D. Eggert (1975). *Testbatterie für geistig behinderte Kinder (TBGB).* Weinheim: Beltz.

Borkenau, P.(1993): *Anlage und Umwelt.* Göttingen: Hogrefe.

Bortz, J. (1989). *Lehrbuch der Statistik für Sozialwissenschaftler.* Berlin: Springer.

Bradley, L. (1988). Making connection in learning to read and to spell. *Applied Cognitive Psychology, 2,* 3-18.

Brady, P. M., Manni, J. L. & Winnikur, D. W. (1983). Implications of ethnic disproportions in programs for educable mentally retarded. *Journal of Special Education, 17,* 295-302.

Brazelton, B. (1984). *Neonatal Behavioral Assessment Scale* (2. ed.). London: Blackwell Scientific Publications Ltd.

Bredenkamp, J. (1980). *Theorie und Planung psychologischer Experimente.* Darmstadt: Steinkopff.

Brendel, H. (1992). *Beiträge zur Erprobung, Normierung, Validierung und zur Auswertungsproblematik des AZAFO.* Unveröff. Diplomarbeit Universität Leipzig, Bereich Psychologie.

Breuer, H. & Weuffen, M. (1978). *Gut vorbereitet auf das Lesen- und Schreibenlernen.* Berlin: Deutscher Verlag der Wissenschaften.

Brickenkamp, R. (1972). *Der Test d2 (Aufmerksamkeits-Belastungstest).* Göttingen: Hogrefe.

Brickenkamp, R. (1981). *Test d2. Aufmerksamkeits- und Belastungstest* (7. Auflage). Göttingen: Verlag für Psychologie.

Bronfenbrenner, U. (1977). Toward an experimental ecology of human development. *American Psychologist, 32,* 513-551.

Bronfenbrenner, U. (1989). *Ökologie der menschlichen Entwicklung.* Frankfurt/Main: Fischer.

Brooks, D., Deelman, B., van Zomeren, A., van Dongen, H., van Harskamp, M. & Aughton, M. (1984). Problems in measuring cognitive recovery after acute brain injury. *Journal of Clinical Neuropsychology, 6,* 71-85.

Brown, A. L. & Ferrara, R. A. (1985). Diagnosing zones of proximal development. In J. Wertsch (Ed.), *Culture, Communication, and Cognition: Vygotscian perspectives* (pp. 273-305). New York: Cambridge University Press.

Brown, A. L. & French, L. (1979). The zone of potential development: Implications for intelligence testing in the year 2000. *Intelligence, 3,* 255-273.

Buber, M. (1985). *Das dialogische Prinzip.* Heidelberg: Schneider.

Büchel, F. P. & Paour, J. L. (1990). Assessment of learning and development potential: Theory and practices. *European Journal of Psychology of Education (special issue), V,* 207-230.

Büchel, F. P. & Scharnhorst, U. (1993). The Learning Potential Assessment Devide (LPAD): Discussion of theoretical and methodological problems. In J. H. M. Hamers, K. Sijtsma & A. J. J. M. Ruijssenaars (Eds.), *Learning Potential Assessment. Theoretical, methodological and practical issues* (pp. 83-111). Amsterdam: Swets & Zeitlinger.

Büchel, F. P. Ribaupierre, de A. & Scharnhorst, U. (1990). Le diagnostic du potentiel d'apprentissage par LPAD: une ètude de la fidélité. *European Journal of Psychology of Education*, V/2, 135-158.

Buckingham, B. R. (1921). Intelligence and its measurement: A symposium. *Journal of Educational Psychology*, *12*, 271-275.

Budoff, M. (1967). Learning potential among young adult retardates. *American Journal of Mental Deficiency*, *72*, 404-411.

Budoff, M. (1970). Learning Potential: Assessing ability to reason in the educable mentally retarded. *Acta Paedopsychiatrica*, *37*, 293-309.

Budoff, M. (1975). *Learning Potential Measurement*. Final Report. Research Institut of Educational Problems. Cambrigde (USA).

Budoff, M. (1978). Begutachtung auf der Grundlage des Lernpotentials zur Erhöhung der Relevanz psychodiagnostischer Daten für Pädagogen. In G. Clauß, J. Guthke & G. Lehwald. *Psychologie und Psychodiagnostik lernaktiven Verhaltens*. (S. 61-67) Berlin: Gesellschaft für Psychologie der DDR.

Budoff, M. (1987a). The Validity of Learning Potential Assessment. In C. Lidz (Ed.), *Dynamic Assessment* (pp. 52-81). New York: Guilford Press.

Budoff, M. (1987b). Measures for Assessing Learning Potential. In C. Lidz (Ed.), *Dynamic Assessment* (pp. 173-195). New York: Guilford Press.

Budoff, M. & Meskin, J. (1970). *An educational test of the learning potential hypothesis with adolescent mentally retarded special class children*. Research Institute for Educational Problem-Research Report, 29 Ware Street, Cambridge MA 02139.

Budoff, M., Corman, L. & Gimon, A. (1976). An educational test of learning potential assessment with Spanish-speaking youth. *Interamerican Journal of Psychology*, *10*, 13-24.

Budoff, M., Meskin, J. & Harrison, R. H. (1971). Educational test of the learning potential hypothesis. *American Journal of Mental Deficiency*, *76*, 159-169.

Buffart, H. (1987). Zur strukturellen Informationstheorie. In H. G. Geißler & K. Reschke (Hrsg.), *Psychologische Grundlagen mentaler Prozesse* (S. 162-181). Leipzig: Wissenschaftliche Beiträge der Universität Leipzig.

Buffart, H. & Leeuwenberg, E. L. J. (1983). Structural information theory. In H. G. Geißler, H. Buffart, E. L. J. Leeuwenberg & V. Sarris (Eds.), *Modern issues in Perception* (pp. 48-72). Amsterdam: North-Holland Publishing Company.

Bundschuh, K. (1994). *Praxiskonzepte der Förderdiagnostik*. Bad Heilbrunn: Klinkhardt.

Bunge, K. (1990). *Ein Beitrag zur Entwicklung eines computergestützten, fehlerorientiert-adaptiven und kontentvaliden Lerntests für schlußfolgerndes Denken im begrifflich verbalen Bereich - Analogieakzeptierung, Analogiewahl und Analogiefindung im Vergleich*. Unveröff. Diplomarbeit, Universität Leipzig, Fachbereich Psychologie.

Buss, A. & Scholz-Ehrsam, E. (1973). Unterrichtslektionen im Hilfsschulaufnahmever-fahren. *Sonderschule*, *18*, 49-58.

Buss, A. & Scholz-Ehrsam, E. (Hrsg.). (1976). *Handreichung für den Hilfsschulpädagogen zur Auswahl der Kinder für die Hilfsschule*. Berlin: Ministerium für Volksbildung.

Buss, A., Scholz-Ehrsam, E. & Winter, K. (Hrsg.). (1982). *Handreichung für den Hilfsschulpädagogen* (2). Berlin: Ministerium für Volksbildung.

Campbell, D .T. & Stanley, J. C. (1963). *Experimental and quasi-experimental designs for research.* Boston: Houghton Mifflin.

Campione, J. C. & Brown, A. L. (1987). Linking Dynamic Assessment with School Achievement. In C. Lidz (Ed.), *Dynamic Assessment* (pp. 82-115). New York: Guilford Press.

Campione, J. C. & Brown, A.L. (1990). Guided learning and transfer : Implications for approaches to assessment. In N. Frederiksen, R. Glaser, A. Lesgold & M.G. Shafto (Eds.), *Diagnostic monitoring of skill and knowledge acquisition.* Hillsdale, N. J.: Erlbaum.

Campione, J. C., Brown, A. L. & Bryant, N. R. (1985). Individual differences in learning and memory. In R.J. Sternberg (Ed.), *Human abilities: An information processing approach* (pp. 103-126). New York: Freeman.

Carlson, J. S. (1992). *Advances in Cognition and Education. Volume 1, Cognition and Educational Practice.* Greenwich: JAI Press Inc.

Carlson, J. S. (1995). *European Contributions to Dynamic Assessment.* Greenwich: JAI Press.

Carlson, J. S. & Dillon, R. (1978). The effects of Testing-the-Limits procedures on Raven matrices performance of deaf children. *Volta review, 4*, 216-224.

Carlson, J. S., Goldman, R., Bollinger, J. & Wiedl, K. H. (1974). Der Effekt von Problemverbalisation bei verschiedenen Aufgabengruppen und Darbietungsformen des "Raven Progressive Matrices Test". *Diagnostica, 20*, 133-141.

Carlson, J. S. & Wiedl, K. H. (1976). Modes of presentation of the Raven Coloured Matrices Test: Toward a differential testing approach. *Trierer Psychologische Berichte, 3*, Heft 7.

Carlson, J. S. & Wiedl, K. H. (1979). Toward a differential testing approach: Testing-the-limits employing the Raven Matrices. *Intelligence, 3*, 323-344.

Carlson, J. S. & Wiedl, K. H. (1980). Applications of a dynamic testing approach in intelligence assessment: Empirical results and theoretical formulations. *Zeitschrift für Differentielle und Diagnostische Psychologie, 1*, 303-318.

Carlson, J. S. & Wiedl, K. H. (1992a). The Dynamic Assessment of Intelligence. In H.C. Haywood & D. Tzuriel (Eds.), *Interactive Assessment* (pp. 167-186). New York: Springer.

Carlson, J. S. & Wiedl, K. H. (1992b). Principles of Dynamic Assessment: The Application of a Specific Model. *Learning and Individual Differences, 4* (2), 153-166.

Carpenter, P.A., Just, M.A. & Shell (1990). What one intelligence test measures: A theoretical account of the Processing in the Raven Progressive Matrices test. *Psychological Review, 97*, 404-431.

Caruso, M. (1983). *Zum Problem der Veränderungsmessung in der Psychologie.* Unveröff. A-Dissertation Universität. Leipzig, Bereich Psychologie.

Cattell, R. B. (1940). A culture-free test of intelligence *International Journal of Educational Psychology, 15*, 154-159.

Cattell, R. B. (1963). Theory of fluid and crystallized intelligence. , *54*, 1- 22.

Cattell, R. B. (1971). *Abilities: Their structure, growth and oction.* Boston: Houghton Mittlin.

Cattell, R. B. & Kline, P.(1977). *The scientific analysis of personality and motivation.* London: Academic Press.

Chall, J. S. (1979). The great debate: ten years later, with a modest proposal for reading stages. In L. B. Resnick & P. A. Weaver (Eds.), *Theory and practice of early reading, Vol 1.* Hillsdale NJ.: Erlbaum.

Chen, H. S. (1928). *The comparative coachability of certain types of intelligence tests. Contributions to Education No. 338.* New York: Teachers College, Columbia University.

Chomsky, N. (1975). *Reflections on Language.* New York: Pantheon.

Cicerone, K. D. & Tupper, D. E. (1986). Cognitive assessment in the neuropsychological rehabilitation of head injured adults. In B. Uzzel & J. Gross (Eds.), *Clinical neuropsychology of intervention* (pp. 59-83). Boston: Nijhoff.

Clauß, G. (1969). Pädagogisch-psychologische Untersuchungen zur Effektivität des programmierten Unterrichts. *Probleme und Ergebnisse der Psychologie 30,* 7-45.

Clauß, G., Conrad, H., Knöchel, W. & Lohse, H. (1974). *Einführung in die Programmierung von Lehr- und Lernprozessen. Eine Anleitung für Lehrende an Hoch- und Fachschulen.* Berlin: Deutscher Verlag der Wissenschaften.

Clauß, G., Guthke, J. & Lehwald, G. (Hrsg.). (1978). *Psychologie und Psychodiagnostik lernaktiven Verhaltens.* Berlin: Gesellschaft für Psychologie der DDR.

Cleary, T.A. (1968). Testbias: Prediction of grades of negro and white students in integrated colleges. *Journal of Educational Measurement, 5,* 115-124.

Clogg, C. C. & Goodman, L. A. (1981). *Simultaneous latent structure analysis in several groups.* Vortrag auf dem Jahreskongreß der American Statistical Association, Detroit.

Cole, M. & Cole, S. R. (1989). *The development of children.* New York: Freemann.

Collins, L. M. & Cliff, N. (1990). Using the Longitudinal Guttman Simplex as a basis for measuring growth. *Psychological Bulletin, 108,* 128-134.

Collins, L. M., Cliff, N. & Dent, C. W. (1988). The Longitudinal Guttman Simplex: A new methodology for measurement of dynamic constructs in longitudinal panel studies. *Applied Psychological Measurement, 12,* 217-230.

Cordes, C. (1986). Assessment in San Francisco. The debate over how to help minority students. *APA Monitor, 17,* 16-17.

Coxhead, P. & Gupta, R. M. (1988). Construction of a test battery to measure learning potential. In R.M. Gupta & P. Coxhead (Eds.), *Cultural diversity and learning efficiency. Recent developments in assessment.* London: Macmillan Press.

Cronbach, L. J. (1957). The two disciplines of scientific psychology. *American Psychologist, 12,* 671-684.

Cronbach, L. J. & Furby, L. (1970). How should we measure change - or should we? *Psychological Bulletin, 74,* 68-80.

Cronbach, L. J. & Glaser, G. C. (1965). *Psychological tests and personnel decisions. 2. Aufl.* Urbana/Chicago/London: University of Illinois Press.

Curio, N. (1995). *Untersuchungen zum Rehabilitationspotential nach Training visuokognitiver Funktionen bei Patienten mit rechtshemisphärischem Hirninfarkt.* Unveröffentlichte Diplomarbeit, Universität Leipzig, Bereich Psychologie, Leipzig.

Das, J. P. (1972). Patterns of cognitive ability in non retarded and retarded. *American Journal of Mental Deficiency, 72,* 6-12.

Das, J. P. (1980). Planning: Theoretical consideration and empirical evidence. *Psychological Research, 41,* 141-151.

Das, J. P. & Conway, R. N. F. (1992). Reflections on Remdiation and Transfer: A Vygotskian Perspective. In H.C. Haywood & D. Tzuriel (Eds.), *Interactive Assessment* (pp. 94-115). New York: Springer.

Das, J. P. & Naglieri, J. (1992). Assessment of attention, simultaneous-successive coding and planning. In H. C. Haywood & D. Tzuriel (Eds.), *Interactive Assessment* (pp. 207-232). New York: Springer.

Dearborn, W. F. (1921). Intelligence and its measurement. *Journal of Educational Psychology, 12*, 210-212.

Deinzer, R., Steyer, R., Eid, M., Notz, P., Schwenkmetzger, P., Ostendorf, F. & Neubauer, A. (1995) : Situational effects in trait assessment: The FPI, NEOFI and EPI-Questionnaires. Pre-Print - *European Journal of Personality*.

Dembster, J. B. (1954). Symposium on the effect of coaching and practice in Intelligence Tests. Southhampton investigation and procedure. *British Journal of Educational Psychology, 24*, 1-4.

Deschamp, P. & Robson, G. (1984). Identifying gifted-disadvanteged students: Issues pertinent to system-level screening procedures for the identification of gifted children. *Gifted Education International, 2*, 92-99.

Diemand, A., Schuler, H. & Stapf, K. H. (1991). Zum Einsatz eines Lerntests bei Ingenieur-studenten - eine Pilotstudie. *Zeitschrift für Arbeits- und Organisationspsychologie, 35*, 15-22.

Dillon, R. & Carlson, J. S. (1978). Testing the competence in three ethnic groups. *Educational and Psychological Measurement, 38*, 437-443.

Dörner, D. (1984). Denken, Problemlösen und Intelligenz. *Psychologische Rundschau, 35*, 1-9.

Dörner, D. (1986). Diagnostik der operativen Intelligenz. *Diagnostica, 32*, 209-309.

Downs, S. (1968). Selecting the older trainee: A pilot study of trainability test. National Institute of Industrial Psychology. *Bulletin*, 19-26.

Downs, S. (1985). *Testing Trainability*. Oxford: NFER Nelson.

Drenth, P. J. D. & Sijtsma, K. (1992). *Testtheorie*. Houten: Bohn Stafleu Van Loghum.

Duhm, E. (1971). *Praxis der klinischen Psychologie* (II). Göttingen: Verlag für Psychologie.

Dvorak, H., & Brunner, A. (1987). Computergestützte Diagnostik bei Vorsorgeuntersu-chungen für Fuhr-, Steuer- und Überwachungstätigkeiten. *Arbeitsmedizin Sozialmedizin Präventivmedizin, 22*, 217-221.

Eberle, G., & Kornmann, R. (1984). Anforderungsorientierte Leistungsdiagnostik. In K. A. Heller (Eds.), *Leistungsbeurteilung in der Schule* Bern: Huber.

Eggen, Th., Engelen, R. & Kamphuis, F. (1992). Methodological aspects of the student monitoring system for primary schools. Paper presented at the European Conference on Educational Research. Enschede.

Eißfeldt, H. (1994). The Dynamic Air Traffic Control Test - DAC. In *WEAAP - Conference 28th*,. Dublin: Paper.

Elkonin, D. B. (1963). The psychology of mastering the elements of reading. In B. Simon & J. Simon (Eds.), *Educational Psychology in the U. S. S. R.* London: Routhledge & Keagan Paul.

Embretson, S. E. (1987). Toward development of a psychometric approach. In C.S. Lidz (Ed.), *Dynamic Assessment. An interactional approach to evaluating learning potential.* New York: Guilford Press.

Embretson, S. E. (1990). Diagnostic testing by measuring learning processes: Psychometric considerations for dymamic testing. In N. Frederiksen, R. Glaser, L. Lesgold & M. G. Shafto (Eds.), *Diagnostic monitoring of skill and knowledge acquisition.* Hillsdale, NJ.: Erlbaum.

Embretson, S. E. (1991). A multidimensional latent trait model for measuring learning and change. *Psychometrika, 56,* 495-515.

Embretson, S. E. (1992). Measuring and validating cognitive modifiability as an ability: A study in the spatial domain. *Journal of Educational Measurement, 29,* 25-50.

Emmrich, H. (1973). *Die Eignung der "Testbatterie für geistig behinderte Kinder" (TBGB) für die Differentialdiagnose in einer kinderneuropsychiatrischen Klinik.* Unveröff. Diplomarbeit, Universität Leipzig, Bereich Psychologie.

Enger, C. (1986). *Zur Relevanz von Konzentrationstestwiederholungen und Lerntests bei der Differentialdiagnostik hirnorganisch und psychisch bedingten Leistungsversagens.* Forschungsbericht, Universität Leipzig, Fachbereich Psychologie.

Epstein, S. & O`Brien (1985). The person-situation debate in historical and current perspective. *Psychological Bulletin ,98,* 513-537.

Esquirol, J. E. D. (1838). *Des maladies mentales considérées sous les rapports médicale, hygienique et médico légal.* [Dtsch. Übers. v. Bernard, W. Die Geisteskrankheiten in Beziehung zur Medizin und Staatsarzneikunde vollständig dargestellt von E. Esquirol], Berlin 1938 - nach Goodenough 1960. Paris: J.-B. Baillèire.

Esser, U. (1982). Ein allgemeinpsychologischer Ansatz zur Diagnose der Fremdsprachenlernbefähigung. *Deutsch als Fremdsprache,2,* 76-81.

Ettrich, K. U. & Guthke, J. (1988). Therapieorientierte Psychodiagnostik und Psychodiagnostik intraindividueller Variabilität (Therapy oriented psychodiagnostics and psychodiagnostics of intraindividual variability). In H. Schröder & J. Guthke (Hrsg.), *Fortschritte der klinischen Persönlichkeitspsychologie und klinischen Psychodiagnostik. Psychotherapie und Grenzgebiete. Vol. 9* (S. 95-105). Leipzig: Barth.

Ewert, O. M. (1992). Instruktionspsychologie - ein neues Selbstverständnis der Pädagogischen Psychologie. *Bildung und Erziehung, 45,* 265-276.

Eysenck, H. J. (1980). *Intelligenz, Struktur und Messung.* Berlin/New York: Springer.

Facaoaru, C. (1985). *Kreativität in Wissenschaft und Technik.* Bern: Huber.

Fahrenberg, J. & Myrtek, M. (1967). Zur Methodik der Verlaufsanalyse: Ausgangswerte, Reaktionsgrößen (Reaktivität) und Verlaufswerte. *Psychologische Beiträge, 10,* 58-77.

Fahrenberg, J. Kuhn, M., Kulicke, B. & Myrtek, M. (1977) Methodenentwicklung für psychologische Zeitreihenstudien. *Diagnostica, 23,* 15- 36.

Feger, B. (1984). Lernen durch Testbearbeitung. In R. Lühmann (Eds.), *Spezielle Verfahren der pädagogischen Diagnostik* Braunschweig: Westermann.

Ferguson, G. A. (1954). On learning and human ability. *Canad. Journal of Psychology, 8,* 95-112.

Feuerlein, W. (1989). *Alkoholismus - Mißbrauch und Abhängigkeit.* Stuttgart: Thieme Verlag.

Feuerstein, R. (1972a). *The Dynamic Assessment of Retarded Performers: The Learning Potential Assessment Device, Theory, Instruments, and Techniques. Studies in Cognitive Modifiability, No. 1.* Jerusalem.

Feuerstein, R. (1972b). Cognitive assessment of the socioculturally deprived child and adolescent. In L. J. Cronbach & P. Drenth (Eds.), *Mental tests and cultural adaption* (pp. 265-275). Den Haag: Mouton.

Feuerstein, R. (1980). *Instrumental Enrichment*. Baltimore: University Park Press.

Feuerstein, R., Rand, Y. & Hoffmann, M. B. (1979). *The dynamic assessment of retarded performers: the learning potential assessment device, theory, instruments and techniques.* Baltimore.: University Park Press.

Feuerstein, R., Rand Y., Haywood, H. C., Hoffmann, M. & Jensen, M. R. (1983): *Learning Potential Assessment Device.* Manual. Jerusalem: HWCRI.

Fiebig, M. (1989). *Entwicklung eines computergestützten, fehlerorientiert-adaptiven und kontentvaliden Lerntests für schlußfolgerndes Denken.* Unveröff. Dissertation. Universität Leipzig, Bereich Psychologie.

Fillmore, C. J. (1968). The case for the case. In E. Bach & R. T. Harms (Eds.), *Universals in linguistic theory.* New York.

Finke, L. (1978). Probleme und Ergebnisse einer Untersuchung zur diagnostischen Bedeutung von Lernparametern. In G. Clauß, J. Guthke, & G. Lehwald (Hrsg.), *Psychologie und Psychodiagnostik lernaktiven Verhaltens* (S. 84-89). Berlin: Gesellschaft für Psychologie der DDR.

Fischer, G. H. (1972). *A step towards a dynamic test-theory* (Research Bulletin No. 10). Psychologisches Institut der Universität Wien.

Fischer, G. H. (1974). *Einführung in die Theorie psychologischer Tests.* Bern: Huber.

Fischer, G. H. (1976). Some probalistic models of measuring change. In D.N.M. de Gruijter & L.J.T. van der Kamp (Eds.), *Advances in psychological and educational measurement* (pp. 97-110). New York: Wiley.

Fischer, G. H. (1987). Applying the principles of specific objectivity and generalizability to the measurement of change. *Psychometrika, 52,* 565-587.

Fischer, G. H. & Formann, A. (1982). Veränderungsmessung mittels linear-logistischer Modelle. *Zeitschrift für Differentielle und Diagnostische Psychologie, 3,* 75-99.

Fiske, D. W. & Butler, J. M. (1963). The experimental conditions for measuring individual differences. *Educational and Psychological Measurement, 23,* 249-266.

Flammer, A. (1974). Längsschnittuntersuchung mit Lern- und Transfertests. *Schweizer Zeitschrift für Psychologie, 33,* 14-32.

Flammer, A. (1975a). *Individuelle Unterschiede im Lernen.* Weinheim: Beltz.

Flammer, A. (1975b). Krise der Diagnostik. *Schweizerische Zeitschrift für Psychologie und ihre Anwendungen, 34,* 240-241.

Flammer, A. & Schmid M., (1982). Lerntests: Konzept, Realisierungen, Bewährung. *Schweizerische Zeitschrift für Psychologie, 41,* 114-138.

Flavell, J. H. (1979). Kognitive Entwicklung. Stuttgart: Klett.

Fleishman, E. A. & Hempel, W. P. (1955). The relation between abilities and improvement with practise in visual diskrimination reaction task. *Journal of Experimental Psychology, 49,* 301-312.

Formann, A. K. (1982). Linear logistic latent class analysis. *Biometrical Journal, 24,* 171-190.

Formann, A. K. (1984). *Die Latent-Class-Analyse.* Weinheim: Beltz.

Friedrich, R. & Müller, H. (1987). Zur Kulturfairneß der Progressiven Matrizen von Raven. *Psychologie in Erziehung und Unterricht, 34,* 227-231.

Fröhlich,W. (1980). Psychophysiologie der Informationsverarbeitung als Teilgebiet der psychologischen Ergonomie. *Wehrpsychologische Mitteilungen, 15.*

Frohriep, K. (1978). Einige Ergebnisse zur psychodiagnostischen Validität eines neu entwickelten Kurzzeitlerntests für die Differentialdiagnostik entwicklungsrückständiger Volksschulkinder im Vergleich mit konventionellen Verfahren und Langzeitlerntests. In G. Clauß, J. Guthke, & G. Lehwald (Hrsg.), *Psychologie und Psychodiagnostik lernaktiven Verhaltens* (S. 67-72). Berlin: Gesellschaft für Psychologie.

Fuchs, H. (1974). *Lernfähigkeitsdiagnostik mit Hilfe von Lehrmaschinen.* Unveröff. Dissertation, Universität Leipzig, Fachbereich Psychologie.

Funke, J. (1984). Alles bestätigt? Anmerkungen zum Kommentar von Wiebke Putz-Osterloh, *Diagnostica, 30*, 104-110.

Funke, J. (1992). Dealing with Dynamic Systems : Research Strategy , Diagnostic Approach and Experimental Results. *The German Journal of Psychology, 16*, 24- 43.

Funke, J. & Grube-Unglaub, S. (1993). Scriptgeleitete Diagnostik von Planungskompetenz im neuropsychologischen Kontext : Erste Hinweise auf die Brauchbarkeit des "Script Monitoring Tests" (SMT). *Zeitschrift für Neuropsychologie, 4,* 75-91.

Furby, L. (1973). Interpreting regression towards the mean in developmental research. *Developmental Psychology, 8,* 172-179.

Galperin, P. J. (1972). Die geistige Handlung als Grundlage für die Bildung von Gedanken und Vorstellungen. In P. J. Galperin & A. N. Leontjew (Hrsg.), *Probleme der Lerntheorie* (S. 33-49). Berlin: Volk und Wissen.

Gebert, D. & Rosenstiel, L.v. (1981). *Organisationspsychologie.* Stuttgart: Kohlhammer.

Gebser, K. (1980). *Entwicklung eines tätigkeitsanalytischorientierten psychometrischen Schulleistungsmeßverfahren im Mathematikunterricht des 5. Schuljahres.* Unveröff. Dissertation, Universität Leipzig, Fachbereich Psychologie.

Gediga, G., Schöttke, H. & Wiedl, K. H. (1986). Latente Klassenanalyse und die Erfassung von Performanzveränderung bei einer dynamischen Version des farbigen Matrizentests. Vortrag auf der 35. Tagung der Deutschen Gesellschaft für Psychologie in Heidelberg.

Getzels, J. W. & Jackson, P. E. (1962). *Creatitivity and Intelligence: explorations with gifted students.* New York: Wiley.

Geuß, H. (1981). Zur Problematik der Identifikation von Hochbegabung. In W. Wieczerkowski & H. Wagner (Hrsg.). *Das hochbegabte Kind* (52-67). Düsseldorf: Schwann.

Geyer, M. & Lamberti, G. (1983). Behalten und Vergessen von figuralem Material nach Hirnschädigung. Eine Analyse der Lernverläufe im Diagnosticum für Cerebralschädigung (DCS). *Diagnostica, 29,* 83-100.

Gilbuch, J. S. & Ritschick, M. W. (1974). Diagnostische Testung der intellektuellen Fähigkeiten imProzeß der programmierten Lösung von Problemaufgaben. *Fragen der Diagnostik der psychischen Entwicklung, Tallin: Pedagoogika Instituut,* 41-43.

Gillijns, P. & Moelands, F. (1992). *Toward a student monitoring system at primary school.* Paper presented at the European Conference on Educational research. Enschede.

Gillijns, P. & van den Bosch, L. (1992). *Monitoring the progress in spelling ability; an example of Cito`s student monitoring system.* Paper presented at the European Conference on Educational Research. Enschede.

Glutting, J. & McDermott, P.A. (1990). Principles and Problems in Learning Potential. In C.R. Reynolds & R.W. Kamphaus (Eds.), *Handbook of Psychological and Educational Assessment of Children* (pp. 296-347). New York: Guilford Press.

Goldberg, T. E., Weinberger, D. R., Faith Berman, K., Pliskin, N. M. & Podd, M. H. (1987). Further Evidence for Dementia of the Prefrontal Type in Schizophrenia? *Archives General Psychiatry, 44,* 1008-1014.

Goldman, S. R. & Pellegrino, J. W. (1984). Deductions about induction: Analysis of developmental and individual differences. In R. J. Sternberg (Ed.), *Advances in the psychology of human intelligence.* (Vol.2, pp.149-197) Hillsdale: Erlbaum.

Goldstein, K. & Scheerer, M. (1953). Tests of abstract and concrete thinking: A. Tests of abstract and concrete behavior. In A. Weider (Ed.), *Contributions toward medical psychology: Theory and psychodiagnostic methods* (pp. 702-730). New York: Ronald Press.

Golembiewski, R., Billingsley, K. & Yeager, S. (1976). Measuring change and persistance in human affairs: Types of change generated by OD designs. *Journal of Applied Behavioral Science, 12,* 133-157.

Goodman, L. A. (1979). On the estimation of parameters in latent structure analysis. *Psychometrika, 44,* 123-126.

Gordon, E. & Haywood, H. C. (1969). Input deficit in cultural familiar retardates: Effect of stimulus enrichment. *American Journal of Mental Deficiency, 73,* 604-610.

Göth, N. (1984). *Zur Prädiktion des Behandlungserfolges innerhalb der intendierten dynamischen Gruppentherapie unter besonderer Berücksichtigung der Psychodiagnostik der intraindividuellen Variabilität und kognitiver Stilvariablen.* Unveröff. B-Dissertation. Universität Leipzig, Bereich Psychologie.

Göth, N.(1988). Zur Psychodiagnostik intraindividueller Variabilität unter dem Aspekt anforderungs-und einzelfallorientierter Strategien. In Schröder, H. & Guthke, J. (Hrsg.), *Fortschritte der klinischen Persönlichkeitspsychologie und klinischen Psychodiagnostik* (S.113-126). Leipzig: Barth.

Göth, N. & Guthke, J. (1985). Therapiebezogene Psychodiagnostik - neue methodische Ansätze. *Psychologie für die Praxis, 85,* 66-71.

Graichen, J. (1975). Kann man legasthenische und dyskalkulatorische Schulschwierigkeiten voraussagen? *Praxis der Kinderpsychologie, 24,* 52-57.

Grant, D. A. (1951). Perceptual versus analytical responses to the number concept of a Weigl-type card sorting test. *Journal of Experimental Psychology, 41,* 23-29.

Grant, D. A. & Berg, E. A. (1948). A behavioral analysis of degree of reinforcement and ease of shifting to new responses in a Weig-type card-sorting problem. *Journal of Experimental Psychology, 38,* 404-411.

Grant, D. A., Jones, O. R. & Tallantis, B. (1949). The relative difficulty of the number, form, and color concepts of a Weigl-type problem. *Journal of Experimental Psychology, 39,* 552- 557.

Grawe, K. (1992). Psychotherapieforschung zu Beginn der neunziger Jahre. *Psychologische Rundschau, 43,* 132-162.

Green, M. F., Ganzell, S., Satz, P. & Vaclav, J. F. (1990). Teaching the Wisconsin Card Sorting Test to schizophrenic patients (letter). *Archives of General Psychiatry, 47,* 91-92.

Green, M. F., Satz, P., Ganzell, S. & Vaclav, J. F. (1992). Wisconsin Card Sorting Test performance in schizophrenia: Remediation of a stubborn deficit. *American Journal of Psychiatry, 149,* 62-67.

Greif, S. & Holling, H. (1990). Reanalyse einer Untersuchung zur Eignungsprüfunng von Straßenbahnführern in den 20er Jahren. *Diagnostica, 36,* 231-248.

Grissemann, H. (1993). *Förderdiagnostik von Lernstörungen.* Göttingen: Hogrefe.

Groffmann, K. J. (1964). Die Entwicklung der Intelligenzmessung. In K. Gottschaldt, P. Lersch, F. Sander, & H. Thomae (Hrsg.), *Handbuch der Psychologie in 12 Bänden, Band 6: Psychologische Diagnostik* (S. 147-199). Göttingen: Hogrefe.

Groffmann, K. J. (1983). Die Entwicklung der Intelligenzmessung. In K. J. Groffmann & L. Michel (Hrsg.), *Enzyklopädie der Psychologie. Intelligenz- und Leistungsdiagnostik* (S. 2-103). Göttingen: Hogrefe.

Gronlund, N. E. (1988). *How to construct achievement tests.* London: Prentice Hall.

Groot-Zwaaftink, T., Ruijssenaars, A. J. J. M. & Schelbergen, I. (1987). Computer controlled learning test. Learning test research with cerebral paresis. In F. J. Maarse, L. J. M. Mulder, W. P. B. Sjouw, & A. E. Akkerman (Eds.), *Computers in psychology. Methods, instrumentation, and psychodiagnostics.* Lisse: Swets & Zeitlinger.

Grossarth-Maticek, R. & Eysenck, H. J. (1990). Personality, stress and disease: Description and validation of a new inventory. *Psychological Reports, 66*, 355-373.

Grubitzsch, S.(1991). *Testtheorie-Testpraxis.* Hamburg: Rowohlt-Taschenbuch.

Guilford, J.P. (1956). The structure of intellect. *Psychological Bulletin, 53*, 297-293.

Guilford, J. P. & Hoepfner, R. (1976). *Analyse der Intelligenz.* Weinheim: Beltz.

Günther, L. & Günther, R. (1981). Zur Bedingungsanalyse von Intelligenztestleistungen Erwachsener - Eine Untersuchung mit einem Langzeitlerntest. *Zeitschrift für Psychologie, 189*, 407-421.

Günther, R. & Günther, L. (1982). Geistige Leistungsfähigkeit und Beanspruchungserleben von Herz-Kreislaufkranken unter psychischer Belastung durch einen Lerntest. *Zeitschrift für Psychiatrie, Neurologie und medizinische Psychologie, 34*, 339-346.

Gupta, R. M. & Coxhead, P. (Eds.). (1988). *Cultural diversity and learning efficiency. Recent developments in assessment.* London: Macmillan Press.

Guthke, J. (1964). Über den diagnostischen Wert von Nachsprechproben bei der Schulanfängeruntersuchung. *Ärztliche Jugendkunde, 10*(5/6).

Guthke, J. (1969). Lernfähigkeit und Leistungsdiagnostik. *Probleme und Ergebnisse der Psychologie, 27*, 25-48.

Guthke, J. (1970). *IST-Kurzform MKA (Modifizierter Kurz-Amthauer).* (unveröff.), Universität Leipzig, Bereich Psychologie.

Guthke, J. (1972/1977). *Zur Diagnostik der intellektuellen Lernfähigkeit* (3. Auflage). Berlin: VEB Deutscher Verlag der Wissenschaften.

Guthke, J. (1976). Entwicklungsstand und Probleme der Lernfähigkeitsdiagnostik. *Zeitschrift für Psychologie, 184*, 103-117, 215-239.

Guthke, J. (1980a). Die Relevanz des Lerntestkonzeptes für die klinisch-psychologische Forschung demonstriert am Beispiel der geistigen Behinderung und der frühkindlichen Hirnschädigung. *Probleme und Ergebnisse der Psychologie, 72*, 5-22.

Guthke, J. (1980b). *Tasks and problems of measurement of change with regard to psychodiagnostics of intraindividual variability* (Beitrag zum 22. Internationalen Kongreß für Psychologie). Universität Leipzig, Fachbereich Psychologie (Hektographie).

Guthke, J. (1980c). *Ist Intelligenz meßbar?.* Berlin: VEB Deutscher Verlag der Wissenschaften.

Guthke, J. (1981a). Entwicklungstendenzen und Probleme der Psychodiagnostik. *Probleme und Ergebnisse der Psychologie, 77*, 5-22.

Guthke, J. (1981b). Zur Psychodiagnostik intraindividueller Variabilität. In M. Vorwerg (Hrsg.), *Zur Persönlichkeitsforschung* (S. 9-32). Berlin: Deutscher Verlag der Wissenschaften.

Guthke, J. (1982). The learning test concept - an alternative to the traditional static intelligence test. *The German Journal of Psychology, 6*, 306-324.

Guthke, J. (1983). *Mengenfolgetest (Sequence of Sets Test)*. Berlin: Psychodiagnostisches Zentrum der Humboldt-Universität zu Berlin.

Guthke, J. (1985). Ein neuer Ansatz für rehabilitationspsychologisch orientierte Psychodiagnostik. - Das Lerntestkonzept als Alternative zum herkömmlichen Intelligenztest. In K. H. Wiedl (Hrsg.), *Rehabilitationspsychologie* (S. 177-194). Stuttgart: Kohlhammer.

Guthke, J. (1986). Grundlagenpsychologische Intelligenzforschung und Lerntestkonzept. In U. Schaarschmidt, U. Berg & K. D. Hänsgen (Eds.), *Diagnostik geistiger Leistungen (Tagungsbericht)* (S. 53-67). Berlin: Deutscher Verlag der Wissenschaften.

Guthke, J. (1988). Intelligenzdaten. In R. S. Jäger (Hrsg.), *Psychologische Diagnostik. Lehrbuch der Psychodiagnostik* (S. 333-348), München/Weinheim: Psychologie Verlags Union.

Guthke, J. (1989). *Das Lerntest-Konzept als Alternative bzw. Ergänzung zum Intelligenztest - Was hat es uns gebracht und wie geht es weiter?* (Bericht 36. Kongreß der Deutschen Gesellschaft für Psychologie, Bd. II). Göttingen: Hogrefe.

Guthke, J. (1991). Das Lerntestkonzept in der Eignungsdiagnostik. In H. Schuler & U. Funke (Hrsgb.), *Eignungsdiagnostik in der Forschung und Praxis. Beiträge zur Organisa-tionspsychologie* (S. 33- 36). Stuttgart: Verlag für Angewandte Psychologie.

Guthke, J. (1992a). *Learning tests. Advances in Cognition an Educational practice*, 1A/1B. 213-233.

Guthke, J. (1992b). Lernfähigkeit im mittleren und späten Erwachsenenalter. *Psychologie in Österreich, 5*, 128-134.

Guthke, J. (1992c). Lerntests auch für Hochbegabte? In E. A. Hany & H. Nickel (Eds.), *Begabung und Hochbegabung* (pp. 125-143). Bern: Huber.

Guthke, J. (1993). Developments in learning potential assessment. In J. H. M. Hamers, K. Sijtsma & A. J. J. M. Ruijssenaars (Eds.), *Learning potential assessment. Theoretical, methodological and practical issues*. Amsterdam: Swets & Zeitlinger.

Guthke, J. (Hrsg.) (1995). *Adaptive computergestützte Intelligenzlerntestbatterie (ACIL)* Wien: Dr.Schuhfried.

Guthke, J. & Adler, C. (1990). Empirische Untersuchungsergebnisse zum dynamischen Testen bei der Psychodiagnostik von Hirnorganikern. *Zeitschrift für Gerontopsychologie und -psychiatrie, 3*, 1-12.

Guthke, J. & Al-Zoubi, A. (1987). Kulturspezifische Differenzen in den Coloured Progressive Matrices (CPM) und in einer Lerntestvariante der CPM. *Psychologie in Erziehung und Unterricht, 34*, 306-311.

Guthke, J. & Caruso, M. (1987). Basiskomponenten der intellektuellen Lernfähigkeit. In U. Schaarschmidt (Hrsgb.), *Neue Trends in der Psychodiagnostik* (pp. 135-143). Berlin: Psychodiagnostisches Zentrum.

Guthke, J. & Caruso, M. (1989). Computer in der Psychodiagnostik. *Psychologie für die Praxis, 7*, 203-222.

Guthke, J. & Gitter, K. (1991). Prognose der Schulleistungsentwicklung mittels Status- und Lerntests in der Vorschulzeit. In H. Teichmann, B. Meyer-Probst & D. Roether (Hrsg.), *Risikobewältigung in der lebenslangen psychischen Entwicklung* (S. 141-147). Berlin: Verlag Gesundheit.

Guthke, J. & Göth, N. (1985). Therapiebezogene Psychodiagnostik - neue empirische Ansätze. *Psychologie für die Praxis, 1*, 66-71.

Guthke, J. & Harnisch, A. (1986). Die Entwicklung eines Diagnostischen Programms "Syntaktischer Regel- und Lexikerwerb - ein Beitrag zur Psychodiagnostik der Fremd-sprachenlernfähigkeit". *Zeitschrift für Differentielle und Diagnostische Psychologie, 7,* 225-232.

Guthke, J. & Krause, B. (1987). Probleme, Methoden und Ergebnisse der prozeßorientierten Diagnostik. In U. Schaarschmidt (Hrsg.), *Neue Trends in der Psychodiagnostik* (S. 58-70). Berlin: Psychodiagnostisches Zentrum.

Guthke, J. & Lehwald, G. (1980). *On component analysis of the intellectual learning ability in learning tests* (Beitrag zum 22. Internationalen Kongreß für Psychologie). Universität Leipzig, Fachbereich Psychologie (Hektographie).

Guthke, J. & Lehwald, G. (1984). On component analysis of the intellectual learning ability in learning tests. *Zeitschrift für Psychologie, 194,* 4-17.

Guthke, J. & Löffler, M. (1980). *Ein "diagnostisches Programm" (Lerntest) für Differen-tialdiagnostik leistungsversagender Unterstufenschüler.* (Beitrag zum 22. International Union of Psychological Science 1980 (ICP) Leipzig.

Guthke, J. & Löffler, M. (1983). A diagnostic program (learning test) for the differential assessment of school failure in 1st grade pupils. In H. D. Rösler, J. P. Das & I. Wald (Eds.), *Mental and Language Retardation* (pp. 41-50). Berlin: Deutscher Verlag der Wissenschaften.

Guthke, J. & Stein, H. (1994). *Neue Wege in der computergestützten Intelligenzdiagnostik - Die adaptive computergestützte Intelligenz-Lerntestbatterie (ACIL).* In Abstract-Band. Hamburg: 39. Kongreß der Deutschen Gesellschaft für Psychologie.

Guthke, J. & Stein, H. (1995, im Druck). Neuere Untersuchungen zur Validität von Intelligenz- und Lerntests. *Psychologie Report.*

Guthke, J. & Wohlrab, K. (Hrsg.). (1982). *Neuere Ergebnisse der Lerntestforschung - Diagnostische Programme als Lerntestvariante.* Unpublished research paper, Uni-versität, Leipzig, Bereich Psychologie.

Guthke, J., Böttcher, H. R. & Sprung, L. (Hrsg.). (1990/1991). *Psychodiagnostik,* Bd. 1 1990 /Bd. 2 1991. Berlin: Deutscher Verlag der Wissenschaften.

Guthke, J., Jäger, C. & Schmidt, J. (1983). *Lerntestbatterie "Schlußfolgerndes Denken" (LTS)* (Learning Test battery "Reasoning"). Berlin: Psychodiagnostisches Zentrum der Humboldt-Universität.

Guthke, J., Räder, E., Caruso, M. & Schmidt, K. D. (1991). Entwicklung eines adaptiven computergestützten Lerntests auf der Basis der strukturellen Informationstheorie. *Diagnostica, 37,* 1-29.

Guthke, J., Wolschke, P., Willmes, K. & Huber, W. (1992). Leipziger Lerntest - Diagno-stisches Programm zum begriffsanalogen Klassifizieren (DP-BAK). *Heilpädagogische Forschung, 18,* 153-161.

Guthke, J., Beckmann, J.F., Stein, H., Pillner, S. & Vahle, H. (1995). Adaptive computergestützte Intelligenz-Lerntestbatterie (ACIL). Mödling: Dr. Schuhfried.

Gutjahr, W., Roether, D., Frost, G. & Schmidt, K. H. (1974) .*Verfahren zur Diagnostik der Schulfähigkeit.* Berlin: Deutscher Verlag der Wissenschaften.

Guttman, L. (1950). The basis of scalogram analysis. In S.A. Stouffer (Ed.), *Studies in Social Psychology in World War II, Vol. IV.* Princeton: Princeton University Press.

Guttman, L. & Levi, S.(1991): Two structural laws for intelligence tests. *Intelligence, 15,* 79-104.

Hacker, W. (1973). *Allgemeine Arbeits- und Ingenieurpsychologie*. Berlin: Deutscher Verlag der Wissenschaften.

Hacker, W. (1982). *Lebenslanges Lernen-einige psychodiagnostische Implikationen*. Dresden : Technische Universität (Manuskriptdruck).

Hacker, W. (1986). *Spezielle Arbeits-und Ingenieurpsychologie*. Berlin: Deutscher Verlag der Wissenschaften.

Hamers, J. H. M. & Resing, W. C. M. (1993). Learning potential assessment: introduction. In J. H. M. Hamers, K. Sijtsma & A. J. J. M. Ruijssenaars (Eds.), *Learning potential assessment. Theoretical, methodological and practical issues*. Amsterdam: Swets & Zeitlinger.

Hamers, J. H. M. & Ruijssenaars, A. J. J. M. (1984). *Leergeschiktheid en Leertest (Learning ability and learning test)*. Unpublished doctorial dissertation, Katholick Universiteit, Nijmegen.

Hamers, J. H. M. & Ruijssenaars, A. J. J. M. (1984;1986 2. Auflage). *Leergeschiktheid en leertests. Een leertestonderzoek bij eersteklassers in het gewonn lager onderwijs*. Lisse: Swets & Zeitlinger.

Hamers, J. H. M. & Ruijssenars, A. J. J. M. (1982). Ontwikkelingen in der Intelligenzdiagnostik. In D. B. Baarda & E. J. Zwaan (Eds.), *Alternatieven in de psychodiagnostiek* (pp. 115-151). Nijmegen: Oekker / van de Vegt.

Hamers, J. H. M., Hessels, M. G. P. & Luit, J. E. H. van (1991). *Leertest voor Etnische Minderheden: Test en Handleiding*. Lisse: Swets & Zeitlinger.

Hamers, J. H. M., Pennings, A. & Guthke, J. (1994). Training-Based Assessment of School Achievement. *Learning and Instruction, 4,* 347-360.

Hamers, J. H. M., Ruijssenaars, A. J. J. M. & Sijtsma, K. (1993). *Learning Potential Assessment. Theoretical, methodological, and practical issues*. Amsterdam/Lisse: Swets & Zeitlinger B.V.

Hamilton, J. L. (1983). Measuring response to instruction as an assessment paradigm. *Advances in Learning and Behavioral Disabilities, 2,* 111-133.

Hamster, W., Langner, W. & Mayer, K. (1980). *Tübinger Luria-Christensen Neuropsychologische Untersuchungsreihe (TÜLUC)*. Weinheim: Beltz.

Harper, D. (1972). Local dependence latent structure analysis. *Psychometrika, 37,* 53-59.

Harris, C. W. (Ed.) (1963). *Problems in measuring change*. London: The University of Wisconsin Press.

Häuser, D. (1981). *Untersuchungen zur Repräsentation semantischer Beziehungen im Gedächtnis*. Unveröff. Dissertation, Humboldt Universität, Fachbereich Psychologie, Berlin.

Haywood, H. C. & Switsky, H. N. (1974). Children's verbal abstracting: Effects of enrichment input, age, and IQ. *American Journal of Mental Deficiency, 78,* 556-565.

Haywood, H. C. & Tzuriel, D. (Eds.). (1992). *Interactive Assessment*. New York: Springer.

Heaton, R. K. (1981). *Wisconsin Card Sorting Test Manual*. Odessa, Fla.: Psychological Assessment Resources.

Hebb, D. O. (1949). *The organization of behavior*. New York: Wiley.

Heckhausen, H. (Hrsg) (1980). *Erwartungswidrige Schulleistungen*. Göttingen: Hogrefe.

Hegarty, S. (1979). *Manual for the test of children's learning ability*. Windsor: N.F.E.R Publishing Company.

Hegarty, S. & Lucas, D. (1978). *Able to learn? The pursuit of culture-fair assessment*. Windsor: N.F.E.R. Publishing Company.

Heidtmann, H. (1977). Lernschwächen sprachentwicklungsgestörter Kinder. In R. Schindele (Hrsg.), *Rehabiltationsforschung.* Rheinstetten: Schindele.

Heijden, van der M. K. (1986). *Assessment of learning strategy from an activity psychological point.* Paper presented at 1. Internationaler Kongreß für Tätigkeitstheorie. Berlin.

Heijden, M. K. van der (1993). *Consistency in approach: A diagnostic investigation of eight aspects of arithmetic behavior.* (Consistentie van aanpakgedrag: een procesdiagnostische onderzoek naar acht aspcten van hoofdrekenen). Leiden: Diss. Universiteit Leiden.

Heim, A. W. & Watts, K. P. (1957). An experiment on practice, coaching, and discussion on errors in mental testing. *British Journal of Educational Psychology, 27,* 199-210.

Heinrich, J. et al. (1992). *Responsiveness of Adults with severe closed head injury to mediated learning* (Third International Conference on Cognitive Education, Riverside, California).

Heiß, R. (1964). *Über den Begriff des Verhaltens und das Modell der Persönlichkeit.* In Handbuch der Psychologie, Bd. 6 Göttingen: Hogrefe.

Heller, J. (1982). *Komponentenstruktur von Lerntestleistungen unter den Aspekten Geschwindigkeit, Genauigkeit und Ausdauer.* Unveröff. Diplomarbeit, Universität Leipzig, Fachbereich Psychologie.

Heller, K. A. & Hany, E. A. (1986). Identification, development, and analysis of talented and gifted children in Western Germany. In K. A. Heller & J. F. Feldhusen (Eds.), *Identification and nurturing the gifted* (pp. 67- 82). Huber.

Heller, K. A. (Hrsg.). (1984). *Leistungsdiagnostik in der Schule.* Bern: Huber.

Heller, K. Gaedike, A-K & Weinläder, H. (1976). *Kognitiver Fähigkeitstest (KFT).* Weinheim: Beltz.

Heller, K., Rosemann, B., & Steffens, K. (Ed.). (1978). *Prognose des Schulerfolges.* Weinheim: Beltz.

Helm, J. (1954). Über den Einfluß affektiver Spannungen auf das Denkhandeln. *Zeitschrift für Psychologie ,157.*

Helm, J., Julisch, B. & Helm-Schubert, H. (1980). *Aspekte der Prozeßindikation in der Gesprächspsychotherapie (GT)* (S. 499). 22nd International Congress of Psychology.

Helmchen, M. (1988). Methodologische und strategische Erwägungen in der Schizophrenie-Forschung. *Fortschritte der Neurologie und Pychiatrie, 56,* 379-389.

Helmke, A. & Schrader, F. W. (1993). Diagnostic - prescriptive teaching. In T. Husen & T. N. Postlethwaite (Eds.), *The international encyclopedia of education* Oxford & New York: Pergamon Press.

Hendrickson, D. E. & Hendrickson, A. E. (1980). The biological basis of individual differences in intelligence. *Personality and Individual Differences, 1,* 3-33.

Hentrich, O. & Reich, O. (1979). *Der Einfluß außerintellektueller Faktoren auf Lerntestergebnisse im 7. Schuljahr und deren korrelative Bezeichnungen im Kurz- und Langzeitlerntest.* Unveröff. Diplomarbeit, Universität Leipzig, Fachbereich Psychologie.

Heron, A. & Kroeger, E. (1975). The effect of training on uneven concrete operational development in yugoslav migrand children. In J.W. Berry & W.J. Wonner (Eds.), *Applied cross-cultural psychology* (p. 224-230). Amsterdam: Swets & Zeitlinger.

Herrmann, T. (1973). *Persönlichkeitsmerkmale.* Mainz: Kohlhammer.

Hesse, F. W. (1991). Analoges Problemlösen: *Eine Analyse kognitiver Prozese beim analogen Problemlösen.* Weinheim: Psychologie Verlags Union.

Hessels, M. G. P. & Hamers, J. H. M. (1993). A learning potential test for ethnic minorities. In J. H. M. Hamers, K. Sijtsma, & A. J. J. M. Ruijssenaars (Eds.), *Learning potential assessment. Theoretical, methodological and practical issues* (pp. 295-312). Amsterdam: Swets & Zeitlinger.

Hiebsch, H. & Kauke, M. (1983). Experiment in der Sozialpsychologie - Sozialpsychologie im Experiment. *Zeitschrift für Psychologie, 2* (191), 168-180.

Hilke, R. (1980). *Grundlagen normorientierter und kriteriumsorientierter Tests.* Bern: Huber.

Höbold, I. (1992). *Ein Beitrag zur Validierung eines computergestützten, fehleradaptiven Lerntests mit verbalen Analogien (ADANA).* Unveröff. Diplomarbeit, Universität Leipzig, Fachbereich Psychologie.

Hochmann, S. (1991). *Überlegungen und Analysen zur Auswertung von Lerntests unter Berücksichtigung von Prozeßparametern.* Unveröff. Diplomarbeit, Universität Leipzig, Fachbereich Psychologie.

Höck, K., Hess, H. & Schwarz, E. (1981). *Der Beschwerdenfragebogen für Kinder (BFB-K) und Kleinkinder (BFB-KK).* Berlin. Deutscher Verlag der Wissenschaften.

Hoffmann, J., Zießler, M. & Groser, U. (1984). Psychologische Gesetzmäßigkeiten der begrifflichen Klassifikation. In F. Klix (Hrsg.), *Gedächtnis, Wissen, Wissensnutzung* (S. 74-107). Berlin: Deutscher Verlag der Wissenschaften.

Hofmann, D., Jacobs, R. & Baratta, J. E. (1993). Dynamic Criteria and the Measurement of Change. *Journal of Applied Psychology, 78*(2), 194-204.

Hofmann, M. (1982). *Psychometrische Grundlagen der pädagogisch-psychologischen Diagnostik unter besonderer Berücksichtigung der Leistungsmessung in der Schule - Theoretische Probleme und empirische Untersuchungsergebnisse.* B-Dissertation, Akademie der Pädagogischen Wissenschaften Berlin.

Hölzli, J. (1983). Zur Komponentenanalyse kognitiver Prozesse. *Zeitschrift für Psychologie, 1991,* 1-18.

Holzmann, T. G. (1982). Cognitive dimensions of numerical rule induction. *Journal of Educational Psychology, 74,* 360- 373.

Holzmann, T. G., Pellegrino, J. W. & Glaser, R. (1983). Cognitive variables in series completion. *Journal of Educational Psychology, 75,* 602- 617.

Horn, W. (1962). *Leistungsprüfsystem. LPS.* Göttingen: Verlag für Psychologie.

Hornke, L. F. (1976). *Grundlagen und Probleme antwortabhängiger Testverfahren.* Frankfurt: Haag und Herchen.

Hornke, L. F. (1977). Antwortabhängige Testverfahren: Ein neuartiger Ansatz psychologischen Testens. *Diagnostica, 23,* 1-14.

Hornke, L. F. (1982). Testdiagnostische Untersuchungsstrategien. In K. J. Groffmann & L. Michel (Hrsg.), *Enzyklopädie der Psychologie. Grundlagen psychologischer Diagnostik* (S. 130-172). Göttingen: Hogrefe.

Huber, H. P. (1978). Kontrollierte Fallstudie. In L.J. Pongratz (Hrsg.), *Handbuch der Psychologie - Klinische Psychologie* (S. 1125- 1152). Göttingen: Hogrefe.

Hunt, E. (1980). Intelligence as an information-processing concept. *British Journal of Psychology, 71,* 449- 474.

Hurtig, M. (1962). Intellectual performances in relation to "former learning" among "real" and "pseudo"-mentally deficiency children. In Proceeding of the London Conference on the Scientific Study of Mental Deficiency, Dagosham.

Hurtig, M. (1969). Une expérience d'apprentissage chez le débile. In R. Zazzo (Ed.), *Les debilités mentales* (pp. 317-333). Paris: Armand Golin.

Hussy, W. (1985). Intelligenz und komplexes Problemlösen. *Diagnostica, 31*, 1-16.

Hussy, W. (1991). Eine experimentelle Studie zum Intelligenzkonzept "Verarbeitungs-kapazität". *Diagnostica, 23*, 1-14.

Hussy, W. & Wiedl, K. H. (1980). Fehlerlatenz, Lösungsmenge und Lösungsgüte bei verschiedenen Stufen effektiver Aufgabenschwierigkeit: Ein Methodenvergleich. *Diagnostica, 26*, 300-311.

Ingenkamp, K. (1977). *Fragwürdigkeit der Zensurengebung.* Weinheim: Beltz.

Ingenkamp, K. (1985). *Lehrbuch der pädagogischen Diagnostik.* Weinheim: Beltz.

Ingenkamp, K. & Schreiber, W. (Hrsg.) (1989). *Was wissen unsere Schüler? Überregionale Lernerfolgsmessung aus internationaler Sicht.* Weinheim: Deutscher Studienverlag.

Institut für Test und Begabungsforschung (Hrsg.) (1990). Der neue TMS. Göttingen: Hogrefe.

Ionescu, S. & Jourdan-Ionescu, C. (1983). La mesure du potentiel d'apprentissage: nouvelle approche dans l'évaluation des déficients mentaux. *Apprentissage et Socialisation, 6*, 117-124.

Ionescu, S., Radu, V., Solomon, E. & Stoenescu (1974). L'efficiene de l'aide au test des cubes de Kohs-Goldstein, administré chez les déficients mentaux. *Revue Roumaines des Sciences Sociales - Serie de Psychology, 18*, 75-92.

Iwanowa, A. (1973). *Das Lernexperiment als Methode der Diagnostik der geistigen Ent-wicklung der Kinder.* Moskau: Pedagogika (russ.).

Iwanowa, A. J. (1976). *Lernfähigleit als Prinzip der Einschätzung der geistigen Entwicklung der Kinder.* Moskau: Universitätsverlag (russ.).

Jacobs, P. I. & Vandeventer, M. (1968). Progressive Matrices: An experimental, develop-mental, non-factorial analysis. *Perceptual and Motor skills, 27*, 759-766.

Jäger, A. O. (1967). *Dimensionen der Intelligenz.* Göttingen: Hogrefe.

Jäger, A. O. (1982). Mehrmodale Klassifikation von Intelligenzleistungen. Experimentell kontrollierte weiterentwicklung eines deskriptiven Intelligenzstrukturmodells. *Diagnostica, 28,* 195-226.

Jäger, A. O. (1984). Intelligenzstrukturforschung: Konkurrierende Modelle, neue Entwicklungen, Perspektiven. *Psychologische Rundschau, 35*, 21-35.

Jäger, A. O. (1986). Validität von Intelligenztests. *Diagnostica, 32*, 272-289.

Jäger, A. O. (1991). Beziehungen zwischen komplexem Problemlösen und Intelligenz - Eine Einleitung. *Diagnostica, 37*, 287-290.

Jäger, C. (1972). *Entwicklung eines Lerntests für schlußfolgerndes Denken im numerischen Bereich.* Unveröff. Dissertation, Universität Leipzig, Fachbereich Psychologie.

Jäger, R. S. (1988). *Psychologische Diagnostik. Ein Lehrbuch.* München-Weinheim: Psychologie Verlags Union.

Jäger, R. S. (1990). Computerdiagnostik - Ein Überblick. *Diagnostica, 36*, 96-114.

Jäger, R. S., Berbig, E., Geisel, B. ,Gosslar, H., Hagen, J. , Liebich, W., Schafheutle, R. (1973). *Mannheimer Biografisches Inventar* (MBI). Göttingen:Hogrefe.

Jansen, M. (1991).*Messung der Lernfähigkeit im Assessment Center-Identifikation leistungs-starker DDR-Bewerber.* Unveröff. Diplomarbeit, Ruhr-Universität Bochum, Fakultät für Psychologie.

Janssen, J., Bokhove, J. & Kraemer, J. M. (1992). *Arithmetic- Mathematics 1. Manual.* (Rekenen-Wiskunde 1. Handleiding). Arnheim: Cito.

Jantzen, W. (1982). Diagnostik im Interesse des Betroffenen oder Kontrolle von oben ? Fachschaftsinitiative Sonderpädagogik: *Diagnostik im Interesse der Betroffenen.* Würzburg: Selbstverlag.

Jantzen, W. (1990). *Allgemeine Behindertenpädagogik Band 2.* Weinheim: Beltz.

Jastak, J. F. (1948). A plan for the objective measurement of character. *Journal of Clinical Psychology, 4,* 170-178.

Jensen, M. & Feuerstein, R. (1987). The learning potential assessment device: From philosophy to practice. In C. S. Lidz (Ed.), *Dynamic Assessment.* New York: Guilford.

Jensen, A. R. (1961). Learning abilities in Mexican-American and Anglo-American children. *California Journal of Educational Research, 12* (4), 147-159.

Jensen, A. R. (1963). Learning abilitys in retarded, average, and gifted children. *Merril-Palmer Quaterly, 9* (2), 123-140.

Jensen, A. R. (1968). Social class and verbal learning. In M. Deutsch, I. Katz, & A.R. Jensen (Eds.), *Social class, race, and psychological development* (pp. 379-402). New York: Holt, Rinehart, and Winston.

Jensen, A. R. (1979). The nature of intelligence and its relation to learning. *Journal.of Research and Development in Education, 12,* 79-95.

Jensen, A. R. (1980). Bias in mental testing. New York: Free Press.

Jin, P. (1992). Toward a reconceptualization of the law of initial value. *Psychological Review, 111,* 176-184.

Jong, M. de & Vallen, T. (1989). Linguistische en culturele bronnen van itembias in de Eindtoets Basisonderwijs van leeringen uit etnische minderheidsgroepen. *Pedagogische Studien, 66,* 390-402.

Judina, O.N. (1973). *Diagnostik der psychologischen Ursachen der Fehler der Schüler durch ein programmiertes Lehrbuch.* Unveröff. Dissertation, Universität Moskau, Fakultät für Psychologie (russ.).

Jüttemann, G. (Hrsg.) (1984). *Neue Aspekte klinisch-psychologischer Diagnostik.* Göttingen: Hogrefe.

Kalb, G., Rabenstein, R. & Rost, D. H. (1979). *Lesen und Verstehen LuV-D.* Braunschweig: Westermann. 3. Auflage 1994 Göttingen. Hogrefe.

Kallenbach, K. (1976): Zusammenhänge zwischen Labyrinthlernen und Intelligenz- bzw. Gedächtnisleistungen. *Psychologische Beiträge, 18,* 600-609.

Kalmykowa, S. J. (Ed.). (1975). *Probleme der Diagnostik der geistigen Entwicklung der Schüler.* Moskau: Pedagogika (russ.).

Kamin, L. (1979). *Der Intelligenzquotient in Wissenschaft und Politik.* Darmstadt: Steinkopff.

Kauf, H. (1993). *Experimentelle Analyse von Lernprozessen in Kurzzeitlerntests.* Humboldt-Universität Berlin, FB Psychologie.

Kaufman, A. S. & Kaufman, N. L. (1983). *Kaufman Assessment Battery for Children (K-ABC).* Circle Pines, MN.: American Guidance Service.

Kaulter, H. & Munz, W. (1974). Verfahren der Aufnahme und Überweisung in die Sonderschule. Schwerpunktmäßig dargestellt an der Schule für Lernbehinderte. In Deutscher Bildungsrat (Hrsg.), *Sonderpädagogik 3,* (S. 235-285).

Keane, K. J., Tannenbaum, A. J. & Krapf, G.F. (1992). Cognitive Competence: Reality and Potential in the Deaf. In H. C. Haywood & D. Tzuriel (Eds.), *Interactive Assessment* (pp. 300-317). New York: Springer Verlag.

Kemmler, L. (1967). *Erfolg und Versagen in der Grundschule.* Göttingen: Hogrefe.

Kempf, W. F. (1974). Dynamische Modelle zur Messung sozialer Verhaltensdispositionen. In W. F. Kempf (Hrsg.), *Probabilistische Modelle in der Sozialpsychologie* Bern: Huber.

Kern, B. (1930). *Wirkungsform der Übung.* Münster: Helios.

Klauer, K. C., Kauf, H. & Sydow, H. (1994). Experimentelle Validierung eines Lernmodells für Kurzzeit-Lerntests. *Diagnostica, 40*, 124-142.

Klauer, K. J. (1969). *Lernen und Intelligenz.* Weinheim:Beltz.

Klauer, K. J. (1978). Kontentvalidität. In K. J. Klauer (Hrsg.), *Handbuch der Pädagogischen Diagnostik, Bd. 1* (S.225-257) Düsseldorf: Schwann.

Klauer, K. J. (1984). Kontentvalidität. *Diagnostica, 30*, 1-23.

Klauer, K. J. (1987). *Kriteriumsorientierte Tests.* Göttingen: Hogrefe.

Klauer, K. J. (1989a). Zensierungsmodelle und ihre Konsequenzen für die Notengebung. In R. S. Jäger, R. Horn & K. Ingenkamp: *Tests und Trends 7.* Weinheim: Beltz.

Klauer, K. J. (1989b). *Denktraining für Kinder I.* Göttingen: Hogrefe.

Klauer, K. J. (1991). *Denktraining für Kinder II.* Göttingen: Hogrefe.

Klauer, K. J. (1992). *Kognitive Trainingsforschung.* Göttingen: Hogrefe .

Klauer, K. J. (1993). Learning potential testing: the effect of retesting. In J. H. M. Hamers, A. J. J. M. Ruijssenaars & K. Sijtsma (Eds.), *Learning potential assessment. Theoretical, methodological and practical issues* (S. 135-152). Amsterdam/Lisse: Swets & Zeitlinger BV.

Klein, S. (1970). K*iserlet egy uj tipusu Intelligencia Teszt Kialakitazara.* Budapest.

Klein, S. (1973). *Handanweisung für den Lerntest "Geheimschrift".* unveröff. Manuskript, Universität Budapest.

Klein, S. (1975). Lernfähigkeitsdiagnostik mit Hilfe von Unterrichtsmaschinen, *Probleme und Ergebnisse der Psychologie, 51*, 55-61.

Klein, S. (1987). *The Effects of Modern Mathematics.* Budapest: Academiai Kiado.

Kliegl, R. & Baltes, P. B. (1987). Theory-guided analysis of development and aging mechanisms through testing-the-limits and research on expertise. In C. Schooler & K. W. Schaie (Eds.), *Cognitive functioning and social structures over the life course* (pp. 245-271). Berlin: Deutscher Verlag der Wissenschaften.

Kliegl, R. & Lindenberger, U. (1993). Modeling intrusions and correct recall in episodic memory: Adult age differences in encoding of list context. *Journal of Experimental Psychology: Learning, Memory, and Cognition, 19*, 617- 637.

Kliegl, R., Smith, J. & Baltes, P. B. (1989). Testing-the-Limits and the Study of Adult Age Differences in Cognitive Plasticity of a Mnemonic Skill. *Developmental Psychology, 25*, 247-256.

Klix, F. (Hrsg.). (1976). *Psychologische Beiträge zur Analyse kognitiver Prozesse.* Berlin: Deutscher Verlag der Wissenschaften.

Klix, F. (1983). Begabungsforschung - ein neuer Weg in der kognitiven Intelligenzdiagnostik. *Zeitschrift für Psychologie, 191*, 360-387.

Klix, F. (Hrsg.) (1984a). *Gedächtnis, Wissen, Wissensnutzung.* Berlin: Deutscher Verlag der Wissenschaften.

Klix, F. (1984b). Über Wissensrepräsentation im menschlichen Gedächtnis. In F. Klix (Hrsg.), *Gedächtnis, Wissen, Wissensnutzung* (S. 9-73), Berlin: Deutscher Verlag der Wissenschaften.

Klix, F. & Lander, H. J. (1967). Die Strukturanalyse von Denkprozessen als Mittel der Intelligenzdiagnostik. In F. Klix, W. Gutjahr & J. Mehl (Hrsg.), *Intelligenzdiagnostik* (S. 245-271). Berlin: Deutscher Verlag der Wissenschaften.

Klix, F. & Pötzschke, D. (1980). *Zur Formalisierung analoger Schlußweisen*. Berlin: Forschungsbericht des ZKI der AdW (unveröff.).

Klix, F. & van der Meer, E. (1978). Analogical reasoning - an approach to cognitive micropropcesses as well as to intelligence performances. *Zeitschrift für Psychologie, 186*, 39-47.

Klopfer, B. & Kelley, D.M. (1942). *The Rorschach Technique*. New York: World Book Company.

Kluwe, R. (1979): Wissen und Denken. Stuttgart: Kohlhammer.

Köhler, W. (1917). *Intelligenzprüfungen an Anthropoiden I* (Abhandlungen der preußischen Akademie der Wissenschaften, Physikalisch-mathematische Klasse Nr. 1). Berlin: Reimer.

Kok, F. G. (1988). *Vraagpartijdigheid. Methodologische verkenningen*. Amsterdam: De Amstel.

Koluchova, J. (1972). Severe Deprivation in Twins: A case study. *Journal of Child Psychology and Psychiatry, 13*, 107-114.

Kormann, A. (1979). Lerntests - Ein Versuch einer kritischen Bestandsaufnahme. In L.H. Eckenberger (Hrsg.), *Bericht über den 31. Kongreß der Deutschen Gesellschaft für Psychologie in Mannheim* (S. 85-95). Göttingen: Hogrefe.

Kormann, A. (1982a). Möglichkeiten von Lerntests für Diagnose und Optimierung von Lernprozessen. In K. Ingenkamp, R. Horn, & R.S. Jäger (Hrsg.), *Tests und Trends* (S. 97-117). Weinheim: Beltz.

Kormann, A. (1982b). Zur gegenwärtigen Situation der pädagogisch-psychologischen Diagnostik im deutschsprachigen Raum. In R. Meißner & H. P. Trolldenier (Hrsg.), *Texte zur Schulpsychologie und Bildungsberatung. Bd. 4*. Braunschweig: Pedersen-Verlag.

Kormann, A. (1984). Lern- und Veränderungsmessung. In K. Heller (Hrsg.), Leistungsbeurteilung in der Schule. Heidelberg: Quelle & Meyer.

Kornmann, R. (1977). *Diagnostik zur schulorganisatorischen Auslese oder zur sonderpädagogischen Förderung. Referat im Rahmen des Seminars der "European Association for Special Education" vom 24.-27.10.1977 in der Reinhardswaldschule bei Kassel*.

Kornmann, R. (1982). Variation von Testbedingungen als förderungsdiagnostischer Ansatz. In H. P. Trolldenier & B. Meißner (Hrsg.), *Texte zur Schulpsychologie und Bildungsberatung* Braunschweig: Petersen.

Kornmann, R. (1984). Förderungsdiagnostische Konzepte in der Sonderpädagogik. In F. J. Hehl, V. Ebel & W. Ruck (Hrsg.). *Bericht vom 12. Kongreß für Angewandte Psychologie*. München: BDP.

Kornmann, R. (1991). Förderdiagnostik bei ausländischen Kindern. *Psychologie in Erziehung und Unterricht, 38*, 133-151.

Kornmann, R. & Rössler, G. (1983). Variation der Untersuchungsbedingungen als förderdiagnostisches Prinzip am Beispiel eines Verfahrens zur Prüfung der Fähigkeit zur Lautunterscheidung. In R. Kornmann, H. Meister, & J. Schlee (Hrsg.), *Förderungsdiagnostik* (S. 102-106). Heidelberg: Schindele.

Kornmann, R., Meister, H. & Schlee, J. (Eds.). (1983). *Förderungsdiagnostik. Konzept und Realisierungsmöglichkeiten*. Heidelberg: Schindele.

Kornmann, R., Billich, P., Gottwald, K., Hoffmann, P. & Rößler, G. (1982). Untersuchungen zum Versuchsleiter-Einfluß bei der Prüfung der auditiven Diskriminationsfähigkeit. *Diagnostica, 28*, 273-284.

Krampen, G (1993). Diagnostik der Kreativität. In G. Trost, K. H. Ingenkamp & R. S. Jäger (Hrsg.). *Tests und Trends (10)* (S. 11-39). Weinheim: Beltz.

Kratochwill, T. R. (Ed.) (1978). *Single-Subject Research*. New York: Academic Press.

Krause, B. (1985). Zum Erkennen rekursiver Regularitäten. *Zeitschrift für Psychologie 193*, 71-86.

Krause, R. (1977). *Produktives Denken bei Kindern*. Weinheim: Beltz.

Krauth, J. & Weil, I. (1989). Empirischer Vergleich von klassischen und probalistischen Veränderungsmaßen bei einem Gedächtnisexperiment. *Zeitschrift für Differentielle und Diagnostische Psychologie, 10*, 19-35.

Kreschnak, H. (1985). *Computergestützte Analysen von Schülerleistungen*. Berlin: Volk und Wissen-Verlag.

Krivohlavy, J. (1974). *Zwischenmenschliche Konflikte und experimentelle Spiele*. Bern, Stuttgart: Huber.

Krivohlavy, J. (1976). Psychologie der Kooperation und die Anwendung der Methoden der experimentellen Konflikte. *Zeitschrift für Psychologie, 184*, 141 - 156.

Kroeger, E. (1978). *Pilot study: Cognitive development in the acculturation of migrand children: The role of training in the assessment of learning ability. 29th Congress Session on Bilingual and Bicultural Adjustment, July/August 1978.*

Kryspin-Exner, J. (1987). *Ergopsychometrie und Hirnleistungsdiagnostik in der klinischen Psychologie und Psychiatrie*. Regensburg: Roderer.

Kubinger, K. D. (1986). Adaptive Intelligenzdiagnostik. *Diagnostica, 32*, 330-344.

Kubinger, K. D. (Hrsgb.) (1988). *Moderne Testtheorie*. Weinheim und München: Psychologie Verlags Union.

Kubinger, K. D. & Wurst, E. (1985). *Adaptives Intelligenzdiagnostikum (AID)*. Weinheim: Beltz.

Kubinger, K. D. & Wurst, E. (1991). *Adaptives Intelligenz Diagnosticum (AID) Manual*. Weinheim: Beltz Test.

Küffner, H. (1981). *Fehlerorientierte Tests: Konzept und Bewährungskontrolle*. Weinheim: Beltz.

Kühl, K. P. & Baltes, M. M. (1988). Zur testpsychologischen Diagnostik der Demenz: Aspekte traditioneller Vorgehensweisen und der Testing-The-limits-Ansatz. *Zeitschrift für Gerontopsychologie und -psychiatrie, 1*, 83-93.

Kühn, R. (1987). Welche Vorhersagen des Schulerfolges ermöglichen Intelligenztests? Eine Analyse gebräuchlicher Verfahren. In R. Horn, K. Ingenkamp & R. S. Jäger (Hrsg.), *Tests und Trends. Band 6* (S. 26-65). München: Psychologie Verlags Union.

Kukla, F. (1984). Pathologisch veränderte Gedächtnistätigkeit. In F. Klix (Hrsg.), *Gedächtnis, Wissen, Wisssensnutzung* (S. 173-206). Berlin: Deutscher Verlag der Wissenschaften.

Kurth, E. (1990). Beitrag zur Erneuerung des Aufnahmeverfahrens für eine sonderpädagogische Förderung lernbehinderter Kinder. *Sonderschule, 6,* 321-328.

Lacey, J. I. (1956). The evaluation of autonomic responses: Toward a general solution. *Annals of the New York Academy of Sciences, 67,* 123-164.

Landa, L. N. (1969). *Algorithmierung im Unterricht.* Berlin: Volk und Wissen.

Lander, H. J. (1990). Die Abschätzung von Interventionseffekten mittels einer linearen Prä-Posttest-Analyse. *Zeitschrift für Psychologie, 198,* 247-264.

Langenberg, G. van de (1989). *Prestatieverbeteringen op reactietijdtaken van uiteenlopende cognitieve complexiteit. Een cross-cultueel onderzoek. Internal report.* Tilburg: Tilburg University.

Langfeldt, H. P. & Kurth, E. (1993). *Diagnostik bei Lernbehinderten.* Neuwied: Luchterhand.

Lauth, G. & Wiedl, K. H. (1985). Zur Veränderbarkeit der Testleitung im CFT 20 durch Instruktionsintensivierung. *Diagnostica, 31,* 200-209.

Lazarsfeld, P. F. (1959). Latent structure analysis. In S. Koch (Ed.), *Psychology: A study of a science* (pp. 476-535). New York: McGraw-Hill.

Leeuwenberg, E. & Buffart, H. (1983). An outline of coding theory. In H. G. Geißler (Ed.), *Modern issues in perception* (pp. 25-47). Berlin: Deutscher Verlag der Wissenschaften.

Legler, R. (1984). *Situations-Lerntest (SLT) (Situation learning fest (SLT)).* Berlin: Psychodiagnostisches Zentrum der Humboldt-Universität.

Lehrl, S. & Fischer, B. (1990). A basic information processing psychological parameter (BIP) for the reconstruction of concepts of intelligence. *European Journal of Personality, 4,* 259-286.

Lehrl, S. & Franck, H. G. (1982). Zur humangenetischen Erklärung der Kurzzeitspeicherkapazität als der zentralen individuellen Determinante von Spearman`s Generalfaktor der Intelligenz. *Humankybernetik, 23,* 177-187.

Lehwald, G. (1985). Zur Diagnostik des Erkennungsstrebens bei Schülern. In W. Forst, W. Kessel, A Kossakowski & J. Lompscher (Hrsg.), *Beiträge zur Psychologie.* Berlin: Volk und Wissen.

Leib, R. & Buttler, J. (1989). *Beitrag zur Normierung des computergestützten adaptiven Lerntests AZAFO.* Unveröff. Diplomarbeit, Universität Leipzig, Bereich Psychologie.

Leontjew, A. N. (1931). *Entwicklung des Gedächtnisses.* Moskau: Krupskaya Academia of Communist Education Press (Russian).

Leontjew, A. N. (1968). Einige aktuelle Aufgaben der Psychologie. Sowjetwissenschaft. *Gesellschaftswissenschaftliche Beiträge, 7.*

Leontjew, A. N. (1979). *Tätigkeit, Bewußtsein, Persönlichkeit.* Berlin: Volk und Wissen.

Leutner, D. (1992). *Adaptive Lehrsysteme.* Weinheim: Psychologie Verlags Union.

Leyendecker, Ch. H. (1977). Lernverhalten behinderter Kinder. In R. Schindele (Hrsg.), *Rehabilitationsforschung.* Rheinstetten: Schindele.

Lezak, M. (1976). *Neuropsychological Assessment.* New York: Oxford University Press.

Lidz, C. S. (Ed.). (1987). *Dynamic Assessment. An interactional approach to evaluating learning potential.* New York: Guilford Press.

Lidz, C. S. (1990). The Preschool Learning Assessment Device: An approach to the dynamic assessment of young children. *European Journal of Psychology of Education, 5,* 167-175.

Lidz, C. S. (1991). *Practitioner's guide to dynamic assessment.* New York: Guilford Press.

Lienert, G. A. (1969). *Testaufbau und Testanalyse.* Weinheim: Beltz.

Lienert, G. A. (1978). *Verteilungsfreie Methoden in der Biostatistik* (II). Meisenheim: A. Hain.

Lienert, G. A. (1989). *Testaufbau und Testanalyse* (4. Auflage). München: Psychologie Verlags Union.

Lindsay, B., Clogg, C. C. & Grego, J. (1991). Semiparametric Estimation in the Rasch Model and related exponential response models, including a simple class model for item analysis. *Journal of the American Statistical Association, 86*, 96-107.

Lingoes, J. C. (1973). *The Guttman-Lingoes-Nonmetric Program Series.* Ann Arbor: Mathesis Press.

Linsener, H. J. (1977). *Verhaltensgestörte Kinder und Jugendliche in den Heimen der Jugendhilfe.* Ludwigsfelde: Institut für Jugendhilfe.

Linsener, H. J. (1985). *Beiträge zur pädagogisch-psychologischen Arbeit mit verhaltensgestörten Schülern.* Falkensee: Institut für Jugendhilfe.

Lipmann, O. (1919). Die psychische Eignung der Funktelegraphisten. *Zeitschrift für Angewandte Psychologie, 15*, 319.

Liungman, C. G. (1973). *Der Intelligenzkult.* Hamburg: Rowohlt-Taschenbuch-Verlag.

Löffler, M. (1981). *Entwicklung eines neuen Verfahrens (Kurzzeit-Lerntest) für die Differentialdiagnostik von Lernstörungen unter Verwendung begriffsanaloger Klassifizierungs-anforderungen.* Unveröff. Dissertation, Universität Leipzig, Fachbereich Psychologie.

Lompscher, J. (Hrsg.). (1972). *Theoretische und experimentelle Untersuchungen zur Entwicklung geistiger Fähigkeiten.* Berlin: Volk und Wissen.

Lord, F. M. (1956). The measurement of growth. *Educational and Psychological Measurement, 16*, 421-437.

Lord, F. M. & Novick, M. N. (1960). *Statistical theories of mental test scores.* Reading: Addison-Wesley, 1968.

Lubbers, H. E. (1992). *Adult Motivation for Environmentally. Sensitive Practices.* Unveröff. Master Thesis. University of Waikato New Zealand.

Lübbers, T., Schöttke, H., Wiedl, K.H. & Ackermann, B. (1993). *Erfassung von Alltagsaktivitäten mittels ADL/IADL-Skalen bei Patienten mit unilateralem zerebralen Insult.* (Psychologische Forschungsberichte aus dem Fachbereich 8 der Universität, Nr. 91). Osnabrück: Universität.

Lundberg, I. Frost, J. & Peterson, O. (1988). Effects of an extensive program for stimulating phonological awareness in preschool children. *Reading Research Quarterly, 23*, 263-384.

Luria, A. R. (1961). An objective approach to the study of the abnormal child. *American Journal of Orthopsychiatry, 31*, 1-14.

Luria, A. R. (1966). *Human brain and psychological processes.* New York: Harper & Row.

Luria, A. R. (1970). *Die höheren kortikalen Funktionen und ihre Störung bei örtlicher Hirnschädigung.* Berlin: Deutscher Verlag der Wissenschaften.

Mackay, G. W. S. & Vernon, P. E. (1963). The measurement of learning ability. *British Journal of Educational Psychology, 23*, 177-186.

Maguire, M. (1987). *Doing Participatory Research: A feminist approach.* The Center for International Education. University of Massachusetts at Amherst School of Education. Research Report.

Maier, N. R. & Schneirla, T. C. (1964). *Principles of animal psychology.* New York: Dover Publications, Inc.

Mandl, H. & Hron, A. (1987). Wissenserwerb mit intelligenten tutoriellen Systemen. *Unterrichtswissenschaft 1986* (14). 358-371.

Mandl, H. & Spada, H. (1988): *Wissenspsychologie.* Weinheim: Psychologie Verlags Union.

Manning, W. H. & Du Bois, P. H. (1962). Correlational methods in research on human learning. *Perceptual and Motor Skills, 15,* 287-321.

Marcoulides, G. A. & Heck, R. H. (1994). Assessment Issues for the 1990 's. In G. A. Marcoulides & R. H. Heck (Eds.), *Education and Urban Society* Newbary Park -CA: A. Sage-Publication.

Masendorf, F. & Klauer, K. J. (1986). Gleichheit und Verschiedenheit als kognitive Kategorien: Experimentelle Überprüfung durch ein Intelligenztraining bei lernbehinderten Kindern. *Entwicklungspsychologie und Pädagogische Psychologie, 23,* 46-55.

Massow, F. (1988). *Beitrag zur Validierung eines neu entwickelten Lerntests für schlußfolgerndes Denken im figural-anschaulichen Bereich.* Unveröff. Diplomarbeit, Universität Leipzig, Fachbereich Psychologie.

Masters, G. N. (1982). A Rasch-Model for partial credit scoring. *Psychometrica, 47,* 149-174.

May, Th. (1983). *Individuelles Entscheiden in sequentiellen Konfliktspielen.* Frankfurt/Main, New York: Lang.

Mayr, U. & Kliegl, R. (1993). Sequential and coordinative complexity: Age-based processing limitations. *Journal of Experimental Psychology: Learning, Memory and Cognition, 19,* 1297- 1320.

McManus, I. C. (1984). The power of a procedure for detecting mixture distributions in laterality data. *Cortex, 20,* 421-426.

McNemar, Q. (1958). On growth measurement. *Educational and Psychological Measurement, 18,* 47-55.

McPhearson, M. W. (1948). A survey of experimental studies of learning in individuals who achieve subnormal ratings on standardized psychometric measures. *American Journal of Mental Deficiency, 152,* 232-254.

Mead, G. H. (1934). *Mind, self, and society from the standpoint of a social behaviorist.* Chicago: University of Chicago Press.

Meer, E. van der (1978). Über das Erkennen von Analogien. Dissertation (unveröff.). Humboldt Universität, Fachbereich Psychologie, Berlin.

Meijer, J. & Elshout, J. J. (1994). *Offering help and the relationship between test anxiety and mathematics performance.* No. University of Amsterdam, Department of Psychology, Psychonomie.

Meili, R. (1961). Lehrbuch der psychologischen Diagnostik. Bern: Huber.

Meili, R. (1965). *Lehrbuch der Psychologischen Diagnostik.* Bern: Huber.

Melchers, P. & U. Preuß (1993). *K-ABC. Kaufmann Assessment Battery for Children.* CA Lisse: Swets & Zeitlinger.

Melchinger, H. (1978). *Intelligenz als Lernfähigkeit.* Dissertation, Freie Universität Berlin.

Mentschinskaja, N. A. (1974). *Besonderheiten des Lernens zurückgebliebener Kinder* Berlin: Volk und Wissen.

Mercer, J. R. (1979). *System of Multicultural Pluralistic Assessment (SOMPA): Technical Manual.* New York: The Psychological Corporation.

Messick, S. (1981). The controversy over coaching. Issues of effectiveness and equity. In B.F. Green (Ed.), *New York directions for testing and measurement: Issues in testing-coaching, disclosure, and ethnic bias (No. 11)* San Francisco: Jossey-Bass.

Meumann, E. (1922). *Vorlesungen zur Einführung in die Experimentelle Pädagogik und ihre psychologischen Grundlagen* (1) (2. Auflage). Leipzig: Engelmann.

Meyer-Probst, B. (1974). Über kognitive Leistungsveränderungen hirngeschädigter Kinder. *Zeitschrift für Psychologie, 182*, 181-211.

Michael (1973). Eichung und Validierung eines Lerntests (LTS 1) für das 7. Schuljahr. Unveröff. Diplomarbeit, Universität Leipzig, Fachbereich Psychologie.

Michalski, S. (1987). *Das diagnostische Programm "Begriffsanaloges Klassifizieren" (DP-BAK) - ein Lerntest für leistungsversagende Schüler erster Klassen.* Unveröff. A-Dissertation, Universität Leipzig, Bereich Psychologie.

Milner, B. (1963). Effects of different brain lesions on card sorting. *Archives of Neurology, 9*, 101-111.

Minick, N. (1987). Implications of Vygotsky`s theories for dynamic assessment. In C. S. Lidz (Ed.), *Dynamic Assessment: An international approach to evaluating learning potential* (pp. 116-140). New York: guilford Press.

Möbus, C. & Nagl, W. (1983). Messung, Analyse und Prognose von Veränderungen. In J. Bredenkamp & H. Feger (Hrsg.), *Enzyklopädie der Psychologie, Themenbereich B, Methodologie und Methoden, Serie I Forschungsmethoden der Psychologie, Band 5 Hypothesenprüfung* (S. 329-470). Göttingen: Hogrefe.

Möbus, C. & Wallasch, R. (1977). Zur Erfassung von Hirnschädigungen bei Kindern. Nichtlineare Entscheidungsregeln auf der Basis von Veränderungsmessungen und des Jacknife. *Diagnostica, 23*, 227-249.

Mogel, H. (1984). *Ökopsychologie.* Stuttgart: Kohlhammer.

Mokken, R. J. (1971). *A theory and procedure of scale analysis.* Hawthorne, NY: Mouton.

Moog, W. (1990). Aneignungsprozeß-Analyse - Eine notwendige Ergänzung zum standardisierten Schulleistungstest. *Zeitschrift für Heilpädagogik, 41* (2), 73-87.

Moosbrugger, H. & Zistler, R. (1993). Wie befreit man die Itemtrennschärfe von den Zwängen der Itemschwierigkeit? Das SPS-Verfahren. *Diagnostica, 39*, 22-43.

Moratelli, M. (1989). *Ein Beitrag zum Lerntestkonzept: Der Modifizierte Mengenfolgentest.* Universität Wien, Fachbereich Psychologie.

Müller, K. H. (1978). Überprüfung verschiedener Ansätze für pädagogisch-psychologische Schulleistungsmeßverfahren im Bereich der Mathematik. In G. Clauß, J. Guthke & G. Lehwald (Hrsg.), *Psychologie und Psychodiagnostik lernaktiven Verhaltens* (S. 96-102) Berlin: Tagungsbericht.

Müller, K. H. (1980). Klasssischer, probabilistischer und Lerntestansatz in der Schulleistungsmessung. In *XXII. Weltkongreß für Psychologie (ICP),* Leipzig .

Myrtek, M., Foerster, F. & Wittmann, W. (1977). Das Ausgangswertproblem. *Zeitschrift für experimentelle und angewandte Psychologie, 24*, 463-491.

Nagata, H. (1976). Quantitative and qualitative analysis of experience in acquisition of miniatur artificial language. *The Japanese Psychological Research, 18*, 174-182.

Narrol, H. & Bachor, D. G. (1975). An introduction to Feuerstein's approach to assessing and developing cognitive potential. *Interchange, 6*, 2-16.

Neisser, U. (1974). *Kognitive Psychologie.* Stuttgart: Huber.

Nesselroad, J. R., Stigler, S. M. & Baltes, P. B. (1980). Regression towards the mean and the study of change. *Psychological Bulletin, 88*, 622-637.

Nettelbeck, T. (1987). Inspection time and intelligence. In P. A. Vernon (Ed.), *Speed of information processing and intelligence* (pp. 295-346). Norwood, NJ: Ablex.

Neubauer, A. C. (1993). Intelligenz und Geschwindigkeit der Informationsverarbeitung: Stand der Forschung und Perspektiven. *Psychologische Rundschau, 44*, 90-105.

Newland, T. E. (1974). Le test d` apprentissage pour aveugles (BLAT). *Bulletin de Psychologie, 27*, 398-402.

Obermann, C. (1992). *Assessment Center.* Wiesbaden: Gabler.

Obermann, C. (1994). *Wer profitiert von Führungstrainings? Interindividuelle Determinanten des Lernerfolgs bei Führungstrainings.* Unveröff. Dissertation, Ruhr-Universität Bochum, Fakultät für Psychologie.

Oerter, R., Dreher, E., & Dreher, M. (1977). *Kognitive Sozialisation und subjektive Struktur.* München: Oldonburg.

Orlik, P. (1978). Soziale Intelligenz. In K. J. Klauer (Hrsg.). *Handbuch der Pädagogischen Diagnostik, Band 2,* (S.341-355). Düsseldorf. Schwann.

Orsini-Bouichon, F. (1982). *L'intelligence de l'enfant ontogenise des invariants.* Paris: Editions dü Centre National de la Recherche Scientifique.

Ortar, G. R. (1959). Improving test ability with coaching. *Educational Research, 2*, 137-142.

Oswald, B. (1978). *Probleme der Entwicklung und Erprobung eines figuralen Kreativitätselements.* Unveröff. Diplomarbeit, Universität Regensburg.

Oswald, W. D. & Fleischmann, U. M. (1983). *Gerontopsychologie.* Stuttgart: Kohlhammer.

Oswald, W. D. & Roth, E. (1978). *Der Zahlenverbindungstest (ZVT).* Göttingen: Hogrefe.

Ozer, M. N. & Richardson, H. B. (1974). The diagnostic evaluation of children with learning problems: A "process" approach. *Journal of Learning Disabilities, 7*, 82-88.

Palincsar, A. S. & Brown, A. L. (1984). Reciporal teaching of comprehension-fostering and comprehension-monitoring activities. *Cognition and Instruction, 1*, 117-175.

Palincsar, A. S. & David, Y. M. (1992). Classroom-based literacy instruction: the development of one program of intervention research. In B. Y. L. Wong (Ed.), *Contemporary intervention research in learning disabilities: an international perspective.* Berlin: Springer Verlag.

Paour, J. L. (1992). Induction of logic structures in the mentally retarded: An assessment and intervention instrument. In H.C. Haywood & D.Tzuriel: (Eds.), *Interactive Assessment* (pp.119-167) Amsterdam: Swets &Zeitlinger.

Paulhus, D. L. & Martin, C. L. (1987). The structure of personality capabilities. *Journal of Personality and Social Psychology, 52*, 88-101.

Pawlik, K. (1976). Modell- und Praxisdimensionen psychologischer Diagnostik. In K. Pawlik (Hrsg.), *Diagnose der Diagnostik* (S. 13-43). Stuttgart: Klett.

Pawlik, K. (Ed.). (1982). *Multivariate Persönlichkeitsforschung.* Bern/Stuttgart/Wien: Huber.

Pawlik, K. & Busse, L. (1992). Felduntersuchungen zur transsituativen Konsistenz individueller Unterschiede im Erleben und Verhalten. In K. Pawlik & K. H. Stapf (Hrsgb.), *Umwelt und Verhalten* (pp. 25-71). Bern: Huber.

Pennings, A. H. (1990). The relationship between field dependence-inedependence and reading outcomes in learning disabled children from a neo-Piagetian perspective. *European Journal of Special Needs Education, 5*, 189-198.

Pennings, A. H. (1991). *Individual differences in the development of restructuring ability in children.* Unpublished doctorial dissertation, University of Utrecht.

Pennings, A. H. & Verhelst, N. D. (1993). Dynamic Testing of Restructuring Tendency. In J. H. Hamers, A. J. J. M. Ruijssenaars, & K. Sijtsma (Eds.), *Dynamic Assessment: European Contributions* (pp. 195-212). Amsterdam: Swets & Zeitlinger.

Penrose, L. S. (1934). *Mental defect.* New York: Farrar and Rinehart.

Perfetti, C. A. & Lesgold, A. M. (1979). Coding and comoprehension in skilled reading and implications for reading instruction. In L. B. Reesnick & P. A. Weaver (Eds.), *Theory and practice of early reading Vol. 1.* Hillsdale, NJ.: Erlbaum.

Petermann, F. (1978). *Veränderungsmessung* Stuttgart: Kohlhammer.

Petermann, F. (1992). Situationsbezogene Diagnostik. In R. S. Jäger & F. Petermann (Hrsg.), *Psychologische Diagnostik.* Weinheim: Psychologie Verlags Union.

Petermann, F. & Hehl, F. J. (1979). *Einzelfallanalyse.* München: Urban & Schwarzenberg.

Petermann, U. (1983). *Training mit selbstunsicheren Kindern.* München, Wien, Baltimore: Urban & Schwarzenberg.

Petersen, N. S. & Novick, M. R. (1976). An evaluation of some models for culture-fair selection. *Journal of Educational Measurement, 13,* 3-29.

Pfister, H. R. & Jäger, A. O. (1992). Topografische Analysen zum Berliner Intelligenz-strukturmodell BIS. *Diagnostica, 2,* 91-115.

Piaget, J. (1938). *La représentation du monde chez l'enfant avec le concours de onze collaborateurs.* Paris: F. Alcan.

Piaget, J. (1962). *Comments on Vygotsky's critical remarks concerning "The language and thought of the child" and "Judgement and reasoning in the child".* Cambridge: MA MIT Press.

Piaget, J. (1975). *Das Erwachen der Intelligenz beim Kinde.* Stuttgart: Klett.

Plaum, E. F. (1991). Voraussetzungen eines therapiebezogenen Eklektizismus. *Psychologische Rundschau, 42,* 76-86.

Preuß, M. (1985). Experimente über Relationserkennung im menschlichen Gedächtnis. Unveröff. Dissertation, Humboldt Universität, Fachbereich Psychologie, Berlin.

Prigatano, G. P., Fordyce, D. J., Zeiner, H. V., Roueche, J. R., Pepping, M. & Wood, B. (1984). Neuropsychological rehabilitation after closed head injury in young adults. *Journal of Neurology, Neurosurgery, and Psychiatry, 47,* 505-513.

Probst, H. (1979). *Kritische Behindertenpädagogik in Theorie und Praxis.* Solms-Oberbiel: Jarick.

Probst, H. (1981). *Zur Diagnostik und Didaktik der Oberbegriffsbildung.* Solms-Oberbiel: Jarick.

Probst, H. & Wacker, G. (1986). *Lesenlernen. Ein Konzept für alle.* Solms-Oberbiel: Jarick.

Putz-Osterloh, W. & Lüer, G. (1984). Über die Vorhersagbarkeit komplexer Problemlöse-leistungen durch Ergebnisse in einem Intelligenztest. *Zeitschrift für Experimentelle und Angewandte Psychologie, 31,* 309-334.

Quetelet, A. (1838). *Sur l'homme et le Développement de ses Facultés, ou Essai de Phsique sociale* [Über den Menschen und die Entwicklung seiner Fähigkeiten]. Paris/Stuttgart: Bachelier/Schweizerbarts Verlagshandlung.

Räder, E. (1988). *Entwicklung eines computergestützten fehlerorientiert-adaptiven und kontentvaliden Lerntests für schlußfolgerndes Denken im figural-anschaulichen Bereich.* Unveröff. Dissertation, Universität Leipzig, Bereich Psychologie.

Rambach, H. (1980). Measurements in cases of organic disorders of the brain. In XXII. Internat. Congress of Psychology (Ed.), *Abstracts, Vol. 1* (p. 303). Leipzig.

Rasch, G. (1960). *Probalistic models for some intelligence and attainment tests.* Copenhagen: Pedagiogiske Institut.

Rauh, H. (1992). Verschränkungen mit der Entwicklungspsychologie. In R. S. Jäger & F. Petermann : *Psychologische Diagnostik.* (S.64-77) Weinheim: Psychologie Verlags Union.

Raven, J. C. (1950). *Coloured Progressive Matrices, Sets A, AB, B, and the Crichton Vocabulary Scale. Standard Scale with Instructions, Key, and Norms.* London: H.K. Lewis & Co. Ltd.

Raven, J. C. (1956). *Guide to using the Coloured Progressive Matrices, sets A, AB, B.* Dumfires: Grieve & Sons.

Raven, J. C. (1965). *Guide to using the Coloured Progressive Matrices, Sets A, AB, B.* London: Lewis. .

Raven, J. (1991). *The Tragic Illusion: Educational Testing.* Oxford: Psychologists Press.

Ree, M. J., & Earles, J. A. (1992). Intelligence is the Best Predictor of Job Performance. *Current Directions in Psychological Science, 1,* 86-89.

Reihl, D. (1988). Diagnostik in der Rehabilitation. In R. Jäger (Hrsg.), *Psychologische Diagnostik* (S. 467-481). München: Psychologische Verlags-Union.

Reimann, B. & Eichhorn, R. (1984). *Testsystem für hörgeschädigte Kinder.(THK).* Berlin: Psychodiagnostisches Zentrum der Humboldt-Universität Berlin.

Reinert, G. (1976). Grundzüge einer Geschichte der Human-Entwicklungspsychologie. *Trierer Psychologische Berichte, 3* (5).

Reitan, R. M. & Wolfson, D. (1985). *The Halstead-Reitan neuropsychological test battery.* Tuscon: Neuropsychology Press.

Resing, W. C. M. (1990). *Intelligentie en leerpotentieel.* Lisse: Swets & Zeitlinger.

Resing, W. C. M. (1993). Measuring Inductive Reasoning Skills: The Construction of a Learning Potential Test. In J. H. M. Hamers, K. Sijtsma & A. J. J. M. Ruijssenaars (Eds.), *Learning potential assessment. Theoretical, methodological and practical issues.* (219-243) Amsterdam: Swets & Zeitlinger.

Resing, W. C. M. & Kohnstamm, G. A. (1993). *Cognitive training of inductive reasoning: learning potential, effects durability and transfer - Research project.* Reichsuniversität Leiden, Dep. of Psychology.

Rey, A. (1934). D'un procédé pour évaluer l'éducabilité: Quelques applicationsen psychopathologie. *Archives de Psychol., 24* (96), 298-337.

Rey, A. (1952). *Monographies de psychologie clinique.* Neuchatel: Delachaux & Niestle.

Rey, A. (1958). *L'examen clinique en psychologie.* Paris: Presses universitaires de France.

Rey, A. (1959). *Test de copie d'une figure complexe. Manuel.* Paris: Centre de Psychologie Appliquée.

Reykowski, J. (1982a). Motivation of Prosocial Behavior. In V.J. Derlega et al. (Eds.), *Cooperation and Helping Behavior-Theory and Research* (pp. 355-375). New York: Academic Press.

Reykowski, J. (1982b). Social Motivation. *Annual Review of Psychology, 33* (2), 123-154.

Reykowski, J. & Smolenská, Z. (1982). Psychological Space and Regulation of Social Behavior. *European Journal of Social Psychology, 12,* 353-366.

Reynolds, C. R. (1982). The problem of bias in psychological assessment. In C. R. Reynolds & T. D. Gutkin (Eds.), *The handbook of school psychology* (pp. 178- 208). New York: Wiley.

Riemann, R. (1991). Fähigkeitskonzeption von Persönlichkeit. Chancen für die Eignungsdia-gnostik. In H. Schuler & J. Funke (Hrsg.), *Eignungsdiagnostik in Forschung und Praxis* (S. 249-252). Stuttgart: Verlag für angewandte Psychologie.

Riemann, R. (1993). *Persönlichkeitsfähigkeiten : Konstruktvalidierung.* Habilitationsschrift, Universität Bielefeld, Fakulät für Psychologie und Sportwissenschaft.

Rijt, B. A. M. van de, Van Luit, J. H. & Pennings, A. H. (1994). *De Utrechtse Getalbegrip Toets.* Universiteit Utrecht.

Robertson, I. & Downs, S. (1979). Learning and the Prediction of Performance: Development of Trainability Testing in the United Kingdom. *Journal of Applied Psychology, 64,* 42-50.

Robertson, I. T. & Mindel, R. M. (1980). A study of trainability testing. *Journal of Occupational Psychology, 53,* 131-138.

Roder, V., Brenner, H.D., Kienzle, N. & Hodel, B. (1988). Integriertes psychologisches Therapieprogramm für schizophrene Patienten (IPT). München: PsychologieVerlags Union.

Roether, D. (1974). Der Lerntest von D. Roether. In W. Gutjahr, D. Roether, G. Frost & K. H. Schmidt (Hrsg.). *Verfahren zur Diagnostik der Schulfähigkeit* (S.39-121). Berlin: Deutscher Verlag der Wissenschaften.

Roether, D. (1983). *Vorschul-Lerntest (VLT) (Preschool learning test).* Berlin: Psychodiagnostisches Zentrum der Humboldt Univeristät.

Roether, D. (1984). *Der Test "Tempoleistung und Merkfähigkeit Erwachsener (TME) (Test speed performance and memory of adults).* Berlin: Psychodiagnostisches Zentrum der Humboldt Universität.

Roether, D. (1986). *Lernfähigkeit im Erwachsenenalter.* Leipzig: Hirzel.

Roether, D., Juhl, K. H. & Schöpp, M. (1981). Emotionale Befindlichkeit und Lernverhalten im Erwachsenenalter. *Zeitschrift für Psychologie, 189,* 289-307.

Roether, D. (1992). Der diagnostische Wert von Lernfähigkeitstests. In L. Montada (Hrsg.), *Bericht über den 38. Kongreß der Deutschen Gesellschaft für Psychologie in Trier, 1992,* Band 1. Göttingen: Hogrefe.

Roether, D., Rehn, C. & Engel, H. (1984). Lernfähigkeitsdiagnostik und Krankheitsverlauf bei Patienten mit funktionellen und hirnorganischen Störungen. *Psychologische Praxis, 4,* 329-336.

Roether, D., Bretschneider, T., Ernst, K. & Engel, H. (1980). Klinische, psychometrische und pneumoenzephalographische Untersuchungsergebnisse bei Patienten mit vorzeitigem Leistungsversagen. In H.-D. Rösler, J. Ott & E. Richte/Heinrich (Hrsg.), *Neuropsychologische Probleme der klinischen Psychologie* (S. 83-96). Berlin: VEB Deutscher Verlag der Wissenschaften.

Roether, D., Rehn, Ch. & Herrmann, I (1992). Alternsverläufe bei hirnorganischem Psychosyndrom zwischen dem 5. und 7. Dezennium . In K. Ernst & D. Schläfke (Hrsg.), *Variabilität psychischer Krankheitsverläufe* (S. 218-225). Universität Rostock, Abt. Wissenschaftspublizistik.

Rogosa, D. R. & Willett, J. B. (1985). Understanding correlates of change by modeling individual differences in growth. *Psychometrica, 50,* 203-228.

Rogosa, D., Brandt, D. & Zimowski, M. (1982). A growth curve approach to measurement of change. *Psychological Bulletin, 92,* 726-748.

Rohwer, W. D., Jr. (1971). Learning, race, and school success. *Review of Educational Research, 41* (3), 191-210.

Rorschach, H. (1921). *Psychodiagnostik.* Bern: Huber.

Rosemann, B. (1974). Zur Problematik der Klassifikation von Schultests. In K. Heller (Hrsgb.), *Leistungsbeurteilung in der Schule* (pp. 158 - 166). Heidelberg: Quelle & Meyer.

Rösler, H. D., Biehle, H. & Lange, E. (1988). Diskrepanzen zwischen Schul-und Intelligenz-testleistung. *Psychologie für die Praxis, 1,* 21-31.

Rost, J. (1977). *Diagnostik des Lernzuwachses* (IPN Arbeitsberichte Nr. 26). Kiel: Institut für Pädagogik der Naturwissenschaften.

Rost, J. (1982). Testtheoretische Modelle für die klinisch-psychologische Forschung und Diagnostik. In U. Baumann, H. Berbalk & G. Seidenstücker (Hrsg.), *Klinische Psychologie - Trends in Forschung und Praxis.* Bern: Huber.

Rost, J. (1984). *Lernerfolgsprognosen aufgrund von Lerntests. Vortrag auf dem 31. Kongreß der Deutschen Gesellschaft für Psychologie.* Wien.

Rost, J. (1985). A latent class model for rating data. *Psychometrica, 50,* 37-49.

Rost, J. & Spada, H. (1978). Learning Tests: Psychometric and psychological considerations on a method to get diagnostic information from process data. In *19th International Congress of Applied Psychology,* (Abstract Band). München .

Rost, J. & Spada, H. (1983). Die Quantifizierung von Lerneffekten anhand von Testdaten. *Zeitschrift für Differentielle und Diagnostische Psychologie, 4,* 29-49.

Rost, J. & Strauß, B. (1992). Recent developments in psychometrics and test theory. *The German Journal of Psychology, 16,* 91-119.

Roth, H. (1957). *Pädagogische Psychologie des Lehrens und Lernens.* Hannover: Schrödel.

Royce, J. R. (1973). *Multivariate analysis and psychological theory.* London: Academic Press.

Rubinstein, S. L. (1958). *Grundlagen der Allgemeinen Psychologie.* Berlin: Volk und Wissen.

Rubinstein, S. L. (1961). *Das Denken und die Wege seiner Erforschung.* Berlin: Volk und Wissen.

Rüdiger, D. (1978). Prozeßdiagnose als neueres Konzept der Lernfähigkeitsdiagnose. In H. Mandl & A. Krapp (Hrsg.), *Schuleingangsdiagnose. - Neue Modelle, Annahmen und Befunde* (S. 66-83). Göttingen: Hogrefe.

Ruijssenaars, A. J. J. M. & Oud, J. H. L. (1987). Leesleertest via leessimulatie, volgens twee didactische methoden. *Pedagogische Studien, 64,* 97-103.

Ruijssenaaars, A. J. J. M., Castelijns, J. H. M. & Hamers, J. H. M. (1993). The Validity of Learning Potential Tests. In J. H. M. Hamers, K. Sijtsma & A. J. J. M. Ruijssenaars (Eds.), *Learning Potential Assessment* (pp. 69-82). Amsterdam/ Lisse: Swets & Zeitlinger.

Sarges, W. (Hrsgb.). (1990). *Management-Diagnostik.* Göttingen: Hogrefe.

Sarges, W. (1993). Eine neue Assessment-Center-Konzeption: Das Lernfähigkeits-AC. In A. Gebert & U. Winterfeld (Hrsg.). *Arbeits-, Betriebs- und Organisationspsychologie vor Ort.* Bonn: Deutscher Psychologenverlag.

Sattler, J. M. (1982). *Assessment of children's intelligence and special abilities* (2nd edition). Boston: Allyn and Bacon Inc.

Scarr, S. & McCartney, K. (1983). How people make their own enviroments: A theory of genotype - environment effects. *Child Development, 54,* 424-435.

Schaarschmidt, U. (Hrsg.). (1987a). *Neue Trends in der Psychodiagnostik* (1). Berlin: Psychodiagnostisches Zentrum.

Schaarschmidt, U. (1987b). *Neue Trends in der Psychodiagnostik* (2). Berlin: Druckhaus Karl-Marx-Stadt.

Schaarschmidt, U., Berg, M. & Hänsgen, K.-D. (Hrsg.) (1986). *Diagnostik geistiger Leistungen*. Berlin: Psychodiagnostisches Zentrum.

Schackwitz, A. (1920). *Über psychologische Berufs-Eignungsprüfungen für Verkehrsberufe. Eine Begutachtung ihres theoretischen und praktischen Wertes, erläutert durch eine Untersuchung von Straßenbahnführern*. Berlin: J. Springer.

Schaie, K.W. (1979). The primary mental abilities in adulthood: An exploration in the development of psychometric intelligence. In P. B. Baltes & O. G. Brim Jr. (Eds.), *Lifespan development and behavior*, Vol. 3, (pp. 67-115). New York: Academic Press.

Schaitanowa, B. (1990). *Psychologische und physiologische Komponenten der Bewältigung von Leistungsanforderungen (insbesonders bei Herz-Kreislauf-Kranken)*. Unveröff. Dissertation, Universität Leningrad.

Scheiblechner, H. (1972). Das Lernen und Lösen komplexer Denkaufgaben. *Zeitschrift für experimentelle und angewandte Psychologie, 19*, 476-506.

Scheinpflug, H. (1977). *Der Zusammenhang zwischen der Fähigkeit zur Änderung kooperativen Verhaltens in experimentellen Spielen und der Erziehungseinstellung der Eltern*. Unveröff. Diplomarbeit, Universität Leipzig, Fachbereich Psychologie.

Schlange, H., Stein, B., Boetticher, I.v. & Taneli, S. (1972). *Der Göttinger Formenreproduktions-Test (GFT). Zur Diagnose der Hirnschädigung im Kindesalter. Beiheft zur Handanweisung*. Göttingen.

Schlee, J. (1985a). Helfen verworrene Konzepte dem Denken und Handeln in der Sonderpädagogik? Eine Auseinandersetzung mit der "Förderdiagnostik". *Zeitschrift für Heil-pädagogik, 36*, 860-891.

Schlee, J. (1985b). Kann Diagnostik beim Fördern helfen? Anmerkungen zu den Ansprüchen der Förderdiagnostik. *Zeitschrift für Heilpädagogik, 36*, 153-165.

Schlee, J. (1985c). Förderdiagnostik-eine bessere Konzeption ? In R. S. Jäger, R. Horn, & K. Ingenkamp (Hrsg.), *Tests und Trends (Jahrbuch der Pädagogik)* (S. 82-108). Weinheim/Basel: Beltz.

Schmidt, Ch. F. (1988a). Leistungs- und Verhaltensanalyse-Probe (LEVAP). Berlin: Psychodiagnostisches Zentrum der Humboldt-Universität zu Berlin.

Schmidt, Ch. F. (1988b). *Tätigkeitsanalyse-Liste* (TAL) Berlin: Psychodiagnostisches Zentrum der Humboldt-Universität Berlin.

Schmidt, F. L. & Hunter, J. E. (1981). Employment testing . Old theories and new research findings. *American Psychologist, 36*, 1128- 1137.

Schmidt, H. D. (1985). *Grundriß der Persönlichkeitspsychologie*. Berlin: Verlag der Wissenschaften.

Schmidt, H. D. (1987). Psychodiagnostik und Entwicklung. In U. Schaarschmidt (Hrsgb.), *Neue Trends in der Psychodiagnostik* (pp. 38-53). Berlin: Psychodiagnostisches Zentrum der HUB.

Schmidt, I. (1972). *Entwicklung eines Lerntests für schlußfolgerndes Denken mit programmierter Trainingsphase*. Unveröff. Dissertation, Universität Leipzig, Fachbereich Psychologie.

Schmidt, K. H. (1976). Zum Ausgangswertproblem bei der Bestimmung der Reaktivität in psychophysiologischen Untersuchungen. *Zeitschrift für Psychologie, 184*, 584-603.

Schmidt, K. H. & Metzler, P. (1992). *Wortschatztest (WST)*. Weinheim: Beltz.

Schmidt, L. R. (1969). Testing the Limits im Leistungsverhalten: Empirische Untersuchungen an Volks- und Sonderschülern. In M. Irle (Hrsg.), *Bericht über den 26. Kongreß der Deutschen Gesellschaft für Psychologie, Tübingen 1968* (S. 468-478). Göttingen: Hogrefe.

Schmidt, L. R. (1971). Testing the limits im Leistungsverhalten: Möglichkeiten und Grenzen. In E. Duhm (Hrsg.), *Praxis der Klinischen Psychologie* (S. 9-29). Göttingen: Hogrefe.

Schmidt, L. R. (Hrsg.). (1984). *Lehrbuch der Klinischen Psychologie. (2., neu bearbeitete und erweiterte Auflage). Klinische Psychologie und Psychopathologie* (1). Stuttgart: Ferdinand Enke Verlag.

Schmidt, W. & Zimmermann, W. (1974). Zur Diagnostik der sozialen Kooperationsbereitschaft im mittleren Schulalter. In H. R. Böttcher, A. Seeber & G. Witzlack (Hrsg.), *Probleme und Ergebnisse der Psychodiagnostik* (S. 109-116). Berlin: Verlag der Wissenschaften.

Schmidtke, A., Schaller, S. & Becker, P. (1978). *CPM-Raven-Matrizen-Test. Manual.* Weinheim: Beltz.

Schmitt, M. (1990). *Konsistenz als Persönlichkeitseigenschaft ?* Berlin-Heidelberg: Springer.

Schmitt, M. (1992). Interindividuelle Konsistenzunterschiede als Herausforderung für die Differentielle Psychologie. *Psychologische Rundschau., 43*, 30-45 .

Schmitt, M. & Borkenau, P.(1992). The consistency of Personality In G.V. Caprara & G. L.Van Heck (Eds.). *Modern Personality Psychology. Critical reviews and new directions* (pp.29-55) New York: Harvester-Wheatsheaf.

Schneider, B. (1987): Vorbereitung auf Intelligenz-und Leistungstests: Eine Gefahr für die Eignungsdiagnostik? In R. Horn, K. Ingenkamp & R. S. Jäger, *Intelligenz und Trends 6,* (S.3-26). Weinheim: Psychologie Verlags Union.

Schneider, S. G. & Asarnow, R. F. (1987). A comparison of cognitive/neuro-psychological impairments of nonretarded autistic and schizophrenic children. *Journal of Abnormal Child Psychology, 15*, 29-46.

Schneider, W. (1992). Erwerb von Expertise : Zur Relevanz kognitiver und nichtkognitiver Voraussetzungen. In E. A. Hany & H. Nickel: *Begabung und Hochbegabung.* (S.105-125) Bern: Huber.

Schnotz, W. (1979). *Lerndiagnose als Handlungsdiagnose.* Weinheim: Beltz.

Scholz, G. (1980). *Untersuchungen zur diagnostischen Relevanz der Lernphase in Lernfähigkeitstests im Chemieunterricht der 9. Klasse.* Unveröff. Dissertation, Akademie der Pädagogischen Wissenschaften, Berlin.

Schöttke, H. (1988). Das Schädel-Hirn-Trauma. Regensburg: Roderer Verlag.

Schöttke, H. & Wiedl, K.H. (1993). Neuropsychologisches Aufmerksamkeitstraining in der Rehabilitation von Hirnorganikern. In: F. J. Klauer (Hrsg.), *Kognitives Training* (S. 273-300). Göttingen: Hogrefe.

Schöttke, H., Bartram, M. & Wiedl, K. H. (1993). Psychometric implications of learning potential assessment: A typological approach. In J. H. M. Hamers, A. J. J. M. Ruijssenaars, & K. Sijtsma (Eds.), *Learning potential assessment: Theoretical, methodological and practical issues* (pp. 153-173). Amsterdam: Swets & Zeitlinger.

Schöttke, H., Lübbers, T., Ackermann, B. & Wiedl, K. H. (1995). Kurztraining visuokognitiver Funktionen und Vorhersage von Beeinträchtigungen des alltäglichen Lebens nach einem Schlaganfall. *Zeitschrift für Neuropsychologie, 6*, 15 - 28.

Schorr, A. (1995). Stand und Perspektiven diagnostischer Verfahren in der Praxis. Ergebnisse einer repräsentativen Befragung westdeutscher Psychologen. *Diagnostica, 41*, (3-20)

Schrem, A. (1976). *Beitrag zur Diagnostik der Debilität. Entwicklung eines Verfahrens zur Ermittlung der Lernfähigkeit (Mengen- und Zahlen-Lerntest) sowie eines Persönlichkeitsfragebogens (PFB73) zur Früherkennung hilfsschulbedürftiger Kinder.* Dissertation, Berlin.

Schuck, K. D. & Eggert, D. (1982). Anspruch, Realität und Alternativen der diagnostischen Tätigkeit der Sonderschullehrer. In K. Ingenkamp, R. Horn & R. S. Jäger (Hrsg.). *Tests und Trends.* Weinheim/Basel: Beltz.

Schucman, H. (1960). Evaluating the educability of the severely mentally retarded child. *Psychological Monographs, 74* (14).

Schuler, H. (1988). Berufseignungsdiagnostik. *Zeitschrift für Differentielle und Diagnostische Psychologie, 9,* 201-213.

Schütze, O. (1987). Determinanten und Verursachung psychosozialer Fehlentwicklungen. In O. Schütze (Hrsg.), *Exogene und endogene Bedingungen psychosozialer Fehlentwicklungen* (S. 6-18). Jena: FSU.

Schütze, O. (1989). *Pädagogisch-psychologische Diagnostik psychosozialer Fehlentwicklun-gen im Kindes- und Jugendalter.* Jena: FSU.

Schütze, O. (1990). *Diagnostik und Intervention bei psychosozialen Fehlentwicklungen im Kindes- und Jugendalter.* Jena: FSU.

Schwarzer, R. (1979). Sequentielle Prädiktion des Schulerfolgs. *Zeitschrift für Entwicklungspsychologie und Pädagogische Psychologie, XI,* S. 170-180.

Schweizer, K. (1995): *Kognitive Korrelate der Intelligenz.* Göttingen: Hogrefe.

Seidel, A. (1990). *Kognitive Störungen bei der Drogenabhängigkeit vom Alkohol- (Barbiturat) Typ und ihre Restitution in den ersten vier Abstinenzmonaten.* Unveröff. Dissertation, Universität Leipzig, Bereich Psychologie.

Selz, O. (1935). Versuche zur Hebung des Intelligenzniveaus (Attempts at increasing the level of intelligence). *Zeitschrift für Psychologie, 134,* 236-301.

Severson, R. A. (1976). *Environmental and emotionally-based influences upon the learning process.* American Psycholog. Association Convention, Washington D.C.

Sewell, T.E. (1979). Intelligence and learning tasks as predictors of scholastic achievement in black and white first-grade children. *Journal of School Psychology, 17,* 325-332.

Sijtsma, K. (1993). Psychometric Issues in Learning Potential Assessment. In J. H. M. Hamers, K. Sijtsma & A. J. J. M. Ruijssenaars (Eds.), *Learning Potential Assessment* (pp. 175-194). Amsterdam: Swets & Zeltinger.

Simon, H. A. & Kotovsky, K. (1963). Human acquisition of concepts for sequential patterns. *Psychological Review, 70,* 534-546.

Simons, H. & Möbus, C. (1977). *Veränderungen von Berufschancen durch Intelligenztraining.* Diskussionspapier, Nr. 8, Psychologisches Institut der Universität Heidelberg.

Simons, H., Weinert, F. E. & Ahrens, H. J. (1975): Untersuchungen zur differentialpsychologischen Analyse von Rechenleistungen. *Zeitschrift für Entwicklungspsychologie und Pädagogische Psycholgie, 7,* 153-169.

Simrall, D. (1947). Intelligence and the ability to learn. *Journal of Psychology, 23,* 27-43.

Sixma, J. (1970). Het leesvoorwaardenonderzoek. *Pedagogische Studien, 47,* 360-374.

Snijders, J.Th. & Shijders-Oomen (1976). Snijders-Ooomen Non-verbal Intelligence Scale: SON-58 Groningen: Wolters-Noordhoff.

Snijders, J. Th., Tellegen, P. J. & Laros, J. A.(1989). *Snijders-Oomen Non-verbal intelligence test.* Manual and research report. Groningen: Wolters-Noordhoff.

Snow, R. E. (1990). Progress and Propaganda in Learning Assessment. *Contemporary Psychology, 35,* 1134-1136.

Snow, R. E. & Lohman, D. (1989). Implications of cognitive psychology for educational measurement. In R.L. Linn (Ed.). *Educational Measurement.* New York: McMillan.

Spada, H.(1976). *Modelle des Denkens und Lernens.* Bern: Huber.

Spada, H. (1983). Die Analyse von Veränderungen im Rahmen unterschiedlicher testtheoretischer Modelle. In W.-R. Minsel & R. Scheller (Hrsg.), *Brennpunkte der Klinischen Psychologie* (S. 83-105). München: Kösel.

Spector, J. E. (1992). Predicting progress in beginning reading: dynamic assessment of phonemic awareness. *Journal of Educational Psychology, 84,* 353-363.

Sprung, L., & Krause, B. (1978). Experimentelle Ansätze individueller Komponenten in kognitiven Prozessen. In G. Clauß, J. Guthke & G. Lehwald (Hrsgb.), *Psychologie und Psychodiagnosik lernaktiven Verhaltens* (pp. 102-111). Berlin: Gesellschaft für Psychologie der DDR.

Stannieder, G. (1975). *Psychische Voraussetzungen für die selbständige Organisation kollektiver Tätigkeiten.* Dissertation, Berlin: Akademie der Pädagogischen Wissenschaften der DDR.

Steene, G. van der , Van Haasen, P. P., De Bruyn, E. E. J., Coetsier, P., Pijl, Y. J., Poortinga, Y. Spelberg, H. C., Stinissen, J. (1986), *WISC-R. Nederlandse Uitgave.* Lisse: Swets & Zeitlinger.

Stein, H. (1989). *Bestimmung eines Komplexitätsmaßes für verbale Analogien zur Entwicklung eines fehlerorientierten adaptiven Lerntests.* Unveröff. Diplomarbeit, Universität Leipzig, Fachbereich Psychologie.

Stein, H. (1993). *Entwicklung eines fehlerorientierten adaptiven computergestützten Lerntest mit verbaler Analogie.* Unveröff. Dissertation, Universität Leipzig, Fachbereich Psychologie.

Stelzl, I. (1972). Was bringt das Rasch-Modell für die Praxis? *Psychologische Beiträge, 14,* 298-324.

Stelzl, I. (1982). *Fehler und Fallen in der Statistik.* Bern: Huber.

Stern, W. (1918). Das psychologisch-pädagogische Verfahren der Begabungsauslese. Versuche und Anregungen. *Zeitschrift für pädagogische Psychologie und experimentelle Pädagogik, 19.*

Stern, W. (1928). *Die Intelligenz der Kinder und Jugendlichen und die Methoden ihrer Untersuchung* (4. Auflage). Leipzig: Barth.

Sternberg, R. J. (1977). Component processes in analogical reasoning. *Psychological Review, 84,* 353-378.

Sternberg, R. J. (1985): *Beyond IQ. A triarchic theory of human intelligence.* Cambridge: University Press.

Sternberg, R. J. & Detterman, D. K. (Eds.) (1986). *What is Intelligence?* Norwood: Ablex.

Sternberg, R. J. & Wagner (Eds.) (1986). *Practical intelligence : Nature and origins of competence in everyday world.* New York: Cambridge University.

Steyer, R. & Schmitt, M. J. (1990): The effects of aggregation across and within occasions on consistency, specificity and reliability. *Methodica, 4,* 58-94.

Steyer, R. & Schmitt, M. J. (1992). Basic Concepts of Latent State-Trait-Theory. In R. Steyer, H. Gräser & K. F. Wiedaman (Eds.), *Consistency and Spezifity : Latent State-Trait-Models in Differential Psychology* (pp.1-19) New York: Springer.

Stiehler, G. (1978). Versuch der Konstruktion eines Lerntests "Kooperatives Verhalten". In G. Clauß, J. Guthke & G. Lehwald (Hrsg.), Psychologie und Psychodiagnostik lernaktiven Verhaltens (S. 132-136). Berlin: Gesellschaft für Psychologie der DDR.

Stroop, J. (1935). Studies of interference in serial verbal reactions. *Journal of Experimental Psychology, 18*, 643-661.

Sturm, W. & Hartje, W. (1982). Aufgaben und Untersuchungsverfahren der allgemeinen Psychodiagnostik bei Hirnschädigungen. In K. Poeck (Hrsg.), *Klinische Neuropsychologie* (S. 51-65). Stuttgart: Georg Thieme Verlag.

Süllwold, F. (1964). *Das unmittelbare Behalten und seine denkpsychologische Bedeutung.* Göttingen: Hogrefe.

Sutton, A. (1987). L. S. Vygotsky: The cultural-historical theory, national minorities and the zone of next development. In R. M. Gupta & P. Coxhead (Eds.), *Cultural diversity and learning efficiency* (pp. 89-117). London: Macmillan.

Swanson, H. L (1992). Generality and modifiability of working memory among skilled and less skilled readers. *Journal of Educational Psychology, 84,* 473-488.

Swanson, H. L. (1993). Individual differences in working memory: amodel testing and subgroup analysis of learning disabled and skilled readers. *Intelligence, 17,* 285-332.

Tack, W. H. (1976). Diagnostik als Entscheidungshilfe. In K. Pawlik (Hrsg.), *Diagnose der Diagnostik. Beiträge zur Diskussion der psychologischen Diagnostik in der Verhaltensmodifikation* (S. 103-130). Stuttgart: Ernst Klett.

Taschinski, R. (1985). Eine Untersuchung zur Kulturfaireß der Progressiven Matrizen von Raven gegenüber türkischen Kindern in Deutschland. *Psychologie in Erziehung und Unterricht, 32,* 229-239.

Tellegen, P. J. & Laros, J. A. (1992). The Snijders-Oomen Nonverbal Intelligence Tests or Tests for Learning Potential? In J. H. M. Hamers, K. Sijtsma & A. J. J. M. Ruijssenaars (Eds.), Learning Potential Assessment. Amsterdam: Swets und Zeitlinger.

Teichmann, H., Meyer-Probst, B. & Roether, D. (1991). *Risikobewältigung in der lebenslangen psychischen Entwicklung.* Berlin: Gesundheit.

Tergan, S. O. (1988). Qualitative Wissensdiagnostik - Methodologische Grundlagen. In H. Mandl & H. Spada (Hrsgb.), *Wissenspsychologie* (pp. 400-423). München/Weinheim: Psychologie Verlagsunion.

Test-Info. (1992). *Test für medizinische Studiengänge.* Dortmund: Zentralstelle für die Vergabe von Studienplätzen.

Teunissen, J. M. F. B. G. & Golhof, A. Etnische minderheden en speciaal onderwijs. In K. Doornbos & L.M. Stevens (Eds.), *De groei van het speciaal onderwijs.* Gravenhage: Staatssuitergeverij.

Thomä. H. & Kächele,H. (1986). *Lehrbuch der psychonanalytischen Therapie.* Berlin-Heidelberg: Springer.

Thomas, H. X. T. & Lohaus, A. (1992). *Modeling growth and individual differences in spatial tasks.* Manuskript, Universität Münster, Fachbereich Psychologie.

Thomas, H. X. T. & Turner, G. F. W. (1991). Individual differences and development in water-level task performance. *Journal of Experimental Child Psychology, 51,* 171-194.

Thorndike, E. L. (1922). Practice effects in intelligence tests. *Journal of Experemental Psychology, 5,* 101-107.

Thorndike, E. L. (1924). *An introduction of the theory of mental and social measurements.* New York: Wiley.

Thorndike, R. L. (1971). Concepts of culture-fairness. *Journal of Educational Measurement, 8*, 63-70.

Thurstone, L. L. (1938). *Primary mental abilities.* Chicago: University of Chicago Press.

Tissink, J. (1993). *De constructie van leertests met curriculum (on)gebonden taken.* Dissertation, Universiteit Utrecht.

Tissink, J., Hamers, J. H. M. & Van Luit (1993). Learning potential tests with domain-general and domain-specific tasks. In J. H. M. Hamers, K. Sijtsma & A. J. J. M. Ruijssenaars (Eds.), *Learning potential assessment. Theoretical, methodological and practical issues.* Amsterdam: Swets & Zeitlinger.

Torgesen, J. K., Morgan, S. T. & Davis, Ch. (1992). Effects of two types of phonological awareness training on word learning in kindergarten children. *Journal of Educational Psychology, 84,* 364-371.

Triebe, J., & Ulrich, E. (1977). Eignungsdiagnostische Zukunftsperspektiven: Möglichkeiten einer Neuorientierung. In J. Triebe & E. Ulrich (Eds.), *Beiträge zur Eignungsdiagnostik* (pp. 241-273). Bern: Huber.

Tringer, L. (1980). Regulationsstörung der Aufmerksamkeit bei Neurosen. In H. D. Rösler, J. Ott & E. Richter-Heinrich (Hrsg.), *Neuropsychologische Probleme der klinischen Psychologie* (S. 56-59). Berlin: Deutscher Verlag der Wissenschaften.

Trost, G. (1985). Pädagogische Diagnostik beim Hochschulzugang, dargestellt am Beispiel der Zulassung zu den medizinischen Studiengängen. In R. S. Jäger, R. Horn, & K. H. Ingenkamp (Hrsgb.), *Tests und Trends, Jahrbuch der Pädagogischen Diagnostik.* Weinheim: Beltz.

Trost, G. (Hrsg.) (1990). Test für medizinische Studiengänge (TMS): Studien zur Evaluation (14. Arbeitsbericht). Bonn: Institut für Test- und Begabungsforschung.

Tucker, L. R., Damarin, F. & Messick, S. (1966). A base-free measure of change. *Psychometrica, 31,* 457-473.

Tzuriel, D. (1989). Inferential cognitive modifiability of young social disadvantaged and advantaged children. *International Journal of Dynamic Assessment and Instruction, 1,* 65-80.

Tzuriel, D. & Feuerstein, R. (1992). Dynamic Group Assessment for Prescriptive Teaching: Differential Effects of Treatments. In H.C.Haywood & D.Tzuriel (Eds.): *Interactive Assessment* (pp.187-207) New York :Springer.

Tzuriel, D. & Klein, P. S. (1985). Analogical thinking modifiability in disadvantaged, regular, special education, and mentally retarded children. *Journal of Abnormal Child Psychology, 13,* 539-552.

Tzuriel, D. & Klein, P. S. (1987). Assessing the young Child: Children`s Analogical Thinking Modifiability. In C. Lidz (Ed.): *Dynamic Assessment.* New York/London: Guilford Press.

Ueckert, H. (1980). *Das Lösen von Intelligenztestaufgaben.* Göttingen: Hogrefe.

Ulrich, J. (1991). *Erste Erprobung eines neuentwickelten, adaptiven und computergestützten Lerntests für schlußfolgerndes Denken im verbalen Bereich.* Unveröff. Diplomarbeit, Universität Leipzig, Bereich Psychologie.

Verhelst, N. D. (1992). *The one parameter logistic model (OPLM). A theoretical introduction and manual of the computer program. (Het Eenparameter logistisch model. Een theoretische inleiding en handleiding bij het computerprogramma).* Arnheim: Cito.

Verhelst, N. D. & Eggen, Th. J. H. M. (1989). *Psychometrische en statistische aspecten van peilingssonderzoek.* PPON-report nr. 4. Arnhem: National Institute for Educational Measurement.

Vernon, P. (1952). Practice and coaching effects on intelligence tests. *Educational Forum, 23.*

Vernon, P. (1962). *The structure of human abilities.* London: Meteven.

Vernon, P. A. (Ed.). (1987). *Speed of Information-Processing and Intelligence.* New Jersey: Norwood.

Vernon, P.A. (1992). *The Neural Efficiency Model of Intelligence.* Paper presented at the XXV. International Congreß of Psychology, Brüssel 1992.

Vijver, F. J. R. van de (1991). *Inductive thinking across cultures: An empirical investigation.* Helmond: WIBRO.

Vijver, F. J. R. van de (1993). Learning potential assessment from a cross-cultural perspective. In J. H. M. Hamers, K. Sijtsma, & A. J. J. M. Ruijssenaars (Eds.), *Learning Potential Assessment. Theoretical, methodological and practical issues.* (pp.313-341) Amsterdam: Swets & Zeitlinger. .

Vijver, F. J. R. van de & Willemse, G. R. (1991). Are reaction time tasks better suited for ethnic minorities than paper-and-pencil tests? In N. Bleichrodt & P.J.D. Drenth (Eds.), *Contemporary issues in cross-cultural psychology* (pp. 450- 464). Lisse: Swets & Zeitlinger.

Vijver, F. J. R. van de, Daal, M. & Van Zonnewald, R. (1986). The trainability of abstract reasoning: A cross-cultural comparison. *International Journal of Psychology, 21,* 589-615.

Vogeldel-Matzen, M. L. B. L. (1994) *Performance on Ravens Progressive Matrices-what makes a difference?* Akadem. Proefschrift, Amsterdam.

Vogt, R. (1990). *Differentielle Psychodiagnostik von Hirnleistungsveränderungen im mittleren Erwachsenenalter in einer Mehrpunktmessung - unter Berücksichtigung von verschiedenen Schweregraden und Typen der hirnorganischen sowie der begleitenden psychiatrischen Störungen.* Unveröff. Dissertation, Universität Leipzig, Bereich Psychologie.

Vogt, R. (1993). Zum Einfluß des Schweregrades bei der Diagnostik von Hirnleistungsminderungen im mittleren Erwachsenenalter. *Psycho, 19*(3), 195-200.

Volle, F. O. (1957). A proposal for "testing the limits" with mental defectives for the purpose of subtest analysis of the WISC verbal scale. *Journal of Clinical Psychology, 13* (1), 64-67.

Vollmer, G. (1981). *Evolutionäre Erkenntnistheorie: angeborene Erkenntnisstrukturen im Kontext von Biologie, Psychologie, Linguistik, Philosophie und Wissenschaftstheorie.* Stuttgart: Hirzel.

Vollmer, H. J. (1982). *Untersuchungen zur Fremdsprachenlernfähigkeit, Spracherwerb und Sprachbeherrschung: Untersuchungen zur Struktur von Fremdsprachenfähigkeiten.* Tübingen: Tübinger Beiträge zur Linguistik: Narr, G. - Brockhaus Verlagsauslieferungen.

Vorwerg, M. (1990). *Zur Psychologie der individuellen Handlungsfähigkeit.* Berlin: Verlag der Wissenschaften.

Vygotsky, L. S. (1978). *Mind in society: The development of higher psychological processes.* Cambridge, MA: Harvard University Press.

Wahl, D. (1975). *Erwartungswidrige Schulleistungen.* Weinheim: Beltz.

Waldmann, M. & Weinert, F. E. (1990). *Intelligenz und Denken. Perspektiven der Hochbegabungsforschung.* Göttingen: Hogrefe.

Wallasch, R. & Möbus, C. (1977). Validierung und Kreuzvalidierung des Göttinger Formreproduktionstests von Schlange et al. (1972) und der Background Interference Procedure von Canter (1970) zur Erfassung von Hirnschädigungen bei Kindern zusammen mit zwei anderen Auswertungssystemen für den Bender Gestalt Test. *Diagnostica, 23,* 156-172.

Wechsler, D. (1964). *Die Messung der Intelligenz Erwachsener. Textband zum Hamburg Wechsler-Intelligenztest für Erwachsene (HAWIE).* Bern: Huber.

Weerdt, E. H. de (1927). A study of the improvability of fifth grade school children in certain mental functions. *Journal of Educational Psychology, 18,* 547-557.

Weichlein, R. (1978). *Theorie der intellektuellen Lernfähigkeit, ihre Bedeutung und Diagnostik bei Hörgeschädigten.* Unveröff. Diplomarbeit, Universität Heidelberg.

Weidlich, S. (1972). *DCS-Diagnostikum für Cerebralschädigung nach F. Hillers.* Bern: Verlag Hans Huber.

Weidlich, S. & Lamberti, G. (1980). *DCS-Diagnostikum für Cerebralschädigung.* Bern: Hans Huber.

Weinert, F. E. (1967). Über den Einfluß kurzzeitiger Lernprozesse auf die Denkleistung von Kindern. In: *Bericht über den 25.Kongreß der Deutschen Gesellschaft für Psychologie. Göttingen:*Hogrefe.

Weinert, F. E. & Petermann, F. (1980). Erwartungswidrige Schülerleistungen oder unterschiedlich determinierte Schulleistungen ? In H. Heckhausen (Hrsgb.), *Erwartungswidrige Schulleistungen* (pp. 19-52). Göttingen: Hogrefe.

Weinert, F. E., Helmke, A., Schneider, W., Decruyenaere, M., Janssen, P. J., Volet, S. E., Lawrence, J. A., Huber, G. L. & Nisan, M. (1990). Individual differences and learning. In H. Mandl, E. D. Corte, N. Bennett & H. F. Friedrich (Eds.), *Learning and instruction: European Research in an international context* (pp. 461-559). Oxford: Pergamon Press.

Weiss, D. J. (1985). Adaptive Testing by Computer. *Journal of Consulting and Clinical Psychology, 53,* 774-789.

Weiss, V. (1982). *Psychogenetik.* Jena: Fischer.

Wertsch, J. V. (1985). *Vygotski and the social formation of mind.* Cambridge, M.A.: Harvard University Press.

Westhoff, K. & Dewald, D. (1990). Effekte der Übung in der Bearbeitung von Konzentrationstests. *Diagnostica, 36,* 1-15.

Westhoff, K. (1989). Übungsabhängigkeit von Leistungen in Konzentrationstests. *Diagnostica, 35,* 122-130.

Westmeyer, H. (1984). Diagnostik und therapeutische Entscheidung - Begründungsprobleme. In G. Jüttemann (Hrsg.), *Neue Aspekte klinisch-psychologischer Diagnostik* (S. 77-101). Göttingen: Hogrefe.

Wewetzer, K. (1973). *Intelligenz und Intelligenzmessung: Ein kritischer Überblick über Theorie und Methodik.* Darmstadt: Wissenschaftliche Buchgesellschaft (Beiträge der Forschung, 11).

Wieczerkowski, W. & Wagner, H. (1985). Diagnostik von Hochbegabung. In R. S. Jäger, R. Horn, & K. Ingenkamp (Hrsg.), *Tests und Trends 4* (S. 109 -134). Weinheim: Beltz.

Wiedl, K. H. (1978). Die Fehlerlatenz als alternative Form der Leistungsbewertung bei Lerntestprozeduren. *Psychologische Beiträge, 20*(3), 440-455.

Wiedl, K. H. (1980). Kompensatorische Interventionen im Rahmen intelligenzdiagnostischer Untersuchungen bei kognitiv impulsiven Kindern. *Zeitschrift für Klinische Psychologie*, *9*, 219-231.

Wiedl, K. H. (1981 (Hektographie)a). *Testing the limits and plasticity: convergent perspectives from live-span and child development research.* (Paper presented at the Second Planning Conference on Child Development in Life-Span Perspective). Berlin: Max-Planck Institut für Bildungsforschung.

Wiedl, K. H. (1981b). Dynamisches Testen und die Erfassung der kognitiven Plastizität im Verlauf der Lebensspanne. In R. Oerter (Hrsg.), *Bericht über die 5. Tagung Entwicklungspsychologie (Augsburg, 21.-23.9.1981), Band II: Altersbereichsbezogene und Anwendungsorientierte Forschung* (S. 273-276). Augsburg: Druckerei der Universität Augsburg.

Wiedl, K. H. (1984). Lerntests: nur Forschungsmittel und Forschungsgegenstand? *Zeitschrift für Entwicklungspsychologie und Pädagogische Psychologie*, *16*, 245-281.

Wiedl, K. H. (1985). Theoretische und empirische Beiträge zum Ansatz des dynamischen Testens in der Intelligenzdiagnostik. In W. F. Kugemann, S. Preiser & K. A. Schneewind (Hrsg.), *Psychologie und komplexe Lebenswirklichkeit. Festschrift zum 65. Geburtstag von Walter Tomann* (S. 167-184). Göttingen: Hogrefe.

Wiedl, K. H. & Bethge, H. J. (1981). Zur Auswirkung regulationsfördernder Situationsveränderungen auf Intelligenzleistung und Blickverhalten kognitiv impulsiver Kinder. *Zeitschrift für Entwicklungspsychologie und Pädagogische Psychologie*, *13*, 127-141.

Wiedl, K. H. & Bethge, H. J. (1983a). *Der CPM-Test. Materialien zur Entwicklung und Anwendung einer dynamischen Version des Farbigen Matrizentests von Raven* (Psychologische Forschungsberichte aus dem Fachbereich 8 der Universität, Nr. 30). Osnabrück: Universität.

Wiedl, K. H. & Bethge, H. J. (1983b). Die Anpassung der aufgabenbezogenen Betrachtungszeit an variierende Aufgabenschwierigkeiten: deskriptive und veränderungsbezogene Analysen bei kognitiv impulsiven und reflexiven Kindern. *Zeitschrift für Differentielle und Diagnostische Psychologie*, *4*, 67-77.

Wiedl, K. H. & Bethge, H. J. (1983c). Zur Entwicklung und Analyse dynamischer Testprozeduren in der Intelligenzdiagnostik. In G. Lüer (Hrsg.), *Bericht über den 33. Kongreß der Deutschen Gesellschaft für Psychologie in Mainz 1982* (S. 743-746). Göttingen: Hogrefe.

Wiedl, K. H. & Carlson, J. S. (1979). Dynamisches Testen bei lernbehinderten Sonderschülern mit dem Farbigen Matrizentest von Raven. *Heilpädagogische Forschung*, 19-37.

Wiedl, K. H. & Carlson, J. S. (1976). The factorial structure of the Raven Coloured Progressive Matrices Test. *Educational and Psychological Measurement*, *36*, 409-413.

Wiedl, K. H. & Carlson, J. S. (1985). The dynamic testing approach: Theoretical conceptions and practical applications. In G. d'Ydewalle (Ed.), *Cognition, Information Processing, and Motivation* (pp. 681-690). Amsterdam: Elsevier Science Publishers B.V.

Wiedl, K. H. & Herrig, D. (1978a). Der Effekt der Situationsbezogenheit schulischer Leistungsbeurteilung auf die Vorhersagegültigkeit des "Farbigen-Matrizen-Lerntests" und des CFT-1-Grundintelligenztests. *Zeitschrift für Psychologie*, *186*, 471-476.

Wiedl, K. H. & Herrig, D. (1978b). Ökologische Validität und Schulerfolgsprognose im Lern- und Intelligenztest: eine exemplarische Studie. *Diagnostica*, *24*, 175-186.

Wiedl, K. H. & Rauh, D. A. (in Vorbereitung). *Performanzindikatoren im Wisconsin Card Sorting Test und Belastungsbewältigung bei Schizophrenen.*

Wiedl, K. H. & Schöttke, H. (1987). Die Erfassung von Testperformanz, Performanzveränderungen und Hilfeverbrauch bei geriatrischen Gruppen mittels eines standardisierten diagnostischen Programms. In F. Reimer (Hrsg.), *Gerontopsychiatrie im psychiatrischen Krankenhaus. 18. Weinsberger Kolloquium* (S. 77-91). Weinsberg: Weissenhof Verlag.

Wiedl, K. H. & Schöttke, H. (1993). *Dynamic Assessment of selective attention in schizophrenic subjects: The analysis of intraindividual variability of performance.* Forschungsberichte aus dem FB Psychologie der Universität Osnabrück, Nr. 90. Osnabrück.

Wiedl, K. H. & Schöttke, H. (1995). Dynamic Testing in Clinical Psychology. Strategies of Implementation in Schizophrenia Research. In J. Carlson (Ed.), *Dynamic Assessment in Europe.* Greenwich: JAI Press.

Wiedl, K. H. & Wienöbst, J. (in Vorbereitung). *Dynamische Testdiagnostik mit dem Wisconsin Card Sorting Test: Testperformanz, Trainingsindikation und Trainingserfolg bei schizophrenen Patienten.*

Wiedl, K. H., Schöttke, H. & Gediga, G. (1987). Reserven geistiger Leistungsfähigkeit bei geriatrischen Psychiatriepatienten und bei Altenheimbewohnern. *Zeitschrift für Klinische Psychologie, 16,* 29-42.

Wiedl, K. H., Schöttke, H. & Gediga, G. (1988). Zeitcharakteristika als diagnostische Indikatoren der Intelligenz. In F. Schaarschmidt, G. Berg, & S. Hänsgen (Hrsg.), *Trends in der Psychodiagnostik.* Berlin-Ost: Psychodiagnostisches Zentrum.

Wiedl, K. H., Schöttke, H. & Gediga, G. (1989). Zur Analyse von Performanzveränderungen im Rahmen dynamischer Testprozeduren: Die Anwendung der latenten Klassenanalyse. In H. Höck & M. Vorwerg (Hrsgb.), *Grenzgebiete der Psychotherapie* (S. 142-151). Leipzig: Barth.

Wiegner, I. (1990). *Untersuchungen zur Handlungsregulation und zu Einflußgrößen der Handlungszuverlässigkeit von Triebfahrzeugfahrern der Deutschen Reichsbahn unter Labor-und Feldbedingungen.* Unveröff. Dissertation, Technische Universität, Fakultät für Mathematik und Naturwissenschaften.

Wieland, W. (1978). Einige Ergebnisse zur Validität der als Lerntest eingesetzten "CPM" von Raven für die Differentialdiagnostik fraglich sonderschulbedürftiger Kinder aus 1. und 2. Klassen. In G. Clauß, J. Guthke & G. Lehwald (Hrsgb.), *Psychologie und Psychodiagnostik lernaktiven Verhaltens* pp. 73-78). Berlin: Gesellschaft für Psychologie der DDR.

Wieland, W. (1993). *Zur Bewährung von Lerntests bei der pädagogisch-psychologischen Prüfung fraglich lernbehinderter Kinder (dargestellt am Beispiel der Stadt Görlitz).* Unveröff. Diplomarbeit, Universität Leipzig, Fachbereich Psychologie.

Wienöbst, J. (1993). *WCST-Leistung und Trainingserfolg.* Unveröff. Diplomarbeit, Universität Osnabrück, Fachbereich Psychologie, Osnabrück.

Wild, B. (1985). *Der Einsatz adaptiven Testens in der Psychodiagnostik.* Unveröff. Dissertation, Universität Wien, Psychologie.

Williams, R. (1972). *The BITCH-100: A culture-specific test* (Paper presented at the annual convention of the American Psychological Association, Honolulu, Hawai).

Williams, R. & Zimmermann, D. (1982). Reconsideration of the "attenuation paradox" - and some new paradoxes in the test validity. *Journal of Experimental Education, 50,* 164-170.

Wimmer, H., Ziegler, H. & Roth, E. (1977). Die Entwicklung eines Tests intellektueller Lernfähigkeit für Vorschulkinder. *Diagnostica, 23,* 74-83..

Wingenfeld, S. A. (1992). *Dynamic and neuropsychological Assessment of cognitive functioning of learning disabled and non-learning disabled adolescents.* University of Arkansas. Paper presented at the IIIrd International Conference of Cognitive Education. Riverside, California.

Winkelmann, W. (1975). *Testbatterie zur Entwicklung kognitiver Operationen (TEKO).* Braunschweig: Westermann.

Winkler, E. (1978). *Psychodiagnostische Untersuchungen zu Leistungs- und anderen Persönlichkeitsvariablen als Prädikatoren des Studienerfolges im Grundstudium unter besonderer Berücksichtigung eines lehrfachspezifischen Lerntests.* Unveröff. Dissertation, Universität Leipzig, Bereich Psychologie.

Winkler, E. (1988). *Testmanual "Konzentrationslerntest LO".* Universität Leipzig, Fachbereich Psychologie.

Winkler, E. & Guthke, J. (1995). *Testmanual "Konzentrationslerntest KOLLO".* Universität Leipzig, Fachbereich Psychologie (zum Druck eingereicht beim R. Asanger-Verlag).

Wiseman, S. (1954). Symposium on the effects of coaching and practice in intelligence tests. IV. The Manchester experiment. *British Journal of Educational Psychology, 24,* 5-8.

Wiseman, S. & Wrigley, J. (1953). The comparative effects of coaching and practice on the results of verbal intelligence tests. *British Journal of Psychchiatry, 44,* 83-94.

Wittchen, H.U. (1992). Therapiebezogene Diagnostik. In R. S. Jäger & F. Petermann (Hrsg.), *Psychologische Diagnostik* (232-245) Weinheim: Psychologie Verlags Union.

Wittling, W. W. (1983). Neuropsychologische Diagnostik. In K.-J. Groffmann & L. Michel (Hrsg.), *Enzyklopädie der Psychologie. Verhaltensdiagnostik* (S. 193-335). Göttingen: Verlag für Psychologie.

Wittmann, W.W. & Matt, G.E. (1986). Meta-Analyse als Integration von Forschungsergebnissen am Beispiel deutschsprachiger Arbeiten zur Effektivität von Psychotherapie. *Psychologische Rundschau, 37,* 20-40.

Witzlack, G. (1977). *Grundlagen der Psychodiagnostik.* Berlin: Deutscher Verlag der Wissenschaften.

Wlasowa, T. A., & Pewsner, M. C. (1971). *Kinder mit Abweichungen in der Entwicklung.* Moskau: Pedagogika (russ.).

Wolfe, J. H. (1970). Pattern clustering by multivariate mixture analysis. *Multivariate Bahavioral Research, 5,* 329-350.

Wolfram, H., Neumann, J. & Wieczorek, V. (1986). *Psychologische Leistungstests in der Neurologie und Psychiatrie.* Leipzig: Thieme.

Wolschke, P. (1988). *Psychodiagnostische Kennzeichnung sprachentwicklungsrückständiger Kinder im Alter von 6 - 8 Jahren.* Unveröff. Dissertation, Humboldt Universität, Berlin.

Wood, R. (1973). Response Contingent. *Review Educational Research, 43,* 219-222.

Woodrow, H. (1946). The ability to learn. *Psychological Review, 53,* 147-158.

Woodworth, R. S. (1917). A personal data sheet. In Franz, S.I. (Ed.), *Handbooks of mental examination methods.* New York: Mcmillan.

Woodworth, R. S. & Schlossberg, H. (1954). *Experimental Psychology.* New York: Holt, Rinehart and Winston.

Wottawa, H. (1980). *Grundriß der Testtheorie.* München: Juventa.

Wottawa, H. (1994). Veränderungen und Veränderbarkeit berufsrelevanter Eigenschaften im Ost-West-Vergleich. In : G.Trommsdorff (Hrsg.), *Psychologische Aspekte des soziokulturellen Wandels in Ostdeutschland*. Berlin, New York: W. de Gruyter (S. 216-228) .

Wright, B. J. & Stone, M. (1979). *Best test design: Rasch measurement*. Chicago, IL: Mesa Press.

Wygotski, L. S. (1964 Russ. 1934). *Denken und Sprechen*. Berlin: Akademie-Verlag.

Yopp, H. K. (1988). The validity and reliability of phoneme awareness tests. *Reading Research Quarterly, 23,* 159-177.

Zerssen, D. von, Koeller, D. M. & Rey, E. R. (1970). Die Befindlichkeitsskala. *Arzneimittelforschung, 20,* 915-918.

Zielke, M. (1982). *Diagnostik in der Psychotherapie*. Stuttgart: Kohlhammer.

Zigler, E. & Butterfield, E. C. (1968). Motivational aspects of changes in IQ test performance of culturally deprived nursery school children. *Child Development, 39,* 1-14.

Zimmermann, D. & Williams, R. (1977). The theory of test validity and correlated errors of measurement. *Journal of Mathematical Psychology, 16,* 135-166.

Zimmermann, D. & Williams, R. (1982a). Gain scores in research can be high reliable. *Journal of Educational Measurement, 19,* 149-154.

Zimmermann, D. & Williams, R. (1982b). The relative error magnitude in three measures of change. *Psychometrica, 47,* 141-147.

Zimmermann, W. (1984).*Prozeß- und tätigkeitsbezogene Experimentaldiagnostik prosozial-kooperativer Verhaltenskompetenz im frühen und mittleren Schulalter*. Habilitationsschrift, Universität Leipzig, Fachbereich Psychologie.

Zimmermann, W. (1985). *Psychologische Probleme der Rehabilitation von Kindern und Jugendlichen*. Leipzig: Thieme.

Zimmermann, W. (1987). *Prozeßdiagnostik prosozial-kooperativer Lernfähigkeit - ein neuer Ansatz zur Persönlichkeitsdiagnostik des Kindes*. Frankfurt/Main: Athenäum.

Zimmermann, W. (1988a). Neue Wege experimenteller Persönlichkeitsdiagnostik im Kindesalter - Probleme, Ergebnisse, Konsequenzen. *Psychologische Beiträge, 30,* 39-56.

Zimmermann, W. (1988b). Prozeßbezogene Psychodiagnostik prosozial-kooperativer Verhaltenskompetenz im Kindesalter. In H.W. Bierhoff & L. Montada (Hrsg.), *Altruismus-Bedingungen der Hilfsbereitschaft* (S. 270-286). Göttingen: Hogrefe.

Zimmermann, W. (1989). Prozeßdiagnostik sozial-kooperativer Lernfähigkeit. *Psychologie für die Praxis, 7,* 47-61.

Zimmermann, W. (1990). *Psychodiagnostik sozial-kooperativen Verhaltens im Kindesalter*. Leipzig, Berlin, Göttingen: Hirzel/Springer.

Zimmermann, W. (1993). *Psychologische Persönlichkeitstests für Kinder und Jugendliche*. Leipzig/Heidelberg: Barth/Hüthig.

Zistler, R. & Moosbrugger, H. (1994). *ANALIT. Programmbeschreibung (und Programm)*. Johann-Wolfgang-Goethe-Universität, Institut für Psychologie, Frankfurt a. M.

Zubin, J. (1950). Symposium on statistics for the clinician. *Journal of Clinical Psychology, 6,* 1-6.

Autorenverzeichnis

Sachregister